CESIONES

HERENCIAS COMPARTIDAS Y CONSERVADAS

COLECCIÓN CANIQUÍ

EDICIONES UNIVERSAL, Miami, Florida, 2019

Mario G. de Mendoza III

CESIONES

HERENCIAS COMPARTIDAS Y CONSERVADAS

-- EDICIONES UNIVERSAL

Copyright © 2019 by Mario G. de Mendoza III

Primera edición, 2019

EDICIONES UNIVERSAL
P.O. Box 450353 (Shenandoah Station)
Miami, FL 33245-0353. USA
(Desde 1965)

e-mail: ediciones@ediciones.com
http://www.ediciones.com

Library of Congress Catalog Card No.: 2018959998
ISBN-10: 1-59388-301-3
ISBN-13: 978-1-59388-301-0

Composición de textos: María Cristina Zarraluqui

Diseño de la portada: Luis García Fresquet

Obra en la portada: «Cesiones» de Cesar Santos

Todos los derechos
son reservados. Ninguna parte de
este libro puede ser reproducida o transmitida
en ninguna forma o por ningún medio electrónico o mecánico,
incluyendo fotocopiadoras, grabadoras o sistemas computarizados,
sin el permiso por escrito del autor, excepto en el caso de
breves citas incorporadas en artículos críticos o en
revistas. Para obtener información diríjase a
Ediciones Universal.

Índice

Introducción

Titular esta obra «Cesiones» puede hacer creer que se está ante un tomo universitario escrito para estudiantes que cursan asignaturas de doctorado en Derecho Romano, o que este libro es el resultado detallado y final de todo un proceso judicial, llevado a cabo por peritos esforzándose para evitar que herederos menores de veinticinco años obtuviesen acceso a su herencia y se la gastasen en los primeros seis meses de haberla recibido. Sin embargo, nada más ajeno a ello. El rótulo alude a la renuncia a retener celosamente vivencias personales y privadas e incorporarlas, en cambio, al foro público para compartirlas con el mundo de los enviciados con la literatura.

Esta es una antología de cuentos que bien pudo haberse titulado «Así fue y parecen mentiras». Pero al escribirlos predominó la sensatez, y no tienen los añadidos de ficción y fantasía, propios del género narrativo. Están juntos porque se necesitan entre sí. Merecen estar ligados, pues brotan de esa recurrente declaración expuesta en muchas reuniones de exiliados cubanos, cuando alguien con ánimo de desbrozar y desentorpecer, declara con toda la autoridad y gravedad que le permitan los allí presentes, que ese relato en particular que todos acaban de oír y apreciar, «hay que preservarlo para el futuro». Y luego añade: «para que no se pierda, para que no se olvide». Sin embargo, es curioso observar la transfiguración de esos mismos cubanos lenguaraces, quienes cuando llega el momento, después de armarse de buena fe y valentía, acuden generosos y empáticos a compartir sus relatos con un escribidor, y terminan poniendo cara de susto al verse frente a alguien, quien con ojos atentos, demuestra designios de recoger sus vivencias y publicarlas por escrito. Los hasta entonces dispuestos y ceremoniosos narradores, se ven de pronto apocados y titubeantes ante un terrorífico lapicero, y ni que decir de inhibidos y timoratos ante el amenazante acercamiento de micrófonos al rostro, acto necesario para hacer llegar el sonido a una grabadora. En esos casos los desprendidos requieren garantías tranquilizadoras ante la proximidad de tanta intencionalidad, una vez llegado el momento de consumar el «hay que».

No estimo pertinente adentrarnos en el cuidadoso proceso de recoger cada uno de los cuentos, ya que se volverían metacuentos. Ahorro también puntualizar las caras azoradas, peticiones de omitir detalles penosos, exhortos, rogativas, exigencias e imploraciones de narradores, los cuales se tendrán que quedar un secreto del escritor. Las reacciones más vehementes son las de los exiliados que salieron de Cuba jóvenes y ahora son personas en su tercera edad; aquellos que en su momento tiraron bombas de peste en los cines, pusieron explosivos y agredieron a milicianos y hoy, en cambio, quieren proteger sus ansias de volver a Cuba en misiones de caridad.

La colección ha sido concebida intermitentemente durante un período de doce años, durante los cuales fue necesario robarle tiempo al descanso para poder lograr dos propósitos fundamentales: aplacar el ansia de todo escritor, escribir, pero fundamentalmente, de revelar estos testimonios de primera magnitud de muchas vidas que luego de la convulsión política cubana continuaron desarrollándose. No hubo manera de silenciar la voz primeriza de mi primera obra, *P'allá y P'acá*, y mucho menos después de haber oído el cuento que dio origen a los restantes: aquel que me narró una noche en su casa mi primo Gonzalo el Pica Hielo.

El uso de un narrador en primera persona en estos cuentos no es para enfatizar verisimilitud, solo responde a lo realmente ocurrido. De ser considerado un defecto por los lectores, lo lamento. Hubiera preferido más ausencias de esa voz narradora pero nadie sabe de las dificultades para obtener testimonios a viva voz y permitir por los testimoniantes a un escritor, que ha sido conocido a destiempo, les redacte y publique sus relatos biográficos íntimos.

Al oír una historia interesante, que amerita ser compartida y conservada, se me gatillan las ganas en ese mismo momento, sintiéndome asaltado por la exigencia de escribirla. Sin demoras y desde ya... urgencia que está lejos de ser uniformemente correspondida. Para llegar al «hay que», hay que sino precisamente rogar o por lo menos tranquilizar, asegurar y convencer. También hay que admitir que las aquí presentadas son confesadas al autor, lo cual acrecienta la improbabilidad de que el escritor no aparezca de metiche en el contenido. Con el riesgo, claro está, de que si no se emplea con mesura la primera persona, pueda volverse el texto algo similar a un monólogo.

Casi todos los personajes de estas narraciones no solo son reales, sino que siguen vivitos y coleando. El Howald que engatusó y distrajo a los soldados americanos para lograr que los nazis no fuesen descubiertos, al excavar el tesoro que habían escondido en su hogar alemán, sigue actualmente viviendo con su esposa Gisela, hija, a su vez, del ingeniero de máquinas del Admiral Rogge y madre de Till Pferdekämper, mi ahijado. Elisita sigue teniendo unas cenas maravillosas en Coral Gables, al igual que mi primo Gonzalo, ya jubilado, en su residencia de Key Biscayne. Leonardo Padura y Eduardo Manet siguen escribiendo en Cuba y París, respectivamente. Julio Larraz y Carlos Estévez mantienen cultivando su arte en Miami y Siro del Castillo continúa infatigable con sus trabajos humanitarios.

Al osar publicar cualquier libro, se corre el cortinón, detrás del cual esperan impacientes todo tipo de juzgadores. Ninguno de nosotros le parece simpático a todo el mundo, y al escribir, nos revelamos íntimamente a los lectores. Por lo tanto, es lógico que la obra antagonice a cierto grupo. No necesariamente tiene por qué ser relacionada directamente la obra escrita con la persona que la ha creado. Siempre hay esperanza de que no sean muchos los que encuentren lo escrito repulsivo por el hecho de proceder de alguien que encuentran repelente. Esa es una razón aceptable para el escritor. Resulta más difícil es que la calidad literaria, independiente-mente del escribidor, sea rechazada por sí misma, por quizás resul-tar inherentemente nauseabunda. A los que insisten en encontrar mi personalidad vomitiva, quiero hacerles saber que continuaré haciendo todo lo posible por acostumbrarme a su menosprecio y me consuelo con la esperanza de que aprecien este trabajo acep-tándolo por haber sido hecho con esmero y dedicación. De esfor-zarse a leerlo con rectitud e imparcialidad es probable que les per-mita un cierto nivel de placer.

O no...

Gonzalo el Pica Hielo

Don Jacinto Pedroso y Hernández gozaba con la compañía de su nieto, Gonzalo, y a menudo hacía que éste le acompáñese en las frecuentes visitas que solía hacerle a su tío, Don Pablo Morales y Pedroso, en la mansión que este último ocupaba en la Calle 6, No. 557, entre 23 y 25 en El Vedado.

Gonzalo relató como aquellas visitas se le hacían interminables. Aunque la casa era prácticamente un elegantísimo museo, o quizás precisamente por eso, allí no había nada con lo que un mocoso como Gonzalo, jiribilla, hiperactivo y en plena infancia, pudiera encontrar entretenimiento. Es decir, Gonzalo no tenía nada que hacer y se aburría soberanamente... hasta aquel día en que descubrió un punzón de hielo y su uso práctico, picar bloques de hielo.

Allá por la década de los cincuenta del siglo XX los vendedores de hielo todavía suministraban el congelado líquido a algunos hogares en la capital cubana. El hielo era despachado en grandes bloques cuadrados por ruidosos camiones herméticos, propiedad de las compañías hieleras. Tenían las paredes y el piso forrados por dentro con metal. La distribución a domicilio requería dos empleados: el chofer que conducía el camión por las calles habaneras y un cachanchán, casi siempre joven y fornido, que tenía la misión de bajar un bloque de hielo y entregarlo en el área de servicio del domicilio en cuestión. El fornido joven, vistiendo su acostumbrada camiseta, hundía en el hielo las afiladas puntas de unas enormes tenazas, agarraba las manijas, se echaba el bloque de hielo al hombro y lo cargaba hasta la cocina de la casa a la que accedía a través de la entrada de servicio. Para evitar empaparse la ropa y no andar todo el día con agua fría chorreándole por la espalda, al cargar el bloque de hielo lo recostaba sobre un saco de yute que le cubría la cabeza, le rodeaba ambos hombros, cubría las espaldas y terminaba algo más abajo de la cintura. Algo así como un fraile en hábito de yute. O un babalao con voto al yute. Una vez dentro de la casa, el bloque de hielo se colocaba entero dentro de la parte superior de la nevera destinada para esto. Después, para consumirlo, era necesario romperlo en pedazos pequeñitos empleando un punzón de hielo. El punzón era parecido a un destornillador, excepto que era puntiagudo. La punta era afilada y fuerte convirtiendo al punzón en un excelente arma perforocortante. Usándolo con paciencia y persistencia se agredía fuerte y repetidamente al bloque de hielo para crear grietas, rajaduras y resquebraduras hasta que éste se desintegraba en trozos, pedacitos y astillas, ideales para enfriar las bebidas, desde la limonada hasta el agua, sin olvidar el scotch servido en «las rocas». De más está decir que en aquella época de ventiladores eléctricos y abanicos de mano, el hielo era codiciado en el trópico cubano. La alternativa al uso del hielo en bloque era congelar agua en el refrigerador o nevera con la desventaja que el hielo de la nevera era grisáceo y se descongelaba más rápido. El hielo de bloque era mucho más transparente y duro. Pero nada de esto le importaba un bledo a Gonzalo. Su entretenimiento era usar el punzón para, sin ton ni son, picar el hielo, acometiéndolo con ímpetu y furia causando así dramáticos estallidos que desprendían «chispas» de hielo como fríos diamantes que explotaban y brincaban en el aire, al traslucir en colores brillantes y resplandecientes el arcoiris de las luces tropicales. Hasta que lo mandaban a parar. ¡Te vas a sacar un ojo con ese punzón! ¡Estás mojándolo todo con los pedacitos de hielo derretido! ¡La ropa se te está empapando! ¡Vas a coger catarro! ¡Para de picar hielo ahora mismo! ¡Mocoso pendenciero y malcriado! ¡No jeringues más!

El cese del divertido quehacer hogareño bajo los efectos de la conminación de la autoridad adulta resultó ser una dificultad de orden meramente temporal. Gonzalo no estaba desprovisto de medios. No era ningún tarado. Era imaginativo. En vez de ocultar poco talento con mucha vanidad, justificaba su vanidad con mucho talento para el arte de ocultarse. Se las agenció para encontrar un escondite dentro de unos gabinetes de madera ubicados en la despensa, una habitación grande dedicada a almacenar las vajillas de la casa. De ese momento en adelante Gonzalo adoptó aquel lugar como guarida oficial para esconderse a picar bloques de hielo malversados de la cocina y con renovado entusiasmo se dedicó a matar el tiempo picando hielo. Cuando se le acababa el hielo y a falta de bloques que picar, hacía huecos en la madera interior del gabinete con el punzón; una especie de escultor enloquecido por el aburrimiento y la carencia de hielo. Un buen día, Gonzalo, con orgullo y cientos de pequeños huequitos, cinceló sus iniciales, «G.V.F» en la madera interior del gabinete. Allí quedaron cuando el paso del tiempo, la revolución de Fidel Castro y el subsecuente exilio pusieron fin a las tradicionales visitas de Don Jacinto a su tío, Don Pablo, que forzaron a Gonzalo a abandonar para siempre su vocación de escultor de hielo y madera.

Esta explicación es un preámbulo del cuento que contó Gonzalo, naturalmente ya crecido y maduro por el pasar de los años y los estudios, así como después de haberse transformado y reinventado hasta convertirse en todo un caballero que había sido jefe para América Latina del Grupo Británico Barclays. En su posición de persona a cargo, así como de miembro integral del comité ejecutivo de inversiones de dicho banco londinense, Barclays Capital, Gonzalo había hecho un viaje a Cuba. Dado que Barclays, era un banco Británico y el Reino Unido había mantenido relaciones diplomáticas, de carácter simbiótico, con la República de Cuba, se habían mantenido las relaciones comerciales, es decir seguían lamiéndose mutuamente.

Durante su visita a La Habana, los empresarios bancarios fueron invitados a cenar en la embajada británica. A Gonzalo le tocó sentarse al lado de la distinguida señora del embajador. Después de tomarse unas copas de vino y en el ambiente relajado de la velada, Gonzalo le explicó a la dama que él recordaba haber estado en ese edificio muchas veces de niño. Le hizo el cuento de su abuelo Don Jacinto, de su relación con Don Pablo, y por fin del hielo. Le contó a la embajadora que esa residencia, ahora ocupada por la embajada, donde estaban cenando, había sido la casa de Don Pablo, el tío de su abuelo, Don Jacinto. La ahora digna embajada británica era la casa de Don Pablo donde él había picado muchísimo hielo de niño. Embulladísima, la señora del embajador británico interrumpió la conversación de forma subitánea e imprevisible. Centelleándole los ojos le dijo que ella sabía dónde había una linterna. —Si te animas a venir conmigo vamos a buscar tus iniciales—. Salieron los dos corriendo para la despensa.

Un rato largo después el embajador, ya habiendo dado más que por terminado el postre y el café compartidos con sus banqueros invitados, y preocupado por la prolongada ausencia de su esposa y su invitado cubano-americano decidió ir en su búsqueda. Al llegar a la despensa, al lado de la cocina, se encontró a Gonzalo y a su señora sentados en el suelo. Allí, dentro de uno de los viejos gabinetes de madera, se veía claramente «G.V.F». Tiznados de sucio, con lágrimas de emoción, la embajadora y Gonzalo contemplaban con callada emoción aquellas iniciales semicubiertas por nuevas capas de pintura y cargadas de historia personal, familiar y humana.

A Gonzalo se le conmueven las fibras sentimentales más íntimas con un recuerdo que lo ancla firmemente a su abuelo y al tío-amigote de su abuelo. Lo transporta a un pasado cuyo recuento no permite más acento dramático que la realidad de los acontecimientos.

Howald y Rogge

Demoré unos cuantos años antes de, por fin, caer en la cuenta. Mientras tanto, fue necesario perder una gran cantidad de inmisericordes partidos; partidos que parecían estar a punto de ganarse. Luego, en las cenas de rigor con los compañeros de equipo, durante la sobremesa, nos adentrábamos en sabias disertaciones para analizar qué era lo que debía ajustarse, cambiarse, sincronizarse, arreglarse, adaptarse o acomodarse en nuestro juego. No llegué a dar pie con bola hasta que llegó el día en que monté un prodigio de caballo. En esa oportunidad llegué a la insuperable conclusión de que la única manera de ganar partidos con consistencia en el deporte equino de polo es montando caballos extraordinarios. Entre un caballo de polo que es muy bueno y otro que es sobresaliente, la diferencia de dos a tres segundos decide un partido, y no se trata precisamente de la velocidad del animal, sino de su balance y atletismo.

¿Un ejemplo? Dos jugadores de equipos opuestos corren parejos uno al lado del otro en dirección a la bocha de polo que pica y, en vez de seguir recto, cambia de dirección en un ángulo de noventa grados. La inmensa mayoría de los caballos, los muy buenos, al desacelerar se recolectan, y sin llegar a parar del todo se organizan, cambian de dirección, rotando sobre las dos patas traseras, y guiados por los movimientos del jinete, salen corriendo a toda velocidad en la nueva dirección que tomó la bocha. En vez de hacer esos movimientos usuales, los caballos fenómenos, denominados *crack* en el mundo del polo, no se recolectan, ni organizan, ni desaceleran en lo más mínimo, ni rotan sobre las patas traseras para cambiar de dirección. Lo que hacen es que sin dejar de correr a toda velocidad, con atletismo espontáneo y un balance mágico, e ininterrumpida fluidez, cambian de dirección y llegan a la bocha tres segundos antes que su contendiente.

Después de años comprando caballos, tanto en Argentina como en los Estados Unidos, entendí, por fin, que para ganar torneos es imprescindible no perder esa tan decisiva batalla por tres segundos. Una vez cedido, ese tiempo le permite la gran ventaja al equipo contrario de poder correr sin estorbo hacia su arco para meter un gol. El equipo que hace más goles es el que gana el partido y, por ende, el torneo. Los criadores y entrenadores de caballos de polo ofrecen un inventario variado con precios que corresponden a la calidad de cada animal. Hay quienes tienen un magnífico surtido a la venta. Pero nadie vende sus caballos *crack* a menos que sea por una suma de dinero tan extremadamente excesiva que llega a veces a ser irrisoria.

En el año 2013 un caballo más o menos bueno costaba alrededor de cincuenta a setenta y cinco mil dólares. Un caballo *crack* tenía el doble de esos valores e incluso más. Los compradores de caballos *crack* son los dos o tres mejores jugadores del mundo, quienes a su vez ya tienen dueños de equipos esperando para comprárselos a un precio mayor aun. Estos dueños de equipos son multimillonarios británicos, rusos, venezolanos, estadounidenses, australianos, así como miembros de familias reales del Oriente Medio; de lugares como Arabia Saudí y Abu Dhabi. Por lo tanto, para llegar a la cancha de polo a competir por el triunfo, es imprescindible llegar con una tropilla de atletas equinos de talento excepcional. De no estar uno en condiciones de pagar esas enormes sumas pero aspirar, de todas maneras, a tener buenos resultados en la competición, la alternativa es comprar o criar potrancas para entrenarlas con ese fin. Esta decisión requiere inversión, esfuerzo, tiempo y mucha paciencia, pero, con suerte, se obtienen algunos resultados extraordinarios. Se necesita crear un equipo de entrenadores, tener acceso a potrillos pura sangre y, especialmente, un espacio en el que se les pueda ofrecer un buen entrenamiento con tranquilidad, resistencia y dándole tiempo al tiempo. Hace falta tener una finca en la que quepan no solo una cancha de polo, cuadras, cobertizos y dependencias, sino también potreros donde puedan soltarse los caballos a relajarse, revolcarse, comer pasto, formar pequeñas manadas con sus líderes y seguidores, en fin, un lugar donde puedan volver a ser caballos.

Después de buscar mucho una finca, finalmente se me presentó una magnífica oportunidad de compra. Llegó el día de hacer la escritura y tomar posesión de la propiedad que pronto serviría para el entrenamiento de caballos de polo. En esa ocasión fui recibido, de manera informal, por un señor alemán que había estado viviendo allí. Después de la entrega de llaves, me enseñó dónde estaba la bomba de agua, las cajas de fusibles y, por último, me reveló las claves de las combinaciones de los candados. Antes de despedirse, me señaló un lugar en particular en el que con gestos me indicó debía hurgar. Era el galpón principal, en el cual, después de trastear, encontré un anuncio de gran tamaño, de tabla gruesa con el dibujo de un perfecto ejemplar de Santa Gertrudis, acompañado por un letrero indicando que el ranchero que había en el pasado sido dueño de la propiedad, era miembro de la asociación internacional de criadores de ese tipo de ganado con sede en Kingsville, Texas. K. D. Eatmon Ranch, era el nombre de este antiguo rancho, donde desde ese día se entrenarían y cuidarían caballos de polo. El letrero anunciaba que allí se vendía ganado. El alemán nunca habló ni para despedirse, lo cual no debía ser interpretado como una actitud hostil hacia mí, ya que al apuntar hacia donde estaba el anuncio cubierto de otras maderas y herramientas, se sonrió ligeramente. Sospeché que su mudez era porque no sabía hablar inglés. Acto seguido, y sin más, se fue en un auto con otro señor que también tenía aspecto de extranjero, seguramente de origen alemán. Por señas me dieron a entender que ambos iban camino al aeropuerto de Miami, desde donde tomarían el vuelo de National Airlines a la ciudad alemana de Frankfurt. Era el año 1984.

Desafortunadamente nunca hubo oportunidad para agradecer al silencioso alemán el descubrimiento de este anuncio, que de no haberlo señalado, se hubiese perdido o botado. Casi treinta años después, continúa colgado en el salón principal de lo que ha estado funcionando, desde entonces, como una finca de polo. Cientos de caballos pura sangre han pasado por esa finca donde se ubican veinte establos, una cancha de práctica, potreros, edificios para almacenar pasto, sacos de pienso, afrecho, avena, maíz, y otros granos, tractores, *trailers*, camiones y, por supuesto, residencias para la empleomanía. Al alemán nunca más se le volvió a ver.

El recién adquirido inmueble, una fracción del antiguo rancho ganadero, fue nombrado Almendares por cariño a un abuelo paterno, quien en Cuba había sido presidente de un equipo de béisbol profesional con el mismo nombre. Originalmente la propiedad esa había sido comprada por un cliente, por cierto, también de origen alemán, el cual usó mis servicios legales no solo para la compra, sino también para la organización de la entidad y reglas que gobernarían a los nuevos dueños de las propiedades, fraccionamiento y desarrollo en general. El nuevo dueño alemán insistió en canjear parte de sus honorarios legales a cambio de que se le comprase esa parcela. El precio fue reducido a un nivel atractivo, a manera de estímulo, ya que la compra ayudaría a crear el efecto de actividad comercial, poblándolo con caballos de polo, entrenadores y ayudantes, rasgo positivo y un beneficio comercial para el desarrollador, quien planeaba vender el resto de la propiedad, ofreciéndola como una urbanización agrícola planificada, única y exclusivamente para haciendas de caballos. El comprador del rancho Eatmon, a la vez que el creador del concepto de desarrollo, fue Horst-Ewald Pferdekämper. Su nombre casi aturde. La primera vez que tuve la oportunidad de verlo escrito, fue en el año 1975 y se encontraba en un mensaje en el cual pedía una cita a quien en aquel momento era un joven abogado que se iniciaba con un bufete nuevo en Palm Beach, Florida. Ese abogado era yo mismo después de solo tres años de graduado. Encabezaba aquella recién formada entidad mirando hacia un futuro, que aunque prometedor y excitante, era también incierto. La cita con el nuevo cliente comenzó poco después del saludo inicial que incluía una insistencia en ser llamado por su apodo: Howald. Howald nace de la contracción de Horst-Ewald, nombre propio compuesto, con guión incluido. Desde ese primer momento que lo conocí hasta la fecha han transcurrido ya más de treinta y cinco años. En el transcurso de ese tiempo se convirtió en uno de mis mejores amigos.

Howald nació en un hospital de maternidad de Gera, un minúsculo pueblo alemán, cerca de otro no mucho más grande y orientado hacia el sur llamado Weida. En Gera fue donde en el año 1891 nació Otto Dix. La fama del magnífico pintor se debe no solamente a la calidad de sus obras, ni al haber sido considerado parte del Neue Sachlichkeit (traducido liberalmente como Nueva Objetividad), sino por haber sido perseguido por Adolf Hitler por crear lo que fue designado arte degenerado. En Weida tenían sus casas los padres y los abuelos de Howald. La casa de los abuelos era, a juzgar por su tamaño grandioso y su aspecto imponente, lo que no sería nada injusto llamar un castillo. El conjunto era conocido en Weida por el nombre de Villa Pferdekämper. Tanto Weida como Gera fueron ocupados por la Unión Soviética después de haber perdido Alemania la Segunda Guerra Mundial. Desde el año 1945, en adelante, formaron parte de la República Democrática Alemana o la llamada también Alemania del Este. Los dos pueblos, así como otros muchos más, y una gran parte de Berlín, terminaron cayendo dentro de la zona de ocupación soviética de la posguerra. En el año 1989, tras la caída del muro de Berlín —el símbolo más claro de lo que separaba al mundo en dos ideologías al que se le llamó durante más de dos décadas La Cortina de Hierro— finalizó esta ocupación.

Nunca llegué a conocer a Walter, el padre de Howald. Sí conocí a su encantadora mamá, Charlotte. Howald me ha contado que los recuerdos que tiene de su padre son a partir de su regreso al hogar después de haber sido herido en acción durante la Primera Guerra Mundial. Walter Pferdekämper murió el 2 de mayo de 1939. A su inhumación asistió un gran número de oficiales del ejército alemán. Hicieron acto de presencia para honrarlo y compartir la despedida de duelo con la familia; rodearon el féretro de ramos de flores y coronas engalanadas con cintas llenas de alabanzas al difunto. Walter había sido un alto oficial de las fuerzas armadas, y era un hombre de alta alcurnia. Fue oficial en la Wehrmacht (ejército alemán). Entre los adornos florales, que galardona-ban su ataúd, había ofrendas con insignias de regimientos, así co-mo también de la SS, lo cual conducía a la errónea conclusión de que Walter había tenido un sepelio con los honores propios de un oficial importante de la SS, pertenencia que Howald discute, ne-gándola con vehemencia. SS es el acrónimo de Schutzstaffel, lo cual literalmente significa escuadrón de defensa, dado a que en su origen era la guardia personal de Hitler. Sin embargo, posterior-mente evolucionó hasta convertirse en una organización paramili-tar compleja y con un enorme poder. La SS estaba dividida en una rama política, Algemeine-SS y una rama militar, Waffen-SS, que se integraron con la Wehrmacht para combatir en el frente, aunque operativamente dependían de mandos separados.

Recurriendo a las ductilidades permitidas por el vocabula-rio del único idioma que compartimos, el inglés, a la vez que ha-ciendo un esfuerzo por dominar los entresijos de ese idioma, le he explicado, con términos sencillos y limpia sintaxis, a un contencio-so Howald, que dado a que murió en el año 1939, es innecesario que continúe insistiendo en defender la carrera militar de su padre. Cualquiera entiende que no es posible que Walter, ya enfermo y convaleciente de las heridas recibidas en la Primera Guerra Mun-dial, pudiera ser acusado de pertenecer o no a la SS, y de haber participado de las desviaciones atroces del movimiento bélico rec-tilíneo, o sea, de haber cometido, durante la Segunda Guerra Mun-dial, los actos horribles de los que son acusados los de la SS. Por una parte, dada su condición de herido, Walter estuvo inactivo desde que terminó la Primera Guerra Mundial. Por otra parte, mu-rió casi cuatro meses antes de comenzar la guerra, que, bien se puede decir, empezó en agosto de 1939, al firmarse el Tratado de Molotov-Ribbentrop, lo que le permitió a Alemania y Rusia repar-tirse Polonia. El problema es que Howald siempre prefiere conven-cer a sus oyentes de que la calidad moral de su padre era superior a la de los individuos que pertenecían a la SS.

Sin querer contrariar la pétrea convicción de Howald, es decir, su reacción espontánea de querer convencer al oyente de que su padre no era un oficial de la SS, hay que hacerse el ciego para poder ignorar la existencia de fotos del entierro de Walter. Sin distorsiones cognitivas de ninguna índole, se pueden ver con claridad múltiples banderas y bandas de seda galardonando las flores que decoraban la tumba con el nombre del difunto. Y las iniciales SS por todas partes. He visto las fotos. Howald afirma que eran inmerecidos honores ya que Walter no solo no era uno de sus integrantes, sino que los otros altos oficiales del ejército alemán eran, al igual que él, monárquicos con arrogancia justificada por su tradición y estirpe. También Walter añadía que a los de la SS los consideraba gente muy por debajo de su nivel social. No obstante, las fotos dejan un pequeño espacio de maniobra para después de unos cuantos tragos surjan ganas de usar el tema como artificio con fulminante para hacer estallar una carga explosiva de aclaraciones. O sea, para buscarle la boca a Howald.

La casa de la familia Pferdekämper era una gran mansión de una alta categoría en Weida. Era tan espaciosa, que a medida que la Unión Soviética se iba acercando a Alemania, el alcalde del pueblo la designó como vivienda para treinta y ocho individuos que habían sido desalojados de sus hogares y trasladados a la retaguardia. Entre los refugiados figuraba la esposa de un general del ejército alemán, la señora Sinnhuber, quien acompañada por su hija y el perrito *dachshund* de la familia, fueron alojados en el hogar de los Pferdekämper. Es de suponer que el rango de general de su esposo fue lo que justificó que se les aposentara en la habitación principal de la casa, es decir, el que había sido el cuarto matrimonial de Walter y Charlotte, mientras Walter vivía. La señora Sinnhuber venía protegida por un destacamento de soldados alemanes que no solo la transportaban a ella, a su hija y al perrito sino que además cargaban con docenas de baúles llenos de artículos de plata, joyas y obras de arte. El cargamento de la familia Sinnhuber fue traído en camiones militares desde su casa solariega en Silesia a su nueva residencia en Weida, escoltados por soldados armados.

Aquí se hace necesario un aparte que Howald también rebate, negándose a aceptarlo con vehemencia. Se trata nada más y nada menos que de una teoría sin pruebas de ninguna índole. No es más que una impresión que tiene cierta lógica, por lo cual, para no influir en el lector, ni prejuzgar, y evitar dar una impresión equivocada, me limitaré a hacer apuntes de índole geográfica. Silesia en el pasado fue parte de Alemania. Hoy en día está en Polonia. Las ciudades alemanas, por ejemplo Breslau, actualmente tienen nombres de ciudades polacas. En el caso de Breslau, hoy se llama Wroclaw. La casa de la familia Sinnhuber estaba en Silesia, ubicada en el área de los alrededores de la ciudad de Oświęcim en Polonia, lugar al que los alemanes cambiaron el nombre debido a su mala pronunciación, y hoy es conocida en el mundo entero por ello, se trata de la ciudad de Auschwitz, no muy lejos de Cracovia. Es apropiado señalar también que la familia Sinnhuber es oriunda de Bavaria. ¿A dónde es que va toda esta perorata geográfica? A resaltar que los camiones cargados con los tesoros de la familia Sinnhuber venían de un área próxima a los campos de concentración y exterminación de judíos con el nombre de Auschwitz- Birkenau. Al llegar a esos campos, a los judíos les terminaban de quitar las cosas de valor que hubiesen llevado escondidas en su equipaje de mano, en su persona, en sus dientes, etcétera. Dejemos ahí la explicación, asumamos que la esposa del general Sinnhuber era una mujer muy ahorrativa, y limitémonos a seguir la fortuna de la familia Sinnhuber hasta su destino en Weida. Al llegar a la casa de los padres de Howald, todos los baúles fueron enterrados en el jardín de la residencia. Si uno se sentaba en la biblioteca hogareña y miraba hacia el jardín por sus ventanales franceses se veía un laguito y al lado un sauce majestuoso. Los cofres fueron enterrados a varios pies de profundidad, en el área donde había césped en el jardín, alrededor del lago y a poca distancia del sauce.

La guerra continuó ininterrumpida, mientras que los treinta y ocho refugiados seguían hospedados con la familia Pferdekämper, a su vez ya reducida a cuatro miembros después de la muerte de Walter: Howald, sus dos hermanos y Charlotte, su mamá. La comunidad, que compartía el mismo techo, convivía en armonía precaria, configurando una cultura de gueto. Se veían obligados periódicamente a buscar refugio en el sótano de la casa, justo debajo de la biblioteca, cada vez que sonaba la sirena del pueblo, anunciándole a la ciudad de Weida que se aproximaban aviones de bombardeo enemigos, de los cuales se esperaban ataques que nunca llegaron. Quizá porque Weida no tenía ningún valor estratégico; quizá porque los aliados preferían guardar las bombas hasta llegar a Berlín o Hamburgo. Pero de todas maneras al sonido de la sirena seguía siempre la huida al sótano. La guerra continuaba, y en su avance los cañones y las explosiones se oían cada vez más cerca de la casa, hasta que un buen día alrededor del 15 de abril de 1945, ocurrió algo singular: cuando esperaban pacientemente la segunda sirena que les avisaba que había pasado el peligro y podían salir todos de sus escondites, esta se demoró más de lo acostumbrado. Nunca sonó, y finalmente todos los que estaban en el sótano se percataron de que algo debía de haber pasado. Hicieron un sorteo para seleccionar quién debía subir a ver qué estaba sucediendo y reportarle al grupo escondido cuál era la razón por la que no había sonado la sirena. Al abrir la puerta principal de la calle, el que había subido a averiguar se encontró con cuatro soldados americanos que le sonrieron y le ofrecieron goma de mascar: Así comenzó la ocupación estadounidense de Weida. Los soldados norteamericanos, no obstante ser amistosos y repartir chicle, se aparecieron en la casa y les notificaron tanto a todos los refugiados que allí vivían, como a la familia Pferdekämper, que tenían que abandonar la casa; sin esperar a que esto sucediera, el ejército americano ocupó la mansión el mismo día que entraron a Weida. Los soldados habían desembarcado en Francia hacía ya casi un año y, desde entonces, venían peleando. Estaban exhaustos, necesitaban acuartelarse y descansar para continuar avanzando en su frente de guerra.

Al quedarse todos sin vivienda, Charlotte entró en acción inmediatamente. Como alternativa de supervivencia, en medio de una crisis que de pronto se había complicado aún más, volviéndose asoladora, logró a través de amistades mudar a unos cuantos para las casas de sus vecinos, mientras ella y sus hijos ocuparon una cabaña sin electricidad ni agua que era parte de la propiedad. Por último, para los que aún estaban en la calle negoció, con unos gitanos que habían huido para pasar la guerra en Weida, la compra de su carroza. El precio incluía la instalación en el jardín de la residencia de los Pferdekämper, y así lo hicieron. Los gitanos, procedentes de un pueblo nómada de Rumanía, siguieron su camino. No así la carroza, la cual siguió decorando el jardín de la mansión Pferdekämper durante la década de los años cincuenta del pasado siglo.

Charlotte hablaba inglés, italiano y, por supuesto, alemán, de ahí que fuese enseguida contratada como intérprete del ejército estadounidense. A pesar de que la oferta era para que trabajase el día entero, ella, desde un principio, se negó con rotundidad, explicándole al oficial de más alta graduación en Weida, el coronel Smith, que tenía tres hijos y solamente podía ofrecer sus servicios por las mañanas. Los americanos, a medida que se establecieron como ejército de ocupación, comenzaron a vivir en otras casas; le devolvieron la residencia a los Pferdekämper y a los treinta y ocho refugiados, quienes pudieron regresar a la casa para reanudar su vida comunitaria. La Señora Sinnhuber, su hija y, por supuesto, el *dachschund*, volvieron a ocupar la habitación más importante de la casa, el cuarto matrimonial de Walter y Charlotte. La plaza central de Weida se llenó de tanques y jeeps militares, Charlotte continuó con su trabajo como intérprete del coronel Smith, y así comenzó un período de relativa normalidad, distinguiéndose por largos períodos de inactividad y tedio.

Finalizada la guerra, el ejército estadounidense de ocupación en Weida no tenía mucho que hacer. Por lo tanto, el coronel Smith se pasaba las tardes aburrido y la verdad es que Charlotte, con quien tuve amistad en los años setenta, resultaba ser una persona simpática y divertida, además de encantadora. Al coronel Smith le entretenía conversar con Charlotte, pero las leyes de ocupación no les permitían a los soldados americanos confraternizar con los alemanes. Les estaba prohibido visitarlos en sus casas, así es que el coronel Smith, acompañado de su asistente, el mayor Todd, teóricamente lo que hacían al aparecerse en la casa de los Pferdekämper no era visitar a Charlotte sino a unos italianos refugiados que convivían con los Pferdekämper. De esa manera, circunvalaban la ley que les prohibía confraternizar con el enemigo, los ciudadanos alemanes. Oficialmente visitaban al escultor Giovanni Marichiodo y a su hermana Gianna. La excusa oficial era la visita a estos refugiados, que al no ser alemanes, les era permitido y allí pasaban el rato conversando sobre la guerra, el arte, la literatura. Las visitas se convertían en todo un evento social que ayudaba a luchar contra el tedio.

Walter y Charlotte habían tenido muchos amigos italianos, pues después de su enlace matrimonial, en el año 1928, comenzaron a viajar y a pasarse temporadas en un lugar idílico del Mediterráneo, en la provincia de Messina, donde hay un pequeño y paisajístico pueblecito siciliano llamado Taormina. El pueblo está ubicado en la costa este de la isla de Sicilia. Allí, dándose baños en el mar Jónico, conocieron y comenzaron a codearse con artistas, entre ellos el escultor Giovanni y su hermana Gianna. Taormina es un lugar de veraneo y turismo muy popular que ha servido a esos propósitos desde el siglo XIX. Además de ser escénico, se destaca por su agua de mar, pues además de mantenerse tibia durante todo el año, tiene un alto contenido de sal. Para completar el buen tino de haber seleccionado Taormina, los doctores que examinaron y cuidaron a Walter durante sus años de convalecencia, eran de la opinión, que estando al lado del volcán Etna, el azufre en la atmósfera le ayudaría a curarse. Walter terminó muriendo de cáncer linfático, no de sus heridas de guerra.

Después de, finalmente, lograr una visa en el año 1940, los hermanos Giovanni y Gianna aceptaron la invitación de Charlotte y Walter de visitarlos en Alemania para que Giovanni trabajara de escultor en una cantera cerca de Weida. Su hermana lo acompañaba. ¿La verdad? Las verdades, sin matices, resultaron tres: Una es que a pesar de que Giovanni y Gianna se querían ir de Italia mucho antes, Charlotte les pidió que esperaran hasta después de que muriese Walter, quien falleció en el año 1939. La otra verdad, es que Giovanni le huía a la conscripción de las fuerzas armadas italianas.

Y la verdad final la comenzó a sospechar Howald cuando, ya viviendo los italianos en Weida, Charlotte comenzó a pedirle a Howald con frecuencia que saliera al jardín y se quedara afuera sin volver a entrar a la casa por un buen rato. La conjetura fue confirmada el día del hallazgo de dos condones usados en el único baño de la casa. Charlotte en aquel entonces era todavía una mujer relativamente joven. Howald recuerda, en sus cuarenta, que ya él, con apenas diez años de edad, había adquirido cierta familiaridad conversacional con el funcionamiento, efecto y propósito práctico de los condones. No precisamente por experiencia propia, ya que era muy joven para haber conocido el error de Onan, y mucho menos mujer, sino como resultado de un extenso diálogo escolástico con muchachos mayores que él, esmerados sabia y sibilinamente en la educación sentimental del precoz muchacho. Esto, sin descontar las presuntas observaciones de las costumbres de las aves de corral. La sorpresa no le resultó agradable y encarándosele a Charlotte, condones en mano, le dijo ofendido: «Mutti (Mami en alemán), hay un cerdo viviendo en nuestra casa». Charlotte no le contestó en ese momento pero días más tarde se le acercó y le preguntó a Howald si se acordaba de la cara de la viuda Francke. Con la pregunta le hacía referencia a la mamá de un compañero de colegio de Howald, Heinrich Francke. Cuando Howald le contestó que claro que se acordaba de ella pues la veía con frecuencia, Charlotte le explicó que la viuda Francke tenía la cara llena de surcos, pliegues, rugosidades y arrugas que la envejecían prematuramente por la precisa y exacta razón que desde que había enviudado no había tenido relaciones amorosas ni sexuales con nadie, añadiéndole que ella no quería le sucediera eso mismo. «¿Ni tú tampoco me lo deseas, no es así Howald?» Ahí quedó la explicación del uso fisioterapéutico del italiano apagafuegos, justificado por un bienintencionado propósito de evitar marcas faciales que indicasen envejecimiento prematuro.

En el año 2008 mi esposa Jackie y yo cenamos con la sobrina del escultor, es decir, la hija de Gianna, quien está ya casada y se llama Daniela Mastroeni. Esa fue la ocasión en que la conocimos a ella, a sus dos hijas y a su esposo Mario, quien por cierto es simpatiquísimo. La cena fue en el restaurante de su hotel Villa Esperia, en Taormina, Sicilia. El amante de Charlotte, Giovanni, nunca tuvo hijos, lo que no nos sorprende ya que aun enfrentándose a la considerable austeridad y estrechez de una Alemania que sufría grandes derrotas durante la Segunda Guerra Mundial, sabemos que siempre supo cómo agenciarse un socorrido par de condones.

Una tarde en que el coronel Smith, el major Todd, Howald y su mamá Charlotte se encontraban conversando en la biblioteca de la casa de los Pferdekämper, alguien tocó a la puerta. A Howald no le alcanzó el tiempo necesario para levantarse a abrirla. Cuál no sería la sorpresa al encontrarse frente a él, al marido de la señora Sinnhuber, es decir, el general Sinnhuber que vestido con su uniforme militar, deslumbró a todos con su apariencia marcial al entrar marchando en la biblioteca escoltado por dos oficiales alemanes, quienes junto a él ostentaban decoraciones, medallas, botas pulidas y porte de mando. Con elegancia formulista se cuadraron y saludaron con su acostumbrada disciplina militar, férrea y teutónica, ante el coronel Smith y el major Todd. El general Sinnhuber anunció, con un tono de voz un poco más alto del que requerían las circunstancias, la habitación y los individuos que hasta ese momento allí se relajaban, que había venido a buscar a su familia. No dijo ni pío de sus baúles.

El ejército alemán capituló en mayo de 1945, después de lo cual se le permitió permanecer intacto mientras se llevaba a cabo el proceso de entrega de armas. Durante el periodo de desmovilización que consistía en dar baja del servicio militar a los soldados que hasta esa fecha habían estado haciéndole la guerra a los aliados, la unidad del general Sinnhuber mantuvo suficiente jerarquía como para autorizársele a llevar tres camiones y cinco soldados a Weida. No solo venía a rescatar a su esposa, hija y perrito *dachschund* sino, por supuesto, también sus pertenencias que habían sido cuidadosamente escondidas por los soldados alemanes que él mismo había seleccionado. Fue un momento embarazoso para todos los allí presentes. Por un lado, el guerrero profesional alemán que había sido incuestionablemente derrotado en la guerra, un Señor General con todas sus medallas y flamante uniforme, se encontraba tratando de representar su acostumbrado papel formal, marcial y distinguido, acompañado oficialmente de sus dos subalternos, cuando de veras lo que anhelaba era desenterrar y llevarse sus cachivaches y matules que habían sido ocultados durante la guerra para evitar que fuesen saqueados por el enemigo. Por otro lado, ese mismo enemigo, del cual habían estado escondiendo, bajo sus propias narices, como quien dice, él, su señora e hija, los cacharros de plata «adquiridos-vaya-usted-a-saber-cómo», era el ejército estadounidense que teóricamente ocupaba y controlaba el pueblo de Weida. Era a ese mismo enemigo a quien saludaba con su toque adulador para no dar lugar a ninguna pregunta que no pudiese contestar. Como oficial americano, el coronel Smith tenía cierto deber de investigar lo que venía a buscar el general Sinnhuber con tantos soldados, picos, palas y camiones. ¿Sería botín de guerra? ¿Armas nucleares secretas? Sin embargo, el enemigo allí presente en las personas del coronel Smith y el major Todd, no pecaba ni de terquedad ideológica, ni de insensibilidad hacia la suerte de otros. No tenían el menor interés en meterse en honduras enfrentándose a esa bochornosa situación. Hubo a quien se le ocurrió que Charlotte quizá les hubiese pedido a los americanos que evitasen exponer al ya suficientemente derrotado general a seguir sufriendo humillaciones nefarias adicionales. Lo que se sabe con certeza es que el general Sinnhuber le pidió a Howald que por favor lo acompañara un momento afuera de la casa para encontrar un lugar con privacidad donde le pudiera explicar su problema y pedirle ayuda. Howald recuerda esto clarísimamente, porque al salir de la casa con el muy decorado general alemán, los soldados americanos se cuadraron y lo saludaron ceremoniosamente, algo que nunca sucedía cuando el coronel Smith y el major Todd les pasaban por delante. Probando desde su tierna edad una precoz y endiablada inteligencia, se le ocurrió ofrecerle al oficial americano Smith, la sugerencia de ir a cazar conejos. Howald no tenía ningunas ganas de cazar conejos ni tampoco poseía una escopeta. Ningún alemán tenía permiso para tener armas y mucho menos usarlas. Terminaron usando unas escopetas del coronel Smith. Haciéndose los de la vista gorda, se fueron todos los americanos a cazar con Howald, mientras los alemanes excavaban el patio para desenterrar los baúles y cargarlos en los camiones, y poderse llevar, lo antes posible, los efectos personales del general alemán que se iba al día siguiente con su esposa a vivir en un apartamento en Münich. Por invitación del coronel Smith, sugerida por Charlotte Pferdekämper, esa noche el general durmió con su esposa la señora Sinnhuber en la cama matrimonial de los Pferdekämper. En la casa esa noche también durmieron los ya más de treinta y ocho refugiados de guerra. Años después, ya adulto, Howald visitó al general Sinnhuber en su casa en Münich donde vivía de manera muy cómoda, cobraba una pensión y su vida funcionaba, en la compañía de su esposa, como la de cualquier otro ciudadano normal. Ni de la hija ni del perro salchicha se supo nada más.

No obstante haber nacido, criarse y haber hecho su educación primaria en Weida, cuando Howald llegó a los diecisiete años, o sea en el año 1947, dos años después de terminar la Segunda Guerra Mundial, y en plena ocupación soviética, Howald decidió no seguir viviendo ni un momento más del necesario en un lugar destinado a quedar separado del mundo por la cortina de hierro soviética. En cuanto se le presentó la primera oportunidad de ser aceptado en un colegio preuniversitario público de Bavaria, viajó y se quedó a vivir en Schrobenhausen, al norte de Münich, con una familia luterana de apellido Danner, amigos de sus padres. Bavaria, claro está, quedó en manos de los aliados. No así el pueblo natal de Howald, que había sido conquistado por los americanos pero luego terminó en manos soviéticas. Los norteamericanos ganaron Weida peleando en la guerra pero terminaron perdiéndola en la paz, cuando les fue cedida a los soviéticos por los norteamericanos en el Tratado de Yalta. Howald se registró en un plantel educativo público que le permitió sacar su Abitur un año antes que si lo hubiera hecho en cualquier otro instituto preuniversitario ubicado más hacia el oeste de Alemania. El Abitur es el certificado de graduación

Para esta última celebración, Gisela, su esposa, le organizó a Howald una reunión de familia y amigos en su hogar, donde tanto los concurrentes que le traían regalos, como él mismo al agradecerlos efusivamente, se esforzaban en comportarse como si fuese una ocasión festiva igual que cualquier otra. Sin embargo, a aquellos que habían tenido la buena suerte de conocerlo de joven, les resultaba trabajoso concebir los dígitos escritos en la panetela. Ochenta y dos. ¿A dónde se habían ido tantos años?

A Howald siempre le han gustado los caballos de Dressage, y de joven los montaba, término deportivo que se usa para caracterizar una disciplina equina, la cual no obstante ser considerada artística, es uno de los deportes olímpicos que goza de más popularidad en Europa que en los Estados Unidos. Otra cosa que le atrae mucho a Howald es el arte, aunque nunca tanto como las mujeres jóvenes y atractivas. Por lo tanto se hace fácil entender su atracción hacia la que hoy en día es su esposa Gisela Vollmer, ya que Gisela reúne todas esas cualidades e intereses. Invitada por una amiga que le pidió compañía, Gisela, quien en aquel año 1970 comenzaba a hacerse de un nombre como bella pintora figurativa de veinticuatro años, se apareció en casa de Howald durante una fiesta. Era una de las exhibiciones de arte que celebraba fielmente cada año en su penthouse de soltero para fomentar tanto el arte como sus prospectos femeninos. La fecha coincidía con una feria anual industrial y comercial que llenaba la ciudad de Hannover de empresas nacionales e internacionales. Se llevaba a cabo durante los últimos diez días del mes de abril de 1970. La feria se llama todavía Hannover Messe. Howald, por supuesto, lo hacía por el arte y... bueno, claro está, en el proceso, y siendo su organizador, no le quedaba otra alternativa que tratar, conocer y familiarizarse con las nuevas graduadas universitarias que comenzaban su vida de artista profesional tratando de agenciarse dónde lograr exponer sus talentos. Les daba la oportunidad de hacerlo en su mansión a la que acudían artistas, galeristas y amistades que no solo eran coleccionistas sino también conservadores, curadores y directores de museos. Añadía a la combinación una mezcla de mucha bebida alcohólica, poca comida y demasiados invitados como para caber en su combinación de ático de lujo con casa azotea. Para completar la mezcolanza añadía muy buena música, lo cual facilitaba una proximidad placentera e inmediata entre todos los invitados, al verse suavemente coaccionados a conversar con los extraños a su alrededor. El ambiente casi se electrizaba, creando una condición conducente al hedonismo. Por eso las invitaciones a sus fiestas eran esperadas con ilusión. El arte de Gisela había comenzado a tener cierta aceptación y sus obras ya se estaban vendiendo. En el primer instante que Howald la conoció, sucedió lo esperado. Desde la noche en que se vieron por primera vez se volvieron una pareja y unos meses después comenzaron a vivir juntos. Howald mandó a todas sus amistades sociales unas tarjetas formales grabadas profesionalmente con caligrafía antigua, anunciando que él y Gisela «iban a tratar de ver si podían vivir juntos». La reacción fue variada. Hubo quienes pensaron que era una afronta burlarse de las convenciones sociales, al distribuir las tarjetas, las que por cierto, eran tan elegantes que parecían una invitación de boda. A la mayoría le pareció encantadora la idea, además de muy chistosa. Después de vivir durante muchos años con la atractiva y talentosa jinete de Dressage y pintora alemana, Howald se dio cuenta de que no le era necesario continuar sufriendo batallas introspectivas para decidir si estaba enamorado o no. Lo estaba, y punto. Sin más, se casó y tuvieron dos hijos, Till y Marc. Till, el mayor, es mi ahijado.

Hoy en día Howald y Gisela viven en una finca al oeste de Palm Beach y ella se ha retirado de su mundo de Dressage, pero no así de su arte. Sigue pintando y además ha diversificado su diálogo artístico haciendo cerámica y esculturas en bronce que le comercializa un galerista neoyorquino.

Desde que se casaron, Howald y Gisela han vivido en fincas, a las cuales les ponen nombres que guardan relación con una importación equina grande que hicieron en el año 1978. Grand Prix Ranches y Hanover Horse Farm son algunos de los nombres. En la primera de ellas fue donde se creó la asociación estadounidense de la raza de caballos alemanes Hanover, y para allí se trajeron importados treinta y tres caballos hanoverianos. Dieciocho eran yeguas preñadas, uno era un padrillo llamado *Einhardt* y catorce eran potrillos de ambos sexos.

Howald no pinta, pero eso sí, lee mucho y también escribe en alemán. Los que han leído sus obras sostienen que lo hace muy bien, por cierto. Por ser escritor y lector, además de muy buen amigo de sus amigos, se interesó en una conversación en la que yo participaba, en su fiesta de ochenta y dos cumpleaños. Esa conversación provocó una discusión acalorada. Me hallaba escribiendo un cuento verídico acerca de una amiga cubana, que viajaba por Alemania y se las vio inesperadamente negras cuando tuvo que huir de una Europa en la que estaba a punto de estallar la guerra. La Segunda Guerra Mundial nada más y nada menos. El nombre de la amiga cubana, por cierto, habanera, es Elisita Montoro, quien junto con su madre y amistades, habían descubierto, al bajar a desayunar en el Hotel Vier Jahreszeiten, de Münich, Alemania, el 23 de agosto de 1939, que la guerra se avecinaba. El grupo se vio sin otra alternativa que interrumpir con urgencia las que hasta ese momento habían sido unas vacaciones para premiar las buenas notas que había sacado Elisita en su escuela parisiense. Al oír las alarmantes noticias y visitar al cónsul cubano de Münich, acto seguido y con la mayor prisa posible, comenzaron un viaje de vuelta a París con planes de sin demora alguna volver a los Estados Unidos. Una vez en París y después de muchos esfuerzos y trajines para poder encontrar espacio en barcos que zarpasen para New York, lograron, al fin, obtener cupo en el *Queen Mary* a pesar de estar ya sobrecargado de pasajeros que huían, igualmente, a la muy temida guerra.

Hay algo de un aspecto levemente asimétrico del relato de Elisita. Se trata de su alusión a escoltas navales que acompañaban el barco de pasajeros. Habiendo salido el tema durante la fiesta de cumpleaños, pareció oportuno preguntarle a Howald y obtener sus comentarios. La pregunta básica era por qué, cuando por fin Elisita y su madre lograron conseguir un pasaje a bordo del *Queen Mary*, para partir desde Cherbourg, el 29 de agosto de 1939, la nave con nombre monárquico llevaba de séquito dos destroyers británicos que iban protegiéndola de submarinos alemanes pues se temía que querrían hundir el *Queen Mary*. La duda ante este detalle descansaba en dos razones. La primera es que el *Queen Mary* era una nave británica y Gran Bretaña en esa fecha todavía era un país neutral que no estaba en guerra ni con Alemania ni con nadie, y la segunda razón es que el *Queen Mary* era un conocido barco de transporte de pasajeros y la marina alemana no hundía barcos de pasajeros. La esperanza era que consultándoselo a Howald él aportase alguna idea que ayudase a eliminar la irresolución del indefinido tema.

Howald señaló que, ante todo, era importante recordar que el 29 de agosto de 1939, Gran Bretaña todavía no le había declarado la guerra a Alemania, lo cual no hizo sino hasta el 3 de septiembre de 1939. Dos días después Alemania se la declaraba a Polonia y la cañoneaba, para entonces invadirla el 1ro. de septiembre de 1939. Por cierto, Howald recordaba esas fechas con claridad porque él y su familia viajaban de Weida a Taormina, en agosto de 1939; este viaje coincidía con el avistamiento de un movimiento importante de tropas alemanas que marchaban en dirección a Polonia. Howald en aquel entonces tenía unos nueve años y recuerda su excitación al ver el convoy de camiones, soldados y cañones. Ante mis inquietudes, Howald contestó amablemente, y aunque su ceño fruncido con tono intimidatorio era ostensiblemente en chiste, la inflexión de su voz delataba un tonillo de cuasi irritación, cuando añadía que los barcos hundidos por la marina alemana durante la guerra, fueron únicamente barcos de carga de mercancías abanderados por países que habían declarado previamente la guerra a Alemania. Nos recordó, a los allí presentes, de aquellos buques corsarios fantasmas que los marineros británicos llamaban en inglés Phantom Raiders. Claro está, añadió Howald, hubo algunas pocas excepciones, como por ejemplo el caso de algunos barcos de pasajeros de países neutrales que fueron hundidos por equivocación, pero que con el pasar del tiempo la historia probó que la culpa fue de sus capitanes, por no haber obedecido las leyes marítimas en tiempo de guerra y navegar con luces apagadas, sin bandera y hasta sin responder por radio al ser interceptados en alta mar. Howald añadió: «¡Mario, por favor, recuerda el caso de nuestro amigo Bernhard Rogge y el *Zamzam*!». Ahí sí confesé que no entendía nada. Mi reacción fue de confusión total. «Perdóname Howald», le dije, «explícame qué tiene que ver nuestro amigo de Kampen, Bernhard Rogge, con las fuerzas navales alemanas, hundimientos de barcos de pasajeros británicos durante la guerra y, antes de seguir mucho más lejos, ¿qué rayos es un *Zamzam*?».

Mi amistad con Howald había comenzado en el año 1975, cuando sus requisitos profesionales lo convirtieron, al poco tiempo de conocernos, en un cliente importante del bufete que yo dirigía en aquel momento, exigiendo que se le rindiesen servicios legales tanto en Europa como en los Estados Unidos. Casi de inmediato fue necesario ampliar las oficinas para añadir empleados, encontrar un nicho donde comenzaría a tabletear un Télex y, por supuesto, iniciar viajes tanto a Alemania como a Suiza y España. El roce diario y su enorme simpatía lograron convertir la relación de profesional y social finalmente en una amistad. Tan amigos llegamos a ser, que un buen día me invitó a compartir en el año 1977, unas vacaciones de verano europeas. La idea era reunirnos todos: Howald, su novia Gisela, y un grupo de amigos alemanes. El plan era ir a un pueblo llamado Kampen, en el centro de una isla del Mar del Norte, frente por frente a Dinamarca y pasar casi diez días juntos, desde el 13 al 21 de agosto. En aquel momento yo estaba soltero y no tenía ningún compromiso por lo que resultó imposible no aceptar la invitación. En Kampen, durante el mes de agosto de 1977, fue donde conocí a Bernhard Rogge.

¿Qué es Kampen y cómo llegué allí? Pues Kampen es un pequeño pueblo que está en Sylt, la ínsula más grande de las islas Frisias. La isla tiene noventa y nueve kilómetros cuadrados, y diecinueve mil residentes que viven allí el año entero. En un pasado perteneció a Dinamarca, de la cual la separa un estrecho de menos de tres kilómetros. El resto de los residentes de Sylt que se pasan allí únicamente sus vacaciones de verano, cuentan entre ellos la mitad de las cien personas más ricas y poderosas de Alemania. Entre ellos está el ministro de Finanzas Wolfgang Schäuble y el conocido conductor de programas de entrevistas de la televisión alemana, Günter Jauch. La proximidad a Dinamarca permite la flexibilidad de navegar con frecuente y asidua regularidad, la corta pero turbulenta distancia que separa a los dos países para comprar quesos y mantequillas que resulta imposible que los haya más deliciosos. Durante la Segunda Guerra Mundial la vulnerabilidad de Sylt era preocupante para las fuerzas armadas del Dritte o el Tercer Reich, por estar expuesta en línea casi directa con Inglaterra por el Mar del Norte. O traducido al idioma alemán... *Nordsee*. Debido a esas inquietudes y con toda intención de protegerse de las fuerzas aliadas, allí se fabricaron fortificaciones, diseñadas por militares con una arquitectura militar simple, pero duraderas. Todavía en los años ochenta del pasado siglo XX quedaban en la playa restos de aquellas estructuras. Sus residuos son de concreto armado con cabillas metálicas oxidadas y jorobadas por el salitre, las explosiones y el erosivo oleaje. Los aliados las bombardearon tantas veces que terminaron dejándolas inoperables desde el punto de vista militar, pero han quedado como evidencia oficial de la violencia de la Segunda Guerra Mundial. Las medidas defensivas funcionaron durante la guerra para obstaculizar los desembarcos del enemigo, que hubiesen resultado un desastre táctico para los alemanes, dada la cercanía de la ciudad de Hamburgo, pero eso sí... decididamente no han estorbado en lo más mínimo la invasión de huestes turísticas.

A la isla se puede llegar por ferrocarril y por barco, pero la manera más rápida de llegar aquel sábado 13 de agosto de 1977 fue en pequeños aviones de la ruta doméstica Happag Lloyd, las cuales hacían conexiones exclusivas con Berlín, Hamburgo y Münich. Los aviones paraban para hacer escala aterrizando en varias isletas, separadas unas de las otras a pesar de ser parte de la plataforma o tierra firme continental. Otro posible nombre para la compañía de transporte aéreo pudiese ser Aerolíneas Lácteas ya que su trayectoria era similar a la de aviones lecheros, pues paraban en cada isla que sobrevolaban. Actuaban de manera similar a los lecheros cubanos de los años cincuenta del pasado siglo XX, quienes iban de puerta en puerta y viajaban en camiones por las calles habaneras, dando servicio diario de reparto de botellas de vidrio con tapas de cartón que contenían leche fría y se distribuían a domicilio. Después de quitar un alambre que ceñía el cartón protector alrededor del pico de la botella de leche, se levantaba una segunda tapita, también de cartón, que protegía el líquido, para finalmente llegar a la leche. Bueno, es decir, si se omite la mención de la repugnante nata. La asquerosa y repulsiva nata, que desafortunadamente era imprescindible penetrar para llegar a la leche. La nata es una sustancia espesa, no del todo blanca, ya que su tono de color es un tanto amarillento, y que forma una capa sobre la leche fresca que ha estado un rato en reposo. Los lecheros en Cuba repartían la leche al amanecer, con el desagradable resultado de que la leche ya había reposado cuando la familia se sentaba a desayunar. O sea, que al abrirse la botella, ahí estaba ya la nata. Al acecho. Esperando. Dejando a un lado la desagradable nata, y volviendo a las islas del Nordsee, hay que reconocer que los aterrizajes eran espectaculares. Vistas desde el aire las isletas dan la impresión de ser no mucho más que amontonamientos pueriles de tongas de arena, lo cual al aterrizar provoca ascendencias testiculares y revoloteos gástricos. La pista de aterrizaje del aeropuerto de Sylt en el verano cumple un doble propósito. Uno es aéreo y el otro es atlético. Cuando no hay aviones aterrizando o despegando, el terreno adyacente a la pista se improvisa, clavándose cuatro postes para hacer dos porterías, y de esa manera se convierte en una cancha de polo. El aeropuerto se usa poco, ya que la vía principal para trasladar todo, es decir, la comida, los turistas, el correo, hasta los automóviles de lujo deportivos que pululan por la Isla, es el tren. Todo llega cargado sobre vagones con plataforma y que junto con los de pasajeros son colectivamente arrastrados por una locomotora. Los rieles ferroviarios cruzan el puente fabricado sobre un terraplén que ingenieros han rellenado y nivelado porque bordea un páramo pantanoso o saladar llamado Hindenburgdamm.

Kampen, en el año 1977, era y todavía sigue siéndolo en términos europeos, a principios del siglo XXI, el St. Tropez de

Alemania. Para los norteamericanos es el equivalente de los Hamptons neoyorquinos. La población teutónica estival de la Isla está dividida en grupos sociales con dos niveles económicos distintos. El nivel de la clase media alta se hospeda en un grupito de cuatro pueblos pequeños que están juntos, uno al lado del otro y se llaman Westerland, Tinnum, Wenningstedt y Rantum. El otro grupo está compuesto por personas que es imposible que se autoconsideren de linaje más noble y actitud más chévere. Individuos patricios organizados en grupos exclusivos, identificándose entre ellos como miembros de la alta sociedad alemana e interesados en cualquier cosa que esté de moda, pero especialmente en lograr intimidades con el sexo opuesto, así como alto grado de dedicación a sus propias obligaciones para con las fortunas de sus familias. Grupos con onda exclusivista, todos ricos, lindos, cultos, buena vibra, consumidores de cantidades navegables de vinos y licores muy selectos, conocedores de la buena vida, entregados totalmente a satisfacer deseos irrefrenables. Ese grupo tiene que inventarse la manera de encontrar algún recoveco hospitalario donde lograr pernoctar en el pueblecito mínimo que se llama Kampen. El villorrio histórico ha sido celosamente preservado, tanto por su gobierno municipal como por el federal, por ser considerado parte importante del valioso patrimonio nacional. Las casas donde se hospeda toda esta linajuda gente, con ganas de gozar la vida, son del siglo XVIII. No se fabrican residencias con diseño moderno. No se permiten ni existen. Las casas antiguas tienen un aspecto arquitectónico curioso porque aunque las paredes son de barro pintado de blanco y están protegidas con techos de una paja que crece en los pantanales locales, por dentro exhiben diseño artístico ultra moderno. La combinación crea un contraste de improvisación con asiduidad histórica combinada de manera tal que resulta de una inesperada elegancia y sofisticación. Las casas, tanto las existentes como las nuevas que se permiten fabricar o remodelar, no pueden exceder un máximo de treinta pies de alto. Usualmente son de unos mil ochocientos pies cuadrados, pequeñas y prohibitivamente caras. Su tamaño es justificado por la idea de veranear sin servidumbre para gozar de completa privacidad. Pocas son las que no han pertenecido a las mismas familias a través de múltiples generaciones. Rara vez cambian de dueño, pero cuando en muy raras ocasiones se hacen transferencias de los títulos residenciales, los nuevos dueños, por lo general de la misma familia, los adquieren por regalo, herencia y en casos excepcionales por compraventa. En el verano algunos dueños alquilan cuartos por unos precios descaradamente altos. Los inquilinos, que al fin logran conseguir albergue después de numerosas e infructuosas excursiones inmobiliarias, se mudan con sus pertenencias veraniegas a habitaciones con techos bajos de alturas medievales claustrofóbicas. Una vez que los arrendatarios llegan a un acuerdo con los dueños sobre el alquiler, los contratos de arrendamiento son traspasados diligentemente de generación en generación, siempre dentro de las mismas familias.

Howald había estado a cargo de los arreglos para nuestro alojamiento, así es que cuando descendimos del avión que nos trasladó hacia la isla ya estaba dispuesta la habitación de un pequeño hotel. Comenzaba ya la caída del sol cuando Howald sugirió que nos acercáramos a la playa para ver el Mar del Norte de Alemania. A medida que atardecía y bajaba el sol, se bañaba la playa con un paisaje de colores fuertísimos, como si tuviese armas; reminiscencia de un llamativo paisajista de colores estruendosos. Este controversial artista del expresionismo alemán que murió en el año 1956, se llamaba Emil Nolde y procedía de un pueblo llamado Nolde, cerca de Tonder, en Dinamarca, justo al norte de la frontera de Alemania y ambos pueblos cercanos a la isla de Sylt.

El debate sobre Nolde no giraba exclusivamente sobre su singular estilo, sino también sobre su reputación pues simpatizaba con los nazis a la vez que exhibía en Los Ángeles, Boston y el Museo de Arte Moderno de New York, el popular MOMA. Por último, existen alegaciones sugiriendo que aun cuando Joseph Goebbels había criticado a Nolde con ferocidad, le había pedido al National Galerie de Berlín que le prestaran a él, que era nada más y nada menos que el ministro de propaganda del régimen de Adolf

Hitler, varias piezas de sus obras para colgarlas en sus apartamentos privados.

Después de la corta visita costeña se hizo obvio al comenzar a caer la noche, que debíamos ir saliendo hacia el restaurante donde teníamos reservaciones para la cena. El viaje desde Palm Beach se había hecho interminable, así es que después de la cena acordamos hablar por la mañana para planear nuestras actividades dependiendo de cómo amaneciese el día. La mañana siguiente despertó en Kampen con un día de sol y temperatura agradable, Howald anunció que lo lógico era que fuéramos a la playa para que, ofreciéndose a actuar de rompeolas, conociese a sus amistades que habían acordado reunirse ese día con Gunter Schmidt, en Buhnen 16. El ser aceptado dentro del grupo de Howald con rapidez, demostraba un tratamiento privilegiado que me concedieron debido al anticipado anuncio de mi llegada por parte de mi anfitrión. Esa prerrogativa conllevaba acceso a la zona privilegiada, a Buhnen 16, donde formaría parte de un grupo de amistades, reunidos alrededor de una silla, en el indiscutible corazón de la elegancia playera.

Hay viajeros culturales y viajeros amigueros. Es decir, hay quien viaja para ver lugares nuevos, conocerlos y apreciar tanto su cultura como sus costumbres. Otros, para visitar amigos en lugares remotos. En este caso, el viaje a Kampen reunía ambos intereses. El anfitrión era Howald, quien llevaba años yendo a Buhnen 16 donde tenía amigos que como él, alquilaban sillas en la playa. Sin embargo, el indiscutible reyezuelo de la playa era Günther Schmidt pues era el que más años llevaba veraneando allí. Günther, el dueño de la compañía de productos alemanes químicos Togal, la popular aspirina alemana, tenía por costumbre rodear su silla de varias botellas de champagne. Las enterraba en la arena para que se mantuviesen a una temperatura muy inferior a la ambiental ya que a un pie de profundidad la arena estaba bien fría, como para enfriar champagne en agua con hielo. El ahuecado depósito del tesoro líquido acostumbraba estar justo al lado de su bandera, la cual anunciaba su presencia en la playa ese día en particular, y era su identificación muy personal. El propósito de la bandera era orientativo ya que marcaba el lugar inequívoco en el que las mujeres que buscaran champagne lo encontrarían, junto con chistes, halagos y conspiraciones que causasen enredos emocionales de corta duración.

Günther comenzaba los preparativos de sus viajes anuales a Kampen desde los primeros asomos de la primavera en los alrededores de su hogar en Bavaria. Se abastecía con anticipación para lograr hacer su acto de aparición en Buhnen 16 cargado de caramelos, dijes, baratijas, bagatelas y chucherías, las cuales distribuía durante todo el verano para azucarar y sonsacar a jóvenes de ambos sexos. Atraer a la juventud le reportaba dos beneficios al ingenioso anfitrión con su magníficamente bien administrada apariencia de bobalicón de bienquerer. Un beneficio era la asistencia juvenil cotidiana que lo ayudaba a cargar hasta la playa botellas llenas de champagne, banderas, comida y toallas desde el estacionamiento donde llegaba con su Rolls Royce Silver Cloud y, por supuesto, al final del día de playa cargar la basura de vuelta. El otro beneficio era la cauta implementación de su plan de desarrollo de proyectos amorosos a largo plazo. La juventud siempre era bienvenida a su *strandkorbe* donde él mismo les ofrecía regalitos y caramelos con cariño, respeto y paciencia. ¿Por qué no les ofrecía solo a las muchachas y sí, en cambio, también a los varones? Los varones traían a sus hermanas y amigas y los padres de los jóvenes, al observar un ambiente sano les daban permiso para pasar por el *strandkorbe* de Günther a saludar a aquel señor tan generoso y tan buena gente. Se le notaba a ese señor tan amable que lo único que quería era que todos se sintieran cómodos, entablaran amistad con él, lo tuvieran presente y se volvieran bienpensantes en su presencia. Así se las ingeniaba para seguir la juventud desde cerca, observando año tras año el progreso a la madurez que comenzaba a puntear entre sus jóvenes amistades. Para que cuando en el momento preciso llegaran a la edad de interesarse y estar capacitadas de participar con él de sus intereses adultos, no tener que empezar a tocar el tema de manera velada e indirecta desde el kilómetro cero. Para que fuera una conversación continuada; pero de diferente tema. Temas adultos. Temas que tienen hombres con mujeres en privado. Los campesinos cubanos usaban para esto el término «maicear» para atraer a los pollitos. Echándole maíz se acercaban poco a poco, cada vez más confiados. Un día, esos terminaban siendo uno de los dos componentes indispensables de un plato de arroz con pollo.

La vida diurna en Kampen consiste en pasarse el día en la arena frente al mar. La manera de llegar a la playa con la mayor comodidad es en automóvil. La distancia desde el pueblo de Kampen a la playa no son más de dos kilómetros y por lo tanto se puede ir caminando cómodamente y en poco tiempo. Se puede llegar por la calle o por la arena. Sin embargo, se acostumbra a llevar comida y, sobre todo, bebida para pasarse allí varias horas, una gran parte del día, mientras dure el sol. Cargar con todo lo considerado imprescindible se hace menos engorroso en un automóvil. La carretera lleva tanto al transeúnte como al pasajero, tratándose de un automóvil, a una plaza de estacionamiento automovilístico desde donde se requiere caminar unos ciento cincuenta a doscientos metros a través de dunas donde la arena ha sido cubierta con planchas de madera para facilitar la tracción bípeda humana. Antes de llegar a la playa, ya desde lejos, sin necesidad alguna de acercarse a la orilla, el mar se ve turbio, plomizo y malgenioso. Con mala cara. Embravecido y revuelto con la espuma verdosa y negruzca de un oleaje frío. Y así es, el agua siempre está fría. Por algo es que los marineros alemanes no aprenden nunca a nadar. La intención tras la ignorancia intencional es buscar cómo no prolongar lo inevitable en caso de que zozobren sus naves en el *Nordsee*.

Los bañistas, quienes con insana voluntad se aventuran al mar álgido e inhóspito, ignoran los gritos melodramáticos de los niños que juegan en la orilla, al pasarles por el lado camino a zambullirse en el agua. Se adentran al agua en plena concentración de sus facultades premonitorias, ignorando todo lo que no sea tratar de ceñirse a su experiencia marítima. Basta entrar una vez para escarmentar y salir pronto... casi como halados por un resorte. Al salir hay que luchar contra la resaca y las corrientes nórdicas, ignorar caracoles y guijarros que han sido acumulados por el oleaje contra el suelo de la orilla y caminar rápido, para buscar con la mayor instantaneidad posible subirse uno mismo la temperatura corpórea, sacudiéndose algas del cuerpo, secándose, brincando y otros tantos movimientos para hacer lo que hiciese falta. La descripción lleva a deducir que el clima es aborrecible pero la verdad es otra. Es tonificante. Entre los veraneantes, los baños de mar de Kampen son conversados, evaluados, celebrados, criticados, admirados, festejados, denunciados, alabados, maldecidos, elogiados, renegados, aplaudidos, discutidos y reconocidos por lo que vigorizan, vivifican, fortifican, reparan, reaniman, resucitan, reconfortan y energizan. Pero la verdad es que los que se meten en el agua salen enseguida tratando lo antes posible de recibir el calor del sol como cocodrilos golosos de ser irradiados y, por lo tanto, vivificados. Pobres de los que piensen que allí alguien se va a quedar dentro del mar conversando con una cerveza fría en la mano y un sombrero grande para protegerse de los rayos del sol. Los diálogos pertinentes nunca mencionan si la sensación de bienestar es adquirida como resultado de entrar, o al salir y hacer lo indecible para lograr calentar el cuerpo.

El escritor alemán ganador del premio Nobel de literatura del año 1929, Paul Thomas Mann, mejor conocido por Thomas Mann, mencionó en su famosa novela *La montaña mágica* las playas de Sylt. Hans Castorp, hombre seguro de sí mismo a la vez que el protagonista, se para en la playa con mucho respeto mirando hacia el mar y procede a compararlo con la jaula de un león con mandíbulas abiertas bostezando y de esa manera haciendo relucir sus colmillos asesinos. El recién graduado ingeniero naval, quien aún no ha comenzado su carrera de armador de buques, al darse baños de mar aprende el temido placer de jugar con fuerzas tan violentas que de uno acercárseles demasiado, son capaces de destruirlo. Lo apoda el monstruoso desconocido. Hans logra bañarse, siempre cerca de la orilla, atento al silbato de los guardias salvavidas quienes le permitían jugar con la espuma marina pero sin adentrarse a las mandíbulas leoninas.

Si se tratara de imaginar por anticipado esta playa del norte de Alemania, nos remontaríamos a un paisaje semejante a los que se encuentran en obras creadas por el pintor noruego Odd Nerdrum. Nerdrum, al principio de su carrera artística, acostumbraba a crear escenas pobladas por individuos anónimos en pequeños grupos de habitantes, que pueblan paisajes infecundos, sin referencias arquitectónicas de ninguna índole, y desempeñando actuaciones cargadas de erotismo. Sin conocer a Kampen ni en fotos, era lógico imaginársela de forma similar, sintiendo que la vivencia contribuiría al mejor entendimiento de la hermenéutica de las tan codiciadas obras figurativas del famoso noruego. Se supone que estando allí sería más fácil decodificar con mayor soltura el mensaje que Nerdrum, como emisor, quiere transmitir a sus destinatarios. Kampen, sin embargo, resultó una celebración: explosiones de colores en una playa arenosa, cubierta de un mar de sillas y banderas multicolores. La realidad se asemejaba a obras que bien pudiesen haber sido pintadas por Eric Fischl, pintor contemporáneo estadounidense, como si él hubiese veraneado en Kampen, en lugar de hacerlo en St. Tropez, playa donde capturó los movimientos sutiles que dictan la narrativa de sus composiciones. Allí, en Francia, Fischl notó que la desnudez adquiere elementos bufonescos al ubicar individuos en una trama tabú absurda. Observó cómo al no estar conscientes de que eran escudriñados, el lenguaje corporal de los protagonistas, al interactuar en la playa, traicionaba su falta de confort con su físico, al desenvolverse la vida playera en mini dramas, con una dinámica ausente de la vida cotidiana cosmopolita.

En su autobiografía titulada *Bad Boy*, Fischl pinta hombres africanos en algunas de sus obras artísticas, de los que hay muchos en toda Europa, vendiendo baratijas. Fischl los pinta en situaciones típicas, de tenderos y playeros, negociando con mujeres blancas desnudas a las cuales, por razones comerciales, y a petición de ellas mismas, se les tienen que acercar para demostrarles y dejarles probar su mercancía. Esos acercamientos de mercader a su cliente logran una proximidad que no deja de crear una tensión incómoda con los novios o esposos, también desnudos a su lado. Fischl muestra esta incomodidad, debido quizás a una reacción de su propio subconsciente, ya que él reconoce su procedencia de una familia donde sus propios padres se paseaban desnudos por la casa creando situaciones que el pintor todavía recuerda y pinta para sacudirse recuerdos incómodos. Con el tiempo cayó en la cuenta, sin embargo, que la reacción en la que se combinaban ironía y desaprobación era de él y no de los franceses. Los galos actuaban de acuerdo con un código social tan ordenado y organizado como el que Fischl hubiese encontrado en las hileras de las milimétricamente distanciadas sillas o *strandkorbe* de la playa teutónica.

La gentileza de Howald al ofrecer sus servicios como chofer y guía, la primera mañana de playa, no solo agilizó la llegada a la arena sino que también facilitó ubicar el sitio donde se encontraba ya reunido el grupo de sus amistades. Howald y Gisela saludaban a sus amigos, mientras que yo observaba a tres muchachas jóvenes de edad preuniversitaria. Estaban justo enfrente del grupo, y yo comenzaba a evaluar la posibilidad de que aquella playa se convirtiese en uno de los grandes escenarios de mi vida. A pesar de no conocer a ninguna de las tres rubitas nórdicas de caras lindas y cuerpos esbeltos que brincaban alegremente, no las perdí de vista. Ellas, sin estar conscientes de la presencia de nadie en particular que las observara detenidamente, retozaban saltando, muertas de risa, una cuerda multicolor; la suiza, como la hubiéramos llamado en Cuba. Divertidísimas, las tres se esforzaban en demostrar agilidad y soltura sin ningún agotamiento; en una bobada pueril intranscendente que minimizaba el hecho de que las tres estaban completamente desnudas. Solo me despabilé mirando aquella escena cuando me percaté que Howald me llamaba repetidas veces para presentarme a su grupo de amigos, incluyendo al dueño del *strandkorbe*, al muy anticipado Günther Schmidt, quien a su vez era el anfitrión. La desnudez del grupo allí reunido era general, así es que aparte de nombres y apellidos, no quedaba compartimentación informativa alguna. Cuando llegué al grupo, Howald y Gisela ya estaban desnudos, sentados y conversando de quién sabe qué temas, tal vez anodinos pero propios. En Estambul se ven estambulitas; en Buhnen 16, bañistas desnudos.

En los días de sol, como aquella mañana, la playa suele llenarse de hombres y mujeres, quienes después de desnudarse se agrupan para compartir e intercambiar anécdotas en un ambiente propio de una reunión de amistades que ocurre en cualquier lugar del mundo. Ese era el mismo rito que acostumbraban seguir todos aquellos que habían sido invitados a unirse al grupo de amigos en la playa. El orden a seguir estaba claro: llegar a la playa, hacer un bulto no muy desorganizado con la ropa recién quitada y buscar dónde instalarse ya desnudo en el círculo de conocidos para disfrutar el día. Para recibir a sus invitados en Kampen se observaban, como en el resto del mundo, las costumbres de los buenos anfitriones; así es que Günther saludaba a los recién llegados a medida que aparecían, les daba la bienvenida, presentaba a los que ya estaban, tributaba una entusiasta acogida y señalaba al invitado recién llegado dónde poner su ropa.

Para mí no era ningún secreto que las playas de Kampen eran nudistas, es más, era una motivación para el viaje. El hecho de que fuese una experiencia nueva la hacía interesante, pero era necesaria toda una estrategia para evitar lo que delataría que se trataba de mi primera vez en ese ambiente. Se imponía actuar con normalidad, aparentando un acostumbrado acto de ejecución natural e imitando el de los anfitriones. Liberarse de toda prenda de vestir al instante de llegar, sin demoras ni tonadillas que disimularan el titubeo, era la mejor manera de mostrar la especie de acto de magia de pasar de estar completamente vestido a suntuosamente desnudo. Si se piensa, se corre el peligro de demostrar indecisión e incumplir con las muestras de naturalidad; no se debe dar impresión de prisa, con sonrisa despreciativa del frío y ganas bien aparentadas. Y así fue cómo resultó, todo el proceso se llevó a cabo en concordancia con lo planeado, sin reserva ni tapadera de ninguna índole. Pero hubo que enfrentarse a costumbres inesperadas, como la de fingir sencillez al recibir cumplidos sobre algunas de mis cualidades personales observables en ubicaciones corporales íntimas. Hubo que acordarse que los halagos provenían de una educación altiva que detesta la descortesía, que no renuncia a sus acostumbradas obligaciones y, por lo tanto, era vital fingir naturalidad al recibir elogios, como por ejemplo, sobre el lindo color tostado del sol en la piel. El efecto era discernible por el contraste entre las extremidades y otras partes usualmente paliduchas que no ven el sol, dado que viven sus vidas públicas ininterrumpidamente amparadas por trajes de baño o *lingerie,* es decir cubiertos por ropas interiores. Regiones del bajo vientre donde se encuentran ubicados los órganos reproductores.

Los admiradores, que lógicamente después de haberse tomado su tiempo de observación, procedían a lisonjear el color resultante del tostado de sol con sus comentarios, no se hubieran imaginado nunca, que con muchos días de antelación el que ahora recibía cumplidos, imaginando cómo sería su primera vez en una playa nudista y valorando la importancia de evitar una desnudez paliducha, había organizado todo un paciente horario destinado a baños de sol con aceite que le permitiese una presencia en Kampen marcada por un buen color canela de pies a cabeza. El color oscuro de la piel tostada por el sol contrastaba con el de las regiones recónditas que usualmente son tapadas por un traje de baño, prenda de vestir indispensable para evitar quebrantar la ley estadounidense en las playas y piscinas norteamericanas. Llegué a Kampen preparado para al desvestirme develar un colorido considerado de antemano apropiado para aquella playa. La sorpresa fue al recibir tantos saludos efusivos de felicitaciones por el colorido de mi piel, de parte de hunos desnudos, tanto conocidos como desconocidos, así como tanto de mujeres como de hombres: «Siéntese. Aquí tiene un vaso de champagne».

A los veinte minutos, no obstante ser un nudista inexperto, ya había encontrado reposo recostado en la arena, desarropado en generosa vulnerabilidad, transpirando imperturbabilidad imperecedera, rodeado de hombres atléticos y mujeres espléndidas. Kampen comenzaba dando una impresión no del todo disímil a un atelier de nudismo, sin su usual acompañamiento de erotismo. Se disminuía el misterio, desacralizándolo, erradicando las veladuras y aboliendo de esa manera transgresiones visuales y el miroteo osado para hurgar sugerencias de desnudez a través de telas diáfanas. Ansioso por ser aceptado, tiré al ruedo una usualmente acertada prosopopeya y expuse con facilidad conceptos vagos. La idea era confinar la conversación a temas permisibles dentro de los límites de una relación superficial, cargada de elementos intrascendentes. Los asuntos importantes en esas conversaciones quedarían completamente anulados en la práctica, pues tendría más trascendencia planear algo divertido para esa noche.

La última en llegar al *strandkorbe* fue una amiga e invitada de Günther Schmidt, quien con toda naturalidad se transformó en la encarnación terrestre de una deidad del deseo —un avatar de la religión hindú— al quitarse el vestido de algodón y los pantalones interiores de seda, al estilo de bikinis, que era todo lo que llevaba puesto. Eso es, por supuesto, si no contamos los espejuelos de sol que en la Cuba mía, la de antes del triunfo de la revolución castrista, les hubiesen llamado calobares, la pelusa dorada que le cubría los brazos bronceados hasta los codos, ni la medalla de oro con escritos, figuras de civilizaciones pasadas y aspecto totémico inquietante que le colgaba de una cinta roja de seda alrededor del cuello. Lo que ocurrió acto seguido no fue como resultado de habérsele hecho una cuidadosa radiografía ni de mirarla como si fuese un dobosh (deliciosa torta húngara) sino que no había que hacer un gran esfuerzo para darse cuenta de lo mucho que a esa mujer le gustaba gustar. Ante aquel espectáculo tan cercano y sin estar consciente de que posiblemente pecaba de fijón, ella debió de haberse sentido miroteada de tal manera, que me devolvió la mirada, lo cual me obligó a recapacitar con urgencia. Estaría desnuda, divina, arrebatadora y cautivadora pero se hizo imprescindible que cuanto antes anegara la subitánea chispa ocular que sin duda transmitía mi subconsciente. No había ni tan siquiera un inicio de alboroto en las zonas sureñas, ni pensamientos lúbricos pero ello hubiese resultado en un fastidio inenarrable así que sin perder un instante cambié y adopté la mirada vidriosa de costumbre e indiferencia. Al lograrlo, la expresión extraña de la recién llegada se desvaneció. ¡Había que controlar el inconsciente! A partir de entonces, y ya conocedor de la presencia del animal sexual que se rebelaba, retorciéndose interiormente, fue necesario mantener periódicamente una vigilancia para evitar pasar malos ratos.

La observación de la experiencia nudista playera me proporcionó algunas sorpresas. Una de ellas fue advertir que las miradas más libidinosas no eran las de los hombres a las mujeres que se paseaban por la orilla del mar nórdico con sus satinados muslos, coronados ya bien de un frondoso o bien peladito y organizadito pubis. No. Nada de eso. Las miradas varoniles menos serenas eran dirigidas a las mujeres que se paseaban parcialmente vestidas. Es decir, a aquellas mujeres de por sí atractivas, y que dado el hecho de ser una playa nudista usualmente estarían desnudas, al igual que el resto de los bañistas, pero por razones de sus ciclos femeninos se sentían mejor usando la parte baja de sus bikinis. Parecía como si con solo añadir la singular prenda de vestir se metamorfosearan en mujeres con más misterio y carácter aventurero.

La invitación era para pasar diez días en Kampen y aunque la primera desnudada aparentó ser bastante normal, y cada día resultaba menos dificultosa, lo que desacomodaba eran las efusiones públicas y bonhomías en los recibimientos de bienvenida, en los cuales se aplicaba un ampuloso saludeo vociferándose en alta voz el nombre propio. Todos hablaban en inglés. Por cierto, del bueno. No había remedio. Era gente conocida, fina, quienes por su educación tradicional obtenida como miembros integrales de buenas familias estaban acostumbrados a esta forma y con esos buenos modos de saludar. El problema no es que yo fuese hosco de trato ni remiso en el hablar, ni tampoco huraño, o poco tratable, sino es que las intenciones de lograr una adaptación paulatina a aquella nueva experiencia, se veían de pronto paralizadas al escuchar mi nombre de pila en voz alta y a los cuatro vientos. Lo que se hacía aún más complicado al estar rodeado de un grupo nada heterogéneo de nudistas exclusivamente hunos, no es solo el no ser uno un huno, sino además el no estar acostumbrado a nudismo de grupo. Ya eso de por sí conlleva su reto, pero además hay que añadirle a esa primera impresión una generosa e insistente cordialidad de gestos amistosos extendidos a uno por hunos que uno no conoce. Gestos que no son reverencias versallescas fabricadas de la nada, sino provenientes de una cortesía genuina, como darse la mano, besarse, no obstante la desnudez y con el debido decoro, comenzando a los pocos instantes de la llegada inicial, continuando y de esa manera magnificando el momento del desnudeo personal y aumentando en número, efusividad e intensidad una vez ya desnudo. Al nudista novato le resulta inquietante tanto saludo y tanta gentileza, y lo coloca en situaciones que lo obligan a enfrentar la vulnerabilidad causada por el sentido del pudor, ya que prefiere pasar inadvertido al desnudarse ante lo que aparentaba ser toda una muchedumbre. No cabía duda de que los saludos futuros que nos intercambiáramos aquel nuevo grupo de conocidos, estarían unidos a imágenes de otros pelos y señales, y pensaran que mi color bronceado no hubiera sido planeado y solo fuese el resultado de vivir en una zona tropical estadounidense que invitaba a baños de mar diarios.

Nací en San Cristóbal de la Habana, demasiado tarde como para haber luchado en la Segunda Guerra Mundial con el ejército de los Aliados, y de haber ocurrido, el objetivo hubiese sido combatir para tratar de matar a los padres de muchos de los que allí se encontraban saludando con amabilidad y entusiasmo. Cualquier matanza se hubiese llevado a cabo contra soldados vestidos con uniformes. Los alemanes que estaban allí eran demasiado jóvenes para en aquella época haber estado en el ejército alemán, Howald entre ellos. Los Hitler-Jugend habían vestido camisas color café con leche, habían cargado en desfiles y manifestaciones estandartes con águilas y saludado esvásticas no del todo diferentes a arañas geométricas escurriéndose por banderas rojas. Fueron guiados por el führer, Hitler, el guía del Imperio que en alemán se conoce como Reich. Líder del Nationalsozialistische Deutsche Arbeiterpartei. Del Partido Nazi. Y ahora, los que se encontraban en esta playa en Kampen era cientos, si es que no miles, de alemanes sin uniforme alguno. Sonrientes y claro está, todos desnudos. Lo que se me ocurría no se debía, ni se podía compartir. Era risible.

El nudismo público en Alemania tiene su nombre. Los alemanes les dicen Freikörperkultur, pero usan más bien el acrónimo. F.K.K. La pronunciación del acrónimo suena muy parecido a «efcacá». La playa nudista se separa de la playa textil por nada más que un simple anuncio clavado en la arena. En la playa textil los bañistas usan trajes de baño. En el anuncio se lee: *Nackstein ist Schon aber: Bitte respektieren Sie denTextilestrand.* La traducción del diplomático y preventivo anuncio es: «El nudismo es bello pero por favor respeten la playa textil». Su función desde luego es evitar una emboscada lanzando una bengala de advertencia. En latín «Ne Supra Crepidam» que traducido libremente quiere decir «Zapatero a sus zapatos». O... «no vengas a pasear el chocolate por donde no está bienvenido que lo enseñes, quédate entre tus nudistas. Respete para ser respetado».

La costumbre en las dos playas, ya bien la nudista como la textil, es la de alquilar unas sillas que son fabricadas en la isla de Sylt para ser usadas con comodidad en sus frías playas locales. Las sillas son dobles, o sea en cada una de ellas caben dos personas sentadas una al lado de la otra. Se fabrican con mimbre de paja, entrelazado y pintado de muchos colores y en otros casos se deja en su estado natural similar a la paja o mimbre que se emplea para tapar los techos hogareños. Los asientos y el interior de las sillas, el techo incluido, son forrados de un material de lona rústica con colores llamativos. Las sillas de playa o *strandkorbe*, en alemán, son todas de diferentes colores y crean un espectáculo muy vistoso. Alrededor de las sillas, se acostumbra fabricar y mantener murallas de arena. La razón de amurallarse no es más que para protegerse del viento. Cuando el sol se esconde detrás de una nube, baja la temperatura notablemente. Algunos decoran las paredes de arena con caracoles, dándole un estilo rococó, cursi pero simpático.

Las murallas arenosas no son muy altas, llegan hasta más o menos la cintura y están orientadas para desembocar en una entrada que mira en la misma dirección en que los inquilinos desean apuntar, una vez sentados en las sillas: hacia al sol. Los alemanes le llaman a toda la aquí descrita y manualmente fabricada infraestructura de playa, *Strandburgen*. La sensación cuando uno entra es la de hacerlo dentro de un fuerte de arena calentado por el sol; desde esa posición solo se ven los espaldares de las otras sillas ya que, una vez sentados y protegidos del viento, todos se orientan en la misma dirección. La interpretación lógica del plan de veraneo germánico es que sentados dentro del capullo de mimbre, respaldados por una muralla de arena y con el sol de frente se siente uno a gusto. El entretenimiento consiste, además de ocasionalmente entrar a bañarse en el mar, en tomar bebidas alcohólicas, comer algo, leer, conversar, dormir o ponerse a observar el desfile de cuerpos que pasan frente a las sillas cuando pasean por la playa o van camino a bañarse. Francamente, funciona. El resultado es una especie de asiento reclinado, dentro de un aire acondicionado salitroso, seco, soleado y rodeado de cuerpos desnudos europeos de consistencia musculosa y sin las barrigas gelatinosas masculinas ni los muslos femeninos celulíticos que son tan abundosos en las playas norteamericanas. Por supuesto, no se ve ni un solo trasero de esos tan imponentes como existen en algunos casos caribeños femeninos que parecen motores fuera de borda.

En la playa tanto la nudista como la textil hay toda la gama de colores primarios. El colorido es vívido, con un cierto grado de exageración que resalta en contraste con el trasfondo oceánico plomizo y la arena blanca. El conjunto crea un escenario alborozado de una belleza inesperada, que armoniza con la discrepancia y extravagancia de colores. La vistosidad del colorido agiliza la entrega al regocijo. La arena se llena de *strandkorbe* de colores, acompañadas cada una por su respectiva bandera personal, con el propósito de identificar al individuo o a la familia que la ocupa. Los llamativos estandartes, emplazados al lado de las sillas, son diseñados con dibujos resultados del capricho imaginativo de los mismos individuos que pasan allí sus vacaciones de verano. Los gallardetes se enarbolan con la ostensible intención de que al círculo de conocidos se les facilite identificar a los dueños del *strandkorbe* desde lejos. También sirven para recibir y agrupar amistades. Tienen dibujos de escudos familiares y de castillos, bien sean reales o ficticios, de donde provienen o creen provenir los antecedentes familiares del diseñador. Son grandes, con aire de importancia, sedosos, decorados con galardones de pigmentos contrastantes, diseñados así para que resalten su belleza al revolotear en el viento; se fijan a mástiles portátiles de madera enterrados en la arena. Una versión de esos mismos banderines, pero de mayores dimensiones, se izan frente por frente a las casas de verano de esos mismos individuos. Al llegar a su residencia de verano, con total ausencia de sencillez, cada uno iza su bandera que anuncia el inicio de su temporada estival en su local alquilado. Así declaran su presencia y sus deseos de diversión. Da lo mismo que lo alquilado sea una habitación que una casa medieval completa. Alquilar una casa en Kampen es prohibitivamente caro. Los que lo logran no se esfuerzan por mantenerlo en secreto, dado que es un símbolo de haber logrado ascender un peldaño socioeconómico, lo que te permite llegar a formar parte de un grupo que si a lo mejor no es codiciado, se comportan como si esperaran ser envidiados.

La mayoría de los que veranean año tras año, alquilan el enaltecido equivalente de pequeños recovecos. La idea era, como escribió Emyl Schindler mirando bañistas en Sylt, pertenecer al grupo de humanos que retozan en las esclusas deíficas. El famoso pintor murió en Sylt, el 8 de agosto de 1892. A pesar de ser admirado en el mundo del arte, es quizás más conocido por haber sido el padre de la vienesa Alma Schindler, quien luego se llamó Alma Mahler-Werfel. Alma murió a los 86 años en Nueva York, el 11 de diciembre de 1964. Veraneó con su familia desde niña en Sylt. Luego de adulta resultó ser muy polémica. Estuvo casada con el famoso compositor Gustav Mahler; el mundialmente reconocido arquitecto, profesor de Harvard, Walter Gropius, y con el muy leído, publicado y traducido novelista, autor de la obra religiosa católica *La canción de Bernadette*, Franz Werfel, quien, por cierto, era judío. Se le atribuyeron romances a Alma con los hombres más importantes de su época, entre ellos Gustav Klimt y Oskar Kokoschka. Lo de Klimt es posible que no haya sucedido ya que hay publicaciones revelando que era sifilítico. En el caso de Kokoschka hay de poca a ninguna duda de haber sido verdad que ocurrió ya que el pintor dejó documentada la relación en un cuadro tan explícito como famoso. Su gran obra *The Bride of the Wind* o *La novia del viento.*

Es preciso aclarar que entre las familias que acostumbran solearse en Kampen hay figuras prominentes del mundo teutónico social, económico, artístico, deportivo y político. Conversaciones iniciadas en la playa ocasionalmente pueden llegar a lograr ascender a niveles graves. Las preguntas trascendentes pueden ser hechas por alguien importante no solo en Alemania sino en la esfera mundial, y quien a su vez tiene relaciones de amistad y diplomáticas con su equivalente norteamericano, es decir, celebridades a niveles internacionales. Se conoce en la turbamulta playera a jueces que ejercen en el equivalente a tribunales supremos nacionales, desvaídas damas de alcurnia, ministros de hacienda de la federación germánica, pintoras con exhibiciones museísticas, profesores de filosofía, poetisas publicadas y músicos de concierto con fama internacional. Una sorprendente cantidad de los que se paseaban por la playa desplegando su desnudez eran individuos reconocidos y afamados que tenían casas allí, disfrutaban de la playa y conversaban en inglés con acento pulido. En aquel entonces se veían a gente como el actor de cine Kurt Jurgens, el príncipe Moritz von Hesse, el príncipe Poldi von Bayern, varios políticos de Bonn, así como personas reconocidas en el mundo industrial como Axel Springer y Berthold Beitz de la Krupp. Las celebridades que eran dueños de casas también alquilaban los *strandkorbe* cerca unos de los otros, lo cual les permitía verse y conversar durante el día de playa sin tener que caminar distancias largas. Lo más chévere de toda la playa, la zona *sanctasanctórum* y más «chi-chi» era el lugar denominado Buhnen 16. Allí es donde estaba el *strandkorbe* de Günther Schmidt, el de Howald y los de sus amistades. Uno de los que frecuentaban, y compartía con regularidad las reuniones de amistades de Howald, era Bernhard Rogge. El mismo Bernhard Rogge que Howald me animaba a traer a mi memoria más de 35 años después. Allí fue donde lo conocí como a otro más del grupo, o *clique* como decían sus integrantes. Era muy conocido en la playa y considerado un señor de edad indefinida, lo que en mi código suele significar un viejo bien conservado. Bernhard había nacido en el año 1899, así es que en 1977 tenía 78 años. No obstante su edad, parecía un hombre mucho más joven. Medía alrededor de seis pies y cuatro pulgadas, hombros como un buey de carga y con un asomo de acento alemán al hablar un inglés británico cultivado. Pero eso sí, era de modales dulces, con una placidez imperturbable y de diálogos menguados por las cadencias suaves, bajas y pausadas que provienen de una alta calidad cultural y social. A pesar de que Bernhard era siempre amable, su gentileza no se extendía a ser explícito acerca de sus pensamientos ni de su vida privada. Se limitaba en sus conversaciones a lo que estuviese ocurriendo en Kampen ese verano. Ni siquiera mencionaba si era soltero, casado o viudo. Participaba de la fiesta como cualquier otro soltero, aunque ya de cierta edad y sabiéndosele casado, lo hacía con menos urgencia que los hombres más jóvenes. Como si se conformase buscando solaz y esparcimiento, aunque no como burócrata fugado temporalmente de una vida cuajada de rutinas deprimentes y hasta embrutecedoras. Dicho de otro modo, era alguien que transmitía mucha seguridad de sí mismo, sin misterios y con disposición a compartir socialmente con individuos más jóvenes que él aunque disociado del sentimiento y la pasión.

En Buhnen 16 es donde los arribistas aspiran a estar alguna vez. Con un poco de suerte logran conseguir una que otra invitación a pasar de visita, pero no pueden esperar conseguir el alquiler de un *strandkorbe*. Buhnen 16 está toda bajo contratos de arrendamiento escritos y firmados, los cuales tienen hace décadas cláusulas de renovación anual automática. Se traspasan por herencia los contratos de padres a hijos. Desde ese punto geográfico central es que se empiezan a distribuir los alquileres de sillas de playa en anillos concéntricos, cada vez más distanciados de Buhnen 16. Mientras más lejos, menos ideal resulta su ubicación. Las sillas que se quedan sin ser alquiladas hasta el último momento son porque están en el equivalente sibérico de la nada social.

En los años setenta del siglo XX no se veían norteamericanos en Kampen. Descubrir una noche a una norteamericana bellísima fue inesperado y sorpresivo y su lenguaje corporal transmitió las feromonas indispensables. Estaba allí haciendo un internado pagado por una galería de Münich. La empresa había calculado que, dada la fauna cosmopolita estival, establecerse con una sucursal en Kampen era una probabilidad rentable. Como la norteamericana hablaba un alemán excelente y su interés profesional era el arte, no me pareció mala idea preguntarle por Kunst, un artista que parecía ser excesivamente prolífico y estaba en todas las galerías. «¿Es abstracto o figurativo?» Su respuesta fue una pregunta capciosa para averiguar si estaba interesado en el arte. ¿Por qué? Kunst quiere decir arte. Papelazo. Llevaba un año estudiando en Bavaria y estaba encantada de haberse encontrado tan buen empleo veraniego. Tenía el apartamento de los dueños de la galería para ella sola durante la semana. Los fines de semana venían los directores de la empresa y entonces todos compartían el espacio que constaba de dos habitaciones. La noche de su hallazgo, no apareció nadie más en toda la noche por aquel apartamento. A pesar de haber entrado a la habitación, procedente del baño, con la acobardada dignidad de una princesa exilada, probó ser complaciente, discreta, receptiva, metódica, paciente, mansa de carácter y corta de luces. Luego, la conversación llegó a que le sugiriese una invitación llena de la buena fe que procede del infaltable ánimo amistoso como resultado de haber compartido intimidades. La nada complicada ilusión de estar juntos el día siguiente en la playa recibió un filo punzante y vehemente «¡No!» Interpretado por ella debe haber querido decir «Pasémonos mañana el día conversando desnudos en público, en la playa enfrente a todo el mundo». El tostado de su piel delataba que había pasado días soleándose desnuda. Este bronceado ya había sido apreciado detalladamente durante el transcurso de la cita nocturna. Claro está, antes de la impensada e inaceptable invitación.

La invitación había sido extendida para prolongar la primera noche de común experimentación. ¿Cuál era el problema desequilibrante entonces? Después de pasarse días exponiendo su desnudez en la playa, en completo anonimato, había llegado a acostumbrarse a la idea, y hasta a sentirse cómoda, desnuda frente a cientos de alemanes desconocidos. Eso le llegó a resultar inconsecuente. Sin embargo, el instinto de fuga irresistible, ante la idea de pasarse el día desarropada en la compañía de alguien procedente de un lugar de común proximidad geográfica se disparó como mandato celular. Para la princesa de pueblo pequeño del interior de Norteamérica, la invitación se presentaba inaceptable pues podía correr el peligro de que llegara a oídos de conocidos de su comarca enano-burguesa estadounidense y entonces fuese destronada a la ubicua mediocridad. Cortar de raíz y despedirse con inacabables muestras de agradecimiento y urbanidad fue la mejor opción y así me evitaba sospechas de una posible vinculación que eliminase otras opciones femeninas. ¿Para qué ir contra la corriente?

Al igual que sucede en las playas donde reina el omnipresente y encubridor traje de baño, las amistades conocidas intercambian invitaciones sociales. Las mismas costumbres que se establecen en todos los países del mundo son, por supuesto, observadas también en Kampen. Aquellos que tienen casas de veraneo en la playa invitan tanto a sus familiares como a las amistades que ven con frecuencia durante el resto del año a pasar temporadas de vacaciones juntos. Invitaciones a veranear a la orilla del mar quieren decir sol, salitre, arena, ocio, descanso y bueno, sigamos de largo hasta llegar a mencionar las otras realidades. Realidades como mirar con deleite cuerpos bronceados en trajes de baño que, por cierto, cada año se vuelven más pequeños y permiten mayor grado de observación introspectiva. Por supuesto, Kampen es parecido en todos los sentidos a cada una de esas playas, con la importante diferencia del Freikörperkultur.

Las parejas de alemanes jóvenes, tanto solteros como casados que se invitan unos a los otros durante ocasiones sociales de su mundo urbano invernal con el fin de hacerse visitas en Kampen tienen la oportunidad, una vez llegado el verano, de examinarse mutuamente sin necesidad de recurrir a la imaginación. La ocasión les permite llevar a cabo un interrogatorio inquisitorial visual mutuo de sus cuerpos desnudos. Los hombres son comparados entre ellos por su extensión, curvatura, garbo, circuncidado o no circuncidado, anchura, don de gentes, actitud, colorido, presencia pública y si tiene o no simpatía. Las mujeres son comparadas por sus bellezas, buen humor, donaire, medidas, pesos, escalas, cicatrices, señales, grosos, musculatura, adiposidad relativa, así como comparada hasta en densidad cualitativa de vellos, pelusas y pelusillas. Es un estudio físico comparable al que normalmente se hace entre dos personas durante momentos más apropiados para el intercambio de movimientos reproductivos acompañados de apodos diminutivísimos, jadeos guturales y actos inconfesables. El ambiente playero nudista se presta a ser exhaustivo en los detalles. Parejas que se conocen durante los estudios universitarios o que simplemente se conocen del lugar en donde viven el resto del año, una vez que se pasan el primer día juntas en la playa, no les queda nada por ver ni que les vean. No hay secretos ni dramas. La realidad física acompaña al grupo desde ese momento en adelante durante el transcurso de la temporada así como a las vidas veraniegas gozadas en común. Naturalmente, una vez que se termina el verano, en la ausencia de haberse dibujado, fotografiado, anotado, filmado o de existir una memoria elefantiásica, no es necesario ser formalmente expulsado del paraíso del recuerdo ya que con el tiempo dejan de ser imágenes cognoscibles.

En toda relación humana está el componente libidinoso. Las parejas miran y se miran. A veces las miradas son de promesas inquietantes, tanto por fuera como por dentro. Hacia adentro así como hacia afuera. Miradas de satisfacción, así como miradas deseando satisfacer; las hay que buscan satisfacción así como hay otras satisfechas de generar deseo. Deseos que se evitan unido a los esfuerzos que se necesitan hacer para evitar ciertos deseos, aquellos mismos que precisamente demandan mucho esfuerzo para evitarse. Imaginaciones que se dirigen hacia rumbos inesperados. Horizontes inimaginables que se abren súbitamente desviando el trayecto vivencial en dirección al libertinaje, ayudado y exaltado por el consumo de alcohol en su acostumbrado papel de lubricante oficial.

Hay invitaciones a veranear, que al hacerse ya vienen con trastienda, colmadas de ambiciones subrepticias ilícitas y hasta deseos adúlteros que preceden al verano y que no tienen nada que ver con Kampen. Otras, resultan del aproximamiento veraniego. En la mayor parte del mundo occidental las personas acostumbran a intercambiar invitaciones para compartir un verano de playa. Kampen se presta a que a las invitaciones se les adjunten agendas furtivas, llegando a convertirse en algo más que compartir la playa con un grupo de amigos. De ser aceptada la invitación, se hace plausible mirar a la unidad matrimonial ajena con prescindencia de su acompañante quien a su vez, también examina íntimamente el fruto prohibido del prójimo. Se exponen a las amistades, antes del verano muy sanotas, a situaciones que incitan a soñar con lo vetado. El amigo o familiar que aprueba un ofrecimiento a veranear a una playa nudista acompañado de su esposa o novia le proporciona al prójimo la oportunidad de tener su parcela de erotismo privado más intenso del acostumbrado en las playas textiles. Aun en el caso de ausencia de deseo ilícito premeditado, todo hombre casado entiende que es posible que haya esa posibilidad en otros matrimonios ajenos, nunca en el suyo propio, por supuesto. Dentro de la frágil entretela del marido más ejemplar existe un salvajismo innato esperando el momento apropiado de salir a cazar.

En Kampen, al igual que en otros lugares de veraneo, existe el habitual intercambio de invitaciones sociales a cenar en hogares privados, los cuales permiten ver de cerca el funcionamiento doméstico. Situaciones como esta pueden ser frecuentes: «Mira me da mucho gusto presentarte a alguien que tenemos de visita. Fulana es la íntima amiga de mi señora desde la universidad. Es soltera. Está pasándose parte del verano con nosotros». Y ahí está fulana, pensándosele ineludible estipendio anfitrional, en medio de su ceremonia nocturna de higiene, saliendo del cuarto de baño después de una ducha caliente, un ratico después de haber llegado de la playa nudista, húmeda, con el pelo rodeado por una toalla de algodón, en camisón de dormir blanco, bajo el cual no cabe duda que está la desnudez. O, complíquesele un poco la trama para crear una versión menos endulzada que provoque intereses mezquinos: «...te presento a la mujer de mi cuñado. No..., ella está sola aquí con nosotros, por unas semanas. Su marido tiene demasiado trabajo, parece ser que está cada vez más enmarañado por sus absorbentes negocios. Su empresa está pasando por unos momentos difíciles y eso lo tiene tan ocupado que no le permite venir nada más que algún que otro fin de semana».

La invitada se vuelve parte de la sutil rutina familiar de sus anfitriones. Las comidas, los cuartos de estar, las habitaciones de dormir, los baños, todo es muy pequeño y es compartido por toda la familia, incluidos los invitados. En una ciudad la gente diariamente se viste para salir a la calle, la dinámica hogareña de esta aldea teutónica resulta muy distinta, donde la idea es todo lo opuesto. Las disciplinas hogareñas de vestirse a la hora de dormir y para andar dentro de los recovecos medievales alquilados y compartidos con la visita veraniega son afectadas por la relajada desnudez cotidiana en la playa. Resulta algo parecido a la convivencia mormónica, con la variante de carencia de preceptos religiosos, pues es una comuna dedicada al ocio veraniego, sin responsabilidades laborales que provean las necesidades del bien común, y con unos ritmos cotidianos sin tabúes y abiertos a la tolerancia sexual.

Las dunas de Buhnen 16 reunían a muchos personajes pintorescos. Uno de ellos era el conocido empresario de Kiel. Importador de frutas que luego revendía en los mercados de toda Europa. De rostro fácilmente confundible con el del famoso actor de la cinematografía norteamericana y europea, Kurt Jurgens, el bien parecido comerciante, había hecho un viaje largo de vacaciones por todo Suramérica acompañado de su bella y mucho más joven esposa. La expedición automovilística comenzó en México y terminó en la Patagonia argentina. Su medio de transporte para atravesar la Carretera Panamericana fue una furgoneta de la Volkswagen que después de terminado el viaje fletaron por mar para continuar usándola en su hogar de Kampen. Para evitar que le robaran su equipaje y demás pertenencias de la furgoneta durante el viaje, mientras estaban en México, y antes de comenzar el recorrido, contrataron a un pintor profesional comercial que la identificara con propaganda de mercadería ambulante. Los prominentes anuncios, que por cierto funcionaron magníficamente bien ya que nadie les robó nada, promocionaban el transporte de un extenso inventario imprescindible para la operación de su negocio de compra y ventas de víboras venenosas. El famoso microbús paseaba por Kampen con placas mexicanas, calcomanías de todos los pueblos, aldeas y ciudades donde habían parado en su viaje por Sudamérica y, por supuesto, los anuncios en castellano de las inexistentes serpientes venenosas que se ofrecían a la venta. Nadie les robó nada durante el viaje. Ni se le acercaban a la furgoneta.

El apuesto mercader tenía una casa desde su niñez en Kampen, antes de que este sitio fuese elegante. Era simpático y servicial, lo cual le facilitó a la clase alta apelar a su ayuda para el mantenimiento de sus casas de veraneo. La casa del proveedor al por mayor estaba modernizada y amueblada por alguien con muy buen gusto. El guapo negociante daba reuniones sociales con frecuencia, las cuales no siempre eran nocturnas, sino que comenzaban con frecuencia al atardecer, cuando invitaba a sus amistades a tomar algo y bañarse en una piscina climatizada que mantenía las aguas convenientemente tibias. Continuar con el mismo grupo cuando a la caída de la tarde comenzaba a bajar la temperatura ambiental, era divertido, a la vez que un gran relajante sensual después del día de playa nórdica.

La sospecha de que el diseño interior de su casa quizás hubiese sido contratado a alguien profesional se insinuaba por los muebles caros y bien distribuidos, pero los toques decorativos aparentaban haber sido seleccionados por los dueños de la casa. Por ejemplo, en la sala había una foto inmensa de la joven esposa desnuda, recostada de lado, obviamente soleándose en la arena de Kampen. La foto era rectangular, enmarcada sin ampulosidad entre dos pedazos de cristal que eran del mismo ancho del sofá de cuero italiano, es decir casi del mismo tamaño de la esposa en la vida real. La composición de la imagen llamaba la atención: tal parecía, por la similitud con *La maja desnuda*, que Francisco de Goya en lugar de pintor hubiera sido fotógrafo en Kampen. Abajo de la foto había una pequeña inscripción, quizás impúdica y sin duda teatral, dada el tipo de foto. La inscripción rezaba: «AMO, ERGO SUM». Lo cual en una traducción libre del latín quiere decir: «AMO, Y POR LO TANTO EXISTO». Si el mismo fotógrafo hubiese sacado una foto de aquellos que visitaban a la pareja con el curiosímetro a punto de estallar, mirando la foto de la desnuda y requetesensual esposa del frutero, quizás la inscripción indicada para ponerle a la foto hubiese sido: «COGITO, ERGO SUM». Traducido del latín como: «PIENSO Y POR LO TANTO EXISTO».

Después de todo, la foto era artística. El arte, en la opinión de algunos expertos debe de elevar, exaltar, excitar, estimular, adular y halagar. Otros que se nombran entre los entendidos opinan que debe perturbar, inquietar, alterar, impactar, impresionar y/o escandalizar. En aquella sala había para todos. El almacenero era peliblanco, quijada cuadrada, ojos azules penetrantes y cuerpo atlético con musculatura desarrollada a partes iguales de volumen y definición. Ella, con su inmejorable figura femenina se vestía de manera tal que parecía que solo lo había hecho para tentar y despertar el deseo de los hombres que la mirarían ese día. Las prendas de vestir que seleccionaba para usar y luego quitarse, aunque sin coquetear, en la playa frente a sus amistades masculinas y femeninas eran calzones diminutos que causaban el halago varonil por su telegrafiada insinuada intención de atraer y llamar la atención. Los dos eran muy dulces con todo el mundo. No tenían hijos, lo cual, claro está, no necesariamente se traduce en concubinato higiénico. Se veían rara vez sin el acompañamiento de una tercera persona, una muchacha joven, bella y extraordinariamente femenina. Reservada, desprejuiciada, sencilla, dotada de un carácter franco y un talante ecuánime, huidiza, no era de hablar mucho y cuando hablaba no acostumbraba a hacer contacto ocular. Siempre la misma, y siempre de acompañante de la esposa de la que casi nunca se separaba ni desprendía. Con las manos entrelazadas, el brazo alrededor del talle.

La casa del mayorista tenía dos recámaras pero una no tenía cama sino que servía de oficina. La recámara matrimonial tenía una cama grande. Tres personas. Una cama. Era atractivo imaginar que la muchacha de mirada baja era tremenda y lo que hacía era esperar la ocasión. Era difícil pensar en otra cosa cuando había fiestas allí.

Kampen se desenvolvía con una moralidad abierta. Se respetaban, mediante el silencio público, todos los comportamientos, por muy distintivos que fuesen. Mientras no se ofendiese o fuese ilegal, se practicaba la norma de «El que calla otorga». La única manera en que se dejaba vislumbrar la especial dinámica de aquella amistad entre dos mujeres y un hombre era en las ocasionalmente exageradas reacciones agresivas de la esposa. Ocurrían cuando alguna otra mujer atractiva se le acercaba a la dulce joven acompañante para conversar con solo esta última. Se hacía obvia la escena de celos que ocurría: De inseguridad romántica, de actitud defensiva, de relación sentimental con conocimiento carnal y de amante posesiva.

Otro acontecimiento imprevisible que reporta el nudismo es la ausencia de interés lúbrico, a pesar de estar sentado todo un día de playa, conversando y tranquilo en la arena, frente a una bella mujer recostada y desnuda. Pero en contraposición se experimentaba un desenfreno lascivo estando ella cubierta de ropas. Me ocurrió con una recién conocida, amiga de Günther Schmidt. Habíamos compartido tomando champagne, intercambiando impresiones del mundo en común, hablando boberías o mentecateando, como bien se dice. Sin nada que se aproximara a turbulencias genitales que fuesen a causar intromisiones inaceptables ni repercusiones embarazosas de ninguna índole. Pero pocas horas después, durante la cena, por el solo hecho de que se le abriera la blusa diáfana y el movimiento inocente femenino dejara transparentar un destello fugaz y vaporoso de una parte de su seno tostado por el sol, me despertó una pasión desenfrenada. Era el mismo seno que había estado expuesto en su totalidad el día entero, moviéndose cuando ella se movía, aquel que en ningún momento había sido ocultado cuando languidecía expuesto a la intemperie, tostándose en la playa frente por frente, desde una distancia a veces menor de doce pulgadas. Ella compartía la vida íntima de un amigo, lo cual la hacía inabordable, por respeto al amigo y a la relación privada entre ellos dos. Se imponía la lógica y se subyugó a esto el injustificado sobresalto. El ambiente playero es relajante pues estar a la orilla del mar, con el sol en el cenit de mediodía y el aire despidiendo una combinación de calidez solar con variedad de olores, estremecimientos y sensaciones provocados por la bonhomía, es una experiencia sensorial muy agradable.

Comparar una playa alemana del Mar del Norte con las playas de Cuba es hacerle una injusticia a ambas. Cuba es el país donde nací y he pasado toda mi vida sabiendo que salí de él sin poder volver a vivir allí, a mi patria. Ese es mi incuestionable destino. Cuando escribo, escribo después de haberme amoldado a la sociedad norteamericana, pero siempre vuelvo a mi experiencia cubana y escribo desde ella. Por eso no puedo obviar la comparación de Kampen con Varadero, famosa playa de Cuba. En Varadero veraneaba de niño, sitio donde el nudismo público hubiese sido irrealizable. Observar el funcionamiento social de alemanes de todas las edades, paseándose desnudos con despreocupación, resultaba entretenido. Los bañistas desnudos en una playa provocan sentimientos complejos, no solo por confrontar el tabú, sino por lo absurdo de éste. Gente que está completamente desnuda, comportándose como si estuviesen vestidos, puede parecer una escenografía imaginada y redactada por escritores teatrales de pericia indiscutible. Las playas de Varadero donde veraneaba de niño eran otro mundo, otra época y cultura. La mayoría de las casas de veraneo de familias y amistades estaban en lo que antes del triunfo de la revolución se llamaban ya bien el Reparto DuPont o el Reparto Kawama. El Reparto Kawama era una zona residencial cuyo nombre provenía de las tortugas enormes que viajan los mares del mundo para depositar sus huevos en aquellas playas arenosas, donde ellas a su vez habían nacido. Una similitud con Kampen es que las familias que veraneaban en las playas de Kawama eran las de más influencia en la República de Cuba de aquellos años cincuenta del siglo XX. La playa era donde los hijos de esas familias cubanas se conocían y de donde salían los futuros matrimonios de parejas que compartían un mismo nivel socio económico, a la vez que religioso.

La playa de Kampen era un mundo muy diferente al mundo de playa que recordaba de la niñez en Varadero. Varadero era el recuerdo de veranos en Cuba. Recuerdos nostálgicos. Cuando un exiliado cubano recuerda a Varadero en voz alta, habla de su paraíso tropical personal, de una vida de ocio veraniego donde la cotidianeidad al lado de un mar refulgente acompañaba el pasar de los días. Días rodeados de familiares, amigos, sol, mar, sal, siestas, pesquerías, fiestas, visitas, cariños y vacaciones escolásticas. Un recuerdo completamente ajeno al turismo y a los turistas que lo comparan con el Cancún mejicano, la Costa del Sol española y el Miami Beach estadounidense.

Varadero es un pueblo de playa que se encuentra a ochenta y siete millas al este de La Habana, en la provincia de Matanzas. Está en la estrecha Península de Hicacos, que en realidad es una isla de unas once millas de largo y un promedio de setecientas setenta yardas de ancho, separada de tierra firme por una laguna que se llama Laguna Paso Malo. Comenzó a conformarse como un pueblo en el siglo XIX cuando unas familias de la ciudad de Cárdenas se fabricaron casas de verano junto al mar.

Varadero comenzó a adquirir reconocimiento internacional cuando, en 1926, miembros de la poderosa familia norteamericana industrialista DuPont de Nemours, compraron la mayor parte de la Península de Hicacos, pagando unos centavos por cada hectárea. Habían hecho una fortuna con la pólvora y la dinamita. Se fabricaron una enorme mansión y la acompañaron de su campo de golf privado. La mansión de DuPont sigue presidiendo Varadero, con su elegante y distinguido porte, pero con la gran diferencia de que el hogar de veraneo que Eleuthère Irénée DuPont bautizó con el nombre de Xanadú, como el poema de Coleridge («In Xanadu did Kublai Khan a stately pleasure dome decree...»), fue confiscado en

1960 por el gobierno revolucionario de Fidel Castro para ser convertido en un hotel exclusivo de extranjeros.

Mis veranos en Varadero eran frente al mar, en un promontorio creado por dunas arenosas de la costa norte. En vez de un mar frío y de color aceroso como aquella playa alemana de Kampen, la temperatura en Varadero es tropical y el agua tan transparente que permite ver el fondo con nitidez. Durante las horas de la madrugada, mucho antes de que la playa se llenara de bañistas, los pescadores que necesitasen tener carnada fresca para pescar, acostumbraban a estar ya caminando por la arena donde se veían sardinas nadando agrupadas, a veces huyéndole a peces más grandes, como pargos, róbalos, barracudas, rabirrubias y hasta tiburones pequeños. En Varadero fue donde aprendí a pescar, a usar una tarraya, a esquiar detrás de lanchas y a bucear. Era inimaginable salir remando de la orilla del mar en Kampen como acostumbraba a hacer en Varadero. Mucho menos el lograr distanciarse unos ciento cincuenta o doscientos metros y después proceder a anclarse en un bote pequeño o cachucha, que era como los llamaban los pescadores en Varadero, y pasarme horas pescando a fondo. El Mar del Norte de Alemania era glacial, despiadado, bravo, con olas grandes y mareas fuertes.

Para pescar a fondo de la manera que me enseñaron de niño, requería tener paciencia. Primero que todo había que empezar a caminar de madrugada por la playa hasta encontrar lugares donde el mar se veía alborotado por el centelleo de sardinas cerca de la orilla. El mar se desordenaba cuando las sardinas, huyéndole a peces más grandes que trataban de comérselas, brincaban una sobre otra tratando de escapar. La combinación del sol, las escamas y el agua transparente señalaba el lugar donde había que tirar la tarraya para abastecerse de sardinas que luego serían usadas de carnada. La tarraya era el nombre de una red redonda que se lanzaba sobre escuelas de sardinas, atrapándolas vivas. La red tenía plomos, los cuales al caer iban directo al fondo, cerrando el círculo, y por lo tanto cualquier posible vía de escape. Las sardinas se enredaban en la red lo que permitía sacarlas con la mano, una por una. Terminaban en un cubo de agua salada donde se mantendrían vivas hasta que se les necesitase para atraer los peces que se tenía en perspectiva convertir en pescados. Sueltos en el mar se les llama peces. Servidos en la mesa de comer con un poco de mantequilla, sal y limón después de ser atrapados se convierten en pescados.

La idea era abastecerse de carnada con una tarraya para luego hacer lo posible y tratar de mantenerla viva ya que entre los hombres de enciclopédica cultura pesquera, era dogma que los peces picaban más cuando la carnada era fresca. Para eso se usaba el cubo de agua salada. Una vez que se consideraba que la cantidad de carnada reunida era suficiente, entonces, usando como método de propulsión un buen par de remos o un motorcito de popa se buscaban lugares conocidos donde siempre hubiese habido buena pesca. La experiencia y un esfuerzo imaginativo permitían esperar que los peces acudiesen con un hambre voraz a tratar de comerse la carnada, dentro de la cual ya se les había preparado una emboscada mortal por medio de un anzuelo doblado, afilado y bien puntiagudo. La idea era que los peces se acercaran a la carnada, la comenzaran a morder y terminaran enganchados después de tragarse el anzuelo; era que los peces viniesen a picar. Todos juraban que frente a la casa de DuPont, un poco más allá del Varadero Yacht Club, a la entrada de la dársena, estaba el mejor lugar, el lugar secreto que no se le podía decir a nadie.

Luego, una vez anclado el bote o cachucha, antes de empezar a pescar, había que cortar las sardinas en pedazos pequeños y ponerlos en los anzuelos de metal. Cada anzuelo colgaba de un cordel largo que o bien podía ser de cordel, de algodón, de filamento plástico, y en caso de que hubiese alguno que otro pez grande en perspectivas, se usaba hasta alambre. Una vez que se llegaba al lugar secreto, se seguía fielmente la práctica de engoar (tirar por sobre borda aletas, cabezas, escamas y, sobre todo, los mondongos ensangrentados). Las piltrafas eran lo que quedaba de remanentes del proceso de cortar las sardinitas en pedazos, tamaño que era necesario compaginar con el tamaño del anzuelo que sería usado.

Luego tocaba esperar a ver si todo aquel proceso atraía la actividad marina deseada. El agua era translúcida y permitía ver hasta la arena del fondo, así que cualquier actividad ictiológica submarina en los alrededores de la cachucha desde donde se trataba de pescar, se podía observar sin dificultad. Por lo tanto, cuando teníamos la certeza de que el engoado había tenido buenos resultados, llegaba el momento clave, el de comenzar a pescar. Se dejaba caer la carnada contrapesada con un plomo para lograr que el anzuelo cebado llegase hasta el fondo arenoso. El propósito era que el peso del plomo lo llevara a descansar en el fondo del mar, mientras que la carnada por su parte siguiera flotando cerca, meciéndose con el vaivén de la marea. Entonces es que se ponía en juego la pericia del pescador. Había que esperar, con mucha calma, mientras los peces más pequeños se acercaban a darle mordiditas a la carnada. En Varadero el agua era tan limpia y clara que la carnada se veía desde el bote. También se veía la actividad submarina a su alrededor. A los peces pequeños no les cabían los anzuelos en la boca. Había que esperar a que llegaran los más grandes, o sea, a los que le cupiera el anzuelo íntegro en la boca. Una vez que mordisqueaban la carnada, había un momento clave: cuando era necesario jalonear subitáneamente con fuerza para que el pez que mordisqueaba se quedara bien enganchado. Ya agarrado por el anzuelo, de manera tal que no se lograra escapar, era cuando llegaba el momento de empezar a recoger la línea de cordel o filamento hasta subir el pescado a bordo. Luego, en la cena o el almuerzo nos comeríamos ese fresco pescado.

En Kampen, al igual que en Varadero, se comía mucho pescado. Sin embargo, la verdad es que no obstante mi experiencia como pescador, los pescados alemanes eran diferentes a los de Varadero. Me resultaban irreconocibles, tanto en nombre como en apariencia. Claro está que yo no tenía ningunas intenciones de pescar durante la estancia en Kampen. Mi opinión de los pescados alemanes surgió como resultado de confusas experiencias en restaurantes de la Isla, así como de una visita a la pequeña bahía desde donde salían los barcos. Además de ser diferentes los pescados, la pesca en Sylt se hacía con redes grandes, en barcos comerciales, y los pescadores iban vestidos con guantes, botas y abrigos para protegerse del frío. No era nada parecido a Varadero donde se pescaba en traje de baño y sin camisa. Eran dos estilos de vidas marineras muy diferentes; ni hablar de la desemejanza de las dos vidas sociales.

En Varadero, los jóvenes se agrupaban frente a las casas de verano a bañarse en el mar, salir de pesquería, esquiar detrás de lanchas, conversar, mirarse, conocerse e iniciar el proceso de seleccionarse uno al otro con vista a compartir el futuro. Los padres de los jóvenes también usaban la visita a la playa como un evento social. Las parejas matrimoniales salían de sus casas a caminar y saludar a otras que se bañaban o caminaban por la playa. Si caminando pasaban por donde había un grupo bañándose, conversando, se unían los dos grupos y entonces los sirvientes de las familias, responsabilizados con la tarea de vigilar la playa, se acercaban desde las casas con bandejas de bebidas y comida para servir a los recién llegados. La mañana de recreo y pasatiempo se convertía en el mediodía, y las visitas se iban a recrear con otros grupos, otras venían y el ciclo se repetía. Cuando las parejas adultas se acercaban a un grupo de amistades que se bañaban en el mar, les daban un beso a las señoras y la mano a los hombres. En los eventos sociales cubanos el proceso de llegar y saludar era una ceremonia que tomaba su tiempo. Era importante no hacer desaires. El comportamiento era como se dice en francés, *comme il faut*. Después de saludar, había una separación de grupos por sexos. Las señoras conversaban de sus temas y los hombres de los suyos. Los hombres a carcajadas. Las señoras tratando de oírlos. Los sirvientes continuaban los viajes con bandejas de cocteles y de picaditos, el nombre cubano para los *hors d'oeuvres*, que consistían en sabrosísimas croqueticas y galleticas preparadas. En Kampen se me ocurrió, sabrá usted por qué, imaginarme lo divertido que hubiera sido ver a mayordomos de esas casas con sus filipinas blancas, sombreros de paja y trajes de baño, tratar de balancear una bandeja de plata cargada de vasos de Daiquiríes, Cuba Libres y Tom Collins a medida que entraba al furioso y frígido *Nordsee* alemán. Los padres, siempre estaban educando a sus hijos y los llamaban en esas ocasiones para que saludasen a las personas con quienes conversaban en aquellos cocteles marítimos, permitiéndoles quedarse a comer lo que pasaban los sirvientes, y que estuvieran siempre atentos y aprendiendo cómo funcionaba la dinámica de los grupos. Las señoras, con sus enormes sombreros de paja para cuidarse de quemaduras del sol tropical, conversaban de familias, niños, amistades y eventos sociales. Los hombres usaban tonos más bajos, misteriosos y conspiradores; en realidad lo que hacían era contar chistes picantes que terminaban en carcajadas apoteósicas durante las conversaciones osadas, salaces y vehementes. Las señoras no participaban en los diálogos con carcajadas ya que según las normas de conducta, ellas debían reflejar en mayor grado la continencia y el comedimiento propio de los tiempos. Su ejemplo era de rectitud y buen juicio. Por supuesto, todo el mundo vestía con trajes de baño que no dejaban entrever nada. Para dificultar aún más cualquier esfuerzo masculino para mirar a hurtadillas, las mujeres usaban camisas de mangas largas por encima de sus trajes de baño para de esa manera protegerse aún más del sol y de ojos libidinosos.

La vida nocturna en Kampen durante agosto del año 1977 giraba en torno a los restaurantes, donde después de servir comida, tan exquisitamente preparada, por cierto, como en cualquiera de los mejores restaurantes capitalinos europeos, se retiraba todo y se convertían en discotecas y se bailaba hasta la madrugada. El club nocturno más exclusivo de Kampen era el Pony. Su dueño era alguien, por aquel entonces, mundialmente conocido: Günther Sachs. Denominado en la prensa social internacional como el *playboy* soltero número uno de Alemania, por lo menos hasta que se casó con Brigitte Bardot. Él tenía una residencia muy parecida a todas las demás en Kampen, con la enorme diferencia que en la suya dormía Brigitte Bardot. Conseguir entrar por el umbral del Pony un sábado por la noche era una hazaña social, ya que el derecho de entrada era unilateralmente concedido en la puerta. La selección dependía del despótico portero responsabilizado por la administración, quien, gobernado por el capricho, beatificaba y entronizaba aquellos de su exclusiva selección, juzgándolos de acuerdo con un singular estándar de sabor y antojo. Las colas eran largas y el lugar era popular, de mucho ambiente y con pocas mesas. La que regía sobre aquella puerta y su correspondiente comarca musical era una mujer muy atractiva llamada Renate Goetsch. Renate, la Regine de Sylt de aquel entonces, estaba casada con Gebi Goetsch, un profesor de esquís suizo. El matrimonio tenía la muy conveniente peculiaridad de encabezar otro lugar clave en la vida social nocturna alemana, el Club restaurante y discoteca llamado Drácula, también de Günther Sachs. Este Club estaba ubicado justo al lado del Hotel Palace de St. Moritz, en la Suiza alemana. Años después hubo un llamémosle malentendido matrimonial por confusiones entrepiernales, lo cual provocó el divorcio. Luego Renate se casó con Hannes Schlemmer y se mudó para Burma, actualmente Myanmar, dejando al igual que hizo Greta Garbo su tradición y belleza congelada e intacta en el recuerdo folclórico de Kampen.

Las mismas bellezas femeninas que frecuentaban las playas durante el día se atropellaban para conseguir entrada de noche al Pony en el verano y al Drácula Club en el invierno. Howald y sus amigos alemanes llevaban décadas de veraneo en Kampen. Gracias a su invitación, no se hizo necesaria la tradicional y acostumbrada humillación de tratar de hacer mérito para ser admitido o incluido en el *clique*. La invitación, desde el principio de mi estancia en Kampen, obedecía a ser amigo personal, así como abogado estadounidense de Howald. Una vez presentado a Renate, pasé a camuflajearme, apandillarme y pertenecer temporalmente al *clique* de los que eran recibidos con entusiasmo sin tener que hacer cola en la puerta. Esto permitía que compartiera una inmerecida y envidiable posición social privilegiada y propiciara un acercamiento amistoso con Renate. Aceptado como parte de la camarilla, me podía sentar en las mejores mesas del Pony. En ocasiones lo hacía en la mesa número uno. Con regularidad me acercaba a esta discoteca y antes de que comenzara la música, solía cenar. El objetivo masculino, durante la conquista sexual femenina, era superar dos obstáculos: primero, la tradicional indiferencia femenina para lograr el objetivo de la noche. Al día siguiente, superar el posible exceso de interés y mimos femeninos, ya que en vista de un buffet tan grande, era más divertido no empalagarse con el mismo plato dos noches seguidas. Para eso se requería demostrar voluntad de contención y de distancia, para poder resistir cualquier envolvimiento emotivo. Después de ser retirada la cena, se relajaba un poco la dictadura en la puerta y se le daba paso a un grupo grande que abarrotaba el lugar. ¿Por qué razón? Porque había comenzado la música. Los comensales que habían cenado en el restaurante podían elegir mantener su mesa, en especial los de la súper ubicaba mesa número uno, quienes quedaban con acceso preferencial al lado de la pista de baile. Eso ya de por sí conseguía una muy selecta atención femenina. Las muchachas que habían sido admitidas en el local, después de haber sido retirada la cena, se acercaban a la mesa número uno para pedir sentarse en donde hubiese espacio, en cualquier esquina. Si lo lograban, eso les proporcionaba un lugar cómodo desde donde observar y ser observadas, a la vez que una muy buena oportunidad de ser invitadas a tomar del champagne que siempre había sobre la mesa. De ahí, a seleccionar lo predilecto de entre lo que aparecía a buscar salsa cada noche, había solo la necesidad de exhibir una bien colocada sonrisa de amabilidad.

Las noches en Kampen eran frías, se requería el uso de algún tipo de abrigo, pero dentro del Pony el frío nocturno era mitigado por el hervidero de aquellos cuerpos sinuosos que corporeizaban con su proximidad las fantasías más ambiciosas. Allí acudían bellezas nórdicas de ambos sexos a bailar, llenas de arrogancia, frotándose sin pudor alguno, buscando seducir, llamar la atención girando sugestivamente en espacios reducidos, para así mantener compases musicales con movimientos pélvicos. No había olor a sudoración fétida ni falta de confort ambiental alguno. Al revés, aquel recinto lujurioso contrastaba la temperatura confortable de adentro del establecimiento, con la fría de afuera y el caldeo de hormonas, lo cual creaba un goteo sudoroso que empañaba las ventanas del establecimiento. Como si a los cristales se le activaran las glándulas sudoríparas al mirar aquellos cuerpos escultóricos. Alrededor de la mesa preferencial número uno, la temperatura ambiental teutónica se cargaba de humedad hormonal, cuyo mal fingido desinterés era traicionado por la tensión arterial. Era un recinto de lujuria y vanidad rodeado de prototipos predilectos, eminentemente elegibles para los exclusivos campos de reproducción genética selectiva, auspiciados por los partidarios del nacionalsocialismo.

Las empleadas que Renate y su marido reclutaban para trabajar en el Pony de Kampen eran uniformemente escogidas: de caras frescas, juveniles, rostros bellos, narices respingadas, bocas de labios carnosos sugestivos y provocadores, gestualidad femenina, fachas de modelo, sonrisas fáciles, trabajadoras inspiradas con ahínco en ganar dinero, personalidades suaves, espontáneas, figuras atléticas, y un claro entendimiento de que sus ganas de complacer, al ser apreciadas por los comensales, serían la razón fundamental de generosas propinas. Las reclutaban después de conocerlas en las laderas nevadas suizas de St. Moritz, durante las temporadas de esquí. Algunas eran instructoras de ese deporte, otras eran turistas esquiadoras europeas que conocían durante sus vacaciones universitarias, y el resto eran muchachas estudiantes de clase media, más bien tirando hacia baja, que venían de pueblos suizos y austríacos buscando acumular un poco de dinero y de diversión. Interesadas en demorar lo más posible el inicio de una vida consagrada a la nada cotidiana.

Una noche Renate presentó a la mesa número uno a Annemarie, su nueva empleada, quien a su vez saludó con cara de estar fascinada de su nuevo medio ambiente y con ganas de querer complacer. Estaba en su primera noche de trabajo vestida con el recién adquirido uniforme del local, una minifalda azul ceñida y camisa de algodón tejida con el nombre del establecimiento bordado en el seno izquierdo. Se insinuaba su silueta femenina musculosa y firme, dejando entrever que no obstante estar en estado de descanso, mantenía cierto grado de contracción parcial con tensión elástica. La camisa de algodón blanco tejido con cuello en forma de una «Vé» o V labiodental que le caía suelta permitía constatar, sin lugar a dudas, la ausencia de sostén. Al notar que carecía del sostén aumentó mi beneplácito. Era una gamincita de ojos verdes, de un brillo sandunguero, con pelo rubio corto y cara de niña buena, si no fuera porque los labios hinchaditos y regordetes retaban a una atención esmerada y a una obediencia a pie juntillas sin osar contradecir ni enmendar. Annemarie era oriunda del Tirol, en Austria. «Por favor tengan paciencia. Es nueva, pero tiene muchas ganas de aprender. Solo habla alemán y unas escasas palabras de inglés. Se las dejo para que les sirva».

Ya llevaba tres noches cenando en diferentes restaurantes de Kampen cuando Günther Schmidt dio una cena a su *clique*, en el Pony. Era el martes 16 de agosto, pues esa noche se anunció en el altoparlante del Pony que había fallecido Elvis Presley. Fue sorpresivo el efecto emocional que causó entre los allí presentes. Hombres lamentándose, muchachas llorando, todo el mundo tomando más de lo acostumbrado y hasta el disc jockey organizó la musicalización esa noche de manera tal que toda la música era de Elvis Presley.

La nueva camarera se reveló como una fiel fanática de Elvis, al demostrar la tristeza por su muerte. No obstante su congoja, la cual decidió compartir con uno de los amigos de Günther Schmidt que estaba sentado a la mesa con nosotros, durante la cena se dedicó a atender, servir y complacer a los clientes de esa mesa de una manera que llamó la atención. Cada vez que se le presentaba una oportunidad, sin tener que hacer algo relacionado con su trabajo, se sentaba a la mesa a cantar las canciones que tocaban para bailar. A tomar. Por cierto, demasiado. Sus ojos, labios y sutiles, pero repetidas, atenciones hablaban de promesas por cumplir. Luego de la cena, recogida de platos, tragos posteriores, cuenta, propina, música y el local apagado y vacío, Annemarie se quedó dedicada al que le había llamado la atención durante la cena, prestándose a un intercambio de sonrisas deseosas y tocamientos menesterosos. Tras el trago en privado, con baile lento que llevó a los besos esperados con ansias, esos que anunciaban la premonición ilusoria de lograr la fantasía de ser invitado a pasar al segundo piso del Pony. En el segundo piso estaba el dormitorio reservado exclusivamente para las empleadas. El acceso estaba vedado al público, sobre todo al masculino. Las intenciones del galán erotizado eran de cometer, y por supuesto consumar, un delito grave al romper las reglas del Pony, es decir, convertirse en un perpetrador.

En cada habitación se instalaban dos mujeres. Armarios de madera pintados a mano, grandes y antiguos, conformaban el mobiliario de los cuartos, además de una sola cama grande de colchón duro de pelo de caballo. Al perpetrador le fue indicado con el signo internacional del índice en los labios, la necesidad de, al subir las escaleras, observar total y completo silencio. Era sabido de sobra que no se permitía subir al segundo piso. Con los ojos era comunicada la seriedad del asunto, este de traer a alguien arriba. «Ven de puntillas». Todo este diálogo en la oscuridad, con señas y con mucho contacto táctil.

Abrazos y besos subiendo las escaleras de madera crujiente. Desabrochándose la ropa, seguido de un desenfreno mutuo de deseos de desnudarse. En aquel silencioso edificio antiguo resultaba una maniobra irresponsable por los ruidos al tropezar contra las paredes, chirriar de puertas al abrirse y el crujir de pisos al caminar. El cuarto estaba oscuro como boca de lobo. Excitación, dicha y anticipación ante tanto entusiasmo e iniciativas ardientes. Besos y mordiscos por todo el cuerpo eran respondidos con urgencia. Al entrar de puntillas en la habitación fue obvia la presencia de otro cuerpo que dormía respirando con un ritmo que indicaba un sueño profundo. O quizás pretendía fingir el sueño para no tener que reconocer lo que estaba sucediendo a su alrededor. O para no interrumpir y poder mirar. De pronto la compañera de cuarto cohabitaba con dos cuerpos impacientes y deseosos de un esperado encuentro, quienes evitaban hacer ruido reptando por la cama como cocodrilo en búsqueda de su presa. En silencio. Manos femeninas dedicándose a caricias furtivas, recorriendo lugares inesperados con la yema de sus dedos. Manos masculinas manoseando por doquier.

Manos femeninas que no permitían asesoramiento, haciendo esfuerzos innecesarios pero apreciados para facilitar el inconmensurable momento de sensación pura. Una vez en acoplo intimista comenzó el ritmo acompasado, requerido por las circunstancias del momento.

El silencio al fin fue traicionado por gemidos femeninos anunciando la intensidad de lo que se anticipaba que ocurriría, para entonces decrecer convirtiéndose en ronroneos indicativos de satisfacción, seguidos por una respiración rítmica. Annemarie se quedó dormida. El perpetrador no podía dormir pues una mezcla de tener conciencia de la presencia de una tercera persona en el cuarto y los deseos desesperados de ir al baño e intentar salir de la cama sin despertar a la compañera de cuarto que presuntamente dormía, le impedían encontrar la paz necesaria para entregarse en los brazos de Morfeo. No hubo manera de evitar tener que salir de la cama, por cierto completamente desnudo, al no encontrar la ropa en la cavernaria oscuridad de la habitación. Al buscar un baño con urgencia hubo tropiezos de sonámbulo en la oscuridad. El perpetrador quedó estupefacto al sentir una mano salvadora que lo ayudó a sortear los obstáculos durante la ciega travesía de la travesura noctámbula, en aras de localizar lo ilocalizable. El problema por solventarse era encontrar un baño en la oscuridad de la desconocida recámara y la inocente durmiente se había levantado a socorrerme. Al encender la luz del baño, después de cerrar la puerta, hubo un breve intercambio de saludos silenciosos, acompañados de miradas sonrientes y de reconocimiento facial, ayudadas por el instinto. La recordaba como una de las atractivas meseras del Pony con quien había intercambiado saludos en la playa mientras ella caminaba por la orilla del mar, rodeada de sus compañeras de trabajo. Tenía la gracia gentil y atlética de aquellas mujeres nórdicas de ojos azules, labios voluptuosos, pelo color oro antiguo y senos pequeños, altos como dos medallas otorgadas por atletismo. Circunnavegaba alrededor del impenetrable océano social alrededor del *strandkorbe* de Howald o de Günther Schmidt. Al pasar saludaba, sin falta. Luego, servía de mesera por las noches.

Su actitud, cuando en otras ocasiones había atendido la mesa número uno, daba la impresión de ser una muchacha perteneciente a esa injustamente disminuida especie humana conocida como humilde, por ser de pueblo pequeño y con los prejuicios asociados con esa preconcebida imagen mental del deber de asumir una actitud inhibida, recatada y media sosa. Después de servir mesas, Renate les permitía a las meseras bailar con los clientes del establecimiento, al compás de la contagiosa música. Digamos que esta no era de las que trataba de llamar la atención cuando bailaba. No alardeaba al moverse. Era insospechado que alguien tan inesperado hubiera ayudado en aquel momento de tal oscuridad y esto se prestaba a ser confundido con uno de sus gestos serviciales acostumbrados. La identificación no fue inmediata a causa de su atuendo nocturno para dormir: Pantalones interiores bikini con camiseta de algodón translúcido. Una golosina. Las formas duras de sus senos parecían flotar en el espacio, mientras que con gestos anunciaba que enseguida volvía con agua caliente. Ni idea del por qué... hasta notar que de las llaves en el lavamanos no salía el agua así. Solo había agua fría en el baño de la habitación del segundo piso del Pony. Reapareció al poco rato, habiendo permitido con su corta ausencia que durante esos bien empleados momentos el perpetrador hubiese encontrado el mueble de porcelana, imprescindible para resolver la urgencia que provocó el contacto nocturno así como poder hacer un ajuste a la luz del baño. La ayuda femenina con el agua caliente llegó acompañada de una toalla pequeña, jabón y disposición entusiasta a cooperar en un esfuerzo común del hasta ese momento sin planearse aseo masculino. Silenciosa, con señales mudas pero con juicio y suavidad, se dedicó con esmero a su causa voluntaria. Nada de sonrisa asustadiza, tímida y vacilante de animalito inquieto. Aquellas manos eran conocedoras. Se movían con destreza, hurgando en las intimidades masculinas sin dejar recoveco inatento. Tiernas y responsables. Con el ocasional acompañamiento de un beso en los labios. Las dos compañeras de cuarto eran muy amigas desde la juventud por ser de un mismo pueblo. Su idea de limpieza tenía como objetivo preparar lo que ella misma había planeado procurarse aprovechar al volver a la cama, de donde había comenzado la travesía nocturna de alivio y, por lo visto, también de aseo. Sin contraindicación alguna, tenía claras ambiciones de lamer para provocar turgencia y sin demora alguna convertirse en perpetradora.

Una vez que las entusiastas caricias sanitarias de la inverecunda vecina comenzaron a tener su deseado efecto de rectificación de propósito, continuaron las desinhibiciones con renovada determinación en la cama. Estábamos acostados de nuevo al lado de la amiga, con la que todo había comenzado, quien a su vez ahora estaba rendida de sueño. La que después de haber tomado demasiado por causa de la muerte de Elvis Presley, ahora ya satisfecha, dormía con un acompañamiento de leves ronquidos. La segunda amante era más directa todavía con sus deseos, con gentileza no exenta de fogosidad y con entusiasmo contagioso acompañaba sus persistentes y diestras indicaciones con exigencias. Insistía en la lentitud y la dedicación e iniciaba asaltos amorosos. El movimiento llegó a adquirir tan apasionado ritmo que despertó a Annemarie, quien semidormida protestó. No entendía. La oscuridad y el sueño no le permitían captar lo que acontecía a su lado, hasta que consciente de lo que ocurría esperó, observando con impúdica curiosidad el comienzo de los estremecimientos y gemidos urgentes, que anunciaban el inicio de los espasmos de la culminación. Al estar conscientes de ser observados, la interacción aumentó el exhibicionismo falocéntrico con el ya nada sutil objetivo de incitar deseo, instar participación y estimular entrega. Ya despierta por el estremecedor presente de su amiga, el resto de la noche se convirtió en un compartir de iguales. Ninguna de las dos, una vez encarriladas, se escapó de «todas todas». Evitando insinuaciones de misógino, así como tampoco de favoritismo, se volvió un trato entre iguales. Ninguno recibió trato ni de sustituto ni de vicenovio sino más bien *pari passu* paralelamente. Tres miradores insistiendo en el exhibicionismo esencial que cada cual exigía de la fiesta de Eros. El resto de la noche, en silencio, a no ser por los ruidos de las entregas, caprichos, exigencias y gustos, fue dedicado a dar y a recibir hasta llevar a los tres al éxtasis, que causa grato cansancio y somnolencia, producto de la satisfacción. Pendientes de la llegada de la madrugada, fue necesaria una obligada vigilia colectiva. No quedó otra alternativa que resignarse a adoptar con emergencia un plan de relocalización geográfica urgente para lograr evitar la emboscada de un amanecer en aquel segundo piso lleno de empleadas que le reportaran el chisme a Renate. Este, de todas maneras, no le tardó en llegar.

A ojos masculinos, subir al segundo piso del Pony era toda una hazaña para un hombre soltero arriesgado. De esas que suenan a fanfarronería exhibicionista de hombre vanidoso. El *clique* se enteró unos días después cuando vino el regaño público. El evento fue demasiado discutido como para pasar inadvertido. Después de aquella noche de la indiscreción en el segundo piso, el chisme era demasiado grande para no ser propagado, por lo que Renate, de alguna forma se enteró y distribuyó reprimendas públicas a los inobservantes de sus reglas de conducta en el Pony. Aunque fuese una experiencia maravillosa, nadie quería buscarse el malgenio de los que administraban el Pony. O peor, que les fuese prohibida la entrada. El perpetrador era reconocido en la playa a *sotto voce*. Si hubiesen conocido los detalles del incidente nocturno, ellos hubiesen querido vivir lo que llegó a ser aquella noche «milyunanochesca». Ninguna de las muchachas fue despedida gracias a una extraordinaria y vehemente intercesión de Howald a la que Renate cedió. También es importante acreditar el rango de importancia que tuvo la muerte de Elvis Presley en relación con cualquier otro hecho acaecido aquella noche. El *sine qua non* de la noche. *Sine qua non* quiere decir en un latín libremente traducido un equivalente de «condición absolutamente indispensable».

Con el pasar del tiempo, la amistad con Renate llevó a que germinara la idea de extender los resultados placenteros sociales veraniegos al invierno de St. Moritz. El esquí y la nieve eran atrayentes en Suiza, pero conllevaban ciertas dificultades, pues competir en la batalla de mancebos se volvía más difícil en St. Moritz que en Kampen. Ante todo, los suizos, al igual que las suizas, eran esquiadores excelentes. En visitas anteriores a esquiar, había caído en cuenta que no era posible mantener el mismo paso durante el día en su compañía atlética, por razones obvias como velocidad, equilibrio, experiencia y conocimiento de la montaña. Pero la inadecuación atlética diurna no era nada comparada a la competencia nocturna. El problema no era solo lograr una buena mesa, sino que los suizos no eran tan noblotes como los alemanes. Eran tiburones multilingües. Si llegaba a iniciar una conversación con una muchacha que me interesase y con la que ya el diálogo empezaba a prometer, desafortunadamente con gran frecuencia se acercaban los suizos. Los helvéticos se educan desde la cuna aprendiendo a hablar varios idiomas. Cuando les gustaba alguna muchacha, no importaba que estuviese ya conversando con otro, se acercaban fingiendo buena voluntad y predisposición a añadirse al diálogo. Lo iniciaban en inglés y este sonaba con elegante acento británico, casi londinense. Entonces empezaba la contienda por el objetivo femenino que consistía en flirteo y revoloteo de idiomas. De pronto, sin anunciar nada y de forma inesperada, cambiaban de idioma, del inglés para el alemán alto. Si se sentían los pasos de cerca porque la competencia demostraba, aunque fuera una semigualdad de entendimiento entonces, muertos de risa y demostrando una fingida amistad, cambiaban para el francés. Un francés que incluía acento parisién francófono y ademanes afrancesados. Así, ya la sardinita la tenía el tiburón suizo en las fauces y el visitante tropical, *nananina*. La ventaja apuntaba a favor del equipo helvético. Confederación Helvética: 1. Oposición: 0. Se notaba a la legua que cualquier sensor de imágenes térmicas hubiese captado que la dirección de la termoluminiscencia femenina que es usualmente gatillada por el aumento de temperatura por el nivel de estrógenos apuntaba básicamente hacia el suizo. Empezaban entonces las miradas suizas hacia a quien en un pasado no muy lejano tuvo la osadía de aspirar a ser competencia, con miradas que decían «¿Eh... y tú no te has ido todavía?» Los logros para obtener el boleto ganador, que permitiría acceso a tocar algo suave aquella noche montañosa en Suiza, se volvían inexistentes. Era eso lo que ocurría cuando el partido era contra los suizos. Al fin no quedaba otra que sacar el pañuelo blanco anunciando fatiga, entrega y rendición.

Con ardor de galán frustrado, durante la temporada invernal y haciendo uso de recursos imaginativos, surgió la iniciativa de recurrir a buscar alternativas que facilitaran el distinguirse del montón. Así por ejemplo, surgió la idea de una apariencia de figura internacional interesante y compleja. Alguien que las mujeres tratasen de entender. Quizás hasta cambiar: La compañía estadounidense Frye había diseñado unas botas que se pusieron muy de onda en Nueva York y no habían llegado a Europa todavía. Eran altas y de cordones que se enlazaban hasta las rodillas. Con los *blue jeans* metidos por dentro de las botas, bufanda de seda al cuello, gorra inglesa automovilística de lana y un abrigo largo color crema, con medio cinturón del mismo material, igual al que hubiera usado el Gran Gatsby, por cierto, de no haber sido un personaje de ficción y de haber existido en algún lugar real y no exclusivamente en la imaginación novelesca de F. Scott Fitzgerald. Esta indumentaria se podía confundir con la de una de las estrellas cinematográficas de los años en que los estudios filmográficos de Hollywood las esclavizaban con contratos. También podría ser la de un heredero carrerista de familia antigua que se equivocó y se vistió con las botas y gorra del chofer de la casa. La cuestión es que con aquel disfraz, porque así es como se podía llamar si uno se inclina a la imparcialidad, pretendía competir con mejor resultado en las ligas helvéticas.

La vestimenta de *playboy* solo logró una posible conquista amorosa. El vestuario suscitó una invitación a bajar en el elevador interno de un DC-10 de la compañía de aerolínea estadounidense National Airlines para mostrar «lo que había en la panza del avión». La invitación en el elevador aéreo venía acompañada de discretas sutilezas amorosas, las cuales desafortunadamente eran para compartir deleites con un aeromozo, quien bien se pudiera haber llamado Tancredo, pero nunca he sido zurdo.

La invitación de Howald había sido para compartir unos diez días del mes de agosto de 1977. Todos los bañistas en Buhnen

16 y en las playas textiles eran blancos. No volví a Kampen después de los años ochenta y es importante aclarar que desde el comienzo de este nuevo siglo XXI, la modernidad ha socavado una gran cantidad de los prejuicios tanto raciales como sexuales que existían en el siglo XX. Por ejemplo, en aquel verano del 1977, cuando el equivalente diplomático teutónico de la Inquisición todavía no había muerto, sino más bien estaba durmiendo un sueño ligero, era inimaginable que hubiese matrimonios contraídos por dos individuos del mismo sexo e impensable que la diversidad moderna llegase a tal punto que el cruce de razas, el mestizaje, estuviera en vísperas de imperar en la mayoría de las poblaciones europeas y norteamericanas.

Fortalecidos por el conocimiento de los avances a pasos agigantados de la diversidad, y con el beneficio del conocimiento histórico, sería interesante una obra teatral con las variantes que un guionista o dramaturgo arriesgado y controversial pudiese otorgarle. Digamos, por ejemplo, una obra realizada en la playa nudista de Kampen en la que se le pudiese añadir al libreto un elemento bien complicado... con el componente racista histórico. No el actual del siglo XXI sino el de aquel año 1977. Una cosa es estar un hombre casado, desnudo, rodeado de su familia que incluye una esposa coqueta e hijas jóvenes preuniversitarias, antojadizas y presumidas, lo cual es lo que sucede con regularidad y frecuencia en una playa nudista; y otra cosa, muy diferente, es añadir la presencia próxima de dos apuestos estudiantes africanos desnudos, de la universidad británica de Oxford, sofisticados, bien parecidos, cultos, amables y simpáticos, con sus cabezas nigérrimas, musculosos y descomunalmente bien dotados. Añadámosle testículos taurinos, generosamente decorados con enredaderas de pelo negro ensortijado. Sin omitir en el guión, insinuaciones de una correspondiente tensión a causa de la mitológica potencia sexual, a los acontecimientos sociales. Se pudiesen añadir otros elementos que le dieran instabilidad a estas circunstancias. Por ejemplo, uno catalizador que revelara la profunda tensión subyacente. Digamos un grupo de pequeños burgueses iletrados, medio ruralotes y, por supuesto, bien súper racistas, ya borrachos, barrenándose las narices con los meñiques, haciendo ordinarieces y armados con miradas filo punzantes.

La idea de descartar la ropa en la playa es, en teoría, el poner a un lado las decoraciones y criterios que son proporcionadas por las prendas de vestir. Es ignorar intencionalmente los estándares de diseños que dictaminan ciertas pautas de gusto impuestas para medir los diferentes niveles de la moda. Con la desnudez, las evaluaciones son más directas. Como por ejemplo, y para no divagar, al observador cauto se le hace difícil ignorar el buen gusto femenino observado con regularidad en retoques hirsutos de orden reductivo alrededor de los órganos genitales. Es una expresión decorativa de carácter menguante que puede resultar elegante. En vez de desplegar entre los crespos triangulares del bajo vientre una manifestación de pelambre en desorganizado desparpajo, la barbería femenina íntima crea economía de exposición, punto de atención y es muestra de aseo, así como de una llamada sutil, si se interpreta como promesa de óptimas condiciones higiénicas y climatológicas. Al observador puede ocurrírsele que, detrás de aquel detalle de embellecimiento femenino, tuvo que haber una interesante motivación, la cual queda a la imaginación del que mirotea y piensa un poco más allá.

Alguien mencionó que dada su proximidad, sería buena la idea de celebrar el cumpleaños de Howald con una fiesta. Para la fecha, el viernes 19 de agosto de 1977, apenas faltaban unos cuatro días. La idea, aprobada por unanimidad por el grupo allí congregado, era reunirnos todos al atardecer en List, un pueblo portuario ubicado en el extremo norte de la isla de Sylt. Como neófito en el grupo allí presente, del cual era partícipe merced a la invitación de Howald, mi ofrecimiento de correr con los gastos fue aceptado. Gracias al ánimo de diversión, enseguida hubo voluntarios que se ofrecieron de ayudantes, quienes contactaron y contrataron el barco *Palooka*, así como también ubicaron un grupo de músicos. El *Palooka* era un barco que usualmente estaba cundido de turistas y hacía la travesía diaria para comprar mantequilla y queso en un pueblo del cercano país de Dinamarca. La comida se organizó con una sola visita a la tienda de víveres donde se completó el abastecimiento de *Gänse Schmalz* y de *Schweineschmalz*, que serían untados en pan rústico. En las fiestas alemanas es popular consumir esas dos delicias que no son más que manteca de ganso y de puerco. Una capa de cualquiera de las dos, untadas en pan rústico y, por supuesto, añadiéndosele un poco de sal, resulta deliciosa. La otra ventaja es que la grasa ayuda a tolerar un consumo alto de bebida alcohólica. Unos convidados se ofrecieron a traer quesos, lascas de pescado ahumado y diferentes vegetales frescos. Ya todo planeado, lo único que faltaba para la fiesta era escribir y distribuir las invitaciones, proceso complicado para mí porque tenían que estar en alemán y entregarlas a los invitados en sus manos. Eso sí, me permitiría conocer gente divertida.

Ya anochecía al tocar a la puerta de la última casa medieval donde precisaba entregar una invitación. Era el hogar de Bernhard Rogge. Nunca se me olvidará que contestó a la puerta desnudo, y acto seguido se cubrió malamente con una toalla. Después de los saludos iniciales, vino el amable y usual acompañamiento de una invitación a pasar y tomar un vaso de *schnapps*. El *schnapps* es nada más ni nada menos que un fuertísimo aguardiente alemán. En cada entrega de invitaciones en el villorrio, recibía similares ofertas y estas eran aceptadas gracias a mi enorme capacidad para consumir alcohol. Por eso, al llegar a la casa Bernhard Rogge, ya estaba en la cuasi incoherencia, de manera que de esa visita hay pocos recuerdos.

Bernhard Rogge asistió a la fiesta en el *Palooka*. Había mucha gente y por lo tanto tuve poca oportunidad de conversar con él. Lo observé, mientras él le prestaba atención a la comida, al *schnapps*, a la música y a la compañera de Howald, Gisela. En el *Palooka*, durante la fiesta, al verlos juntos conversando largo rato, hubiese sido lógico pensar que el viejo lobo de mar coqueteaba con Gisela, quien en aquel entonces era la novia de Howald. Sin embargo, en la celebración de los ochenta y dos años de Howald, fue Gisela quien al oír la conversación sobre Elisita Montoro escapándose de Europa a principios de la Segunda Guerra Mundial para llegar a Nueva York en el *Queen Mary* y la mención de Bernhard Rogge, afirmó que ella era la que mejor conocía la historia del Contralmirante de la Bündesmarina alemana, Bernhard Rogge, ya difunto para ese año 2012. Así entonces entendí la razón de lo que suponía cuchicheo, cotilleo y hasta coqueteo entre Gisela y Bernhard muchos años antes. Nada ni parecido a lo imaginado. Gisela Vollmer era hija de Wilhelm (*Willie*) Vollmer, quien a su vez fue miembro integral de la tripulación naviera de Bernhard Rogge, durante la Segunda Guerra Mundial. Gisela comenzó el relato explicando que su padre había sido parte de la tripulación del *Atlantis*, capitaneado por Bernhard Rogge. Willie Vollmer, a su vez, había desempeñado un cargo importante como ingeniero de las máquinas del buque guerrero y Bernhard Rogge lo recordaba perfectamente bien, a pesar de la nutrida tripulación, no solamente por su trabajo con los motores navales, sino también por su *hobby* de trabajar la madera. Este *hobby* lo llevó a fabricar un prototipo que era una copia exacta del *Atlantis* pero a pequeña escala. La fabricación la había llevado a cabo a bordo, durante sus horas libres de los casi veinte meses que se pasaron en alta mar.

Desafortunadamente aquel *Atlantis* en miniatura y de madera creado por Willie, fue hundido junto con el *Atlantis* de tamaño real, después de haber sido cañoneado por el HMS Devonshire, el 22 de noviembre de 1941. Luego, con el pasar de los años, el padre de Gisela continuó con su *hobby*, y construyó tres réplicas más. Una se la regaló a Rogge, y su esposa la vendió. Otra se quemó en el fuego que accidentalmente consumió la casa de Willie Vollmer, en Wetzlar, Hessen. La tercera, hasta la fecha, continúa en el Deutsches Marine Museum, museo naval que se encuentra en la ciudad portuaria de Wilhelmshaven, frente a Bremerhaven, al otro lado de la bahía que desemboca en el Mar del Norte.

A medida que Gisela, con la ocasional interrupción de Howald, hacía el relato del Bernhard Rogge, con quien habíamos estado juntos en reuniones, visitas y fiestas en el Kampen de 1977, los oyentes bien se podían llevar la impresión de que escuchaban la narración de una novela o veían una película de guerra naval. El

Bernhard de Kampen había sido un personaje importantísimo en la flota de guerra alemana de la Segunda Guerra Mundial. Durante el liderazgo de Adolfo Hitler, había sido seleccionado personalmente por este para llevar a cabo una misión secreta, a pesar de haberse sabido que tenía un abuelo judío. Fue ascendido a capitán (Kapitän zur See) de la marina alemana y con el tiempo llegó al grado de vice almirante. Nacido en Schleswig, que por cierto queda entre Sylt y Kiel, al norte de Hamburgo, fue uno de los muchos oficiales alemanes que fueron obligados a obtener un Certificado de Sangre Alemana que les permitiera obviar el hecho en su contra de tener un abuelo judío. Recibió las más altas condecoraciones alemanas, como la Cruz de Hierro con hojas de roble y la Gran Cruz de Mérito. Los japoneses lo honraron presentándole una espada samurái tallada. Estos honores marciales que le fueron otorgados a Bernhard fueron el resultado de una misión muy especial y secreta diseñada por el mismo Adolfo Hitler. Se le responsabilizó con uno de los barcos que formaba parte de un grupo de naves que el enemigo denominó buques fantasmas. El nombre obedecía a simular buques de carga comercial siendo realmente buques armados con minas, cañones, torpedos e hidroaviones que tenían como propósito hundir naves de países en guerra con Alemania. El uso de los hidroaviones era tanto para reconocimientos aéreos como para ametrallar las instalaciones de radio a bordo de los buques que estaban por ser hundidos, y de esa manera evitar que pidieran ayuda. El nombre del barco fantasma de Bernhard era el *Atlantis*, y formaba parte de una armada secreta de barcos de carga. Hitler se refería al barco por el nombre de guerra, *Buque Dieciséis*. En alemán el Führer lo llamaba en código de guerra, Schiff 16.

En septiembre de 1939 Bernhard Rogge fue comisionado para capitanear el *Atlantis*. Acto seguido se dedicó personalmente a supervisar la habilitación de su buque, lo cual significaba transformar un barco de carga a uno de guerra, con la novedad de tener paneles movedizos que permitían transformaciones rápidas y posibilitaban a la nave metamorfosearse, dando la impresión, al ser observada desde cierta distancia por otro barco en alta mar, que era un buque carguero mercantil. Los disfraces eran armazones de madera plegables, con bisagras, que le permitía moverse con rapidez. Una vez que veían un barco enemigo en la distancia, mandaban el hidroavión a reconocer su origen y armamento. De estar el mar con demasiado oleaje para permitirse el uso del hidroavión, el *Atlantis* ya disfrazado se le acercaba hasta poder determinar si debía ser hundido. Los diferentes disfraces con que viajaba a bordo el *Atlantis*, permitían que pudiese aparentar diferentes nacionalidades. La habilitación del *Atlantis* sería llevada a cabo en secreto por un astillero en Kiel, adonde se dirigió su comandante para dedicarse de lleno a esta actividad, prestándole atención tanto a los detalles de su armamento militar como a las estructuras de los disfraces. El capitán Rogge era perfeccionista y pasó el tiempo en el astillero de Kiel ocupándose de detalles tan variados e importantes, como insistir en pormenores que ayudaran a su tripulación a no extrañar a sus familias durante los numerosos meses que se esperaba estuviesen en alta mar. Para ello se eliminaron fotos y pinturas en las paredes que aludiesen a hogares, árboles, praderas y campiñas. Una vez completada la obra de enmascarar, configurar, y hasta cierto punto teatralizar la nave hasta convertirla en un lobo marino capaz de emboscar y hundir naves de carga de países en guerra con Alemania, se lanzó a los océanos en busca de víctimas en sus rutas marítimas.

El *Atlantis* inició su misión el 1ro. de abril de 1940, al salir de la bahía de Kiel, ciudad portuaria al norte de Hamburgo, con una tripulación de trescientos cuarenta y siete miembros. Con sigilo y suerte llegó al Mar del Norte después de evitar roce alguno con los barcos británicos que cuidaban el estrecho, paso que separaba Alemania, y más al norte, Dinamarca, de Suecia, para luego antes de llegar a Noruega navegar hacia el oeste con dirección hacia el Atlántico. Una vez en el Atlántico emprendieron camino a toda velocidad hacia el hemisferio sur. Después de llevar un poco más de un año capitaneando su nave fantasma, Bernhard Rogge había logrado su misión de pasar desapercibido en aguas internacionales con el *Atlantis* disfrazado de barco comercial de carga.

Cambiaba de nombre, de silueta, de color de pintura, de nivel de línea flotante, de banderas, en fin, de apariencia, para evitar ser hundido por los buques destructores de guerra procedentes de los países enemigos, de los aliados.

Cuando llegó el amanecer del 17 de abril de 1941, más de un año después de haber zarpado de Kiel y sin haber atracado en puerto alguno hasta ese momento, el *Atlantis* ya había hundido un gran número de barcos en varios océanos. Navegaba al acecho de buques para hundir en aguas del Sud Atlántico, cerca de las costas de África, cuando vio un barco que maniobraba con todas las luces apagadas. Su falta de iluminación y de bandera, así como sus movimientos, daban lugar a sospechas, ya bien por tratar de pasar inadvertido en reluciente zigzagueo, o quizás porque trataba de evitar ser alcanzado. Mucho después el capitán Rogge entendería que el barco sospechoso había visto al *Atlantis* y decidido darse a la fuga, pero lo del zigzagueo era diferente. La mejor manera de explicarse este hecho está recogida en una frase del famoso arquitecto Addison Mizner. «No atribuyas malicia a todo aquello que se pueda explicar más fácilmente como una estupidez». El capitán había decidido que un egipcio inexperto fuese puesto a timonear la embarcación, maniobrándola de manera tal que pensaba que avanzaba en una supuesta línea directa cuando efectivamente zigzagueaba. El barco, que provocaba la desconfianza, se llamaba *Zamzam* y tenía 8,299 toneladas. La embarcación fue identificada correctamente por el capitán Rogge como un buque que había sido originalmente diseñado para el transporte de tropas, uso que había hecho de la nave la flota británica en el pasado.

En *The German Raider Atlantis*, escrito por Frank Wolfgang y Bernhard Rogge, el mismo capitán Rogge detalla haber visto en el año 1937, o sea dos años antes del comienzo de la Segunda Guerra Mundial, barcos similares que tenían al igual que el *Zamzam*, cuatro mástiles. La primera vez que los vio fue en el Royal Naval College de Dartmouth, durante las fiestas de la Coronación de George VI. Bernhard Rogge había sido elegido para representar a Alemania en las regatas de yates de seis metros. La hospitalidad con que los alemanes habían sido recibidos era sobrecogedora. En espíritu de amistad y camaradería, Bernhard había sido invitado a visitar Dartmouth, la cual le encantó por su tradición y belleza. Una sola cosa lo confundía: dos barcos mercantes viejos en aquel fondeadero naval, y que los dos poseían cuatro mástiles. Barcos mercantes que no volvió a ver hasta la noche del 16 de abril de 1941. En aquella ocasión de su visita por invitación a Dartmouth, le preguntó al oficial británico que le servía de guía, si el uso de esos buques de cuatro árboles de navíos era para cruceros auxiliares. La respuesta fue que eran *Bibby liners* usados para el transporte de tropas en la primera guerra mundial pues todavía servían para esa función. Al capitán Rogge, entonces, no le cupo duda de que era un *Bibby liner* y que se trataba de un barco que transportaba tropas británicas. Pero en realidad se equivocó, porque desde el año 1937 cuando primero los vio, hasta el año 1941 en alta mar y en son de guerra, aquel antiguo uso militar se había quedado en los anales navales históricos. Después de habérsele vendido a una empresa privada la nave se dedicó a usos comerciales. Considerándolo un buque de tropas británicas, Bernhard Rogge se dispuso a atacarlo pero la preocupación inmediata del *Atlantis* era evitar que el buque sospechoso emitiera una señal por radio inalámbrico haciendo un llamamiento de socorro mediante la señal internacional de SOS. Al no poder divisar si estaba armado ni vérsele los colores de su pabellón, el *Atlantis* le abrió fuego al *Zamzam* a cañonazos. El segundo cañonazo, desde 9,200 yardas de distancia, destruyó la cabina de radio, los otros cinco que dieron en el blanco, lo llenaron de agua y comenzó a hundirse. El *Zamzam* paró y comenzó a bajar las lanchas de salvamento. El *Atlantis,* que ya llevaba semanas evadiendo a los británicos, ahora al fin, estaba a la caza y esperaba haber cañoneado y hundido un barco de transporte de tropas. Se acercaron con cautela a recoger prisioneros pero sin querer arriesgarse a ser hundidos. Al acercarse al barco, que había sido cañoneado y que se comenzaba a hundir, se sorprendieron por no haber recibido fuego de respuesta. Cuál no sería la sorpresa al hallar mujeres y niños, muchos de ellos en ropa de dormir, todos confundidos y cantando himnos religiosos. «¿*Bibby Liner*?, ¿Transporte de tropas? ¿Qué rayos es esto?». Así lo transmitieron Ulrich Mohr y A. V. Sellwood, en el libro *Phantom Raider.* La aterrada tripulación egipcia se había lanzado en los botes salvavidas despreocupándose de los pasajeros, quienes resultaron ser todos civiles. Pero lo peor de todo todavía no lo sabían los alemanes, ni lo supieron hasta que se acercaron a ayudar a los náufragos: Se trataba de 202 pasajeros, de los cuales 77 eran mujeres y 32 eran niños. Todos eran misioneros, 140 eran estadounidenses y el resto canadienses, belgas y de otros países. Todos neutrales. Eran ministros predicadores con sus esposas e hijos que viajaban por mar, camino o bien a evangelizar o a unirse al resto de sus familias que ya estaban catequizando a los infieles en África. Milagrosamente no hubo ningún muerto. El capitán Rogge enseguida se percató de que había más pasajeros americanos que los que hubo en el *Lusitania*, en 1916, y reconoció el peligro de que la prensa estadounidense se aprovechara del hundimiento del barco egipcio *Zamzam* para incrementar los esfuerzos de influir sobre los americanos para que se unieran a la guerra en contra de Alemania. Se le hizo obvio que era de suma importancia impresionar a los americanos con la generosidad y caballerosidad del trato de los alemanes para con los náufragos. Para complicar el panorama aún más, daba la casualidad que entre los pasajeros que habían sido cañoneados figuraba un tal Charles Murphy, nada más y nada menos que el editor de la revista *Fortune,* así como prominente y asiduo escritor de las páginas de las muy populares revistas estadounidenses *Time* y *Life.* Viajaba acompañado de un fotógrafo profesional de *Life,* David Scherman. Aquel hundimiento a cañonazos limpios les proporcionaría a los señores Murphy y Scherman las oportunidades periodísticas de sus vidas.

Por su parte, el hecho de que los náufragos escaparan ilesos se atribuyó a una intervención divina, tanto cristiana como musulmana, que proveyó al *Zamzam,* por los dos orígenes de su tripulación. *Zamzam* es el nombre de un pozo sagrado en Mecca, en Arabia Saudí. El pozo está a veinte metros al este de Kaaba, un edificio cúbico y uno de los lugares más sagrados en Islam. Es algo así como el monte del Templo en Jerusalén para los judíos. Los oradores evangélicos dedicados a predicar la palabra de Dios, por su lado, encontraron una explicación divina, para ellos mucho más razonable.

Antes de que terminara el *Zamzam* de irse a pique, y arriesgando sus vidas, los miembros de la tripulación del *Atlantis* siguieron al pie de la letra las órdenes del capitán Rogge quien les ordenó hacer lo indecible por recuperar toda la ropa de los armarios, comida de las despensas y, sobre todo, pañales. Todo lo que se pudo rescatar se trajo a bordo del *Atlantis,* incluyendo el equipaje de los pasajeros, comida fresca, tabaco, colchones, frazadas, y la ropa que encontraron. No solamente habían sido despertados los náufragos a cañonazos al amanecer y todavía estaban en ropa de dormir y sin zapatos, sino que había muchos niños gritando, riéndose o llorando. Unos confusos, mientras otros se divertían con la algarabía que acontecía a sus alrededores. Los marineros alemanes que ya llevaban meses en el mar, no tardaron en ser arrinconados por madres buscando leche y pañales para sus hijos menores. Algunas señoras indignadas pedían jugo de naranja. «¿Cómo que no tienen jugo de naranja? ¡Están bromeando! ¡Mire teniente, pare de hacer chistes, y dígame adónde es que me puedo servir un jugo de naranja! ¡Ni yo ni mis hijos podemos comenzar el día sin un vaso de jugo de naranja fresco!».

Las discusiones con las madres gruñonas y sus hijos llorosos continuaron *en crescendo*, llegando a volverse muy desagradables, hasta que pacientemente se les fue explicando a los náufragos que la tripulación del *Atlantis* había llegado a su encuentro con el *Zamzam,* sumida en la carestía de meses en el mar sin ser abastecidos, y que por lo tanto ya ni siquiera se acordaban del sabor de una naranja. Antes de que el trato con las madres se volviese completamente insalvable, le sumaron los datos que desde hacía mucho tiempo vivían única y exclusivamente de papas, cebollas y pescado, todos secos, y que lo único mojado aparte de agua dulce era whisky y cerveza. Hasta entonces no pararon de pedir antojos. Lo único por lo cual no preguntaron, aunque se les debe de haber ocurrido tanto a los náufragos como al capitán Rogge, fue por el tiempo que iba a durar la convivencia forzada. Hasta cuándo iban a tener que ser alimentadas las trescientas bocas adicionales y cómo se iba a reabastecer de víveres el *Atlantis* para poder continuar con sus órdenes bélicas. Gracias a Dios, el día antes del encontronazo con el *Zamzam*, el *Atlantis* había sido abastecido por el *Dresden*, buque alemán que todavía estaba cerca esperando órdenes. A las veinticuatro horas del hundimiento del *Zamzam*, todos los pasajeros habían sido transferidos para el *Dresden* donde su capitán los había acomodado y organizado, pero no sin que antes los náufragos escribieran una protesta formal, como ciudadanos de países neutros, del riesgo mortal al que serían expuestos cuando el *Dresden* tratara de cruzar el bloqueo naval británico en su camino a Europa.

Dedicándose a toda costa a tratar de mantener una atmósfera favorable a bordo, así como la cooperación de sus pasajeros misioneros, la tripulación alemana les devolvió el cáliz de oro macizo que habían dejado en el *Zamzam* en su apuro por tratar de salvarse del barco que se iba al fondo del mar. Luego de ser transferidos al *Dresden*, su capitán recibió órdenes de Berlín: Su misión era partir rumbo a Francia cuanto antes. Así se hizo y el *Dresden* logró llegar sin ningún desafuero y con su completo cargamento de misioneros, el 20 de mayo de 1941. Dos días antes de su llegada, cuatro semanas después de haber sido hundido el *Zamzam*, el Almirantazgo Británico, es decir el Ministerio de Marina del Reino Unido, anunció que este ya llevaba un mes de retraso. El *New York Times* no perdió tiempo anunciando en primera plana que el *Zamzam*, un buque de pasajeros de país neutral, había desaparecido mientras hacía la travesía del Atlántico navegando en dirección a sus misiones en África. La pregunta retórica que hacía el *New York Times* era si habían muerto los 140 americanos a bordo, entre los cuales había 76 mujeres (5 encintas) así como 35 niños. Cien eran miembros del clérigo. ¿Si no habían sido hundidos, dónde estaban y qué les había pasado? Empezaron las acusaciones. Que si el *Zamzam* llevaba marcas distintivas e inconfundibles de su neutralidad; que era una desfachatez que los barcos piratas alemanes no respetaran banderas y profanaran aguas internacionales, matando personas neutrales e inocentes. Continuó la polémica hasta que por fin llegaron a Francia los pasajeros del *Zamzam*. Una vez que el *Dresden* llegó a su destino, que era St.-Jean-de-Luz, en la costa oeste de Francia, después de navegar 4,860 millas, la revista *Life* publicó un artículo escrito por Charles Murphy y con fotos tomadas por Scherman. El artículo explicaba que el *Zamzam* se había echado a la mar en la bahía de New York con destino a Alexandria, vía el Cabo de Buena Esperanza, pero que después de salir de New York había parado en Baltimore, Maryland, el 23 de marzo, donde recibió carga y pasajeros. Para ahorrar tiempo, Murphy y Scherman fueron por avión hasta Recife, Brasil, adonde subieron a bordo poco antes de elevar anclas con rumbo a Capetown, el 9 de abril. Murphy describió que efectivamente, a pesar de las protestas que los pasajeros le hicieron al capitán, el *Zamzam* navegaba sin luces y mantenía silencio radial. A bordo había pasajeros, de los cuales 140 eran americanos y la mayoría eran misioneros. En la tripulación había 129 individuos. En total, el capitán William Gray Smith tenía 331 almas bajo su responsabilidad. La bandera de Egipto fue enarbolada única, exclusiva y tardíamente después de haber recibido los múltiples cañonazos que les disparó el *Atlantis*. Estos detalles ponían el *Zamzam* en orden con el Almirantazgo Británico, pero evidenciaban que se habían violado las más importantes reglas de comportamiento marino a seguir por naves de países neutrales. Además de eso, se publicaba en *Life* que *Zamzam* no desplegaba bandera alguna y no tenía ninguna marca de identificación, mediante la cual se anunciase ser un buque de país neutral. Por lo tanto, el 17 de abril los cañones del *Atlantis* dieron en el blanco y el *Zamzam* se comenzó a hundir. De no ser por los marineros del *Atlantis* que los rescataron, hubiese habido muchos muertos, ya bien ahogados o víctimas de los tiburones que según reportó *Life* habían estado rodeando el *Zamzam*. Los alemanes, de manera organizada y eficiente, los rescataron a todos. No hubo ni un solo muerto, se salvó hasta el perro del barco de misioneros. Una vez a bordo del *Atlantis*, los alemanes hicieron todo lo posible por rescatar todos los efectos personales que pudieron del barco antes de que se fuera al fondo del mar. Hasta un triciclo que le pertenecía a uno de los niños.

El capitán Rogge, aún preocupado, una vez que se cercioró de que todos los náufragos y sus pertenencias hubiesen llegado sin percance a bordo, y queriendo iniciar un diálogo edificante, invitó al capitán Smith del *Zamzam*, para que seleccionara representantes de entre la lista de sus pasajeros para concertar una reunión e intercambiar impresiones sobre los acontecimientos del *Zamzam*. El Sr. Charles Murphy fue uno de los seleccionados para conversar con el alto, fuerte y bien parecido capitán alemán de modales exquisitos. El capitán Rogge detalló excusándose, dándoles sus razones por lo que había ocurrido y exponiéndoles su lógica para cañonearlos. Como les dijo, todo lo sucedido había sido innecesario a su manera de verlo, y su decisión de cañonearlos y hundirlos se debía a que se había percatado por ciertas señales inconfundibles de que el *Zamzam* mantenía un comportamiento casi exacto al de un barco de país beligerante, comprometido con la guerra. Además, después de ser abordado se comprobó que llevaba cargamento de contrabando: diez mil barriles de petróleo y cien camiones estadounidenses. Les prometió a los náufragos que haría lo posible por ponerlos en tierra firme pero les recordó que estaban en guerra, y al decidirse hacer una travesía marítima habían iniciado una aventura peligrosa, es decir, habían tomado una decisión que entrañaba riesgos y posibles daños.

La misión del *Atlantis*, desde que comenzó en Kiel en el año 1940 hasta que al fin fue hundido, el 22 de noviembre de 1941, llevó la nave y su tripulación a deambular 102,000 millas, mayormente por los océanos del hemisferio sur, entregado de lleno a la caza de barcos británicos durante un récord de seiscientos veinte y dos días. Cuando se hundió, finalmente, no fue consecuencia de una batalla que perdió en alta mar sino por haber sido observado inesperadamente por un destructor británico mientras, en una posición completamente indefensa, cumplía unas muy discutidas órdenes de abastecer dos submarinos alemanes en alta mar. Esta misión no formaba parte de las órdenes originales y el capitán Rogge reaccionó alarmado porque ponía al *Atlantis* y a su tripulación en peligro de ser atacados sin poder hacer nada para protegerse. Era innecesariamente riesgoso. El *Atlantis* fue sorprendido *in fraganti* y hundido sin remedio.

Durante los seiscientos veintidós días que el *Atlantis* estuvo a la caza de buques británicos hundió 22 barcos, que sumaban un total de 144,500 toneladas. Cuando fue hundido, la tripulación fue rescatada por los mismos submarinos que habían estado abasteciendo en alta mar. La tripulación demoró otros treinta y tres días en volver a Alemania, lo cual quiere decir que estuvieron en el mar seiscientos cincuenta y cinco días. La travesía marítima más larga de la historia mundial. La tripulación regresó a Alemania el 25 de diciembre de 1941, después de haber sufrido un segundo hundimiento y de haber viajado un total de 110,000 millas. Mil de las cuales las hicieron en botes salvavidas remolcados por submarinos. Rogge fue uno de los pocos oficiales alemanes que no fue arrestado por los Aliados después de la guerra. ¿La razón? La manera en que desempeñó su cargo de comandante del *Atlantis*. De ella sirvió de testigo el capitán del navío británico *City of Baghdad*, buque hundido por el *Atlantis* en julio de 1941, al dar testimonio de cómo los prisioneros no fueron tratados con odio sino con respeto.

Gisela terminó su narración con la sugerencia de que sería interesante ver una película que se hizo en el año 1960, basada en los diarios de Bernhard Rogge y de su subalterno, Ulrich Mohr. La película, titulada *Under Ten Flags*, fue protagonizada por dos actores famosos: Van Heflin y Charles Laughton. Le pregunté a Gisela si su padre Willie todavía vivía y me dijo que no. ¡Qué pena! Me hubiese encantado conocerlo y preguntarle sobre su vida en el *Atlantis* y de su relación con Rogge. Gisela me dijo que Willie nunca aprendió a sentirse cómodo hablando en inglés pero... «Mario... tú sí lo conociste». Él estuvo viviendo en la finca que tienes hoy en día. En Almendares. Su último día en los Estados Unidos, antes de tomar un avión para Alemania en el año 1984, se lo pasó esperando a los nuevos dueños. A ti y a tu esposa Jackie. Willie en aquellos días nos contó que había encontrado un anuncio de madera que no quería que el nuevo dueño dejase de ver porque era parte de la historia del rancho.

Las vacaciones de Elisita

El otoño, el invierno y el inicio de la primavera son estaciones deliciosas en el sur de Florida, sin embargo el calor y la humedad convierten el verano en una estación poco atractiva. Los jóvenes la aprovechan, como lo hacen con todo, para desplegar su juventud y sensualidad en las playas, y dar rienda suelta a esa exuberancia en la que desbordan su vitalidad y belleza. Para los demás, los que ya no somos tan jóvenes, el verano en el sur de Florida es una estación que nos empuja a huir de los excesos al tomar el sol; buscamos refugio bajo algún toldo acogedor o, mejor aún, contemplamos la ardiente pujanza de la naturaleza a través de las puertas francesas de un *florida-room* convenientemente refrigerado por un eficiente y silencioso equipo de aire acondicionado.

En nuestro verano, al mediodía, la luz es tan intensa que parece perseguir a las sombras que, asustadas, tratan de esconderse debajo de los árboles o de cualquier techo, sombrilla o portal cercano. Tanta energía, tanta intensidad resultan agotadoras aun para los que la sufren desde sus refrigerados escondites. Poder pasar el mediodía en cualquier lugar que nos proteja de la inclemencia del estío exterior por la acción benéfica y acogedora del aire acondicionado es, en sí mismo, un logro no despreciable pero, si además se le añade el placer de la buena compañía y la buena mesa, resulta, más que un logro, un regalo extraordinario. Fue el domingo 3 de julio del año 2011, durante el transcurso de un verano así que Elisita Montoro, viuda de Canosa, una dama de la más clásica y exquisita escuela, tuvo la delicadeza y la generosidad de hacernos ese regalo a mi esposa, Jackie y a mí. Nos invitó a almorzar. Inmediatamente aceptamos su invitación y nos dispusimos a disfrutar de tan sabroso regalo.

A sus 89 años, Elisita es una presencia extraordinaria. Sus ojos azules son luminosos, su tez es de nácar y su pelo, recogido en un sencillo pero elegante peinado, son la imagen misma de la distinción y de la clase. Su mente es clara y lúcida y su conversación, amena. Elisita da siempre la impresión de estar enormemente interesada en lo que sus invitados e interlocutores tienen que decir. En su presencia uno se siente acogido e importante; es un don que ella tiene además de ser la marca inconfundible de la perfecta anfitriona.

La ocasión colmó nuestras mejores expectativas y después de un delicioso almuerzo, condimentado por una conversación vivaz e inteligente, Elisita complementó su regalo con otro, si cabe, aún mejor. Con gran sencillez, pero con gran sentido de la narrativa y haciendo gala de una memoria y una sensibilidad extraordinaria nos deleitó con una anécdota de su juventud. Trataré aquí de reproducirla para el lector, aunque sé de antemano que resultará imposible hacer completa justicia a una historia que, como el buen vino, ha sido añejada en la experiencia, la sensibilidad, la simpatía y la rica humanidad de esta gran dama. Solamente la temeridad, y el deseo irreprimible de compartir esta rica historia con el lector me llevan a intentarlo.

Los padres de Elisita, el doctor Octavio Montoro y Saladrigas y su esposa, Elisa de la Torre, francófilos dedicados, siempre habían soñado con educar a sus hijos en Francia. Para hacer este sueño realidad, en el año 1928 decidieron comprarse un apartamento en la avenida Iéna esquina a Vassano, a no mucho más de media cuadra del Arc de Triomphe y frente por frente al hotel Majestique, que, por cierto, no existe ya hoy en día. Elisita, nacida el 25 de septiembre de 1921, residió en ese piso desde 1928 hasta agosto de 1939. Simultáneamente, la familia Montoro-de la Torre mantenía abierta el año entero su casa de El Vedado, en La Habana. Ambos hogares, tanto el de La Habana como el de París, contaban con una biblioteca donde se conservaban cientos de libros de poesía, novelas, historia, música, mitología, pintura, etcétera. La colección de arte se completaba con cuadros y dibujos que colgaban de las paredes, artefactos en repisas y mesas, estatuas, cajas de *cloisonné*, objetos esculturales de cristal, de plata y de oro, algunos abstractos y otros figurativos. No eran pura decoración ni simplemente ornamentos. Eran obras de arte y piezas artísticas, coleccionadas a través de toda una vida que había sabido ir acoplando el placer con el conocimiento y el pensamiento en una sutil búsqueda del sentido y la iluminación del entendimiento.

Durante todo ese tiempo, por supuesto, las visitas de toda la familia a La Habana eran frecuentes. Bien fuese por enfermedades graves o defunciones en la familia, o bien por causas mucho más agradables, quizás hasta por simples caprichos maternos, Elisita, su hermano y su madre emprendían viajes de visita a La Habana con asidua frecuencia. Desde luego, a pesar de estos viajes, la familia hacía su vida doméstica cotidiana en París. El *páter familias* ejercía su profesión de médico en La Habana, pero visitaba con regularidad a su esposa e hijos en París donde se quedaba, a veces por meses, haciendo vida de familia.

Elisita recibió una excelente educación tanto académica como de desarrollo cultural y estético. No solo recibía su educación en los cursos y asignaturas de rigor ofrecidos por el colegio Sacre Coeur du Passy, uno de los mejores colegios privados de Francia, sino que su mamá complementaba esa educación haciendo énfasis en la cultura general insistiendo en el aprendizaje, estudio y apreciación de las artes. Los fines de semana Elisita y su hermano visitaban museos, monumentos y exhibiciones culturales. En los museos la mamá contrataba guías expertos que pudiesen dirigir y enriquecer el disfrute y el entendimiento de las obras más importantes de cada institución. Una vez terminado el recorrido guiado, todos iban a la librería del museo y regresaban a disfrutar por segunda vez de las obras que más les habían gustado en la primera visita. Durante esta segunda visita iban leyendo en voz alta lo que decía el recién adquirido libro sobre el artista, la obra, el género, su interpretación, composición, estilo, impacto y consecuencias artísticas. Elisa mamá les daba mapas de París para que los hijos conocieran y se familiarizaran con la ciudad; quería que la hicieran suya. Les hacía marcar con lápiz en el mapa la ruta por donde los llevaba el ómnibus citadino y las cosas notables que se encontraban a su paso. Así, los convertía casi en un par de jóvenes amanuenses que fueran reduciendo a texto lo que la ventana del ómnibus les dictaba. Los sábados por la noche los llevaba religiosamente a la ópera. Tanto Elisita como su hermano Rafael adquirieron un asombroso conocimiento del repertorio del Teatro de la Ópera de París.

Los once años de estancia de Elisita en la Ciudad de las Luces coincidieron, en gran parte, con la época del apogeo artístico de Montparnasse, reuniendo a un tiempo en la ciudad a Pablo Picasso, Ernest Hemingway, Diego Rivera, Wifredo Lam, Cole Porter, Henri Mattise, Josephine Baker, Luis Buñuel, Man Ray, y F. Scott Fitzgerald y su esposa Zelda Zayre, entre otros. Era la época de oro del «salón» que dirigían Gertrude Stein y Alice B. Toklas en el apartamento que compartían con Leo Stein, el hermano de Gertrude. Al «salón» acudían los mejores y más brillantes escritores y artistas del siglo XX para disfrutar con libertad el arte de la conversación y conocerse mutuamente.

El mundo de Elisita nunca llegó a ser el mismo después de 27, rue de Fleurus. Elisa mamá era una señora católica, de misa y comunión diarias. Para ella, aquel ambiente no era el apropiado para la educación de sus hijos y su posible influencia hubiese sido contraria a los cánones de una educación católica del corte más genuinamente ortodoxo. Una cosa es estar al corriente del «guirigay» que reinaba en Montparnasse y otra muy diferente era participar en él. El que fuese o no un ambiente cultural depravado resultaba, en cierto sentido, superfluo. Su bien conocida reputación como ambiente cultural *demi-monde* era suficiente para justificar su exclusión. El mundo de Montparnasse no era apto para menores, y punto. La elegante y refinada estrategia de Elisa mamá era ni siquiera hablar de aquellas realidades, pero aun cuando lo hiciese, como mujer inteligente que era, buscaba prudentes retruécanos y vericuetos que le evitasen tener que aproximarse, ni siquiera de lejos, al arduo tránsito de vivirlas. Con la rigidez más que jesuítica de un muy fanático ministro bautista inabordable.

El Sacre Coeur du Passy, dirigido por monjas de cejas pobladas, mirada evidentemente disciplinaria hasta ocasionalmente flamígera y caras piadosas en las cuales se podía, a veces, vislumbrar sin mucha dificultad la presencia de vello viril, terminó su curso, al igual que la mayor parte de los colegios franceses, cuando se agotaba la primavera y comenzaba el verano. Elisa mamá decidió aprovechar la ocasión para llevarse a Elisita, ahora una bella e inteligente joven de diecisiete años, a dar un viaje por Italia y otros países europeos.

Al terminar el año escolar Elisita y su mamá comenzaron su muy anticipado viaje de vacaciones partiendo desde París en tren para ir a pasarse un mes en Montecatini Terme, un balneario de fuentes termales ubicado a unas 24 millas al noroeste de Florencia, en dirección a Lucca y Pietrasanta. A Elisita le aburría soberanamente ir «a tomar las aguas», nada de sublime como destino de unas vacaciones, porque Montecatini Terme, al igual que otros balnearios de aguas termales más o menos del mismo estilo, era frecuentado por visitantes en su gran mayoría ancianos, es decir, estaba lleno de viejos y, nada más. Pero a su mamá le encantaba la idea de «tomar las aguas» y ella era la que decidía pues donde manda capitán no manda marinerita. Una vez allí, para comodidad de ambas, así como para luego poder continuar su viaje por carretera, alquilaron para el resto del verano un automóvil Hispano-Suiza.

Los automóviles Hispano-Suiza, que en aquella época eran fabricados en las afueras de París, se habían vuelto más codiciados aun que los productos británicos de la Rolls-Royce. En aquel entonces la fábrica había creado unos motores V-12 con radiador que eran la locura del mundo automovilístico. Los últimos autos Hispano-Suiza que fueron fabricados en Francia se terminaron antes del año 1936, porque a partir de esa fecha el gobierno francés obligó a la empresa a reanudar la fabricación de motores y armamentos aeronáuticos. Tanto la Fuerza Aérea Francesa como la Real Fuerza Aérea Británica requerían preferentemente sus productos.

Elisita y madre alquilaron con un chauffeur para visitar ciudades en Italia, cruzar los Apeninos, seguir a través de los Alpes hasta Austria y de ahí a Múnich. El plan era ir de Padua directo a Austria haciéndole una circunvalación a Venecia, por ser una ciudad que ya habían visitado muchas veces.

A su llegada a Montecatini se reunieron con Nicolás Rivero y su esposa, Estela Machado, quienes venían procedentes de Roma y con quien se habían puesto de acuerdo desde mucho antes para coincidir en Montecatini Terme. Nicolás Rivero y Hernández, conde de Rivero, casado con Estela Machado, era un miembro prominente de la conocidísima familia Rivero de La Habana. Su hermano, José Ignacio (*Pepín*) era, a la sazón, el director del *Diario de la Marina*, el más antiguo rotativo de Cuba fundado en 1832 por su común ancestro, don Nicolás Rivero.

En estos viajes estivales el hermano mayor de Elisita, Rafael, solía ir con las dos damas, pero en esta ocasión había tenido que quedarse en Cuba estudiando para la preparación de los exámenes que necesariamente tenía que tomar en relación con su carrera de medicina. Esto hizo que el reunirse con los Rivero tuviese, además del natural disfrute social, un segundo propósito, añadir un elemento de protección masculina en el caso de que hubiese cualquier tipo de emergencia.

Los Rivero hacían su vida de vacaciones, mientras Elisita y su mamá se levantaban temprano y de acuerdo con sus costumbres, se iban a visitar museos y exhibiciones culturales. A veces se reunían todos a cenar por las noches. Estela Machado de Rivero era una presencia amistosa, un punto de referencia, de seguridad; alguien a quien Elisita pudiese acudir si, por desgracia, le pasara algo a su madre durante el viaje.

En este viaje de vacaciones del matrimonio Rivero se habían acoplado distintos intereses. A Estela le gustaba conocer ciudades y ver cosas lindas, era una señora encantadora pero muy parca en su conversación. A Nicolás, que era más gregario y conversador, lo que más le interesaba de aquel viaje era la visita a Padua por razones religiosas. Devoto de San Antonio de Padua, Nicolás quería cumplir la promesa que había hecho al santo pidiéndole la felicidad de su hijo Pedro, el menor de sus dos hijos, siendo Nicolás el mayor. Pedro y su joven esposa, Paloma Jover, se encontraban en su viaje de luna de miel y habían venido en auto desde Roma con sus padres.

Nicolás Rivero creía firmemente que el hecho de que Paloma y Pedro fuesen una feliz pareja era el resultado de la intervención divina conseguida mediante la intercesión de San Antonio, pedida devota e insistentemente por Nicolás. La intercesión del santo había logrado que Pedro rompiese sus relaciones amorosas con otra joven que no era del agrado de sus padres y a través de sus súplicas al santo había conseguido que Pedro conociese a Paloma, y contrajese matrimonio con ella. Nicolás estaba seguro que la presencia de la feliz pareja en este viaje era un adecuado tributo de acción de gracias a San Antonio ante quien, en su Santuario de Padua, él se postraría agradecido. Su inquebrantable juramento a San Antonio de venir en persona a presentar su acción de gracias por el favor concedido quedaría así plenamente cumplido. Quizás sea pertinente recordar que Nicolás Rivero era, a la sazón, el Legado de Cuba en la Santa Sede. En aquella época las relaciones diplomáticas de Cuba con la Santa Sede no eran a nivel de embajada sino de legación por lo que el más alto representante de Cuba ante el Vaticano portaba el título de Legado (también, *Chargé d'Affaires*) y no de embajador.

Después de visitar Florencia, Padua, Verona, Milán, Como, Innsbruck y Viena, los viajeros prosiguieron hacia Múnich, Alemania. El 23 de agosto de 1939 llegaron, de noche, al hotel en Múnich y al despertarse al día siguiente para compartir el desayuno o *frühstück*, el periódico local publicaba la noticia que el día anterior Gran Bretaña y Francia reaccionaban enérgicamente al pacto de no agresión firmado por Adolf Hitler con la URSS cuyo efecto era neutralizar ese país. Adolf Hitler, como todos recordarán, había ganado las elecciones, aun sin obtener mayoría absoluta, y nombrado canciller del gobierno alemán el 30 de enero de 1933 por el mariscal Paul von Hindenburg, presidente del Reich. Este nuevo pacto entre Rusia y Alemania (pacto Molotov-Von Ribbentrop) abría la puerta para que tanto Alemania como Rusia pudieran satisfacer sus ambiciones territoriales a costa de Polonia. Como resultado, Gran Bretaña y Francia se veían abocadas a una guerra con Alemania si Hitler no era disuadido de sus intenciones expansivas por vías diplomáticas. El esfuerzo disuasorio, como todos sabemos, no obtuvo éxito.

Paloma Jover, la joven y flamante esposa de Pedro Rivero durante toda la trayectoria desde Montecatini hasta Múnich se había estado vanagloriando de saber hablar y leer el idioma alemán, por lo que fue para todos una decepción el que no supiese traducirles al resto de los viajeros el contenido del periódico local. Esto obligó entonces a Nicolás Rivero a visitar el consulado cubano y la visita resultó crucial. Allí le dijeron a Nicolás el equivalente diplomático de «¿Qué hacen ustedes en Múnich? ¿Están locos? ¡Tienen que irse inmediatamente de Alemania pues en cualquier momento estalla la guerra!». Lo que menos se imaginaba aquel grupito de cubanos en gira estival por Europa era que, de buenas a primeras, se encontrarían en una Alemania que, excitada hasta el paroxismo por aquel cabo de bigotico a lo Chaplin y fogosa oratoria, se disponía a dar el pistoletazo de salida a una campaña de agresión mundial de consecuencias catastróficas y que costaría la vida a más de cincuenta y cinco millones de personas, entre civiles y militares. La Segunda Guerra Mundial estaba a punto de estallar y ellos, inocentes viajeros cubanos, se encontraban, fortuitamente o, dicho en buen cubano, «sin comerlo ni beberlo», atrapados en medio del fuego cruzado de las potencias europeas que parecían empeñadas en repetir ciegamente los mismos errores de los últimos tres siglos.

Alarmado por las noticias Nicolás decidió irse inmediatamente a Roma para regresar a su puesto en la legación cubana. Quizás Nicolás en su turbación y premura no se esmeró todo lo necesario en explicarle en detalle al resto de su grupo familiar la seriedad de las circunstancias. Estela seguía insistiendo en que era una pena no conocer Berlín tan cerca que estaba... Pero, una vez que Nicolás se detuvo a hacerles a sus familiares un análisis minucioso de la situación, la cosa cambió. El análisis de Nicolás no destilaría, precisamente objetividad, pero había sido muy efectivo en el uso de la imaginación, animándolos a pensar en ser aplastados por las orugas de un tanque nazi con la misma facilidad que un jardín de flores, y ayudado por el uso de términos como, «guerra», «bombas», «tiros», «heridos» y «muertos»… había logrado su objetivo esencial, que todos entendieran con súbita y diáfana claridad el por qué una visita a Berlín resultaba, cuando menos, temeraria y cuando más, una locura impensable. Sin necesidad de más ninguna aclaración, procedieron todos a apertrecharse con sus respectivos pasaportes y sin perder ni un minuto más emprendieron su imprescindible huida. A Elisita, quien viajaba con su mamá en el asiento de pasajeros del Hispano-Suiza, le había parecido precioso el automóvil de los Rivero: un descapotable o convertible como se le decía en Cuba, y cuando más realzaba su belleza era al ser descapotado en las montañas alpinas de Austria. Los Rivero, en su descapotable, emprendieron regreso a Roma sin desvíos de ninguna índole. A capota cubierta y a toda velocidad, por supuesto.

Elisa y Elisita despidieron al chofer, pagaron el alquiler del Hispano-Suiza y ese mismo día empaquetaron ellas mismas sus maletas y baúles y se fueron en uno de los compartimentos privados de un tren que salió de la estación de trenes de Múnich a las cuatro de la mañana en dirección a París. Se suponía que el tren fuera directo y sin escalas, pero el viaje no resultó así. Es verdad que el tren no paró en Alemania ni una sola vez. Ciertamente, no paró nunca hasta después de cruzar la «Línea Siegfried». Esta era una línea de defensa construida por Alemania bordeando sus fronteras con el oeste. La pared occidental fue comenzada en 1938 frente por frente a la «Línea Maginot». La Línea Siegfried consistía en fortificaciones que se extendían desde la frontera de Alemania con Suiza hasta la frontera con Luxemburgo, mientras que las defensas de las fronteras con Holanda y Bélgica eran de menor categoría. La línea tomaba su nombre de ese héroe de la épica teutónica llamado Siegfried tan celebrado en las óperas de Richard Wagner.

La Línea Maginot, del otro lado, era una barrera defensiva erigida en el noreste de Francia para defenderla de cualquier ataque procedente del este, pero, por supuesto, concebida principalmente con Alemania en mente. Una idea promovida por André Maginot, cuya visión estratégica era fabricar una fortificación defensiva ultramoderna a lo largo de la frontera francesa con Alemania. Fabricada de concreto armado y una instalación preparada para acomodar numerosos cañones, tenía dormitorios para las tropas, hospitales, depósitos de suministros y líneas ferroviarias subterráneas. En 1914, al principio de la Primera Guerra Mundial, Alemania había invadido a Francia desde el norte. Desenvolviéndose con los modales reposados de un pueblo con deseos de esta vez asegurarse de conservar cierta distancia, los franceses inimaginablemente esperaron que los alemanes tuviesen la delicadeza de llevar a cabo una guerra defensiva de destrucción por desgaste igual a como habían hecho en la Primera Guerra Mundial. Indudablemente, los alemanes sonriendo para no dejar que la sinceridad los hiciera pecar de descorteses, esta vez decidieron desacomodarles los planes a los franceses. Hicieron lo que no se esperaban, el *Blitzkrieg* o guerra relámpago, un nuevo sistema de agresión marcial ultra móvil combinando los tanques Panzer con bombardeo aéreo. La Línea Maginot terminaba en la frontera franco-belga, precisamente, el lugar por donde cruzaron los alemanes en mayo de 1940. Invadieron Bélgica; cruzaron el río Somme donde estaba el punto norte de Línea Maginot y atacaron por las espaldas a los franceses. La Línea Maginot fue un fracaso total.

Las dos Elisas, recordemos, iban sentadas en su compartimento privado en su supuesto tren sin escalas. Conversando y leyendo. Frescas como dos lechugas y sentadas una frente a la otra, cada una con su propia ventanilla para disfrutar del paisaje. El tren cruzó primero la Línea Siegfried; a continuación cruzó la Línea Maginot. Cruzada esta última empezaron las paradas, las escalas no programadas. En cada ciudad, pueblo, villorio, aldea, y hasta caserío había gente esperando el tren y llevando consigo lo que se habían podido echar al hombro y llevarse a cuestas. Maletas, maletines, bultos, jabas, fardos, carteras, valijas, alforjas, en fin, todo lo que pudiesen cargar en su despavorida huida de la guerra. No solamente el resto del tren sino también su compartimento privado se empezó a llenar de gente que iban de pie desde que se montaban, es decir, todo el trayecto, hasta París. Elisa, madre preocupada, sentó a su hija a su lado pues con el gentío dentro del compartimento casi no podía ni verla. Había varias personas paradas entre ellas dos. No pudieron ponerse de pie hasta llegar, ya de noche y las dos entumidas, a su parada final en la Gare d' Orsay. Por cierto, esa fue la primera estación eléctrica de trenes en el mundo. Diseñada por el arquitecto Victor Laloux para la Exposición Universal de París en 1900, se terminó de fabricar justo a tiempo para este acontecimiento. Hasta el año 1939 era una estación de trenes de larga distancia. El hotel, que era parte del servicio que rendía la estación, siguió funcionando hasta el año 1973 cuando se convirtió junto todo al resto de la propiedad en lo que es hoy en día, el bello Musée d'Orsay.

Al llegar a París la encontraron bajo el pánico. Los taxis no funcionaban. Los restaurantes, farmacias y bodegas estaban cerrados. Las farolas en las calles, oscuras, envueltas en unos trapos negros que tapaban la luz. Las dos mujeres tenían tres maletas enormes y un *nécessaire de voyage* o maletín que las damas cubanas acostumbraban llenar de medicinas y mejunjes. En otras palabras, habían llegado a París con un gran cargamento de equipaje y no les quedó más alternativa que considerarse pertenecientes a la clase peatonal, es decir cargar ellas mismas con todo y empezar a caminar en dirección a su casa cerca del Arc de Triomphe; con tan buena suerte que al llegar a la Place de la Concorde encontraron un taxi. El taxista rehusó llevarlas hasta que le mostraron y, por supuesto, compartieron con él una tonguita de dólares. Con ese incentivo, al final, accedió. Las llevó hasta su apartamento donde les esperaba un refrigerador vacío y una orden gubernamental obligándolas tanto a ellas como a todos los parisinos a dormir en los sótanos de sus casas. París esperaba ser bombardeada en cualquier momento. Subieron a su apartamento, dejaron el equipaje y bajaron a dormir al sótano llevándose la única comida que había en el apartamento que era una ruedita de queso gouda holandés. Ese quesito, por rebanadas, fue su única comida desde el 25 hasta el 29 de agosto mientras usaban los dólares que les quedaban para tratar de conseguir pasajes en embarcaciones con destino a los Estados Unidos.

Compraron pasajes para las dos, en el *Orinoco*, el *Reina Pacífico*, el *Mauretania* y en un barco holandés pero, ninguno salió ni les reembolsó el dinero invertido. Su reserva de dólares comenzaba a disminuir peligrosamente. Presionadas por la situación decidieron ponerse en contacto con un cubano conocido que trabajaba en un banco estadounidense para tratar de hacer efectiva una carta de crédito que tenían y así incrementar su mermada reserva de dólares. Su idea y así la explicaron, después de detallar las carestías de su vida actual, era que en caso de no conseguir puesto en un barco para hacer la travesía trasatlántica intentarían escaparse para España. Todo inútil: les negaron los dólares. Al borde ya casi de la desesperación se enteraron que la Cunard estaba vendiendo pasajes a New York en el *Queen Mary*. Las oficinas de la Cunard estaban en un edificio triangular, en la rue Scribe, frente por frente a las oficinas de la American Express, a una cuadra de la Ópera. El edificio sigue ahí intacto hoy en día. El barco salía de Cherbourg, puerto francés que se encuentra a unas 200 millas de París. Afortunadamente la Cunard tenía su propio tren desde París.

Cuando llegaron a las oficinas de la Cunard la cola era de cinco cuadras. Se movía con la lentitud de un saurio malherido. Inmediatamente cayeron en la cuenta de que, a ese paso, no quedarían pasajes para ellas cuando lograsen llegar hasta la puerta. A Elisita se le ocurrió una estratagema. Resultó ser una de esas decisiones que se hacen en momentos claves de la vida, furtivas encrucijadas del destino que impactan para siempre nuestro futuro. Dejando a un lado el papel de paloma frágil y tierna, y en acuerdo previo con su madre, que no veía otra solución, comenzó a fingir estar acongojada y medio confundida o perdida; una víctima de la terrible situación que vivía la ciudad y desesperada buscando a su familia. Elisita con carita joven, mona, confusa y alterada, todo, por supuesto, bajo un exquisito control, usaba ese método para poder alcanzar la puerta de la compañía naviera evitando que se desatara una acción insurreccional de parte de aquella cola de gente con mirada fría y asustada. Poco a poco se fue acercando a la puerta de entrada de la Cunard, con el objetivo de tratar de llamar desde afuera a míster Miller.

¿Quién era el tal míster Miller? Pues resulta que el año anterior Elisa y una amiga cubana habían ido juntas a comprar pasajes para New York en esa misma oficina de la Cunard. Elisa había rentado un automóvil con chofer para ir allí y la amiga, que se llamaba Herminia Rodríguez de Argüelles, al completar la compra de los boletos le había dado al empleado de la Cunard una propina extraordinariamente generosa, un billete de cien dólares. Ante aquel detalle y claro está, no queriendo quedarse atrás en cuestiones munificentes, Elisa hizo lo mismo y le regaló otros cien dólares al empleado. El automóvil con *chauffer* y la generosa propina debieron darle a aquel empleado de la Cunard una impresión de afluencia y generosidad. Doscientos dólares en aquel entonces eran una cantidad de dinero muy considerable. Sobre todo para un oficinista joven y barbilindo que lo único que había hecho para merecer semejante premio era cumplir con su deber. Elisita había acompañado a su mamá durante todo este episodio del tremendo propinazo y por lo tanto también había conocido a míster Miller que se había quedado encantado con las tres influentes y generosas damas o, por lo menos, con sus doscientos dólares. Esta era la persona cuya atención y favor trataba ahora Elisita de conquistar.

Siguiendo su estrategia, Elisita poco a poco logró al fin apostarse justo al lado de la puerta de la Cunard. Cada vez que se abría la puerta para dejar entrar a la afortunada persona de la cola cuyo turno había llegado y hasta que la puerta se cerraba de nuevo, Elisita gritaba: ¡Míster Miller! ¡Míster Miller! ¡Míster Miller! Hasta que en una de esas ocasiones el hombre, sorprendido de oír su nombre gritado a voz en cuello por una jovencita, salió a la puerta de las oficinas de la compañía, reconoció a Elisita y allí mismo sostuvo una improvisada conversación con ella, estilo conciliábulo. ¿Un acuerdo comercial semilegal…? Míster Miller le prometió dos boletos, uno para ella y otro para su mamá. La promesa de los boletos fue hecha con tan inaudita imperturbabilidad e inflexible seriedad que Elisita insistió una segunda vez para cerciorarse. «Claro que sí, no se preocupe, ya sé que tiene que caminar cinco cuadras para llegar hasta donde está su mamá. Tranquilícese, aquí la espero». Míster Miller cumplió su palabra. Lograron adquirir pasaje en el barco para salir de Francia y volver a los Estados Unidos.

El *Queen Mary* fue uno de los últimos barcos de pasajeros que partió de Europa antes de que comenzara la Segunda Guerra Mundial. Muchos otros inocentes quedaron allí atrapados por la vorágine bélica en que se iba a sumir Europa por los próximos seis años. Entre ellas, las famosas vecinas de Elisa y Elisita, Gertrude Stein y Alice B. Toklas que no lograron salir de Francia y tuvieron que refugiarse durante toda la guerra en Bilignin, un pequeño pueblo en el este de Francia en donde tenían una casa de veraneo y donde fueron protegidas por amistades del llamado régimen Vichy. Tuvieron mucha suerte de que nunca las molestaron a pesar de ser judías ya que el nazismo se había enseñoreado de toda la Francia ocupada. Increíblemente, no las tocaron ni a ellas ni a su apartamento en París, el cual estuvo desocupado durante toda la guerra.

Elisa y Elisita abordaron el *Queen Mary* el 29 de agosto con boletos de primera clase. La Cunard cobró todos los boletos al doble de lo normal. El precio normal hubiese sido $500.00 por boleto. Cada boleto costó en este caso $1,000.00. El 30 de agosto zarpó el barco de Cherbourg seguido por dos destructores (*destroyers*) británicos que iban protegiéndolo de los submarinos alemanes que se temía rondaban al barco. La dificultad estuvo cuando el *Queen Mary* tomó velocidad y dejó atrás a los dos destructores, lo cual provocó que se tuviera que detener varias veces para no alejarse demasiado. En esas ocasiones se apagaban todos los motores observando completo y total silencio en el barco. Aquellas paradas sigilosas y mudas llevaban a una profunda inquietud entre los pasajeros. La ansiedad originada por aquellas maniobras en alta mar causaba una tensión que invadía todo el cuerpo. Un nerviosismo colectivo que parecía interminable se apoderaba de los pasajeros mientras duraba aquella estrategia evasiva. Luego volvían a arrancar los motores y se emprendía camino una vez más, pero cambiando constantemente de rumbo. Al final, las autoridades decidieron hacer un cambio definitivo de ruta y en vez de proceder directamente hacia el puerto de Nueva York dirigieron el trasatlántico hacia Groenlandia. La travesía, en vez de los cuatro días que normalmente tomaba en cruzar el Atlántico, duraría ahora seis días.

El Dr. Octavio Montoro, como es natural, comenzó a preocuparse desde el primer momento en que la situación bélica se hizo inminente en Europa, pero la preocupación se tornó en alarma cuando supo que su esposa y su hija corrían el riesgo de quedarse atrapadas en París. Respiró mejor cuando le llegó la noticia de que Elisa y Elisita habían logrado abordar el *Queen Mary* dejando atrás una Europa a punto de arder. Lamentablemente este respiro no le duró mucho porque a los pocos días un prestigioso periódico de La Habana, *el Diario de la Marina*, publicó como noticia oficial que las autoridades competentes no sabían nada del *Queen Mary*, y se empezó a extender el rumor de que el barco había sido hundido. El Dr. Montoro decidió no esperar más y se lanzó en un viaje hacia Nueva York en busca de noticias sobre su esposa y su hija y para tener una mayor cercanía a los acontecimientos, y así ayudarlas y protegerlas en caso de que esto fuese necesario. Para llegar a Nueva York desde La Habana el Dr. Montoro tuvo que comprar pasaje en el barco *El Floridita* que lo llevaría hasta Miami para luego continuar su viaje por tren hasta Nueva York. En total serían casi tres días de ansiosa peregrinación.

En el *Queen Mary*, mientras tanto, todas las ventanas habían sido cubiertas con trapos negros. Las mujeres habían sido ubicadas en un salón normalmente destinado a la comodidad de los fumadores, pero ahora ocupado por camas de lona (catres o pimpam-pums) convirtiéndose de esa manera en dormitorio provisional durante esta travesía transatlántica. Los hombres habían sido asignados a otro salón en condiciones parecidas y todos los pasajeros estaban sometidos a un régimen casi marcial. Horario estricto de actividades. Los horarios a los que se tuvieron que someter Elisita y su mamá fueron muy rigurosos: baño, 4:00 am; desayuno, 5:00 am; almuerzo, 10:00 am; comida, 4:00 pm.

Los baños tenían duchas y lavabos en forma de cuarticos con divisiones. No eran camarotes pero tenían buena cantidad de agua caliente. El capitán les explicó a todos los pasajeros que no podían hacer ruido. A la hora de comer los cubiertos no debían de chocar contra los platos de loza. Cualquier ruido de metal contra metal rechinaba y era transmitido bajo agua a submarinos que podían estar acechando al *Queen Mary*. En ningún momento del viaje los pasajeros pudieron salir a cubierta. Vivían enclaustrados sin saber si era de día o de noche, si llovía o había sol.

Detrás del catre de Elisita ubicaron a una señora cubana llamada Florence Steinhardt. Florence, la tía abuela de Percy Steinhardt y Gelats, según Elisita, era medio chimenea, ya que no paró de fumar día y noche durante todo el viaje. Florence, años después, estuvo casada con Henry Godoy a quien le llevaba once años pero el matrimonio no duró casi nada. No así la amistad entre ellos. Florence tenía una casa fantástica en Prado no. 120 adonde Malvina Godoy, hija de Henry con su segunda esposa, acompañaba a su padre a visitar a Florence para hacerle compañía. A Henry no le gustaba que Florence se sintiese sola. La ironía es que Henry Godoy era dueño en La Habana de una compañía de seguros que se anunciaba: «Para seguros, seguros, Seguros Godoy». En el *Queen Mary* nadie se sentía seguro de nada.

El primero de septiembre el capitán del *Queen Mary* le pidió a todos los pasajeros que se reunieran en el teatro y cuando todos estuvieron allí, desde el escenario el capitán anunció en tono solemne: «Alemania ha invadido Polonia». De haber amanecido los pasajeros en Múnich en vez de en alta mar hubiesen leído en el periódico local matutino *Voelkischer Beobachter*, «Der Fuehrer: Seit Mitternacht wird zurueckgeschossen» (léase: «El Líder: desde la medianoche estamos devolviendo los disparos»). Se refería a una presunta agresión de Polonia.

Por supuesto no había tal agresión por parte de Polonia. Se trataba de una estratagema nazi. La noche antes, es decir en la noche del 31 de agosto de 1939, militares nazis de la SS, disfrazados de polacos insurgentes y bajo el control y mando del SS general Heydrisch, atacaron una estación de radio en Gleiwitz, territorio alemán que en aquel entonces estaba cerca de la frontera con Polonia. Como parte de la treta, los atacantes dejaron de *mise en scène* una falsa evidencia, el cuerpo muerto de un hombre vestido con el uniforme del ejército de Polonia. Aquel cadáver había sido transportado al lugar del supuesto ataque con anticipación. Se trataba de un hombre asesinado en uno de los campos de concentración nazi y que se trasladó a este lugar para crear la falsa evidencia. En Alemania el supuesto ataque creó un enorme furor: «Soldados polacos atacan una estación de radio en Alemania». Un pretexto, claro está. Pero, como para definir el futuro sin dejar lugar a dudas, acto seguido el buque de guerra alemán *Schleswig-Holstein* que estaba al norte de Danzig o Gdansk, en el Báltico comenzó a bombardear Polonia a las 4:45 am de ese mismo 1ro. de septiembre. Dos días después, el 3 de septiembre, Inglaterra y Francia le declaraban la guerra a Alemania. La causa del inicio de hostilidades había sido el rechazo por parte de Polonia de una demanda alemana que consistía en la devolución de Danzig, ciudad portuaria del Báltico cedida a Polonia como parte de un territorio que había sido originalmente alemán. La razón de la cesión a Polonia había sido permitirle un corredor de tierras que la conectaran al Báltico, la única manera para ese país de obtener acceso marítimo. Ese corredor de tierras le había originalmente pertenecido a Alemania. La cesión a Polonia ocurrió a través del Tratado de Versalles de 1919. Luego, en otro tratado firmado en marzo de 1939, Gran Bretaña y Francia habían garantizado la seguridad de Polonia, por lo tanto en honor a ese compromiso, primero demandaron que las fuerzas alemanas se retiraran y luego el 3 de septiembre no les quedó otra opción más que declararle la guerra a Alemania, la cual conquistó Polonia en tres semanas. De acuerdo con un rumor que se corrió en aquella época Goering, o más correctamente Hermann Göring, comandante de las fuerzas aéreas alemanas (Luftwaffe), y segundo de Adolf Hitler, comentó descaradamente que si «esto no nos sale bien nos colgarán a todos». Los alemanes invadieron Polonia y desde julio de 1944 hasta enero de 1945, Gleiwitz o como se escribe en el idioma alemán Gliwice, sirvió de instalación para una de las muchas sucursales del campo de concentración de Auschwitz, que está cerca de la ciudad de Cracovia.

Al oír las noticias, sobre el teatro pareció descender una nube oscura. Los pasajeros estaban consternados, muchos lloraron, se palpaba la preocupación y por qué no decirlo... el miedo. Alemania en guerra era una fuerza imponente. Gran Bretaña y Francia no parecían estar en condiciones de hacerle frente a Alemania sin obtener la cooperación y ayuda de otros países. Léase los Estados Unidos. Rusia aparentaba estar con Alemania. Los japoneses, que también eran una potencia militar imponente, sobre todo naval, se inclinaban hacia Alemania. Era una situación extremadamente preocupante y los pasajeros del *Queen Mary* estaban lógicamente ansiosos y desorientados.

Cuando parecía que la congoja se iba a apoderar de aquel teatro, de repente, un hombre joven subió al escenario y sin ambages y con un aire que exudaba autosuficiencia, calma y seguridad comenzó a hacer chistes y a hablarle al público en un tono distendido y jocoso. El efecto fue eléctrico, como si una chispa hubiese disipado la nube de miedo que se tendía sobre el público de aquel teatro. Aquel joven no era otro que Bob Hope. Inspirados por Hope, tres hombres más saltaron al escenario. Cuál no sería la sorpresa cuando aquel público cayó en la cuenta que aquellos tres hombres eran Kirk Douglas, James Stewart y Cary Grant. Y más sorpresa aun cuando inmediatamente después vieron subir al escenario a Ava Gardner, Linda Darnell y Marlene Dietrich. Esta última, alemana, pero fervorosa y conocida anti-nazi.

Cuando el barco se aproximó a Groenlandia comenzó a bajar hacia el sur bordeando la costa este de los Estados Unidos hasta llegar a New York. El *New York Times* anunció que el *Queen Mary* había llegado al puerto de Nueva York el 4 de septiembre siendo vitoreado por barcos, remolcadores y un extenso y extremadamente aliviado público que lo recibió con alegría. El periódico también reportaba que el buque había llegado con 3,562 personas entre las cuales se encontraba Bob Hope y el famoso financiero estadounidense J. P. Morgan quien había reservado una suite pero al ver la cantidad enorme de pasajeros compartió su cabina generosamente.

Hasta aquí el cuento con que Elisita nos deleitó en la sobremesa de aquel delicioso almuerzo en un caluroso día del verano del año 2011. En cierto sentido, mi anunciado compromiso con el lector termina aquí. Sin embargo, faltaría a mi deber de relator si no añadiese una ligera coda.

Elisita ha contado esta historia muchas veces a su familia. Sus seres queridos se lo han oído siempre con interés, atención y hasta callada admiración. Nadie dudó nunca de la veracidad del cuento. Pero, bueno, hay que admitir que lo de Bob Hope, Cary Grant y Marlene Dietrich... a oídos jóvenes curtidos por la televisión, el cine, el internet y facebook, bueno... también... vaya... eso sí... resultaba difícil. Pero... cuando en el año 2008 la televisión mostró una exposición retrospectiva de la vida y anécdotas de Bob Hope aun los curtidos jóvenes se quedaron boquiabiertos. Aquel programa de televisión coincidió con una cena familiar en casa de Elisita ahora ya en su papel de bisabuela. Durante el programa, Bob Hope, por supuesto filmado, habló de su experiencia en aquel viaje en el *Queen Mary* que, sin saberlo, compartió con Elisita. La familia, al unísono, se pegó al televisor en absoluto silencio y vieron y oyeron a Bob Hope confirmar el cuento de Elisita. Al terminarse el programa de televisión un nieto, ahora con renovado interés y admiración le pidió a su abuela que le repitiera una vez más el cuento que tantas veces había hecho en el pasado. Esta vez su nieto lo grabó con una cámara de video para celosamente guardar ese relato de su abuela para el futuro. Para su eternidad. Las personas más interesantes pasan, a veces, desapercibidas en el medio de nuestras apuradas vidas.

Jackie y yo, después de concluida nuestra visita y con el deleite del almuerzo, de la conversación y del cuento de Elisita todavía muy vivos en nuestra conciencia salimos de nuevo al estío del verano en Miami. Nos llevábamos con nosotros un extraordinario regalo, el privilegio de haber conversado con Elisita y de haber oído aquella narración de sus propios labios. Futuras generaciones tendrán que depender del video filmado por su nieto. ¡Gracias, Elisita!

Glen Gray

Un domingo que comenzó como otro cualquiera. Un típico despertar hogareño habanero, rodeado de hermanos, padres y empleados domésticos. Después de desayunar en familia, el acostumbrado próximo paso era asistir a la obligatoria misa dominical donde los prudentes comulgábamos para evitar ser confrontados con preguntas engorrosas. Las preguntas eran parte de una temática materna carente de toda sutileza: Cuándo había confesado por última vez; si después de lo que Jesucristo había sufrido en la cruz, yo no había siquiera ofrecido el sacrificio de ayunar, es decir, esperar a comer hasta después de la misa para poder comulgar y recibir el sacramento de la eucaristía. Aquel pregunteo de fiscal de pueblo oprimido nunca terminaba bien. Si no concluía con un regaño por contestón, seguido de algún tipo de castigo, rara era la vez que escapaba de una tediosa instrucción religiosa, repleta de recuerdos del infierno, arcángeles vengativos y el «Pipisigallo». A pesar de tener apenas doce años de edad, había concluido que era mucho más fácil comulgar en pecado, cometer el acto sacrílego de comulgar habiendo desayunado y después tratar de entenderse con alguien menos difícil. Digamos con Dios, por ejemplo, o por lo menos su agente terrestre, representado por un confesor, siempre y cuando fuese, por supuesto, el cura jesuita más sordo que encontráramos de turno en un confesionario escolar. En otras palabras, todo, aparentemente, era un rutinario amanecer dominical para el nada modélico hijo. Pero lo importante de este domingo en particular es que después de ese día ya nada seguiría siendo lo mismo.

Cualquier observador común y corriente, con un ápice de objetividad, lo único que notaría diferente aquel domingo era la organización de mi despedida de viaje rodeado de amigos. Después de la misa nos fuimos a almorzar al Habana Yacht Club. El resto de la tarde estaba planificado para que todos los comensales fuéramos en grupo a uno de los cines que acostumbrábamos visitar, en el cual los taquilleros y acomodadores eran ya caras conocidas y la película era acompañada de un noticiario y dos cartones. (Cartones es el nombre que se le daba en La Habana de los años cincuenta del siglo XX a los dibujos animados). El título de la película no le importaba a mi censor maternal con tal de que fuera apropiada para menores. Aquel domingo a mí tampoco me importaba para nada porque ya me había transportado mentalmente al día siguiente. Con esto no quiero decir transporte mental al futuro de las galaxias en la lejanía de mi vida de adulto, sino literalmente al día siguiente; que sería lunes, y al amanecer de ese día comenzaría el principio de un viaje en el que me iría yo solo en avión para «Yanquilandia».

Aunque no sabía conversar en inglés, y solo tenía las herramientas más rústicas para lograr cierta desenvoltura en ese idioma, ya estaba tomada la decisión de que ese verano las increíblemente divertidas y bellísimas playas de Varadero, con su mar cristalino lleno de peces, a donde planeaban ir de veraneo todos mis amigos, no iban a figurar en mis planes de vacaciones escolásticas. Mi destino veraniego era un campamento estadounidense o *camp*, de *Boy Scouts*, llamado Glen Gray, en New Jersey, los Estados Unidos, donde tendría amplia oportunidad de hablar en inglés y así practicar todo lo que debía de haber aprendido en el Colegio de Belén, plantel jesuita habanero donde había cursado mis estudios desde el primer grado. Por cierto, lo que descubrí al llegar a mi destino fue un mundo en inglés con acento norteamericano, nada en consonancia con el acento de pelagatos del anacrónico sistema usado para enseñarnos inglés en el colegio de La Habana.

El muy anunciado plan familiar preveía algún progreso en mi aprendizaje de la lengua inglesa, siempre con el señalamiento aparte en el que se me recordaba en voz alta y frente a cualquier visita presente que yo no era bruto sino, vago y con una gran capacidad para perder el tiempo. Los pronunciamientos maternos acostumbraban a exteriorizar el razonamiento de que de esa manera, en un par de años, quizá, con suerte, pudiese llegar a ser admitido como estudiante en una academia militar católica estadounidense. Los padres de familias cubanas pequeñoburguesas de aquel entonces discurrían y concebían como convenio de grupo socioeconómico inteligente, que mandar a academias militares a hijos díscolos, rebeldes, inhibidos o hasta aquellos que eran sospechosos de ser amanerados, era la solución educativa elitista más práctica para remediar el problema. Una vez terminada la educación militar, con sus correcciones modificativas de urbanidad, cortesía, modales, compostura o mariconería, esos planteles educacionales les devolverían al final de los estudios el muchacho problema completamente cambiado. Y si el sujeto no volvía cambiado, o las medidas de reforma de la educación proveída en el plantel seleccionado resultaban no tener nada que ver con la complejidad de la realidad moderna, por lo menos los padres se exoneraban de cualquier remanente de culpabilidad, argumentando entre ellos mismos, de manera convincente, el haber hecho lo indecible y lo más apropiado, según el costo. Se pudiese decir que resolvían el problema con un gasto de dinero importante. A problema grande, solución cara.

Yo era un niño problema de índole general, es decir, malcriado. Con genio para hacer lo opuesto de las indicaciones maternas. Como plan pedagógico usual, la carcelera acostumbraba cerrar bajo llave la puerta del guardarropa, con el propósito de confinarme a mis habitaciones hasta que pudiese recitarle las tareas de Belén de paporreta. Al pie de la letra, así como al pie del cañón, y de carretilla. Primero, a ella y luego, a mi padre. Mi reacción no era constructiva, ni positiva, y mucho menos sensiblera. Era de batalla. Era usual la confrontación maternal en la cual se me acusaba de ser vago, manganzón, sistemáticamente rebelde, malcriado e «insolentón», lo cual suena como una crónica de un desastre anunciado. Algo que sí estaba muy claro era que ese verano iba a ser el primer paso de un nuevo plan educativo. Para conseguirlo, lo primero que tenía que hacer era poner de mi parte para no perder tiempo y lograr volver a mi casa versado en el inglés. Por eso es que mi viaje veraniego comenzaba con una visita a Upper Montclair, New Jersey, donde vivía mi tía paterna Isabel. En los Estados Unidos, en nuestro llamado El Norte.

Había llegado una invitación de la tía Isabel para que fuera de visita a su casa durante una semana, al final de la cual me llevarían y sería internado en el campamento de verano. Mi tía Isabel González de Mendoza y Vinent se había casado durante la Segunda Guerra Mundial con un ingeniero civil de origen irlandés y graduado de la Universidad de Cornell. Él era uno de los oficiales del ejército norteamericano que trabajaba en la construcción de una base cuyo propósito era facilitar que los submarinos norteamericanos protegieran el Océano Atlántico de los submarinos alemanes. Se llamaba Douglas Logan: Mi tío Doug. El contratista a cargo de fabricar la base para el gobierno de los Estados Unidos era el padre de mi tía, mi abuelo paterno.

Una vez terminada la base naval, habiendo cumplido con su obligación militar y siendo ingeniero norteamericano, tío Doug volvió para su pueblo natal de Upper Montclair, New Jersey, llevándose a su esposa cubana a organizarle su hogar y darle siete hijos. En cuanto encontró empleo de ingeniero civil se puso a viajar a diario en autobús desde su casona grande de madera en Upper Montclair para trabajar en la Babel de Hierro, o sea en la ciudad de Nueva York. No era ningún secreto que mi tío no solo adoraba a mi tía, sino también a su familia de La Habana, y a todo lo que fuera cubano. Le encantaba el café cubano, los tabacos pinareños de Vuelta Abajo y el uso si fuera posible, a diario, de la guayabera. Planeaban mudarse para La Habana al final de ese verano.

En las ceremonias de despedida, tanto en el almuerzo dominical como en el cine, pecaba de inatento, tanto de anfitrión como de festejado. Ni oía lo que me decían. En el cine miraba la película sin comprender de lo que se trataba. La causante de la ofuscación era la emoción que sentía: Iba a ser independiente del opresivo yugo materno, tanto emocional como financiero. En vez de tener que mendigarles dinero a mis padres para el bolsillo, ya me habían anunciado que en contra de sus mejores instintos, debido a la distancia geográfica y las correspondientes dificultades para comunicarnos, iban a tener que confiar y asignarme una cuota mensual para mi uso personal. La administración financiera iba a pasar de las despóticas manos maternas a mis manos con explicaciones que encubriesen mi propósito de tener una suma que me permitiera cierto grado de desenvoltura dentro del ambiente económicamente holgado que predominaba entre mis amistades habaneras. Durante los meses de viaje no tendría que hacer genuflexiones ante el altar materno ni meterles paquetes, lo cual es una expresión muy cubana —sinónimo de inventar cuentos—, para de esa manera lograr obtener un poco más del dinero necesario para sentirme gente ante mis amistades, quienes parecían siempre tener uno o dos billetes más de lo que necesitaban para el entretenimiento diario. Me irritaba que a mí nunca me dieran vuelto en la taquilla del cine, o en la cafetería del colegio. Siempre llevaba el dinero exacto, la suma precisa. Ni un centavo más, ni uno menos. Yo no necesitaba monedero. Si el cine costaba un peso y una peseta de veinte centavos, eso era lo que me daban. Pagaba la entrada y me quedaba sin blanca. Trasquilado. Mis amigos, sin embargo, daban por ejemplo un billete de cinco pesos y contaban su cambio frente a mí. A mí nada más que me hacían ruido las monedas en los bolsillos camino al cine. Después de pasar por la taquilla quedaba esmerilado; no tenía para invitar a un refresco a la muchacha que me gustara. ¡Qué iba a tener! ¡Si no tenía ni para mí! No tenía dinero pero tampoco agallas para invitar a las muchachas, y en honor a la verdad... ni para hablarles. Era muy corto, inhibido. Nada de esta tacañería tenía que ver con que mis padres estuvieran pasando por estrecheces económicas, sino porque mi madre era una persona que usaba el dinero como instrumento pedagógico.

El objetivo educativo que ella tenía para con sus hijos incluía incomparable ortografía, escrita con bella caligrafía; magníficas notas de los mejores colegios; llevar a las clases libros bien encuadernados; buena y sana comida, siempre y cuando fuese consumida con impecables modales; el cabello cortísimo para demorar lo más posible una futura calvicie, y la menor cantidad de regalos monetarios para evitar que su prole se desviara de obtener los codiciados resultados. Se vanagloriaba de que sus hijos no iban a salir malcriados y echados a perder por tener a su disposición demasiado dinero. Esa era su pedagogía proclamada con frecuencia. Desde el punto de vista del hijo nada bruto, era obvio que el nivel económico familiar en lo absoluto obligaba a aquella pobreza suplerflua. La pobreza no espiritualiza ni santifica la condición humana, sino más bien lo que hace es degradar, desmoralizar y, sobre todo, encolerizar. Mi opinión, hoy, en retrospectiva, es calificar de una gran inseguridad materna todas las acciones, lo cual se encubría tras el sofocante control familiar emocional y financiero, que a su vez servía para atraer amor y aceptación familiar. Hoy en día, al vanagloriarme de ser un estudioso observador de la condición humana, me atrevo a darle el nombre de complejo santiaguero.

Me considero un desgraciado geográfico ya que me tocó una madre con el complejo santiaguero. ¿Y de qué se trata este complejo? Es el complejo que se atribuye a las personas que nacen y se crían en el extremo oriental de la Isla de Cuba. Complejo, no científicamente probado y por lo tanto no necesariamente real pero que se le atribuye insistentemente a las personas oriundas de Santiago de Cuba por pertenecer a una ciudad cuya única culpa es nunca haber logrado superar sus presuntas pretensiones de ser la capital de la República. La opinión ortodoxa, proclamada con convicción y solemnidad, explica que la mala suerte de los santiagueros fue tener que limitarse a ser una ciudad del interior, pero sin nunca haber logrado disminuir sus ínfulas elitistas. El complejo de santiaguero es a nivel social, considerado peor que ser identificado como alguien del interior; porque ser del interior no implica resentimiento ni pretensiones esnobistas. Ser identificado como «del interior» y tener complejo de ser del interior conlleva insinuaciones más pasivas, no obstante desdeñosas, de poseer la persona un menor nivel cultural, combinado con su toque de mediocridad en comparación a los que no son del interior, sino de la capital. Los de la capital son aquellos que, claro está, distribuyen las evaluaciones subjetivas cuando actúan de fiscal a la vez que de jurado y cuyo fallo judicial es inapelable en las muy archirequeteconvencidas cortes supremas de grupos callejeros, compuestos exclusivamente de cubanos capitalinos. Cualquier clasemediero que se ufane de tener más cultura que otros trata de evitar ser identificado como perdedor en las guerras de *snobs*, huyéndole a la etiqueta de ser gente del interior. A los santiagueros les tiene que resultar cansino el ser etiquetados de acomplejados no solo por la cantidad de veces que lo oyen de tanta gente diferente sino por el vejaminoso tono de convencido de los acusadores. Mi madre es santiaguera. Nació, se crió y educó en Santiago de Cuba. No hay posibilidad de esquivar la etiqueta, sobre todo porque ella se esmera en usarla como defensa en conversaciones con habaneros. Lo saca a relucir previendo contrariedades y obstáculos, como cuando se encuentra conversando en grupo de familiares o amistades habaneros siempre le gusta anunciar, con el dejo cantarino de su ineludible acento oriental, algo así como: ¿Qué se creen los habaneros, que porque uno es de Santiago no conoce de...? Si supieran los habaneros que allá nosotros...

Ese complejo tan repudiado y desdeñado por los mismos santiagueros, quienes alegan que es inexistente y solo un mito, aflora cuando uno menos se lo espera. Aún después del triunfo de la revolución castrista, sigue vivito y coleando en el exilio, adonde fue transportado por sus propios exponentes. Se niega a desaparecer de una vez y para siempre.

Quisiera hacer una breve digresión para ejemplificar la ubicuidad del complejo de santiaguero, aún en el exilio estadounidense, sin intenciones de adentrarme en exploraciones psicoanalíticas, pero sí con el objetivo de desempeñar el papel de memorialista. Hará quince años fui presentado a una dama santiaguera y quien por razones políticas se había exiliado al igual que yo, en su adolescencia. Por azares genealógicos que no vienen al caso había heredado parte de la inmensa fortuna del famoso ron Bacardí, que proviene de Santiago de Cuba. La muy bella, siempre correcta y generosa anfitriona era reconocida como elegante, sofisticada y requete establecida dentro de los círculos sociales más cerrados e inasequibles, tanto anglosajones como europeos. Ya hacía un tiempo que nos conocíamos y circundábamos las fronteras de lo que pudiera caracterizarse como los inicios de una amistad. Ella había sido amiga de mis hermanos desde principios del exilio. Durante un hiato ocasionado por distancias geográficas veraniegas, la encantadora heredera tuvo ocasión de enterarse de que aquella señora santiaguera a quien había conocido durante muchos años en Miami era nada más y nada menos que mi madre. Al reencontrarnos en una ocasión social, sus primeras palabras fueron el inesperado e indiscutible comienzo de zurcir entre nosotros un nuevo nivel de amistad mucho más íntimo. Me sorprendió cuando abruptamente me dijo, en un momento que no podía venir menos al caso, que no me atreviera a negar que yo era medio santiaguero pues conocía a mi madre de toda la vida y sabía su dirección cuando mi mamá y su familia habían había vivido en Vista Alegre, un conocido reparto de Santiago de Cuba. Aquel saludo, con ese comentario incluido, era lo más parecido a una amonestación preventiva de que ni se me ocurriera aristocratizarme, enfrente de sus ojos, sabiendo yo lo que ella ya sabía con certeza. Nunca antes habíamos hablado de quién era o no santiaguero, ni se me hubiese ocurrido. Nací y me crié en La Habana. Siempre me ha encantado visitar Santiago de Cuba y reconocido que mi madre es santiaguera. Expongo aquí esta anécdota con el *caveat* de que quizás ese complejo de santiaguero sea imaginado y de veras no exista, pero lo dudo.

La cuestión es que por fin concluyeron aquellas ceremonias de mi domingo de despedida. Anocheció, amaneció y cuando el avión despegó del aeropuerto de Rancho Boyeros al día siguiente ya yo me había despedido de mis padres haciendo todas las promesas que me pedían: escribir a menudo, portarme bien y hacer un buen papel. Aunque nunca había escrito ni una sola carta en mi vida, todas aquellas peticiones que me hicieron de promesas y juramentos las contesté en afirmativo con desacostumbradas palabras altisonantes de adolescente bienintencionado. Ya comenzaba a engolárseme si no la voz, al menos la actitud. Trataba de hablar diferente. Con tono de hombre soltero emancipado que comenzaba un viaje al extranjero. Era soltero y viajaba solo, pero todo aquel paripé era difícil de justificar por tener solamente doce años de edad. Pero bueno, la verdad era que algo estaba clarísimo, muy pronto iba a un país extraño, iniciaba un primer paso hacia la independencia, camino de formar parte, en un no muy distante futuro, del grupo aquel que en las fiestas de familia se sentaban con la gente grande en vez de en la perrera con los niños y, sobre todo, lo más importante es que ya tenía en mi poder la primera mesada bajo mi administración y control.

Aquella era la primera vez en mi corta vida que estaba viajando solo en un avión camino a un destino no muy definido. Tenía una imagen románticamente cinematográfica, aunque algo diluida por las anécdotas que mi familia hacía de cómo era la vida en los Estados Unidos. Mi percepción de aquel mundo extranjero estructuraba una película llena de los ecos de nombres de lugares que por ser en otro idioma llegaban desvirtuados y distorsionados a mis oídos. Ni hablar de saber cómo deletrearlos.

La despedida fue fácil. No sentía necesidad alguna de llevarme ningún equipaje sentimental. Iba camino a distanciarme geográficamente, aunque no así epistolarmente. Toda esta liviandad ante la separación de mi familia debe de parecer algo sorprendente, sobre todo después de tantos años de compartir el mismo hogar, pero es hasta cierto punto justificable porque esto me hacía sentir más fuerte, me animaba a percibir la libertad, y con ella a desprenderme de la manta maternal protectora y sofocante; dejándolo todo atrás al igual que el avión dejaba el mar y se adentraba a volar sobre aquella nación por explorar a la que me entregaba acompañado de una buena dosis de vicisitudes. El avión aterrizó en el aeropuerto Idlewild, en la ciudad de Nueva York. Allí me esperaban mis primos estadounidenses y mi tía cubana Isabel.

El viaje por automóvil desde el Idlewild hasta Upper Montclair fue como vivir el papel de protagonista a la vez que de espectador de una película vista en la enorme pantalla de un cine; en cinemascope. Cruzamos numerosos túneles y puentes. Pasamos por al lado de edificios altísimos. En la distancia se veía el edificio del Empire State que tanto había visto en las películas norteamericanas. Al fin llegamos a la casa de mis tíos, que era de tres pisos. Se veía enorme. Era de madera, en lugar de concreto, como habían sido las que se fabricaban en Cuba. Sin sirvientas, sin cocinera, ni chofer ni jardinero. Mis primos, que eran de mi edad, se dividían las interminables faenas caseras, incluyendo la menos atractiva de todas, es decir, limpiar sus cuartos y baños. Me explicaron que tendría que ayudar. Nunca había hecho una cama ni limpiado un cuarto de dormir y mucho menos un cuarto de baño. La ayuda que pedían no era una teoría, ni tampoco un chiste. No demoró el momento en que estuve frente a la obra manual y frente a un objeto de limpieza casera que nunca antes había visto ni de lejos, con la explicación de cómo debía de ser operado: una aspiradora.

En Cuba, los pisos de las casas eran de losas de granito, de mármol, de cerámica, de concreto o de barro. No se usaban alfombras, excepto en las habitaciones ceremoniales, es decir las más formales. La sala de la casa de mis tíos tenía alfombras, las cuales se convirtieron en mi responsabilidad personal e inmediata en la higiene domiciliaria. La razón de aquella limpieza apurada era que esa noche había una fiesta en mi honor y los compañeros y compañeras de la escuela parroquial de mi primo eran los invitados. Tendría que pasar la aspiradora, que chuparía el polvo sucio, y después correr la alfombra de su lugar, enrollarla contra la pared para poder bailar sobre el piso que era de madera pulida. Ya mencionado el baile, hay que añadir que por información previa obtenida de amigos cubanos, y luego verificada con los primos de Upper Montclair, aquella noche iba a ser la primera vez en mi vida que iba a poder bailar *cheek to cheek* con muchachas norteamericanas, como las que había visto en el cine de La Habana. Me albergó una combinación de embullo con miedo, como un aleteo de sinsonte detrás de las pupilas que no perdían prendas ante aquellos preparativos fiesteros. Me daban ganas de compartir el embullo pero no había con quién ni cómo compartir estas noticias. Primero, porque todo el mundo se había puesto a limpiar y ordenar sus áreas, designadas con seriedad y entrega; y segundo, porque los primos no se sentían del todo cómodos con su castellano, y de mi inglés mejor ni hablar. La idea era que yo les hablara en inglés y ellos me contestaran en castellano. De esa manera todo el mundo practicaba lo que menos sabía. El problema es que el sistema de comunicación dejaba mucho que desear pues en la práctica no nos entendíamos.

Mi tía hablaba muy bien el castellano pues era cubana, pero no podía preguntarle información sobre a qué atenerme aquella noche. Ella era una adulta y, además, también estaba trabajando en los preparativos de la cocina para la fiesta de esa noche, era muy simpática y cariñosa, se reía mucho con sus hijos. Allí la gente se llevaba bien entre sí. Nunca vi a nadie llevarse un fuetazo en las nalgas ni ser regañado a gritos. Como apenas la había tratado, se me ocurrió que corría el riesgo de que mi mal comportamiento pudiese ser reportado por teléfono a las autoridades maternas en La Habana. El curso más prudente a seguir era mantenerme en silencio, mostrar una sonrisa como la de ellos y no hacer preguntas indiscretas. Los únicos encuentros con la tía Isabel antes de mi visita a Upper Montclair habían sido cuando ella y su familia, una vez al año, venían a Cuba a pasarse dos o tres semanas en La Habana y Varadero. Durante esas visitas se pasaba casi todo el tiempo con sus hermanos, que eran mi padre y mis tíos. A mí me tocaba estar con sus hijos, quienes eran realmente muy chéveres, y de mi edad, pero francamente ellos preferían hablar inglés. Los primos cubanos nos hablábamos en español, pues era lo más cómodo. Ocasionalmente, cuando se hacía inevitable, nos esforzábamos para comunicarnos con «los americanos», pero lo hacíamos cuando queríamos transmitirles algunas cosas muy obvias y bien fáciles de comunicar, usando señales, como por ejemplo elegir equipos de béisbol; o indicarles que nos íbamos a bañar al mar; o a comer. Pero francamente esa noche en casa de mis primos no tenía idea de qué me iba a hacer en una casa llena de americanos porque yo hablaba muy mal inglés y no me interesaba esforzarme pues, sin duda, terminaría haciendo el ridículo.

Es verdad que no sabía hablar ni entendía casi nada de inglés, pero lo que no es del todo cierto es que no tuviera interés alguno. Algo había despertado mi interés. Cuando empecé a entender un poco mejor los cuentos que me hacían mis primos, y muy en particular aquella explicación de una botella en el medio de un círculo, y que se trataba de besuqueo con la muchacha apuntada por la botella, empecé a esforzarme. Esa noche comencé a interesarme de verdad en lograr conversar lo más pronto posible en aquel idioma tan difícil y complicado. Pero mientras me empezaba a preocupar con lo de la fiesta, ellos me explicaron que antes de que todo eso sucediera había que atender la jaula de conejos que mi tío le había regalado a mis primos para que aprendieran a ser responsables.

Nunca he entendido el interés de tener conejos como animal doméstico. Lo entendería si uno viviera en una aldea indígena boliviana o peruana y tuviera ganas de variar, digamos, querer comer algo diferente por estar ya harto aburrido de comer conejillo de indias por razones dietéticas que requieren incluir cierto valor proteínico. Es decir, conejos para comer pero no para diversión pues ni hablan como las cotorras ni juegan como los perros; no se dejan montar como los caballos y no cazan ratones como los gatos. Los conejos hacen tres cosas nada más: Comer, cagar y coito, y no necesariamente en ese orden de prioridades. Antes de la fiesta se nos había aclarado que teníamos que limpiar la jaula llena de conejos. Pregunté que si eso no sería una ocupación algo más apropiada para la servidumbre. Mis primos me explicaron que en su casa de Upper Montclair ellos eran los que se ocupaban de ayudar a su mamá, ya que ella no tenía ayuda de nadie más y tenía que hacerlo todo. Su sueño era llegar a la edad en que pudieran obtener su licencia de conducir automóviles para ayudar en el traslado de la familia en el único auto familiar. Esta gente sin sirvientes me pareció muy diferente a lo que yo estaba acostumbrado en La Habana.

La sorpresa no era tanto porque no tuvieran ayuda, pues algo así había oído, sin poderlo creer, de boca de mis padres en Cuba, sino por el entusiasmo con que mis primos asumían sus tareas domésticas. Aquello para mí era un mundo completamente nuevo y esa actitud positiva ante los cuantiosos cubos de caca de conejo me parecía de lo más foráneo. Durante mi estancia en Upper Monclair aprendí a realizar otras tareas nuevas inesperadas, como por ejemplo limpiar y secar el cuarto de baño después de bañarme; deshollinar, descongestionar el receptáculo donde se depositan los desechos excrementicios; hacer y tender la cama; lavar y secar platos sin romper ni astillar ninguno; llenar, sacar y volver a entrar los latones de basura ya vacíos después de la recogida municipal. En fin, todo menos planchar, lo cual juzgando por la apariencia de la ropa de mis primos, era oficio de bajo peritaje en aquel hogar.

Por fin llegó el muy esperado momento de la llegada de los invitados. Las muchachas llegaban con sus amigas y los varones con los suyos. Me saludaban, identificándose obviamente por sus nombres anglosajones que siempre me han sonado tan poca cosa que me resultan difícil de retener. ¿Quién se puede acordar de un nombre tan endemoniadamente «difícil» de recordar como Bob, Dick o Bill? Entran en la mente y se vuelven el equivalente a Fulano, Mengano, Zutano y Perencejo, o sea un puré de papas sin sabor, inodoro e incoloro. ¿No serían mucho más memorables si se llamaran —y por favor me le hacen aquí todos mucho énfasis labio-lingual a las «erres»— Roberto, Ricardo, Rosendo o Rafael? La edad promedio de aquellos individuos era doce años y medio, a todos los traían sus padres y las niñas podían hablar directamente con los varones. En La Habana la cosa era distinta, pues los varones nos agrupábamos como si fuéramos de algún equipo deportivo adversario: cada uno de un lado de la cancha... es decir... pista de baile.

En aquella primera fiesta estadounidense se percataba uno fácilmente de la manera relajada con que las muchachas conversaban con los varones. ¿Y por qué no? ¡Se veían a diario en las aulas de clases del colegio parroquial mixto! Aquella clase mixta de estudiantes parroquiales católicos hacía su vida escolar habitual unida. Esa es la verdadera vida escolar: la de las costumbres, ceremonias, juegos y peleas. No se lleva a cabo dentro de las clases o aulas de estudio sino antes y después de ellas, en los pasillos del colegio, en la cafetería, en las casas de los amigos, y en este caso también de las amigas, y en los campos y canchas de deporte. Todo esto ocurre dentro del año escolar, y cuando al cabo del tiempo se analiza son los verdaderos años formativos. Los años que eran mixtos creaban una cierta facilidad de trato con el sexo opuesto, lo cual era diferente en mi caso pues yo estudiaba en un colegio de varones. Me impactó aquella facilidad de conversación, me imagino que por estar desacostumbrado a la facilidad del diálogo escolar cotidiano heterosexual y en mi caso esto era muy estimulante. Las manos me sudaban, sobre todo cuando de forma correcta y obviamente estudiada me saludaban al llegar, dándome la bienvenida a los Estados Unidos. Hubo quien me preguntó si yo vivía en una «hacienda» (más bien fue pronunciado como «jacienda») y si yo tenía «duena». A todo les traté de responder afirmativamente, haciendo un esfuerzo para mantener una mirada serena e inescrutable. Primero que todo porque no estaba totalmente seguro de lo que me estaban preguntando ya que me hacían sus saludos y preguntas en inglés. Y en segundo lugar porque los nervios me habían hecho olvidar mi muy pobre inglés y no tenía ni idea de cómo comenzar a contestarles. No estoy seguro, pero creo que en Cuba no había ni una sola «jacienda» como las muchas que se encuentran en Ecuador, Perú y Argentina, y menos tenía idea si una «dueña» es una chaperona, una sirvienta que cuida niños, administradora de un lupanar o una propietaria de burdeles.

Aquel desfile de nuevos amigos era una revista de sonrisas iniciadas por ellos, y prometía que mi visita estadounidense sería dulce, benévola y llena de buena suerte. Quizás hasta se convirtieran en duraderas amistades y de ideales compartidos. El problema fue que la torpeza con el idioma, combinado con timidez y una buena dosis de baja autoestima, me impidió romper el hielo más que con una sonrisa, la cual fue correspondida con otras múltiples. La magia del primer instante de ser bien recibido hizo su reaparición no solo durante el transcurso de aquella fiesta y aquella noche sino en otras ocasiones, con el decurso del tiempo y en relaciones más íntimas de otros momentos. Francamente nunca me imaginé que de aquellas caras y nombres americanos surgirían amistades y se iniciarían huellas de senderos que se cruzarían en un futuro. Era como si el azar y la necesidad estableciesen vínculos inesperados. La suerte de un encuentro callejero no siempre logra la continuidad que pudiera ser posible tras un saludo en una fiesta. El encuentro callejero requiere un esfuerzo mayor para el acercamiento. Se hace casi necesario que haya una ocurrencia, que podría llegar a ser hasta una estupidez, y así intentar iniciar el diálogo que aunque haya surgido mediante una sonrisa casual, corre el riesgo del rechazo inmediato. Es más probable adivinar el destino creado por labios sonrientes en una fiesta, donde el propósito es intercambiar impresiones con los otros invitados, que en lugares públicos donde el acercamiento casual corre riesgos inusitados.

Una vez que comenzó la música, todos empezaron a bailar. Las canciones eran en inglés, al compás de un ritmo desconocido. Me explicaron que era lo que estaba de moda en aquel momento. Yo en La Habana nunca le había prestado atención a lo que estaba de moda, ni tenía idea de lo que era música buena, ni mala, ni la cabeza de un guanajo. Me quedé mirando, hasta que dos muchachas me sacaron a bailar, una después de otra, y no me quedó otra alternativa que hacer un papel ridículo, ya que con doce años todavía yo no sabía bailar ni había ido a una fiesta con niñas. Se habló mucho del juego de la botella pero por más que estuve atento a ese momento no vi que se jugara. Y de aquello del baile de *cheek to cheek*, ni hablemos. Escasamente pegué unos brincos ajenos al ritmo y muy desorientados, que esperaba que pasaran por baile y me senté muerto de pena. Recuerdo, sin embargo, haberme quedado fascinado con la facilidad del trato entre niñas y varones. Una cuestión muy normal y sin misterios de ninguna índole. Se trataban como iguales.

El propósito de pasar aquellos días en casa de mis primos era que poco a poco yo entrara en contacto con la cultura norteamericana y su idioma y así facilitar mi estadía de seis semanas en un campamento de verano, sin nadie de mi familia. Mi tía y sus hijos se iban para Cuba a pasar unas vacaciones durante un mes. El plan era que yo asistiera a Camp Glen Gray, un campamento de varones, durante un mes y donde, por supuesto, hablaría inglés exclusivamente. Al final del mes, mis primos vendrían a pasarse dos semanas en el mismo campamento. Durante la semana que me pasé con mis tíos en su casa me adoptaron como un hijo más. Me consiguieron una bicicleta ya que era el medio de transporte de mis primos en aquel pueblo. Esa vida de barrio americano era nueva y muy diferente a la mía en que era llevado a todas partes por un chofer en automóvil. En Upper Montclair visitábamos a amigos y amigas en sus casas y practicábamos deportes en el patio escolar que las monjas dejaban abierto todo el verano, aún después de haberse terminado las clases.

Cuando mis primos se enteraron de que yo tenía dinero (léase, mi famosa mesada) y una disposición muy generosa para despilfarrarlo, animados por mí comenzamos a frecuentar lugares donde vendían libros de muñequitos, refrescos dulces gaseosos servidos en vasos de cristal con la bola del helado más rica que había tomado en mi vida. Sentados en taburetes, frente a los mostradores de la farmacia local, comíamos hamburguesas y tomábamos batidos de chocolate en establecimientos populares a los que podíamos ir en bicicleta; en fin, a vivir la vida de botarate de barrio «clasemediero» estadounidense lo mejor posible, gastando lo que parecía una cantidad faraónica de dinero, con mis primos y mis nuevas amistades. Cuando llegó el momento de comenzar el campamento de verano ya no tenía casi ningún dinero. Al principio había sido divertido invitar a todo el mundo porque me di cuenta de que era muy solicitado y asumía muy gozoso el papel de anfitrión que nunca antes había practicado. Sin embargo, cuando calculé el monto del dinero que había gastado empecé a perder mi confianza en el futuro inmediato que se acercaba cada vez con más velocidad a medida que el auto de mis tíos me llevaba al campamento donde iba a comenzar mi curso de veraneo anglosajón.

El campamento era un lugar para varones de recursos moderados que hacían vida de escultismo norteamericano: Un *summer camp* de los *Boy Scouts* of *America*. El escultismo fue ideado por un general británico al servicio de la reina de Inglaterra, el teniente general Robert Stephenson Smyth Baden-Powell, quien murió en 1941 después de haber servido en la India, Rodesia, y Sudáfrica donde había aprendido a vivir a la intemperie así como a explorar el terreno y conocer movimientos del enemigo cuando acompañaba en sus misiones a guerreros de la tribu zulú.

En la guerra contra los Boers Baden-Powell se vio en la necesidad de aparentar tener más tropas de las que en realidad tenía bajo su cargo. Su misión era defender el pequeño pueblo de Mafeking, ubicado a unas ciento setenta y cinco millas al oeste de Johannesburgo. A Baden-Powell se le ocurrió la idea de organizar a muchachos jóvenes para que desempeñaran las labores que permitieran a los hombres adultos dedicarse a guerrear contra los Boers: La idea funcionó y Baden-Powell engañó a los siete mil Boers que lo cercaban y logró mantenerlos a raya fuera del pueblo durante 217 días, luchando contra una fuerza muy superior a la suya. Aquella fue la primera victoria contra los Boers y Baden-Powell fue considerado un héroe. También marcó el comienzo de su idea de crear los *Boy Scouts*. En 1907 comenzó la organización, luego internacional, de los *Boy Scouts*. Su visión era formar una juventud bien disciplinada, moral y patriótica que encontrase satisfacción en defender los intereses del imperio británico después de haber sido entrenada para seguir fielmente las órdenes de sus superiores.

En Cuba había escultismo. El concepto del escultismo no era algo que se me hubiese ocurrido como divertido de hacer. La idea de vestirme de *Boy Scout* había nacido de la determinación de un grupo de madres a quienes se les había vendido la idea como una buena manera de disciplinar a sus hijos. Mi admisión era por invitación internacional a través de los *Boy Scouts* de Cuba.

135

Llegué al campamento vestido de uniforme de *Boy Scout* cubano, que era muy diferente al norteamericano. El uniforme escultista cubano era mucho más llamativo que el norteamericano ya que tenía un sombrero igual al de la policía montada canadiense, pañueleras de colorines, atrayentes charreteras, y como en Cuba yo era jefe de mi patrulla Venado, tenía que llevar hasta un silbato colgado de un cordón blanco trenzado, abrochado a la hombrera y fijado al botón del bolsillo de la camisa de cuyo extremo lucía el silbato plateado. El uniforme, por ser interesante, causó la peor de las situaciones imaginables para un muchacho que sufría de timidez y no hablaba inglés: llamar la atención. Fui asediado constantemente para dialogar. Cuando no era para saber dónde estaba Cuba, era para saber si vivía en una «jacienda» y si tenía una «duena». Me preguntaban si había autos en La Habana, y cómo era eso de ser *Boy Scout* en Cuba; si tenía interés en intercambiar mi pañoleta cubana por una norteamericana; si tenía hermana y una vez que contestaba que sí, querían saber si tenía fotos de ellas, en fin que ese verano aprendí a la fuerza a hablar algo de inglés. También me vi forzado a aprender a escribir cartas pues me había quedado sin dinero después de una semana de vida de barrio estadounidense inolvidable.

La mala administración monetaria me obligó a encontrarme con la necesidad de escribir una carta a mis padres para pedirles dinero. La única dirección que tenía era la oficina de mi papá, o sea, que allí mandé mi súplica pecuniaria. Para mi sorpresa, a los pocos días me anunciaron que tenía una carta de Cuba. Obviamente, la mandaba alguna secretaria del Bufete Mendoza donde mi padre era uno de los abogados y con la rimbombante firma paterna. Dentro del sobre había una carta mecanografiada que imaginé, por consiguiente, dictada. Me sorprendió lo cariñoso que sonaba mi padre al adjuntarme un cheque a pagar en un banco neoyorquino. No me podía imaginar a mi padre dictándole a su secretaria, quien para colmo, creo, era un hombre, cosas tal como que me mandaba besos, y que estaba muy orgulloso de mí. Pero bueno, así debe de haber sido, porque si algo era muy cierto, es que mi padre no tenía idea de cómo teclear en una maquinita de escribir. Todo me pareció muy fácil y agradable y me hizo sentir muy bien. Respaldado, querido, regio. Pero una semana después me llegó la misiva materna llena de signos de exclamación y con el tono acusatorio de un ángel vengativo que hace su trabajo estercolero de recoger bajomundistas, camino a depositar toda esa crápula directo al infierno. Mi madre me explicó que sabían, en plural, que yo los había toreado para obtener dinero de mi padre sin consultarle a ella, ni rendir cuentas. Me anunciaba que se las cobraría con creces cuando regresara al techo hogareño, al final de mi viaje. Recuerdo no saber con exactitud el significado de la palabra «creces», pero temí que tuviese alguna relación dolorosa con un cinto de cuero paterno y mi fondillo. La carta paterna me provocó ternura. El cheque paterno rectificó mi insuficiencia económica causada durante aquella semana de vida de nuevo rico de barrio. La carta materna me devolvió a mi realidad hogareña habanera.

En ese campamento consagrado al escultismo estuve seis de las más largas semanas de mi joven vida. Añadido a mis complicaciones con el idioma, a mi madre se le olvidó empaquetarme jabón, pasta de dientes, toallas y ropa de cama. Una solución al problema de la ausencia de toallas fueron dos camisas consagradas a cumplir esa función durante todo el verano. Con lo poco que me quedaba del dinero materno compré una frazada que añadí a mi saco de dormir a la intemperie (léase, *sleeping bag*) y tirado encima de la colchoneta que proveía el campamento comencé mi verano de campamento. Dormí muy tranquilo de esa manera el verano entero.

Con mucha serenidad confieso que entre los azarosas arbitrariedades que padecí en mi joven existencia, durante la estancia en aquel campamento de verano, estuvo el hecho de que nadie tuvo la delicadeza de explicarme cómo es que a tan tierna edad y siendo yo tan profundamente tímido e inhibido se esperaba que orinara y defecara en público. Para orinar, me tocó pararme frente a algo parecido a una bañadera acostada de lado y siempre llena de gente orinando, con mis hombros pegados a los hombros de otros dos individuos desconocidos que orinaban a chorros, uno a cada lado mío. Una situación de absurda totalmente que imposibilitaba la concentración. No pude orinar. Ni hablar tampoco del encontronazo filosófico de hacer mis evacuaciones de desperdicios alimenticios sentado en trono de porcelana sin ninguna pared que separara a los ocupantes de aquellas infernales esculturas blancas de mármol de ubicación tan indigna. Los que jineteaban aquellos inodoros hacían unos ruidos asquerosos, descargando flatulencias asesinas. Las sonoras ventosidades no solo eran capaces de pelar la pintura de las paredes por su putridez sino que creaban ecos que retumbaban contra los techos de madera rústica dentro de aquel recinto nauseabundo, ruidoso y siempre ocupado. Para hacerlo todo aún más incómodo, la hora más concurrida era por las mañanas cuando tocaba entrar al baño en grupo a la experiencia sobria de acercarse al primer espejo del día. Todo lo que era cuestión de aseo personal, tenía que ocurrir en la misma habitación: Lavarse la cara, cepillarse los dientes, peinarse el pelo y evacuar inmundicias. Los que esperaban apurados en fila india eran los dolientes con muecas en la cara, causadas por retorcijones intestinales y se paraban directamente enfrente de los que allí estaban sentados eliminando sus desperdicios alimenticios. Los parados trataban de inspirar en los sentados un tormentoso sentimiento de culpabilidad para de esa manera lograr agilizarlos. Los sentados, en ese tétrico lugar, a su vez, trataban de desempeñar responsablemente y con velocidad sus obligaciones de aseo para así evitar confrontar aquellas caras de súplica, miradas de misericordia y aspavientos corpóreos con que urgían a los privilegiados que habían llegado primero y por lo tanto ya estaban sentados en aquellos retretes. Los que esperaban, incitaban a los evacuadores a que cobraran impulso y mucha más velocidad en la conclusión del proceso, desesperados porque se les permitiera encaramarse en ellos y poder empezar a usar el próximo tareco de mármol que se desocupara.

La necesidad de solucionar el problema de las eliminaciones digestivas se acrecentó a diario. El plan temporal de abstención total hasta encontrar una solución digna se estaba malogrando.

Cuando las contracciones peristálticas se volvieron pulsiones incontenibles, la necesidad, causada por una virulenta afección intestinal gatilló el genio camaleónico, lanzándome con individualismo indócil hacia la maleza, adentrándome en el bosque, animalizándome para defecar, usando, con toda la impericia de que puede ser capaz un niño mimado, los recursos al alcance, como hojas de arbustos para la limpieza; escondido, asustado, parado, como un animal furtivo, espantadizo, con miedo a ser descubierto, quedando vulnerable a las acusaciones más inimaginables de descrédito sanitario y expuesto a la vergüenza horrible de que se enterara el campamento de mi solución al terror de evacuar en público. Nunca fui descubierto *in flagrante delicto*, aunque en varias ocasiones fui sorprendido por ruidos que se acercaban, y en ese momento me apuraba por concluir mis necesidades. En más de una ocasión tuve que reaccionar rápido para simular que buscaba algo que se me había perdido y salir del bosque con cara de ganso triste, eso sí, viril y circunspecto, pero sin tiempo de tapar mis remanentes escatológicos ni atender a los más elementales requisitos de sanidad íntima personal.

En el mar Caribe, lugar donde acostumbrábamos a veranear antes del exilio los cubanos como yo, nos dábamos los baños de mar en un paraíso acuático donde la temperatura del agua era tibia y estaba tan limpia, que se transparentaba el fondo. En New Jersey, donde estaba el Camp Glen Gray, practicábamos la natación en un lago artificial pequeño en el medio del campamento. El lago había sido creado por una represa, cuyo propósito era obstaculizar el curso de las aguas de un río, contribuyendo así al almacenamiento artificial de aquella agua frígida, de color oscuro, a través de la cual nunca nadie había visto, ni vería jamás, el fondo, el cual, no cabía duda alguna, era negro como el azabache. Nos obligaban a nadar en el lago a diario; nos daban clases de natación y de salvavidas. Lo peor de meterse todos los días en aquel lago no era solo lo fría que estaba el agua sino el ver la felicidad anglosajona con que aquellos *Boy Scouts* norteamericanos celebraban el sol, la naturaleza, el lago, la supuesta claridad del agua y su belleza con exclamaciones apreciativas de felicidad algo extrema. Yo salía titiritando de frío y con actitud hostil.

Durante las seis semanas que permanecí entre anglosajones hice una sola amistad. A los doce años yo era gordito, bajito y de voz aflautada y cantarina, o por lo menos esa era la impresión que yo tenía de mí mismo, que al fin y al cabo es lo único que importa. Hice amistad con un *counselor* que trabajaba para el campamento y se llamaba Bill Collins. Era un tipo sensacional, no obstante su nombre tan anglosajónicamente difícil de recordar. Su hermano mayor, Paul Collins, quien a su vez era uno de los amigos de mis primos, había recibido la encomienda de mi tía que de vez en cuando me vigilara a ver qué tal me iba en aquel mundo extraño y nuevo. Una tremenda lata para el responsabilizado, quien demostró su conducta intachable al cumplir su promesa a mi tía pues se tomó un gran interés en venir a verme como a las dos semanas de yo haber llegado. Él estaba en otra parte del campamento a cargo de un grupo de *Boy Scouts* mayores que los que vivían donde yo estaba acampando. Llegó a visitarme risueño, complaciente y encantador, y me hizo un sin fin de preguntas, pero yo no tenía la menor idea de lo que me estaba diciendo; como de costumbre, a todo yo contestaba *yes* y *yes*, con muchas sonrisas. En una de esas andanadas de preguntas en inglés, lo noté medio sorprendido y me pareció que repetía la misma pregunta como para cerciorarse de mi respuesta. Yo dale y dale con *yes yes*, para arriba y *yes yes*, para abajo, combinándolo todo con muchas sonrisas.

Esa noche siguiente, bueno, la verdad es que era de madrugada pero todo estaba oscuro ya que el sol no había salido, me despertó el amistoso *counselor* para llevarme a la caminata más larga que yo había hecho en mi vida. Él llevaba binoculares. Paraba y apuntaba a los árboles hablándome en inglés en voz bajita, casi secreteándome. Me hacía preguntas y yo a todo que *yes* y más *yes*. Seis semanas después mi tía estaba en el campamento hablando con el *counselor* delante de mí, y yo veía que los dos estaban muertos de risa; en un momento mi tía se viró hacia mí y me preguntó que de cuando acá yo era aficionado a observar los pájaros.

Aparentemente yo había acordado tras mi acostumbrada serie de «sís» en inglés, o sea, de múltiples *yes* a todo, a levantarme de madrugada para escalar una montaña donde había no sé qué pájaro raro que bajaba desde el Canadá muy raras veces en esa época del año a esa zona.

Terminé la caminata de esa mañana exhausto, hambriento, sediento y con la firme resolución de empezar a decir que no con más frecuencia cuando no tuviera idea de lo que me estaban diciendo. Efectivamente, la única vez que volví a ver al *counselor* antes de que llegaran mis primos fue como dos semanas después de nuestra primera caminata. Se acercó a mí para decirme algo, pero antes de que hablara me empecé a reír, y con las palmas de las dos manos abiertas y moviéndolas como si le estuviera diciendo adiós antes de comenzar a decirle que no y que no, mil veces. Se rió mucho, se fue y no lo volví a ver más hasta que llegaron mis primos con mi tía. Ese *counselor* me enteré que tiempo después se inclinó hacia una vocación religiosa. Se unió a la orden de monjes trapistas, curas que no hablan nunca con nadie. Claro que, por supuesto, son solteros. Así cualquiera tiene una vida sin tener que hablar.

Después de haber estado seis semanas solo entre aquella recua de americanos llegaron mis primos, que venían de sus vacaciones en las playas de Varadero. Llegaron tostados del sol y con ganas de conversar en castellano, lo cual trajo un poco de felicidad a mi desangelada existencia. El castellano de mis primos siempre ha sido su segundo idioma, pero para mí aquella oportunidad de saber con precisión lo que me estaban diciendo me parecía extraordinaria. Me enteré de muchas cosas que nunca había entendido. Por ejemplo, que los americanos me encontraban distante y engreído porque nunca les hablaba. Mis primos tuvieron que aclarar que lo que pasaba era que no entendía el idioma. Los muchachos, mandados por sus padres a pasarse una temporada de veraneo en el campamento de Glen Gray solo lo hacían por dos semanas. Cada dos semanas entraba un grupo nuevo que no tenían ni idea de dónde estaba Cuba, o de si yo vivía o no en una de aquellas ya famosas y muy vejaminosas «jaciendas» y que si yo tenía una, de lo que vaya usted a saber de dónde lo sacaban, «duena». Yo me trancaba a las preguntas que de todas maneras seguía sin saber cómo contestar, y cuando mis primos llegaron a principios de la séptima semana de mi estancia en el campamento ya yo tenía fama de ser una extraña combinación de monje silencioso con bofe incurable.

Al fin llegó la última noche en Glen Gray. Hubo una fogata enorme alrededor de la cual nos pusieron a bailar danzas indígenas norteamericanas que nos aseguraron que eran autóctonas. Habíamos practicado muchísimo estos bailes, entrenados por no sé quién que juraba haber visto el baile en una reserva india en el oeste canadiense. Aquella noche nos tocó a los que estuvimos allí, durante la última semana de verano del campamento, bailar esas danzas que recuerdo no tan llenas de gracia como de atletismo. Bailamos vestidos con trajes de indígenas norteamericanos ante un público integrado por *counselors*, familias y *Boy Scouts*. El traje no era mucho más que la piel pintarrajeada de colores y un triste taparrabo. Brincábamos en círculos interminables, con cascabeles atados a los tobillos y con plumas en la cabeza, sacudiéndonos al compás de tambores de piel de búfalo para el deleite de mis tíos que nos habían venido a buscar a mis primos y a mí para llevarnos de vuelta a Upper Montclair con toda la ropa sucia de completo el verano dentro del equipaje. En dos meses no había lavado la ropa ni una sola vez. No tenía idea de cómo se lavaba. Francamente tampoco alego que me molestara mucho porque la verdad es que ni cuenta me daba. La única razón por la que alcancé a caer en cuenta de ello fue porque en el camino de vuelta a Upper Montclair, cuando ya todos estábamos juntos dentro del automóvil, con las ventanas cerradas de regreso a casa de mis tíos, mi tía preguntó, con insistencia, analizando la situación con rotunda eficacia que de dónde podía venir ese mal olor tan horroroso, que si alguien había pisado algo antes de entrar al automóvil. De más está decir que todos se viraron hacia mí hablando en inglés. Al fin mi tía me preguntó cuándo yo había lavado mis toallas y mi ropa sucia en el campamento. Le informé que no había traído toallas ni tampoco nunca había aprendido a lavar la ropa y a mi tía le pareció pasmosa mi serenidad al confesar esto. Nunca me consideré obligado a mencionar que me había pasado el verano entero sin bañarme con jabón ni cepillarme los dientes. Por lo menos no hasta que ella me lo preguntó en aquel automóvil. Cuando al fin mi tía entendió la seriedad de mi situación, la explosión de hilaridad de mis tíos y mis primos, así como la mía, no cesaron en todo el camino de vuelta a Upper Montclair, incluyendo hasta después de haber llamado a Cuba a hacerle el cuento a mi madre. Pero aquella llamada calló a mi tía pues estoy seguro que se dio cuenta del desentono de aquella situación y tuvo que colgar el teléfono porque mi tío Doug, quien no estaba oyendo la reacción del otro lado del teléfono, es decir del auricular en La Habana, se estaba empezando a morir de risa al oír una vez más el cuento de boca de mi tía. En vez de compartir un cuento simpático, que ameritaba ser añadido al anecdotario familiar, mi tía había avergonzado a mi madre. Mi tía nunca supo el bien que me hizo con aquella llamada, pues algo positivo resultó de aquello: causar un rotundo *voltafaccia*, como dicen los italianos. Más nunca oí ni ji del cheque que me mandó mi padre, ni tampoco hubo cintazos con creces ni sin creces para mi fondillo de viajero, ni me pidieron el vuelto de mi mesada al llegar a La Habana. Pensé que aquellos fondos adicionales tan inesperados resultarían invalorables en momentos futuros inciertos y por lo tanto continuaron en mi bolsillo sin intervención materna.

Esa noche mi tía decidió cortar por lo sano, obligándome a darme una ducha con jabón y champú, cepillarme los dientes, botando mucha de mi ropa más zarrapastrosa que ya nunca serviría para nadie y lavándome el resto por primera vez en todo el verano. Junto con mi tío empaquetamos el auto familiar porque a la mañana siguiente salíamos todos por carretera para Cayo Hueso y de ahí un ferry hasta la Bahía de La Habana. El viaje por carretera iba a ser una oportunidad de ver la costa este de los Estados que separan Upper Montclair, en New Jersey, de Cayo Hueso en Florida. Mis primos y yo nos unimos mucho en ese viaje. Francamente después de haber oído los cuentos de lo distante y poco comunicativo que

Mario G. de Mendoza III

yo era en Glen Gray, no sabían callarme. Como cubano al fin, soy gárrulo. Todos los cubanos pecamos de garrulería. Nos lanzamos a monólogos chisporroteantes como si quisiéramos descargar una catarata de palabras que si no soltamos nos ahoga. A mis tíos les parecía una magnífica idea mi deseo de hablar en castellano, y así sus hijos lo practicaban. Hablamos hasta por los codos durante ese viaje que duró como cuatro días, y aquello fue el principio no de una amistad sino de una hermandad que nos ha durado toda la vida.

Kingswood

Mi primer *summer camp* en los Estados Unidos fue Camp Glen Gray, en New Jersey, y marcó un comienzo, en vez de un paréntesis anticronológico. Cada vez más mis padres hacían hincapié en que aprender a hablar inglés era un requisito indispensable para algún día poderme desenvolver con soltura en el mundo comercial internacional pues era el idioma del futuro. Las autoridades hogareñas consideraron esencial seleccionar un campamento para las próximas vacaciones de verano, con la noción de que el aprendizaje adquirido en Camp Glen Gray bien merecía otro empujoncito. Durante el año escolar en la casa se comenzó a oír el inequívoco y estratega «rún-rún». En aquel «runruneo» hogareño la palabra Kingswood era una de las que destacaba durante las conversaciones en *sotto voce*, porque de acuerdo con las costumbres educativas maternas no se incluía a los hijos en ese tipo de discusiones parentales.

El proyecto comenzó a adquirir más forma a medida que el verano se acercaba y unas semanas antes del comienzo de las vacaciones de finales del año escolar me fue anunciado que otra vez me tocaba pasarme el verano practicando inglés. O como me dijeron en forma de chiste sin gracia: masticando inglés. Por lo tanto, y no obstante haber estado ilusionado bosquejando planes con amigos que incluían sueños de un largo y ocioso verano de playa en Varadero, fue muy obvio de que no iba a ver nada de esto ni en fotografías. Ni a los amigos, ni a Varadero. Mis padres se habían conectado con un padre jesuita del Colegio de Belén, quien les había sugerido que me uniera a un grupo de estudiantes que iba a pasar el verano hablando inglés en un campamento montañés estadounidense. El campamento, o *summer camp*, era de dos meses de duración en un lugar donde los veranos siempre son fríos: New

Hampshire. Mi nombre no tardó en figurar en la lista del padre Cavero quien nos llevaría al *camp*.

Yo ya había conocido al padre Cavero, durante el transcurso de una torpe experiencia en la que había perdido mi tiempo miserablemente, cuando fui obligado a participar en la vida de un grupo pre-seminarista jesuita llamado Los Loyolas. Como yo teóricamente había demostrado interés en el tema de ser *Boy Scout* se les ocurrió a mis padres (léase madre) y al padre Cavero ayudarme a encontrar la vocación religiosa que mi madre anhelaba para cualquiera de sus hijos. Como era el primogénito comenzaron enérgicas insinuaciones para promover la vocación de cura en mí, pues según la teoría materna una vez que fuese expuesto a la vida sana y casta de Los Loyolas, no duraría mucho en brotar. Todos los esfuerzos para recordarle a mi madre que la idea de los *Boy Scouts* había sido de ella y de sus amigas fueron improductivos. Recordarle que yo nunca tuve el más mínimo interés en el escultismo, también probó ser en vano.

La primera vez que se me ocurrió que aquella idea materna de convertirme en uno de Los Loyolas era en serio fue cuando me vi añadido a las listas de varios viajes de fines de semanas consecutivos, en los cuales, luego de larguísimas caminatas, acampaba para pasar la noche a la intemperie rodeado de aquel grupo de santurrones vacunados contra el relajo, la chabacanería, y sabe Dios si hasta contra el sexo. No es que yo tuviese experiencia alguna en cuestiones sexuales, pero sí un gran interés ya que era un tema de conversación diario entre mis amigos, tanto en el colegio como en el Habana Yacht Club donde iba a nadar y a jugar *basket*. Las charlas eran fomentadas por la curiosidad, y esta, a su vez, por unos libros que le llamaban «Libros de relajo». La prosa contenida en esas muy manoseadas y escondidas publicaciones giraba en torno a un solo tema: sexo. Tenían una trama relativamente corta que daba a conocer a los protagonistas y de ahí en adelante continuaban con una descripción minuciosa de cavidades, penetraciones, largos, anchos, lubricantes y toda la gama de lo que podríamos resumir bajo el título de: Plomería sexual y su funcionamiento.

Los Loyolas rezaban el rosario caminando, cuando iban en la guagua, después de las comidas, y sentados alrededor de una fogata. Como parte del programa de mi integración en Los Loyolas, el padre Cavero y mi madre concibieron como una buena idea que si estaba viajando a acampar durante los fines de semanas, lo más conveniente sería que me quedara a vivir junto con Los Loyolas una o dos noches antes y otras dos noches después de cada uno de aquellos viajes: una atractiva y muy lógica prolongación de cada uno de aquellos fines de semana. Como si enfrentado a la ilimitada capacidad de seducción de rosarios, fogatas, mosquitos, misas y oraciones pudiese descubrir mi vocación a flor de piel y así exteriorizaría mi deseo de convertirme en alguien que hace votos de castidad, pobreza y demás. Tal parecía que me consideraban un mentecato y que no caía en la cuenta de que me manipulaban como a un monigote, firmes e incansables en la creencia de que aflorararía rápidamente mi vocación de ser cura. Estaba todo más claro que el agua y era una manera de encarcelarme dentro de una situación insoportable. Para mi madre era la materialización de un sueño y para mí, un vía crucis colono-rectal con tufo carcelario. Mi ropa fue trasladada por las autoridades maternas, chofer-de-la-casa-mediante, a donde vivían Los Loyolas. Para ello no necesitaron de mi cooperación. Fui trasladado a un nuevo alojamiento que yo encontraba invivible e inmanejable. No iba a mi casa ni de visita; solo se me permitía de vez en cuando. Me asusté de verdad.

Conociendo a mi madre bien, lo que más me preocupaba era que la veía muy entusiasmada con la expectativa de resultados positivos ante lo que ella y el padre Cavero habían planeado con la obsesiva meticulosidad de un par de relojeros locos. Era tal su enfervorizamiento que ni me atreví a llevarles la contraria. Me volví una figura esquiva, en vez de negativa, y fingí interés al transformar mi mirada en la más diáfana expresión de aprendiz de cura. Después de un tiempo prudencial en el que creyeron de mi concentración por encontrar mi camino religioso, me acerqué al padre Cavero y le confesé que lo había pensado muy bien y que estaba completamente convencido de que quería ser cualquier cosa menos cura. En privado, pensaba y, por supuesto, sin compartirlo con nadie —mucho menos con el cura— que aquellos muchachos Loyolas, que rezaban constantemente y cantaban cantos religiosos, eran serios, religiosos, estudiosos, devotos, y cuando se relajaban, conversaban de sus recuerdos pueblerinos pero sí parecían tener vocación religiosa y yo no tenía nada en común con ellos. Por si fuera poco, la mayor parte de los que participaban de aquella vida era gente del interior y de pocos recursos económicos. Mientras estaban integrados vivían en unos edificios con dormitorios separados del resto de los estudiantes, comían juntos, rezaban hasta por los codos y los llevaban todos los días, como presidiarios, viajando en furgonetas separados del resto del cuerpo estudiantil para asistir a las clases del Colegio de Belén. Era gratis el alojamiento, las comidas, los viajes, así como también sus uniformes. Les daban becas hasta graduarse del Colegio de Belén. Después de graduados, un porcentaje que, según rumoraban las malas lenguas no era muy alto, continuaba sus estudios en el Seminario jesuita que se llamaba El Calvario. El resto volvía a sus pueblos con una educación provista por Los Loyolas que no les hubiera sido posible obtener con sus limitados recursos económicos familiares.

El verano anterior había sido enviado a Glen Gray, un campamento de *Boy Scouts* que Isabel Mendoza y su esposo Doug Logan, mis tíos norteamericanos, le habían recomendado a mi madre. Los tíos y mis primos en esa época no vivían en los Estados Unidos. Habían emigrado para Cuba donde llevaban un año viviendo en La Habana. De acuerdo con la costumbre familiar, ese verano irían todos con el resto de la familia a pasarse dos meses en el lugar preferido de ellos y de cualquiera que tuviese dos dedos de frente: Varadero. Yo los envidiaba al sentirme un desgraciado por haber sido zampado para un campamento de verano escoltado por un cura. Me fui sin patalear. Es decir, tuve algunas pataletas hasta la mañana que salió el avión pero traté de no repetirlas en el viaje pues obviamente ya era demasiado tarde y no me servían de nada. No había escape de aquellos planes y el negocio para el cura era redondo. El cura reclutaba jóvenes estudiantes de Belén, los reunía, y los animaba a ellos y a sus familias, con la idea de convertirlos en candidatos para el campamento. Una vez que la familia accedía, el cura los acompañaba en calidad de chaperón, guía moral y supervisor adulto, a la vez, hasta la tundra norteña de New Hampshire donde estaba el campamento de verano. Los padres pagaban todos los gastos y el cura se conseguía de comisión unas bien merecidas vacaciones veraniegas en las montañas y los malpensados, como yo, suponíamos que además obtenía hasta un efectivo.

El campamento estaba en un lago cerca de un pueblo mínimo llamado Pike, en New Hampshire. El dueño, quien por cierto era boquiconejudo, tenía un nombre común: Bob Smith. Su rostro era inolvidable para quien, como yo, nunca antes había visto a nadie que tuviera labio leporino. La primera vez impresiona mucho. El lago del campamento era grandísimo y no se distinguía con claridad qué era lo que había en la orilla del otro lado. Solo se veían unos edificios empequeñecidos por la distancia y en la noche se reflejaban las luces en el lago. A pesar de que no se distinguía bien, enseguida se corrió la voz de que las luces provenían de un campamento de muchachas en el cual, durante el transcurso del verano, habría fiestas bailables.

Kingswood Camp estaba mucho mejor habilitado, ofrecía una miríada de eventos y era más caro que el primer *camp* de New Jersey. Tenía caballos, lancha para esquiar, tiro de arco y flecha, clases de tenis y de golf, excursiones, tanto en canoas como a caballo; permitía trasnochar acampando a la intemperie en tiendas de campaña en lugares remotos, impartían clases de equitación incluyendo salto y, lo más importante de todo: a la hora de hacer las evacuaciones matinales se podía uno apoltronar en baños con inodoros dentro de recintos privados. Por otra parte, no existía lo del duchazo de reglamento semanal al aire libre que resultaba muy incómodo no por la desnudez de grupo, lo cual ya era la práctica observada en las taquillas de los clubs sociales habaneros, sino por el frío intolerable al terminar de bañarse y tener que seguir completamente mojado a secarse a la intemperie. Había canoas que servían para viajar a diferentes lagos, echándonoslas a los hombros cuando era necesario cruzar a pie de un lago a otro. Cargar las canoas a cuesta durante las caminatas lo llamaban *portage*, aludiendo a una palabra francesa usada por los exploradores del Canadá.

Ese verano tuvo una gran repercusión en mi desarrollo individual y vital. Comenzó muy diferente al viaje del verano anterior pues no viajé solo a los Estados Unidos ya que mis padres aprovecharon mi viaje y se tomaron unas vacaciones neoyorquinas. En New York todos nos hospedamos en el Commodore Hotel, siguiendo la recomendación de los operadores del campamento, la cual fue justificada por su conveniente ubicación geográfica. Lo comprobamos cuando en la mañana indicada para buscar el tren a New Hampshire, con solo tomar el ascensor al lado de la habitación del hotel, descendimos directamente hasta el nivel subterráneo donde se encontraba el pabellón de llegada a la enorme estación de trenes neoyorquina más importante: la Grand Central Station. Una vez en el piso principal de la estación de trenes nos encontramos con una muchedumbre de grupos de cientos de niños de ambos sexos que cargaban con sus mochilas y raquetas de tenis; vestidos con unos shorts bermudas, arrastrando baúles, sacos de palos de jugar al golf y otros equipajes. Todos los que allí se encontraban miraban a su alrededor buscando ansiosos el nombre de su campamento de verano de entre la numerosas pancartas con nombres indígenas de todas las tribus imaginables. La mayoría de los campamentos de verano tenían nombres, ya bien de tribus que originalmente vivían en los contornos de donde estaba el campamento o alguna variación del nombre de los lagos que habían sido nominados por los mismos indígenas. ¿Quién decidió cómo se deletreaban los nombres indígenas? Ni idea.

Una vez que mis padres y yo encontramos el grupo correcto, aglomerado cerca de la pancarta de Kingswood Camp, mi madre percibió que se acercaba la despedida y se apresuró a comenzar la tradicional lectura de la cartilla final que implicaba las acostumbradas, repetidísimas y machacosísimas instrucciones de comportamiento y aseo. Poco a poco llegaron cada vez más amigos que iban a Kingswood. Compañeros escolares habaneros que habían sido reclutados por el padre Cavero, entre ellos Ignacio y sus dos hermanos mellizos, Alberto y Eduardo, los tres de apellido González del Valle, Marino Pérez Durán, Ramón Barcia, Carlos de la Cruz, Alberto Jorajuría, y otros compañeros belemitas más. Todos eran estudiantes excelentes, con record de buena conducta y reputación religiosa por lo cual no era difícil concluir que el padre Cavero los tenía en sus mirillas vocacionales. Al fin, gracias a Dios, mi madre notó que las únicas personas que le estaban prestando atención eran el padre Cavero y mi papá. Se calló, se despidió de mí y se fue, dejándonos frente al vagón del tren marcado como Kingswood Camp, rodeado de jóvenes campistas norteamericanos, camino a New Hampshire.

Después de un largo viaje llegamos al campamento y a todos los campistas le fueron asignados puestos en aquella aldea juvenil que daba la sensación de estar en el medio del bosque. Las viviendas estaban distribuidas de manera tal que a pesar de su proximidad eran invisibles las unas de las otras por causa de la bien discurrida separación silvestre. Los hispanohablantes fuimos concienzudamente separados unos de los otros, distribuyéndonos entre las cabañas de los anglosajones. La vida de este campamento era un poco más civilizada que la del año anterior, la cual había sido no más que una larga acampada en tiendas de campaña grandes, estilo lona verde olivo de *Boy Scouts*. En Kingswood las cabañas eran casitas de una sola planta. Llamarlas *bungalows* hubiese sido una exageración pues eran tristes barracas con cuatro paredes, puerta y techo, todas de madera rústica y para de contar. No sería justo describirlas como chozas misérrimas pero si fuesen desatendidas y dejadas de pintar por un par de años, estarían en las mismas ligas. Las camas también eran de madera con unas colchonetas finitas situadas en repisas al estilo camarote, unas encima de las otras. No había privacidad ninguna dentro de aquellas chozas, a menos que a la hora de dormir uno se metiera dentro de las cobijas.

La vida al descubierto en las cabañas contribuía a un ambiente de diálogo con los otros compañeros de barracas cuyas conversaciones, claro está, tendrían que ser en inglés. Los cubanos fueron repartidos como con gotero fino por todo el campamento. El diálogo más memorable estallaba al apagarse las luces y se iniciaba la ceremonia cotidiana nocturna de un concierto sonoro consistente en un verdadero rosario de pedos. Cada cabaña tenía alrededor de doce muchachos y un *counselor* que vivía y dormía allí. Era un pedorreo corneteado en diferentes notas musicales, que creaba un ambiente de toxicidad pestífera. La palabra *counselor* en castellano se traduce más o menos como algo parecido a consejero responsable de monitorear a los campistas pero en la práctica se asemejaba más a un celador. Estos eran muchachos mayores en edad que no es lo mismo que mayores de edad, quienes mantenían el orden. Algunos cubanos suertudos tuvieron la posibilidad de poder compartir su cabaña con otros cubanos. A mí me tocó compartir la cabaña nada más que con anglosajones, entre los cuales estaba el sobrino del dueño. Un muchachito de apariencia arácnida, pelo cortado en cerquillo como si fuera un casco, pestañas largas, piel pálida, figura enclenque; un alfeñique con cara de ñoño y por razones obvias el consentido de todos los *counselors*. Lo que era fácil notar era que ninguno de los otros compañeros de cabaña le hablaba mucho ni le prestaban atención. Yo tampoco, pero eso a mí me era fácil porque su inglés era un problema. Lo que me molestaba era que a cada rato, cuando se le ocurría que era una buena idea, se me acercaba para amistar. Sin haber cruzado una palabra entre nosotros, parecía como si él hubiese llegado a la conclusión que como éramos los excluidos por los demás del grupo, yo, por el idioma, y él por la imperdonable cara de mentecato, entonces lo lógico es que nos hiciésemos más amigos. Me sacaba conversación, me acompañaba cuando tenía que ir caminando a los lugares. No le hacía caso pero él no se daba por vencido y se me convirtió en un fardo inalienable. Empecé a ser un poco brusco. Mientras más se esforzaba por amistar conmigo, lo que lograba era que yo sintiese más antipatía gratuita y visceral por él. Decidí ignorarlo en lugar de establecer antagonismos.

El padre Cavero se hospedó en el Campamento, pero en un lugar separado de la juventud. No se le veía nada más que para las misas que ofrecía a diario a los interesados. Yo por supuesto, no era uno de ellos. Sin embargo sí lo veía en la de los domingos cuando convocaba una reunión de sus protegidos cubanos para confesarlos, estigmatizar la conducta licenciosa con citas bíblicas, celebrar la misa y dar la comunión. Después de las misas el cura se volvía inubicable.

La vida en el campamento era divertida ya que en vez de tener que estar estudiando escultismo como el año anterior en Glen Gray, en Kingswood todo el tiempo lo dedicábamos a los deportes y a la diversión. Ese verano aprendí a jugar golf y tenis, así como a bailar *cheek to cheek*.

La primera oportunidad que tuve para bailar *cheek to cheek* fue en el primer baile que Kingswood Camp realizó con el campamento de muchachas. La fama de que las americanas se dejaban abordar en la pista de baile era un tema muy conversado entre los compañeros belemitas. Esa tarde, los preparativos para la fiesta bailable requirieron una atención esmerada para conseguir que el pelo, que en aquel entonces era peinado con una onda grande sobre la frente, obedeciera con precisión milimétrica. Bailar, bajo condiciones normales, puede ser descrito como una delicada expresión cultural. En el caso del baile de aquella noche los preparativos eran de un primitivismo frenético, algunos de los campistas actuábamos como si fuésemos mujeriegos exaltados. Otros teníamos una preocupación añadida al aseo personal: cómo se bailaba. Yo no tenía ni idea. Tenía que sumarme a la lista de los que necesitaban ayuda con los elementos más básicos del baile para poder acercarme a una compañera lo suficiente como para bailar con ella mejilla contra mejilla, sin pisarle los dedos de los pies ni hacer un papelazo.

Comprendí que tenía necesidad de tomar clases de baile de mis compañeros de barraca. Uno de ellos se ofreció a enseñarme y me mostró cómo hacer un paso de baile que consistía nada más que en un vaivén cambiando el peso del cuerpo de un pie al otro, a la vez que me mecía con lentitud al compás de una música suave. Con gran interés y esmero me pareció que había logrado captar las instrucciones que me daban los compañeros de cabaña. Entre todos se pusieron a hacerme sugerencias. Cuando sugirieron que bailara *cheek to cheek* con el sobrino del dueño del campamento para practicar lo que me estaban enseñando, me di cuenta de que lo que estaban haciendo era divertirse a costa de mi ignorancia. Esto me indispuso anímicamente para seguir las clases de baile pues me había convertido en un hazmerreír. Puse a buen uso el haber aprendido a decir «gotojel».

Me entregué de lleno a la tarea de darle betún a mis zapatos; engominarme el pelo, embadurnarme de agua de colonia y talco Yardley, robados de la gaveta de mi padre en La Habana y empaquetados en secreto para el viaje. Para emperifollarme continué emperchándome la ropa mejor planchada que tuviera en el baúl que ponía debajo de la cama, donde se guardaban los efectos personales.

El baile se celebró en el edificio principal, que también tenía la doble función de ser el comedor. A medida que las muchachas se bajaban del autobús que las había traído de su campamento de niñas, y entraban en el pabellón del edificio, se encontraban frente a una fila de muchachos. El primero que se les parara al lado en ese momento en la fila sería el fortuito que le tocaría en pareja. El recuerdo del aparejamiento es imborrable porque ocurría justo en frente a un túnel corto de flores de papel. Se trataba de mantener esta unión, de dos personas que no se habían visto jamás antes y que ahora eran una pareja, lograda túnel mediante y de manera imprevista. El túnel no permitía que uno se diese a la fuga, o ninguna otra maniobra de bifurcación imprevista ni mucho menos autorizada. Éramos conminados a cruzar, rápidamente, el umbral de la puerta de entrada hacia la pista de baile donde nos esperaban las otras parejas que acababan de pasar por la mismísima ceremonia y perderíamos la inocencia. Una vez que todas las parejas, de los dos campamentos de adolescentes, estaban en un mismo lugar, empezaba la música. Los supervisores adultos operaban la música de un tocadiscos y era transmitida por altoparlantes. Su responsabilidad era animar, más que censurar; entusiasmar a los bailadores, y para ello pastoreaban a aquella muchedumbre para asegurarse de que todos estuviesen y siguiesen aparejados. Los altavoces sonaban como si estuvieran metidos dentro de latones de basura metálicos. Al igual que a los otros, me tocó el insospechado gallo tapado que salió por la puerta del autobús de las niñas: una muchacha flacuchenta, más alta que yo, con espejuelos de fondo de botella y ferretería en los dientes, quien al instante de pisar la pista de baile, me haló hacia ella y comenzó a bailar. Ya en posición de pareja de baile, me colocó una mano en cada hombro y se inclinó lo suficiente hacia mí como para lograr meter su nariz en mi pecho. Al primer paso de movimiento bailable, la flaca me pegó el cachete. Ahora ya estábamos casi cachete con cachete. Para poder lograr que su cachete coincidiera en proximidad y presión con el mío, o sea el *cheek to cheek*, o mejilla contra mejilla que con tanta ilusión había esperado, sentí que ella se tuvo que encorvar. Gozaba de pericia para bailar con compañeros bajitos y yo era para ella un bajito más, por lo que me beneficié de su experiencia. Bailamos juntos toda la noche mejilla a mejilla y hablamos muy poco. Casi ni una palabra. Obligado a describir el estilo de las maniobras por la pista de baile, lo detallaría como un simulacro de aprendiz de bailarín de bolero de burdel. Cuando le hablaba en mi rudimentario inglés era solo para iniciar conversaciones insustanciales, preguntándole si quería tomar refresco o comer algún dulce. No solo no sabía de qué hablarle sino tampoco la manera de lograrlo ya que mi inglés seguía siendo malo o inexistente.

Mis intimidades personales de aquel segundo verano estadounidense variaron, debido al nivel de importancia que adquirieron las conversaciones sobre sexo durante el transcurso del año escolar. Sería una exageración declarar que a los trece años ya había descubierto los placeres de la promiscuidad multinacional, pero dado el contacto habitual con los libritos de relajo, confesar un enfoque incontenible en cuestiones lúbricas no sería desmesurado. Cuando aquella noche empecé a sentir cierto levantamiento y abultamiento ardoroso de las regiones pantalonales, y las zonas sureñas de la región levantisca enarbolaron toda su furia hormonal, no cupo duda de que la verticalmente dotada compañera maniobraba la pista de baile con pleno conocimiento de lo que se le ofrecía en aquella situación, que aunque cursi la podríamos llamar por su nombre de ofrenda de varón, lo cual además sería una exageración. Pero aquí lo importante es señalar que ella no se achicaba para nada ante la proximidad indesligable del secreto común demostrando estar comprometida con continuar compartiendo sin asperezas foráneas, ni discrepancia frontal, ni silencio incómodo: Todo lo contrario, con acometimiento, hacía una responsable presión contra la entrepierna. Mientras durara, yo no quería parar de bailar ni un momento pues había un consentimiento mutuo de frote lujurioso. Para ninguno de los dos era pecado original, pero para mí, por lo menos, era inaugural. Nuestra noche duró unas escasas tres horas. Aquellas tres horas incluyeron canciones rápidas de algo que me era imposible bailar. La pieza se llamaba *Lindy* y era precursora del rock and roll. Varias veces pararon la música para que alguien hablara por el micrófono y anunciara sabe Dios qué cosa. Pero al fin bajaron las luces de nuevo y aquella flaca me jaloneó hacia ella para continuar el baile, entregados a la proximidad erótica. La noche era calurosa y las manos y los cachetes nos sudaban. La concentración del momento no dejó que se interrumpiera aquel baile libidinoso, pero cuando se acabó la música y se encendieron las luces estábamos los dos sudados y con olor a deseos bajos.

Al final de la noche la flaca, después de despedirse con cortesía pero sin besuqueo, se unió al resto de las muchachas que regresaron al autobús en el que habían llegado y los varones volvimos a las cabañas para acostarnos a dormir. Yo andaba todavía con remanentes de excitación sexual y había sido la primera vez que había logrado pegar mi cuerpo al de una muchacha, por lo que estaba medio anonadado por el impacto de haber sentido no solo consentimiento sino más bien su voluntariosa contribución al apasionado frotamiento.

Esa noche, cuando llegó la hora de que se apagaran todas las luces en el campamento todavía no había dejado de pensar en lo ocurrido y tenía unas ganas extraordinarias de trastearme en lugares íntimos, de tocarme y acariciarme, más ganas que nunca antes en la vida. Estaba excitadísimo, y en ese automasajamiento andaba, ya acostado, cuando de pronto sentí una mano que me extendían desde la cama de al lado. Era el sobrino del dueño que pedía permiso para asumir el rol de acariciador de miembro viril. Animador voluntario de pene erecto. Tieso ante aquella inesperada oferta no alcanzó a llegarme nunca la suficiente claridad mental como para reaccionar ni contestar. El visitante nocturno lo tomó como si hubiese recibido permiso y con mano de experto impuso un ritmo de conocedor del tema, frotando con rapidez, para arriba y para abajo, rápido y sin parar. Llegó, entonces, inesperadamente, una conmoción sensorial de alucinante e incontrolable placer que me invadió desde lo más profundo de mi ser, dándome la sensación más rica que jamás hubiese sentido en la vida. Mucho después de aquel momento supe que aquello tan delicioso que había ocurrido había sido un primer orgasmo. Nunca antes lo había experimentado ni hubiera imaginado lo rico que se iba a hacer sentir. ¡Qué cosa más increíblemente fenomenal! A medida que se iba apaciguando la sensación caí en cuenta, con cada vez más claridad, de que la mano que había causado ese placer tan divino no había sido la mía, sino la de la loca de carroza que ahora me miraba con mirada perruna enamoradiza.

La desmedida reacción fue demoníaca, brotando de lo más recóndito de mi avergonzado organismo. Brinqué de la cama adrenalinado y con rapidez centelleante me le tiré encima a darle cuantos piñazos pude antes de que fuésemos separados. Le rompí el labio y le hice sangrar la nariz antes de que nos separaran y él lograra escaparse, corriendo y llorando, al edificio principal del campamento donde dormía su boquiconejudo tío. El maestro masturbador volvió más tarde a la cabaña, acompañado del dueño del campamento, Mr. Smith, quien llegó con cara de trompeta, y queriendo averiguar lo que había sucedido. Las preguntas fueron pocas y las respuestas brillaron por su ausencia. No podía decir nada pues a mi manera de ver, con mis trece años, la sola sospecha de atracción sexual entre hombres era una aberración condenable por la ley humana y la religión, era delito y pecado sin justificación ni atenuantes. El sobrino tampoco dijo nada y aquello se resolvió sin confesión de nadie, pero el tío boquiconejo no era bruto pues algo en su mirada delataba su conocimiento de la materia y que no era aquella la primera vez que había intervenido en una cuestión de esas con su sobrino. Tal y como si fuésemos copartícipes modernos de la conspiración decimonónica de los Soles y Rayos de Bolívar, mantuvimos un silencio conspirativo. Como si el sobrino con cerquillo de poeta hubiese sido José María Heredia, al masturbador lo condenaron a destierro perpetuo de aquella cabaña. Mr. Smith se llevó al sobrino con toda su ropa esa misma noche para otra barraca y a mí me dejaron en el mismo lugar después de que me explicaran que un piñazo más y me botarían de Kingswood.

Ninguno de los supervisores que vivían dentro de la cabaña preguntó el porqué de la manifestación de piñazos. Por supuesto, yo no podía decir lo que había pasado, pues para empezar, no podía ni creer lo que había sucedido. Mi descubrimiento maravilloso de una nueva vida sexual se volvió grotesco y pesadillesco. Sentía un desprecio soberbio por lo ocurrido, así como preocupación por la posibilidad de ser maricón converso. No estaba dispuesto a declararme homosexual y aquello tenía que haber sido una equivocación, un accidente. El accidente tuvo una duración de varios minutos: mientras permanecía acostado panza arriba, mirando el techo, mis urgencias masturbatorias fueron atendidas espléndidamente por las manos de un perito. Aquel deseo sexual, que comenzó en el baile y se acrecentó con manoseo privado, me había convertido en una bestia ávida sin saber que lo que buscaba era llegar a eyacular sin estorbos, ataduras ni frenos: Un descoque fálico. La mano extraña sabía adónde tenía que llegar, yo no. Había leído algo sobre la sensación, pero nunca la había experimentado. A pesar de lo humillante del proceso, el resultado había sido inmejorable.

La mano experta de aquel parásito decadente, con aire andrógino, tirando a hembrita confundida, tenía la certeza de que yo era un desconocedor de las sensaciones que ese acto provocaría en mi cuerpo y fue lo que lo llevó a actuar tan decididamente. Me enseñó a venirme. Creyéndome exento del mal griego, lo cual es otro nombre para la homosexualidad, ahora quedaba agradeciéndole el primer orgasmo a un maricón. Cualquier explicación sería intrascendente para los que no lo vivieron. Pero yo si viví ese recuento de un hecho insólito y lo más difícil es que no obstante aplicarle toda la agudeza intelectual a mi alcance, quedaba claro que no había circunstancias atenuantes. Ninguna explicación era buena: Pene erecto; vecino maricón buscador de placer pide permiso y el silencio es la única respuesta del hedonista. El que calla, otorga. Otorgado el permiso procede el servicial vecino a concluir su esmerada labor. La única explicación es la fuerza demoledora de la realidad de lo que ocurrió, sin artimañas literarias que de todas maneras se complican cuando se trata del tema de las zonas erógenas. Lo que sí era inaceptable era tener que confesarme a mí mismo que era un maricón. Jurándome y requete jurándome que yo no era maricón y que a mí nadie me montaba la guagua por detrás. Era un hecho real que había dejado que un macho me deslechara. Sentí un impreciso rencor, sin un ápice de compasión conmigo mismo. Me catalogué como temporalmente ubicado en un limbo sexual. Y ahora que estamos en cuestiones de limbo... ¿qué me iba a hacer con las confesiones del padre Cavero? El limbo es un vestigio exclusivista que quizás en cuestiones de fe peca de fastidioso en exceso. Se ha eliminado de las enseñanzas católicas y ya no sirve de lugar para estacionamiento de bebés sin bautizar. Ahora las recompensas divinas han anchado sus puertas. Lo que se queda por descubrir es qué se hicieron todos los bebés que estaban en el limbo. Me imagino que felices de salir de allí, lo que menos esperarán encontrarse al mirar para atrás ahora es a mí. Y muy confundido. ¿Soy? ¿No soy? ¿Seré? ¿No seré? Decidí que era mejor pensar que lo que había sucedido no era nada más complicado que un experimento, parte del descubrimiento sexual por el que pasan todos los jóvenes. Lo mejor era olvidar los recién ocurridos acontecimientos. Eso sí, cada vez que veía al sobrino del dueño caminando por el campamento, le partía para arriba para entrarle a golpes.

Por fin un día en el medio de aquel verano dejé de encontrármelo. Nunca supe lo que había pasado pero de que se había ido de Kingswood, de eso sí no había duda alguna. A lo mejor se aburrió de que cada vez que yo lo viera le cayera atrás corriendo y le entrara a golpes. O a lo mejor, siguiendo en el papel de masturbador errante, hubo por fin algún otro incidente donde lo agarraron masajeando alguna otra zona pecaminosa urogenital masculina y le dieron tal pase de palos que lo tuvieron que hospitalizar.

Mis compañeros de barraca nunca supieron lo que había ocurrido con el compañerito servicial, momentos antes de la tunda de golpes. Lo que sí notaron fue el interés que había demostrado en bailar toda la noche con la misma muchacha. Ellos todos habían usado su tiempo de manera menos eficiente ya que cambiaban de compañeras en la búsqueda de una cada vez más atractiva. En el proceso se les fue la noche del baile, mientras que yo me mantuve fiel a mi objetivo, concentrando mis prioridades en la única compañera que me acompañó en la pista de baile toda la noche. Uno de los compañeros de cabaña averiguó su nombre y se dedicaron a hacerme preguntas sobre la muchacha. Disimuladamente tomaban datos pues tramaron y conspiraron escribirle a la flaca una carta llena de pervertidas insinuaciones sexuales, haciéndole creer a la pobre muchacha que el que la había escrito era yo.

Las actividades que consumieron el resto del verano hicieron que mis preocupaciones de mariconería fueran dejadas a un lado, y me dedicara a pensar si debía planear seguir bailando con la misma compañera en la segunda fiesta del campamento. Decidí sin duda que sí. El gusto por otras muchachas se subyugó a la eficacia de lo previsible. Discurrí que si encontraba a otra muchacha más linda y no tan alta, me arriesgaría a que no viniera hacia mí con las mismas ansias de rechocolatearse, como había pasado en la veintiúnica experiencia de aquel primer baile de mejilla con mejilla y decidí oír la voz del instinto. En el segundo baile, esta vez en el comedor del campamento de las niñas, no hubo filas de entradas ni aparejamiento por coincidencia en la puerta. En el segundo baile éramos todos contra todos: Una pared de varones y en la pared opuesta estaban las niñas. Empezó la música y la grandulona flaca con la ferretería bucal vino derecho hacia donde yo estaba sonriéndome con un guiño medio pícaro. Yo estaba dispuesto a bailar mejilla con mejilla con la esperanza de que se inclinara con un poco más de encorvadura espinal y con planes de que si todo iba bien para la segunda pieza estaríamos quizás hasta quién sabe si lengüeteándonos en las orejas.

Me di cuenta de que algo no andaba del todo bien porque el objeto de mis lujuriosos planes se acercó a mí acompañada de una muchacha mayor, quien era obviamente una de las carceleras del campamento femenino. Con una actitud muy autosuficiente, la funcionaria de prisiones estivales femeninas empezó, con voz autoritaria, a hacerme preguntas, una tras otra. Mi compañera escuchaba en silencio parada al lado de la jefa. Estaba ciscada y yo no entendía nada. Se dieron cuenta de que mi inglés no llegaba ni a las pantorrillas de la conversación. Llamaron a un traductor. ¿Qué carta? No, yo no escribí ninguna carta, yo no era el *Latin Lover* ese. Se dieron cuenta que para mí aquella carta era intraducible. Con los nervios, cualquier parte de aquel pésimo inglés que hubiese aprendido en Belén, desapareció de mi mente y enmudecí. Me creyeron y se rieron, al percatarse que todo había sido una burla. Se dieron cuenta por las carcajadas de mis compañeros de cabaña que aquello de hacerme pasar por un Don Juanito afamado había sido una maldad. Ya la música había empezado y cuando se disolvió la angustiosa comisión investigadora que había llegado a la conclusión de que yo era un adolescente impoluto, mi compañera y yo empezamos a bailar. El besuqueo por las orejas y el cuello no demoró mucho en comenzar. Al final de la noche, camino al autobús que nos llevaría de vuelta al Kingswood Camp, la guardia de mi compañera me dio la carta para que entendiera la causa de su preocupación. Pensaban que era un loco de remate con intenciones que eran irrisorias. La carta parecía haber sido escrita por un hechizador de muchachas con actitud monárquica, insistiendo en devoción sexual sin reservas ni escrúpulos. De ahí, la investigación. Los conspiradores que la habían escrito exageraron tanto la nota que aquella misiva era inverosímil.

Nunca supe el nombre de aquella flaca alta. Cualquier intento de diálogo hubiese sido un esfuerzo esencialmente inservible. De haber podido conversar en su idioma o en el mío hubiese sido un intercambio de frivolidades sin otro propósito que amenizar los momentos sin música, mientras esperábamos otra canción suave. Así y todo me hubiese gustado hablarle, conocerla o al menos saber su nombre. No sucedió así. En cuanto comenzaban a tocar la próxima pieza suave, el acercamiento de aquella muchacha adolescentota era un llamado fascinante a la sexualidad que en aquel verano rigió sobre todas las cosas.

Cuando terminó el verano, el padre Cavero salió de su escondite en el bosque de New Hampshire y nos reunió para acompañarnos a todos en el tren de vuelta a New York. Después del incidente masturbatorio, en mis confesiones nunca comenté nada al respecto, y gracias a Dios el cura no era preguntón. Nadie supo lo que había pasado. En New York nos acompañó al aeropuerto, que en aquel entonces se llamaba Idlewild, el hoy John F. Kennedy, y junto con todos nosotros hizo el viaje de regreso en el avión que nos llevó al Aeropuerto de Rancho Boyeros, en La Habana.

Durante la estadía veraniega no hubo necesidad de reponer el adelanto monetario recibido antes de salir en el viaje al *camp* y por lo tanto no le había escrito en todo el verano ni una sola carta a la familia en La Habana. Al volver a la casa, mi madre transmitió que estaban muy tristes por no haber recibido ni una carta ni una postal de su hijo mayor tan querido y extrañado. Empezó contando sus tristezas y ante mi aparente falta de cargo de conciencia, o quizás hasta impavidez, terminó pidiéndome que le rindiera cuentas y le explicara en lo que me había gastado todo el dinero que me había dado para el viaje. Comportándome avaramente, le dije que no me acordaba pero que no me quedaba ni un centavo. Dos mentiras que me ayudaron a retener una suma considerable que tenía escondida para lograr desenvolverme un poco más holgadamente durante el curso del año escolar que pronto empezaría.

Eduardo Manet

Noviembre 20, 2005

Las halagadoras y agigantadas expectativas que tenía eran las de ser recibido por una turbamulta de lectores, dispuestos a intercambiar ideas que enriquecieran el trasfondo temático de mi primer libro de no ficción titulado *P'allá y P'acá*, así como sus consecuencias y derivaciones. ¿Y cuál fue la realidad que encontré y disminuyó mi acicateado orgullo? Sumamente diferente: ni diálogos acalorados con lectores impenitentes que se encaminaban por rumbos impredecibles; ni dudas por aclarar; o imprecisiones dirimidas al insistir en obviedades contestadas o en argumentos educativos, etcétera. Nada de lo imaginado ocurrió. Había llegado ansioso, pero sin querer exagerar las expectativas, imponiéndome comedimiento, pero claro está, anhelando una experiencia interesante. Meses antes, el lanzamiento del libro había sido un evento formal, en el salón de actos de la Universidad de Miami, con los acostumbrados pasos protocolares de un acto serio, con micrófono, podio y tarima que realzaban a los moderadores; preámbulo, circunloquio, epílogo, y hasta colofón. Esta vez lo que encontré, después de caminar varias cuadras de calles cerradas al tráfico vehicular y engalardonadas con banderitas multicolores plásticas, fue una muchedumbre con ambiente dominical fiestero que dificultaba el acceso a un quiosco cuadrilateral, empapelado con anuncios publicitarios que ofrecían la mercancía. El puesto de libros, rodeado de otros tenderetes más, estaba en el medio de la calle, dentro del cual la gerencia de mi editorial, léase el presidente, su amable esposa e hija, así como algunos empleados, todos, colectiva e individualmente bañados en sudor por el sol enceguecedor y la humedad subtropical, esperaban la oportunidad de vender su mercancía a precios reducidos a rajatabla. Operaban dentro de una muralla creada con libros entongados, el mío entre otros muchos más. El reducido espacio, además de interferir con cualquier esperanza de brisa, creaba un paisaje insulso. Daba ganas de pasar de largo fingiendo ir camino a responder a sabe Dios qué llamada de urgencia para atender problemas impostergables y en un lugar bien requete lejos.

La cúspide de cada una de las montañas de títulos había sido abanderada con anuncios de venta escritos a mano, que proclamaban precios reducidos a nivel de ganga. Cincuenta por ciento de rebaja como mínimo. No obstante el abismal descuento, los poquísimos compradores alrededor del puesto de mercadeo de papel no reparaban en hacer descaradas contraofertas en voz alta y sin rodeos laberínticos, insistiendo en lograr rebajas aún más significativas, mientras que continuaba el desfile humano vestido para el calor, con sombreros de paja, camisas sin mangas ni cuello, pantalones cortos, sandalias y sin sulfurarse cuando no atendían sus rebajas aún mayores que las ya establecidas en sus estanterías. Aquel mismo día cambié la opinión que había tenido de los lectores. La noción popular es que son individuos cultivados, ilustrados, a la vez que bien educados con su correspondientes sobreentendidas buenas crianzas y modales. Pero en este caso la feria era de libros en español y los compradores allí presentes se comportaban como oriundos de cualquier país caribeño, central o suramericano, con una alcurnia que no sobrepasaba el linaje proveniente de unos paupérrimos españoles que llegaron en busca de fortuna.

La gerencia de la editorial me había invitado por escrito a La Feria Internacional del Libro de Miami para firmar ejemplares de mi obra en el momento de la venta, añadiendo que la costumbre era pedirle al autor que firmase el libro e incluyese el nombre de dedicatoria que se me solicitase. Se me enfatizó la importancia de hacerme de la vista gorda si caía en cuenta que el mismo comprador fingía dictarme una dedicatoria para una inexistente tercera persona cuando en realidad era a sí mismo, alegando querer hacerlo un regalo personal, especial... «¿Usted me entiende?». Se esperaba que hiciese acto de presencia una hora más o menos. Al terminarse la hora, perennidad que comenzó con sudoración instantánea y continuó con la necesidad de estar constantemente parándome en ubicaciones dentro del tenderete que no interfiriesen con los empleados despachando compras, lo único que había logrado con mi presencia era obstaculizar el libre comercio de la empresa. La mayor sorpresa fue al llegar, cuando el dueño de la editorial, el mismo que me invitó, me saludó agradablemente expresándome su sorpresa por verme allí. Nadie me habló de literatura, de mi libro, ni de nada, es decir si ignoramos la expresión exclamativa del dueño de la editorial. Solo recibí un ocasional codazo en las costillas de alguno de los vendedores maniobrando dentro del tenderete, seguido del obligatorio y siempre cortés «¡Perdóneme, por favor!».

La que más sufrió fue mi esposa, cuando con sus ojos llenos de ternura, me vio obligado a embutirme entre las mesas para intentar mantener un resquicio de dignidad, llegar al centro del kiosko y con ademanes de provisionalidad, acompañados de sonrisas, saludos, y sin amago de reyerta ni de obtener aclaraciones, pararme al lado de la «caja registradora» —léase, una caja normal de madera, con un frágil y sucio aparatico para operar las tarjetas de crédito. Bajo su cariñoso escrutinio, asumí una posición vulnerable, comparada a la de una ballena en medio de la playa, pero decidido a cumplir con mi palabra de estar allí, y sin dejarme tocar por la banalidad. Para mi esposa no había ninguna esperanza de encontrar espacio dentro del tenderete, así es que se quedó afuera a la expectativa y observando a los paseantes. Cuando cayó en la cuenta que la tan formal invitación por escrito, que tanto nos honró recibir, no había sido mucho más que una vulgar formalidad, se puso a conversar con compradores elogiando mi libro, para así promover su venta. Ya como segunda medida, pues la primera fracasó rotundamente, ella comenzó a acercarse al mostrador atiborrado de libros para cuando se acercaba un posible interesado, dialogar directamente con él sin remilgos ni melindres. Solo obtuvo como resultado rencillas y discusiones sin éxito. No vendí ni uno solo de mis libros durante la hora que estuve parado en el asfixiante tenderete. Concluida mi laborterapia de insularidad social y con la vanidad de autor hecha trizas, me largué sin más, justo en el minuto exacto que se cumplió la hora de permanencia allí comprometida, y cuando, sin necesidad de tocarla ni mirarla, percibí una oleada de deseo por parte de mi esposa de querer irse con urgencia. Quizás se me había revelado esto al ver cómo movía las piernas con inusitada agilidad. Nunca me permití compartir ese recuerdo lacerante con nadie antes de sentarme a escribir este cuento. Lo congelé en el depósito privado de ocasiones dignas de maldiciones diarreicas, permitiéndome de esa manera manejarlo, consciente de que una vez que lo ubicara en el escalafón de experiencias personales absurdas, con el pasar del tiempo y mi destino encaminado hacia otros rumbos, soslayaría su compleja verdad, en términos empresariales: La de haber confirmado ser un don nadie.

Luego esa misma noche, hubo un coctel, seguido por un buffet, en casa de la exitosa galerista y coleccionista Dora Valdés-Fauli. Dora fue la primera esposa y madre de los hijos del abogado, alcalde de Coral Gables y querido primo, Raúl Jacinto Valdés-Fauli. El incontable número de invitados enseguida ocupó el comedor y por lo tanto, mi esposa y yo, de pronto, nos encontramos sentados con el plato sobre las piernas y al lado de un señor de pelo blanco, bien parecido, vestido con saco y bufanda de seda, algo desacostumbrado en el sur de la Florida por razones climatológicas. A los pocos hombres que se le ve bufanda, no sorprende vérsele un acompañamiento de gravedad y pompa, características útiles para, por ejemplo, darle gravitas a opiniones, o ayudarlos a esconder que son una flor loca despetalada, además de, por supuesto, disimular la papada. En este caso no era nada más que una usual prenda de vestir. Al presentármele, se identificó por el nombre de Eduardo Manet, y me preguntó si yo era el autor de *P'allá y P'acá*, obra que había leído y disfrutado. Sintiéndome por fin reconocido y... ¿por qué no decirlo?... halagado, al contestarle afirmativamente, acto seguido preguntó que si ese era el caso, entonces mi madre debería de ser Corina Arango Mestre, a quien conocía desde joven, cuando fueron vecinos en el reparto Vista Alegre de Santiago de Cuba.

Julio 11, 2003

P'allá y P'acá es el relato verídico de un viaje a mi patria natal, acompañado de mi esposa, también cubana, al volver por primera vez, en julio de 2003, después de haber salido al exilio en el año 1960. El itinerario comenzó cuando el avión aterrizó en Santiago de Cuba. De ahí iniciaría un paseo por la antigua Carretera Central, desde la provincia que antes del triunfo de la revolución se llamó Oriente, hasta La Habana. La primera parada fue en la casa de mis abuelos, que estaba en la calle 9, esquina a la calle 8, a una cuadra de la Avenida Manduley. Al día siguiente continuamos para visitar la finca familiar, en las estribaciones de la Sierra Maestra. La casa de la familia de Manet estaba en la Avenida Manduley, frente por frente al Parque de Vista Alegre, cuya residencia luego se convirtió en el Tennis Club.

Noviembre 20, 2005

Durante la cena Eduardo Manet nos contó que su visita a Miami era de negocios, para lograr lo que probó ser una labor irrealizable, o sea, concertar un acuerdo con una editorial que tradujese y publicase sus obras al español. Desde que Eduardo Manet se marchó de Cuba a Francia, en el año 1968, se había dedicado a escribir de obsesiones cubanas y sueños que tuvo durante su infancia santiaguera, ganándose varios premios por sus obras, todas escritas y publicadas en francés. Después de la cena, y ya en camino por carretera a mi casa en Palm Beach, llamé por teléfono a mi sentimentaloide madre en Miami, sabiendo que se encantaría de oír las novedades: «Por supuesto que me acuerdo muy bien de él y de su madre Chepita, quien era amiga de mamá, la que fue tu abuela, Corina Mestre y Badel», contó mi madre. «Una señora de origen español, muy fina y elegante, de familia pudiente. Recuerdo que Eduardo Manet usaba bombachos, mientras que otros todavía seguían usando pantalones cortos. Era muy buen mozo. Paraba el tráfico».

Francamente yo no conocía el arte de Manet, y lo único que recordaba era haber leído su nombre como parte de un grupo de estrellas culturales cubanas que se conocían entre sí, Tomás (*Titón*) Gutiérrez Alea y Néstor Almendros Cuyás, ambos cineastas, y el famoso escritor y crítico Guillermo Cabrera Infante, entre otros. Después me quedé deseoso de leer alguna obra suya que hubiese sido traducida del francés al español o al inglés, pero no encontré nada más que un libro en inglés que analizaba sus novelas y obras teatrales, escrito en el año 2000 por la Doctora Phyllis Zatlin: *The Novels and Plays of Eduardo Manet. An Adventure in Multiculturalism*. No demoré en leérmelo.

Eduardo Manet, reporta la Dra. Zatlin, dice haber nacido en Santiago de Cuba, el 19 de junio de 1930, añadiendo que su verdadero apellido paterno era en francés Gonzalès-Manet, en español González-Manet, y que en octubre del año 1996, durante una entrevista con Jason Weiss, admitió haberse cambiado el nombre a Eduardo G. Manet para evitar ser confundido con su padre. Años más tarde, al exiliarse a Francia, dejó de usar el apellido francés Gonzalès, el González hispánico y hasta la inicial G. del todo y para siempre. De ahí en adelante se llamó Eduardo Manet en seco. Su padre, equivocado, registró su fecha de nacimiento el 19 de marzo de 1927 y su madre andaluza, Josefina, quien comenzó siendo la querida de su padre, era de apellido sefardita Lozano-Llul, aunque decía ser gitana o mora. No sé si en algún momento la pareja se vio motivada a confiarle a un tercero la misión de bendecir un amor que nació tan libremente, tolerándole que lo consagrase con frases en latín, o si consideraron esto innecesario en vista de lo que ya eran lazos perdurables.

Eduardo Manet, según nos informa la Dra. Zatlin, cursó sus estudios universitarios en la Universidad de La Habana, continuándolos en la Universidad de Perugia, luego de irse de Cuba en el año 1951. En Francia quiso dedicarse al teatro pero como su acento no lo ayudaba, se convirtió en un mimo, valiéndose exclusivamente de gestos y movimientos corporales para actuar ante el público. Por fin, al caer el gobierno de Batista y triunfar la revolución de Fidel Castro, volvió a Cuba en el año 1960, para casi enseguida ser nombrado Director General del Conjunto Dramático Nacional de La Habana. En el año 1964 se convirtió en director y guionista del Instituto Cubano del Arte e Industria Cinematográfica (ICAIC), así como también en coeditor, con Alfredo Guevara, del magazine oficial de ICAIC: *Cine Cubano*. Eduardo Manet, en lo relativo a escribir y trabajar, es todo lo opuesto a la indolencia. Escribió el guion de varias películas, obras de teatro y novelas. Demasiadas para enumerar aquí, pero un libreto teatral que sí amerita mención es el llamado *Las monjas*, escrito en La Habana, en 1967, y luego traducido por él al francés bajo el título de *Les Nonnes*. Este fue el resultado de una idea que se le ocurrió cuando, a raíz del triunfo de la revolución, se encontraron armas y explosivos en un convento de monjas. La singularidad de esta obra es la concepción del autor de situar en el escenario a actores hombres hablando con sus voces normales, fumando tabacos, pero vestidos con los hábitos de monja. A pesar de no estar claro que la intención del autor fuese atacar a la religión católica o alguna de sus órdenes religiosas, puesto que desde el primer momento que una obra de arte pasa de las manos del artista a las del público es este quien asume todo el control interpretativo, aun sin siquiera haberse llevado a las tablas en Cuba, la obra fue recibida como si fuese un texto metafórico en defensa del régimen castrista, como un ataque contra las monjas católicas y como censura a la homosexualidad.

Las protagonistas de Manet no son caricaturas de la benignidad sino monjas hipócritas, explotadoras, siniestras y asesinas, capaces de ejercer la violencia. Tampoco representan lo que son, hombres disfrazados de monjas, es decir, no representan verdaderas monjas. La concepción de los personajes no se basó en que los hombres imitasen mujeres, sino actores que cruzan géneros, que usan voces y gestos masculinos de manera natural, con lenguaje fuerte y acciones agresivas, todo lo cual contrasta no solo con el género femenino sino también con el hábito religioso. Así, mediante la aplicación del esperpento, se apela al humor y se logra plasmar la incongruencia visual de «El hábito no hace al monje», o en este caso a la monja. La Dra. Zatlin ha comentado que Manet le confesó durante una entrevista en persona que era un admirador del dramaturgo español Ramón M. del Valle-Inclán (1866-1936), quien satirizó amargamente la sociedad española de su época usando la técnica del esperpento. El esperpento, de acuerdo con el Diccionario de la Real Academia Española, es «Persona, cosa o situación grotescas o estrafalarias. Concepción literaria creada por Ramón del Valle-Inclán, en la que se deforma la realidad acentuando sus rasgos grotescos». El famoso director *avant-garde* Roger Blin insistió en dirigir la obra teatral *Les Nonnes*, en Montparnasse, París, adonde recibió el prestigioso premio Lugné-Poë. El interés por el famoso director le proporcionó validez y correspondiente oportunidad para que Manet pudiese ir a Francia lo cual, irónicamente, le permitió marcharse para siempre de Cuba. A pesar de que Manet asegura que *Les Nonnes*, traducida a veintiún idiomas, no tenía trasfondo político, y menos intenciones prorevolucionarias, puede interpretarse, sin embargo, como una sátira revolucionaria que hizo gracia al régimen de Fidel Castro, lo cual le valió al autor para poder recibir el permiso de presentarla en París en el año 1968. De allá no volvió, y se hizo ciudadano francés en el año 1979.

Mayo 2013

Preparando un viaje a París, en mayo del año 2013, le pregunté a un amigo, el conocido artista cubano, Carlos Estévez, si por casualidad él podía darme la información necesaria para contactar a Eduardo Manet, pues deseaba, de ser posible, invitarlo a cenar. A Carlos las artes plásticas le habían proporcionado una oportunidad similar a la de Manet, cuando por meritorio reconocimiento internacional fue invitado a exhibir su arte en París, logrando así marcharse de Cuba para quedarse de una vez por todas a vivir en Francia con su esposa Amarylis y su hijo. Carlos dijo que lo había conocido una noche en Chateau de la Napoule, un castillo ubicado en el pueblo de Mandelieu-la-Napoule, al coincidir los dos en una exhibición de arte caribeño. Esa misma noche también conoció a Zoé Valdés. Me dio sin demora el teléfono, y con tan buena suerte que el propio Manet fue quien contestó a la llamada, en su apartamento parisino, pero con la mala suerte de recibir la información de él, con su acento cubano cargado de resonancias francófilas, que lamentablemente iba a estar ausente de París los días de mi permanencia. Se había comprometido a presentar uno de sus libros que justo en aquellos días acababa de ser impreso y estaba por ser lanzado por una editorial de Barcelona. Quedamos en que quizás resultase posible en un próximo viaje mío a París, dada su muy específica declaración de interés en tener un futuro encuentro social.

Noviembre 19, 2015

La próxima conversación con Carlos Estévez que versó sobre Eduardo Manet ocurrió en noviembre de 2015, cuando me avisó que había sabido de una visita de Eduardo Manet a La Habana. Desafortunadamente no incluía ninguna mención de planes de visitar Miami pero, siempre curioso de su arte, se me ocurrió la posibilidad de que quizás alguna de sus obras hubiese sido publicada con traducción al inglés o al español. Descubrí que su novela francesa *Le fifre* había sido traducida tanto al español como al inglés. Me decidí por la versión en español titulada *La amante del pintor*.

La novela histórica trata de Eva Gonzalès, una joven francesa veinteañera, de familia burguesa parisina, quien fascinada con el arte, decide convencer tanto a su papá Emmanuel Gonzalès como a su mamá Marie Céline Ragut, de que para realizarse como pintora debe obtener un aprendizaje con el prestigioso pintor Édouard Manet. La joven, deseosa de perfeccionar su talento recibiendo clases en su estudio, logra su propósito y comienza a acudir al atelier de Manet, acompañada de su hermana menor Jeanne Gonzalès. A Jeanne, pintora también, y modelo preferida de su hermana Eva, le tocaba desempeñar la hoy en día arcaica función de chaperona. Jeanne era una escritora constante de su diario íntimo, en el cual detallaba toda su vida. Lo había comenzado con la primera anotación o entrada acerca de una cena en el hogar de los Gonzalès, en honor de Édouard Manet, justo la ocasión en que Manet acepta a Eva de alumna. Las dos hermanitas habían sido respaldadas por la tía Dolores, cuyo nombre de pila era Consuelo María de los Dolores. La tía Dolores, después de quedar huérfana había sido criada como hermana de Emmanuel, aunque las malas lenguas le atribuían ser la hija bastarda del Dr. Gonzalès, abuelo de Eva y Jeanne. La tía Dolores se había casado y enviudado muy joven, heredando la fortuna de su difunto esposo madrileño.

Una vez que las dos hermanitas comenzaron a visitar con regularidad el taller de Manet, el artista comenzó a usar a la hermana menor de mensajera, dándole recados para llevar a otras personas y obligándola así a ausentarse del taller, quedándose profesor y alumna solos durante horas. No tardó Jeanne en notar las mejillas de su hermana encendidas por su fuego interior, y su generoso pecho revelando ansiedades. Con el pasar del tiempo, Eva los dejó solos con cada vez más frecuencia y tiempo, hasta que Eva comenzó a demostrarle en privado a Jeanne las primeras manifestaciones de estar encinta. Acto seguido, Eva insistió en irse de viaje por unos días a Madrid con la excusa de irse a visitar a su tía Dolores y allí se quedó varios meses, lo cual se calculó como suficiente tiempo para permitir conjeturas aritméticas de haber viajado a Madrid a dar a luz al hijo ilegítimo de Édouard Manet. Cuando volvió de Madrid, Eva reanudó por un tiempo las clases con el pintor hasta que Manet murió y al poco tiempo ella falleció repentinamente también, siendo enterrada el 9 de mayo de 1883.

El relato del libro continúa cuando el 19 de junio del año 1903 un guapo madrileño y conocido periodista, graduado de la facultad de derecho civil y diplomático de la Universidad de Madrid, quien hablaba muy bien el francés, se aparece de visita en la casa de Jeanne, en París, identificándose como el hijo adoptivo de la ya difunta tía Dolores. Eva había muerto veinte años antes y el abogado, a su vez, acababa de cumplir treinta y uno. Antes de irse de París, y después de larga conversación, Jeanne le entregó una larga carta acompañando a su diario, que para ese entonces ya sumaba siete cuadernos. En la carta Jeanne le pedía que no juzgase con demasiada severidad la conducta de su hermana Eva, quien, en ese momento de la novela, ya había revelado ser la madre del abogado visitante.

Una vez que terminé de leer la novela, le escribí a mi compañero comensal del año 2005, en Coral Gables, para felicitarlo por su obra, una bella crónica de amor que de ser también su propia historia personal divulga sin ambages una relación tanto clandestina como artística. No tardé en recibir una respuesta de París, deseándome en su correspondencia, tanto a mí como a mi esposa, salud y bienestar, al mismo tiempo que me preguntaba dónde estaba, pues me suponía de paso por Europa. Por último me contestaba una pregunta que nunca le hice, por pecar de educado, la cual, por supuesto, hubiese deseado hacerle tiempo antes. Manet mencionó voluntariamente que durante muchos años se había propuesto estudiar a la pareja que formaron Édouard Manet y Eva Gonzalès, después de lo cual concluyó que, efectivamente, la historia en la novela era verídica: Eva Gonzalès, la amante del pintor, Édouard Manet había sido su abuela.

Diciembre 2015. Unos días después...

Pasaron unos días, y la memoria y los recuerdos me tenían inquieto, sin saber exactamente qué es lo que continuaba pugnando en mi subconsciente por tratar de aflorar en la superficie de mis recuerdos. Durante el viaje de 2013 a París, aquel en el que había llamado por teléfono a Manet, mi esposa y yo nos entregamos a turistear con avidez. En un momento dado visitamos una librería, oriunda de una fundada en la Venecia de 1520, la Librairie Galignani. La empresa adquirió fama por primera vez al publicar una obra de Tolomeo, en 1597, titulada *Geografía*, la cual fue una de las publicaciones mejor vendidas en los siglos XVI y XVII. La ubicación precisa de la versión parisina de la misma librería está en 224 rue de Rivoli, 75001 Paris, con la entrada protegida por un techo de galería o arcada que da frente por frente al Jardín des Tuileries, desde donde continúa siendo operada por descendientes directos de la familia veneciana fundadora del establecimiento. Los anaqueles dentro de la atareada librería forran las paredes con una exquisita madera dura que data de los años antes de la Segunda Guerra Mundial y de su correspondiente ocupación alemana. Por cierto, la librería Galignani está justo al lado del Hotel Le Meurice, en 228 rue de Rivoli. Este último había servido de cuartel al General Dietrich von Choltitz y tenía el número de teléfono al que llamaba incesantemente Adolf Hitler desde su búnker sin ventanas y a prueba de bombas, en Rastenburg, para preguntar con ahínco, durante los días antes de la caída de Paris: «Brennt Paris?», lo cual en alemán quiere decir: «¿Se está quemando ya París?». En el Hotel Meurice también fue donde el General von Choltitz, al rendirse en nombre del gobierno de Alemania, le entregó su pistola y la ciudad de París al soldado que se identificó por el nombre de Teniente Henri Karcher, del ejército del General de Gaulle. Durante la visita al establecimiento no pude evitar leer un anuncio que estaba afuera, antes de entrar al comercio, en el cual se promocionaba con orgullo que aquella librería era la más antigua del continente europeo con libros en inglés.

Antes de llegar a los libros en inglés que se encuentran en la parte de atrás del establecimiento, encontré cerca de la puerta que da a la calle dos libros en francés que me interesaron, pero no me detuve a leerlos ni a preguntar nada. Apurado, me limité a sacarles fotos con mi teléfono, pensando que de todas maneras haría lo posible por volver a la librería con más tiempo. Uno de los libros era de una fotógrafa, Agathe Gaillard, *Memoires d´ une galerie*. El interés por tomarle foto al libro de A. Gaillard radicaba en que íbamos apurados en camino a una exhibición de sus fotos en la Galería Agnes B. Siége Social, la Rue Dieu-Porte Saint Martin-Paris, Île-de-France, acompañados por los fotógrafos parisinos Jean Claude Figenwald y Cynthia Hampton. El otro libro era un *catalogue raisonne* de una pintora que no conocía.

Por el apuro que llevábamos me limité solamente a tomarle una foto a las portadas de ambos libros para luego comprarlos y leerlos en un futuro próximo, pues me había quedado con las ganas de tener un recuerdo de la exhibición de Agathe Gaillard, y también de poder ver con tranquilidad y disfrutar mirando las imágenes de las obras de la artista. Nunca más me acordé de los libros, ni mucho menos de las fotos hasta después de haber concluido mi correspondencia con Eduardo Manet. Pero a causa de las antes mencionadas inquietudes, al estilo de espina irritativa, y a las que en este caso no les encontraba explicación plausible, me puse a buscar en el teléfono mi colección de fotos viejas olvidadas. El libro que había fotografiado era un *catalogue raisonne* de Eva Gonzalès, su abuela, y el título epónimo del libro era *Eva Gonzalès*. Los autores, Marie Caroline Sainsaulieu y Jacques de Mons. Las vacaciones parisinas no duraron suficiente tiempo como para permitir una segunda visita a la librería y las fotos quedaron olvidadas.

El Gordo Moore

Al iniciar esta historia es importante afirmar que no es una novela, ni una fabulación sino una narración basada en hechos verídicos. Hacemos esta aclaración por respeto a un ser querido: Eduardo Moore, quien vivió rodeado de un gran número de amigos, muchos de los cuales al verse y saludarse continúan hablando de él con el cariño de quienes lo siguen queriendo y extrañando.

Los acontecimientos aquí relatados son un grupo de eventos históricos, agrupados cronológicamente, que han sido observados y luego reflejados de la manera más fiel posible a la verdad. En caso de percibirse alteraciones en la historia de alguno que otro personaje, es importante atribuírselo a la percepción y no a la imaginación del escritor.

A lo largo de las más de tres décadas transcurridas desde entonces, ha sido sorprendente la nitidez de los cuantiosos detalles, brotados de mi memoria, que perduran impolutos, sin diluirse. Cada vez han estado más cercanos, a medida que anotaba mis recuerdos. Nada esencial se ha olvidado, lo cual ha permitido la reconstrucción de un recuerdo vívido que suplica ser rescatado y compartido, y de esta forma honrar recordando. Sin más... transportémonos al mes de julio del año 1982, a un momento en que el equipo Almendares se esforzaba por salir de un aprieto, tratando de hacer un buen papel en la cancha de polo. El *locus in quo* era un torneo veraniego del Club Myopia, en las afueras de Boston. El Club Myopia está organizado y funciona desde el año 1882 en el pueblo de Hamilton, en Massachusetts, donde, desde que fue establecido, ha disfrutado de una tradición histórica tanto atlética como de esnobismo equino-social. Esnobismo viene de la palabra esnob, persona que imita con afectación las maneras, opiniones, etc., de aquellos a quienes considera distinguidos, o sea que se le considera presuntuosa, que a su vez viene de *asinenobilitatis* que quiere decir «sin nobleza». Los que saben navegar en la dinámica del esnobismo, sobre todo en su peculiar aplicación al mundo del polo, hacen notar su valor blandiendo su arma con disimulo para crear un ambiente de exclusivismo que permita al agresor beneficiarse de aquellos que reaccionan a la defensiva, dejándose inducir el arribismo. En otras palabras, al igual que en el resto del mundo, los primeros en llegar se sienten superiores a los que llegan más tarde. Un ejemplo es el antisemitismo con que se vejó a los judíos asquenazí por los sefarditas, quienes habían emigrado a los Estados Unidos primero, se habían establecido y, por tanto, se consideraban superiores desde un punto de vista social y económico. En el polo hay quienes se comportan de manera similar, aprovechándose de una situación comparable: los individuos con veteranía en el deporte actúan con distancia en relación con los últimos en llegar. Si estos están en pleno y completo control de su autoestima, no tienen problema al caer en la cuenta de lo que está ocurriendo. Se limitan a ignorar la tensión artificial, hasta que alguno de los dos bandos se rinde y se amigan, o no. Si resulta ser que el recién llegado es una persona insegura, la reacción del que ha sido recibido como un alienígena será la de prestarse a complacer y de tratar de ser aceptado. Si es una persona acaudalada, un novato rico, entonces se crea la situación perfecta para el que se trata de aprovechar del recién llegado. El que vislumbra un problema que necesita resolver, hace lo que en su opinión y experiencia le parece lo más lógico: echarle dinero. El veterano que ve la oportunidad de dictar condiciones de admisión, lógicamente domina las condiciones de precios y de esa manera se beneficia económicamente del recién llegado, quien cada vez es más generoso en su afán por ser aceptado.

El Club Myopia tiene un elemento adicional de complicación: un segundo nivel de esnobismo equino social que consiste en el uso principal que los brahmines bostonianos hacen de la propiedad, dedicándose a la antigua y muy británica tradición, a la vez que monárquica, de la caza del zorro usando perros y los cazadores montados a caballo. La insignia del club es un cuerno de cazadores, o trompeta cónica enrollada en un círculo que lleva el jinete en el hombro. Su uso práctico es llamar a los perros. La Casa Club tiene un edificio separado para encerrar a los perros que ubican y persiguen a los zorros. A pesar de que el Club mantiene varias canchas de polo, las cuales, por cierto son tan antiguas como el Club, los socios no son admitidos por polistas, ya que el polo no goza de la misma importancia social que la caza del zorro. El polo es un añadido a las opciones que ofrece el antiguo Club. Consciente de que las invitaciones para jugar en torneos en Myopia incluyen la pedestre, pero real esperanza de que pierda el invitado ante los fanáticos locales, los jugadores del Almendares queríamos probar ser la excepción. Aun sabiendo de las estrategias maquiavélicas que ocurrían para influir en el resultado por aquellos pagos, habíamos caído víctimas de un arranque de debilidad atlético-burguesa tratando de ganar en las canchas brahmines de Boston. En realidad lo indicado hubiese sido no haber ido a Myopia sino en lugar de ello soltar los caballos después de terminar la campaña de torneos neoyorkinos, para poder de esa manera darles un merecido descanso. Ya los atletas equinos habían jugado una larga temporada invernal de Palm Beach y casi de inmediato, sin descanso, irían a jugar primero a New York, y luego a Boston. Para complicar aún más la situación, una combinación de días consecutivamente lluviosos obligó a que se sometiese a la caballada a una desafortunada combinación de jugar con yeguas que poseían pequeños rasguños, achaques, pequeñas inflamaciones de los tendones, molestias y hasta dolores de batalla por culpa de habérseles empleado en partidos seguidos, sin dejarles ni siquiera el requisito mínimo de un día de por medio de descanso. El equipo, pues, entraba a los partidos en Boston con un número cada vez menos adecuado de animales y obtenía los resultados predecibles en la cancha. El Almendares no paraba de perder.

Desde que había sido organizado el equipo de polo, todos los caballos seleccionados para el Almendares habían sido estadounidenses. La mayoría había sido comprada a entrenadores de Texas; algunos a entrenadores que con espíritu empresarial los importaban de Australia, Nueva Zelandia y de Argentina para venderlos en los Estados Unidos. Nunca para nuestro equipo se habían comprado yeguas de Argentina. Allí, en Boston, alguien recomendó a un tal Eduardo, *Eddy*, o *Gordo* Moore. La idea de obtener una invitación para visitar Nueva Escocia y el nombre de la estancia del tal Moore, surgió de Raúl Roldán, un amigo común argentino, quien afortunadamente lo ofreció como sugerencia al ver que estaba pasando las de Caín con los caballos. Era la primera vez que oía el nombre de Nueva Escocia, a diferencia del de Eduardo Moore, quien, por supuesto, era conocido por todo el mundo que se había montado a caballo con un taco en la mano. Raúl insinuó que si yo visitaba la estancia de Moore en Argentina encontraría algún que otro caballo que anduviera mejor. Resultó ser algo así como preguntarle a un chofer de un auto de poca potencia, llantas lisas y frenos cada vez menos confiables, que si se animaba a probar a sentirse cómodo detrás del timón de un Ferrari cero millas.

Lo que hace que el polo sea un deporte incomparable a ningún otro en el mundo es que se juega montado a caballo, y como una vez me dijo el jugador profesional de polo argentino Jorge Fernández Ocampo, mejor conocido por Tolo Ocampo: es imposible jugarlo sin caballos. Un partido de polo estadounidense por lo regular consiste en seis *chukkas* de siete minutos y medios cada una, o sea, casi cuarenta y cinco minutos. En Argentina, país donde hay un gran número de jugadores de polo así como, por supuesto, también de caballos de polo, los torneos duran ocho *chukkas*. En otros lugares como Gran Bretaña e Italia es común que haya torneos de cuatro y hasta de cinco *chukkas*. En todos esos países, al igual que en el resto del mundo donde se juega el polo, hay una constante, algo que no varía, y es que resulta difícil ganar un partido si no se usa por lo menos un caballo diferente en cada *chukka*. Los polistas profesionales de todo el mundo a veces usan hasta dos y tres caballos diferentes por *chukka*. La razón es que los pingos, petisos o hasta burros, que es como los argentinos les llaman en familia a los atletas equinos, se cansan durante la *chukka* porque están todo el tiempo corriendo, parando, frenando, acelerando, desacelerando, dando vueltas, chocando unos contra otros, cambiando de dirección para de nuevo volver a parar y acto seguido correr en otra dirección.

El jugador que sabe administrarse inteligentemente y logra estar montado siempre en un caballo fresco, adquiere, durante ese período de tiempo en particular, una ventaja grande sobre cualquier contrincante que esté montado en uno cansado, porque lo que sucede cuando un caballo se cansa es que deja de obedecer las instrucciones que el jinete le transmite a través de las riendas hacia el freno que lleva en la boca. Debido al cansancio, el caballo para de responder al bocado y sigue corriendo, al demorarse en obedecer. En casos extremos, no llega nunca a ceder dócilmente a la dirección que le da su jinete, no para ni da vueltas. Las consecuencias no son solamente que el jugador llegue más tarde a la bocha por culpa del cansancio equino, sino que se vuelve peligroso tanto para este como para el caballo. Se presta a que ocurran encontronazos, topetazos, choques y accidentes entre jinetes.

Para llevar a cabo un partido de polo estadounidense, el cálculo matemático que establece el mínimo requisito equino recomendable por partido asciende a cincuenta y dos caballos. La aritmética no es complicada. Los partidos consisten en dos equipos de cuatro jugadores en cada equipo (2 x 4 = 8). Cada jugador con seis caballos (8 x 6 = 48). Un caballo por *chukka*. Si a los cuarenta y ocho caballos para los jugadores se les añadiesen los otros cuatro caballos más que se requieren para los dos árbitros, armados de silbatos y vestidos con camiseta de rayas, como las de una cebra, el total asciende a cincuenta y dos caballos (48 + 4 = 52). Cada uno de los árbitros usa por lo menos dos caballos por partido, ya que aunque se mueven con menos velocidad, cambian de dirección con menos intensidad y nunca chocan a propósito contra los jugadores, tienen que en todo momento mantener el mismo paso del partido así como proximidad a la bocha y a los jugadores. Tienen que estar siempre cerca de la jugada para mantener control. La cancha de polo mide 274.3 metros o 300 yardas de largo por 146.3 metros, o 160 yardas de ancho. Los caballos de los árbitros también se cansan y por lo tanto para proteger al árbitro, sus caballos y a los ocho jugadores, es necesario cambiarles los caballos a la mitad del partido.

Aunque es común referirse a los atletas equinos por el término caballos, para evitar confusión, es conveniente aclarar aquí que los polistas prefieren jugar al polo montados en yeguas. La razón tiene la explicación en la creencia popular de que al ser arreglado (léase, castrado) un caballo garañón, entero, semental, padre o padrillo, el animal pierde un cierto, como dicen los franceses, *je ne sais quoi*. Un no-sé-qué-cosa. A las yeguas no es necesario trastearles sus órganos reproductivos y, por lo tanto, quedan intactas, sin ninguna privación. Hay otra explicación más clara al respecto y es que trabajar diariamente con un caballo semental es peligroso a la vez que despreciable. Trabajar con garañones caotiza el eros pues la urgencia del deseo por montársele a las yeguas cuando están cerca los inspira a imponerse a quitar del camino a caballerangos, caballerizeros o petiseros (todos términos correctos para referirse a cuidadores de caballos, la variante depende del país) quienes tienen la responsabilidad de actuar como oponentes recalcitrantes. Sus expectativas de continuar empleados dependen del resultado de sus esfuerzos infatigables por evitar que les preñen a sus yeguas. Su trabajo descansa en garantizar que las yeguas *poleras* practiquen una fervorosa virginidad hasta que envejezcan y pasen sus mejores años como jugadoras. Una llamada ígnea de animal que busca aparearse no es un intercambio de miraditas sutiles, sino el cortocircuito atlético de un proto macho alfa hinchado de apetitos sexuales pantagruélicos, enfrentándose a cualquier fuerza de oposición para llevar a cabo sin esperar un momento más sus deseos de impregnar... para reproducir. Es un acto de posesión violento que a veces implica magulladuras, mordidas, patadas y hasta huesos rotos. Trabajar con caballos sementales es comparable a vivir con una especie de impregnador errante, violador en serie, dominador de fornicio, un Don Juan equino polígamo con intenciones de satisfacer a toda costa su fogosidad incontrolable. Las provocaciones erótico maníacas de cubrir las yeguas para el acto

184

de la reproducción se vuelven desembozadas algarabías, llenas de implicaciones desagradables y peligrosas que pueden conducir a graves responsabilidades fiscales. En fin, es toda una magnífica y exquisita constante molestia que distrae y quita tiempo. Al igual que en los humanos, menos macho es mejor macho. Pero los equinólogos no hablan de eso. Al pandero que presume de sabihondo, le viste de más erudición equina aludir con aire de elocuente convicción a la pérdida del yo no sé qué, o sea elige apuntarse en la lista de los que creen en la razón supersticiosa. Las yeguas, por su parte, permiten el aliciente de que si salen buenas se pueden impregnar con el propósito de ponerlas a tener cría. Con los caballos castrados, por supuesto, no hay tal opción.

En Argentina, país reconocido por su industria agropecuaria, se ha desarrollado un comercio embriológico en el cual los veterinarios tratan de reproducir, en crías de yeguas poleras Pura Sangre, las mismas cualidades extraordinarias de las madres. Tiene la ventaja de que el costo de mantenimiento, doma y entrenamiento de grandes crías de yeguas es más económico en sus pampas tercermundistas que en los países industrializados de Europa o los Estados Unidos. Una vez que las mejores yeguas jugadoras mundiales llegan al final de sus carreras, ya bien sea porque se han lesionado o envejecido, son recolectadas y transportadas a la Argentina para sacarles el embrión. La esperanza es que, al igual que sus madres, también ellas hagan algún día un magnífico papel en las canchas de polo mundiales. En Argentina las cubren con padrillos selectos, a los cuales les sacan los embriones y se los implantan a yeguas criollas de menor calidad que son las paridoras. Los resultados son extraordinariamente buenos.

Para competir en un partido y tener alguna posibilidad de ganar, los buenos jugadores van a la cancha con no menos de una yegua por cada *chukka*: Seis *chukkas*, seis yeguas, y sin garañones; seis «muchachitas» atléticas recatadas, seis «monjitas» cuadrúpedas de clausura. Los precavidos llevan por lo menos dos más, o sea, un total de ocho animales y las dos extras también se usan. Lo que se acostumbra es a usar una de ellas al llegar para practicar un rato taqueando en la cancha donde se va a jugar ese día el partido. Esto le permite al jugador familiarizarse con la solidez de la base o suelo de la cancha, al mismo tiempo que relajar, estirar y calentar los músculos, tanto del jinete como de la yegua. La otra yegua se puede usar para el mismo propósito durante el entretiempo, antes de que comience la segunda mitad del partido; sin embargo, esto último sucede con poca frecuencia, ya que el descanso es corto y los jugadores optan por discutir la estrategia a seguir en los siguientes *chukkas*, así como dar instrucciones para decidir los caballos que se usarán, su orden y colocación durante el partido. Lo más usual es que ambas yeguas participen de la acción en calidad de espectadoras. Su ubicación ideal es en lugares estratégicos alrededor de la cancha, esperando por el jugador, ya que dado el caso de que este las necesite pueda dárseles uso como suplentes; se les identifica con el nombre de yeguas de espera. De esa manera, si se cansa una yegua durante un *chukka*, el jugador puede acudir a toda velocidad adonde está la yegua de espera ya ensillada. El reloj de tiempo del partido marcha sin interrupción alguna, no se detiene ni para cuando el jugador ejercita la opción de hacer cambio de yeguas. Por lo tanto, una vez al lado de la yegua suplente, el entrenador que la está aguantando la acerca lo más posible a la yegua que viene montada, para de esa manera permitir que, sin bajarse ni tocar el piso, el jugador brinque de montura a montura hacia la yegua fresca de espera, y perdiendo el mínimo de tiempo posible salga a toda velocidad en dirección hacia donde él haya estado calculando que ocurrirá la próxima jugada del partido. Otro uso que se hace de las dos yeguas extras es en caso de empate del partido, para poder jugar un séptimo y hasta quizás, si fuese necesario, un octavo *chukka* suplementario. A veces los hechos obedecen a un ineluctable azar y ocurren situaciones en que, terminado el partido, los equipos en la cancha siguen empatados al final del último *chukka* y se necesita seguir jugando *chukkas* suplementarios hasta que haya un desempate. Los buenos jugadores que están bien montados anticipan esa posibilidad y llegan a trasladar, a veces, hasta doce yeguas a la cancha.

Las temporadas de polo consisten en una serie de torneos consecutivos. Para no abusar del atletismo equino y mantener las yeguas en buen estado de salud, tanto físico como mental, es necesario rotar y reemplazar los caballos jugadores con frecuencia para evitar que se cansen, aburren o lesionen. La efectividad del jugador de polo depende de la calidad de su disponibilidad equina. Expertos observadores han determinado que el impacto equino, en la efectividad de un jugador, figura entre un setenta y cinco, y un noventa por ciento, dependiendo del experto que esté opinando. Es lógico entonces concluir que el secreto de jugar bien al polo está en prepararse para poder tener un número grande de buenos caballos que permita darle descanso a los que lo necesitan, sin degradar el nivel de calidad equina atlética que el polista lleva a la cancha. Es decir, lo ideal es no sacrificar la integración cualitativa de la caballada y continuar en el esfuerzo de conseguir la acumulación cuantitativa. El equipo con los mejores y mayor cantidad disponible de atletas equinos disfruta de una ventaja a la hora de ganar un partido en la cancha. Para el jugador de polo, entregado a la idea de sobresalir en el deporte, eso le representa la obligación de adquirir buenos atletas equinos y ocuparse de su mantenimiento y cuidados. Es toda una empresa repleta de responsabilidades y, por supuesto, que demanda una gran inversión económica.

El problema radica en la dificultad de encontrar caballos buenos para comprar. Se encuentran, pero a muy altos precios, pues el deporte del polo atrae personalidades de recursos económicos notables. Los individuos que compiten jugando polo siempre están viajando por todo el mundo —ellos o sus entrenadores de confianza—, con el propósito no solo de jugar en torneos, sino también de localizar y comprar los mejores caballos posibles. Los entrenadores de caballos que se dedican a la venta de sus atletas equinos, tratan de venderles sus mejores caballos a los jugadores que pagan los precios más altos. Es tanta la competencia para comprar los mejores caballos a buen precio, que es difícil encontrar un buen suministrador de caballos que tenga una variedad grande de alta calidad de donde seleccionar y, si los tiene, que no los cobre caros.

En los Estados Unidos el polo se juega durante todo el año. Los torneos que atraen la atención internacional, y que se consideran los más importantes, así como reñidos, se realizan en las canchas de los clubs establecidos en el estado de Florida. Las fechas se fijan para los meses de invierno, por ser la temporada más conveniente, ya que la combinación de días soleados con temperatura fresca les permite tanto a los jinetes como a los caballos jugar sin el factor debilitante de la calurosa humedad, lo cual no implica que no haya torneos importantes en el verano. Los hay, pero son torneos con un interés más bien nacional, y se trasladan a Santa Barbara, en California, así como a los estados septentrionales estadounidenses, donde los socios de la United States Polo Association han estado esperando que pase el invierno, se descongelen las canchas y la temperatura veraniega se preste mejor que la de Florida para jugar al polo. En localidades como New York, Massachusetts, Maryland y Virginia, durante el verano los caballos sufren menos desgaste: corren, paran, dan vuelta y vuelven a correr por más tiempo, sin necesidad del descanso que requerirían si se encontrasen jugando en partidos en el estado de Florida en temporadas de calor. Tanto el jugador como el atleta equino mantienen las energías sin fatigarse con rapidez, con la temperatura estival norteña. Para poder competir en los torneos veraniegos que organizan los clubs del noroeste estadounidense, es necesario ser invitado por el comité organizador. Otro requisito indispensable y hasta quizás más importante que la invitación, es tener patrocinio financiero. Hoy en día, a inicios del nuevo milenio, hay grandes facilidades para obtener patrocinio. El polo se ha comercializado mucho más de lo que lo estaba en el año 1982, cuando un patrocinador comercial era la excepción, en lugar de la regla. En aquel entonces, y todavía en gran parte de estos tiempos, los típicos equipos de polo son patrocinados por alguien que además de jugar en el equipo, es el dueño, conocido en el mundo del polo como patrón. El patrón, en el sistema feudal, era dueño de siervos, que no dejó de existir sino hasta el siglo decimonónico. Por cierto, siervos y ciervos tampoco son lo mismo a pesar de ser mamíferos los dos, esbeltos y en algunos casos ambos desplegar abundosa cornamenta. La diferencia básica es que el ciervo es cuadrúpedo, indomesticable y herbívoro. El siervo no obstante a que a veces se encuentre desangeladamente coronado de cuernos, es bípedo, más o menos domesticable y omnívoro. Los patrones con sus siervos y servidumbre existieron en casi todas las naciones del mundo. La primera nación en abolir el sistema feudal fue Francia, que lo logró durante la revolución de 1789. Argentina lo abolió en 1853 y una de las últimas naciones en hacerlo fue los Estados Unidos. Abraham Lincoln les dio la libertad a los esclavos en 1863, dos años después de que el zar Alejandro II había emancipado a los siervos rusos, el 3 de marzo de 1861.

Patrón es el nombre arcaico popular usado para los patrocinadores de equipos de polo profesionales. En el verano de 1982, sin haber logrado encontrar una empresa que se comprometiese a subvencionar la campaña de polo veraniego, se tuvieron que hacer ciertos ajustes económicos para realizarla y así los gastos del equipo Almendares no resultasen exagerados. Léase, no se adquirieron caballos frescos, sino que se continuó jugando con los mismos que habían sido empleados durante el invierno. Hubo que hacer arreglos también con los profesionales para presupuestar lo que sería de todas maneras una operación costosa.

La ciudad de Wellington está en el estado de Florida, lugar escogido por el mundo hípico para convertirse en la capital equina internacional durante los meses de invierno estadounidense. La temporada dura desde diciembre hasta finales de marzo, o mediados de abril. Los caballos requieren ser transportados desde Wellington hasta New York, luego a Boston para seguir después de allí a otros torneos en Washington y luego en Virginia. Para el transporte equino se usan tráilers, cada uno para doce caballos jalados por camiones de una tonelada. Los tráilers, a su vez, están equipados con pequeñas divisiones, puertas que giran sobre sus goznes, instaladas con el propósito de separar a los caballos para evitar que se lesionen dándose mordidas o patadas. Las divisiones también protegen a los animales en caso de frenazos o algún otro movimiento brusco del tráfico. Los tráilers tienen, como parte de su diseño, unos compartimientos que son como pequeñas habitaciones con espacio para cargar lo indispensable y así lograr un buen nivel de autosuficiencia al enfrentarse la caravana con un largo verano de viajes a diferentes ciudades. El inventario del cargamento en los tráilers incluye, aparte de doce caballos cada uno: un surtido de frenos, riendas, pecheras de cuero y de borrego, martingalas, estriberas de cuero de búfalo, estribos, sobrecinchas de cuero y de tela, cinchas, cubre cinchas de algodón suave, vendas de partido, protectores de tendones, cubre cascos de cuero y de plástico, vendas de descanso, cojincillos enguatados para descanso, cintas de colas, rasuradoras equinas, bozales, sogas, jacamoras, frazadas ligeras, frazadas enguatadas, herraduras normales y de lluvia, grasa para limpiar cueros y varios tipos de detergentes para todo lo demás, sacabocados, toallas para las personas y los caballos, tenazas para sacar herraduras, pinzas para sacar clavos, martillos, limas gruesas y finas, carpas, sillas y alfombras de partidos, cascos, guantes, lentes protectores, rodilleras, fustas, botas, espuelas, chaparreras, camisas de partidos de práctica y de torneo —cada una en tres colores diferentes—, pantalones blancos, botiquín de emergencia para personas y otro para caballos, antibióticos equinos, furazine en crema y en alcohol, kopertox, dimethylsulfoxide (DSMO), Ichthammol, alcohol de 99%, Pheny Butazone (Bute), Gentafuse para usar de anticólico, Poultice, electrolites, aceite mineral para evitar cólicos, vitamina B-12 equina, bidones de agua, sacos de grano y pacas de alfalfa de emergencia, bloques de sal, cubos para dar agua y comida, medidores de comida equina, rastrillos, palas, carretillas, insecticida, mangueras y todo lo necesario para llegar, acomodar, bañar, dar agua y comida, así como trasnochar en establos ajenos sin que los viajantes equinos corriesen el riesgo de sentirse desubicados o alterados de alguna manera que les pudiese afectar la digestión o su efectividad en la cancha. Por supuesto, también se cargaban para emergencias con los vehículos, gomas de repuesto, gatos, y todo tipo de herramientas para trabajar en el motor; los frenos y la transmisión, incluyendo piezas de repuesto; herramientas necesarias para sacar, cambiar y arreglar ponches; latas de aceite para motor; líquidos de trasmisión, hidráulico y freno; reflectores de emergencia; linternas; bombillos de luces exteriores, y un arma con municiones, ya cargada y lista para disparar. El arma era por precaución, para ser usada, claro está, no para emergencias con los vehículos sino con los caballos, como por ejemplo si se le rompiese una pata, estuviese padeciendo un cólico muy severo o alguna otra enfermedad equina que fuese incurable. Esos espacios, una vez que el vehículo llega a su destino, se descargan, se barren y después de dejarse limpios se transforman en pequeñas habitaciones, no muy diferentes de los camerinos teatrales, los cuales entonces pasan a ser usados los días de partidos por los jugadores para cambiarse de ropa, lejos de los ojos curiosos del público que acude a los eventos. Estos espacios tienen el nombre de montureros.

Para trasladar y acomodar al resto del equipo, se les alquilan autos a los atletas, se hacen reservaciones en cuartos de hoteles, se les asignan gastos de representación y, por supuesto, se genera la documentación apropiada para hacer sus contratos de empleo. La comitiva, o como le llaman los franceses, el *entourage,* que requiere un equipo de polo es grande y los gastos son muchos y variados. Para comenzar, hay que considerar el gasto del alquiler de los locales para los caballos. Una vez ya estabulados en la caballeriza, entonces hay gastos de grano, pasto, viruta, dentistas equinos, vitaminas, medicinas, herraduras y hasta navajas para las máquinas de tusar crines, orejas y rabos. Aquel verano, el plan del equipo era viajar a las diferentes ciudades para competir y, claro está, también ganar los torneos, y eso no era lo que estaba sucediendo. En New York no nos fue del todo mal ya que llegamos a las semifinales antes de ser eliminados, pero en Boston, que era nuestra segunda ciudad en el itinerario, ya se nos estaban acabando los atletas equinos sanos y sin achaques. La idea de Raúl Roldán de ir a Nueva Escocia era un fenómeno. Terminamos la gira veraniega con resultados bastante mediocres, pero decididos a conocer las opciones que el Gordo Moore y su hacienda nos proporcionaría para el futuro.

Nueva Escocia se encuentra en la provincia argentina de Buenos Aires, entre Carlos Casares y Pehuajó, al lado de un pueblo que se llama San Bernardo, pero nadie lo conoce por ese nombre ya que la estación de trenes fue bautizada con el único nombre por el que todo el mundo la conoce, que es Guanaco. Guanaco, por cierto, es universalmente reconocido sin piruetas verbales ni conceptuales, como un pueblo perdido en los remiendos del planeta, al lado del lugar más próximo al fin del mundo. Carlos Casares está a 173 millas de distancia de la capital de Buenos Aires, es decir, si fuera posible viajar en línea recta y no hubiera que pasar por Luján, Suipacha, Chivilcoy, Nueve de Julio y con un millón cuatrocientos treinta y nueve camiones destechados cargados de reses. Todas y cada una de ellas apuntaban sus respectivos tubos de escape de desperdicios alimenticios hacia afuera, en dirección a la carretera, y la única interferencia que encontraban dichos proyectiles eran las jaulas de hacienda. Esas jaulas no eran más que unas armazones de metal encima de los camiones, con unos listones de madera horizontales, cuyo diseño tenía como propósito mantener las reses encima del camión e impedir que se hicieran daño o se rasguñaran al chocar contra la armazón metálica. Entre madera y madera había suficiente espacio para permitir amplitud de margen para la libre e ininterrumpida propulsión escatológica. Las carreteras argentinas son mayormente de dos vías, con el nada sorprendente resultado que inmundicias fecales adornen los parabrisas de los automóviles que les toca seguir a los camiones cargados de ganado vacuno de cerca en su camino al matadero.

Sin dudar lo acertado de la decisión, organicé mi primer viaje a Buenos Aires en cuanto encontré la primera oportunidad que me permitiese una estadía de más o menos dos semanas, durante el mes de octubre de 1982. La idea era pasar doce días de la primavera austral argentina, inmerso en el mundo del polo, organizándolo de tal manera que pudiera evitar la mayor cantidad de días lunes posibles. Los lunes son tradicionalmente los días feriados para los empleados que trabajan con caballos de polo. ¿Por qué los lunes? Nadie sabe la verdadera razón, pero la explicación que los conocedores, de voz engolada, enarbolan con convicción es el hecho de que como los partidos más importantes de polo son los domingos, los caballos, cansados después del partido dominical, necesitan ser soltados para estirarse y revolcarse en potreros. En pocas palabras: para que les sea permitido volver a ser caballos. A esto se añade que los empleados que trabajan día y noche con esos caballos, tanto ejercitándolos de día como vigilándolos de noche, necesitan de un día en que los bancos, lavanderías y otros centros estén abiertos para poder realizar sus diligencias personales... y para todo esto, el lunes es ideal.

El viaje fue planeado para que el avión saliese de Miami el domingo, con la idea de que entre avión y carretera, el lunes por la tarde temprano yo llegara a Carlos Casares, descansara y luego estar listo para empezar fresco el martes con una visita a Nueva Escocia para echar a andar la aventura. Después de recibir por telex la confirmación de haber sido invitado, todo lo cual lo había organizado Raúl Roldan, la ilusión se apoderó de mí y me entusiasmé no solo por ver caballos sino también para conocer a uno de los jugadores de polo más famoso del mundo. Sin experiencia previa de cómo se compraban caballos en Argentina, lo más lógico era llevar dinero en efectivo. De esa manera, si visitaba alguna estancia o cancha de polo donde encontrara un caballo, podía pagar en dólares inmediatamente sin tener que estar tramitando pagos en lugares remotos con individuos, quienes, naturalmente, estarían tratando con un desconocido. Además, imaginaba que pagando en efectivo conseguiría mejores precios al poder descascarar los billetes en lugares aislados, facilitándose así llegar a un acuerdo con el dueño del animal. Una vez hecha la decisión de compra, no habría vilipendio alguno sobre la forma de pago ni el cambio a la moneda local. A la hora de empaquetar para el viaje, como parte del equipaje de mano incluido, iba un maletín de cuero con una selección reciente de la acostumbrada tonga de libros de la biblioteca hogareña, así como también un cartapacio con diez mil dólares en billetes de a cien.

El plan previamente acordado había sido transmitido por telex con lujo de detalles y mucha anticipación: el Gordo Moore mandaría a uno de sus asistentes desde Carlos Casares para facilitarme la llegada a la Estancia, desde el aeropuerto de Ezeiza, en Buenos Aires. El individuo seleccionado fue Alejandro *Nene* Zimmerman. El Gordo lo había apodado Nene porque tenía unos arranques de ira demasiado exagerados cuando por ejemplo alguien le hacía un *foul* durante un partido de polo. O también cuando sufría alguna contrariedad que lo ponía tan colérico que él mismo se imponía reclusión. Se auto enjaulaba a puerta cerrada en su pequeña habitación por cuestiones que cualquier persona menos poseída juzgaría que eran inanes, que no justificaban enojo y mucho menos enclaustramiento. De habérseme pedido la opinión yo hubiese sugerido apodarlo Vinagrito, pero el Gordo decidió que *Nene* funcionaría usando el nombrete por razones pedagógicas. Para incitarlo a madurar y acelerar el proceso. Con el tiempo funcionó el método del Gordo, y el Nene cambió de actitud de una manera muy positiva. Tan marcada fue la transformación, que llegó el momento en que fue ascendido a secretario del Gordo Moore. Desafortunadamente para Alejandro el apodo se quedó para siempre y con el pasar de los años se acuerdan de su *provenance* cada vez menos individuos. A medida que Alejandro envejezca, cada vez más el nombrete le va a pegar menos. La explicación transmitida por telex desde Carlos Casares es que sería fácil identificar al emisario de Nueva Escocia en el aeropuerto porque llevaría un taco de polo en la mano. La cabeza del taco estaría pintada de blanco. Así me fue aclarado para no dejar duda. Al llegar a la sala de espera allí estaba el polista mandado por Nueva Escocia cumpliendo fielmente con su obligación, taco alzado, con la cabeza pintada de blanco, y una sonrisa de oreja a oreja. Era un día en que aquella idea resultó ser una payasada porque esa misma idea exacta se le ocurrió a por lo menos dos docenas más de jugadores de polo, todos con sus tacos en la mano, aires triunfalistas, haciéndose ver y sobresalir en la muchedumbre para de esa singular manera lograr llamar la atención de pasajeros que venían a jugar al polo de todos los continentes del globo terráqueo. Como de costumbre, el aeropuerto estaba abarrotado de gente. Era primavera en Argentina y faltaban ya muy pocas semanas antes de que comenzara el torneo de polo más importante de todo el mundo: El Abierto de Palermo. Ezeiza estaba abarrotado de polistas que habían viajado de todas partes a ver los partidos.

Rodeado de equipaje, después de haber pasado por inmigración y aduana, no hubo otra alternativa que apelar a la insustituible paciencia, para que con el pasar del tiempo se fuera un poco de gente y ver, si una vez que disminuyera la multitud, alguien se acercaba a iniciar el socorrido e inevitable diálogo de: «¿Vos sos Mario? Sí, ven acá...». «¿Y tú por casualidad serás el que mandó el Gordo?». «Sí». Aburrido de esperar y sufriendo un poco de frío, puse el maletín de cuero en el piso durante unos breves instantes. El tiempo mínimo necesario para sacar un abrigo del equipaje. Al volver a buscar el maletín de cuero, ya no estaba. Creía que soñaba. Enloquecido buscándolo y cada vez más arrebatado de desesperanza daba vueltas como un trompo. Un instante nada más fue todo el tiempo necesario para que se lo enmuñecaran y se dieran a la fuga. Papel de víctima perfecto, por no decir papel de mentecato. ¿Y por qué no decirlo si es la verdad? Papel de mentecato pluscuamperfecto. Digno de toga y birrete. Análisis de situación... sin el dinero en efectivo, nada que leer, y con un cuento inverosímil. Al emparejarse los otros polistas se comenzó a vaciar la sala de espera hasta que finalmente se acercó el emisario de Nueva Escocia. Saludó, oyó los rocambolescos sucesos ocurridos y lógicamente recomendó ir a reportar el robo a los militontos encargados de la seguridad del aeropuerto, quienes indicaron primero que nada de lo acontecido era un delito punible, y después señalaron el requisito de esperar a ser atendido por una señorita uniformada. Una milica mecanógrafa y taquígrafa.

Después de lo que pareció una interminable espera en la antesala de una oficina subutilizada, al juzgar por el cuantioso personal allí tomando mate, empezó la entrevista. La recluta del uniforme guerrero, con varios botones desabotonados en lugares clave, tomó los datos escribiéndolos con dos dedos en el teclado de una máquina de escribir cretácica. Le explicaba los acontecimientos a la vez que le espiaba en el escote del uniforme el nacimiento de sus senos magníficos, paraditos y pecositos. Cada vez que cometía un error, que dicho sea de paso fueron cuantiosos, tenía primero que borrar la copia y entonces levantar el papel y borrar el original pintándolo con líquido blanco lechoso diseñado para ese específico propósito. Luego de esperar a que se secara el líquido blanco encubridor del error tipográfico, podía volver a escribir el reporte reproduciéndolo en doble copia por obra y gracia de la simultaneidad permitida por el papel carbón. Esa era la tecnología que se usaba en aquellos momentos.

El proceso mecanográfico no solo era cachazudo sino enojoso, porque mientras el reporte era redactado con torturante lentitud por aquel bocado de cardenal, quien reunía la idílica combinación de ser esbelta de figura a la vez que acolchonada en lugares favorablemente seleccionados por la naturaleza, los diez mil dólares ya estaban siendo puestos en circulación por el tránsfuga que los manoteó. Quedarse allí para concluir aquel proceso no tenía sentido. A medida que disminuía el sofoco por haber sido robado como un perfecto imbécil, sopesando mis opciones, era obvia cada vez más la avasalladora realidad de que estaba desatendiendo las preguntas que hacía sagazmente la desabotonada guerrera urbana, y mis pensamientos eran cada vez más turbios e inconfesables. No es que sacara la lengua como sátiro lúbrico o parroquiano puticlubezco, ni respirara con jadeos entrecortados, sino que ya solo me importaba mirotearle la nada militar ropa interior que se le entreveía por las rendijas desabotonadas de la blusa. Mirándole lo que enseñaba sin enseñarlos, mirándole los senos sin decirle nada, los que escondía sin esconder. Ella era consciente y se dejaba admirar a propósito, quizás para adivinar el deseo del silencio, el deseo sin palabras. Palabras que hubiesen ofendido. Miradas que ocurrían durante aquella entrevista superficial cantándole la canción del deseo. El canto de los ojos. La canción de sus senos.

Desanimado al haber sido vencido por el llamado implacable de la tentación y, por supuesto, ni hablar de la estupidez de haber sido tan descuidado, quedaron como opciones: la de rehusar que los vericuetos de los acontecimientos se convirtiesen en desesperación, sacudir el ensimismamiento y sintiendo un irreprimible deseo de no seguir en Ezeiza, anunciar que decidía no hacer ningún reporte porque era una pérdida de tiempo. Ya el prófugo y lo que desde hacía largo rato había dejado de ser mi dinero para transformarse en su dinero, indudablemente habían tenido tiempo de hasta en bicicleta haberse ido al Paraguay de ida y vuelta. Con esa despedida oficial nada grandilocuente ni histriónica pero eso sí, muy concluyente, se cerró la idea de que los diez mil dólares eran resucitables y comenzó el viaje por auto para Nueva Escocia. Cuatro horas en silencio, tiempo más que de sobra para hacer un doloroso repaso de mi culpabilidad, con retortijones y reproches hasta terminar manso como vaca tambera y dormido con el bamboleo del automóvil. Había cerrado los ojos para evitar el vértigo de tanta uniformidad, despersonalización y monótona regularidad del paisaje de las pampas argentinas.

Nuestro equipo de polo tenía como base de operaciones una finca con establos, potreros, cancha de polo y vivienda, esta última tanto para empleados como entrenadores. La finca, que tiene el mismo nombre del equipo Almendares, se encuentra en las afueras de Palm Beach. A medida que se organizó más, con una constante selección así como metódico aumento de caballos, llegó el momento que se hizo obvia la necesidad de contratar personal adicional para ocuparse de lo que ya se había vuelto una empresa equina. La operación cotidiana de entrenar, montar y practicar los caballos conllevaba conocimiento, aplicación, operación, compra, reparación, mantenimiento, en fin, todo lo que requieren los camiones, tractores, cortadoras de pasto, sistema de regadío, tráiler de caballos, fertilizante, herramientas, frenos, monturas y otros variados y múltiples detalles imprescindibles para poder llegar a tiempo a la cancha de polo con caballos preparados para jugar, todos bien entrenados y saludables. Para poder ayudar con la administración, se había añadido a la nómina a un americano llamado Glenn Vermoch como *manager*, por sus características de maduro, adusto y responsable. Antes de salir para Carlos Casares con el Nene Zimmerman, fue necesario que yo llamase a Glenn por teléfono desde Ezeiza, después de lógicamente haber hecho una llamada más obligatoria todavía al representante del banco, para pedirle que le preparara a Glenn Vermoch otros diez mil dólares para hacer un viaje aéreo a Buenos Aires. Por supuesto, a Glenn fue prudente contarle lo sucedido y, sin interpolar reflexiones morales, recordarle la importancia de que tuviera cuidado, que no se confiara, que estuviera alerta, que mantuviera vigilancia indesmayable durante el viaje. En otras palabras: que no repitiese el mismo papel ridículo mío. Por un lado, se le advirtió, que había que estar atento —lo cual se le aclaró que quería decir estar con los pies firmemente puestos en la tierra—, con una vigilancia inteligente pero no obsesiva. Como Glenn hacía su primer viaje a Argentina, también se le dijo: «Añádele algo de imaginación, y sorpréndete con escenarios fuera de las normas. En otras palabras, ten mucho cuidado para evitar otra aventura desastrosa como la recién ocurrida». A Glenn ya solo se le oía respirar, con esa respiración rítmica con compás típico de quien exhibe y quizás hasta comienza a alardear de paciencia. Al fin se trató de concluir la llamada en nota positiva, con una mezcla de rigor y amistosa complicidad, para evitar la tentación de reanudar la perorata que ya sonaba reiterativa, mezclada con algo de salmodia. Con un «chau» se colgó el teléfono y sin esperar la despedida de Glenn, quien al oír que se había caído la línea, indudablemente no pudo evitar sentirse aliviado.

Con la ventana del auto hasta abajo para disfrutar la acción salutífera de la brisa me puse a pensar que había perdido diez mil dólares y, además, los libros que había traído para leer. En mi caso, leer tiene un componente sensual. Me crea una emancipación, al distanciarme en el papel de lector de la sordidez cotidiana, los quehaceres domésticos y las angustias económicas. Manosear libros es una forma de gatillar el eros. El libro enriquece la lectura dando placer espiritual, a la vez que proporciona la oportunidad de tocarlo y acariciarlo. Ya buscaría alguna librería adonde apertrecharme de nuevo. Recostado en el respaldar del auto, empecé a relajarme, y oliendo la campiña productiva no tardé en reencontrar el sueño.

Al llegar a la casa del Gordo Moore, en Carlos Casares, comenzaba a declinar el atardecer y no tardaría la oscuridad. Era octubre y comenzaba la primavera sudamericana meridional. Nunca antes había cruzado el Ecuador y acababa de viajar desde el hemisferio norteamericano septentrional donde los días empezaban a ser más cortos. En Argentina comenzaban a brotar los árboles y a salir las flores. La casa donde había sido invitado a vivir durante la visita era amplia, con muchos cuartos, a pesar de lo cual, durante la temporada del Abierto, nunca alcanzaban las habitaciones para albergar a los numerosos invitados, amistades y visitantes. No solo se contaban los invitados por el Gordo Moore sino que otros muchos se aparecían sin invitación y tenían que arreglárselas para buscar alojamiento. El único hotel pasable, el cual, por cierto, se llamaba Los Nogales, se encontraba en la ciudad de Pehuajó.

El alojamiento para los invitados del Gordo, un inmueble rectangular de un solo piso, estaba separado de la casa principal por un jardín con piscina, o pileta, como le dicen en Argentina. Las puertas de cada una de las habitaciones que no eran más que recámaras con baño, abrían a una galería con piso de lozas y techo. No del todo diferente a un dormitorio escolar, o quizás a un motel norteamericano. Tan similar era la apariencia que ameritó el apodo de Sheraton, como la cadena hotelera estadounidense. En aquellas habitaciones había polistas de todas partes del mundo. Un grupo variopinto, abigarrado y tan diverso que incluía jugadores de Argentina, Chile, Malasia, Borneo, Filipina, Alemania, Paquistán, Gran Bretaña, Australia, Sudáfrica, Nueva Zelandia y, por supuesto, norteamericanos. La mayoría era, si no amigos, por lo menos conocidos por nombre, cara o reputación de alguna cancha o torneo compartido en el común pasado del polo internacional. Tocaba dormir a dos por cada habitación. A mí me pusieron solo. Quizás sería por ser el primer viaje: Ventaja única para el primerizo, o más bien simple casualidad. El recibimiento fue en la casa principal desde donde más tarde sería imprescindible atravesar el jardín caminando para poder llegar a la habitación en el Sheraton. Los esfuerzos por tratar de acelerar el proceso de olvidar el robo fueron interrumpidos por un ávido interrogatorio inquisitorial. Todos los allí presentes, que esperaban para cenar, estaban curiosos por saber lo que había sucedido; querían tener la mayor cantidad de detalles pormenorizados y al oírlos arribaban a la misma conclusión acerca de la causa: la obvia disminución de vigilancia. Con una sonrisa no del todo diferente a una mueca de payaso desahuciado, y la cresta medio caída, una vez más traté de ingeniarme un entusiasmo artificial para superar los escollos anímicos y comenzar a disfrutar de los encantos de aquel grupo heterogéneo de adictos al atletismo y a la camaradería del deporte equino polista. Para ello interioricé, haciendo un pase de revista, las expectativas que traía antes de la llegada y el correspondiente robo en el aeropuerto. La mejor opción constructiva fue enfocar la mirilla de entusiasta a un vaso de bebida alcohólica previo a la cena así como a esta. Por eso, después de desempacar y de añadirme varias pulgadas de espesor de escamas anímicas, solo quedaba cruzar el jardín, ya a oscuras, dirigirme al comedor, tratando con cuidado de recordar dónde estaba la piscina para evitarla. Caminaba orientándome en la oscuridad por las luces de la sala donde ya se veía gente congregada, tomándose unos tragos. Acto seguido, estaba empapado pues había ignorado y estimado nada importante el oír una voces y risas del segundo piso. Los desorejados, o no identificados, tiraron un cubo de agua fría desde el segundo piso, o es posible que quizás hasta desde el techo. Nunca se supo los nombres ni apellidos de los agresores, por lo menos no con seguridad, pero claro está, tenía sospechas. Bañado en agua, es decir, empapado desde la cabeza hasta los pies, y con sonrisa de ensayo, como de estrella de cine mudo antiguo, entré a la habitación donde estaban los demás polistas, todos secos y peinados con aire de arcángeles hambrientos listos para sentarse a cenar. Con cara de preocupación bien administrada, el Gordo Moore, quien había venido desde Nueva Escocia a darme la bienvenida, se acercó para presentarse, saludar y servir de escolta acompañante en el trayecto de vuelta a la habitación en el Sheraton para ponerme allí una muda de ropa seca y salir de la mojada. El Gordo Moore se mostraba solícito, y en tono cooperativo preguntaba con onda cautelosamente conciliadora, qué era lo que había pasado así como que si el hecho de haber sido objeto de una broma al mojárseme, me había molestado o puesto caliente. El remojón, combinado con el empeño del Gordo por oír el cuento (con la atención esmerada típica de candidato que se ha postulado para unas elecciones muy próximas), y sus preguntas insistentes de que si estaba recaliente, mezclado con una buena dosis de no querer ser menos macho que los demás en un país latino, me llevaron a exagerar y responder con una innecesaria casi mentira. Pensando que aquel escenario se desenvolvía en un lugar donde lógicamente debiese de imperar un ambiente extremo de falocracia, de uno llegar a pecar había que hacerlo en dirección hacia lo testosterónico. Le dije medio descontento que sí, que estaba recaliente. Lo próximo que supe fue que leve empujón mediante, estaba dentro de la piscina y el Gordo muerto de risa, me sugería que si ya no estaba tan recaliente me fuera a vestir con ropa seca para cenar. Tuve que confesar que se me olvidaron el robo en Ezeiza y la calentura, y mucho después caí en cuenta que eso precisamente era lo que el Gordo Moore había tenido como objetivo al hacerme la diana de sus bromas: Quitar de mi cerebro el contenido relativo al robo para con rapidez reorientarme hacia, por ejemplo, el instinto de preservación. Sin embargo, en aquel momento lo que me asediaba era la confusión en aquel berenjenal. ¿A cuál carajo lugar de locos es que había venido a parar? ¿Cómo se llama esta institución?: ¿El Frenopático del Gordo? ¿El Manicomio de Moore?

Trabajar con caballos significa empezar a las primeras horas del alba. La hora de los fusilados. En el pueblo de campo de Carlos Casares se comenzaba, como dicen los argentinos, a laburar desde muy temprano. El desayuno para los que allí vivían era al amanecer. Para los que vivían en el Sheraton, donde solamente había recámaras para dormir, todas las comidas eran servidas en la casa principal, ya que era donde estaba la cocina. Para llegar al comedor de la casa había que cruzar el jardín y pasar por el lado de la ya antes mencionada e infame pileta. Desde antes de que saliera el sol ya retumbaban los bullicios matutinos. Las puertas se abrían y cerraban ruidosamente, botas de montar taconeaban en el piso de loza, las espuelas tintineaban, y carcajadas de risas explotaban a medida que comenzaba el desfile de polistas haciendo comentarios pícaros, camino hacia el desayuno, justo antes de seguir para Nueva Escocia. El primer desayuno en Carlos Casares lo hice a solas: «Vos sos el último en desayunar», anunció la señora que atendía la mesa, añadiendo que uno de los chicos esperaba para llevarme a Nueva Escocia.

El día había amanecido con el cielo límpido y sin nubes —un día espléndido— con un frío mañanero que no mordía pero requería abrigarse; las calles estaban despobladas, con las aceras y la ruta desierta, como poblado del oeste en vísperas de un duelo. El pueblo no dormía, todo lo contrario, ya había empezado su día laboral. Sobraría tiempo para cobrárselas al mediodía con una fielmente protegida siesta. En Nueva Escocia los empleados que no trabajaban con caballos sino en el campo, digamos con vacas, o reparando cercas o, su sinónimo argentino, los alambrados, salían por la mañana hacia donde se fueran a pasar el día trabajando, en algún lugar remoto de la estancia, transportados sobre unas planchas de madera gruesa llamadas rastras. Esas rastras eran en un pasado jaladas por caballos de trabajo, pero ya en el año 1982 la jalaban tractores. Eran, por cierto, tan rústicas que no tenían ni ruedas, se usaban para cargar objetos pesados, como por ejemplo animales muertos, bebederos o rocas. Los empleados usaban barras de metal como palancas para cargar el peso encima de la rastra que, obviamente, no estaba a gran distancia del suelo ya que no eran más que unas planchas gruesas de madera. Luego el peso que necesitaba ser transportado era arrastrado por el tractor. Esa rastra tenía otras funciones, como la de llevar a los grupos de empleados todos juntos a donde fuera que iban a trabajar ese día y, por supuesto, una vez que llegaban a su destino servía como refectorio y dormitorio ya que era encima de esa plancha que aprovechaban para recostarse a dormir una siesta después de haber cocinado y almorzado un asado.

Para llegar a Nueva Escocia desde Carlos Casares, a pesar de estar cerca, no era posible hacerlo caminando, había que ir en auto. La casa estaba prácticamente en el medio del pueblo. Después de casado, el Gordo se había fabricado una casa matrimonial en la hacienda y allí era adonde vivía con su esposa e hijas. Hago aquí un aparte para comentar que una de las grandes tristezas del Gordo Moore fue el que nunca hubiese tenido hijos varones. Su esposa María tuvo solamente niñas, ya que perdió los embarazos de varones. Volviendo a encauzar el tema al origen de la casa de Carlos Casares, allí fue donde de soltero el Gordo Moore se había rodeado de las visitas de sus innumerables amistades, tanto masculinas como femeninas. Sus amistades eran tan numerosas que por esa razón había fabricado el Sheraton: para poder alojar a sus amigos. Su esposa le había pedido como regalo matrimonial el favor de no tener que vivir en esa casa, y por eso es que se fue a vivir a Nueva Escocia. Allí en la hacienda había otras casas, establos y galpones. A una de las casas que había en la estancia, el Gordo Moore se llevó a vivir a su mamá, Irene. La gran casa de Nueva Escocia había sido traída pieza por pieza de Inglaterra pero por razones económicas fue demolida en los años setenta del siglo XX. El Gordo Moore puso a su madre en lo que había sido el garaje de la gran mansión. Las dos, tanto Irene como su casa, la cual había sido remodelada a un estilo británico campestre, eran encantadoras. El Gordo engreía a su madre portándose como un buen hijo que la quería mucho y ella distribuía trofeos a ganadores de torneos, así como también participaba en algunas cenas y meriendas con los jugadores que iban de visita. El Gordo adaptó unos galpones que había ya en la estancia, fabricándoles habitaciones donde vivían los entrenadores principales, aquellos a quienes en el mundo polero se les llamaba petiseros pilotos. Esos individuos eran quienes tenían más tiempo de haber estado trabajando con él, y estaban a sueldo después de haberse ganado del Gordo la confianza lo suficiente como para que él le diera los mejores caballos para jugar. Había otros que no recibían sueldo pero ellos se sentían ampliamente recompensados por el solo hecho de poder trabajar los caballos de Nueva Escocia que les fuesen asignados, aprender lo que el Gordo les enseñara y participar de los juegos de polo que allí se organizaban. Una vez aceptados como asistentes por el Gordo, acto seguido eran responsabilizados con un grupo de ocho a diez caballos, recibían monturas, frenos y tacos, además de casa, comida y ropa limpia. Por lo general provenían de Australia, Inglaterra y Sudáfrica.

Nueva Escocia quedaba más o menos a la mitad del camino entre Carlos Casares y Pehuajó, justo al lado de Guanaco, lo cual, a su vez, es un pueblecito rural mínimo de calles de tierra donde al amanecer los niños viajaban al colegio a caballo, a veces hasta más de uno por caballo. Iban en una tropilla todos montados por los caminos reales que eran de tierra, vestidos con unos guardapolvos, unas batas blancas de algodón que usaban por encima de su ropa diaria. El nombre de caminos reales todavía en uso por esos pagos, viene de la antigua costumbre colonial de llamarse así los caminos que unían los virreinatos. El guardapolvo actuaba como uniforme de colegial. Montaban, cargando a la vez sus libros y otras pertenencias, en costalitos que llevaban enganchados de las monturas o en mochilas que colgaban de sus espaldas.

La entrada a Nueva Escocia era una señora calle de tierra que medía dos mil metros, es decir alrededor de dos kilómetros de largo, con árboles grandes y defensas de ambos lados. El día de aquella primera llegada a la estancia en la primavera argentina del año 1982, el camino de acceso, que bien pudiese llamársele calzada, resultó impactante porque se estaba usando de pista de vareo. Varear caballos de polo quiere decir sacarlos a trotar y a galopar en grupos. A esos grupos se les llama *sets*. Los *sets* acostumbran a usarse para ejercitar cinco y a veces hasta seis caballos a la vez. Un petisero es una palabra argentina que viene de petiso, lo cual, a su vez, quiere decir caballo manso y dócil, usado preferiblemente para el trajín cotidiano de campo. En el mundo del polo el nombre de petisero se emplea para la persona que cuida, entrena y ensilla los caballos de los jugadores. Llegado el momento de varear, lo que sucede es que un petisero se monta en un caballo para sacar a trotar y galopar otros dos o hasta tres caballos que lleva de tiro a cada lado del que va montando. Es una manera de ejercitar caballos con eficacia. Varear toma alrededor de una hora u hora y media por cada *set*. Si un individuo está responsabilizado de varear, digamos diez o doce caballos, entonces el proceso le toma unas tres o cuatro horas mientras descansa un poco o toma algo entre cada *set*. La entrada a Nueva Escocia permitía ser empleada para lograr un mejor rendimiento del tiempo invertido en varear caballos, al trabajar en grupos de caballos más numerosos todavía. Para lograrlo, el plan consistía en prepararlo todo de forma tal que uniéndose dos o más individuos sin llevar caballos de tiro, los arreaban desde atrás, manteniendo los caballos sueltos, y corriendo libre a modo de tropa. Los arreadores seleccionaban un grupo grande y los llevaban galopando hacia la salida y luego de vuelta hacia los montureros, ida y vuelta varias veces, hasta determinar que habían recibido suficiente ejercicio para mantenerse en buena condición física, es decir, para como le dicen los argentinos, estar bien puestos.

Aquella primera mañana de entrada a Nueva Escocia fue necesario esperar a que cedieran el derecho de paso dos petiseros que vareaban una tropilla de caballos de polo usando la imponente y kilométrica entrada a la estancia como pista de vareo: una escena incomparablemente bella, ya que permite observar docenas de caballos en condición óptima, correr al galope mientras que son controlados por ágiles jinetes, quienes trabajan con naturalidad y equitación típica de gente acostumbrada a casi, se puede decir, vivir encima de una montura.

A ambos lados de la vía de entrada, más allá de los árboles enormes que no solo dan sombra sino que controlan la erosión que causa el inmensurable viento de las pampas, se veían palenques de amarrar caballos, seguidos por canchas de polo, una cancha a cada lado de la entrada a Nueva Escocia. El Gordo tenía otras tres canchas más, o sea en total cinco canchas, lo cual permitía rotarlas continuamente para de esa manera mantenerlas en buenas condiciones. Una de las canchas estaba dedicada a ser usada los días siguientes a aquellos en los que caía una lluvia liviana. Si llovía fuerte las canchas se volvían peligrosas pues el suelo, a pesar de ser arenoso, pues también tenía un componente arcilloso. En la arcilla mojada los caballos patinan y provocan riesgos de caídas y accidentes tanto a los caballos como a los jinetes. Cuando llovía fuerte, al acumularse el agua, había inundaciones, debido a que esa zona no formaba parte de ningún plan formal ni de estudios gubernamentales de drenaje, de ahí que no se jugaba al polo por varios días.

El Gordo Moore atraía a su estancia a muchachos jóvenes procedentes de todo el mundo. Canjeaban una inversión personal de meses que, a veces sin que nadie se diese cuenta, terminaban convirtiéndose en años de su vida para de esa manera lograr tener la oportunidad dorada del inigualable aprendizaje que les proporcionaba la universidad polística de Nueva Escocia. Había una lista de espera que solo se superaba con el pasar del tiempo, aunque una vez que el individuo se convertía en el próximo candidato, esto no era garantía de admisión. Los que lograban entrar sabían que era una aceptación provisional, transitoria y condicional, dado que eran admitidos siempre y cuando el Gordo pensara que esa persona iba a andar. Es decir, que esa persona iba a dar la talla, y reunir ciertas condiciones atléticas que provocasen en el Gordo una cierta deducción visceral que ese candidato, una vez educado en el entrenamiento equino de Nueva Escocia, iba a adquirir cierta pericia con caballos y con el juego de polo. También tendría que ser agradable, buen amigo, noble, honrado, amoldable, y caer bien al resto de los que funcionaban dentro de aquel ambiente de simpatía, buena onda y camaradería. A los novatos recién llegados les eran asignados los trabajos de baja categoría de la estancia. Se disponían, desde el momento de su llegada, a hacer los recados, recoger bostas, boñigas y todo tipo de porquería e inmundicias, e igual a arriesgarse a sufrir la furia doctrinaria equina de otros hombres, con tal de lograr hacer algo que les gustaba mucho. Sus reacciones eran observadas después de sesiones de trabajo para detectar enfurruñamientos de rostro o disminución de entusiasmo, cuando el prospecto nuevo estaba digamos regando flores con la mamá del Gordo mientras el resto de los chicos, así los llamaba el Gordo, gozaban de su ascendente protagonismo jugando un reñido partido de polo. Una vez que parecía que iban a dar la talla en el aspecto anímico eran ascendidos al nivel de pilotos. Sin embargo, aun los pilotos a veces eran mandados de vuelta a sus hogares, si no reunían las cualidades atléticas que se requerían para entrenar y jugar los caballos que el Gordo les asignaba a cada uno bajo su responsabilidad personal.

Los chicos eran un número más o menos constante de alrededor de diez muchachos enloquecidos de felicidad, al poder participar del ambiente y amistad del Gordo Moore, así como de poder aprender lo que les era enseñado en Nueva Escocia. La estancia era un negocio de entrenar caballos para jugar polo y venderlos a compradores que viajaban desde todas partes del mundo a ese supermercado equino. Al amanecer, cada uno de los chicos entrenadores le tocaba sacar a sus caballos, para desempeñar tareas repartidas como responsabilidades inalienables: darles ejercicio vareando para mantenerlos en condición y galoparlos dentro de la estancia. Al volver con el primer grupo de caballos, repetían el proceso con el resto de la caballada bajo su cuidado. Acto seguido se acostumbraba a seleccionar de entre esos mismos caballos que le habían sido asignados, los que tuviesen problemitas educacionales. Siempre había alguno que otro que requería atención individual y entrenamiento.

Esos problemas podían ser muy variados: por ejemplo, quizás uno que no estaba parando y dando vuelta para la derecha, con la rapidez y atletismo deseado, se le encasillaba para ser repetitivamente trabajado contra una cerca, o defensa, tratando de esa manera de obligarlo a sentarse bien sobre los corvejones cuando era parado, asegurándose de que entonces al proyectarse hacia adelante para levantarse fuese dirigido con las piernas hacia donde tenía que doblar. Con fusta, preferiblemente sin espuelas, y con mucha paciencia, se repetía la labor hasta que lo hacía bien. En el momento que ya se lograba, se le recompensaba parándolo, bañándolo y dándole descanso. La mayoría de los jugadores de polo usan espuelas. No así el Gordo Moore, quien contestaba las preguntas del por qué con otra pregunta que hacía con mucho más sentido común. Su pregunta era que si no era ilógico animar a un caballo a correr con más velocidad, aguijoneándole el costillar que protegía sus pulmones. Al Gordo le parecía antiintuitivo y yo, hasta la fecha, sigo jugando sin espuelas.

Otro ejemplo teórico era que quizás una yegua mal acostumbrada a querer abrirse, podría dejar demasiada separación del objetivo en el preciso momento en que el jugador intenta pegarle con el taco a la bocha, lo cual requería que con instrumentos educativos de fusta, espuelas y taco, el animal fuese disciplinado con paciencia. Se le taqueaba hasta que dejaba de abrirse de la bocha. Todo el tiempo que los chicos trabajaban sus yeguas, el Gordo Moore los estaba observando y les daba sugerencias de cómo corregir el problema, cómo implementar la decisión concreta que exigía el momento, con destreza y eficacia. Eficacia lograda mediante el empleo de un enciclopédico conocimiento de trucos, todos aprendidos por él a través de los muchos años que tenía de experiencia y que lo hacían dueño de una enorme capacidad de adaptación a problemas equinos. El Gordo Moore lograba comunicar su instrucción sin pecar de formalidad profesoral, era un insustituible libro portátil de referencias y de fácil manejo, dispuesto a ser consultado en cualquier momento en cuestiones de problemas equinos. Por lo tanto, pudiéramos considerarlo como un vademécum viviente. Ese era el valor que tenía para los chicos su educación polista. Recibían un afecto especial, mezcla exquisita de instrucciones y afinidades; los beneficiaba con su amplia experiencia equina; con su ética incorruptible, y con su confianza y celosa amistad. Ese era el seminario cotidiano y mañanero con el profesor Moore, quien observaba, a la vez que anotaba en su mente, conmociones, descubrimientos, temores, dudas, elucubraciones y adquisiciones para que tanto los caballos como los chicos avanzaran paso a paso en el sendero del talento atlético y profesional, pero con movimientos necesarios y seguros. Los chicos, a su vez, emulaban, vivían en competencia con los demás, a la vez que entre ellos mismos, con una obsesión y una energía alentada por estar conscientes de que así como los mejores caballos serían los que el Gordo seleccionaría para vender, también los mejores jugadores terminarían obteniendo oportunidades de ser invitados por patrones de países extranjeros a irse con ellos a jugar polo en sus tierras y como profesionales. En esos países la profesión de polo les permitiría ser recompensados con sumas de dinero que de otra manera si continuaban con sus vidas actuales no verían ni en fotos. Una vez terminado el proceso educativo de la mañana había un almuerzo, seguido por una siesta antes del partido de polo de las tres de la tarde.

Para lograr poner en perspectiva, y de esa manera llegar a entender la magnitud de aquel paraíso terrenal de polo, con su extraordinariamente grande muestrario de opciones equinas a la venta, hay que primero hacer un cálculo aritmético. Diez chicos entrenando bajo la supervisión del Gordo Moore, cada uno con ocho caballos, suman ochenta caballos preparados para venderse. Separado de esa suma, disponibles también para venderse y en manos de los petiseros, había unos cuarenta caballos más que eran los que jugaban los compradores que venían de visita. En adición a esos caballos, estaban los que eran para el uso personal del Gordo Moore, es decir, aquellos que él jugaba en el Abierto Argentino. Sumados a esos, tenemos que tener en cuenta los que estaba preparando para llevarse a jugar como profesional de polo, tanto en Gran Bretaña como en Europa y, por supuesto, en los Estados Unidos. Un cálculo conservador del número total de caballos que constituían el inventario del Gordo para vender al visitante, sumaba entre unos ciento sesenta a doscientos caballos. Es imprescindible aclarar que el cálculo que ha sido expuesto hasta el momento se limita a los caballos que estaban trabajándose, ya que la suma de caballos total en Nueva Escocia, entre los de trabajo, sueltos, potros amansándose, yeguas madres, padrillos y demás, sumaban alrededor de 750. A veces, cuando se hacían embarques grandes, la cuenta se excedía considerablemente, como por ejemplo en el caso de la época de embarques de aviones enteros llenos de caballos con destino al Sultán de Brunei. En aquellos días, en Nueva Escocia, se reunían hasta 1,100 para que hubiese dónde escoger; todos trabajándose y jugando polo, preparándose para ser transportados a un lugar que en mis años escolares se llamaba Borneo y quedaba en un continente que le llamábamos Oceanía. Pero la cuenta no ha terminado, porque siempre había vecinos de haciendas cercanas que les pertenecían a amigos del Gordo, polistas invitados a jugar con sus caballos, los cuales también estaban a la venta. Además de eso, durante el día, llegaban camiones llenos de caballos de polistas que se los mandaban al Gordo Moore de todas partes de Argentina, con la idea de ver si quería comprarlos o venderlos. Esos caballos, a medida que eran recibidos, eran montados por los que los traían, para evitar accidentes y equivocaciones, como por ejemplo si el caballo que se había traído era cerrero, maniático o peligroso. Si alguien iba a ser firmemente eyectado de la montura, o si a alguien iba a romper ese pingo, que rompiera al que lo trajo: que matara al vendedor. Una vez que se les observaba que fuesen capaces de ser montados sin preocupación, y se notase que no eran zocos sino que reunían ciertas condiciones de atletismo, configuración, disposición, rienda y demás, se les probaba. Zocos, en el mundo del polo argentino, quiere decir caballos que no sirven, que no son buenos, ya bien por flacos, feos, malos atletas, porfiados, malgeniosos, o razones similares; en Cuba se les diría pencos. Un jugador que se apareciese en la cancha a jugar un partido montado en zocos se le acusaría de haber traído su zocaje. Primero, uno de los chicos los cataba taqueándolos por la mañana y si gustaban, eran jugados por la tarde en el partido para poder lograr evaluar cuidadosamente sus condiciones. Los que parecían que iban a andar se quedaban comprados o consignados al Gordo. El resto se iba después del partido en el mismo camión que habían llegado todos, a menos que hubiesen venido de muy lejos, digamos, por ejemplo, de Córdoba, Corrientes, Río Cuarto o San Miguel de Tucumán, en cuyo caso eran invitados a pasar la noche antes de emprender el viaje de regreso a la madrugada del día siguiente.

Los partidos de por la tarde eran muy reñidos. Jorge Fernández (*Tolo*) Ocampo era en aquel entonces la mano derecha del Gordo y por lo tanto le tocaba la ingrata tarea de organizar los equipos, que consistía en hacer que la lista de los adversarios quedara pareja. Nadie objetaba, pero todos quedaban silenciosamente inconformes ya que pensaban que el equipo opuesto era mejor balanceado, o mejor montado. La realidad es que siempre quedaban más o menos parejos a pesar de que las combinaciones resultasen diferentes. Los equipos, una vez organizados, entablaban relaciones amistosas entre jugadores, compradores, y los chicos que el Gordo turnaba para darles oportunidad de jugar. Esta era primeramente para beneficio de los caballos, ya que durante los partidos, tanto al Gordo como a todos los que participaban, se les daba la oportunidad de evaluar los caballos y continuar examinando así el progreso de su entrenamiento. El entrenador, a su vez, era retado en el partido por mejores jugadores que los chicos, ya que el Gordo invitaba amigos que la Asociación de Polo Argentina reconocía como individuos de alto *handicap* y eso, por supuesto, inspiraba para que tanto el entrenador como sus caballos se esforzaran en superarse para competir, logrando así mejorar en calidad de jugadores, tanto el jinete como sus cargos. Otra posibilidad que se les daba a los chicos al jugar era amistar con los que venían a comprar caballos. De esos aproximamientos cancheros surgían invitaciones a jugar en torneos organizados por las asociaciones de polo de los países donde vivían los visitantes que habían viajado a Nueva Escocia desde sus hogares fuera de Argentina, contratos de empleo como entrenadores o petiseros, así como amistades que terminarían encontrándose en canchas de polo en el futuro. Al Gordo, por su parte, le convenía que se forjaran esas relaciones personales y profesionales en Nueva Escocia ya que servirían para que su ex-alumnado, actuando por agradecimiento, lealtad y amistad, siguiera influyendo sobre los que en el futuro necesitaran comprar caballos de polo.

Los partidos vespertinos eran de práctica y por lo tanto se jugaban sin árbitros, sin embargo eran a fondo, hasta la tabla, sin tregua, a ganar. Después del partido de la tarde venía la hora de tomar mate y refrescos fríos, exagerar las recién ocurridas hazañas deportivas, iniciar aclaraciones interminables sobre infracciones cometidas *in flagrante delicto,* sin penalidad alguna. En tanto, el acusado buscaba con los ojos el respaldo del pequeño pero sentencioso público a medida que presentaba con locuacidad, exuberancia, vigor, e incansable detalle las razones por las cuales se consideraba una víctima de una inmerecida y ultrajante acusación, todo este dilema ocasionado por haber, por ejemplo, cruzado inapropiadamente en frente de la línea de la bocha del acusador. La historia migratoria europea indica una gran probabilidad de que los polistas argentinos de hoy sean descendientes de montañeses italianos, de antiguas familias albanesas y de soldados nazis escapados de crímenes de guerra. Lo que sí es absolutamente verdad es que el grupo que el Gordo Moore reunía para jugar al polo en su cancha de polo propia era tenaz, aguerrido, competitivo, hábil, tesonero, amiguero, atleta, jinetes diestros, perseverantes y, además, requete simpáticos.

En la matera —léase aquí estructura campestre con techo pero sin paredes, diseñada para tomar mate así como, en el particular caso de Nueva Escocia, cantidades navegables de coca colas y otros refrescos dulces—, después del partido se creaba un foco de conflictos, como quien dice irresolubles. Las acusaciones y argumentos en defensa de las infracciones más descaradas que se habían cometido con impunidad eran siempre resueltos al final de largas discusiones y de camino a ducharse y cenar. Las resoluciones finales corrían a cargo, y casi siempre, de la risueña decisión que hacía el Gordo Moore. Sin aumentar el elevado número de interpretaciones de una misma jugada que ya habían sido expuestas, él dirimía las rivalidades que nacían en la cancha, sin someter a nadie a juicios inicuos sino al revés, a menos que el *foul* hubiese sido suyo, en cuyo caso alegaba con ironía no ser un empedernido malhechor sino un triste malentendido, concluyendo con alguna hechicería filosófica que hacía a todos reír con sus comentarios simpáticos e inofensivos.

Sus tácticas eran oblicuas y evasivas, aun cuando el *foulero*, ostensiblemente acusado —más culpable, imposible— de haber hecho una inmundicia en contra de las reglas de juego mientras jugaban el partido en la cancha, había sido él mismo. Lo que, por cierto, ocurría con frecuencia. Lograba terminar sus explicaciones menos convincentes riéndose, sin que lo abucheásemos, pero con perspectivas nulas de alcanzar un entendimiento armónico. ¿Cómo? No sé. Se valía de un chiste, un *sine qua non*, una mueca, una maldad y hasta de preguntas que instantáneamente desmontaban tiranteces.

Al poco tiempo de observársele, era comprensible entender que el Gordo era un irreverente prestidigitador de palabras con mucho carisma. Alguien que se divertía descolocando la realidad para dinamizar acontecimientos, dándole ritmo y fluidez al diario mundano. ¿Dinamizar o dinamitar? A la mañana del segundo día en Nueva Escocia, un flaco alto vestido con blue jeans gastados y un —si bien no llegaba a zarrapastroso, era un ya bastante-más-que-ajetreado— suéter de lana, le pidió al Gordo Moore en voz alta y enfrente de todos, en un innecesario castellano muy malo, que por favor le organizara alguna manera de llegar al Aeropuerto de Ezeiza donde necesitaba agarrar su avión para volar de vuelta a Londres. Después se aclaró que era un lord inglés que había estado allí de visita comprando un lote grande de caballos para su equipo de polo en Inglaterra. Lo de su indumentaria lo imaginé atribuible a ser un señorón anglosajón excéntrico, porque aquel aspecto le daba un conmovedor aire de general sudamericano sublevado por falta de dinero. El Gordo le consiguió que uno de los jóvenes entrenadores de caballos de polo que trabajaba en la estancia lo llevara en un automóvil de Nueva Escocia. Antes de salir, el Gordo le explicó al chico que cuando conversaran en el auto, no dejara, por favor, de tener la precaución de hablarle alto y bien claro porque el lord inglés era medio sordo. La sordera se la atribuyó a cañones de artillería durante la guerra. Cuál guerra... ni idea. Plausible y edificante historia que, claro está... era irreal.

Al explicarle, por su parte y en privado, al lord inglés que todo estaba organizado para su viaje por carretera al aeropuerto, le suplicó con la voz medio engolada, aspecto facial grave y ademanes enfáticos, que cualquier instrucción necesaria para el chofer en el camino a Ezeiza sería buena idea tratar de hablarle en voz alta pues el joven era sordo. Y que cuando movía la cabeza en vez de la mano para reintentar capturar mocos esquivos no era por abulia, sino por falta de inteligencia, lamentablemente. «Medio taradito. Háblale bien despacio. Se le distingue en el rostro un aire de falta de voluntad cuando en realidad es disminución de intelecto. Creo que ha hecho mucho boxeo, pero tenga paciencia ya que no es del todo bruto. Más bien es medio pánfilo», así dijo el Gordo. Por consiguiente, llegaron ambos hasta Chivilcoy, a noventa millas de distancia de Nueva Escocia, gesticulándose y gritándose todo el tiempo del camino. Iracundos a consecuencia de la rivalidad nacida del grito constante. Ya se estaban quedando afónicos debido a tantos insultos: «Que... ¿por qué los gritos? Por su sordera». «¿Quién carajo es sordo? Y usted, ¿por qué me habla tan despacio y gritándome? ¡Porque el sordo es usted!». «¡Si yo no soy sordo!». Los dos habían sido víctimas, el inglés y el chico. El Gordo Moore les había tomado el pelo pues le encantaban las travesuras y tenía un gran sentido del humor. A la llegada a Chivilcoy, tanto el británico como el entrenador de caballos argentino, llamaron por teléfono a Eduardo Moore para además de presagiarle a él y su familia plagas ancestrales, mencionarle el estar absolutamente seguros de conocer la ocupación profesional callejera de la autora de sus días.

Después de pasar por el banco a recoger el efectivo para el viaje, así como también haber dejado todo organizado en Almendares, el entrenador estadounidense Glenn Vermoch llegó a Buenos Aires, tres días después de mi llegada y del robo en Ezeiza. El que lo esperaba en el aeropuerto era la mano derecha del Gordo Moore, Tolo Ocampo. Cuando se encontraron, al salir de la sala de inmigración, Tolo le pidió a Glenn que le diera el dinero que traía, añadiéndole que había sido mandado para que lo recibiera de sus manos y lo depositara en una cuenta bancaria en Buenos Aires.

Glenn le contestó que él no tenía ningún dinero, no sabía de lo que le estaba hablando y necesitaba encontrarme lo antes posible porque tenía que reportar un problema muy grande, el cual era solo de mi incumbencia. Presionado de manera suave y gentil por Tolo, Glenn reaccionó silenciosamente como si nada pudiese ser divulgado ya que cualquier infidencia sería terrible. Tolo hacía tiempo que anhelaba disfrutar unas merecidísimas vacaciones. Había viajado en automóvil las cuatro horas sin parar hasta llegar a Ezeiza. Su idea era encontrarse con Glenn, depositar el dinero en un banco y después, mandar a Glenn con un subalterno a Nueva Escocia para entonces poder seguir él su camino rumbo a visitar a su familia ya que estaba en Buenos Aires. Al oír que Glenn tenía un problema, Tolo, con responsabilidad absoluta y sin perder tiempo arrancó manejando el automóvil las cuatro horas de vuelta a Carlos Casares. Sin dudas olvidó que el deber siempre se puede posponer y que el placer es el que exige urgente e instantánea aplicación.

Al llegar a la estancia, Glenn y Tolo fueron juntos enseguida a la cancha de polo donde el Gordo Moore y yo estábamos conversando después de un recién terminado partido de polo. Luego de los saludos y abrazos, Tolo anunció que Glenn le había comunicado que tenía un problema. ¿Qué pasó? Hubiera preferido que su llegada, delante de un grupo grande y desconocido, hubiera estado caracterizada por un tono cortés y con hipocresía farisaica, guardado cierto pudor y distancia con los demás seres humanos allí presentes. Glenn, sin contestar, se empezó a sacar las botas, a zafarse el cinturón, bajarse los pantalones y se quedó descalzo y en calzoncillos ante los jugadores que allí estaban quitándose las camisetas sudadas, las espuelas, y relajando después del partido. A medida que se desnudaba, y con el aire de alguien que se niega a ser identificado como un perdulario, se iba sacando de los calcetines, de los calzoncillos, por no especificar en detalle de todos y cada uno de sus órganos más íntimos, fajos de billetes. A medida que se los iba sacando, me los entregaba en la mano y añadía con una voz en la cual era innegable encontrar un sedimento de burla: «¡Cuéntalo porque ahí está todo! ¡Yo no le iba a dar ese dinero a nadie nada más que a ti! ¡Prefiero cualquier cosa antes de hacer otro papel ridículo con estos argentinos!». Toda esa invectiva ocurrió en voz alta y con tono desafiante, creando en el transcurso de su proclamación una escena para la cual los franceses usan un óptimo término descriptivo mediante la palabra *rodomontade*. En español la palabra tiene una traducción un poco más aguda: fanfarronada o despliegue jactancioso. Toda esa diatriba de Glenn fue pública y además en inglés —como para que aquellos ciudadanos domiciliados en un país extranjero que lo rodeaban en aquel momento, y cuyo idioma oficial era el español, no le entendiesen y para colmo con aire de convicción profesoral de su experiencia, por cierto inexistente, en transportar dinero de un país a otro con seguridad y confianza. Por supuesto, todos allí hablaban inglés, un inglés británico exquisito de clases altas. Muchos, incluso, hablaban francés y portugués, además del inglés y el español.

La tensión se percibía en el aire. Tolo reaccionó cerrando y abriendo los ojos con fuerza, como si acabara de regresar precipitadamente de un viaje astral. Lo imaginé enfurecido pero la realidad es que no dijo ni ji. Sin duda alguna, desde ese día, la relación entre ellos no fue violenta pero sí lejana y a veces hasta ríspida. Durante las dos semanas que Glenn continuó su estadía en Nueva Escocia, Tolo y él escasamente se hablaron lo imprescindible. Glenn, que no tenía idea de que todos le habían entendido, no se arredraba en lo más mínimo. Estaba orgulloso de no haber pecado de mentecato como otras personas allí presentes. Se notaba en su actitud que no le hubiese dado ninguna vergüenza reconocer que se sentía superior. A él sí que no cabía duda que nadie le había robado el dinero. Tal vez en represalia Tolo y Glenn nunca llegaron a congraciarse mutuamente. Desde ese día en lo adelante Tolo saludaría a Glenn con una urbanidad que su expresión glacial contradecía. A los demás que vivieron la realidad del cuento y no se les habían echado a perder unas muy merecidas vacaciones como le pasó al pobre Tolo, lo que ocurrió resultó un evento simpatiquísimo. El cuento, adulterado para eliminar los alardes de insensateces y excesos censurables, llegó a formar parte del mítico anecdotario de Nueva Escocia donde reinaba un ambiente sano. Se reconocía como una historia simpática más, de un lugar donde no había entretela de intrigas, juegos sucios, mentiras creídas verdades y verdades nunca sospechadas. El Gordo insistía en la verdad y el cumplimiento de la palabra, explicándose él mismo que en el polo la palabra de cada uno es algo que no se puede dejar de cumplir.

A medida que pasaban los días, caía en cuenta que aunque era mi primera visita, el Gordo Moore y sus chicos me hacían sentir muy cómodo en Nueva Escocia. La sensación era como si estuviese en la compañía de amigos de siempre. Por lo tanto se me ocurrió que no sería de las peores ideas tener algún gesto con mi anfitrión. La oportunidad se me presentó al llegar la noticia de que el 26 de octubre de 1982 había fallecido Winston Frederick Churchill Guest, famoso polista estadounidense con diez goles de handicap, cualidad que lo distinguía como uno de los mejores jugadores del deporte equino a nivel internacional. En la noche había una cena para sortear los equipos, y se decidiría de esa manera los contrincantes de los primeros partidos antes del comienzo del torneo. Deseoso de honrar al difunto, esa misma tarde me dirigí a Pehuajó con la intención de comprar un trofeo a la altura de Winston Guest. La idea era donarlo después de que fuese inscrito con el nombre The Winston Frederick Churchill Guest Memorial Tournament. A pesar de entregarme a una búsqueda infatigable, no fue posible encontrar nada más que trofeos pequeños de plástico. Al fin, y muy de casualidad, en una esquina muy alta de la estantería de una joyería, encontré algo que aunque no era exactamente lo que buscaba, se le asemejaba: era grande; me juraron y perjuraron que de plata, y consistía en una silueta estilo loving cup y descansando sobre una base de madera de importancia exagerada. Resultó ser, luego comprobé una urna fúnebre, objeto que le faltaba muy poco para ameritar ser llamado cursi, pero era lo más digno que se pudo encontrar para honrar la memoria del difunto. La copa fue comprada e inscrita con el nombre y las fechas pertinentes. Al Gordo Moore le pareció una magnífica idea que aceptó con gusto. Sin embargo, y a pesar de jugar de compañero en el mismo equipo de él, Alberto Reinoso y Raúl Roldán, perdimos el torneo de ese primer año en el partido final. Siete países diferentes estuvieron representados. El ganador fue el equipo de Mossley Hill, compuesto de Max Errázuriz, de Chile; Guillermo Agüero, de Argentina; Alex Webbe, de Estados Unidos y Hamish Scott-Barnes, de Sudáfrica. La Copa se quedó de regalo en Nueva Escocia, adonde se jugó durante años como recuerdo del ganador del prestigioso U.S. Open, capitaneando su equipo llamado Templeton. Cada año que se jugó la copa, los nombres de los ganadores se inscribieron en el trofeo. La lista inscrita en el trofeo tiene los nombres de jugadores de todas partes del mundo.

En otro de los muchos viajes que hice en años siguientes a Nueva Escocia, fui acompañado de Abdel Rahman Abdul Abbar, alguien que había conocido dentro de mi ámbito profesional de abogado, y con quien surgió una amistad. Era abogado y también polista. Se presentaba como príncipe árabe saudita con sangre real y lo que sí era obvio es que no era noruego ni sueco, por lo menos si uno lo juzgaba por sus características físicas ya que era parecido al retrato pintado al óleo que hoy en día preside el marco de la entrada a un castillo en Turquía que los Caballeros Hospitallers fabricaron en 1552, fortaleza que tenía por propósito defender la bahía de Bodrum de ataques otomanos. El castillo cayó en manos de los turcos y todavía queda allí la pintura de Suleiman el Magnífico, con la única diferencia que el saudita era todavía aún más oscurito de piel.

Suleiman y los hermanos Oruch y Hizir, de apellido Barbarossa, junto con un montón de jenízaros, aterrorizaron Europa y el Mediterráneo desde Constantinopla hasta Gibraltar, durante la mayor parte del siglo XVI. Este príncipe saudita polista, por su parte, no era guerrero. Había sido educado en Washington y en Londres y había hecho estudios de abogacía. Era apodado por sus amigos, yo entre ellos, Ali Babá. Llevaba años pasándose los inviernos viviendo en Palm Beach mientras mantenía sus caballos y entrenadores en Wellington para jugar al polo. No obstante a su vida deportiva, costumbres tradicionales y religiosas, Ali Babá consumía bebidas alcohólicas como un cosaco. Su preferencia etílica era el scotch whiskey, prohibido en su tierra, y lo ingería, sin emborracharse, en descomedidas cantidades. Lubricado por el consumo alcohólico, sobresalía en el campo de la venerada institución que es la sobremesa. Las moscas se mareaban de sobrevolar durante horas y horas la misma taza de café con fondo azucarado, mientras continuaban las copas de cognac acompañando a la intensa y acalorada conversación de todas y cada una de sus jugadas de polo. Su anecdotario, según algunas malas lenguas, era calificado de exagerado. Como era alérgico al huevo, no comía mayonesa y yo, como teníamos una gran amistad, le buscaba la lengua diciéndole que su problema con lo del huevo no era sorpresivo dado la manera tan tímida como jugaba al polo. Ante mi broma, el árabe arremetía insultado contra las cualidades de mi madre.

Durante el verano, Ali Babá se mudaba con todo su cortejo lisonjero a Washington o a Europa. Después se le ocurrió ir a España a jugar polo, en las canchas de Sotogrande. No se sabe con certeza en qué momento es que me había pedido que lo ayudase a encontrar caballos y coincidía con que el Gordo tenía en esos momentos una muy buena selección. En Nueva Escocia el Gordo trató a Ali Babá igual que trataba a todo el mundo. Aunque este y yo éramos muy amigos, debo confesar que había algo estudiado en su estilo de conversar. Por ejemplo, explicaba las costumbres de su país con respecto a la educación y uso de los muchachos jóvenes, pero preguntaba sobre temas importantes y complicados, desde una posición más propia de conversaciones filosóficas de profesores de Historia griega y de Filosofía, y no precisamente en una estancia de polistas en la pampa argentina. Aunque a mí me resultaban interesantes sus temas, llamaba la atención cómo luego de iniciar alguno, fundamentalmente lanzaba preguntas y absorbía, con cara de inteligencia, las respuestas obtenidas. No revelaba su opinión real sobre lo que preguntaba y escuchaba como respuestas, como si sus conocimientos hubiesen sido expuestos a través de sus preguntas y de sus silencios. Sacaba más información que la que ponía. Esto era beneficioso para él ya que con sus diálogos sutiles, de dobles sentidos, insinuaciones, paronomasias, referencias, matices y alusiones, averiguaba las opiniones ajenas sin divulgar la suya. Ali Babá era como una esponja que lo retenía todo y con una memoria prodigiosa. Entre las virtudes aprendidas por su contacto estudiantil con patricios londinenses encontró y practicó, sin dudas, ese truco de salón: el de barnizar su comportamiento aristocrático con un toque de indiferencia. Léase, que siendo algo que copiaba después de pocos años como estudiante en Londres y Washington no siempre le salía del todo bien. En Carlos Casares y Nueva Escocia su vibra de aristocrático indiferente estaba fuera de lugar y no confundía a los pocos que le seguían la corriente.

Una noche Ali Babá le preguntó al Gordo con voz de hombre alto, muy requete varón, sin ambages, haciendo gala de líder natural, y con toda la confianza del mundo, cuál era su método o costumbre a seguir en la cuestión de mantenerse célibe antes de partidos de polo importante. Quería saber, con insistencia y empeño, si el Gordo se abstenía de *carnalis copula* antes de las finales de ciertos torneos. Y es que Ali Babá quería copiar los preparativos del Gordo Moore antes de un partido importante para con mayor sistematicidad llegar a ser uno de los mejores jugadores del mundo. Es decir, ponerse al mismo nivel del Gordo, quien le contestó sin pausa ni beligerancia que él hacía lo posible por coger, es decir, tener relaciones sexuales, todas y cada una de las veces que se le presentara la oportunidad.

Los caballos de polo se prueban en la cancha y, por lo tanto, casi todos los días de la semana, con excepción de los lunes o días de lluvia, el Gordo organizaba partidos de práctica en una de sus canchas de polo en Nueva Escocia. Una vez que llegamos a una verdadera amistad, yo comencé a recomendar Nueva Escocia como un lugar excelente para seleccionar, probar y comprar caballos de polo. A veces los compradores me invitaban a que los acompañara en el viaje y los ayudara a lograr la selección que fuese más apropiada a su estilo de montar y jugar y, además, el comprador que se apareciera conmigo era recibido como amigo de un amigo. Fue en uno de esos viajes que Ali Babá me invitó a que lo acompañara. Llegamos en octubre, época del Abierto, y por consecuencia siempre la mejor para visitar Argentina. Era aquel un momento en que por razones del clima más bien fuera de serie, todavía hacía frío por las noches y los días seguían siendo cortos pues escasamente había empezado la primavera. El primer partido de práctica vespertina se demoraba en comenzar porque Ali Babá no se quería montar en el caballo que Eduardo Moore le había mandado a ensillar. Nadie se había tomado el trabajo de explicarle a esta pobre yegua que ya no era invierno, y por lo tanto tenía el pelo del cuerpo todavía medio largo a causa del frío. A algunos caballos, cuando los días se empiezan a hacer más largos, el pelo largo que les ha crecido para protegerse del invierno frío se les comienza a caer hasta finalmente quedarse con pelo corto que no solo les hace lucir más brillosos sino más delgados y musculosos. A los caballos que el pelo no se les ha caído, cuando empiezan a jugar en la primavera, la costumbre es pelarles a rape el cuerpo entero. Esta yegua que le habían dado a Ali Babá todavía no había pelechado, término argentino para indicar que no se le había caído la pelambre invernal y tampoco había sido pelada. Ali Babá, con una ausencia de entusiasmo nada disimulada, decía que ese caballo no le gustaba. Eduardo Moore le decía que era muy buena yegua, que la probara. «No me gusta», repetía. «Fenómeno que no te guste... para de joder, móntate y juégala. Si no te gusta, no te la damos para jugar más». «Me niego a comprar esa yegua. No me gusta nada». «No la compres. Móntate». Mirándola con inocultable desdén, Ali Babá se montó y jugó el *chukka* en la yegua. Al terminar, se bajó y sin ocultar su soberbia inquebrantable, anunció a todos, con sorna y petulancia: «Es un bodrio. La odio. No sirve para nada». Y añadió con un rechinar de dientes saudita. «No quiero volver a ver esa yegua».

El partido de práctica continuó, desde un principio se había planeado jugar ocho *chukkas*, o sea quedaban siete *chukkas* más. En el octavo *chukka* le trajeron una yegua que estaba pelada, brillosa, pulida y reluciente. Era una belleza; con el porte de una mujer consciente de ser hermosa y que le gusta que la observen. La jugó y le encantó. Ensoberbecido con su éxito le dijo al Gordo Moore, en contra de nuestro previo acuerdo de hablar de todos los caballos antes de comprarlos, que esa yegua se la llevaba para los Estados Unidos. Sin duda la compraba. En cuestión de caballos, Ali Babá tenía poco talento pero gracias a Dios una enorme cantidad de vanidad para ocultarlo. Le habló al Gordo Moore, uno de los expertos mundiales en problemas equinos con cierta condescendencia irritante, explicándole que esa sí le gustaba. Lleno de orgullo, con lamparones de sudor en las axilas, aire de archi convencido y celebrando él mismo su astucia, comentaba con más ínfulas que un catedrático de la Sorbona el haber descubierto al fin una buena yegua. Que le gustaría probar otras como esa. El Gordo, con amistad cordialísima aunque epidérmica, le dio la razón y con una demostración de humildad acordó vendérsela. Si el burriciego hubiese preguntado no hubiese quedado otra alternativa que informarle un secreto a voces: era exactamente la misma yegua del primer *chukka*; recién pelada, rasurada, rasqueteada, y por supuesto, bien cepillada para sacarle brillo. Su actitud recordaba la de un enorme atún atrapado por un pescador experto.

El trato con el Gordo Moore, iniciado en aquella primera visita del año 1982, con el tiempo llegó a ser entrañable. Al evaluar la amistad es importante no limitarse al valor intrínseco de su lealtad, generosidad, honestidad y afecto sinceros, durante aquellos años de roce social y deportivo. También como resultado de ese compañerismo, pude estar siempre muy bien montado, debido a la excelente calidad de caballos que él vendía. Los argentinos dirían remontados, dejando la impresión de que eliminan el «quete» de requetemontado. Añadirían que estaba montado en flor de yeguas. Año tras año le compraba caballos que traía desde Nueva Escocia a Palm Beach y después de que se aclimataban durante seis a nueve meses, los jugaba con muy buenos resultados. Los precios que cobraba el Gordo Moore dejaban margen para poder ser revendidos más caros a otros profesionales quienes, a su vez, se lo revendían a sus patrones. Los patrones que compraban en las reventas veían jugadas que hacían los polistas en esas yeguas, que ellos imaginaban luego poder hacerlas igual, pensando, claro está, que se debía al equino. Pero volviendo al Gordo Moore, lo que comenzó como una relación de amistad, con el tiempo se convirtió también en una gran confianza que cruzó a la parte comercial. Garantizaba los caballos que vendía, con apenas ocasional y cada vez menos frecuente malpaso, por parte de ambos, pero nunca malintencionados.

Un ejemplo de malpasos por parte del Gordo, fue una yegua comprada en Nueva Escocia que llegó a Miami destendonada de manera inexplicable. Después de haber sido yo la última persona que la jugó en Nueva Escocia, a la mañana siguiente de haberla jugado, cuando lógicamente se hubiese notado el daño en el tendón con signos de inflamación, temperatura elevada y trote manqueando, el veterinario que la examinó la pasó, es decir, la declaró sana, en condición de ser vendida, y firmó los papeles que le permitirían ser exportada a los Estados Unidos. El Gordo, al oír del problema, sin pedir explicaciones y fiel a su palabra, ofreció reintegrar todo el dinero de vuelta o de preferir una opción diferente, reemplazar la yegua destendonada por una yegua nueva que él u otras personas la seleccionarían de entre las que había en Nueva Escocia. Dejando que el Gordo hiciese la selección, a las dos semanas llegó a la finca en Wellington, flor de yegua. Una maravilla de atleta equino que se volvió una de las favoritas por años. Esa clase de comportamiento fuera de serie en el mundo hípico, engendra una confianza insólita. Confiaba en el Gordo completamente y todos los caballos que compraba en Argentina venían de Nueva Escocia. Cuando alguien preguntaba sobre caballos argentinos, le recomendaba que fuera a ver al Gordo Moore. Llegó a tal nivel la amistad, que en una visita y después de concluir el proceso de selección —a la hora de pagar— el Gordo no cobró una yegua insistiendo en que la aceptara como regalo pero que no se lo dijera a nadie.

Desde su juventud, el Gordo Moore había elegido a un segmento de la población de su patria para dedicarles sus obras benéficas y protegerlos: a los más indefensos. Desde muchos años antes de que comenzaran mis viajes a Carlos Casares, el Gordo Moore se venía responsabilizando con el bienestar de los niños enfermos de padres con necesidades económicas, mediante un preventorio. Hay cosas que una vez escritas toman un cierto tufo melodramático pero, sin embargo, hay que decirlas aunque se trate de un tema común en países sudamericanos: el cariño entre hombres. Por ejemplo, mi relación de amistad con el Gordo adquirió solidez y seriedad, entre otras cosas, por el enternecimiento de este ante ciertos acontecimientos que ocurrieron a causa de la llegada de un circo llamado Taconi y Taconito al pueblo de Carlos Casares. Una mañana, en que no había práctica de polo a causa de los aguaceros de la noche anterior, salí del Sheraton vestido con ropa deportiva apropiada para hacer mis ejercicios vasculares, lo cual me ayuda a mantener mi condición física ya que, como dicen los argentinos, no solo los caballos sino también los jinetes deben de estar puestos. Repleto, después del usualmente sabroso desayuno, con una temperatura perfecta para correr, iba trotando con aire de atleta, acompañando el encanto mañanero de los cálculos matemáticos de las toxinas que quemaba durante aquel ejercicio. Al pasar por una plaza en Carlos Casares tuve dificultad para atravesarla a causa de un grupo de camiones rodeado de obreros que levantaban una carpa de circo. Al verme observando a una mal vestida tribu urbana que trabajaba con la carpa, voluntariamente algunos de sus miembros me explicaron que eran el circo y se preparaban para una función esa misma tarde. En Carlos Casares se quedarían para dar dos funciones y la última sería esa misma noche. A la mañana siguiente viajarían para instalar su carpa y hacer otras funciones en el próximo pueblo de su itinerario, aunque aclararon que su itinerario era flexible. «Sí, hombre, sí. Claro que sí. Con muchísimo gusto». Por supuesto que sí que estarían dispuestos a llevar al circo a Nueva Escocia. No fue ninguna hazaña llegar a un arreglo económico de precio módico. Después de todo, excluyendo a los perros, el circo no tenía animales carnívoros temibles. Eran todos herbívoros. El más temible era un burro que pateaba. No como parte del show, sino que pateaba por animadversión, antagónico y hostil, o sea, por hijoeputa. No fue nada difícil lograr convencerlos para que vinieran a dar un show en Nueva Escocia con carpa, animales y payasos. Los párvulos del preventorio fueron invitados y se les envió un autobús alquilado para que pudiesen participar de un asado y ver la función de circo. Su alegría y entusiasmo le dio un matiz de encanto infantil inesperado y maravilloso a la velada. El Gordo Moore ofreció las gracias en nombre de todos los concurrentes, añadiendo una observación personal. Dijo que a Nueva Escocia todos venían a buscar, pero que esa noche había caído en cuenta de que algunos también venían a traer y admitió que ese gesto lo había sacudido. La presencia del circo se volvió una celebración anual y tanto los gastos del circo como el asado de la cena de los chicos del establecimiento infantil lo pagaba la oficina del Gordo, cerciorándose de jinetear, es decir, proteger mi dinero a la hora de ser presentadas las facturas por el circo y demás. Luego era añadido a la cuenta. No era mucho dinero, pero sí era divertidísimo. Como el Gordo Moore vendía caballos al mundo del polo en todo el globo terráqueo y los caballos iban acompañados de sus empleados, casi todos oriundos de Guanaco, en canchas de polo de los lugares más inesperados y durante décadas, oiría entre jóvenes del polo procedentes de esa zona de Carlos Casares, Pehuajó y Guanaco: «Ese es el que llevaba el circo».

Las cenas diarias eran eventos sociales en los que participaban todos los que estaban de visita, así como los chicos, asistentes y pilotos. Terminaba todo el grupo junto, sentado en mesas grandes. Unas noches cenábamos en la casa de Carlos Casares, otras, quizás en el comedor del hogar matrimonial del Gordo Moore junto a su señora e hijas; de vez en cuando al Gordo se le ocurría pedir que se cocinaran asados al lado de la matera; a veces en el restaurante de un hotel en Pehuajó, en fin, en lugares que cambiaban la onda y contribuían a paladear el espectáculo. Lo mismo se encontraba uno sentado al lado de un príncipe saudita, que de un miembro de la nobleza británica, del hijo de un dictador tercermundista, de un domador de padrillos, un manager de grupos de rock londinense de fama internacional, un paquistaní cristiano, un príncipe malasio, un entrenador neozelandés, o un billonario australiano. Nunca se sabía quién iba a aparecer en Nueva Escocia, con o sin invitación. Los nuevos conocidos se descubrían por su comportamiento correcto, medido y consciente de la clase social de cada uno de los comensales. Los que eran amigos del Gordo sabían que detestaba la hipocresía, ensoñaciones aristocráticas y comportamiento burgués. Lo que buscaba era divertirse. Era un jaranero incurable que trataba a todos por igual, pero eso no evitaba que los novatos en el deporte trataran de impresionarlo con lo importante que eran ellos en su comunidad; algo difícil cuando la comunidad a la que el individuo se refería estaba en otro hemisferio ya oscuro, de noche y todo dormido por causa de la rotación terráquea. Si se jactaba de tener cierta posición social en su comunidad foránea, sus esfuerzos menguaban al darse cuenta de que el que estaba sentado frente a él se parecía mucho al familiar relacionado con la reina de Inglaterra; que salía tan frecuentemente en la prensa y magazines sociales por haber sido fotografiado por los paparazzi con un brazo alrededor de princesas, modelos y actrices bellísimas. No es que se pareciera, sino que era el mismo, sin dudas, que se habían acostumbrado a ver en las fotos. Si la idea era vanagloriarse de su posición económica, tampoco duraba mucho ese plan, al darse cuenta que el mofletudo que le pasó el pan era un billonario australiano a quien le resultaba aritméticamente imposible gastar todo su dinero. Pero a uno se le podía arrugar el corazón de ternura, al observar cómo año tras año se aparecía alguno que otro recién llegado, quien llevando a cabo una actuación que era un secreto a voces, dejaba ver que maniobraba con los deseos de impresionar a los que allí se encontraban reunidos.

Durante una cena nocturna en aquellos días de la primera visita a Nueva Escocia, el Gordo Moore explicó que uno de los entrenadores se había dedicado a concentrar todas sus energías en cierto experimento equino que se le había ocurrido. Se trataba de hacer caballos de polo, usando como materia prima unos padrillos, o sea, caballos machos garañones. Esto tenía un doble propósito, ya que primero que todo se trataría de obtener un buen caballo de polo y de tener buenos resultados; luego lo cruzarían para sacarle cría con las yeguas buenas. El entrenador fue presentado como

Germán von Wernich. Germán fue el que tuvo la gentileza de explicarme en privado el concepto de ordeñar autos, algo que se practicaba en la hacienda del Gordo, comportamiento, sin duda alguna, ideológicamente cuestionable por cualquiera que lo escuchara por primera vez en su vida. Una vez sumergido en ese mundo, se transformó en una práctica normal que formó parte del vocabulario cotidiano. Se trataba de lo siguiente: Los visitantes a Nueva Escocia, individuos con cierta solvencia económica, rentaban autos en el aeropuerto de Ezeiza con el propósito lógico de usarlo para transportarse durante su estadía en el país. Yo, por ejemplo, había alquilado un auto que el Nene Zimmerman había manejado para llegar a Carlos Casares y antes de llegar a la casa del Gordo Moore, aquella primera noche, había tenido que parar a llenar el tanque de gasolina. A la mañana siguiente el auto llegó con el tanque prácticamente lleno a Nueva Escocia, donde estuvo estacionado sin ser movido en ningún momento hasta llegar la hora de regresar de vuelta a Carlos Casares. Llegado ese momento, la aguja en el tablero de mandos automovilístico indicaba algo ilógico: el tanque estaba otra vez casi vacío. ¿Por qué? ¿Cómo pudo haber sucedido eso si yo no había tocado, ni movido, ni mucho menos prestado el auto? Muy fácil. La explicación era que había sido ordeñado —con la autorización del Gordo Moore— para que uno de sus pilotos tuviera suficiente gasolina como para poder llegar a las clases universitarias en Buenos Aires y volver a montar sus caballos al día siguiente. De no ser así, hubiese llegado de Buenos Aires al día siguiente, no solo apestando a fondillo autobuseado sino tarde para hacer su laburo. Germán contestó a mi ¿qué pasó? muerto de risa pero apenado por no haberme avisado con anticipación, «¡Te ordeñaron el auto!». Era víctima de una tercera novatada. Me estaban poniendo a prueba, a ver si iba a andar. El recurso era como dicen los argentinos retar, o en caso de inclinarme a algo aún más agresivo que sería, por ejemplo, encarármele como en un baile intimidatorio de gorilas y combinando indignación y perplejidad, proceder a putearle al Gordo Moore por autorizar el ordeño. Las dos opciones iban en contra de mi intuición. Opté por nunca más llenar el tanque de gasolina a menos que fuese el día antes de las clases universitarias del piloto estudiantil, quien por cierto era muy buena persona, además de simpático. Los argentinos dirían de él que era gauchito.

Germán era un muchachón alto, fornido, monolingüe, de sonrisa fácil, piel muy blanca con pecas, pelo claro y facciones teutónicas. Todo lo opuesto del argentino que viene ya de fábrica con su pelo negro y ojos oscuros elocuentes. No es difícil imaginar que su descendencia genealógica tuviera orígenes en los aguerridos oficiales alemanes que lograron escapárseles a los Aliados al final de la Segunda Guerra Mundial, rehusando entregarse después de pelear hasta que se les acabó la última bala.

Germán delataba ciertas procedencias patricias dadas al von, así como también a su presencia física imponente, fuerza extraordinaria, absoluta honestidad y dulzura sorpresiva. Sus manos y pies eran grandísimos, pero suaves como la seda cuando montado a caballo daba espuela con solo el uso de las piernas y riendas. Era un jinete natural, trabajador infatigable y su sonrisa perenne era realmente una invitación a dejarse conocer mejor. El Gordo Moore, quien era muy certero al juzgar a las personas, le tenía mucho cariño e inequívocamente depositó en Germán su total amistad y confianza.

Los polistas internacionales en el año 1982 compartían un secreto del que nunca hablaban para no profanar el sagrado cliché del macho que juega al polo y mucho menos se les ocurrió hablar del tema con los que no eran polistas. El Gordo Moore lo compartió conmigo poco después de conocerlo en aquel primer viaje: El Pantyhose. Debajo de esos pantalones blancos y botas resplandecientes los polistas usaban Pantyhose. Algunos preferían usar calzoncillos largos, típicos del mundo de los esquís y la nieve, pero en lugares donde había temperaturas tropicales resultaban demasiado incómodos, ya que si además del ejercicio cardiovascular que requiere el polo, se le añade el calor y la humedad, unos calurosísimos calzoncillos largos por debajo de los de por sí ya suficientemente gruesos pantalones de montar, terminan causando las condiciones apropiadas para hervir huevos. El Gordo Moore recomendó que usaran Pantyhose para resolver un irritante problema, al notar que los interiores de las rodillas las tenían tan raspadas que sangraban en carne viva. La manera en que el jinete se agarra a la montura es con las piernas y hay gradaciones de presión al aferrarse a la montura. Por ejemplo, para pegarle con el taco a una bocha que quede lejos de la dirección hacia donde está corriendo la yegua, a veces es necesario extender el cuerpo todo lo posible que permitan el atletismo y la valentía del jinete para descolgarse de la montura. A veces las distancias requieren extenderse de la montura con casi todo el tórax paralelo al suelo para poderle pegar a la bocha. El jinete, en ese caso, necesita usar toda la presión que le permitan los interiores de las rodillas, en contra de la montura inglesa de cuero, para poder mantener el equilibrio sin caerse del animal que está corriendo a toda velocidad. Este tipo de movimiento se realiza varias veces durante el partido. El roce de la tela de los pantalones blancos contra la piel y la montura termina irritando la piel del jinete, la cual en esa zona del cuerpo es sensible y vulnerable a romperse con la fricción repetitiva. Otro uso importante del interior de las rodillas es el de presionar al animal con las piernas para de esa manera mover abruptamente a una yegua durante el partido —lo cual resulta más eficaz que mediante el uso de las riendas— con el objetivo, por ejemplo, de chocarla contra otra y con la justa precisión de tiempo, para lograr que mueva a la yegua del contrincante de la línea de la bocha e interfiera, así, en el momento justo para estorbar la jugada del equipo opuesto. Para sincronizar el cálculo del momento más oportuno, con la acción equina, es imprescindible usar las piernas. Todo este uso frecuente y violento de ellas se realiza con el interior de las rodillas. Después de haber jugado varios partidos en días seguidos mi piel parecía un forro de pelota de baloncesto sangrienta, así es que el Gordo me ofreció como gesto de solidaridad uno de sus Pantyhose. De ahí en lo adelante cada vez que volvía a Argentina le traía de regalo un surtido de Pantyhose de reemplazo que le entregaba personalmente. Hacíamos una especie de contrabando masculino secreto, no identificable con precisión, pero en el cual yo le entregaba, con aire de conspirador y envuelto en papel para que no se viera el contenido, y preferiblemente cuando no hubiera nadie presente, todo un avituallamiento. Hoy en día, en el principio de la segunda década del segundo milenio, la ropa deportiva ha sufrido cambios considerables. Hay numerosas telas sintéticas que ofrecen cómodas alternativas al uso de Pantyhose para jugar al polo. Las opciones son telas livianas, suaves como la seda, que absorben el sudor y ofrecen la muy deseada protección contra la irritación. Por supuesto, esa alternativa no existía en el año 1982 y por lo tanto la manera más viable de tolerar la fricción de la montura era mediante el Pantyhose.

Germán no usaba Pantyhose. Tampoco usaba calzoncillos atléticos. Usaba los calzones estilo «abuelo-cómodo», que cuelgan hasta las rodillas como bermudas, lo que explica la suavidad con que montaba. Su naturalidad en el animal era tal que funcionaban como uno. Todo lo que llevaba dentro de sus espacios privados debajo del pantalón se adaptaba con tal suavidad a los movimientos equinos que no había roce, al menos es la conclusión lógica que se derivaba. La única vez que a Germán se le vio en ropa interior fue cuando llegó con un cargamento de caballos de Nueva Escocia que el Gordo Moore le mandaba a uno de sus compradores en Texas. Llegaron por avión a Miami en medio de un verano calurosísimo y con su típica desubicación hemisférica. Léase, cien grados de temperatura ambiental, mucha humedad y los caballos con pelo listo para enfrentarse a vientos gélidos invernales, lo cual quiere decir pelambre equina larga. Los caballos sudaban bajo sus abrigos naturales parados en los establos, a pesar de que lo ventiladores se mantenían encendidos en su máxima potencia, por lo que hubo que pelarlos enseguida para evitar que se enfermaran. Por consiguiente, a los pocos días de llegar, Germán se quitó toda la ropa y rasuró a todos los caballos, quedándose él, a su vez, bañado en sudor y cubierto por la pelambre equina. Parecía un oso. Al verlo en ropa interior geriátrica y preguntarle si usaba Pantyhose se produjo un intercambio de sonrisas nerviosas, pero nunca contestó. Indudablemente se preocupó por la dirección que tomaba el tema al verlo en paños menores.

Durante aquellos días de la primera visita a Nueva Escocia hubo oportunidad de probar docenas de caballos y jugar casi cien *chukkas* de polo competitivo. Al final fueron seleccionados los caballos que prometían mejorar nuestra colección privada de atletas equinos y que nos daban la esperanza de ameritar una subida del *handicap* que otorgaba la United States Polo Association, más conocida como la U.S.P.A.

Cuando el día antes de regresar a Palm Beach llegó el momento de arreglar cuentas con la tenedora de libros del Gordo, Silvia Manfrino, resultó ser que el efectivo que Glenn había traído para comprar caballos en el transcurso de una imaginada travesía por las pampas, y por supuesto, ni hablar del dinero robado, había resultado ser no solo innecesario sino que además insuficiente. Por un lado el Gordo prefería recibir un cheque que depositaría en una cuenta en Nueva York y por otro se me había ido la mano comprando más caballos de los que había planeado. La eficiencia de aquel supermercado equino era extraordinaria. Los caballos fueron fotografiados; examinados por el veterinario, y *pichicateados*, palabra argentina que se usa para describir el uso de jeringas con agujas, no solo para inyectar sino también para extraer sangre y así comprobar la ausencia de piroplasmosis, lo cual interferiría en su entrada a los Estados Unidos. Se le entregó en Carlos Casares un cheque de un banco de Palm Beach, preparado y mecanografiado para poder ser firmado. Registros de reportes bancarios confirmarían que el cheque había sido depositado en Nueva York al día siguiente, en menos de veinticuatro horas. ¿Cómo? Ni idea. Nadie se lo explica.

Los caballos argentinos preparados para ser exportados, viajarían por avión a Miami donde tendrían, por ley, que permanecer en cuarentena durante un período de más o menos diez días. El Gordo mandaba los caballos todos juntos y preferiblemente acompañados de uno de sus entrenadores o pilotos. El pasaje del entrenador en el avión era gratis, pues el acuerdo con las aerolíneas era que iba cuidando a los caballos. La realidad es que era importante que alguien acompañara a los caballos en el compartimiento de carga del avión ya que si algún caballo enloquecía durante el trayecto, podía ser temporalmente pichicateado con tranquilizante o, en caso extremo, quedaba la solución final de la eutanasia. El avión iba lleno de caballos, así es que tener un petisero por cada lote de caballos era una exageración de empleomanía equina, pero a la vez una manera de transportar pasajeros gratis a los Estados Unidos. Se rumoraba que había alguna coima de por medio. Al llegar a los Estados Unidos, el Gordo les conseguía a los custodios equinos aéreos un trabajo que duraría más o menos lo que duraría su visa. ¿Por qué? Pues porque en los Estados Unidos eran pagados en dólares y el sueldo lo fijaba el Gordo. La combinación del viaje y un sueldo más alto del que les era posible ganar en Argentina era un emolumento. Remuneración adicional, parecida a un bono o aguinaldo navideño que recibían los entrenadores como premio a sus buenas labores con el Gordo. Como dicen los argentinos... por haber hecho un buen laburo. El Gordo ofreció mandar a Eduardo Ramallo, uno de sus entrenadores para que viajara con los caballos que yo había comprado en el avión. A pesar de que ya Almendares tenía suficiente empleados, una vez que tuve oportunidad de observarlo detenidamente en su trato con otros empleados, así como desenvolverse en la montura con caballos complicados que requerían instrucción privada esmerada, acepté contratarlo de inmediato. Era una maravilla de jinete con un trato suave y fácil, tanto con las personas como con los caballos.

El problema de comprar caballos argentinos es la aclimatación. Los caballos que había comprado llegarían a los Estados Unidos en noviembre y los primeros torneos de polo en la Florida eran a principios de enero. El hemisferio sur recibe el mayor calor de verano en enero, justo cuando la Florida está en medio del invierno. La desorientación de los caballos recién llegados se debe a que aterrizan en un clima opuesto al que dejaron al despegar, el de en un invierno argentino en el cual el pelo les creció para protegerse del frío de las pampas pero ya estaban soltando el pelo pues sus organismos estaban equiparándose con los primeros días de primavera. Sin embargo, el noviembre estadounidense es el equivalente del mes de mayo argentino. Esos primeros caballos que le había comprado al Gordo no demostraron lo que habían sido en Nueva Escocia hasta el siguiente verano. Los caballos que llegan de Argentina no se deben jugar por lo menos durante seis meses, preferiblemente un año, porque llegan desorientados, con falta de fuerza y desganados. Hay quienes los juegan por necesidad pero lo hacen corriendo un alto riesgo de lesionarlos, tanto física como mentalmente. En este último caso es como si se enloquecieran y se les denomina rayados. Un caballo rayado es como un disco que nunca más llegará a ser lo que una vez pudo ser. Hay algunos que se les alteran no solo el organismo sino también el sistema nervioso. Los hay que se niegan a jugar al polo no obstante haber demostrado una magnífica y consistente aptitud durante las ocasiones que jugaron en partidos argentinos. No hay manera de lograr que entren a la cancha. Otros entran a la cancha pero se niegan a hacer lo aprendido; otros corcovean en momentos claves, cuando por ejemplo el polista está extendido para llegar a una bocha que queda lejos. Lo hacen con toda mala leche, para provocar la caída del jinete. Había gastado demasiado dinero comprando los caballos como para ignorar los riesgos y malgastar la inversión. La decisión fue la de optar por la prudencia y darle tiempo al tiempo.

Cuando los caballos fueron por fin puestos en libertad por las autoridades que los habían retenido en la cuarentena que requería el gobierno estadounidense se soltaron a descansar en potreros, para que hicieran su vida y de esa manera facilitar su aclimatación. Eso quería decir que Eduardito, el petisero que los había acompañado en el viaje aéreo, no tendría mucho que hacer con los caballos que supuestamente había traído para cuidar y preparar en función de la temporada. Sin embargo, yo ya tenía otros planes para él. Durante aquella visita a Nueva Escocia nació la idea de aprovechar sus conocimientos adquiridos allí para emplearlos en rectificar el comportamiento de otros caballos, animales que durante los años habían acumulado malas mañas, con la intención de probar el resultado que pudiera dar aquel proceso: Los resultados fueron increíbles. Por cierto, los caballos que se habían traído de Nueva Escocia se aclimataron fenomenalmente bien, lo cual se demostró cuando salieron a jugar en la cancha el próximo verano y aun mejor en el siguiente invierno. Mientras que los primeros caballos comprados en Nueva Escocia se aclimataban sueltos en potreros, el entrenador ayudó a corregir el comportamiento equino de los caballos americanos. La buena experiencia y, mejor todavía, la excelente amistad que resultó de aquella primera visita causaron que se volviese una costumbre visitar al Gordo Moore en Nueva Escocia por lo menos una vez al año, principalmente en octubre, aunque a veces iba en mayo también y en ocasiones le llevaba jugadores para que le compraran caballos. El Gordo, a su vez, era contratado para jugar en Wellington durante la temporada, así es que nos veíamos a menudo; jugábamos en equipo, a veces como contrarios; cenábamos juntos, conversábamos con frecuencia y, de esa manera, la amistad se consolidó cada vez más, llena de afecto y confianza.

Tres años después de aquella primera visita a Nueva Escocia, mientras cenaba con el Gordo, salió a relucir el hecho de que en mi vida profesional de abogado tenía la representación de una familia de origen francesa que vivía en Ginebra, quienes, a su vez, eran los accionistas en control de la empresa multinacional conocida por el nombre de Cartier International. No solamente eran mis clientes sino que éramos muy amigos. Conversando se nos ocurrió que quizás la empresa Cartier pudiera interesarse en algún concepto de publicidad que les funcionara a ellos, siempre y cuando, estuviese de acuerdo con patrocinar un equipo de polo. El Gordo Moore sugirió preguntarles a mis clientes si aquella idea no les parecía perfecta y, claro está, si decían que no, me tocaba a mí convencerlos de que era una idea extraordinariamente buena. Después de abordar el tema al Chairman de Cartier, el señor Joseph Kanoui se mostró interesado en ayudar a conseguir el patrocinio de la empresa. Al ser no solo un accionista sino además presidente de la Junta de Directores, se vio obligado a explicar con honestidad que por razones de política interna y cultura corporativa él no podía influir en la decisión ejecutiva del presidente de la compañía, pero sí podía hacerle la propuesta a la directiva de la corporación. Es decir, nos animaba a seguir con la idea, ofreciéndonos la oportunidad y explicando cómo llevarla a cabo. La idea era que él concertaría una cita para que se le hiciera la presentación directamente al señor Alain Perrin, presidente de Cartier en Nueva York. Una vez organizada la cita y ser avisado, Eduardo Moore voló desde Buenos Aires, acompañado de su secretario Alejandro *Nene* Zimmerman y yo vine de Palm Beach, acompañado de Alex Webbe, quien actuaría como representante de una firma de relaciones públicas contratada para el proyecto.

El día de la cita nos encontró a todos trajeados con cara de empleados del ministerio de hacienda de un país tercermundista, recién ascendidos de título pero sin recibir un aumento de sueldo, con exceso de esperanzas, encorbatados y emperifollados en el Hotel Plaza, frente al Parque Central, desde donde se podía ir caminando hasta las oficinas de Cartier. En el salón de recibo, donde se debía de esperar la hora de la entrevista, había cámaras de video apuntando en dirección a las sillas adonde esperábamos. Por la manera en que se observaba el movimiento de las cámaras, era fácil determinar que se movían por control desde algún panel con ubicación remota. Desde que entramos al salón de recibo, los lentes comenzaron a moverse en dirección hacia la comitiva de polistas suplicantes de dinero. De ahí no se movían a menos que alguno de la delegación se parara y caminara por la habitación de espera. No obstante haber prevenido al Gordo Moore de que la vigilancia electrónica lo seguía por donde quiera que estuviese en la habitación, el esfuerzo fue infructuoso. Desdeñando consejos y replicando con frases que parecían enigmas, no hubo forma de disuadirlo, y mediante sonrisas y comentarios ambiguos no se dejó ni desanimar y mucho menos intimidar. Se puso hacerle muecas a las cámaras tratando de inventar un mito colectivo de que esos aparatos de video estaban instalados ahí solo para acobardar pero que seguro no había nadie prestándoles atención. Cuando por fin llegó el momento de ser pasados a las oficinas del presidente de Cartier USA, fue obvio que el Gordo se había equivocado. Antes de entrar al despacho del presidente había una antesala con gente uniformada y, por cierto, también armada que quitó la mirada de sus pantallas en el breve instante que necesitaron para fulminar a nuestra comitiva angelical que entraba con cara de domingo. El sentirnos mirados como una plaga de crótalos no nos pareció un buen presagio.

El señor Perrin esperaba a nuestra comitiva de pedigüeños sentado en su costosa oficina llena de muebles con diseño estudiado para rendirle honor al nombre de algún monarca francés ajusticiado y asesinado por sus súbditos. El Gordo, al sentarse frente al escritorio del señor Perrin, cruzó la pierna, lo cual permitió que todos nos quedáramos helados al darnos cuenta de que para colmo del desatino, tenía un huraco enorme en el calcetín negro. Se le veía a través del agujero la piel pálida como nalga de monja, típica de polistas que viven y mueren con botas de montar que les llegan hasta las rodillas y que nunca van a la playa. No obstante esta distracción, asumí el papel de parte aguas de la comitiva, e inicié la presentación sin más interrupciones que alguna u otra pregunta que se le ofreciese hacer al señor Perrin. El semi monólogo requería que con frecuencia aludiera a las magníficas cualidades del señor Eduardo Moore: Diez goles en Inglaterra; amigo de la reina Isabel por vía telefónica; del príncipe Felipe y de su hijo el príncipe Carlos; simpático; atleta extraordinario; conocedor de caballos; jugador magnífico con mucha pericia y habilidad para el deporte de polo; compañero de equipos y amigo del sultán y/o rey de Brunei, y otros tantos atributos… En esta presentación, cada vez que la atención se dirigía a Eduardo Moore lo que hacíamos todos era mirarle el hoyo en el calcetín. Nadie miraba la sonrisa del Gordo, quien con locuacidad, exuberancia, y sin ánimo de ofender, interrumpió para dirigirse al señor Perrin: «¿Me presta su pluma de tinta?». «Sí, como no». Se levantó, cruzó el espacio que lo separaba del escritorio, agarró la pluma, se sentó y comenzó a dibujarse con tinta negra la piel que el hueco del calcetín permitía verle. Mientras continuaba hablando, el Gordo dibujaba y soplaba para secar la mancha de tinta y el señor Perrin apenas oía la presentación. El ejecutivo quedó patidifuso pues el punto de mira era el calcañal del Gordo. Cuando terminó, se levantó de su asiento, devolvió la pluma al tintero sobre el escritorio, se volvió a sentar y, por supuesto, volvió a cruzar la misma pierna. Verificó que le había quedado bien relleno su dibujo y como si aquí no hubiera estado pasando nada, le preguntó al señor Perrin —con tono general de ¡ciñámonos al tema!— que si la idea era organizar una campaña de polo europea a la vez que estadounidense, eso requeriría muchos caballos y él vendía.

La mirada desacoplada del señor Perrin lo delataba. No tenía la más remota noción de lo que se le había dicho pues solo había estado mirando al Gordo en su proceso de tratar de obtener un mono cromatismo de la piel con el calcetín. Para que el señor Perrin pudiera tener una idea de lo que había explicado, iba a tener que empezar de nuevo y ya era obvia la frialdad urbana que reinaba en aquella habitación y las señales de que nuestro tiempo ya estaba agotado ante el silencio existente. Solo quedaba intercambiar palmadas en la espalda, recibir insufribles e insinceros deseos de bienestar para toda la familia mientras todos caminábamos hacia la puerta de salida de la oficina del Sr. Perrin con rapidez. En el orden en que llegábamos en fila india, uno por uno éramos despedidos a medida que íbamos saliendo. Cartier, por cierto, nunca patrocinó el equipo. Llevaba años patrocinando otro equipo de polo que radicaba en Texas y el equipo no ganaba casi ningún partido ni mucho menos torneos, pero el interés de Cartier era de difusión, de identificar su marca con el deporte de reyes. A Cartier le funcionaba la relación económica dado que el patrocinio anual ascendía a solamente veinte mil dólares, lo cual no alcanzaba ni para comprar un buen caballo. Aunque el respaldo económico era escaso, no así lo era la asistencia que surtía la empresa, al facilitarle al equipo y a sus jugadores objetos publicitarios como banderas, camisas de torneo, gorras, abrigos, y eventos sociales como cocteles o fiestas bailables donde servían bebidas y pasa bocas para atraer a la alta sociedad, y de esa manera crear un ambiente atractivo a sus miembros, que son los que, al fin y al cabo, compran joyas caras, y también para facilitarle a la prensa internacional el acceso al equipo, a los jugadores y a los caballos. Al patrón del equipo Cartier no le interesaba tanto que le dieran dinero como lo que le brindaba la atención pública que Cartier le proporcionaba. Dinero ya tenía de sobra. En nuestro caso la idea era otra. El plan era usar el dinero de Cartier para organizar un equipo bien montado, con excelentes jugadores, y no solo competir en los Estados Unidos sino también en Europa. ¿Quién sabe si en el Abierto Argentino también? El Gordo Moore había presupuestado que el equipo necesitaría no menos de veinte caballos y eso era solo para jugar la temporada de invierno en los Estados Unidos. Había un segundo y mucho mayor costo para el verano en Gran Bretaña. El problema con Cartier no fue el calcetín del Gordo Moore sino más bien falta de interés por parte de la empresa internacional, la cual no tenía ningunas intenciones de gastar al nivel presupuestado por una organización bien preparada a ganar bajo la dirección del Gordo.

El Gordo Moore era uno de los mejores jugadores de polo del mundo. Durante su larga carrera de jugador profesional, ganó innumerables torneos en canchas no solo estadounidenses, argentinas y británicas, sino también de Francia, Brunei, España y Australia. Sus conocimientos equinos eran enciclopédicos. Era un hombre cumplidor de su palabra, con honestidad intachable y simpatiquísimo. Sin embargo, su cualidad más sobresaliente era la de ser muy buen amigo. Sus tentáculos sociales internacionales eran extensos y se enorgullecía de poder usarlos para ayudarlos a ellos. Insistía en que sus amigos lo fueran, a su vez, entre sí y que se ayudaran. Una vez que uno era amigo del Gordo Moore se convertía en amigo de todos sus amigos. Él requería esto con insistencia. Cuando encontraba que una amistad importante suya estaba en dificultades, la trataba de ayudar. Winston Churchill fue una persona que acostumbró al mundo a recordarlo como un señor serio, inteligente, mayor de edad, calvo y rollizo. Pocos lo identifican con sus años vitales de agresivo jugador de polo que comenzaron en sus años de juventud y continuaron hasta que cumplió cincuenta y dos años de edad. Jugador comprometido de lleno con el deporte, tanto en las canchas de Gran Bretaña como también cuando estaba en la India como oficial británico con el Cuarto Regimiento de Húsaros. Winston Churchill comentó una vez que jugar al polo era como tener un pasaporte para viajar. Eso es tan verdad como que ser amigo del Gordo Moore daba visa de entrada al corazón de una larga lista de sus amistades que estaban diseminadas por todo el mundo.

Durante los pocos días de mi primera visita a la estancia del Gordo, hablamos de unirnos para abrir un colegio de polo en los Estados Unidos. Nueva Escocia supliría los caballos y entre los dos nos haríamos responsables de atraer y organizar el entrenamiento de clientes. Él se entusiasmó con la idea pero los números nunca cuadraron y aquello no pasó de una o dos conversaciones para ver si era factible, pero no lo resultó.

Los empleados, entrenadores y amigos del Gordo Moore eran individuos muy trabajadores, genuinos y sin trastienda complicada. Uno de los jugadores de polo que llegué a conocer, y quien por cierto era socio del Gordo Moore en sus cuestiones de producción agrícola, se llama Alberto Reinoso. Él y su esposa Teresa son encantadores. Francamente nunca caí en cuenta en qué momento de expansión y buena vibra le dije algo que para su manera de entenderlo, aunque nunca fue esa la intención, se volvió un compromiso: Alberto se sintió invitado a formar parte de mi equipo de polo en Palm Beach. No había sido esa la intención, al punto de que una vez yo en los Estados Unidos, otro jugador argentino llamado Benjamín Araya fue invitado a jugar en el equipo para ese mismo torneo. El contrato con Benjamín, quien a su vez también era vendedor de caballos, era que él jugaría en el equipo a cambio de que le comprase un caballo.

Alberto se quedó con la idea de haber sido invitado y el Gordo Moore, para evitar que su socio se desilusionase, decidió no hacer mención del tema y se hizo responsable de sus gastos. Le pagó el viaje a los Estados Unidos y le permitió jugar en el equipo. Fue todo un desastre, pues el Gordo se ofendió, también Benjamín

239

Araya, y Alberto, ignorante de todo, estaba feliz. No tenía ni idea de lo que había, era un hombre trabajador y de muy buena disposición, y se sentía encantado de pasarse unas vacaciones con su esposa en los Estados Unidos durante los meses de la temporada de polo. El problema radicaba en que no tenía caballos para jugar, por lo que la única alternativa que quedaba era hacer una distribución de los caballos sanos al final de la temporada. Después de meses de torneos largos e intensivos los golpes, rasguños, tendones inflamados y músculos tironeados habían reducido el número que quedaba disponible de la caballada. Para proteger el futuro de los caballos que han sido lesionados, la práctica más prudente es soltarlos a descansar en potreros después de bajárseles las inflamaciones, curárseles los rasguños, etc. Una vez que los caballos jugadores se han soltado a potreros y llevan dos semanas sueltos, comiendo el día entero sin entrenamiento ni ser racionados, se ponen barrigones y fuera de condición por lo que no pueden usarse. Quedaban diez caballos listos para jugar, los cuales nos repartimos. El torneo era por eliminación y nos eliminaron en el primer partido. Todo un desastre y el Gordo Moore se fue esa misma noche para Argentina.

Después de un tiempo que el Gordo consideró propicio, recibí una carta sin fecha firmada por Eduardo Moore que todavía conservo:

Querido Mario:

Muchas gracias por las fotos y los télex que me has mandado. Y por la recomendación que le diste al árabe Rahman Abbar.

Realmente nunca escribí una carta con este sentido, y la verdad es que cuesta un poco; pero como nos mandaste tantas cosas; te voy a responder, no sé si para bien o mal.

Este año quedé bastante desilusionado con varias cosas. Creo que vos mismo te habrás dado cuenta que no fui la misma persona que encontraste aquí. Te voy a decir algunas cosas, que quizás sean bastantes duras. Primero, no puede ser que invites a Alberto Reinoso y Benjamín Araya a jugar el mismo torneo; habiendo invitado primero a Alberto. Y yo manteniendo mi responsabilidad hacia vos, me hice cargo de los pasajes de Alberto y Teresa; chiste, no muy barato.

No nos olvidemos lo que pasó con lo de Cartier, reconozco y sé, que eso fue un poco de mala suerte, pero hay cosas que tenemos que tener en cuenta. Lo del colegio no hablemos; un fracaso total.

Desgraciadamente se ven las cosas buenas, como las malas, que son las que más resaltan y que a la gente le cuesta más olvidar. Le dijiste a Benjamín Araya que le comprabas un caballo, y nunca lo hiciste.

Todo esto te lo digo porque te considero una buena persona, la cual pudiera ser buenísima (10 goles). Vamos a hacer una comparación; por ejemplo, el caballo bueno frena pero da un paso de más, en cambio el caballo buenísimo frena y no da ningún paso. Con esto te quiero decir, que no hay que hacer ni decir cosas, que después no vas a poder hacer o simplemente no vas a querer hacerlas como no tenías por qué invitar a Alberto a jugar un torneo, y después que se complicaran las cosas como se complicaron. Hubiese quedado perfectamente igual sin decir nada. A veces hay que pensar las cosas antes de decirlas; ese es el paso que vos no tenés que dar para ser 10 goles.

Si te digo todo esto es porque te veo como un amigo, no te veo con ojos de comerciante; y creo que para ser un buen amigo y mantener la amistad, hay que decir las cosas buenas, como también las malas que son las más difíciles de decir, o las que más problemas y disgustos traen.

Fíjate que después de decir todo esto, capaz que no me compres ningún caballo pero no me importa. Porque, después de estas cartas, pueden pasar dos cosas, que nuestra amistad se refuerce para siempre o se rompa. Todo depende, como vos lo tomes. Yo te lo digo porque creo en vos, y como un consejo de un amigo.

Sin otra cosa que decirte, quiero que recibas un fuerte abrazo de un amigo.

Eduardo Moore

Toda amistad es un camino imprevisible, lleno de baches y hasta precipicios. Lo que vale es la perseverancia del afecto, así como poder comprobar que no fue equívoca la selección que hicimos. Después de esa carta nuestra amistad se volvió aún más fuerte. Sin necesidad de empeñarnos, con espontaneidad, y antes de permitir que entre aquel hombre siempre eufórico y divertido y yo se alzara una muralla impenetrable, era mejor no hacer el intento de derribarla ni bordearla sino pedirle que me perdonara. Todo se arregló, aunque el Gordo nunca aceptó que le reembolsara el dinero de los gastos de Alberto Reinoso.

Continuando con el Gordo y sus amigos, tenía una lista interminable de estos que acudían a él con frecuencia. Sus cuentos de vivencias eran ingeniosos, entretenidos y concluían con eventos inesperados y simpáticos. Estar próximo a él significaba diversión y cerca del centro de un vórtice del amor hípico internacional. Las mujeres evolucionan convirtiéndose en seres humanos maravillosos, mientras que los hombres, algunos, como en este caso el Gordo Moore, se encuentran alrededor de los catorce años con una manera de ser que les acomoda, les funciona, les gusta y desde ese momento en adelante optan por quedarse con esa manera de ser el resto de su vida. Esa manera de ser del Gordo Moore resultaba muy atractiva, tanto para hombres como para mujeres y de todas las edades y grupos sociales. Esa misma manera de ser es la que creaba una dinámica de grupo notable por su ausencia de pretensiones, no del todo diferente a individuos en sus años formativos, repletos de oportunidades para compartir esperanzas y frustraciones, así como victorias y derrotas, sin permitirse encubrimientos de aspiraciones desmedidas. Ese tipo de oportunidades son las que le permitían al Gordo observar los temperamentos y seleccionar los que a él le iban a andar. De esos formó un grupo, gran parte del cual sobrevive hasta la fecha impactando con su ejemplo y lecciones en esquinas inesperadas del globo polero.

El 20 de septiembre del año 2011 tuve el gusto de recibir la visita de Bernardo Cormick en Palm Beach, uno de los ya no tan chicos del Gordo Moore. Bernardo, ya casado, viajaba acompaña-

do de su bella esposa María Emilia para disfrutar de unas merecidas vacaciones estadounidenses. En el Nueva Escocia de 1982 que
yo conocí, Bernardo había comenzado como cualquier otro de los
aspirantes a profesionales de polo, con la notable diferencia que
pronto dio la talla, demostrando ser todo lo gauchito que se necesitaba, además de serio y responsable, por lo que se convirtió en uno
de los secretarios y de los más allegados hombres de confianza del
Gordo Moore. Logró convertirse en un jugador profesional al demostrar la combinación ideal de saber aplicar los conceptos equinos enseñados en la Universidad de Polo de Nueva Escocia, así
como atletismo en la montura y pericia con el taco. Bernardo me
contó de su agradecimiento cuando el Gordo le consiguió su primer empleo en Irlanda, donde estuvo jugando profesionalmente a
la vez que vendiendo caballos desde el 1981 hasta el 1985. Al enterarse de los planes para este escrito, me hizo el recuento de una
vivencia simpática que podía añadir, con su permiso, al anecdotario del Gordo Moore.

Después de haber estado ya varios meses jugando al polo
en Irlanda, a Bernardo se le ofreció la oportunidad de viajar a Londres en el mes de julio del año 1981. Su plan era ir a ver la Copa
Coronation, sin caer en cuenta al hacer sus planes que coincidía
con un evento de relevancia internacional: La boda de Carlos, el
príncipe de Gales, con Lady Diana Spencer, en la Catedral de San
Pablo de Londres, el miércoles 29 de julio de 1981. Al llegar a
Londres, Bernardo se enteró que el Gordo Moore había sido invitado al casamiento, acompañado de su esposa. La invitación se la
había mandado el novio, quien además de ser el futuro rey de Gran
Bretaña, era un gran amigo y también un buen jugador de polo con
un *handicap* de 4 goles. El Gordo jugaba muy a menudo en el
mismo equipo que el príncipe Carlos, y a la hora de ganar partidos
importantes no era extraño que el Gordo Moore le prestase caballos buenos para mejorar los logros. Ese *handicap* que le había sido
asignado al príncipe Carlos por la asociación de polo británica, en
caso de verse su Alteza Real necesitado económicamente, digamos, por ejemplo, en el caso de haber una revolución y ser destro-

nado, le hubiese permitido ganarse la vida en los Estados Unidos como profesional de polo. Al Gordo Moore y su señora le habían proporcionado una vivienda en Londres, un señor llamado Peter Palumbo quien, cuando no estaba jugando polo en el equipo con él, era uno de los coleccionistas de arte más importantes del mundo. El Gordo llamó por teléfono a Bernardo y le dijo que lo invitaba a su casa en Londres para pasar juntos unos días. Bernardo aceptó gustoso y viajó en su autito alquilado, un Renault 5.

El Renault 5 fue diseñado por un empleado de la compañía automovilística francesa en su tiempo libre. La primera generación del auto salió al mercado en el año 1972 y se fabricó hasta el año 1985 cuando se hicieron ligeros cambios en el diseño de este modelo. El Renault 5 tenía cinco puertas ya que la parte de atrás del auto era un *hatchback* inclinado, desde el parachoques en dirección hacia el frente del autito, hasta llegar al techo. Igualmente, el parabrisas y tablero de instrumentos formaban un ángulo en dirección hacia el techo. El efecto deseado era limitar el coeficiente de arrastre para que el motor no tuviese que hacer demasiado esfuerzo. Por cierto, el motor era minúsculo, de 850 centímetros cúbicos, e iba montado longitudinalmente sobre las ruedas delanteras, dejando así espacio para la rueda de repuesto en el frente y permitía de esa manera más espacio para los pasajeros y su equipaje.

Era uno de los autos más baratos en el mercado. Fue fabricado para ser conducido por alguien que no quisiese o no pudiese gastar mucho dinero en transporte automovilístico. Para Bernardo, un muchacho joven sin absolutamente ningún problema de autoestima, quien acababa de obtener su primer laburo profesional de polo y no quería gastar demasiado sino ser ahorrativo, le resultaba un fenómeno. Por lo tanto, hizo lo lógico yéndose en su Renault 5 a vivir a la casa que le habían prestado al Gordo Moore.

Para asistir a la boda, al Gordo Moore le habían hecho llegar del Palacio unas invitaciones, lo cual no causó absolutamente ninguna sorpresa dada su amistad con el príncipe Carlos y con la reina Isabel. La reina Isabel era una gran conocedora de caballos y le gustaba conversar sobre temas equinos con el Gordo Moore. Las invitaciones incluían cuatro tarjetas y cada una representaba diferentes niveles de ascendencia en la aproximación al evento, atravesando bardas policíacas con unos operadores que esgrimían cara de amantes de la santa intransigencia. El propósito, claro está, era la seguridad del futuro monarca. Las tarjetas se iban entregando a medida que el invitado cruzaba las barreras de obstrucción de acceso automovilístico. El Gordo Moore no había alquilado auto en Londres y al último momento le pidió por favor a Bernardo que le prestase su Renault 5. Bernardo, quien no había sido invitado a la ceremonia, se horrorizó y le respondió que simplemente no debía ir al casamiento en semejante vehículo. El Gordo, esperanzado de que Bernardo le sacara las castañas del fuego al proporcionarle medio de transporte, se sorprendió y le dijo algo parecido a... «¿Entonces qué, no me lo quieres prestar?». El Gordo no reparó en considerar alternativas y Bernardo, por su parte, estaba muy preocupado por protegerlo a él y a su esposa María de que le mostrasen altivez burguesa, arrugándole la nariz al verlo llegar en tal autito. Por consecuencia, le contestó: «Claro que te lo presto Gordo, pero por favor, no vayas en ese autito, allí va a haber nada más que Bentleys y Rolls Royces». Bernardo al fin terminó cayendo en cuenta que el Gordo Moore no había viajado a Londres para deslumbrar a la realeza cuando le insistió: «¿Me lo prestas o no?». «Claro que sí». El Gordo y su señora, vestidos formalmente, partieron hacia el casamiento en la Catedral de San Pablo, y la recepción que le seguía en el Palacio de Buckingham. Al llegar cerca de la primera barrera policial para los carros —ya desde antes de ponerse en fila los agentes de seguridad comenzaron a tratar de dirigir al Gordo a que se desviase en otra dirección—, se le comunicó enfáticamente desde lejos que se quitase de la línea de acceso. Obviamente se imaginaban que el chofer del Renault 5 en vez de pecar de modesto, probablemente no estaba convidado. Tanteando inadvertidamente la paciencia del clásico funcionario inglés, educado en el sentido reverencial de la impasibilidad, el Gordo insistía en no desviarse, hasta que los oficiales a cargo de la seguridad monárquica, y muy bien armados, por supuesto, se le acercaron insistiendo que demostrase ser un invitado. Al ver el papeleo que les enseñó el Gordo Moore comprobaron que tenía la invitación correcta. Los rostros de los policías de Scotland Yard reflejaban cada vez más confusión extrema al pasar el Renault 5. Faltaba ya solo que atravesase por el último punto de inspección, al cual ya llegaban poquísimos de los invitados, por no decir casi nadie. Todos los policías gesticulaban con las palmas de las manos abiertas, orientadas en dirección al Renault 5, y ambas moviéndose en el signo internacional negativo. Ya en el último control y sin sonrisa de acompañamiento fue detenido el Renault 5 para examinar su invitación. La última tarjeta estaba firmada por el novio y su portador había sido invitado a sentarse en la mesa más importante, al lado de Carlos y Diana.

Era el verano de 1983 y recibí una invitación para jugar un torneo en Inglaterra. Como resultado de las agresiones militares para ocupar las Malvinas, se les complicó a los argentinos ir a competir ese verano en las canchas de polo de Gran Bretaña. Después de la agresiva ocupación de las Malvinas por 10,000 tropas argentinas, el 2 de abril de 1982, a la señora primer ministro de Gran Bretaña, Margaret Thatcher, no le quedó otra alternativa que reciprocar hostilidades, mandando una fuerza naval que se les pudiera enfrentar y ganar la batalla. El Gordo discurrió y compartió conmigo la opinión, con presciencia, de que los jugadores argentinos no serían bienvenidos a jugar en Windsor, el jardín de la reina Isabel y campo de entrenamiento de la caballería real. Las canchas de polo se encontraban en unas tierras que formaban parte del Castillo Real de Windsor, en un club que se llamaba Guards Club. Y por si fuera poco —diríamos que nada poco—, los más altos dirigentes de tal asociación eran no solamente militares, ex-militares, y familias de militares sino que, además, eran jugadores que estaban ya cansados de que años tras años sus contrincantes argentinos ganaran todos los torneos. El Gordo no se equivocó en eso ni en continuar su amistad con la reina Isabel. Tanta era su amistad que no obstante la guerra, estando yo de visita en su casa en Nueva Escocia, se excusaba con frecuencia para aceptar llamadas telefónicas de la Reina Isabel, quien le solicitaba conversar con él para hacerle consultas sobre sus caballos monárquicos. Todos los jugadores profesionales que eran de nacionalidad argentina se iban a quedar sin la oportunidad de jugar esa temporada. Se les retiró la invitación y nadie tenía idea de lo que duraría aquella veda.

Fui invitado por un equipo suizo que se organizaba para competir en un torneo de polo que se celebraría en el verano del año 1983, en el Guards Club de Windsor Park. Era mi primera visita al Guards, abreviación por la cual se aludía al Club, y al llegar, la sensación que experimenté al presentarme ante el director del Club en su oficina, era ineludiblemente extraña, al encontrarme entre gentes que toman té en vez de café, refrescos sin hielo, juegan al polo en vez de al béisbol y no cancelan los partidos de polo por lluvia. Ni hablar del acento con que hablan el idioma de Shakespeare. Cuando hay partidos a pesar de la lluvia, los herreros le fijan a las herraduras unos tacos de metal que actúan como protuberancias, las cuales ayudan a que los caballos se afinquen y logren, de esa manera, que las herraduras tengan mejor tracción en el fango después de habérseles fijado como un talón antideslizante que les permita parar y dar vueltas sin peligro de perder el equilibrio. Actúan de esta forma para que las condiciones del juego sean parecidas a jugar con la cancha seca.

Windsor Great Park está en los jardines del castillo de Windsor. El Guards Club es el club de polo más prestigioso del mundo. El príncipe Felipe, duque de Edinburgo, ha sido el presidente desde su organización en el año 1955. El Club, además de hacer gala de antiguas e imponentes arboledas que nadie ha hecho más que podar, fertilizar y cuidar —sin ocurrírseles talar— durante cientos de años, tiene diez canchas en cincuenta y tres hectáreas, que vienen a ser más o menos ciento treinta acres. Por otra parte, despliega establos, potreros y un centro de entrenamiento de caballos de polo. Por supuesto, en la cancha principal la reina tiene su palco real rodeado de un muy exclusivo recinto, no solo cercado, sino además protegido por la presencia armada del servicio secreto británico, el cual únicamente permite el acceso a los socios y nobles invitados de la reina. Desde años antes de ser un club de polo, es el lugar donde los Guards monárquicos británicos, a cargo de cuidar a la familia real, acudían a practicar equitación y polo para mantenerse, ellos y sus compañeros equinos, preparados para una arcaica guerra a caballo que ya nunca más volverá a suceder. Al equipo suizo se le asignaron las canchas de Windsor para sus prácticas con vistas al torneo.

Las Malvinas no tenían importancia alguna, ni económica ni estratégica, pero la guerra había causado muertos de ambos lados. Los muertos ingleses no solo eran del mismo regimiento sino en muchos casos amigos y hasta familiares de los polistas. Una vez concluido el primer partido de práctica del equipo suizo, el oficial británico que administraba las canchas indicó que lo apropiado era acudir a participar del acostumbrado ritual, uniéndose para tomar refrigerios como, por ejemplo el odiado y repulsivo té, con los otros jugadores en la Casa Club. El té siempre me ha parecido una inmundicia pues era una bebida que le daban a los niños en Cuba cuando estaban enfermos. Solo de olerlo ya me traía recuerdos de varias enfermedades que incluían náuseas y ganas de vomitar. Al acercarme con poca fe al guirigay sajón aquél, me sentí intimidado ante los pocos temas de conversación. Acto seguido de entrar en aquel recinto social, en el cual no se oía ningún acento alentador, se acercó uno de aquellos polistas de pinta colonialista del imperio británico a pedirme con voz autoritaria —y soberbia intolerable— si podía contar con mi ayuda para resolver un problema. Sin esperar respuesta, y con tono bufo, añadió que el problema era que un amigo argentino suyo de toda la vida, llamado Eddy Moore, le había dado instrucciones telefónicas desde Argentina para que llevara a un individuo completamente desconocido a cenar. El imperioso británico, con vocabulario elaborado, al estilo de alegato jurídico, y con ademanes diseñados como para empequeñecer al incauto, continuó añadiendo que Moore le sugirió que se hiciera el de la vista gorda sin fijarse mucho en que el desconocido era un polista, a la misma vez que un perfecto hijoeputa y que se hacía llamar Mr. de Mendoza, III. Según me iba diciendo, Moore le había dado instrucciones de hacer un esfuerzo amistoso, así que si lo conocía, que por favor se lo señalara. Durante las semanas que duró el torneo de polo, el anfitrión británico que el Gordo Moore me había obsequiado resultó ser simpatiquísimo. Fui invitado no solo por él sino por otros polistas que eran amigos del Gordo Moore, tanto a cenar como a fiestas en casas al estilo de castillos; a Henley-on-the-Thames, a ver regatas; al Castillo de Windsor, en fin, una vida mágica proporcionada gracias a la amistad con el Gordo Moore.

No obstante ser invitado como huésped en la propiedad feudal del patrón suizo, ya tenía reservaciones hechas y pagadas por adelantado en un hotel que era uno de los edificios principales de un pequeño pueblo con el apropiado nombre de Sonning-on-the-Thames, en Berkshire. El hotel, con habitaciones por las cuales cobraba precios razonables, era de construcción decimonónica con entramado de maderas y no era difícil ver que, dada su ubicación y aspecto, hubiese servido de parada de coches durante doscientos años. Estaba cerca de las carreras de caballos de Ascot y Newbury, de Blenheim Palace y de la ciudad de Reading desde donde se puede viajar por tren a Londres en unos veinte a veinticinco minutos. Su nombre siempre fue The French Horn, había sido famoso por su colección de vinos y exquisita cocina y se encuentra situado en un lugar idílico con vista directa a uno de los apacibles recodos del río Támesis. La habitación que, por cierto, había sido reservada desde Palm Beach, era el ático, y desde allí se divisaba el sol del amanecer, filtrado a través de los ancianos sauces llorones que desmayan ramas de hojas hasta llegar a rozar la reposada corriente en la que nadan familias de patos. El cuarto tenía un torno manual por el cual hacían ascender la comida desde la cocina del hotel. Era un lugar idóneo para celebrar una luna de miel o pasar unos momentos especiales de unidad matrimonial.

Desde el momento que comenzó el torneo de polo, el equipo suizo convocaba con regularidad reuniones nocturnas en casa del patrón para poder planear estrategias: Organizar la caballada de manera tal que fuese un equipo balanceado y evitar, por ejemplo, que no todos los jugadores salieran en el mismo *chukka* a la cancha a jugar montados todos en sus peores caballos. También se planeaba cómo indicar jugadas y señales. Por supuesto, las conversaciones incluían cenas que duraban hasta tarde.

El año 1983 fue de una gran actividad para el mundo del polo estadounidense. La temporada de invierno en California y Florida ascendieron a las cúspides en números de jugadores nuevos, y las escuelas para aprender a jugar al polo reportaron crecimiento en la cantidad de estudiantes. No ocurrió lo mismo en la actividad internacional entre los Estados Unidos y otros países. El Chairman de la United States Polo Association, William Sinclaire, anunció a los miembros de la asociación que por culpa de las hostilidades entre Gran Bretaña y Argentina la mayor parte de los torneos que habían sido planeados con anticipación en Gran Bretaña tuvieron que ser pospuestos o cancelados. Algunos equipos decidieron no jugar pero otros de los muchos que se decidieron a no perder la temporada optaron por contratar a jugadores profesionales de Sudáfrica y de Nueva Zelandia. Para los profesionales de polo americanos la ausencia de jugadores argentinos en las canchas británicas representó una magnífica oportunidad. A los mejores jugadores de todas partes de los Estados Unidos equipos europeos les ofrecieron contratos.

Aquella primera invitación a jugar en Windsor, desafortunadamente también fue la ocasión de un papelazo, que al ocurrir ante la monarquía bien pudiéramos calificarlo de real papelazo o del papelazo real del año. El patrón suizo organizó su equipo con el nombre de su estancia sudafricana: Ingwenya, es decir, cocodrilo en africano.

Después de Ingwenya haber competido victoriosamente y ganado los cinco partidos de zona, incluyendo el partido semifinal del torneo, no sin dejar de pagar el alto precio de haber lesionado varios caballos, íbamos a la final con cinco caballos cada uno nada más, todos cansados ya al final de una larga temporada. El partido dominical que era el del desenlace del torneo ocurrió en la cancha principal del Guards Club, en los jardines del Castillo de Windsor. Para confundir al equipo contrario, se desarrolló un plan de ataque.

La indicación del coach fue que se ignorara toda defensiva, prefiriendo dedicar todo el esfuerzo a jugar al frente, recibir pases que serían mandados desde atrás en momentos estratégicos, para entonces aprovechar, taquear hacia los arcos del equipo opuesto y meter la mayor cantidad de goles posibles. Obviamente, el equipo ganador es el que más goles mete. La defensa del equipo contrario le tocaba al jugador que ocupaba la posición número cuatro. Al salir a la cancha, al principio del partido, la camiseta número cuatro la vestía el major Ronald Ferguson, manager durante muchos años del polo del príncipe Felipe, duque de Edimburgo, y luego de su hijo Carlos, el príncipe de Gales. La hija que tuvo con su esposa Susan Mary Wright fue la Duquesa de York, con nombre de pila Sarah Margaret o Sara Ferguson, más conocida por el popular apodo de Fergie, quien por aquel entonces comenzaba a darle vueltas y a sonsacar al príncipe Andrés, el hermano menor de Carlos, con el que luego se casaría. Cansada de vestir el uniforme del equipo de aguantatarros, un tiempo después Susan Mary Wright se divorció del major Ferguson y se mudó para Trenque Lauquen, Argentina, donde se convirtió en Susan Barrantes al casarse con el viudo y famoso jugador de polo Hector (*Gordo*) Barrantes. El Gordo Moore y el Gordo Barrantes eran vecinos, compañeros de equipos y también grandes amigos. El major Ferguson y yo no éramos ni nunca seríamos grandes amigos, y tampoco yo cumplía las espectativas de incorporarme como nuevo a su grupo de amigos.

Durante el último *chukka* del partido final del torneo, quedando pocos segundos, y con el conteo de goles indicando el mismo número de tantos para cada equipo, o sea que estaba empatado el partido, me llegó la bocha con un pase largo de nuestro capitán, el jugador inglés Howard Hipwood. El equipo, repito, andaba bastante apretado de caballos, había sido una campaña larga y todos estábamos repitiendo corceles en el último *chukka*. En mi caso era una yegua que había jugado en el primer *chukka*. No había nadie frente a mí, estaba la bocha y más adelante el arco o portería. Si llegaba a la bocha que estaba a unas veinte yardas de distancia y le daba un toquecito suave metía el gol y ganábamos el reñidísimo partido. Incentivado por las circunstancias, empecé concienzudamente con los labios juntos a sonar besitos así como a dar espuela y fusta para animar a la sudada yegua a que me llevara con rapidez a concluir el partido con una victoria.

Concentrado en ganar, nunca supe de dónde salió el major Ronald Ferguson. Su función de supervisor de Harrier jets equinos, de los establos monárquicos, le daba permiso para llegar a la cancha a pilotear instrumentación de nunca menos de diez yeguas de la más alta calidad de Pura Sangre, algo así como aviones equinos con propulsión a chorro. Sus atletas equinos venían a la cancha después de haber dormido en establos con pisos de adoquín pintado y madera encerada a mano, del castillo de la reina Isabel en Windsor, la cual, por cierto, estaba en su palco real mirando el partido con interés. Las yeguas reales eran la viva encarnación de privilegio consentido: Frescas y con mucha velocidad y se enfrentaban, en este caso a mí, como si fuera un indio del oeste norteamericano y con el nombre tribal de Jefe Yegua Cansada Poquitacosa. El acompañante profesional monárquico, sajón de hombros anchos, tenía una cabeza calva atravesada con una que otra hebra grisácea, canas en el pecho y cejas melenudas. Era un jinete de la guardia real, adalid de la monarquía, con muchos años de experiencia, y su cara ya mostraba los inicios del envejecimiento. Apareciendo de algún lugar misterioso en la nada de la retaguardia defensiva, se colocó instantáneamente entre mi fatigada yegua y la bocha. Con el golpe del taco que se preparaba a darle a la bocha se hubiese terminado la oportunidad de ganar el partido y su autoestima estaba por las nubes. Ante la desesperación hubo que recurrir a la única solución posible: Echar mano del máximo «hijoputímetro» y sin tiempo para urdir un plan muy detallado, abrí la boca todo lo posible, saqué la lengua y la campaneé de un lado a otra mientras gritaba a todo pulmón, como un satánico ser sobrenatural de aldea irlandesa: ¡ña, ña, ña, ña, ña! Atónito, aquel ser, quien se auto consideraba tan superior desempeñando las labores más rutinarias de su rol cachanchanesco monárquico en la egoesfera, levantó la mirada de la bocha paralizado ante aquel papel caricaturesco. Con las aletas de la nariz hinchándosele, en señal premonitoria de peligro, los ojos rojos de emberrenchinamiento colérico, indicando que nadie se le ponía interponer en su camino, puso lo que yo llamaría cara de odiador del indígena apellidado poquitacosa. Dada la velocidad de la jugada, cuando devolvió la mirada a la bocha, ya se había pasado. No podía pegarle. Había seguido de largo. Entonces, con mucha concentración, le di un toquecito, la bocha entró y sonó el silbato. ¿Cómo es eso que sonó el silbato? ¡El silbato no tiene nada que ver con un gol! Es una resonancia musical de carácter reductor que indicaba infracción. Me calimbaron por la sacada de lengua y los sonidos musicales que emití. Le llamaron conducta no caballerosa, algo bien alejado de lo que se considera infracción reglamentaria. ¿Comportamiento de hombre cubano criado para ser *pueri aeterni* o demostración de hombre hábil, de recursos ingeniosos en momentos atléticos complicados? No había derecho a que mi tan poco caballeroso comportamiento fuese usado para justificar robarnos la victoria, pero era una monarquía, y estando nosotros jugando en el patio del castillo del monarca, hicieron lo que les dio la muy monárquica gana, cobrándonos la infracción y otorgándole un penal al equipo contrario: Un penal en dirección contraria al arco en cuya dirección avanzábamos, no hacía más que unos poquísimos segundos, camino a indudablemente celebrar una muy asegurada victoria. Nos metieron el gol y perdimos frente al palco monárquico: Un real papelazo. Es reconocido como costumbre noble, elegante y típica que los perdedores de un partido del deporte de reyes, es decir de polo, al terminar el partido hagan lo indecible para anglosajónicamente aparentar con caballerosidad y sonrisa dibujada con la mayor sinceridad posible, la alegría porque haya ganado el contrario. Así hice, pero las sonrisas de felicidad dirigidas al major Ferguson estaban respaldadas por escondidos gestos mentales de enarbolar un dedo fálico junto con una buena mentada de la recontracebollona de su madre... o sea la clásica e inmunda venganza típica del tercermundista.

Al nacer somos todos total y completamente inocentes. Después nos toca sufrir terribles desilusiones en el camino del aprendizaje para, en la recta final, entonces con gran terror, ponernos a esperar la espeluznante llegada de la muerte. Durante todo el camino, de cuando en cuando, nos tropezamos con momentos de felicidad que menguan el dolor. Nadie da consejos de cómo morir, pero a casi todo el mundo le nace el tratar de evitar que el final llegue un segundo antes de lo que resulte ser estricta y absolutamente necesario. Eso demuestra que todos, al fin y al cabo, deseamos profundamente vivir. El Gordo Moore, sin embargo, se salió del cauce común de tratar por todos los medios de prolongar la vida hasta el último momento. El Gordo no dejó ultimátum antes de quitarse la vida. En su *taedium vitae,* sabe Dios qué ataque de desesperanza se apoderó de sus facultades. La conclusión popular es que fue por razones de una enfermedad que le causaba unas grandes depresiones. Otros adivinaban problemas en el amor y también hubo quien especuló que las dificultades habían sido económicas. La verdad es que ya no importa la razón. Dejó de querer vivir y sin decirle nada a nadie se fue a un rincón de Nueva Escocia y se metió un tiro.

Cuando murió el Gordo Moore no me dio tiempo de llegar a la ceremonia fúnebre. Asumiendo una posición privilegiada de víctima de las aerolíneas y sus reservaciones, la realidad es que nunca tuve ninguna intención de presenciar su entierro. La excusa de la falta de tiempo me permitió ocultar mi egoísmo de preferir el recuerdo del amigo vivo y coleando. La muerte de un amigo querido es un desastre irreparable. De inicio está la obligación de ir a una funeraria en la que están los desechos humanos, rodeados de una serie de sus familiares, muchos de los cuales nunca tuvieron nada que ver con los amigos del muerto ni sus presencias allí reponen nada de lo que había entre el difunto y el íntimo amigo que visita la funeraria. Nueva Escocia y su monarca polista se transmutaron en un mundo ya ajeno, perdido e irrecuperable. Con el aumento en número de amigos enterrados, me he percatado de lo erróneo de creer que ya tenía todos los amigos que iba a necesitar durante mi visita terrenal. Ahora reconozco la más sensata obligación para conmigo mismo de continuar reponiendo amistades con otras nuevas, entendiendo *ab initio,* que nunca van a ser lo mismo. El Gordo Moore, por ejemplo, era único, más único que la usual unidad humana: era fuera de serie.

La idea de vestirse elegante e ir para hablar en serio, con un tono dulce de despedidas, a un recinto con ambiente de sollozos, dolor y respiraciones entrecortadas no tenía nada que ver con el Gordo Moore. Ese comportamiento nunca hubiese ocurrido en la presencia del difunto, quien era todo un tipazo en el derroche de jovialidad y simpatía, risas y diversión con los amigos que quería, y entre los cuales me vanaglorio de haber estado.

En atmósferas lóbregas, forjadas por la presencia de la muerte, los participantes asumen los roles de una compañía teatral que imita tras observar eventos similares. Después de ponerse cada uno los antifaces sociales que estiman apropiados dentro de las circunstancias, siguen los dictámenes de un libreto que no está escrito más que en el recuerdo de la experiencia. Los curas leen pasajes religiosos con voz tronadora y determinante. Con resolución en su tarea, para que así nadie dude ni los contradiga. Al muerto lo empolvan y pintarrajean para que se le vea detrás del vidrio biselado del ataúd, salpicado de lágrimas, una cara de importancia que nunca se daba en vida. Como si estuviera recordándole a los que lo miran: Ahorita te toca a ti. Los concurrentes caminan mirándose como si fueran guerrilleros maoístas cuzqueños consumiendo marihuana, o soldados extraterrestres en el acto de estar trasmitiendo a la nave nodriza, con estudiada cara de aristócrata de pasado tormentoso. Tratan de decidir la manera más apropiada de comportarse ante el muerto y la congregación fúnebre, mientras piensan en cualquier otra cosa, incluyendo y, en especial, las frecuentemente recurridas, por ser tan ubicuas, musarañas.

Los familiares del difunto susurran necedades a los desconocidos que les dan el pésame. Algo así como... tú sí que eras de verdad amigo de fulano. Como si quisieran distribuir el peso de la muerte... señores aquí todo el mundo a cargar a partes iguales... no se me hagan los locos... y uno que vive convencido de que el familiar no tiene ni idea de la intimidad de verdad que existió con el muerto nos dice algo tan necio como ¡Créeme que sí! Todo esto después del rito de acercarse uno al ataúd y santiguarse frente al muerto, quien en cualquier otra ocasión y de poder hacerlo nos hubiera mandado al mismísimo carajo. Como está muerto, opta por callar. Y si es verdad, el que calla, otorga.

Los que van a los velorios se dispersan en grupos para tener conversaciones de funeraria: preguntar con exagerado, innecesario y específico detalle los eventos que precedieron al momento de la muerte, solo con el propósito de fingir interés mientras en privado se entregan al proceso de discurrir, aterrados, acerca de las limitadas opciones que tendrán a su disposición cuando llegue el inescapable e incuestionable similar momento. El incontrovertible *memento mori*. Los que deciden que deben quedarse un rato más largo para demostrar respeto hacia el difunto y su familia, se separan del muerto por finura y se ponen a buscar a alguien con quien tener un intercambio de impresiones o de anécdotas simpáticas. De no encontrar esa oportunidad, entonces siempre queda el de mirar de arriba a abajo a las mujeres que estén buenas o identificar muchachos de trece o catorce años para burlarse de su repugnante mirada húmeda de masturbador habitual.

Germán concluyó que la muerte del Gordo Moore era un hecho indiscutible. No es porque le importara un rábano. Siempre comentó que fueron los años más felices de su vida gracias a la amistad y el afecto que existió entre él y el Gordo Moore. Lo afirma delante de su esposa Gabriela a la que adora y nunca le miente. Germán me llamó desde Carlos Casares a Palm Beach: Se murió el Gordo y yo necesito trabajar porque me quiero casar. Se quería casar con esa misma Gabriela. Le respondí: Claro que sí. Ven para acá. Germán afrontaba la realidad como viniese, pues esta es irreversible. Hay que aceptarla. No hay otra. Su realidad se convirtió en nuestro futuro y en mi magnífica suerte. No solo por su calidad de entrenador y de trabajador, sino porque traía con él en su equipaje emocional nuestro pasado común de amistad con el Gordo Moore. Unos momentos de vidas paralelas con este personaje excepcional del cual seguimos hablando durante años, intercambiándonos anécdotas inolvidables.

Se convirtió en un entrenador de caballos lleno de entusiasmo en Almendares. Cuando llegó nos juntamos a conversar de nuestro futuro y juntos decidimos que como ya no teníamos más a Nueva Escocia ni al Gordo Moore no había por qué volver más a Argentina a comprar caballos jugadores y que en el futuro nos íbamos a dedicar a adiestrar o «hacer» caballos de polo para montar el equipo y para vender. Lo que se llama, dicho sea de paso, hacer caballos verdes. Dejar de volver a Argentina a comprar caballos de polo terminados no quería decir no volver del todo. Germán volvió al poco tiempo a contraer matrimonio con su Gabriela y a volver ya casado. Los dos venían decididos a implementar un plan de procreación agresivo y eficiente. Constanza y Eloísa, dos de sus cuatro hijas, fueron concebidas en Almendares. Al poco tiempo empezaron a llegar de visita los nuevos abuelos. El suegro de Germán venía para ver a sus nietas y sonsacar a Germán. Era un hombre poderosamente rico y decía necesitarlo para que trabajara con él en su negocio agrónomo argentino, además de no querer seguir separado de Gabriela y sus flamantes nuevas nietas.

Para hacerlo añorar a su patria y a sus amistades, el suegro organizaba llamadas telefónicas a Carlos Casares junto a Germán. Una conversación que se añadió al anecdotario de Almendares es la de Germán reportándole al administrador de una de las fincas del suegro que se habían tenido que cancelar unos partidos de polo porque había estado lloviendo desde hacía tres días, seguido y sin parar. Hoy todavía llueve, le dijo. El administrador del suegro, en Carlos Casares, le contestó que allí también llovía, añadiendo: Debe ser general. Nos burlamos muchísimo del pobre argentino viendo llover en Carlos Casares y asumiendo que era la misma lluvia de Palm Beach, Florida. Una manera de reportar el resultado de los esfuerzos del suegro, es que las últimas dos hijas de Germán, Emilia y Manuela, fueron concebidas en Carlos Casares. El suegro logró llevárselo a un futuro con más promesa económica, dejando atrás como acostumbraba a hacer Germán, amistades que lo recuerdan con mucho afecto.

Una vez tomada la decisión de entrenar caballos, el próximo obstáculo que hay que superar es el nada fácil problema de encontrar los caballos comprables. El polo originalmente lo jugaban como diversión señores adinerados, montados en caballos de razas mezcladas, los cuales eran usados para trabajar con el producto de la industria ganadera. Los llamaban polo ponies. El polo moderno lo juegan atletas profesionales celosamente entrenados para lograr mantenerse en condición física superior y competir en caballos Pura Sangre de carrera, a cambio de lo cual reciben altos sueldos, lo que les permite participar en el deporte como negocio.

Los caballos se pueden clasificar por su sangre y correspondiente temperamento en: Sangre Caliente (el Percherón y el Clydesdale), Sangre Fría (Árabes y Pura Sangre Inglés) y por último los cruces de ambos que son conocidos como Warmbloods o Sangre Tibia. Los Sangre Tibia eran históricamente los caballos o polo ponies usados para el polo, debido a que de la mezcla de ambas razas obtenían la tranquilidad y docilidad del Sangre Fría y la agilidad y ligereza del Sangre Caliente. Hoy en día se usan los Pura Sangre.

Los caballos Pura Sangre que van a ser usados para polo requieren un proceso educativo que dura de uno a dos años, dependiendo de la categoría del atleta equino. Mientras mejor calidad y condición innata demuestra el caballo, más tiempo se invierte en completarlo. La extensión del proceso educativo depende de su procedencia, de lo que sabe o no, de lo que tiene que eliminar en sus hábitos, en el ayudarlo a confundirse para que le parezca divertido correr, parar, chocar contra otros caballos y que le revoloteen un taco largo por la cabeza sin espantarse ni ponerse bravo. Se termina con un ejemplar exquisito que si quiere jugar al polo es el animal ideal para el deporte... Porque señores... caballo Pura Sangre que no quiere jugar al polo, no juega al polo. Caballo Pura

Sangre que no quiere tener un jinete encaramado arriba, jinete que va para el suelo. Y si el jinete no va para el suelo, el caballo se tira para atrás con el objeto de aplastar al jinete contra el suelo. El caballo siempre gana las confrontaciones malgeniosas. No es cierto que existan jinetes que imperen sobre los caballos Pura Sangre obligándolos a seguir su voluntad. No es verdad. La verdad es un secreto y el secreto es que la verdad es la mentira. Los jinetes buenos engañan a los caballos. Los buenos jinetes le hacen creer a los Pura Sangre que les gusta hacer lo que él quiere y que las ideas son del caballo. Una vez embridadas las yeguas se les pueda dirigir sus intenciones, en direcciones azuzadas por los deseos del jinete, haciendo que, a la vez, la yegua nunca deje de creer que las ideas de ella son las que gobiernan.

Por ejemplo, si un caballo que está siendo enseñado a hacer círculos para la derecha decide *sua sponte,* porque le da la real gana y solo quiere ese día hacer círculos para la izquierda, pues ese día el jinete se esmera en enseñar al caballo a hacer círculos hacia esa dirección. El jinete se adelanta al primer signo de indocilidad y enmascara la posible rebeldía, desplazándolo a la vez que monopoliza la acción en la misma dirección que quería el caballo, pero haciéndolo parecer como la idea del jinete. La idea en el comportamiento del jinete consiste en prevenir, no en reprimir. El jinete le da al caballo las instrucciones con las riendas y las rodillas para que en un futuro el caballo sepa que cuando recibe esas instrucciones tiene que ir para la izquierda. Al final de la jornada, el caballo ejerció su derecho de rebeldía innata, decidió que ese día no iba a querer aprender para la derecha y el jinete se le adelantó, y en vez de pelear y dejar que el caballo le ganara el día, lo ganó el jinete por su inteligencia superior pero sin autoridad abrumadora ni asfixiante. Si el caballo hubiera confrontado al jinete con terquedad voluntariosa, si se le hubiese amachado con testaruda obstinación y rehusado seguir las instrucciones, hubiese ganado el día el caballo. Cuando el caballo gana una amachada y después otras cada vez más frecuentes, llega el momento en que ya ese jinete no le va a ganar nunca las peleas a ese caballo. Quizás otro jinete, pero a ese en particular... el caballo le cogió la baja. Ganó el caballo.

Los caballos Pura Sangre de carrera, comprados en los hipódromos, son animales acuartelados en establos desde poco después de nacer, con musculatura aerodinámica, entrenados para correr hacia adelante y sin parar hasta la meta. Su dieta de alta nutrición, vitaminas y suplementos, los pone en un estado físico extraordinario. Su acondicionamiento no requiere hacer nada en todo el día. Lo único que hacen es esperar encarcelados en sus pesebres hasta la hora en que llegan los breves momentos en que les toca correr desaforadamente. Su aprendizaje en el hipódromo no incluye requisitos multidisciplinarios, ni requiere aprender a parar, dar vueltas, ni responder a ninguna instrucción del jinete. Sin embargo, existe una variedad muy difícil de encontrar: los casi inexistentes caballos Pura Sangre que trabajan con vacas en los ranchos de ganado. Esos sí saben parar, obedecer las riendas, tolerar con impasibilidad que les revoloteen lazos para enlazar y arrinconar ganado y por haber vivido sueltos en el campo, son más apacibles, tranquilos y mucho mejor para entrenar. Vienen de comer una dieta de mucho menos concentración de proteína y con una musculatura natural que proviene del trabajo cotidiano.

La razón por la cual se usan caballos de sangre para el polo moderno es su diseño aerodinámico, velocidad superior, y atlética resistencia. Los ponies de polo de antaño eran caballos Cuarto de Milla, la cual es una raza Warmblood o de Sangre Tibia. Los caballos de esa categoría son más dóciles y fáciles de entrenar, al punto que en seis meses están jugando al polo, a diferencia del año o dos años que requiere el caballo Pura Sangre. Pero tienen un problema que los hace menos codiciados para el polo: sus ancas y muslos con ancha y amplia musculatura. Esas ancas poderosas son las que le permite correr rápido un cuarto de milla, y a la vez prácticamente sentarse de súbito en los corvejones para tensar el lazo amarrado, por un extremo, al pico de una montura tejana y por el otro extremo a los cuernos de un toro malhumorado. Para el polo esa musculatura resulta inconveniente ya que dado el tamaño que alcanzan y la voluminosidad, excreta prematuramente ácido láctico, lo cual disminuye su resistencia y se cansa antes de terminar los minutos de duración de un *chukka*.

El objetivo ideal es empezar con caballos jóvenes Pura Sangre que tengan de tres a cuatro años de edad. Si se empiezan mucho más jóvenes aumenta el riesgo de lisiaduras que les perjudiquen el futuro comercial y atlético. Hay que esperar a que maduren lo suficiente como para recibir día tras día de ejercicios, tanto por razones físicas como de madurez mental. Si son muy jóvenes no prestan atención, se aburren, se frustran y hasta los hay que se vuelven locos. La inteligencia convencional del mundo del polo dicta comprarlos en el oeste norteamericano. Los que han dado buenos resultados son los caballos Pura Sangre que han trabajado con ganado vacuno. Encontrar caballos de este tipo que hayan sido criados y entrenados en ranchos ganaderos es dificilísimo. El único lugar conocido por esa peculiaridad es Sheridan, en Wyoming. El resto del mundo ganadero estadounidense usa caballos de sangre tibia, lo cual demuestra preferencia por el popular cuarto de milla. Una vez que el mundo polero se enteró de la presencia de caballos ganaderos Pura Sangre en los ranchos de Sheridan, se hizo difícil llegar a un rancho que ya no hubiera sido visitado previamente por jugadores de polo, buscando prospectos para convertirlos en caballos de polo. Los números empezaron a escasear y los precios a subir. Algunos años después se volvieron imposibles de encontrar.

El Fuerte Mac Kenzie, de Sheridan, en Wyoming, fue creado en 1898 con la idea de proteger a la población de los que en antaño eran comúnmente llamados pieles rojas o indios. Para evitar confusión, léase que aquí se refiere a los mismos individuos que adquirieron el nombre de indígenas en el siglo XXI. El fuerte criaba, entrenaba, abastecía la caballería estadounidense y hasta la británica. Caballos criados y entrenados en el Fuerte Mac Kenzie fueron mandados a Sudáfrica para uso de las tropas de caballería británica en la Guerra Boer. Con el advenimiento de la caballería mecanizada, los garañones y las yeguas Pura Sangre, de la cría del Fort Mac Kenzie, fueron dispersados entre los rancheros de Wyoming y Montana, quienes continuaron trabajando ganado con su progenie. La descendencia de aquella raza de caballo militar Pura Sangre es la raza equina preferida para el uso deportivo en el polo moderno, entre otras razones por su rápida capacidad de adaptación. Todavía hoy se logran encontrar con montura de vaquero o cowboy trabajando ganado en los numerosos ranchos que se encuentran en los alrededores de Sheridan en Wyoming.

Allí en Sheridan, acompañado de Germán, tuvimos la magnífica suerte de encontrar una de las mejores yeguas de polo que se entrenó para jugarlo en Almendares. La joya obtenida rocambolescamente era una yegua alazana Pura Sangre que llevaba el nombre de *Scar*. El nombre se le quedó por causa de una magulladura cicatrizada después de perder una pelea contra una alambrada de púas cuando estaba recién nacida. Había sido comprada en un rancho de ganado en las afueras de Sheridan y resultó ser una atleta natural que se entregó al polo con una velocidad inverosímil. Comprada en la primavera ya jugaba polo competitivo ese invierno, o sea, después de unos escasos siete meses de haber sido comprada. Resultó ser o una estudiante extraordinariamente aplicada o un fenómeno de la naturaleza.

La incomparable alazana tenía una gran velocidad, muy buena boca, pechaba con vehemencia moviendo caballos y contrincantes de la bocha con agresividad y determinación, y cuando se le tiraban las riendas, se sentaba en los corvejones con firmeza y buen balance. Entre los otros jugadores causaba un espectáculo cuando entraba a la cancha. No solo era una belleza de animal sino era un privilegio verla moverse y jugar al polo. Pero… Siempre hay un pero: A *Scar* le surgió un problema inexplicable. Su entrenador, Germán von Wernich, comenzó a notar con frustración, que a medida que la temporada de polo avanzaba, la yegua se volvía cada vez más lenta. Esto era lo contrario de lo acostumbrado porque mientras más juegan al polo los caballos nuevos, o como se les apoda, caballos verdes, se relajan y corren con más velocidad cada vez. Germán le recortó la alfalfa que le daba de comer para que perdiera peso y se aligerara y la empezó a jugar dos *chukkas* en cada partido de práctica. Pero cada vez se ponía más lenta. Por fin no quedó otra alternativa que llevar el problema de la yegua a las oficinas del veterinario. Por ser el medio de la temporada, de la oficina de medicina veterinaria respondieron que estaban muy ocupados atendiendo emergencias. Después de insistírseles, mandaron un recién graduado, quien sin precipitarse demasiado explicó que la yegua tenía una infección muy seria, probablemente traída desde Wyoming. Fue puesta en cuarentena de inmediato y sometida a un tratamiento de antibióticos agresivos porque le encontraron que tenía las glándulas mamarias infectadas con mastitis.

Las ubres de la yegua se hinchaban a diario cada vez más y ya no quería correr. No quedó otra alternativa que seguir el tratamiento de antibióticos y tenerla en cuarentena dejándola suelta en un potrero para que caminara y no contagiara con su infección a ninguna de las otras yeguas. La tarde previa a su peor noche reinaba de manera generalizada la preocupación en Almendares. Germán me iba reportando telefónicamente su estado: caminaba sin comer, se veía distraída, mal; todo indicaba que se moriría esa noche. Preocupadísimo, Germán se quedó en duermevela vigilando la yegua en su cuarentena. De madrugada llegó la temida llamada. A Germán no se le entendía nada por teléfono. Imaginé que a causa de la emoción y para no llorar le había dado un ataque de risa. Apenas se le entendía. Al fin paró de reírse y explicó: Era lo que menos se esperaba. La yegua *Scar* había parido durante la madrugada una hija lindísima, *Scarcita*. Hasta la fecha, cuando me encuentro con el ya no tan joven veterinario que atendió a *Scar*, se pone muy nervioso al saludarme.

Con el transcurso de los años de operar una empresa de polo, pasan por sus establos cientos de caballos. Entre los que se compran ya hechos y listos para seguir jugando al polo, y los otros verdes que se compran para convertirlos en caballos de polo, cualquiera que no sabe de caballos se imaginaría que lo más lógico es no acordarse de ninguno de ellos en particular. Lo que más sorprende al que inicia incursiones de investigación en el mundo equino es descubrir que tienen rasgos, características, manías y personalidades. Por ejemplo, están los que se ponen nerviosos con el entrenamiento y dejan de sudar, lo cual pone sus vidas en peligro, porque sudando es como controlan su temperatura corpórea; están otros que de puro aburrimiento pasan el tiempo meciéndose psicosomáticamente de un lado al otro en el pesebre; o los que se ponen a comer lo que les sirve de cama en el pesebre, ya bien sea paja, tierra, papel, viruta y hasta estiércol, otros que hacen un ruido horrible similar a eructar para adentro, chupando aire, y contagian a otros en los establos vecinos. Igual están los que exhiben predilección por patear, corcovear; los que simplemente rehúsan a dejarse montar y no se han dejado montar nunca, y otros que esperan a que se monte el jinete y se tiran de espalda. Encontramos los que amarrados a un árbol, poste, cerca, corral o palenque, zafan los nudos con los dientes y se sueltan —no confundirlos con aquellos que atacan al que los trata de amarrar a algún lugar, tirándole patadas y mordidas para no dejarse amarrar a ningún lado. Los ha habido que no doblan para la derecha, aquellos que no doblan para la izquierda, los que no doblan para ninguno de los dos lados y hasta los que no paran, al punto que hay que tirarse de ellos, y hasta algunos arremeten contra paredes y cercas. Los hay que no se montan en los tráilers, por lo menos hasta que reciban tranquilizantes para ser drogados; otros que saltan hacia adentro y hacia afuera de los tráilers, como para cruzar las doce pulgadas de altitud, como si fuera un precipicio insalvable entre el tráiler y el suelo.

Todos los caballos en el mundo polero tienen nombres, básicamente en castellano. Nombres como *Lucero*, *Diablo*, *Relámpago* y *Trueno* se agotan rápidamente. Una combinación de vagancia, con ganas de encontrar entretenimiento en el esfuerzo y a la vez darle una ayudita a la memoria, justifica designar los animales con los mismos nombres de sirvientes de la familia en Cuba: *Gloria, Luisa, Julia, Luz María, Tunning, Ursina, Clara, Freddy, Antonia, Lala, Lionel, Wilfredo, Mambé, Urbano, Catcher, Nemesio, Silvia*, etcétera. Otro grupo recibe nombres de lugares de la Isla, como *Trinitario, Bolondrón, Turquino, Madruga* y *Matancera*, así como nombres de personajes de canciones cubanas: *Bartola, Puchilanga, Songo, Borondongo, Bernabé, Burundanga, Mandinga, Yayabo, Babalú,* entre otros. También se nombran como cosas o personajes cubanos: *Tamakún, Rinquincalla, Pitirre, Ricachón, Pototo, Quimbombó, Filomeno, Mamacusa,* etcétera. Si hubiese acabado de llegar de un viaje a España, antes de comprar un lote de caballos, entonces lo más probable es que hubiesen recibido nombres como *Girona, Trimotor, Bisturí, Legionaria, Candelaria, Parapeto, Cacerola, Centinela, Falangista, Pasionaria, Sinforosa, Tesonera, Pastorita* y *Tempranilla.* De salir mala la compra quizás ameritara ser nombrada *Butifarreta.* Eran muchos los caballos que había que comprar con la esperanza de que sirvieran para el polo. Al principio es divertido nombrarlos pero se corre el riesgo de hacer una inversión emocional en tratar de vaticinar su futuro dándole nombres que van a ser buenos como *Apache, Sargento, Melcocha, Delta, Nitrón, Rosemarie, Siboney* y *Conde,* entre otros. Después de un sinfín de desilusiones, el nombre no importa hasta que el animal dé señales de ser bueno o buena. Lo desafortunado de esto es que una vez nombrado el animal no se cambia el nombre, así es que si se nombra un caballo por ejemplo *Pancracio, Tancredo* o *Cachirulo* y después sale bueno hay que estar listo a identificarse como dueño y acompañar a, digamos, *Cachirulo* o a *Cachirula* ante la tribuna repleta de señoras vestidas de sedas y caballeros de trajes para recibir el premio de caballo o yegua, según sea el caso, mejor jugador y más valioso del partido. Se oiría algo así como: «Por favor, le pedimos a todos los concurrentes que están aquí hoy que le den un gran aplauso a la yegua *Cachirula...* un aplauso por favor para *Cachirula...*».

Lo que menos se imagina un principiante de polo es descubrir, al estar no solo montando a caballo con frecuencia como requiere el deporte, sino también trabajando a su alrededor, que las atletas equinas tienen una gran variedad de personalidades. Las hay con actitudes dulces y malcriadas, fieles y traicioneras, vagas y trabajadoras, desganadas y de buen apetito, las flacas que no engordan y las gordas que no adelgazan, buenas y malas atletas, lentas y rápidas, brutas e inteligentes, orgullosas y sumisas, con malas y buenas pulgas durante la menstruación, fuertes y débiles, líderes y discípulas, relajadas e hiperactivas, lindas y feas, y, por supuesto, con escalonamiento de niveles de todas esas y otras muchas más cualidades.

Hay muchos ejemplos. Un ejemplo de intencionalidad y de personalidad perversa y vengativa fue *Gachi*. Era una yegua negra que a pesar de ser bella de cuerpo y de piernas, tenía una de sus dos guatacas medio caída. Se le quedó el nombre de *Gachi* cuando los entrenadores argentinos se enteraron de que ese nombre coincidía con el apodo de mi primera esposa Graciela. Ella era todo lo opuesto de *Gachi* la yegua, ya que además de bella e inteligente era muy dulce y bienhumorada. Su apodo, desde niña, siempre fue *Gachi*. La yegua *Gachi* aprendió a jugar al polo en Almendares y su aprendizaje duró dos años, lo suficiente como para que pudiera jugar. Llegó a jugar muy bien, a pesar de que no quería aprender. Odiaba el polo, pero no tanto cómo llegó a odiar a su dueño. La amargaba tanto un partido de polo que crujía los dientes durante todo el *chukka*. Se pensó que sería una fase pasajera, que lo que había que hacer era encontrarle alguna manera de confundirla, alguna llave secreta. Lo que había era que encontrarle el *passe-partout* de *Gachi*.

La yegua jugaba muy bien, y por lo tanto empezó a ser seleccionada para jugar en cada vez más torneos en el invierno y en el verano. Cuando la yegua se dio cuenta de que su vida iba a ser dedicada, única y exclusivamente a jugar el odiado polo, se reveló. Se volvió huraña y traicionera. Empezó a corcovear al principio de cada *chukka* cuando primero era montada. Un día por fin se ensañó con la idea de no aceptar jugar más al polo, de tal manera que corcoveó como una yegua poseída, con tan mal resultado que al caer se me rompieron unas costillas. Costillas rotas quiere decir seis semanas sin poder jugar bien al polo y también quiere decir tres semanas sin posición alguna para dormir, viendo las estrellas al reír, toser o estornudar. Su negativa a jugar al polo duró tres años consecutivos con las respectivas roturas de costillas anuales, al principio de cada

266

temporada. A los empleados no les corcoveaba. Ellos no la jugaban. Lo hacía nada más que al entrar a la cancha, al principio de un partido. La yegua sabía diferenciar entre cuándo se le galopaba o taqueaba para dársele escuela y las acciones que marcaban el inicio de un partido de polo. Los entrenadores descubrieron que al montársele, justo antes de entrar a la cancha, si le daban un par de fustazos, salía corriendo hacia la cancha, empezaba el partido y entonces daba la impresión de olvidársele que me quería tumbar. Bueno, la mayor parte de eso era verdad. Todo, menos la parte de que se le olvidaba, porque seguía crujiendo los dientes de amargura durante todo el partido, lo cual causaba, además, distracción. Aparte de la crujida de dientes, otra razón por la cual ya se me estaban quitando las ganas de jugar la yegua era que cuando amigos conocedores de mi primera esposa oían a los argentinos decirme a gritos que le metiera un buen par de fustazos a *Gachi*, no había manera de evitar las miradas de horror y confusión hacia mi ya segunda esposa. Los fustazos funcionaron durante los *chukkas* de varios partidos y yo llegué a relajarme y jugar mejor todavía en la yegua. Fingía pasividad, eso era, precisamente, lo que estaba esperando *Gachi*. La última vez que la yegua se encabritó, me tiró y me rompió la clavícula. Ocurrió durante los últimos segundos de un *chukka* suplementario. Yo iba a la bocha a toda velocidad y la yegua empezó a corcovear satánicamente, como nunca en su perra vida había hecho. Había en ella porfía, insistencia, tenacidad y constancia, casi un ensañamiento diabólico. Los caballos no acostumbran a corcovear cuando van corriendo a gran velocidad. Esta yegua quería matarme o morirse ella. Lo que no quería era ver otro partido de polo nunca más en su vida. Punto. Eso no sucede. Bueno, es decir, no sucedía. No pude acabar el partido y en el camino al hospital regalé a *Gachi*. No quise verla más. La yegua había estado esperando a que yo creyera que había sido domesticada y accedía a jugar al polo. Estuvo esperando el momento preciso para lograr su objetivo con toda mala intención. *Gachi*, una vez más, era porfiada de personalidad. El que diga que eso pudo haber sido una casualidad no estuvo allí para oír su crujidera de dientes, su corcoveo a alta velocidad, ni su odio africano con el polo y conmigo. El que crea que es casualidad no sabe de lo que habla.

Otro ejemplo de personalidad equina particular se llamaba *Dominica*. A *Dominica* lo que le molestaba no era jugar al polo. La interpretación que se le dio a su actuación en la cancha es que era una yegua muy inteligente que sufría de una preocupación seria. No quería ser dejada en la cancha sin manera alguna de volver para el establo. De no haber llegado a Almendares con el nombre de *Dominica* la yegua suplicaba ser nombrada *Sospechosa*. Es decir, que sospechaba que era posible que después de llegar en el tráiler desde los establos, y una vez terminado el partido, se fuera el camión con tráiler y demás caballos, y equivocadamente la dejaran en la cancha. Por lo tanto tenía dos velocidades. Una velocidad normal cuando iba galopando en dirección opuesta donde estaba el tráiler, en el cual había sido transportada de su establo a la cancha, y una velocidad vertiginosa cuando corría en dirección hacia el tráiler. En la cancha siempre estaba consciente de dónde estaban el tráiler y el camión que la habían traído ese día a jugar en ese partido en particular. La yegua paraba bien, así que lo de la velocidad era posible regularlo. Lo difícil era cuando era imprescindible parar y doblar para, digamos, por ejemplo, la derecha. Dependiendo de si el tráiler estaba hacia la derecha era fenómeno lo rápido que doblaba hacia allí, pero si el tráiler estaba para la izquierda entonces no doblaba sino después de ser obligada tras hacer un gran esfuerzo para que finalmente doblase hacia la derecha —adonde no estaba el tráiler. Si la bocha había picado en dirección opuesta a donde estaba el tráiler ya para cuando *Dominica* doblara, la jugada se había ido sin *Dominica* y su jinete que seguía batallando para que la yegua doblara. ¿Qué hacer para solucionar el problema? La solución se volvió llevar a la yegua en el tráiler con todos los otros caballos que iban a ser empleados en el partido, bajar todos los animales del tráiler y entonces un segundo empleado, previamente contratado para ese propósito, se llevaba el camión y tráiler y no volvía hasta que no hubiera terminado de jugar la yegua su *chukka*. Era molestísimo porque no importaba cuál era el plan de juego en contra del equipo contrario, ni cuál era el *chukka* más indicado para jugar a la yegua. Había que jugarla en el primero o segundo *chukka* porque si no había que bajar todas las monturas, riendas e infinidad de otras cosas que se llevan al partido en el monturero del tráiler para poder ensillar y preparar las otras yeguas durante el partido.

Otro ejemplo de rareza de personalidad equina es por ejemplo el de la yegua conocida por el nombre de *Americana*. La trajo a jugar a los Estados Unidos Juan Carlos Harriot, uno de los jugadores de polo más famosos que haya entrado a una cancha. Por supuesto, argentino. Juan Carlos la trajo para participar en unos torneos que se llevaban a cabo en lo que en aquel entonces era un club recién abierto en los Estados Unidos, el Palm Beach Polo and Country Club. El club abrió sus puertas a finales de los años setenta, en un lugar forjado de los pantanos, al lado de los Everglades, en el Estado de Florida. El lugar fue nombrado Wellington, al norte de Miami, en el condado de Palm Beach. Juan Carlos era famosísimo, no solo porque ganó el Abierto Argentino un sinfín de veces, sino porque además era muy caballeroso, clásico, elegante e inolvidable. *Americana* era una yegua no muy alta alazana que después de que la jugó Juan Carlos se quedó en el Club y le tocó ser jugada varios años por Warren Scherer, el hijo del director de Polo del Club y un jugador de mucha destreza. A Warren le encantaba la yegua y la jugaba con frecuencia. Cuando la yegua se cansaba le daba fustazos y se ponía espuelas para hacerla correr. Es probable que le haya gustado tanto que llegó a jugarla demasiado, o sea, que la yegua llegó al punto de sobresaturarse y desesperarse. A los caballos no se les debe jugar más de tres a cuatro meses seguidos después de lo cual es apropiado darles un descanso para que puedan volver a sentirse caballos. Eso se logra cuando se sueltan en un potrero. Si no... se pasan. Y cuando se pasan... no quieren. Y cuando no quieren... no hacen lo que el jinete quiere. No funciona el engaño, ni la fusta: No funciona nada más que lo que quiere la yegua. Y lo que quiere la yegua es no jugar al polo. Así pasó con *Americana*. Warren decidió ignorar todas las clásicas señales equinas de aburrimiento y desesperación… y la seguía jugando, hasta el día en que *Americana* decidió que ni una más. Durante el medio tiempo antes de que empezara el *chukka* en que iba a ser jugada empezó a corcovear para tumbar a Warren. Como buen jinete se aferró con las piernas pero los caballos siempre ganan. Warren se cayó y cuando se trató de volver a montar para jugar el *chukka* sucedió algo inaudito. La yegua empezó a corcovear sin Warren y a correrle atrás para morderlo. Le metió una mordida grande en la espalda, le dio un topetazo con la cabeza y Warren corría. La imagen de Warren con una de las yeguas más rápidas que ha sido traída de la Argentina corriéndole atrás era una combinación de risa con miedo. Warren no jugó más la yegua por un tiempo y la dejó descansar unas semanas al final de las cuales la mandó a herrar para que empezara a hacer ejercicios con vista a jugarla otra vez. Durante el herraje la yegua se volvió loca, como si se hubiera dado cuenta de lo que le esperaba. A tal punto que cuando se vio amarrada a un poste se tiró para atrás con la aparente intención de suicidarse. Gracias a que se pegó con el palenque, se quedó inconsciente y no se mató. Al pegarse se rompió la cabeza a tal punto que se la astilló. Hasta la fecha la familia Scherer tiene el pedazo del cráneo que le sacó el cirujano veterinario a *Americana* en formaldehído. Fue retirada a un potrero a reponerse y nadie sabía qué hacer con ella. Lo único que quedaba era vendérsela a alguien que la quisiera montar por placer. ¿Placer? ¿Y si la yegua mata al jinete que la compra? La iban a vender al matadero, a precio de carne; a centavos la libra. Entró, entonces, en escena Peter J. Rizzo, un jinete de polo extraordinario y profesional, manager de Almendares en aquel entonces, y quien años después fue contratado como director ejecutivo de la United States Polo Association. Peter hizo una oferta de comprarle la yegua al Club por lo que pedían que no era casi nada a pesar de su fama. Peter la dejó descansar unos meses, hizo un contrato silente con la yegua, la mandó a herrar, y participó con el herrero en la herrada. El contrato consistía en que la yegua le iba a demostrar a Peter lo que ella estaba dispuesta a hacer. Peter nunca amarró a *Americana* a nada. Nunca usó ni fusta ni espuelas con ella. La yegua se ensillaba antes del partido y andaba suelta esperando junto a los otros caballos pero sin amarrarse. Cuando el que la ensillaba la tenía que aguantar entre *chukkas* esperando para que Peter se montara en ella, no la aguantaba. La llevaba a un lugar donde iban a esperar a Peter al lado de la cancha y la yegua entonces se soltaba y ella misma sola se paraba al lado del empleado mirando el partido y esperando a Peter. Nadie la aguantaba. Si el partido era apretado, la yegua caminaba en círculos alrededor del empleado, como nerviosa y preocupada, esperando por Peter. En partidos finales de torneos hay un premio que se le otorga al caballo más valioso de ese partido, aquel o aquella que desempeña el mejor papel. Peter se ganó muchos trofeos de caballo más valioso con *Americana*. Jugaron polo hasta que la pobre yegua, ya de vieja, la tuvo que a regañadientes retirar. Warren y Peter todavía cuando se reúnen hablan de la yegua. Peter con orgullo, cariño, y nostalgia. Warren con un respeto que se le nota en la voz y en el rostro.

Todos los años al final de cada temporada de polo hay que reevaluar las condiciones de la caballada, reemplazar las que se están poniendo viejas, las lesionadas, las yeguas verdes que están listas a ser ascendidas a jugadoras, las que se han vendido y las que ya no sirven por una razón u otra. Es un periodo de revaluación y rejuvenecimiento porque es cuando se adquieren caballos nuevos jóvenes que van a comenzar el proceso educativo de aprender el deporte.

Las dificultades de encontrar caballos Pura Sangre en los ranchos de Sheridan se volvieron cada vez más grandes. Cada vez había menos caballos aparentando ser buenos prospectos y los precios ascendían. Cuando por fin se dieron por terminadas todas las alternativas que se fueron presentando en Sheridan y sus alrededores, surgió la idea de una acometida fronteriza al norte del Estado de Wyoming para rastrear los Pura Sangre por el sur del colindante estado de Montana. La búsqueda nos encontró en la Reservación Indígena de los Crow. Se autodenominan Absaroka, que quiere decir hombres pájaros. (Sí, ya sé. Ya sé. No. No lo son. Son muy machitos). La noción era que los indios también habían comprado los caballos garañones del gobierno y por lo tanto sus manadas de caballos debían estar cundidas de caballos Pura Sangre. De ser así, era lógico esperar que los caballos que encontráramos en la reservación fueran más dóciles por la influencia de la mano india. Los indios que lucharon en la frontera del oeste contra los soldados blancos comían carne de caballo. Los caballos de los *cowboys,* y dicho sea de paso de polistas, a veces cuando son ensillados levantan una pata y cuando bajan esa pata casual y accidentalmente termina descansando sobre el pie del *cowboy* o polista que está poniéndoles la montura y esto duele muchísimo. Los caballos de los indios nunca actúan así con ellos. ¿Casualidad? Hay equinólogos que piensan que no, sino que los caballos saben que los indios pueden comérselos y por eso no los pisan.

Dentro de la Reserva está el campo de batalla de Little Big Horn, donde anualmente festejan el trabajo de barbería que Sitting Bull y sus muchachos le hicieron al melenudo teniente coronel Jorgito Armstrong Custer. Si hubiera sido cubano sus amigos le hubieran llamado Yoyi. La batalla famosa ocurrió el 25 de junio de 1876. La reserva de la tribu Crow está aproximadamente a sesenta millas al este de Billings, Montana. Ahí vive un grupo de indígenas que no paga impuestos al estado. El parque nacional, que abarca 600 acres, no se llama Crow Battlefield sino Custer Battlefield National Monument, lo cual demuestra que honran no la victoria sobre el ejército sino al perdedor de la batalla. Las tierras limítrofes al susodicho campo de batalla son privadas, a pesar de que están dentro de la reserva Crow. El significado de esto para los rancheros que allí operan industrias agropecuarias lo viví yo en persona cuando examinaba unos prospectos equinos en el rancho Taylor.

El viaje al rancho Taylor comenzó un domingo, después de que Germán von Wernich descubrió el significado del llamado *brunch.* Le costó trabajo creer que el mundo pudiera estar tan patas para arriba, al punto de que por un precio fijo un comensal se pudiese servir todo lo que quisiera y repetir las rellenadas de su plato sin límite de idas a las fuentes de comida. Una vez que comprendió que no era una vil tomadura de pelo, comenzó a ingerir comestibles al compás de un metrónomo, instrumento que tiene un ruido periódico coincidente con el pulso. En su mente de consumidor, aquello era una oportunidad dorada de sin tener que inventar la cuadratura del círculo, ganarle a la casa. Se servía la comida riéndose de la avería económica que le causaba a la administración. Le costaba creer que alguien no viniese a decirle que parara de joder, que lo escoltaran hasta la calle para botarlo o por lo menos a llamarle la atención. Se servía sonriéndose y miraba por encima del hombro. Una vez que se logró acomodar, se entregó del todo a las exigencias desaforadas de su insaciable apetito. Comió hasta que empezó a sentir cargo de conciencia, intoxicación y con el estómago tan lleno que se tuvo que zafar la ropa. Al fin, y luego del inusual y opíparo desayuno, Germán, quien demostraba su satisfacción chuperreteando un palillo de dientes como si fuese un cobrador de autobús, cruzando por las calles de la Habana Vieja de los 50's del siglo pasado, y yo logramos salir de allí en el auto en dirección a Montana. Estuvimos muertos de risas todo el camino: Germán por el negocio tan fenómeno que acababa de cerrar en la mesa del restaurante, y el resto del grupo porque nunca nos imaginamos que alguien pudiera ser capaz de comer tanta comida en una sola sentada.

En el rancho que visitamos, después de ojear por arriba los caballos que allí encontramos, estábamos parados en unos corrales frente a la residencia principal del dueño, hablando con el Señor Taylor, cuando nos percatamos de la presencia de un camión lleno de individuos de aspecto indígena que nos pasó por delante. Tenían rifles en las manos y ropas ensangrentadas. Dos alces enormes ya desentrañados viajaban en el medio de la plataforma del vehículo cárnico. Lo imaginamos camino al frigorífico. Mi grupo, que era de polistas pacíficos, los miramos impactados por el espectáculo. Los indígenas nos saludaron. «Tienen derecho a cazar en mi rancho. Este rancho es parte de la Reserva Crow. No, no tienen derecho a matar mi ganado vacuno ni equino. Una razón poderosa para que lleven en el flanco la marca identificándose como haberes del rancho Taylor». Como resultado de haberse iniciado tal conversación, con los cazadores indígenas, se abrió un diálogo más amistoso con el ranchero. Se llamaba Walter J. Taylor, Jr., apodado *Watty*. Un norteamericano alto, grueso, abnegado y jovial. De hombros anchos, manos grandes, jocundo, enérgico y vestido con el atuendo típico de alguien que conoce bien el trabajo de rancho. Sombrero de ala ancha, botas altas y espuelas, con costras de corral en ellas.

Nos preguntó el uso que planeábamos hacer de los caballos que estábamos pensando comprar y le explicamos que eran para entrenarlos a jugar polo. «Yo he jugado al polo aquí y en Inglaterra». Había cursado estudios de agronomía en el Royal Agricultural College que es parte de The University College at Cirencester. Cerca del Cirencester Polo Club. Como su vida siempre había sido de caballos, se consiguió un trabajo ejercitándole los caballos a un polista británico llamado Jack Williams, a través de quien conoció a los mejores jugadores de polo del mundo durante la primavera del año 1968. Watty había jugado al polo desde los catorce años en el Big Horn Polo Club de Sheridan, Wyoming. Pero volviendo al tema de su trabajo en el Cirencester Polo Club de Inglaterra, nos contó que uno de los polistas argentinos le notó la suavidad de las manos con las riendas y le pidió que usara un taco para darle escuela a una yegua que se abría de la bocha. La combinación de montar bien a caballo, facilidad con el taco y simpatía engendrada por compartir el trabajo diario, provocó la idea de registrarlo como jugador de un *handicap* de cero goles, y meterlo de «gallo tapao» en un torneo de doce goles llamado Apsley Cup en Cirencester Park, Cirencester, Inglaterra. Les fue muy bien en el torneo que jugaron el 3 de junio de 1968 con Lord Sam Vestey, Clem Barton y un argentino que en aquel momento tenía seis goles y veinticinco años de edad. También se acordaba del nombre del argentino: Eduardo, *Eddy* Moore.

Emocionado ante la casualidad de encontrarme a un amigo del Gordo Moore en un lugar recóndito e inesperado, le di la mala noticia que un año antes Eddie Moore (alias *El Gordo*) había muerto. Le presenté al entrenador argentino Germán von Wernich, que me acompañaba ese día, y le contamos cómo lo había conocido cuando era empleado por el Gordo en su Estancia de Nueva Escocia, en Carlos Casares. Nos turnamos intercambiando anécdotas del Gordo Moore y a todos se nos humedecieron los ojos. Nos invitó a pasar a su casa pero nos pidió que lo siguiéramos pero que por favor nos quitásemos los zapatos y entrásemos descalzos. El interior de la casa del rancho fue una sorpresa. En vez de lo que esperaba, es decir, una habitación rústica de carácter más bien masculino y con sabor ambiental tosco, lo que encontramos fue una sala llena de antigüedades exquisitas, sillones de curvas elegantes, pisos de madera pulidos y alfombras orientales. Nos ofreció té y golosinas europeas mientras conversábamos con ternura y nostalgia de nuestro ya difunto y queridísimo amigo, el Gordo Moore. Nos despedimos dándonos todos un gran abrazo amistoso y reconociendo que el Gordo Moore, amigo de todos los que nos habíamos encontrado inesperadamente en aquel rincón de Montana, contaba con que nos hiciésemos amigos de sus amigos.

Epílogo

Más de treinta años después de aquella primera visita a Nueva Escocia, el 26 de marzo del año 2013, cenando en casa del jugador de polo neoyorkino, Jerry Shields, me tocó sentarme al lado de su hermana Helen, cuyo nombre de casada es Mrs. Winston Guest, por el hijo del famoso polista. Durante la cena, en una conversación entre ella y Jerry, Helen hizo la observación de que su suegro había muerto en el año 1981. Introduciéndome en el diálogo sin más, o sea de metiche, le aclaré que no. Que había muerto en 1982. «¿Estás seguro?», me preguntó Helen algo dudosa de mi aclaración. «Me consta», le respondí. Al principio no me creyó, y en su mirada se reflejaba la duda, a pesar de la convicción con la que yo había respondido. Sobre todo con una fecha que no tenía nada que ver conmigo y pensando que quizás yo le hacía un chiste; de no muy buen gusto, por cierto. Se lo preguntó a su esposo quien estaba en otra mesa, y él le confirmó que en efecto, la fecha correcta era 1982. Los dos se quedaron intrigados de mi certeza y me pidieron una explicación. Les hice un relato parcial del anecdotario de mi primera visita a Nueva Escocia, de mi amistad con el Gordo Moore, del trofeo y, por supuesto, del torneo; añadí que después de la muerte de Eduardo Moore, la viuda me había hecho llegar el trofeo a mi hogar en Palm Beach; que lo tenía en mi casa donde Jerry y Helen unos meses después, en una cena hogareña pudieron verlo y apreciar que de plata ya no quedaba nada más que la promesa del vendedor de la tienda de Pehuajó. En esa ocasión, especulamos que con el sudado manoseo de los ganadores al recibir el trofeo, después de ganar un partido reñido, se había desgastado el baño de plata lo cual dejaba ver cada vez más claro que el material siempre había sido de cobre barato.

Amistades y sus amistades

En el año 2005, Federico O. Zambrano y Páez, *Pico* para sus amigos, anunció sus intenciones de contraer matrimonio, en segundas nupcias, con Ingrid Barris y Viusa. La celebración del feliz evento se llevaría a cabo en un elegante hotel de la playa de Puerto Morelos en Quintana Roo, México. Cuando las invitaciones a la ceremonia llegaron a las casas de sus amigos casados, no tardaron en convertirse en tema de extensas discusiones hogareñas. La boda, anunciaba la invitación, sería solemnizada por el buen amigo de Pico, Antonio, *Toño*, O'Farrill, el mismo abogado que lo representó en los trámites de divorcio de su primera esposa, Sandra Salas Benavides.

El enlace, al final, se celebró con una concurrencia mayormente masculina. Las esposas de los amigos de Federico de toda la vida se convirtieron en *rara avis*. Dio la triste casualidad que la solemne ocasión coincidió con una súbita virosis que infectó a casi todas las medias naranjas de los amigos que Pico había invitado a ser testigos de su nuevo enlace. Por cierto, hubo quien aludió al dulce aliento de la complicidad, comentando que esa indisposición pandémica no resultaba sorpresiva si uno cae en la cuenta de que las enfermas eran todas muy amigas de la primera esposa. Todas estas señoras de buenas familias y muy bien educadas por anacrónicas institutrices, mandaron no solo un regalo apropiado para un segundo matrimonio, sino también su más sentidas excusas, lamentando que su estado físico no les permitiera asistir a la muy bien planeada y costosísima ceremonia en el hotel Paraíso de la Bonita, el 20 de agosto de 2005. No así los cónyuges masculinos, quienes deseosos de hacer acto de presencia, llegaron unos días antes al hotel para, unidos todos allí en gesto de solidaridad, respaldar a Pico en su decisión. Al llegar, claro está, le pidieron excusas al novio por las ausencias de sus respectivas esposas, retransmitiéndole al pie de la letra las elaboradas explicaciones de sus unidades conyugales que seguían aquejadas de tales malestares a tal extremo que se habían visto obligadas a quedarse en sus hogares —siempre vigilantes— ya que en caso de empeorar, tendrían que internarse en un hospital.

Entre los amigos que asistieron hubo algunos socarrones que, al pasarse de léperos, mencionaron que dada la insuficiencia de señoras no habría quien conspirara para higienizar y culturizar los diálogos de grupos mixtos. O sea predominaría el falocentrismo agudizado por inagotables tragos, los irrepetibles comentarios acerca de mujeres presentes, ausentes, así como las que faltaban por conocer.

El fin de semana fue una fiesta pues la mayor parte de los invitados se hospedaron en el hotel donde se celebró la ceremonia. Así es que no solamente hubo fiestas de noche sino también reuniones de grupos que se juntaban a desayunar, almorzar, merendar y coctelear así como también a bañarse en la piscina y en la playa situada enfrente del hotel.

Los baños en la piscina y la playa eran eventos organizados por el personal masculino que nunca empezaban antes del fin de la tarde, cuando el sol ya había terminado de hacer estragos con su furia del mediodía, la arena ya no tenía el acostumbrado gentío, no había niños y en este ambiente más reposado, entre el día y la noche, se podían consumir a gusto las bebidas alcohólicas que los camareros traían en procesión constante desde la cantina del hotel. Después vendría una muy bien merecida siesta para descansar antes del comienzo de las actividades nocturnas.

Mi amistad con el novio era de más de medio siglo. Nos habíamos conocido en el otoño de 1958, al comienzo del año escolar de La Salle Military Academy. Por orden paternal inapelable, típico de un férreo sistema de ordenanzas y castigos, ambos habíamos sido enviados a esa academia militar privada y católica desde nuestros respectivos hogares en diferentes países, con la idea de que aprendiésemos a hablar inglés y continuásemos con nuestra formación religiosa.

Los contactos con nuestros compañeros de colegio, tanto cubanos como mexicanos, una vez terminados nuestros estudios en la academia, se volvieron esporádicos y distantes, se fueron convirtiendo, paulatina y fortuitamente en poco más que una que otra carta ocasional. El plan era que progresáramos en la incansable misión de transustanciarnos al anglosajonismo estadounidense hasta que al final de la jornada nos integrásemos a la sociedad norteamericana de manera tal que pasáramos de manera imperceptible e indistinguible por uno de nuestros condiscípulos oriundos de New York o de New Jersey.

Cuando Pico y yo nos conocimos, y reconocimos la similitud de nuestras circunstancias, es decir, con la incapacidad de entender con precisión los juegos de palabras y retruécanos con dobles intenciones empleados por nuestros compañeros de clases norteamericanos, quienes claro está, hablaban inglés, nos saludábamos con la alegría de un soldado emboscado y acorralado que ve llegar refuerzos. Además, y esto es muy importante, fumábamos la misma marca de cigarrillos, lo cual facilitaba poder compartir en los frecuentes casos de estrecheces económicas. De esa ayuda mutua nació un compañerismo que maduró hasta convertirse en una gran amistad.

Durante el transcurso de todos esos años como condiscípulos y compañeros de cuarto, y después de graduados, nuestra amistad dio una extraordinaria cantidad de tumbos la mayoría de los cuales fueron sobrepasados: Altas y bajas en el mundo de las profesiones y comercios, dinero y novias prestadas y no tan prestadas del uno al otro, matrimonios, hijos, problemas de alcohol y drogas superados, problemas matrimoniales resueltos, después ya no tanto, divorcios por parte de ambos, yo vuelto a casar y él soltero hasta aquella fecha de su desposorio en el año 2005.

La ironía de lo ocurrido es que la intención inicial de alejarnos de las raíces cubanas y mejicanas, respectivamente, para asimilarnos y homogeneizarnos con la turba anglosajona, ahora, desde el futuro de aquel entonces, mirándolo con las luces largas de la carretera de la vida, a través de más de medio siglo, mi amistad con Pico es una de las pocas verdaderas y que duró de aquella experiencia pre-universitaria.

La academia militar donde Pico y yo nos conocimos era una propiedad decimonónica construida en el año 1890 por Frederick Gilbert Bourne, heredero de la Singer Sewing Machine Co., en Oakdale, ciudad de Long Island, en New York. El recinto académico abarcaba mil privilegiados acres y gozaba de dos millas de playa medidas de este a oeste mirando frente por frente a Great South Bay. La arena de la playa está a cuatro millas de distancia, al norte de Fire Island la cual actúa de barrera separándola del Océano Atlántico.

La Salle era una institución educacional militar de la orden francesa de los Hermanos Cristianos de San Juan Bautista de la Salle. Los miembros de la orden religiosa se les llamaba por su nombre completo, vivían en la mansión original de ciento diez habitaciones, con conservatorio de música, sala de billar, biblioteca, salón de bailes, piscina bajo techo, sauna y baño turco, galpón de carruajes, y hasta ensenada y caleta frente a una casa de botes que tenía acceso marino tanto a Great South Bay como al Océano Atlántico.

Uno de los interminables requisitos para formar parte del cuerpo estudiantil de La Salle era participar en actividades deportivas el año entero. Un deporte diferente durante cada una de las tres temporadas académicas que eran otoño, invierno y primavera. En el otoño del primer año de mi estancia en el colegio se me permitió seleccionar tenis en vez de *soccer*, o *cross country track* o fútbol norteamericano, deportes que bien, desconocía o no me interesaban. En el invierno la selección se hizo más fácil, jugué *basketball* en vez de hockey o *indoor track*, y en la primavera por supuesto béisbol en vez de *outdoor track*.

Bob Straile era un magnífico atleta que capitaneaba el equipo de fútbol norteamericano del colegio. Su papá residía en Palm Beach, el que fuera nuestro vecindario al salir exiliados de Cuba, justo después del triunfo de la revolución de Fidel Castro el primero de enero de 1959. Los lazos amistosos entre Bob y yo se hicieron más cercanos durante el otoño del año 1959, cuando volví al colegio después de las vacaciones de verano, y el entrenador de fútbol me notó lo que el sastre de Brooks Brothers, fabricante de los uniformes escolares, ya había mencionado varias veces y es que durante el verano el cuerpo de adolescente gordito y bajito se había estirado de largo y ensanchado de hombros. De esa manera quedaba descartada cualquier posibilidad futura de ser el clásico gordito con propensión a que las mujeres le cuenten lo que no le cuentan a nadie. No me tomó por sorpresa la invitación del entrenador a formar parte del equipo.

La Salle era un plantel educacional pequeño, caro y exclusivo. Hasta ahí todo muy normal. El problema es que La Salle competía en campeonatos de fútbol contra colegios donde la clase estudiantil en esas instituciones se contaba por miles, no en cientos como en nuestra academia militar. Trescientos y un pico bien corto de cadetes estudiantes para mayor exactitud.

En Cuba el fútbol norteamericano era prácticamente desconocido. Para mí, las reglas eran un misterio. Le di las gracias al entrenador por su amable invitación, añadiendo que no tenía el más mínimo interés en jugar ese deporte que ni conocía ni me parecía que valía la pena que aprendiera ya que no se jugaba en Cuba. La réplica, cuando llegó en tonos autoritarios muy parecidos a gritos desagradables, no me permitió otra conclusión que darme cuenta que aquello era mucho más que una invitación. Era una bien berreada orden de alguien que gobierna despóticamente. De un sátrapa. Con repentina claudicación acordé comenzar mi nada anticipada y mucho menos deseada carrera de futbolista. El entrenador tomó la decisión de encontrarme posiciones de juego, tanto en la defensiva como en la ofensiva. Las prácticas eran horribles. Lo primero que hacíamos al llegar a la cancha era una serie de ejercicios de calistenia, interminables: planchas, correr hacia adelante, hacia atrás, de lado, en ángulo, en todas direcciones, dar saltos, hacer cuclillas, caminar en cuclillas, dar brincos. Y más planchas, más brincos y carreras. Todo lo que sucedía en la cancha dolía, extenuaba y dejaba moratones en la piel. Los músculos quedaban adoloridos y engarrotados. Los jugadores con el calor de las primeras prácticas de verano se deshidrataban. Otros vomitaban. A veces ocurría que algunos sufrían de aquellas evacuaciones estomacales por vía oral en más de una ocasión por práctica. Hasta que no les quedaba nada por dentro. Solo líquidos inmundos y pestíferos. Por cierto todo esto sucedía en la misma cancha donde hacíamos los ejercicios y nos revolcábamos en la tierra. Un asco, además de una situación infernal.

Una vez terminados los ejercicios de calistenia comenzaba la instrucción deportiva que guardaba relación con el deporte que jugaríamos en equipo. En el caso del fútbol, se complicó el panorama cuando comenzaron un día a familiarizarnos con un concepto deportivo visto hasta ese día por mí como algo foráneo. Explicaron una técnica llamada *tackles*, muy parecida al ¡Ataja! que gritaban en Cuba cuando había un ratero o ladrón que le arrancaba la cartera a una señora gorda en la calle y se mandaba a correr. La idea era tirársele al ratero o en este caso a otro cadete amigo y compañero de equipo, con toda la propulsión que las piernas le permitieran al agresor para chocar, embistiéndolo, lo más fuerte que pudiese en contra del cuerpo del agredido. En vez de una cartera, el agredido tenía una pelota de fútbol.

Cuando empezaron las prácticas con equipo protector de hombreras y casco para poder hacer *tackles*, había cambiado el tiempo. Se acababa el verano y comenzaba la temporada en que disminuía el calor veraniego y marcaba el principio otoñal que los americanos llamaban el tiempo del futbol. *Football weather*. Yo prefería llamarlo por su nombre: frío de madre. La primera jugada que me enseñaron los instructores atléticos tenía muy bien puesto el nombre: ofensiva. Se trataba de salir corriendo a toda velocidad, para recibir una pelota de cuero lanzada por un americano pecoso que se decía era el *quarterback*. Gracias a la bien asentada experiencia de jugar a la pelota en La Habana, esa parte no me resultaba difícil. Se comentaba que el cubano, es decir, yo, tenía manos seguras. Lo cual sonaba como una celebración a la aptitud y la pericia pero, claro está, como todo en la vida, tenía sus consecuencias.

Una vez que agarrabas la pelota, lo próximo que sucedía era que una gran parte del equipo contrario arremetía con toda la velocidad que sus piernas le permitiesen, abalanzándose con la mayor violencia posible contra el cuerpo del que tenía la pelota de cuero. El plan colectivo de los agresores tenía como propósito crear un impacto fuerte, además de simultáneo. El entrenador y su séquito de asistentes y socorristas elogiaban los esfuerzos de los agresores, única y exclusivamente cuando el golpe era tan estremecedor como para que el dolor causado animara al agredido a dejar caer la pelota, tratando de controlarse para no llorar a moco tendido y salir corriendo a buscar a su mamita. Todo un encanto.

Como había tan pocos jugadores en el colegio y por ende, en el equipo, los jugadores estábamos obligados a jugar, no solamente de ofensiva sino también de defensiva. Se publicó en la lista del equipo que me tocaría jugar la posición de *tackle*, en defensiva. Al lado del *guard*, quien a su vez estaba al lado del *center*. Es decir, en el mismo medio del corazón de la línea defensiva. Esa ubicación en particular es por donde el equipo que tiene la pelota de cuero y está en ofensiva manda a los jugadores más fuertes a que empujen con toda velocidad, vigor y malicia a los que se encuentren en su camino como, por ejemplo, a mí... es decir, al *tackle*, para que en ese momento los corredores que vienen atrás de los que empujan le pasen corriendo al *tackle* por al lado, por encima, por donde puedan lograrlo con la idea de hacer un gol. Por cierto, en esta versión estadounidense del fútbol no se le llama gol; se le conoce como *touchdown*. La idea es que los que tengan la mala suerte de estar defendiendo el camino por donde viene la jugada hagan lo indecible, que por cierto es *tacklear*, para que no solo no pasen los que vienen corriendo con la pelota de cuero sino que embistan con tal bestialidad que el empellón haga retroceder en vez de avanzar a los que están en ofensiva, y el leñazo que reciban les haga sentir tanto dolor que se les salgan los mocos y suelten la pelota de cuero. Todo muy desagradable. Odioso deporte este americanísimo fútbol. Casi tan detestable como el deporte lo era el entrenador. Es importante destacar que La Salle no ganó un solo juego en contra de los colegios enormes contra los que jugábamos, lo cual no debe ser objeto de sorpresa ya que los jugadores contrarios no solo eran mejores, más rápidos y más musculosos, sino que además ya se afeitaban y eran del tamaño de nuestros padres.

El entrenador era insoportable y lo sabía. ¿Cómo? En abril del año 1961 fue la invasión de exiliados que fracasó en Bahía de Cochinos. Unos meses antes ya se corría la bola en Miami de que la CIA estaba organizando un ejército invasor para acabar con el régimen de Fidel Castro. Se decía que un gran número de amigos y familias se habían enlistado, entre ellos los burgueses de la sociedad cubana. Se rumoraba que los campamentos estaban en Guatemala, lo cual era un secreto mal guardado. Yo no tenía suficiente edad para formar parte del grupo de invasores sin autorización familiar. En febrero, cuando empecé a enterarme de lo que se estaba planeando, contaba con dieciséis años; solo me faltaban cuatro meses para cumplir los diecisiete y tenía entendido que para poder formar parte de la invasión había que tener dieciocho años; O diecisiete, con el consentimiento de los padres; en mi caso yo sabía de sobra que mis padres no me lo darían. Me acerqué al entrenador de fútbol con la idea de preguntarle si él creía que yo debía dejar el colegio militar para alistarme en el ejército invasor, imaginándome que como empleado de una institución donde el alumnado pagaba una matrícula alta, en su posición de protector y consejero estudiantil, o sea, *in loco parentis* y, por supuesto, por lo que me necesitaba el equipo... lo lógico es que se respondiera con algo parecido a: «¡No! ¿Está usted loco? Su lugar está aquí estudiando para que se gradúe y vuelva a su país como líder y de esa manera hacer una contribución que será mayor y mejor mientras más educación tenga». Acto seguido me reportarían a la administración como alguien que era importante vigilar porque pudiese fugarse para ir a pelear por su país. Se lo dirían a mis padres y amigos, y todo el plan saldría como planeado, bastante bien. Me ganaría fama de por lo menos haber hecho el esfuerzo por participar en una guerra y así quedar como aspirante a héroe. Con esa respuesta negativa, que creía iba a recibir del entrenador ya me limpiaba el pecho con cualquiera que me arrinconara para saber por qué yo no me había alistado. ¿Y quién sabe si usado en algún momento clave me sirviese para emocionar a alguna muchacha lo suficiente como para que ella se dejase tocar algún pliegue femenino suave? El muy arrebatado decidió no seguir el imaginado guión. Me miró, y con sonrisa de conejo, que es la que deja los músculos faciales impertérritos, me dijo que él se sentía muy orgulloso de haberse jugado la vida al servicio de su país. Que por la pregunta que le había hecho se daba cuenta de mi gran patriotismo y que aunque esas decisiones eran estrictamente personales, su opinión era que me alistase, que dejase el colegio y me fuese a luchar por mi país. Debía ayudar a recuperar la patria sumida en el comunismo. Le tuve que decir que lo pensaría —por supuesto, mintiendo— para desdramatizar. Le di las gracias al final del diálogo y lo vi alejarse caminando con un andar no del todo diferente a un oso siberiano camino a su guarida invernal. Me fui de aquella entrevista con muchas ganas de familiarizarlo con la práctica cubana de anunciarle intención urgente de hacer una evacuación de desperdicios alimenticios por la vía usual en la proximidad del cuero cabelludo de la progenitora de sus días. La mirada indudablemente telegrafió el pensamiento.

Me tocó jugar fútbol en el equipo del colegio hasta que me gradué. Nunca fui muy bueno pero gracias a la ayuda y el compañerismo de Bob Straile llegó a gustarme. Hoy en día soy fanático del deporte.

Después de vivir unos años en Palm Beach, mis padres tuvieron que mudarse con toda la familia para un barrio obrero en Hialeah a vivir en una casa prestada. Tocábamos fondo en el espectro económico. Una cosa había sido para el jefe de nuestra familia vivir en un país extranjero agradable como los Estados Unidos, gastándose su fortuna internacional mientras esperaba la caída del poder de Fidel Castro y otra cosa bien distinta es lo que llegamos a sentir. Algo que es definitivamente menos y visto por otros como de un grado poco más que deshonroso... el ser un inmigrante sin dinero.

Cza Cza Gabor era una actriz de cine que tenía una amistad especial con el papá de Bob Straile, mi condiscípulo y compañero así como capitán del equipo de fútbol. En el último año de *high school*, ya de *seniors*, esperando la graduación preuniversitaria, Cza Cza Gabor le preguntó al papá de Bob Straile que si sería posible que su hijo viajara a California por carretera para llevarle su automóvil Ford Thunderbird a su casa en Hollywood. Un T-bird del año. Ella lo necesitaba en Los Ángeles. Por cierto, el nombre original de Los Ángeles fue El Pueblo de Nuestra Señora Reina de Los Ángeles de la Porciúncula.

Le dijo al padre de mi amigo que para hacerle las cosas más fáciles a su hijo Bob invitara al viaje a unos amigos. Se acercaban las vacaciones que eran una pausa en la rutina escolar para romper la monotonía del largo invierno. Los hermanos de la Salle le llamaban las vacaciones de Mid Winter.

El ofrecimiento de la famosa actriz era que Bob y sus amigos, yo entre ellos, les transportásemos el Thunderbird por carretera desde New York a Los Ángeles durante el transcurso de los diez días de vacaciones de la academia militar. La seductora invitación fue extendida en febrero de 1962. Al recibir la oferta, Bob Straile nos la comunicó a Pico y a un servidor. Ya lo único que nos faltaba era lo que pintaba ser muy difícil, obtener el consentimiento paterno, sin embargo, fue inesperadamente fácil. Es posible que en la cuidadosamente estudiada y presentada petición de permiso a las autoridades hogareñas hayamos dejado de hacer mención de las Cza Cza y sus prometidas presentaciones de amistades de la farándula de Hollywood o de las fiestas vaticinadas una vez que llegáramos a Los Ángeles. La cuestión es que no hubo resistencia materna lo cual fue tan inesperado como que la Cuba de Fidel Castro se volviera un lugar atractivo y seguro para hacer inversiones de capital procedente de los Estados Unidos. A medida que se aproximaba la fecha del viaje nuestro entusiasmo aumentaba y los planes eran cada vez más detallados. Buscábamos varios caminos y maneras de ahorrarnos tiempo y dinero en la carretera y así poder usarlos en Hollywood y Los Ángeles. Teníamos muchas esperanzadas suposiciones sobre las hijas de las amigas de Cza Cza Gabor que íbamos a conocer y tratar de no preñar. En fin, ilusiones y fantasías a todo motor y marcha.

Una semana antes del viaje con todo listo para partir rumbo al Pacífico, llegó una llamada de mi padre desde Hialeah anunciándome que era imprescindible cancelar mi participación en el viaje a Hollywood, y agarrar un avión para que fuese a pasarme las vacaciones en la casita obrera de nuestra familia. Quería que estuviese allí junto con mis seis hermanos y mi abuela paterna, quien vendría a pasarse esos días con nosotros. Le habían descubierto un cáncer en una cuerda vocal a mi padre y se la iban a tener que extirpar. No se quedaría mudo pero la voz con que se quedaría sería diferente y ronca. Le costaría trabajo aprender a hablar de nuevo. La operación era en la ciudad de Memphis, en Tennessee, con su doctor de toda la vida. El mismo doctor que había atendido a toda la familia desde Cuba. El impacto inicial de la noticia fue fuerte, sobre todo al ser acompañada de un comentario paterno sobre la alegría que le daba poder dar la noticia con su voz ya que nunca más sería la misma. En el caso de que el cáncer hubiese hecho metástasis y requiriese quitársele ambas cuerdas vocales no era seguro de que volviese a hablar. Les dije a mis compañeros del viaje a Los Ángeles que no contaran conmigo. Les expliqué mis razones y les pedí que siguieran con sus planes de viaje pero que, por supuesto, al volver me tenían que contar todo. Sin omisiones, mentiras ni exageraciones.

El viaje a California nunca ocurrió. En una demostración de solidaridad extraordinaria, mis dos compañeros de viaje me acompañaron a Miami. En vez de una semana de frivolidad indomable, se pasaron las vacaciones conmigo, en Hialeah, esperando noticias telefónicas de lo que fue un muy buen resultado de la operación, así como esperando oír los partes diarios de la difícil recuperación post operatoria de mi padre. Ni una sola vez se les oyó hablar de California, de Los Ángeles, de Hollywood ni de conocer personajes cinematográficos libidinosos. Mi amistad con Pico continúa hasta la fecha. Con demostraciones de generosidad tan genuinas como esas se forja una amistad sólida e indestructible que el paso del tiempo no puede destruir.

La fiesta después de la ceremonia matrimonial de Pico e Ingrid, oficiada por Toño O'Farrill, fue un evento bailable fenomenal. Mesas llenas de hombres casados pero sin esposas, sentados en el equivalente de lunetas privilegiadas para conversar, tomar y mirotear a lo descarado. En una de esas miradas de repaso a la concurrencia, resaltó un hermano del novio que bailaba con una muchacha cuyos movimientos acompasados compartían, sincronizados fielmente con el compás de la orquesta. La ineludible conclusión es que bailaba como una mujer cubana. Hay algo en la manera de bailar de la mujer cubana que no se aprende, solo se siente y se expresa al compás de la música y los movimientos. A esta en particular se le veía que era hija de españoles, linda de cara, pelinegra, ojos verdes, con una cinturita de avispa enmarcándole su región sureña que parecía obra del Señor Buonarroti. La duda me llevó a acercarme a ella durante un descanso y preguntarle si era cubana. Me contestó con ¡Claro que sí! ¿Quieres bailar? Me agarró de la mano y en cuanto empezó la música empezamos a bailar. No me quedó otra alternativa ante su invitación que aceptarla y de tratar de hacer un buen papel. En cubano... echando tremendo calcañal.

Bailaba contoneándose de la cintura para abajo nada más. En un ladrillo. Actuando como jinete avezado consciente de no dejar desbocar su potro, mantuve un trecho de separación de hombre casado. Por supuesto, casado con una señora que no estaba en la fiesta. Un trecho que aunque no tan cerca para no verse uno enmarañado, tampoco era lo suficientemente distante como para dejar de notar que demasiada cercanía al fogón del trapiche calderero pudiese llegar a derretir el metal de un zipper de portañuela. Aquello se movía que era una factoría de iniciar sueños eróticos. ¡Qué rico bailaba esa mujer! Cuando paró la música, me dijo que yo bailaba muy bien la música cubana. Le contesté que la música era sabrosísima, que la orquesta parecía cubana. Claro, me dijo ella, todos somos cubanos. Yo también, le dije.

Cuando los cubanos de allá llegan acá y dicen que son de allá, todos dicen que son de La Habana. Al cubano recién llegado que lo arrinconan y le preguntan de dónde es, anuncia con orgullo desafiante que el nombre de su pueblo natal es La Habana, juégatela al canelo que lo que está diciendo es tremendo paquete. Cuestión de estadísticas. No dan los números. No es posible que sea verdad. Si eso fuera así... ¿Dónde están los cubanos que nacían, vivían y morían en El Retrete, un pueblo al norte de Banes; Güiro de Boñigal, al sur de Arroyo Caimito; Salsipuedes que es un pueblo camagüeyano al norte de Piedrecitas, y hasta Tumba Cazuela que queda al sur de Baños de Agua y Ciego Montero? ¡Ya no quedan! Si nadie nunca fue de esos pueblos y ciudades alguien debe proclamar sublevación inmediata contra los planteles escolares que tan innecesariamente obligaron a que sus estudiantes tuvieran que aprenderse de memoria tantos nombres de pueblos fantasmas. Es probable que el último lugar donde vivían antes de salir de Cuba haya sido La Habana, pero es lógico que en la mayoría de los casos su estancia en La Habana ocurriese durante unos cuantos meses o años antes de salir de Cuba. Antes de eso, seguro que vinieron de algún lugar del resto de Cuba. Para evitar pasar por el interrogatorio innecesario de Déjate de eso... no revuelvas guaji. ¿De dónde eras, de verdolaga? Yo encuentro más fácil empezar anunciando que soy de cerca de Jaimanitas. O de cerca de Santa Fe. Que de veras lo era cuando vivía en El Biltmore. O a veces con ganas de empezar algo que antes no había, para buscar salsa, como en este caso, dije que era de Güira de Melena. En alta voz para que me oyeran los músicos. Con tan mala suerte de que el guitarrista me dijo: ¡Yo también! ¿De qué calle? Ponerse a polemizar de temas geográficos, políticos y sociales de antes y después del triunfo de la revolución a ese nivel es inútil y empobrecedor. Lo mejor en esos casos es confesión urgente. Ná, mi socio, era para ver qué es lo que saltaba, la verdad es que yo soy de cerca de Jaimanitas. Un lugar que antes del triunfo de la revolución se llamaba El Biltmore.

En esas estábamos todos chachareando y con buen humor, cuando noté la sombra de un mulato enorme con cuerpo de atleta y cara de tranca que se nos acercó exigiéndonos con voz intimidante, ¿'Queloquetá' pasando aquí? Me di cuenta que mi compañera de baile le ponía el brazo alrededor del talle en actitud sumisa de quien reconoce a su amo. Los músicos bajaron la cabeza con un súbito y extremo interés en los cordones de sus zapatos. Ella, al igual que los músicos, despedía un vaho de preocupación y respeto. Le contesté que yo tenía entendido que lo que estaba pasando era que una pareja se había casado, que los músicos estaban tocando unas piezas que echaban candela, que la idea era celebrar el matrimonio y que con esa cara fúnebre que traía me temía que iba a pasmar la fiesta. Su respuesta, con tono agresivo fue: ¿'Utéécubano' de Miami 'noéverdá'? Rápidamente le repliqué: ¿Y tú no hay forma que no seas del régimen, no es así? ¿Estás aquí de guardia pá' que no se te escape nadie de la jaula? Los músicos se rieron. El tipo no pudo decir más nada porque sin tener idea de lo que estaba pasando, nos interrumpió el novio llevándome con un brazo por el hombro para presentarme a uno de los invitados en su mesa.

Un rato más tarde volví a mirar hacia la orquesta y ya la habían cambiado por otra; mi compañera de baile ya no estaba en el escenario. Después me enteré que ella un tiempo atrás había sido empleada del periódico oficial del régimen comunista. No podía ni quería volver a Cuba.

Algo similar me había sucedido poco tiempo antes en el Hotel Camino Real, de Puebla, en México en julio de 2005. Una noche, en la cantina del hotel antes de dormir fui a escuchar un trío de guitarras con dos cantantes que se anunciaban como cubanos. El ambiente de la cantina era acogedor. En el escenario una cantante se anunciaba como una cubana de visita en México y pedía al público que le dijeran las canciones que ellos querían escuchar. Como nadie la pedía nada cuando vio a nuestro grupo entrar y sentarse a la mesa decidió anunciar nuestra llegada por el micrófono y preguntarnos qué es lo que nos podía cantar. Yo le pregunté si se sabía *Pachito e Ché*, de Beny Moré. Me contestó que claro que sí y que compartiéramos diciéndole al público presente de qué parte de México éramos. Por poco se le caen los dientes cuando le contesté que de Güira de Melena. Se emocionó mucho y nos estuvo cantando varias selecciones cubanas chéveres. Durante el descanso se nos acercó. Me dio una tarjeta. Marlen Calvo. Cantante cubana. Grupo y Ballet. En la tarjeta había varios números de teléfonos e invitaba a contrataciones.

Durante el transcurso de la conversación la felicité por su bellísima voz y le pregunté que si había cantado en la Yuma. Yuma es una palabra callejera inventada en Cuba para aludir a los Estados Unidos. Me explicó que no, que a la Yuma no iba porque no quería perder el derecho de volver a Cuba. Que ella iba y venía a su patria con frecuencia. Familia... ¿usted entiende? Prefería cantar en aquel bar que era del tamaño de un clóset mexicano para conseguir la alquimia de convertir su verdaderamente fantástica voz en dólares, siempre y cuando el régimen de Cuba le dejara tranquila su familia en Cuba y a ella le permitiera seguir viajando a México.

Esa era la verdad. La verdad es que ella, al igual que la orquesta de la boda de segundas nupcias de Pico, viajan a México a trabajar con contratos del régimen cubano o como se autodenominan: El Estado cubano. El Estado cobra los contratos en moneda extranjera y les paga a los cubanos en México, dinero que al llegar a Cuba deben convertir en chavitos que es la moneda castrista. Y el talento lo que hace es que mientras está en México sale a la búsqueda de trabajo extra («partain») que le permita ganarse unos dólares para él solo... para resolver, de ahí que Marlen distribuyera sus tarjetas, anunciándose.

Las fiestas del fin de semana duraron todas hasta el amanecer. Los mexicanos tienen unas energías incansables para fiestear. Después de bailar y tomar toda la noche reciben el amanecer con unos desayunos donde sirven una delicia llamada chilaquiles. Por supuesto, acompañado de toda clase de frutas y manjares. Sin embargo, yo no me enteré de los chilaquiles hasta levantarme a desayunar a la mañana siguiente. Me era imposible mantener el mismo paso que los mexicanos y cuando la fiesta comenzaba a impulsarse a las 2 de la mañana no me quedaba otra alternativa que irme sin despedirme para evitar ofender. O peor... para evitar que no me dejasen ir insistiéndome en que continuase fiesteando.

Los únicos que se levantaron a desayunar a una hora normal fueron el abogado que casó a los novios, Toño O'Farrill y su encantadora señora Alicia, apodada *Licha*. La conversación mañanera versó sobre las amistades y el trabajo que requiere mantenerlas a través de los años. Los tres ardorosamente coincidimos que para que fueran longevas había que esmerarse. Ellos conocían algo de la mía y de Pico. Pico les había, como dicen los mexicanos, platicado de que habíamos sido amigos desde la juventud. Contaron que sabían que Jackie, mi esposa y yo habíamos estado en Cuba dos años antes. En 2003. En nuestra animada conversación Toño y Licha se interesaron mucho por las impresiones que habíamos tenido durante el viaje. Encantado les hice varios relatos compartiendo con ellos con tierno intimismo cuentos emocionantes de aquella visita a mi tierra natal.

Nuestro viaje a Cuba había ocurrido después de cuatro décadas de ausencia. A mis amigos se les humedecieron los ojos. Fue entonces cuando Licha, la señora de Toño, le pidió a su marido que compartiese el cuento de Sam y Sarita conmigo.

Piedrecitas, pueblo provincial camagüeyano, está a pocos kilómetros de distancia de Florida que no solo es un pueblo de mayor tamaño sino que además se encuentra en la carretera central que cruza la República de Cuba de punta a cabo. El ferrocarril que cruza la llanura meridional provincial pasa por la estación de Piedrecitas, después de hacer una parada en Gaspar en su ruta oriental camino al pueblo de Florida. Cuando para en la estación ferroviaria de Piedrecitas, lo hace justo enfrente a donde, en los años cincuenta del pasado siglo XX, los padres de Samuel (*Samy*) Savariego y Fintz abrieron una tienda de ultramarinos. Una mezcla de bodega con quincalla. José Savariego y Donna Fintz eran hebreos turcos nacidos en Estambul. Eran los únicos Savariegos a la vez que los únicos hebreos en Piedrecitas. Cuando su hijo Samuel a quien apodaron *Samy* nació, lo mandaron a la iglesia católica ya que les quedaba cerca de la tienda. Ahí fue donde Samy aprendió no solamente el catecismo sino también a ayudar al cura a celebrar la misa sirviéndole de monaguillo.

En otro pueblecito pequeño, Artemisa, vivía otra familia hebrea. El pueblo de Artemisa, por cierto, se encuentra a dieciséis millas al oeste de la antes mencionada Güira de Melena. Los padres hebreos de Sara (Sarita) Ido y Esquenazi se llamaban León Ido y Venecia Esquenazi. Eran turcos y hebreos. Después de casarse en Artemisa abrieron una tienda de ultramarinos que llamaron Casa León. En Artemisa había un rabino con el nombre de Nathan Francés. A su esposa le decían La Francesa. El rabino celebraba las fiestas judías importantes en la sala de su casa donde, obedeciendo la costumbre hebrea, los hombres se sentaban en las sillas delanteras separados de las mujeres por un parabán. Las mujeres se sentaban detrás del parabán, que por cierto era transparente.

Aunque en Artemisa había un grupo de familias judías, lo cual era una muchedumbre comparado con Piedrecitas donde solo lo eran los Savariego, no había la suficiente cantidad de gente, digámosle la masa crítica, como para llamarse un gueto judío. Sin embargo, un detalle muy curioso llama aquí tanto la atención que invita a mencionar algo sobre los guetos judíos, lo que aprovechamos para hacer durante aquel desayuno. Se trata del llamativo nombre de la mamá de Sarita. Su nombre era Venecia Esquenazi. ¿Y a qué se debe la importancia de su nombre? Venecia es el nombre de una ciudad italiana en el Adriático. Esquenazi es la alteración al traducirse al castellano de la palabra askenazi del hebreo medieval. Los askenazi o como se les dice en castellano esquenazis son una rama de judíos europeos que observando la tradición de hablar en yídish se establecieron en asentamientos permanentes en el norte y centro de Europa. El nombre de la madre de Sarita describe una señora judía que bien puede haber sido oriunda de la Serenísima, nombre que se le da a la ciudad de Venecia, que a su vez es de donde proviene el nombre de gueto.

La entidad urbana que conocemos en español como gueto es un fenómeno sociocultural de origen italiano que nació en el distrito veneciano de Cannaregio, en 1516, y duró tres siglos hasta

1797. Para mantener su cultura viva y su religión descontaminada a través de los siglos, los judíos venecianos recurrieron a la estrategia social de vivir en aislamiento. La persecución veneciana judía que había durado siglos cristalizó cuando admitió una minoría judía en la ciudad, siempre y cuando se mantuvieran segregados del resto de la sociedad veneciana. La solución fue la isla de Ghetto, alrededor de San Girolamo, con puentes de acceso que eran cerrados una hora después de la caída del sol y no eran abiertos hasta el amanecer. El *seraglio*, palabra que proviene del italiano serraglio, que quiere decir recinto o cercado, funcionaba como una pequeña ciudad autónoma dentro de la ciudad de Venecia pero con una relación íntima entre las dos; el Ghetto era vigilado tras portones cerrados de noche pero de día los venecianos entraban a visitar las casas de empeño y a los comerciantes que vendían ropa usada. Esa separación a la que se vieron forzados fue resultado de las tradicionales y requetebién conocidas presiones fiscales contra los prestamistas judíos así como del persistente prejuicio religioso. Los judíos, a su vez, lo miraban desde el punto no menos importante, y algo egoísta, de que en caso de que surgieran hostilidades preocupantes, tal unión les permitía defenderse mejor en caso de verse obligados a tener que acudir en grupo a buscar la protección de las autoridades. Las mismas autoridades que les debían una fortuna en dinero prestado y que, o bien no les podían pagar de golpe toda la deuda o necesitaban de vez en cuando poder acudir a obtener préstamos para guerras, dotes y otras necesidades económicas de la realeza veneciana.

Después de caer ambos en cuenta de que se necesitaban mutuamente, tanto los judíos para sentirse más seguros viviendo en la ciudad como los nobles para tener acceso más próximo y cómodo al dinero de los judíos, al fin se les permitió vivir en Venecia. El 29 de marzo de 1516 setecientos judíos fueron acompañados a las casas que ya existían en el Campo del Ghetto Nuovo, el cual está al norte de la ciudad, cerca de la estación ferroviaria Santa Lucía. Al antiguo enclave de judíos le llamaban el *getto* o *ghetto* porque *getto* en italiano quiere decir moldaje y en veneciano quiere decir fundición. En ese recinto insular dentro de Venecia es donde se hallaban doce hornos de la fundición pública de bronce, desde el siglo XIV. Allí moldeaban cañones y morteros. Esta teoría del nombre fue documentada por Tassini en su *Curiosità Veneziane* quien basó sus conclusiones en documentación que data de los siglos XIV y XV. Hay otras teorías etimológicas de la palabra ghetto, pero lo que sí es cierto es que Venecia fue la primera ciudad que confinó judíos a un recinto rodeado de canales, amurallado, aislado; y se distingue en la etimología por haber creado un tecnicismo que después se siguió usando por todo el mundo.

Todavía existen dentro de esta isla en la Venecia moderna los edificios que en aquel entonces permitían el funcionamiento cotidiano de una comunidad judía, compuesta tanto de los askenasi que son judíos del centro y norte de Europa como de los sefarditas que se establecieron en España y en el Mediterráneo, muchos de los cuales, por la Inquisición, terminaron emigrando al Caribe y estableciéndose en Cuba. En la pared exterior del templo sefardita que da frente por frente a la plaza del Ghetto hay una placa grande de bronce con los nombres de judíos prominentes del ghetto veneciano. Lo simpático de esta lista es que los nombres de familia sefardí ahí escritos se parecen mucho a los nombres de la lista de asistencia del alumnado católico de los años cincuenta del pasado siglo en el Colegio de Belén de La Habana. Nombres como Moreno, Navarro, y Pardo.

Volviendo de nuevo a los Savariego, recordemos que vivían en Artemisa, la cual está a treinta y siete millas al suroeste de la ciudad de La Habana, dentro de la provincia habanera. Tiene la fama de haber hecho una contribución de nada más y nada menos que veinticuatro de los rebeldes que participaron en el ataque que dirigió Fidel Castro al Cuartel Moncada de Santiago de Cuba, el 26 de julio de 1953. De aquel evento es que nació el nombre de la organización siempre conocida como el Movimiento 26 de Julio. República es la calle principal de Artemisa. Es una calle elegante con casas de columnas multicolores ya desgastadas por el tiempo y el cansancio económico de la revolución. El tren que viene de Güira de Melena y Alquízar pasa por Artemisa camino a Candelaria. No Candelaria como dicen los cubanos miamenses que trituran el espanglish cuando se refieren al *Kendall area*. En este caso se trata de Candelaria, de verdad. La de Cuba. Nada que ver con Miami. En las afueras se encuentran las ruinas de La Bellona, una finca de caña de azúcar decimonónica donde todavía quedan los restos de la residencia familiar y los barracones de esclavos. Las paredes y columnas que perduran justifican la conclusión de que la casa de la familia era enorme. Las rejas y torres con sus miradores altos para vigías confirman que el trabajo de cortar caña era hecho por esclavos.

Samy recuerda, reconoce y explica con ternura que él es de Piedrecitas, Camagüey y Sarita tiene una actitud similar con Artemisa. Samy de Piedrecitas y Sarita de Artemisa. La familia de Samy lo mandó a estudiar a una academia militar, así como a universidades estadounidenses antes del triunfo de la revolución. La razón, muy inteligente por cierto, fue una combinación de que sus padres consideraban la necesidad que Samy aprendiera a hablar inglés para poder desenvolverse mejor en su anhelada profesión de ingeniero, así como también ciertas cuestiones de aplicación académica y conducta pues al parecer Samy era medio majadero.

En sus vacaciones escolares de verano, Samy visitaba a familiares en Artemisa. Ahí fue como conoció y comenzó una atracción por Sarita que los llevó al matrimonio que los une felizmente todavía en el siglo XXI. Samy Savariego y su esposa Sarita Ido de Savariego se casaron en los Estados Unidos en el año 1963 después de haber salido ambas familias de Cuba al exilio, un año antes. Salomón y Sara Savariego residen hoy en día en Dallas donde han tenido cuatro hijos, son excelentes profesionales y han luchando con denuedo en el exilio creando importantes empresas y haciendo buenas inversiones. Desde niño Samy había querido ser ingeniero. Hoy en día es una reconocida autoridad en ingeniería, especializado en la industria del acero. Cuando deciden disfrutar de la playa o pasear en barco, lo hacen en sus residencias y yates que mantienen cerca del 79th Street Causeway, en Miami Beach. Pero para Samy y Sarita el sentirse, de verdad, en su casa y gozar vivencias de intensidad estremecedora significaba regresar a Piedrecitas y Artemisa. Y así lo hicieron. Después de todo, el solo hecho de que deseasen respirar aire cubano, no conllevaba intenciones de contaminación política.

En marzo del año 2003, cuando Samy tenía sesenta y tres años, a sus amigos Antonio *Toño* O'Farrill, abogado mexicano residente de la Ciudad de Monterrey y su cómplice, Julio Villarreal, se les ocurrió la idea de un viaje a Cuba para llevar a Samy y a Sarita, sus dos queridísimos amigos cubanoamericanos. Toño y Julio consideran importante cuidar con mimo sus buenas amistades. Nadie lo tuvo que pensar dos veces. Además de existir una gran relación comercial y profesional entre todos ellos, se consideran amigos de verdad; de los de toda la vida. Aquella mañana que me encontró desayunando en el hotel Paraíso de la Bonita donde Toño casaba a Pico e Ingrid, el mismo Toño me contó que a él y a su amigo Julio Villarreal se les metió entre ceja y ceja que los Savariego tenían que volver a visitar su patria natal. Durante una velada planeada con anticipación y con toda mala intención por parte de Toño, que les tendió una celada nostálgica, las tres parejas se reunieron en el Fairmont de Houston para cenar y oír la música de la orquesta del hijo de Pérez Prado. La acalorada conversación de ir a Cuba comenzó, sedujo instantáneamente y concluyó con el siguiente acuerdo: Dado que Julio Villarreal tenía un avión jet privado piloteado por un experto capaz de aterrizar sin problema alguno en el aeropuerto de Camagüey; y dado que Toño O'Farrill, por su parte, ofrecía su espíritu organizador, una gran predisposición anímica y entusiasmo contagioso, lo único que faltaba para aterrizar en Cuba eran las fechas disponibles y que los Savariego consiguieran la visa de entrada a Cuba. Los planes finales del viaje los harían durante unas previamente organizadas y ya próximas vacaciones en Cancún.

Las vacaciones de los amigos en Cancún duró lo que un merengue en la puerta de un colegio. Al día siguiente de haber llegado a Cancún se vieron Sarita y Samy con los O'Farrill y Villarreal en una guagua cómoda y moderna alquilada entre ellos camino a Piedrecitas. En la aduana del aeropuerto les habían hecho mil preguntas al llegar pero una vez en las carreteras camagüeyanas, con un guía contratado para ayudarlos con el viaje, la ansiedad de una visita al pasado se les volvió realidad. Para comodidad general de los viajeros, al llegar al aeropuerto, se abastecieron de provisiones indispensables para evitar el hambre, la sed, el calor y mantener un tono festivo. Los pertrechos incluyeron un baúl-termo lleno de botellas de cerveza, refrescos, varias botellas de ron, hielo, vasos, algunos comestibles y hasta una rueda de queso. Y ahí empezó todo el problema: ¿Cómo cortar el queso? Había que encontrar un lugar donde comprar un cuchillo. Nadie tenía cuchillo. Nadie que viaja a Cuba en un avión particular se atreve a desembarcar en el aeropuerto Ignacio Agramonte, de Camagüey, con un cuchillo en la mano justificando ante las autoridades armadas hasta los dientes y con hambre vieja que el arma blanca había sido traída a Cuba para cortar queso. Por esta razón al entrar en Piedrecitas, pararon a preguntar dónde era posible comprar un cuchillo. La primera parada fue en el portal de una casa donde un señor ciego los recibió medio dormido en una mecedora. Samy se bajó del vehículo para iniciar el diálogo del cuchillo y cómo obtenerlo, es decir recibir instrucciones de cómo llegar a la tienda de dólares del gobierno castrista.

Samy, por cierto, también quería preguntarle al ciego si se acordaba de un señor que había vivido en Piedrecitas llamado José Savariego, o sea que si se acordaba de su padre. «Perdóneme, pero mire que le quiero preguntar si...» —no pudo seguir. El ciego muy emocionado le interrumpió. «¡Dios mío, no puede ser! ¡Samito! ¡Tú tienes que ser Samito!». Lo había reconocido por la voz. Lo conocía de cuando era niño. Amigo de su padre y su familia. Un encuentro inesperado, emocionante e inolvidable. Samy, conmovido, sintió haber llegado a su casa, adonde siempre perteneció. Enseguida la voz se corrió por Piedrecitas y amistades antiguas tanto de Samy como de sus padres se les acercaron a abrazarlos. Llorando. Vinieron de otros portales, de otras casas. Fueron a otros portales de otras casas. A conversar. A lloriquear. A reírse, abrazarse y a recordar. A caminar y a saludar a todo el mundo con quien se encontraran en Piedrecitas. Por cierto, llegaron a la tienda de dólares, compraron el cuchillo y compartieron en ambiente festivo sus provisiones. Una fiesta ambulante por todo Piedrecitas. Sentados en las terrazas y en los portales de un vecindario que data de tiempos remotos y de sueños reprimidos, disfrutando de un tibio atardecer rodeado de amigos mientras el sol que ya languidecía todavía demostraba ganas de brillar.

El regreso a Piedrecitas de Samy fue para visitar, acompañar y ser rodeado de seres conocidos, queridos, recordados, amigos nuevos y antiguos, así como de su esposa y amor de toda su vida.

Antes de entrar al avión y despegar del aeropuerto de Camagüey las autoridades les confiscaron los casi inexistentes restos de las provisiones y por supuesto el cuchillo. El plan era agarrar rumbo a la capital para dormir en el Hotel Meliá Cohiba que está en la calle Paseo, entre las calles 1ra y 3ra, en El Vedado, pegado al Malecón de La Habana. Esa noche, después de haber cenado en un paladar, Sarita no se pudo contener y llamó por teléfono a sus íntimas amigas de la niñez. Vecinas que vivían al cruzar la calle de su casa que estaba en el número 19 de la Calle Colón. Cuando Sarita vivió en Artemisa de niña con sus padres nunca hubo teléfono en su casa. Durante los cuarenta y tres años de exilio ella mantuvo correspondencia con sus amiguitas. Cuando el triunfo de la revolución logró ponerles un teléfono residencial en Artemisa, Sarita las llamaba desde su casa en Dallas. Cuando llegó a La Habana las llamó fingiendo que estaba en Texas, y que solo quería saludarlas. Sarita no podía esperar más. Se moría de las ganas por llegar a su casa en Artemisa.

Para Sarita el solo hecho de estar en La Habana en ese momento del viaje era emocionante. De niña sus padres, quienes habían sido emigrantes turcos, se hicieron socios del Casino Deportivo que estaba al lado del Teatro Blanquita en el Reparto de Miramar.

Desayunaron temprano, alquilaron dos lujosos automóviles con aire acondicionado y se dirigieron hacia Artemisa. Al llegar a la calle República donde había estado la tienda de sus padres, Sarita se bajó e insistió en caminar por el pueblo. Quería pasar caminando por el parque con la glorieta donde jugaba de niña y donde también estaba la iglesia donde no obstante ser judía, sus padres la mandaron a un colegio de monjas a aprender el catecismo. Nunca aprendió a rezar en hebreo. Sabe solo rezar oraciones cristianas nada más, pero no siente que la diferencia de los nombres pueda importar mucho. Sarita es de la idea que Dios es Dios y no necesita que nosotros le aclaremos cuál es su nombre. Si es Dios, según ella (Dios) no puede ser que tenga problemas de crisis de identidad.

Caminando por el parque, oyó que alguien decía su nombre. Su vecina e íntima amiga Sofía la vio de lejos y reconoció su forma de caminar. La saludó —Sarita, Sarita. Por su nombre. Luego, abrazos y besos. Sofía Bejerano era una de sus mejores amigas. Las otras eran las dos hermanas de Sofía que se llaman Norma y Puchita. Su hermano Genaro, en el pasado, había estado medio enamorado de Sarita. Habían sido tan buenas amigas que más de cuatro décadas de ausencia no disminuyeron ni un ápice el amor y el cariño. Diálogo interrumpido —Diálogo reanudado—. Con lágrimas y caricias que necesitaban intercambiarse de cerca... con abrazos y besos... y más abrazos y besos... desde hacía mucho tiempo. Sofía ahora es profesora y estaba caminando con sus alumnos cuando se corrió la voz de que Sarita había vuelto. Esta llegó caminando a su casa, cruzó la calle y les tocó a la puerta de sus amigas quienes la reconocieron enseguida. Genaro se enteró más tarde y vino a verla. Para que viera que él se acordaba de cómo la había tratado de enamorar cuando eran adolescentes llegó sentado en una bicicleta vieja y destartalada. En el manubrio y de espaldas. Con la diferencia de que ahora el acróbata ciclista tenía casi setenta años y había sufrido una importante disminución del conteo de dientes en la cajetilla bucal. En la casa de sus tres amigas, que por cierto son negras, su llegada fue muy emocionante. Ninguna de sus amigas estaba casada. Sarita que tiene cuatro hijos les ha explicado a sus hijos en Dallas cómo las Bejerano son sus tías achocolatadas. La abuela de las Bejerano había sido una negra esclava alta, a quien Sarita conoció en vida cuando Sarita todavía era una niña. Todas juntas cruzaron la calle y pidieron permiso para entrar a visitar lo que había sido el hogar de la familia de Sarita. No podía creer que allí todavía había muebles y vajilla que le habían pertenecido a sus padres. Objetos que creía olvidados y que hacen estremecer de ternura con recuerdos maternos. Sarita también fue a ver la casa donde nació en la calle Peralejos y también permanecía como la recordaba. Se acercó a mirar para dentro desde una ventana. La vecina de al lado estaba parada frente a su casa y le preguntó. ¿Tú no eres Sarita?

Después de visitar su hogar Sarita invitó a toda la familia afrocubana Bejerano a lo que en un pasado había sido el hotel y restaurante más elegante de Artemisa, El Campo Amor. Allí se hospedaban y cenaban los que venían de La Habana y era un hotel con restaurante en los bajos. Lugar muy popular y chévere frente al parque y a la iglesia, cerrada como casi todas las iglesias en Cuba. Abren cuando vienen los curas. Trataron de entrar pero no encontraron a nadie que se las pudiera abrir. Para ir al restaurante Sarita montó a todas sus amigas y a Genaro en los automóviles alquilados. Los Bejeranos nunca habían montado en autos con aire acondicionado. Se veía que estaban gozando mucho aquel momento porque saludaban a todo el mundo que veían por las ventanas del auto a medida que los autos cruzaban el pueblo camino al restaurante. En el restaurante, mientras todos los demás comían y tomaban cervezas, Sarita se incorporó para retirarse e irse, le dirigió un saludo silencioso a Samy, quien le correspondió con un mínimo asentimiento y acto seguido se fue con el chofer y Sofía a la tienda de dólares para comprarle una bicicleta nueva a Genaro. Sarita me contó que cuando Genaro se dio cuenta de que la bicicleta era para él, porque sí, yo hablé con ella, que aquel negro se había puesto blanco de la emoción. La correspondencia que llega de Artemisa a Dallas después del viaje a Cuba, reporta que la bicicleta duerme en la sala de la casa de la calle Colón por las noches y que Genaro siempre se está ofreciendo para ir a hacer mandados. Uno concluiría que lo hace por ayudar a la familia ya que se le ha facilitado el transporte en la bicicleta nueva, pero no hay que ignorar la posibilidad de una versión más sofisticada, la necesidad de conseguir alimentos dentro de la jungla urbana y la asiduidad en ofrecer sus servicios ciclísticos incluyen un gran componente del factor orgullo que debe de sentir al ser visto en su nuevo y veloz corcel, regalo que le hizo quien no obstante estar felizmente casada con Samy lo recuerda con cariño y demuestra públicamente que todavía lo quiere mucho a él y a sus hermanas.

El Stetson

Homenaje fúnebre
Sábado, 21 de marzo de 2014

Con el matrimonio llega una nueva familia, una cajita de sorpresas. Puede ser de poca educación y, por si fuera poco, con innata escasez de virtudes y falta de conformidad; defectos todos heredados y pasados a las nuevas generaciones, lo cual implica que las reuniones familiares no puedan ser placenteras. Como lo que nos toca, una vez casados, no es lo que hubiéramos preferido escoger, sino a lo que hay que atenerse, no queda más remedio que conformarse para evitar estar perennemente desesperados. En mi caso personal tuve el resultado opuesto. Gustavo de los Reyes fue mi tío político. Su hermana, María Luisa de los Reyes, viuda de Albarrán, y su esposo Eugenio me tocaron de suegros, por ser los padres de mi esposa Jacqueline Albarrán y de los Reyes. Me enorgullece mencionar que aun siendo mis suegros los considero extraordinarios. Tanto, que al escribir estas líneas, debo afirmar que en más de una ocasión le he anunciado a mi esposa actual que de yo dejarla por otra mujer, sería por su mamá, ya hoy viuda. Mi esposa lo acepta, lo comprende y hasta le parece no una exagerada expresión de yerno con ansias de congraciarse, sino una muy lógica por el tríptico de inteligencia, sentimiento y voluntad que mi suegra ha reservado para su trato conmigo. Todo tiene sus razones y en el caso de mi suegra hay varias: Por saber más idiomas (cuatro por encima de los tres de mi esposa); el caudal inagotable de su cultura; su conocimiento superior de historia mundial; ser poetiza, además de pintora; ser rápida, ocurrente, y conocer a muchas más personas y sus vivencias de nuestra sociedad cubana. La clave está en que mi suegra es nonagenaria y el año que viene va a convertirse en centenaria. A los noventa y nueve años su doctora recientemente le comentó a mi suegra que estaba en perfecto estado de salud. Sin vacilar ni pestañear ella le replicó: Pues doctora, cualquier día de estos me encuentran muerta en perfecto estado de salud. Mi suegro, por su parte, fue amigo de la juventud de mi padre y luego mío. Me hizo cuentos de mi padre que yo desconocía. Me convirtió en entusiasta de la suavidad en el trato con el prójimo, admirador de la arquitectura y un fanático del arte de la fotografía. Mi padre murió demasiado joven, antes de llegar a los sesenta años. Mi suegro se convirtió en el padre-amigo que perdí.

Este relato pertenece a mi tío Gustavo, ya que se centra en sus vivencias. Al lector que no lo conociese le sorprendería enterarse que en los últimos años de su vida no era en lo absoluto un típico nonagenario. Nada que ver. Tendrían ante sí a un individuo presumido, conversador de temas intelectuales y con la mentalidad de un hombre mucho más joven que asumía sus días con planificada anticipación y detallismo. Ofrecía almuerzos en su casa y también aceptaba invitaciones a almorzar con amigos. Acostumbraba a decir con sinceridad: Me honras con tu invitación a cenar. Te acepto la de almorzar. Al final, ya viudo, tenía un mayordomo dedicado a él que le servía no solo de asistente hogareño sino también de chofer, llevándolo a sus almuerzos y peñas, en los cuales Gustavo actuaba de hábil organizador por petición de los participantes y adonde con sus diplomáticas oficiosidades evitaba desbarajustes. Llegaba entusiasmado, ya bien fuese a residencias o restaurantes, con un tema o relación de temas, asuntos y controversias previamente ordenados a manera de agenda, sin intenciones ni fines cuasi-educativos, sino para amenizar, redactados por escrito y listos para ser conversados al estilo junta. No porque estuviese ceremoniosamente exhibiendo una actitud de funcionario público jubilado sino porque se impacientaba con conversaciones superficiales, prefiriendo básicamente temas intelectuales, históricos, políticos sociales, literarios, económicos y filosóficos. Los comentaba en voz alta, con expresión y tono que excluían cualquier intento de contradicción: Del pasado y del presente; de Cuba, de los Estados Unidos y de Europa. Los días que no salía de su casa tenía contratada a una asistente joven y bella a la que le dictaba su libro titulado *Cien años*, el cual fue publicado, en dos idiomas, después de su fallecimiento. Su hijo una vez me mencionó en privado que Gustavo estaba muy entusiasmado con la asistente. Lo tomé como acusaciones de coqueteo. Ciertos aspectos de su interesante y pintoresca vida, casi siempre nada lejos del peligro, han salido a relucir en obras de literatura, como por ejemplo en *Bob Kleberg and the King Ranch*, escrito por John Cypher. Mi cuento nace de las conversaciones que tuve con tío Gustavo y de investigaciones realizadas tanto con periódicos antiguos como con la familia a la cual he llegado a pertenecer por mi matrimonio con Jackie.

El ataúd de mi tío Gustavo de los Reyes, quien había muerto de cien años de edad el 17 de marzo del año 2016, estaba listo para bajar al sepulcro y se marcaba así el término de una relación familiar muy especial. En nuestras frecuentes conversaciones, tanto en persona como por correspondencia, varias veces tuve la oportunidad de expresarle y recalcarle, sin ambages, que imaginarse uno que le tocase tener un tío más chévere era imposible. Tío Gustavo fue polista, ganadero, jinete que sabía apreciar los buenos caballos, amante de la historia, gárrulo, imán femenino, hombre responsable de su familia, con acceso a los más altos niveles de las sociedades internacionales, indefectiblemente caballeroso, sociable, seductor, bien parecido e inteligente. Entre nosotros dos nunca hubo más que conversaciones amistosas y agradables, con una sola excepción. Al ser los dos jugadores de polo, hablábamos del deporte, ya que a Gustavo le interesaba estar al día acerca de quiénes eran los equipos con los mejores caballos y contratos profesionales con jugadores capaces de rendir los óptimos servicios periciales. Necesitaba, por supuesto, abundantes explicaciones lógicas que le permitiesen entender detalladamente el por qué. A Gustavo, que yo sepa, solo lo desilusioné una vez, cuando, sin querer, provoqué una desavenencia entre nosotros. Fue cuando me pidió que desquitase el honor de su equipo cubano, el cual no había ganado contra los polistas Domecq, quienes viajaron a La Habana desde sus fincas en España. Los Domecq ganaron el partido por un gol. Gustavo se sintió responsable de haber perdido e insistía en obtener la revancha. Quería ganarles. Bueno, es decir, quería que yo y un equipo cubano fuésemos a España y les ganásemos. Accedí con gusto y mi tío, entusiasmado y describiéndose como el testigo idóneo, se ofreció a redactar una carta con el reto apropiado. La discordia se creó al instante de enfrentarnos a la pregunta, difícil para el parsimonioso Gustavo, de cómo es que prefería pagar el presupuesto que le anuncié de los aviones y costos relacionados para transportar el equipo, caballos y entrenadores de Palm Beach a España. Aunque no hizo ninguna mueca indicando que reprobaba, su silencio me hizo sentir como un individuo de medio pelo con cara de rata hambreada.

Demoró verlo levantarse, sacudirse un poco el polvo, y alistarse con ánimo para seguir conversando con armonía y onda de conciliación. Hago aquí un aparte para mencionar que evitar ridiculeces o peor, pecar de picudo, es complicado. Yo pensaba que con estar alerta y evitar las palabras que podrían usarse en brindis de celebraciones, me salvaba. Por ejemplo, nunca a una recién preñada puede alabársele su auspiciosa gravidez. O en un aniversario de bodas de pareja decir algo tan cursi como: Celebremos el feliz connubio de dos almas gemelas. O: A nuestro queridísimo fulano y su digna consorte, menganita, ejemplo de prendas y virtudes. No. Es mucho más complejo ya que en la opinión, tanto de mi suegra como su hermano Gustavo y hasta de mi esposa Jackie, ser comedido y organizado en cuestión de gastos personales, es signo inequívoco de buena y antigua familia de alcurnia. Y nah... nada de tacañería, sino más bien ascendencia de noble... explicación que nunca me he atrevido a sustituir en vez de propinas en restaurantes. Admito para ese tema padecer de escasez de espinazo testicular.

El cura ya había terminado su despedida de duelo religiosa, cerrado su libro de rezos, dado el pésame a la familia y volteado para acercarse a los que habían acompañado el cadáver al cementerio y continuaban sin irse del todo, aunque ya comenzaban a distanciarse del sarcófago, para juntos enfilarse camino a los automóviles. Los más renuentes a entregar a tío Gustavo al hambre sin fondo del olvido se rezagaban, caminaban pero se detenían, y con triste indecisión, se volteaban. Su sobrina, mi esposa, figuraba entre estos últimos, cuando mirando por última vez hacia donde unos minutos antes nos despedimos de los restos de Gustavo, notamos que el ataúd había permanecido cubierto por dos objetos. Uno era la antigua bandera cubana, igual a la que fue usada por Carlos Manuel de Céspedes, el Padre de la Patria, el 10 de octubre de 1868 en el levantamiento conocido como Grito de Yara. Por cierto, esta es muy parecida, y ¿por qué no decirlo?, a la bandera de Texas, casi puede decirse que son confundibles, y en cambio distinta a nuestra bandera nacional cubana, mucho más conocida por ello, y proclamada como tal, mediante decreto, el 21 de abril de 1906, por el primer presidente de Cuba, Tomás Estrada Palma.

¿El otro objeto? Un sombrero Stetson clásico, de tamaño moderado, reconocible por ser el preferido de ganaderos. Este, en particular, había sido amoldado por la mano de su dueño a causa de su uso cotidiano con un enrollamiento de sus alas, admirable tanto por su belleza de simetría, como de versátil adaptabilidad. Era útil lo mismo para proteger del sol y de la lluvia a un jinete a caballo arreando ganado como para completar de vestir elegantemente a un dueño de haciendas agropecuarias con intenciones de visitar una oficina en Wall Street, para con determinación y acometimiento, negociar contratos de cientos de millones de dólares con hombres de corbatas lucidas, trajes a la medida, aires de gran señor, aplomo y fijador en el pelo.

Un año después
Martes, 31 de marzo de 2015

El mundo de los jugadores de polo tiene una característica singular que lo distingue de otros deportes: Engendra su propio círculo social. Las necesidades constantes que surgen de ser dueño de caballos, como la de frecuentemente verse obligado a comprarles y darles alimentos que no son fáciles de ubicar en las ciudades —lejos del campo—, como por ejemplo encontrar quien tiene alfalfa en el Estado de Florida adonde no se cultiva; cerciorarse de que esté fresca y que tampoco sea muy cara, etcétera. Necesidades de granos, maíz y viruta; de herreros; en la ausencia de veterinarios, diagnosticar y curar rasguños, golpes y enfermedades; el complicado y exigente cuidado, así como también el transporte, alquiler, compra y venta, implican una serie de obligaciones y tareas que contribuyen a que se crea un mundo-pequeño en cual los individuos que lo integran se organizan socialmente para compartir informaciones y cooperar, ayudándose entre todos. Estas son las mismas personas que durante partidos, compiten ferozmente con frecuencia en las canchas de polo, tanto en sus países individuales como en naciones extranjeras, adonde viajan a participar en eventos de carácter internacional. Antes y después de partidos se celebran cenas, alrededor de una parrillada en los establos, debajo de un árbol tomando mate con argentinos en cualquier parte del mundo, y hasta se realizan fiestas formales con esmokin y vestidos largos, típicos requisitos estipulados por los clubes hípicos que hay en todos los continentes. Del roce continuo surgen amistades, noviazgos, se forjan familias, pleitos, matrimonios, separaciones, adulterios y divorcios. Para ilustrar, me limito a dar un ejemplo: En agosto del año 1984, mi equipo Almendares fue invitado a jugar al polo un fin de semana en una cancha del Skaneateles Polo Club. La cancha se encuentra en la cima de una loma que preside el bello paisaje del pueblo de Skaneateles, a orillas del lago epónimo. Skaneateles es un nombre indígena, de la tribu Iroquois, que quiere decir lago largo. Para llegar a la cancha necesité viajar por caminos vecinales rocosos y llenos de baches que, de más está aclarar, no estaban pavimentados. El camión, halando un largo y pesado trailer cargado de doce caballos, monturas, tacos y todo lo imprescindible para atender a las atletas equinas, llegó sin dificultad, pero no así el trailer, al cual se le rompió uno de los muelles al llegar a la cancha, imposibilitándose moverlo de allí al terminar el partido.

Estábamos en el condado de Onondaga, en las montañas del norte del Estado de New York. Era domingo por la tarde. «¿Qué se puede hacer para resolver?» Le pregunté al manager y profesional del equipo Peter J. Rizzo, actualmente el presidente de la Asociación de Polo (U.S.P.A.). Para sorpresa nuestra, otro de los jugadores, Danny Scheraga, el director ejecutivo de la Fundación para Entrenamiento de Polo (P.T.F.) tenía un muelle extra igual al nuestro en el llamado monturero de su trailer. Lo instaló y nos fuimos de vuelta a otra ciudad neoyorquina adonde estábamos todos acuartelados jugando torneos de polo estivales. Podría parecer ficción la manera en que se resolvió todo pero fue solo el fruto del compañerismo que se crea entre fanáticos de un deporte, conscientes de la necesidad de la dependencia entre todos.

En los Estados Unidos la temperatura desde diciembre hasta principios de abril permite que el polo se juegue nada más que en el sur de la Florida o en el desierto californiano. La capital del polo mundial invernal es un lugar en el cual los inviernos no son fríos porque allí llega la cálida corriente del Golfo y se halla a cuatro millas náuticas de las costas de la isla de Palm Beach, más cerca que en ningún otro lugar de las costas americanas. Allí, en el condado de Palm Beach, se congregan equipos procedentes del país así como también del resto del mundo. John D. Alexander, un magnífico polista tejano quien tiene su domicilio en Houston, alquila establos, a la vez que también firma contratos de arrendamiento todos los años para que sus entrenadores y sus familias tengan casas donde vivir. Se organiza con anticipación antes de mandar por carretera sus caballos desde Houston para que una vez que todos estén en Palm Beach, él, junto con su hijo de edad universitaria, Cadell, jugar en las mismas canchas en las cuales yo juego polo. Conocí y simpaticé con John enseguida que, viéndolo por primera vez hace años, equivocadamente lo confundí, metiendo la pata saludándolo al comenzar un partido, con un bienintencionado «¡Hola Stewart!» No es difícil confundirlo con Stewart Armstrong, su primo, y uno de los mejores jugadores de polo de los Estados Unidos, ya que los dos son altos, atléticos, esbeltos, y comparten una postura a caballo que resulta de una atractiva combinación de atributos costumbristas de ganaderos, elegancia patricia, equitación inglesa y práctica espontánea. Nada de esto es sorpresivo ya que John y Stewart, los dos juntos desde jóvenes, jugaron mucho polo a la vez que acumularon años de experiencia trabajando en el King

Ranch. John, por ser nieto del presidente de la enorme empresa agropecuaria Robert J. Kleberg Jr., y Stewart, por ser nieto de su hermana Henrietta Larkin Kleberg, una de las accionistas del King Ranch. La reacción de John a mi saludo equivocado fue de un histrionismo exagerado y por lo tanto vodevilesca: mirada de amonestación desafiante, acompañada de la universalmente conocida seña digital que realza el tercer dedo en alto. De haberlo usado valiéndose de un acompañamiento comunicativo verbal, hubiese recurrido a una palabra inglesa multipropósito y todoterreno que comienza con la letra «F». Por supuesto, sin querer John transgredir una línea innombrable, de inmediato mostró una amistosa y cálida sonrisa, marcando el comienzo de un diálogo afable que continúa hasta la fecha.

A partir de ese primer encuentro, al cual siguieron múltiples partidos de polo en las mismas canchas deportivas, emergió entre nosotros un apego que sin llegar a convertirse en amistad ha derivado hasta el presente en un compañerismo afectuoso. Cenando juntos la noche de marzo 31 del año 2015, en Palm Beach, les recordé a John y a su esposa Claire que el año anterior había sido el funeral de Gustavo de los Reyes, amigo de él y su familia. Yo había conocido a la mamá de John, Helen Kleberg Alexander Groves, a quien todos llaman Helenita, hija de Robert J. Kleberg Jr., cuando coincidimos en la fiesta del noventa y nueve cumpleaños de Gustavo, quien celebraba en realidad el comienzo de sus cien años, a manera de contingencia contra imprevisibles, precaviendo no llegar al centenario. Decidió no demorar más, por si las moscas. Mi suegra no pudo ir a la fiesta de los noventa y nueve por estar recluida en el hospital como consecuencia de un pequeño evento cardiaco. Envió un poema y me pidió que yo lo leyese en voz alta en honor a su hermano. Es el que sigue a continuación:

Es fácil tener cien años.
Lo difícil es llegar
con la memoria bien clara
y la cabeza en su lugar

A tu casa la has llamado «La Aurora»
en recuerdo del cafetal
tan lindo y venerado
que nuestros antepasados tenían en el Wajay

Allí todo era familia, risas y felicidad
y los domingos después de misa
todo el mundo a cabalgar

Después tuviste tragedias,
pérdidas y el horror
de tus años de prisión
Pero todo eso ya pasó
ahora con la experiencia
de los cien años
tienes que saber
que sobre todas las vidas
mucha lluvia ha de caer
y solo te queda forjar
la Aurora de un nuevo amanecer

Al término se aclaraba: «Está firmado por Maria Luisa de los Reyes pero la autora ha pedido que se le diga al del cumpleaños que viene de su hermana Mari quien lo admira y lo quiere mucho». Amerita mencionarse que la poetisa, afectada por el evento cardiaco, se había quedado con la mano derecha impedida lo suficiente como para que no pudiese escribir, así es que redactó, editó y reescribió el poema en su mente.

El por si acaso de adelantar la fiesta del centenario resultó innecesario, ya que el año siguiente Gustavo celebró sus cien años, ya oficiales y aunque John no pudo asistir, su mamá Helenita sí hizo acto de presencia. La encontré sentada al lado de mi ya repuesta y saludable suegra María Luisa de los Reyes. Ambos eventos resultaron ser espléndidos. Gustavo, siempre quisquilloso, organizó sus propias fiestas seleccionando él mismo su menú para la cena, al igual que su música favorita. Contrató la orquesta y el Riviera Country Club de Coral Gables; preparó su propia lista de invitados, y a pesar de ser un viejito con cara de bueno, el muy nocharniego bailó acompasadamente hasta que se acabó la música, mucho después de yo haberme ido a dormir después de ser vencido por el cansancio. Además de familiares y amistades, fueron a mirificarlo los que en un pasado habían sido sus compañeros de cárcel, tanto en La Cabaña como en Isla de Pinos, con quienes siempre retuvo unos vínculos deslumbrantes. Hicieron acto de presencia no solo para celebrar su centenario sino para demostrarle admiración, cariño y respeto honrándolo con una placa. Durante la noche de la celebración de su nacimiento, a la que John no pudo asistir, traté de presentarme con una leve socarronería a Helenita Kleberg, la mamá de John Alexander, como otro polista más de los que jugaba con frecuencia con su nieto Cadell. Traté de fingir ser su contemporáneo, lo cual es una enorme mentira, pues Cadell Alexander es varias décadas, quizás hasta llegue a un cincuentenario, más joven que yo. «Sí, claro, ese es mi nieto que mucho quiero», me contestó Helenita. «Por cierto —le mencioné—, curiosamente acostumbro verlo jugar con un señor llamado John, mucho mayor que yo, claro está (mentira), quien demuestra afecto por Cadell». La respuesta (entre carcajadas) de Helenita fue instantánea: «¿John, quién?».

Después de la cena con John y Claire, en Palm Beach, las dos parejas continuamos la tertulia sentados en la misma mesa, intercambiando cuentos de Gustavo, de Bob Kleberg y del King Ranch por largo rato, hasta mucho después de que por buenos modales nos debiésemos haber ido del restaurante. Dejamos una buena propina adicional por ocuparles el espacio sin consumir nada durante tanto tiempo. Como el matrimonio Alexander no había podido hacer acto de presencia en el funeral de Gustavo, les mencioné lo impactante que habían sido la misa fúnebre, el panegírico, y por fin el entierro. La ceremonia religiosa se celebró con capilla ardiente y cuerpo presente dentro del ataúd, posicionado frente al altar de la iglesia miamense Little Flower, en Coral Gables. La capilla, llena hasta no haber más cupo, estaba cundida de coterráneos emocionados, quienes, sin recato alguno, lloraron abiertamente cuando, poniéndole un punto final fulgurante a la ceremonia, y a medida que el ataúd rodaba hacia la puerta de la iglesia, cantaban al unísono y a toda voz el himno nacional de la República de Cuba. El que fue composición de Pedro (*Perucho*) Figueredo, en agosto de 1867. Llamado originalmente *La Bayamesa* por haber sido compuesto y tocado por primera vez en Bayamo, Cuba.

> *Al combate corred bayameses,*
> *que la patria os contempla orgullosa;*
> *no temáis una muerte gloriosa,*
> *que morir por la patria, es vivir!*
>
> *En cadenas vivir, es vivir,*
> *En afrenta y oprobio sumidos,*
> *Del clarín escuchad el sonido,*
> *¡A las armas valientes corred!*

Luego les conté a los Alexander que en el cementerio, descansando sobre el féretro, justo antes del entierro, habían quedado dos objetos: Una bandera y un sombrero de cowboy que acostumbraba a colgar Gustavo de un clavo en su biblioteca miamense. Al lado del sombrero, en otro clavo nada ostentoso, siempre hubo una jarrita de metal barato muy abollado que era la que había guardado de recuerdo, por ser la que usaba para ingerir alimentos en la cárcel. Más tarde descubrí por boca del interventor, o quizás el nombre más preciso sea el de interceptor de último recurso, que instantes antes de que el ataúd descendiese a la fosa fúnebre, Gustavo Jr., el hijo del difunto, mejor conocido por su cariñoso apodo de Gustavito, decidió rescatarlo, negándose a enterrarlo con su padre. A pesar de no pertenecerle, se autojustificó reconociendo que le traía demasiados recuerdos de quien, hasta el último momento al final de su vida, lo retuvo a su lado. John Alexander entonces tomó la palabra para hacernos el relato de la génesis del sombrero: Le constaba que había sido de su abuelo Bob Kleberg y nos explicó cómo había llegado a estar en manos de Gustavo de los Reyes al morir. «Conozco muy bien ese sombrero —nos contó John—, era el que mi abuelo Bob Kleberg le dejó a Gustavo en Venezuela».

Ese cuento se lo repetí a mi suegra, quien me rogó que lo redujese a este escrito. Recordar es en sí un acto creativo, no muy diferente a fabricarnos un mausoleo de palabras para depositar en él los huesos de nuestra generación. En este caso en particular se trata de un relato que evoca lo que una vez ocurrió en la realidad y de no escribirse quedarían los hechos del pasado solo en la memoria familiar y serían intransferibles. En el acto de la creación literaria se añaden líneas, se reescribe, pero como prevalece la nostalgia y la tristeza por las pérdidas, no hay lugar para la falsedad en la transmisión de las vivencias. De haber errores cronológicos, se deben al titubeo por tratar de interpretar con la más absoluta verdad los recuerdos, casi como en una labor de retratista. Más allá del reporte de los acontecimientos, está el reporte de lo dejado por estos en la siquis de los protagonistas y el propósito de sacarlos del anonimato en que con el paso del tiempo quedarán sumergidos. No se trata de contar sobre la revolución cubana sino de los individuos que afectó, de los que fueron expulsados de una vida trivial, de su pequeña y privada cotidianidad para conducirlos a un futuro imprevisto y trazado por las convicciones de otros. Fueron personas que participaron de una época específica, y tan humanas como cualquiera otras. Quizás aquí sus vidas se vuelvan literatura. Le prometí a mi suegra que lo haría. Este es ese cuento del Stetson.

Camagüey, Cuba, 1952

En el año 1952 Gustavo de los Reyes recibió una llamada telefónica en una oficina habanera de su vecino, el administrador del Central Manatí, para decirle que tenía visita de unos americanos. Un tal Bob Kleberg, quien planeaba inspeccionar unas tierras que abarcaban aproximadamente treinta y ocho mil acres al lado de La Caridad, al sur de la Bahía de Nuevitas, al norte de Sibanicú, y no lejos del Central Lugareño. El plan de la visita era con vista a la expansión de King Ranch en Cuba. Bob, actuando como administrador del rancho que había fundado su abuelo, el Capitán Richard King, en 1853, quería operar lo que él llamaría fábricas de carne en Cuba, utilizando una raza creada por el King Ranch y nombrada Santa Gertrudis, un producto de la combinación del Brahma o Cebú con el Short Horn. El nombre procede no de orígenes religiosos sino geográficos, ya que el primer rancho que compró el Capitán Richard King lo hizo a instancias y recomendación de su amigo, un tal Robert E. Lee, quien luego fue General y presidió la derrota de la Confederación Sureña en Appomattox. Ese primer rancho tenía cincuenta y cuatro mil acres, y allí comenzó a criar ganado en el año 1853, cerca de un arroyo llamado Santa Gertrudis, de ahí el nombre adquirido. Casi un siglo más tarde, en el año 1951, en el King Ranch comenzó una gran expansión, primero por comprarse tierras en Australia y luego en Cuba.

Cuenta Gustavo que el principio de la década de los cincuenta del pasado siglo coincidió con momentos de la historia nacional en que la infraestructura para transportarse dentro de Cuba no estaba desarrollada ya que contaba con buenos ferrocarriles pero pocos caminos públicos anchos, espaciosos, pavimentados y dispuestos para el tránsito de vehículos. La única carretera decente era la conocida por el nombre de Carretera Central, que cruzaba la Isla desde Pinar del Río hasta Santiago de Cuba y fue construida por el ex-Presidente Machado. En el campo, sobre todo en Camagüey, prácticamente todo el transporte era por obra y gracia de propulsión equina. De una relativa comodidad dentro del vagón de ferrocarril, al llegar a la estación de trenes, el próximo paso era pasarse al lomo de un caballo. Al enterarse de que los norteamericanos necesitaban ayuda, alojamiento y el uso de sus caballos, Gustavo naturalmente accedió, enviándoles órdenes por radio a sus empleados de que se pusieran al servicio de los norteamericanos. Acto seguido, entusiasmado con la idea de contribuir tanto con su ayuda personal como con sugerencias que facilitasen la adaptación de los tejanos a las peculiaridades de criar ganado en el trópico, se embarcó para Camagüey.

Una de las primeras asperezas que Gustavo se vio necesitado de limar con los tejanos fue equina, ya que al llegar a su finca La Caridad pidió que le ensillasen a su caballo Caramelo pero entonces supo que uno de los americanos, con un sombrero muy estrujado, por cierto, se había empeñado en llevárselo. Disgustado, ensilló otro animal y salió al galope por el sendero que le habían indicado, hasta alcanzar a la cabalgata de norteamericanos y reconocer a su caballo con el del sombrero estrujado encima. Irritado, sin saludar a nadie, y sintiendo una incomodidad general e innombrable, Gustavo se dirigió hacia él diciéndole que ese era su caballo preferido. Bob Kleberg lo saludó sonriente y le comentó con amabilidad que lo felicitaba, que era un gran caballo. Gustavo quedó desarmado, pero evitó ser descortés, inelegante, malencarado y tosco ante un cumplido sobre Caramelo, viniendo por parte de Bob Kleberg, una especie de reconfortante deidad entre los ganaderos más famosos de los Estados Unidos: Era como si hubiese recibido un gran honor de manos de un experto mundial famoso. Gustavo quedó encantado... fascinado. El individuo que sus empleados llamaban Mr. Bob y Gustavo amistaron en poco tiempo, pues había muy pocas diferencias de opiniones entre ellos dos. Una era el estimado de tiempo que le demoraría a Kleberg fabricar una casa que quería construir en su nueva finca Becerra. Bob aseveraba que no más de cuatro meses, mientras Gustavo que no menos de un año, explicándole sin ambages ni eufemismos sus razones, todas centradas tanto en el muy diferente tipo de construcción, como en la necesidad de transportar los materiales en carretas de bueyes por caminos vecinales. Acto seguido a Gustavo se le ocurrió una solución que a los dos les pareció atinada: le ofreció que ocupasen su casa el tiempo que hiciese falta. Al final del vaticinado año, Bob Kleberg le preguntó cuánto le debía de alquiler y Gustavo le respondió que nada. Agradecido, Bob Kleberg le regaló un torete que Gustavo nombró Babar. Un tiempo después compitió en un concurso de la Feria Ganadera de Rancho Boyeros y salió premiado. De ese intercambio se fomentó una mutua e innegable simpatía que culminó en una bella amistad, duradera hasta que Kleberg murió, el 13 de octubre de 1974. Gustavo ha descrito en sus memorias a Bob Kleberg como un genio rústico, desconfiado como todo buen campesino, pero de una lealtad absoluta una vez que llegaba a confiar en un amigo.

Golfo de México
Jueves 27 de marzo de 1958

Thomas M. Allen, agente aduanero estadounidense, comenzó su jornada cotidiana de trabajo a las 6:30 p.m., del 26 de marzo de 1958, uniéndose a sus colegas a bordo de una nave patrullera guardacostas, con 83 pies de eslora y bajo el mando del Agente en Cargo, Tom Wagner, en el Puerto Isabel de Texas, al oeste de la Isla del Padre. Su responsabilidad era vigilar, con la nave pairada, el Golfo de México y sus costas. Comenzaron ubicándose en una posición estratégica, que variaba de acuerdo con las corrientes y mareas, entre aproximadamente cuatro y cinco millas de distancia de la costa de la Isla del Padre. A la madrugada del siguiente día, marzo 27, apareció una nave en el radar de la lancha patrullera, y de inmediato fue sometida a observación continua hasta las 3:30 a.m. A esa hora partió un camaronero por el canal de la bahía de Brownsville en dirección a la primera nave, luego identificada con el nombre de *Orion*, acoderándosele a las 4 de la mañana. Las naves que se amarran en el mar usan la codera, que es un cabo grueso para quedar la popa de una embarcación junto a la otra, facilitándose de esa manera el transbordo entre buques. Los dos barcos estuvieron unidos durante aproximadamente treinta minutos, después de lo cual se separaron y continuaron cada uno por su rumbo diferente, sin sospechar el despiporre que habían causado.

Allen y sus agentes esperaron unos diez minutos más o menos antes de darse a la caza del *Orion*, alcanzándolo por fin a las 5 de la mañana. Al acercársele, lo primero que hizo el guardacostas fue encender y apuntarle los reflectores a la embarcación, la cual se hizo la desentendida a pesar de que era evidente que estaba siendo perseguida. El *Orion* tomó las de Villadiego forzando a la nave perseguidora a insistir con pitacos (uno largo quiere decir a estribor y dos largos a babor), indicándole de esa manera que debían de obedecer la ley y parar los motores para ser abordada.

El *Orion* continuó desobedeciendo, sin desacelerar los motores, por lo cual al guardacosta no le quedó otra opción que embestir, arremetiéndola por babor y chocándole por el centro de la manga, que es la anchura mayor de una nave, para entonces poder abordarla ya que no se detenía. El choque ocasionó un hueco de tres pies de ancho, justo encima de la línea de flotación, y el *Orion* fue abordado. El Capitán Medina, quien estaba al frente, fue sacado a la fuerza del puente de mando, para acto seguido verse obligado a cambiar su curso con dirección y sin demora hacia Puerto Isabel. Otro individuo que no era parte de la tripulación, salió de las bodegas de la embarcación con los brazos en alto, identificándose con ufanía a Allen por el nombre de Arnaldo Gaenaga Barron, comandante de un destacamento rebelde, con destino a Cuba, y comprometido a unirse a las fuerzas revolucionarias de Fidel Castro en la Sierra Maestra con las indudables intenciones de lograr heroicismos bélicos, luchando contra el Presidente Fulgencio Batista. Añadió que lo acompañaban treinta y cuatro rebeldes, todos uniformados, y estaban escondidos en las bodegas sin salir a cubierta, pero que no ofrecerían ninguna resistencia. ¿Hacerle resistencia a un guardacosta estadounidense armado hasta los dientes? Realmente esto debió sonar muy dramático.

Medina, el Capitán del *Orion*, alegó por su parte, que su travesía original había comenzado en Panamá, teniendo a Galveston como destino. Según relató, se había quedado al garete frente a la Isla del Padre por causa de problemas mecánicos y así, flotando, alrededor de las tres de la mañana, fue sorpresivamente abordado por los rebeldes, quienes a punta de cañón insistieron en querer ser llevados a Cuba. Medina, con refutaciones que pretendían mostrar su inocencia, añadió además su nacionalidad y procedencia: era ecuatoriano y la embarcación, con registro nicaragüense, le pertenecía a un ciudadano norteamericano llamado Robert Bailey.

A la mañana del día siguiente, el viernes 28 de marzo del año 1958, la prensa publicó la noticia. Ejemplos aquí citados son de periódicos nacionales estadounidenses como los de New York (*New York Times*), Pittsburgh (*Post-Gazette*), Chicago (*Daily Tribune*) y Brownsville Texas (*Brownsville Herald*), entre otros, los cuales imprimieron la noticia de que una embarcación con treinta y cinco rebeldes armados, vestidos de soldados con indumentaria gris y verde de segunda mano, muy parecida a los uniformes de combate de las fuerzas armadas estadounidenses, había sido interceptada en el Golfo de México por un guardacostas acorazado del gobierno de los Estados Unidos. Cada uno de los rebeldes a bordo vestía un brazalete con el escrito «26 de Julio», fecha en que cinco años antes, o sea, en 1953, había comenzado la rebelión en Cuba, dirigida por Fidel Castro Ruz. Su organización, popularmente reconocida como la *Revolución*, asumió la etiqueta que usa hasta la fecha, «Movimiento 26 de Julio». La información mediática, tanto nacional como internacional, reportó que el incidente ocurrió al amanecer, a diez millas de la costa, cuando el *Orion*, una nave de setenta pies de eslora, con registro nicaragüense, tripulada por cuatro marineros, todos de habla española, fue arrestada por las autoridades aduaneras. Los rebeldes, identificados como neoyorkinos naturalizados de origen cubano, habían declarado sus intenciones de continuar camino hasta unirse a las fuerzas armadas revolucionarias de Fidel Castro. El periódico *The Brownsville Herald* estimó que entre el *Orion* y las armas se calculaba que el valor de lo confiscado ascendía a cientos de miles de dólares.

Los rebeldes y la tripulación, todos en conjunto, sumando treinta y nueve individuos, terminaron siendo encarcelados en el Condado de Cameron, en Brownsville, Texas, pero antes, al llegar al muelle, se pusieron en formación militar y cantaron el himno nacional cubano. La fianza impuesta por el comisionado Otto Reichert ascendió a $307,500.00, una suma en dólares considerable, si es que no incosteable, por aquel entonces, al valorizárseles en el año 2016 con ajuste a dólares del año 1958. Esto no era lo menos de esperar, ya que habían sido acusados de cometer un crimen federal: violar la ley de neutralidad del gobierno americano. Las armas, por supuesto, fueron confiscadas. También fue arrestado, como parte de la misma redada, Antonio del Conde Pontones, un individuo de treinta y dos años de edad, al cual detuvieron en la carretera, alejándose, a horas de la madrugada de Boca Chica Beach, sitio desde el cual había sido observado, transfiriendo el equipo de guerra a la embarcación que transportó todo al *Orion*. Lo pararon a unas cinco millas al este de Brownsville y fue acusado de hacer la entrega de armas y demás pertrechos. Los investigadores que trabajaban para los abogados fiscales, William Butler de Houston y Brian Odem de Brownsville, dedicaron su tiempo y sus energías a averiguar todo cuanto pudiesen, y para ese fin se dedicaron a interrogar, sistemáticamente, a los testigos de los hechos. No demoraron casi nada en obtener pruebas fidedignas de que el cargamento de armas había sido valorado en cientos de miles de dólares, todas compradas en St. Louis, San Antonio y Nueva York. El armamento lo integraban docenas de rifles automáticos, tanto metralletas, o sea de cañón corto, como ametralladoras de calibre 50, un mortero de tres pulgadas, numerosas pistolas, miles de balas, suministros médicos, ropa militar, equipos de primeros auxilios, cantimploras, capas de agua para protección de la lluvia, aceites e instrumentos especiales para limpiar y conservar armamento. Se sumaban cuatro balsas inflables, cada una con cupo para diez personas, las cuales servirían para transportar todo a tierra, una vez que el *Orion* llegase a las costas de Cuba.

Al verse encarcelados, los rebeldes pensaron que debían reaccionar a tan innombrable inquina declarándose en huelga de hambre. El único resultado obtenido fue el que once de ellos tuvieron que ser llevados por las autoridades al hospital. Los periódicos simpatizaron con los rebeldes y hasta mencionaron a los huelguistas hospitalizados: el vice comandante Mario Locour, el cirujano Carlos Torrens, el capellán reverendo Ignacio Mosqueda Ávila y los capitanes Enrique Estévez, Omar de Paulo, Roselló Ocampo, Nicolás Molina, Miguel Londaitsbehere, Mario Hernández y Rolando M. Núñez. Los abogados de Brownsville, Jack Wiech y Harry Lewis, representaron a la tripulación, compuesta, además, por el Capitán José Bolívar Molina, Francisco Treviño, Julio Bone Leyes y Ricardo Rocca Martia. Los mismos dos abogados también actuaron, representando al Sr. del Conde ante la corte. Al poco tiempo, otros rebeldes más tuvieron que ser hospitalizados por debilidad, a causa de la huelga. Estos últimos se nombraban Silvero Martínez González, Lázaro Díaz López, David Llaro Monelli, Carlos Carespo Sosa, Oscar P. Fusaloa, Domingo Machín de la Peña, Rafael Pardo Leyva y Mario Hernández. Los rebeldes fueron representados por el abogado L. G. Matthews, quien de acuerdo con Fausto Yturria Jr., había sido contratado por el padre de este, quien además de ser abogado había simpatizado con los rebeldes y su causa. Al no ser abogado criminalista, y a manera de ayuda, se responsabilizó con los gastos legales de su abogado defensor, L.G. Matthews, quien comenzó su trabajo obteniendo enseguida provechos, pues ya para el 4 de abril de 1958 consiguió una rebaja sustanciosa en la fianza. De casi un tercio de millón de dólares, logró que el juez la redujese a solo $1,500.00 para Arnaldo Goenaga Barron y Mario Lecour, y $500 por cabeza para el resto de los treinta y tres rebeldes. No pudo haber un mejor desenlace ya que todos a la vez (los 35 rebeldes norteamericanos, la tripulación ecuatoriana y el ciudadano mexicano que encabezó y organizó el plan secreto) habían sido acusados e iban camino a ser enjuiciados, frente al mismo jurado.

En el juicio, como parte de su testimonio, el agente de aduana Thomas M. Allen, dando fe de los hechos, declaró bajo juramento que el *Orion* si quizás, como alegaban los tripulantes, no trató de darse a la fuga, por lo menos ignoró todas las señales de la embarcación patrullera del gobierno americano, por lo que hubo necesidad de embestirla. Otro detalle mencionado por Allen fue el tema de las declaraciones hechas por cinco de los rebeldes poco después de haber sido arrestados: En ellas indicaron que se habían unido a la expedición militar de Barron para pelear contra Batista. Otros testigos durante el juicio fueron el inspector de inmigración George W. Nefford; Bernard Whitman, dueño de la tienda de army surplus, y la señora Ruth Wagner, oficinista nocturna del hotel Cameron, ambos comercios ubicados en Brownsville, Texas. La declaración bajo juramento de Nefford comprobó que las autoridades estadounidenses no estaban allí por casualidad. Nada de lo que sucedió era un enigma indescifrable ya que habían recibido un reporte confidencial por adelantado y Nefford, actuando como agente encubierto, viajó a bordo del barco camaronero que transportó a los rebeldes y las armas hasta acoderarse con el *Orion*. Whitman atestiguó que Del Conde, acompañado del líder del grupo rebelde, Arnaldo Goenaga Barron, y un rebelde que nunca fue identificado, compraron municiones de rifle 30.06 por la suma de $216 00, el 25 de marzo. La señora Wagner dijo que el 24 de marzo, a una hora temprana, Del Conde registró seis de los rebeldes en el hotel Cameron.

Los resultados obtenidos en el juicio, el cual terminó el jueves 24 de mayo de 1958, fueron tan buenos para los treinta y cuatro rebeldes que puede decirse que salieron indemnes, al encontrárseles culpables, pero solamente de la leve ofensa de violar las leyes de neutralidad y armas de fuegos del gobierno federal de los Estados Unidos. ¿La posible sentencia máxima? Diez años de cárcel y $10 000 00 de multa. La declaración del juicio y resolución del Juez James V. Allred no pudo haber sido de menos peso, dadas las circunstancias, quedando absuelto el capitán del *Orion*. La embarcación, con un valor de $100 000 00 le fue confiscada a su dueño, River Sea Trading Corporation. Los rebeldes fueron excarcelados y puestos a un período de prueba con libertad condicional que no rebasaría más de cinco años. Con esos fallos judiciales tan favorables, los abogados defensores no se vieron necesitados de apelar el caso, y los rebeldes, dando por terminada la inconsecuente aventura, y quedando muy agradecidos con sus abogados, y en especial con Fausto Yturria, siguieron sus caminos con despreocupación e indiferencia. Una especie de leve nalgada había sido la penalidad.

Triunfo de la Revolución
1ro. de enero de 1959

Cuando en el año 1950 Bob y Helene Kleberg fueron invitados a Cuba a una cena en honor del Duque y la Duquesa de Windsor, conocieron a George A. Braga, miembro de la compañía de Wall Street Czarnikow-Rionda. Todos eran dueños de vastas extensiones de tierra, calculadas en miles de caballerías. Una caballería en Cuba mide 134,202 metros cuadrados. El 12 de marzo del año 1951 el King Ranch y Czarnikow-Rionda crearon la Compañía Ganadera Becerra, en Camagüey, y ocho cortos años después, el 1ro. de enero de 1959, triunfó la revolución de Fidel Castro Ruz; al poco tiempo el nuevo gobierno impuso una reforma agraria. La razón dada a la población fue la redistribución de latifundios, nombre en latín que se usaba para describir fincas grandes y rústicas de gran extensión, trabajadas por esclavos en tiempos de la antigua Roma. En Cuba, el régimen propuso una redistribución de esos latifundios, subdividiéndolos para entregárselos a los campesinos, y argumentando que el cultivo de esas tierras rendiría una producción alimenticia para beneficio de sus trabajadores, al igual que a la nación. Esa medida confiscatoria por un lado, sumada al conato de destruir los símbolos del imperialismo por el otro, fue la razón por la que ambos ranchos, La Caridad y Becerra, fueran primeramente intervenidos y luego nacionalizados por el régimen sin compensación a los dueños de ninguna índole.

En agosto de 1959, ocho meses después del cambio de gobierno, Gustavo de los Reyes, Director del Central Bahía Honda y expresidente de la Corporación Ganadera de Cuba, fue detenido y acusado de organizar y planificar un alzamiento colectivo y violento contra el régimen, o sea, lo que se le llamó contrarrevolución y sedición. Fue enjuiciado por estos delitos y condenado a diez años de cárcel. Cuenta Gustavo que eso fue consecuencia directa del viaje que hizo a Washington, colaborando así con el trenzar de una soga que casi acabó ahorcándolo. Su plan se había centrado en reportarle a quien en aquel entonces era el Director del CIA, Allen Dulles, que la Unión Soviética planeaba instalar misiles o sea, proyectiles balísticos autopropulsados, los que serían guiados electrónicamente desde su nueva base en el territorio nacional de Cuba y con la intención que apuntasen hacia los Estados Unidos. En determinado momento Dulles reportó la conversación al gobierno revolucionario cubano, argumentó que no podía intervenir en el asunto y por consiguiente traicionó a Gustavo. Por su misión conspirativa en contra del régimen castrista, este fue arrestado en una reunión de conspiradores y después del juicio, empezó a cumplir su condena en La Cabaña. Gustavo relataba que el gobierno castrista manejaba una lista para los fusilamientos en la que la prioridad la tenían los batistianos. Su nombre se encontraba en la lista pero no con los batistianos, por lo que se pasó cuatro años y medio preso esperando a diario ser fusilado. Vivir a diario en esta espera amedrenta al más valiente. He hecho esfuerzos por imaginarme en su lugar, preso e indefenso, sin momentos de esparcimiento, pero no puedo. Claustrofobia y autocompasión son, entre otras, las sensaciones que experimento. Vivir como prisionero en La Cabaña fue muy duro para Gustavo, no solo por ver cómo en las madrugadas fusilaban a amigos que había hecho en la cárcel sino también a otros de toda la vida. Cuando por fin otorgaron permiso para que los familiares visitasen a los reos, la hermana y esposa de Gustavo, Silvia y Mimi, acompañadas de Rosario la hija de cuatro años, se quedaron horrorizadas ante la pena máxima de Gustavo. La niña, reporta Gustavo, hoy en día convertida en abuela, fue con mucha ilusión a conocer a Barbarroja, el feroz jefe de La Cabaña, imaginando que se trataba de un personaje de los muñequitos. Las tres mujeres sufrieron indignaciones, humillaciones y vejaciones, y una de las peores fue que Rosario, con apenas cuatro años, fuese desnudada y registrada soezmente.

Uno de los días más impactantes del encarcelamiento de Gustavo fue cuando, como le había sucedido otra veces, lo llamaron por su número que siempre recordará: 2 - 5 - 5 - 0 - 8 - 0 - 7 para marchar hacia el paredón. Se despidió de sus compañeros de celda y acompañó a los carceleros.

Fausto Yturria Jr.
15 de abril de 2015

Aproximadamente una quincena después de haber cenado con John y Claire Alexander, y compartir con ellos los detalles que ocurrieron durante el funeral de Gustavo de los Reyes, recibí una demostración más de compañerismo por parte del polista tejano. John sabía que mi suegra había pedido que yo le escribiese el cuento y por lo tanto tuvo la amabilidad de concertarme una llamada por teléfono con Fausto Yturria Jr. Desde su hogar tejano, el 15 de abril del año 2015, me habló enseguida del tema, y anticipó el recuento con los preparativos de su visita a Cuba, en noviembre del año 1959. Seguidamente, con palabras sencillas, sin frases pomposas ni melodramatismo Fausto Jr., quien en aquel momento de aceptar la invitación de su padre a unírsele en una misión a Cuba, tenía 24 años de edad, relató sobre los acontecimientos y sus protagonistas. Generosamente compartió anécdotas y contestó a mis preguntas, por muy nimias que fuesen, con soltura y objetividad. El objetivo del viaje era tratar de sacar a Gustavo de los Reyes de la prisión donde languidecía y para eso habían sido invitados a reunirse con Bob Kleberg en Norias, una de sus fincas texanas predilectas. El propósito de convocarlos radicaba en pedirles a los dos Yturria que fueran a Cuba y le ofreciesen al régimen de Fidel Castro dinero a cambio de ganado vacuno; es decir, en efectivo, a cambio de las mismas reses que le habían sido confiscadas al King Ranch. La idea consistía en que quizás de esa manera lograsen entablar un inicio de negociaciones, para que sobre la marcha, mientras se tramitara el negocio agropecuario, encontrasen un camino de diálogos, con suerte quizás amistosos, que permitiese pedir que se liberase a Gustavo de los Reyes de la cárcel. De acuerdo con lo que me contó Fausto Jr., una vez que llegaron a La Habana se encontraron con que la situación era aún más complicada de lo que esperaban, dado que Gustavo no estaba solamente condenado a prisión, sino a la pena de muerte. El recién descubierto disgusto ahora requeriría buscarle a toda costa una nueva solución.

La estratagema inicial que se le había ocurrido a Bob Kleberg tenía sentido, ya que era de esperar que a los revolucionarios les pareciese beneficioso el negocio por el sobreprecio de la oferta de las reses del King Ranch de Cuba que habían sido propias anteriormente. Eran toros valiosísimos que por ignorancia estaban siendo mandados al matadero para convertirlos en carne comestible. Fausto padre y Fausto hijo se habían propuesto explicarles la importancia de preservar la valiosa sangre de esa línea de ganado Santa Gertrudis, inventada por el King Ranch, para entonces, una vez pagada en efectivo, fuese continuada en uno de los ranchos de la empresa ya bien en Australia o Argentina y... bueno... una vez en trámites y negociaciones..., entrar en el diálogo de liberar a Gustavo de la cárcel. El negocio del ganado fue un fracaso rotundo, pues nadie se consideraba con la suficiente autoridad para tomar una decisión. Todos decían lo mismo: «El único que puede decidir eso es Fidel Castro». La única solución estaba en hallar la manera de tratar de llegarle al máximo líder. Desde su arribo a La Habana Fausto Jr. y su padre habían sido guiados para navegar sin escollos el tan necesario protocolo y papeleo típico de la incipiente burocracia. ¿Por quién, se preguntarán los lectores? Pues por un conocido de Fausto padre: uno de los cubanos del *Orion* que salvó de la cárcel en el año 1958.

Ese hombre, me contó Fausto Yturria Jr., fue el que, en noviembre de 1959 los llevó a él y a su difunto padre ante Fidel Castro. Su imagen es capturada en una memorable y atesorada fotografía al lado de Frank Yturria padre, quien esgrime una sonrisa colmada de interés, mientras que Frank Jr. todavía, varias décadas después del incidente, continúa lamentándose de haberse limitado a observar los acontecimientos parado, sin razón alguna, al lado del fotógrafo. La imagen captura el momento en que se le está explicando a Fidel Castro la idea de Bob Kleberg, pero el barbudo revolucionario se niega tanto a vender las reses como a liberar a Gustavo. Sin embargo, dado que Frank padre salvó a los rebeldes del *Orion*, finalmente se logró el perdón de la pena capital y con ello salvar la vida a Gustavo de los Reyes. Esa foto hace memoria del preciso instante en que se decide la vida del reo #2550807, encarcelado en La Fortaleza de La Cabaña.

Fausto Jr. cuenta que el diálogo con Fidel empezó muy mal y empeoró rápidamente, derrumbándose el plan de comprarle las reses al régimen. La conversación tomó un curso intimidante, colocándolos ante un problema insoluble. El líder revolucionario acusó a los Yturria de que su presentación y diálogo tenían una proyección contrarrevolucionaria y se negó rotundamente a la propuesta de la compra de las reses. Cuando Fausto Jr. cuenta los acontecimientos capturados en la icónica foto, hace mucho hincapié en su preocupación e incertidumbre al oír cómo se había torcido el rumbo de la conversación, hasta llegar a convertirse en una acusación en boca de alguien con el máximo poder para, mediante solo conjeturas, poder conducir a cualquiera al pelotón de fusilamientos. Sin embargo, el acompañante de los Yturria obvió el tono desafiante del máximo líder, no se achicó ni cejó ante el contratiempo, y con más ahínco presentó sus argumentos de manera lógica, concisa y escueta, y logró, finalmente, convencer a Fidel Castro, detallándole al máximo líder el papel de Fausto Sr. en la salvación de los rebeldes del caso del *Orion*. Persuadido Fidel Castro por uno de los varios barbudos que gracias a Frank Yturria pudieron sumarse a su batalla en las trincheras rebeldes de la Sierra Maestra, le perdonó la vida a Gustavo. ¿Y el negocio de las reses? Un desastre. Nunca funcionó. ¿Y Gustavo? ¿Fue puesto en libertad? De eso nada.

Unos días después de la fotografiada entrevista, se les permitió a los Yturria ir a visitar a Gustavo de los Reyes en La Cabaña y anunciarle que su pena de muerte había sido conmutada. Fausto Jr. cuenta cómo él y su padre celebraron esa noche en Tropicana, donde esta vez se cercioró de que existiese una foto suya bailando una conga tocada por la histórica Orquesta Aragón. Los Yturria se fueron de Cuba sin las reses y sin volver a encontrarse con Gustavo de los Reyes. Esto solo sucedió cuando meses después salió de Cuba rumbo a México y desde ahí, después de un corto período de rehabilitación, se reunió con su familia en Palm Beach.

La visita de los Yturria a Gustavo en La Cabaña es importante relatarla desde el punto de vista del presidiario. Al ser sacado de su celda, con la rarísima explicación de que tenía una visita que él no esperaba, se despidió de sus compañeros presos con la certeza de que iba camino al pelotón de fusilamiento. Lo llevaron a una habitación donde vio a dos hombres sentados, los cuales eran Fausto Yturria Sr. y Fausto Yturria Jr. Fue justo en ese momento que Gustavo se enteró de todos los esfuerzos realizados para liberarlo del fusilamiento. Así le probó Bob Kleberg su enorme amistad a Gustavo, además de, y esto lo decía indudablemente de chiste, pagarle un sobreprecio de alquiler de la casa en Camagüey que Gustavo le había prestado gratuitamente. También amerita ahora hacer el recuento de la combinación de esfuerzos de Thelma King Harrison, líder comunista panameña y de Ricardo Manuel Arias Espinosa, el ex-Presidente y más tarde embajador de Panamá, porque eso sí... se había eliminado la orden de fusilamiento pero todavía había que buscar cómo liberarlo de la cárcel. Para eso hizo falta Dios y ayuda.

Como soy parte de la familia se me ha permitido el acceso a los gaveteros privados de la familia de los Reyes, en los cuales se atesoran los recuerdos más preciados, como gran parte de la correspondencia que he podido leer, unas de las que aquí transcribo en su totalidad. Cartas con membrete de Ricardo Manuel Arias Espinosa, el ex-Presidente de Panamá (1ro. de enero de 1955- 1ro. de octubre de 1956), otras muy cariñosas, por cierto, con fechas de octubre y diciembre de 1962, firmadas por «Dicky». O sea, Dicky Arias, ya siendo embajador panameño en Washington D.C. Por otra parte, mis suegros estudiaron arquitectura en el mismo curso de la Universidad de La Habana junto con Lin Arroyo y su esposa Gabriela Menéndez y fueron amigos íntimos desde siempre. Cuando ocurre el triunfo de la revolución de Fidel Castro, los Arroyo eran embajadores de Cuba en Washington y al ser destituidos, decidieron quedarse para hacer vida de exiliados. Animaron a mis suegros para que los acompañaran, y ellos se exiliaron también en Washington D.C. A través de los Arroyo fue que justo conocieron y se convirtieron en buenos amigos de la pareja Arias. Una conversación casual en una fiesta propició que Dicky Arias supiese que Gustavo, el hermano de sus amistades, estaba en la cárcel en Cuba y entonces se ofreció a ayudar para obtener su libertad, negociando con el gobierno de Fidel Castro. En la carta de octubre de 1962, escrita por Dicky Arias desde Panamá, aclara que la «persona está dispuesta a viajar y hacer un esfuerzo para tener éxito». Añade que el «pasaje de avión de ida y regreso cuesta alrededor de $400.00 y tendrá que permanecer allá unos tres días». Luego, el 3 de diciembre de 1962, Dicky anunció la buena noticia: «... no ha sido hasta hoy, cuando hemos podido hacer los arreglos para que la persona encargada de la misión pueda viajar. Ésta saldrá de México para La Habana el 12 del presente». La desesperación de la familia aumentó cuando el 3 de febrero de 1963 Gustavo todavía no había sido puesto en libertad para salir de Cuba y su hermana María Luisa de los Reyes, mi suegra, le escribe una carta a Dicky que firma con su apodo, acostumbrado entre amistades, *Mari*, en la que se nota su preocupación:

> «Querido Dicky:
>
> Me da pena seguir dándote lata con el asunto de Gustavo mi hermano, pero la verdad es que tu amiga es nuestra única esperanza. La cosa está fatal allá con los presos; han suprimido las visitas y apenas se puede saber nada de ellos. La última noticia que tuvimos es que estaba enfermo y ni siquiera sabemos de qué.
>
> Si puedes hacer que ella siga tratando con su conexión en Cuba, sería la gran cosa. Que insista lo más que pueda para que vean que ella no ha cesado en su empeño. Que llame todas las veces que ella crea necesario y tú me dices lo que es para mandártelo enseguida.
>
> Escríbeme cualquier cosa que este señor le diga, así sea bueno o malo, para saber lo que está pasando. Como verás, estamos desesperados por que salga antes de que sea tarde. ¡Sería tan maravilloso que ella tuviera éxito!
>
> Por Gabriela sé que están todos muy bien. Muchísimos recados a Olga y felicita a Ricardo que me dicen se comprometió. Nos alegramos tanto. Eugenio te manda muchos recuerdos.
>
> Bueno Dicky, hasta pronto y gracias otra vez por todo; por favor no nos olvides.
>
> Un abrazo,
>
> Mari»

Cuando Dicky Arias, actuando de intermediario, escribía sobre el tema de Gustavo, dirigía su correspondencia a sus hermanas Silvia y María Luisa, y con ellas era que se intercambiaban preocupaciones y posibles soluciones, todas girando alrededor de una persona cuyo nombre no se mencionaba nunca, a propósito. Esto sucedía porque en aquellos momentos en que comenzaban a llegar cubanos a exiliarse en los Estados Unidos, huyendo de confiscaciones y asesinatos, y con un derecho tenue a permanecer en el país americano, lo que menos querían los cubanos recién llegados era dar la impresión de simpatizar, dialogar, o colaborar con comunistas, y menos aún de aceptar ese régimen. La persona que iría a Cuba era una líder comunista, Thelma King, y cuando Dicky se refería tanto a los cuatrocientos dólares imprescindibles para el pasaje de avión y demás gastos, como a los prospectos de éxito una vez que entrase en Cuba por vía México, sin dudas era ella la protagonista de la misión. Las cartas de Dicky-Arias alentaban acerca del resultado exitoso de Thelma King. El expresidente panameño y embajador en Washington demostró amistosa inteligencia, al advertir que los resultados positivos no eran garantizados pero que por supuesto no había peor diligencia que la que no se hacía. ¿Quién era la líder comunista panameña Thelma King? Según le parecía a mi suegra, Thelma King era una amiga de su amigo Dicky Arias pero daba la casualidad que era además comunista. Sin embargo, tras escarbar en los archivos históricos de periódicos panameños, descubrí que en *El Siglo*, con fecha del miércoles 23 de abril del año 2014, se muestra una foto de una carretera justo con el nombre de Thelma King. Esa carretera, lugar que sirve de paso diario de gran número de camiones que viajan por esa ruta a razón de trabajos de ampliación del Canal de Panamá, conduce hacia las esclusas del río Gatún que había colapsado. Dicha carretera, a consecuencia de un derrumbe del terreno, estaba hundiéndose en su totalidad y empieza en su pueblo natal. Thelma King había nacido en el año 1921, era negra, comunista y de origen muy humilde. Estudió Derecho, mandó a sus hijos a estudiar a los Estados Unidos y se volvió un personaje muy importante. Una sala en la Asamblea Nacional de Panamá la honra al llevar su nombre.

En los años sesenta fue identificada como una de las defensoras de las tendencias castristas en Panamá. Fue, además, la única mujer diputada de la Asamblea Nacional, representando a la pobre provincia de Cholón, situada en la costa Caribe del Istmo de Panamá, en momentos en que el régimen conservador del Presidente Ricardo Arias (1955-1956) y de Ernesto de la Guardia (1956-1960) desmantelaban muchas de las reformas progresistas del Presidente José Remón Cantera (1952-1955), quien murió víctima de un asesinato en 1955. En documentos del gobierno estadounidense, publicados por auspicios del Freedom of Information Act, aparece Thelma King arrestada con otras personas por haber sido todas acusadas de cómplices de magnicidio en el hipódromo panameño, es decir, como posible conspiradora en el asesinato del Presidente Panameño José Remón Cantera. Como si eso fuera poca cosa, también fue sospechosa de planear el secuestro y/o intento de asesinato del Vice Presidente de los Estados Unidos, Spiro Agnew y del Director de la C.I.A., Richard Helms; también integrante del frente de guerrilla urbana en el cual, entre otros más, figuraba el District Attorney de New Orleans, Jim Garrison, quien trató de probar una conspiración de la CIA conectada con el asesinato de John F. Kennedy, presidente estadounidense. Por haber contactado en Cuba con Lee Harvey Oswald, así como también por recibir entrenamiento en operaciones especiales por parte del servicio de Inteligencia de la República de Cuba, lugar en el cual se le consideraba un agente excelente, se puso en evidencia su posible vínculo con el asesinato de Kennedy. Y ya por último hay pruebas de que era agente de la C.I.A. Sin dudas, a todo esto se suma que era, me imagino, una muchachita que amaba a los perros, ajena a sus propios encantos, muy de su casa y de las labores domésticas, y asidua a la comunión dominical.

Una combinación de las gestiones de Thelma King y de Silvia de los Reyes, hermana de Gustavo, esta última habiéndose declarado comprometida para con su familia y para con ella misma a permanecer uncida a la ciudad de La Habana, como la hiedra al muro, hasta la liberación de su hermano, permitió que Gustavo pudiese salir de la cárcel para acudir, vestido de traje, al lecho de su padre moribundo. Allí, frente a él, le mintió por caridad diciéndole que ya no era presidiario y se marchaba del país. Su padre, cariñosamente apodado como Paquito, murió tranquilo con esa noticia. Concluida la despedida y una vez más escoltado por los militares que lo habían estado esperando, sentados en butacas de la sala de la casa, volvió para la prisión. Me imagino a los militares aparentando solemnidad hierática, inmóviles pero incómodos ante la elegancia de la burguesía y, por consiguiente, molestos con la misión que se les había encarecido. Sentados allí en irreconciliable desacuerdo, con sus mentes caminando en círculos dentro de la habitación. El papá de Gustavo había esperado para morir, agonizando, hasta saber, o por lo menos dejarse engañar, que su hijo era libre. Meses después, gracias a Thelma King y a otros, el 25 de febrero de 1964, Gustavo fue puesto en libertad pero no para irse del país. El mandamiento judicial fue condicional, pero un tiempo después también fue perdonado gracias a una combinación de los esfuerzos del embajador suizo Anton Stladelhofer, el ex-Presidente de Panamá Dicky Arias y su hermana Silvia de los Reyes. Esta última habló personalmente con Fidel Castro varias veces, y Gustavo cuenta que conociendo a su hermana, de seguro Castro lo excarceló y lo dejó salir del país para liberarse del asedio de Silvia, quien era buenísima pero insoportable. Cuando por fin logró que se le permitiese salir de Cuba, Gustavo lo hizo rumbo a Palm Beach, vía México, y comenzó a trabajar con amistades cubanas que habían establecido negocios de ganado y de azúcar en el estado de la Florida, aproximadamente en la misma década de los cincuenta del pasado siglo, que fue cuando se fundó el rancho cubano King Ranch. Este se expandió grandemente, estableciéndose en Australia, Brasil y Argentina. En Australia se habían comprado tres millones de acres, ciento cuarenta y siete mil acres en Brasil, y veintidós mil acres en Argentina. Bob Kleberg dejó que su vecino de Camagüey pasase un tiempo razonable haciendo vida de familia antes de él viajar a Palm Beach para visitarlo.

Gustavo no fue nunca sentimental, ni volvió de Cuba inadaptado. Nunca lo noté con rencor ni mucho menos expresar sentimientos de esa naturaleza. Demostró resiliencia. Sin embargo, ¿qué retendría en su memoria? Nunca se negó a compartir historias de su encarcelamiento para con su familia, amistades y el público. En su voz suave interior, ¿no tendría quizás algo no del todo disimilar a sorpresa de lo ocurrido? Para reasumir el curso de una vida cotidiana, rodeada de seres queridos, tuvo que sobreponerse a las huellas de un pasado impactante, que aunque hubiera preferido olvidarlo, esto le era imposible. Quizás la conciencia de los años perdidos fue lo que motivó que en ningún momento se jubilara, o se hamacase en una silla de madera crujiente. Nunca pudo ser un individuo de ir a comprar papel de cartas para dedicarse a escribir a los periódicos acerca de las desnudeces de los animales en el zoológico, o sobre las ceremonias fúnebres de tribus alienígenas con demostradas preferencias por aposentamientos en cuevas neozelandesas.

Venezuela

En Palm Beach, debido al reconocimiento que se le tenía por sus cuantiosos y exhaustivos conocimientos de ganado, Gustavo tuvo muchas ofertas, terminando por aceptar la propuesta de administrar un rancho ganadero. Y entonces llegó el buen día en que Bob Kleberg le anunció visita a través de su consuegro Alfonso Fanjul, ocasión en la cual pudo agradecerle el haber mandado a Fausto Yturria a salvarle el pellejo. Bob lo invitó a que organizara un proyecto; Gustavo aceptó, seleccionó a Venezuela y sellaron el acuerdo. La primera finca fue la Fundación, seguida de Mostrenco y El Cedral, todas con una hierba guinea que crecía alta y majestuosa como en fértiles jardines. Gustavo decía que se mecían como abanicos de esmeraldas movidas por la brisa que llegaba del Mar Caribe nunca muy lejano. Una verdadera fábrica de carne. Se criaban allí herbívoros a base de yerba que crecía naturalmente, y no con granos costosos que tuviesen que ser consumidos en competencia con el hombre. Con el tiempo se volvió también un centro social, al cual

333

era considerado un privilegio ser invitado a unirse a la familia para cazar, montar a caballo, ir en bote al centro turístico de Morrocoy, tener baños de sol y de piscina, etcétera. Una invitación a pasar un fin de semana allí era codiciada, y por lo tanto por ese sitio pasaron embajadores de Francia, Egipto, India, Inglaterra, los Estados Unidos y Persia. También escritores como Henry Miller, Paul Mathiesen, William Styron, John Updike, así como gente del mundo del arte: Bill y Wendy Luers, el ex-presidente del Metropolitan Museum of Art en New York, los dueños de Phillips Gallery en Washington D.C. y pintores expresionistas, como Diebenkorn, entre muchos otros más, incluyendo el Sha de Irán y su esposa Farah Diva.

Además de ofrecer expansión y recreo idílico, con el tiempo Venezuela se convirtió en un país con influencias peligrosas y el llano, donde se encontraban los ranchos de ganado, comenzó a ser escenario de una gran ofensiva guerrillera. Que si de la FARC de Colombia, que si gente mandada por Fidel Castro. Gracias al respaldo protector de las boinas verdes venezolanas, la situación se estabilizó un poco pero, tanto Gustavo como sus empleados, se vieron obligados a moverse a caballo con armas tanto largas como cortas. En la opinión de Gustavo, continuar operando el negocio de ganado en Venezuela era un riesgo serio para la empresa. Experimentaron muchos sustos hasta que, sabiéndose un socio y no dueño exclusivo con absoluta responsabilidad, consideró que Bob Kleberg debería venir de visita. Una vez en Venezuela, la conversación, relatada por más de una persona, entre ellas Gustavo, se redujo a que este explicase los peligros a que estaban expuestos tanto los haberes agropecuarios como los empleados del King Ranch. Bob Kleberg entonces le preguntó a Gustavo que si alguna vez en su vida se había amilanado al verse ante situaciones difíciles. Al oír como respuesta el esperado... «Por supuesto que no», Bob Kleberg se quitó el Stetson que llevaba puesto y, mientras lo colgaba de un gancho en la pared, afirmó que ahí lo dejaba hasta la próxima vez que volviese y lo necesitase. Y ahí quedó. Bob, el amigo de Gustavo, murió el 13 de octubre de 1974 y Gustavo se quedó con el sombrero.

Julio y Pietrasanta

Conocí a Julio hace aproximadamente más de medio siglo. Un flacuchento pálido que se distinguía del resto de los otros alumnos del primer grado por dos cosas: la profusa cantidad de pelos que brotaban en esa área que llamamos cejas y porque, a pesar de ser inteligente, no hacía ni el más mínimo intento de prestar atención durante las clases. Ya en aquella época Julio manifestaba un carácter dulce, nada en sintonía con aquel ambiente lleno de pícaros e intencionados comentarios soltados en jocosa agresión que caracterizaban la manera en que amenizábamos nuestros recreos en los patios de Belén, el colegio de los jesuitas, en La Habana.

La realidad es que mi amigo Julio no duró mucho tiempo como estudiante en Belén. Se pasaba el día entero sentado en su pupitre haciendo dibujitos mientras en la pizarra el profesor trataba de explicar algo que evidentemente a él le resultaba horriblemente aburrido como, por ejemplo, las propiedades de los triángulos isósceles en la clase de Geometría, o la lista de los nombres de las cordilleras y los ríos cubanos en la clase de Geografía, etcétera. Julio hacía caso omiso y seguía dibujando con determinación de manera obsesionante, como un demonio pertinaz. Cuando llegaba el día del examen trataba de pasarlo, o aprobar, de alguna manera, bien fuera copiándole al que estuviera cerca o, como último recurso, arriesgándose a adivinar las respuestas. Surgió un problema y es que los curas jesuitas comenzaron a darse cuenta de que durante los exámenes los alumnos nos entregábamos de lleno al arte de la copiadera, es decir al ejercicio del hurto intelectual, pero con fines caritativos si se aplica aquello de que la caridad empieza por casa. Todo el mundo se fijaba subrepticiamente del examen del vecino, o se soplaban entre sí las respuestas. Por esta razón los profesores adoptaron la costumbre de separarnos cuando había exámenes, de tal manera que un pupitre vacío quedase siempre intercalado entre dos estudiantes. Afrontando los exámenes con esta acentuada distancia y la naturalmente creciente dificultad de las preguntas, según las materias se iban haciendo cada vez más difíciles al avance de los grados, a Julio se le empezó a enyerbar la cosa y a no dar pie con bola con aquello de las respuestas adivinadas. El desenlace lógico de esta situación no se hizo esperar. Al llegar un día al colegio me encontré con un hecho consumado, Julio ya no estaba en la clase. Se corrió la voz. ¡Lo habían expulsado! Un hecho lamentable desde el punto de vista de su desarrollo académico, pero no necesariamente desde el punto de vista del *esplendor de las artes.* No me cabe duda de que en todos y cada uno de los colegios por donde pasó Julio la calidad en el arte de sus dibujos continuó mejorando de manera inversamente proporcional al deterioro de sus notas o calificaciones académicas.

Su nombre en aquel entonces todavía no había sido recortado a Julio Larraz. Su familia y sus compañeros lo conocíamos por Julio César Fernández Larraz. El encogimiento onomástico ocurrió a consecuencia de su paso por las calientes aguas del Estrecho de la Florida y la decisión, al comienzo de su vida en Miami, de ser caricaturista como manera de ganarse la vida en el exilio de la década de los sesenta del siglo XX. Un caricaturista que dibuja a un señor narizón lo que trata es de conseguir que en la caricatura resalte precisamente el detalle nasal. La idea es magnificar la ñata de manera exagerada y hasta burlona. Y de esa forma captar lo esencial de la presencia humana de aquel señor. Los buenos caricaturistas descubren la verdad de la persona a través de la falsificación de sus rasgos y apariencia.

Cuando años después el caricaturista Julio César Fernández Larraz se encontró exhibiendo sus codiciados y carísimos óleos a esos mismos señores narizones, descubrió la necesidad económica de ahorrar nombres como un ineludible imperativo impuesto por las leyes naturales del mercadeo. Antes de presentárseles se hizo un abrupto recorte de nombre para camuflajear al caricaturista. Chivo que rompe tambó con su pellejo paga. Y Julio no es diferente a ninguno de nosotros en su apego al pellejo. Resultado final de todo esto, ¡¡*Julio Larraz*!!

Después de muchos años sin vernos, muchos más de los que son posibles contar con los dedos de una mano, un buen día me llegó una notificación publicitaria a través de la informática museística que anunciaba que el famosísimo pintor de origen cubano, Julio Larraz, iba a asistir a la presentación de su libro. Se trataba de la publicación de fotos de sus obras, acompañadas de reseñas escritas por peritos y críticos, e incluía unas palabras, a manera de preámbulo, del director del museo donde tendría lugar la presentación.

Cuando lo vi en el escenario noté que Julio había experimentado una notable metamorfosis. Aquel muchachito de pequeña estatura, escasez de masas, abundancia de huesos y derroche de cejas y sensibilidad, se había transformado en este hombre de apariencia fornida y prestancia, mirada inteligente y seguridad en el rostro. Solamente permanecían la sensibilidad y las cejas. Me quité los espejuelos y en aquella nueva figura, de pronto, como por arte de magia, reconocí el dibujo de una cara que emergía de esa remota región donde ambos habíamos crecido juntos. Fue como si una imagen en un lienzo se desdibujara dejando que en su lugar emergiera progresiva pero súbitamente, una anterior, que liberada de su prisión en el tiempo refulgía con nitidez. Después que los conferencistas terminaron sus disertaciones acerca de Julio y de su obra me coloqué en una fila de gente serio-ceremoniosa con mi libro recién comprado para que el famoso pintor me lo firmara. Al llegar a él me preguntó mi nombre. Se lo dije. Firmó el libro y pasé a la habitación de al lado donde servían refrigerios medio triste de que no me hubiese reconocido. ¿Qué podía esperar después de tantos años? Mi compañero de clases en primaria ya era abuelo. Julio firmó tres libros más después del mío, entonces se detuvo, me miró y de pronto gritó estrepitosamente: «¡Coño! ¡Ven acá y dame un abrazo! ¡No me jodas! ¿Cómo no me dijiste nada?» Desde esa noche nos importó un mismísimo pepino todos los años que habíamos pasado sin vernos. Y demostrando que, a veces, sí se puede recuperar el tiempo perdido y disfrutarlo como si no hubiera pasado; no nos hemos perdido más de vista. Hemos revivido y mantenido una amistad que cada día se vuelve más valiosa.

Al informarle a Julio que al zapatero florentino Salvatore Ferragamo se le había ocurrido invitarme a jugar en un torneo de polo en las afueras de Siena, Julio me anunció de que aquella invitación coincidía con una exhibición de sus obras en Pietrasanta; una ciudad a una hora de Florencia, en la costa mediterránea del norte de La Toscana, frente al Mar de Liguria, en la provincia de Lucca. A la ciudad, que es de origen romano, todavía le quedan parte de sus murallas protectoras originales. Durante el Renacimiento, en el siglo XV, los Médici controlaban Pietrasanta y su protegido, Michelangelo Buonarroti, quien reconoció la belleza de su mármol lo usó para tallar obras de arte que hoy adornan catedrales en Florencia y Roma.

En el siglo XXI la antigua ciudad funciona como guarida estival de artistas internacionales. Frente por frente a la Piazza del Duomo está la iglesia gótica de San Agostino en la cual las paredes todavía mantienen frescos de los siglos XIV y XV. El pintor colombiano Fernando Botero, residente de Pietrasanta, también ha contribuido con dos frescos que ilustran las puertas del paraíso y las del infierno, como regalo a una pequeña iglesia de la ciudad bajo la advocación del La Misericordia. *El juicio final* debe de ser profundamente nutritivo porque todos las personas que pueblan estos frescos son unos gordos púfis, abundantes y redondos de carnes que hacen honor a su autor.

Los miembros de los equipos de polo de Roma, Ginebra y Milán, así como los del equipo estadounidense que participaba en el torneo estábamos todos hospedados en Florencia durante esa semana. Tuve la mala suerte de que la noche del *vernissage* de Julio Larraz hubo una cena inaugural en el Palacio Pitti de Florencia para los participantes en el torneo y por lo tanto se me hizo imposible asistir a la inauguración de la exhibición de Julio en Pietrasanta.

Julio asistió a esa primera noche de su exhibición, y como todo un profesional había contestado a todas esas preguntas que los

338

mirones le suelen hacer a los artistas cuando les es permitido el acceso directo a las galerías. Preguntas como: ¿En qué pensaba cuando pintaba esa obra? Todo artista encuentra difícil hacerle frente al preguntero de esa índole. El problema no es hostilidad con la pregunta sino que les resulta frustrante el no acordarse lo suficientemente bien como para poder contestarla. Estos preguntones fomentan en el artista la duda, ¿en qué rayos habré estado pensando cuando se me ocurrió pintar ese cuadro? Estando Julio cautivo de los mirones en medio de uno de esos interrogatorios se le acercó a Julio un funcionario de Pietrasanta para anunciarle que Fernando Botero llevaba un largo rato esperándolo con reporteros tanto de la prensa como de la televisión para que pudiesen ser entrevistados y fotografiados los dos juntos. Ante la insistencia del funcionario quien, por cierto, ya se le había acercado varias veces con anterioridad, Julio le pidió que por favor le comunicara al señor Botero que no podía hacerle un feo a su público. Julio sentía que debía seguir haciendo lo que sus admiradores esperaban de él y le rogó al funcionario, una vez más, que no se impacientara. Es posible que Julio hubiese mostrado irritación. No hubo comentarios que interpretaran su actitud. Quizás lo que pasó fue que aquel lugar se convirtió en un bosque de oídos. De lo que si no quedó duda alguna fue de que Fernando Botero sin hacer ningún acto histriónico de desaparición, sí decidió hacer su equivalente diplomático: *se fue para el proverbial carajo*. Se fue del *vernissage* y dejó a los reporteros que se entendieran con Julio y sus conversaciones kilométricas.

Al día siguiente y esforzándome por cumplir con lo acordado semanas antes, aparecí en Pietrasanta a la hora del almuerzo para encontrarme con Julio. Lo encontré en medio de una conversación cordial pero de alta intensidad con Gary Nader. Gary Nader es el galerista más grande e importante de Miami y en aquel momento estaba representando a Fernando Botero. La conversación iba encaminada a lograr que lo ocurrido la noche anterior se olvidara. Que reinara la amistad. Quizás un buen almuerzo, comentaba el galerista, lograse restaurar el ambiente de cordialidad y amistad que reinaba entre tan buenos amigos antes del incidente del *vernissage*.

En medio de esa conversación llegué yo de Florencia y lo primero que me preguntó Julio en voz alta delante de Gary Nader fue que si yo quería almorzar con Fernando Botero. —Como tú quieras, Julio—, le respondí. —Yo he venido para estar contigo. Si tú quieres sumar a Fernando Botero y esa es tu decisión, yo la acepto con entusiasmo. Tú eres el anfitrión. Lo que decidas me parece bien—. Acto seguido Julio se viró hacia Gary Nader y le dijo: ¿Tú ves? Acabas de oír a mi invitado. Le importa un mismísimo carajo almorzar con Fernando Botero. Otro día será. Pero quédate tú para que conozcas mejor a este amigo mío de toda la vida. Antes de sentarnos a comer, y comprendiendo mi sorpresa y confusión, Julio aprovechó para contarme los sucesos de la noche anterior.

Después de almuerzo fue que se me hizo obvia la importancia de la exhibición. No es fácil contarlo sin caer en la estupidez sensiblera. Lo que yo esperaba era que Julio estuviese presente en la exhibición con unas cuantas de sus pinturas. Las imaginaba en una sección de la galería figurando con prominencia pero entre el montón de obras de muchos otros célebres artistas internacionales que allí veranean. Pero me encontré, en cambio, una presencia artística avasalladora: Un Julio César del siglo XXI. El Duomo, la iglesia y la Piazza íntegras estaban llenas de obras de un solo artista, del hombre que allí llamaban, Maestro. Mi amigo, Julio Larraz.

Esa noche había otra cena del equipo de polo en Florencia. No podía asistir a la exhibición nocturna que continuaba en su segunda jornada consecutiva, así es que Julio consiguió que una funcionaria municipal nos abriera, en privado, el museo esa tarde para verla, y pensé fotografiar la exposición. En cuanto apunté la cámara hacia la primera foto, me regañaron e insistieron que la guardara. Prohibido sacar fotos. Prohibido por las autoridades. Julio le dijo que no se preocupara ya que eran para él; y a partir de ese momento lo único que me impidió sacar más fotos fue que Julio no paraba de apurarme. Quería que acabara con lo de los fotos para iniciar nuestro mitin callejero, nuestro *convivium*, buen vino y mejor conversación, sentados en la Piazza de Pietrasanta.

La exhibición llenaba de pinturas el Duomo. La iglesia exhibía una instalación dramática de bustos de emperadores romanos en altos pedestales iluminados en varios colores, y la Piazza recogía un despliegue de esculturas. Todo el arte que ocupaba tanto el Duomo como la iglesia y la Piazza, era obra del Maestro Larraz. El único detalle que me apena mencionar es que no obstante las caras imperiosas de aquellos bustos romanos creados por Julio, e iluminados con mucha solemnidad, reconocía en ellas rostros conocidos; hubiera jurado en ese momento que una era la de un cura que había sido el Rector de Belén, El Padre Feliz, hermano del cura que había sido nuestro profesor de primer grado; otras me recordaban a padres de amigos comunes cubanos. Al terminar en el Duomo y la iglesia, cruzamos por la Piazza admirando el resto de las obras y viendo en sus creaciones rasgos del Julio impertérrito, contándonos de su verano sin hacer aspavientos, Julio era tan el mismo de siempre que quedé tan vulnerable y le confesé mi admiración a bocajarro. Le hablé del orgullo que sentía por nosotros dos; y de inmediato le aclaré a mi amigo que a pesar de que la lógica indicaba que sentirme orgulloso por su obra era injustificable, puesto que yo no había hecho otra cosa que admirarla, le expliqué que del mismo modo que hay vergüenza ajena, tendría que haber orgullo ajeno y eso era lo que yo sentía con él y por él. Le confesé mi tentación a sentirme reflejado en la gloria de su éxito, paseándome por la Piazza con caminadito de ídolo de matiné de bajo presupuesto. No lo hice. No quise sonar demasiado raro. Recapacité cuando capté la visión mental de un cuadro por ocurrir a través de la imaginación de entomólogo de bicho raro.

Después de cruzar la Piazza nos sentamos a tomar un vaso de vino para sin basurear a nadie, poder señorear a gusto aquel zócalo mirando el talentosísimo producto de la imaginación de Julio. Allí quedaba algo maravilloso hecho por él que duraría para siempre como proclamación de su aprovechado talento multidimensional. Sentados allí a una mesa y bajo su sombrilla, tomando vino a medida que caía la tarde, el diálogo entre nosotros giró hacia vivencias extraídas como de una cápsula que atravesara el espacio cronológico sin parar, romperse ni mancharse. Sin desgaste temporal. Pudimos ver con nitidez que el pasado no es algo que fue y ya no es más, sino que tiene su propia dimensión de pervivencia. No en la nostalgia, pero sí en el cariño de la amistad. Así pasamos allí un tiempo no mensurable por el reloj, curándonos de la miopía de nuestra historia colectiva, ignorando nuestro envejecimiento y haciéndole caso omiso al cada vez, para nosotros, más próximo comienzo de esa llamada vida asistida en comunidad. Sin darnos la más mínima cuenta que empezábamos a parecer al igual que nuestros antepasados, hombres y mujeres plasmados en el sepia de una foto tomada por una vieja cámara en un antiguo pueblo español, seco, rocoso y muy remoto. Riéndonos a carcajadas, nos despedimos, en cariñosa digresión sobre eventos ocurridos en la escuela primaria, cuando el Maestro Larraz hacía sus dibujitos a escondidas de un serio y adusto jesuita.

Sobrevivencias

Prólogo

La historia que se cuenta no es muy diferente a lo ocurrido. Hay verdades que si no se cuentan, se vuelven invisibles. Como el frágil equilibrio de los encuentros. Fueron reales, incontrovertiblemente cierto que ocurrieron aunque no perduraron. Una lástima.

Aparición fortuita

La fiesta era formal. Todos los hombres obedecían a las detalladas condiciones impuestas en las tarjetas de invitación recibidas por el correo; vestían esmoquin, prendas masculinas de etiqueta de menos ceremonia que el frac. Las mujeres, todas engalanadas con vestidos largos. Se celebraba el cumpleaños de quien era en ese momento mi asidua compañera. Sus padres se estaban gastando lo inmencionable en algo que era una banalidad, convirtiendo su nacimiento en algo solemne y trascendental, y hasta pretencioso, en lo relativo a la indumentaria. La festejada y yo manteníamos una relación medio anómala: ante sus padres y amistades, evitábamos nuestro modo siempre liberal y efusivo de tratarnos; mostrábamos cierta reserva con toques histriónicos. Sin embargo, dentro de los carros rodantes del circo íntimo de nuestras vidas, ella, combinando sus contoneos con teatralización de niña bien y dispuesta, me satisfizo toda una variedad de apetitos, que incluían, incluso, algunos desconocidos para mí hasta su aparición, por ser ella las que los originó. Vivíamos estallidos silenciosos que conducían al descarrío, sin fronteras, con intensidad, pero no con amor. No es lo mismo estar enamorado que enamoriscado de alguien que nos tiene sorbida la sesera. No obstante, había percibido con cuánto calor y familiaridad especiales era recibido en el hogar de ella.

Irritada, al encontrarse con el más pequeño desperfecto, su madre le pidió ayuda en algún quehacer, enigma insondable si se tiene en cuenta que había un batallón de sirvientes atendiendo a los invitados. Pero así sucedió, y en los momentos en que estuve sin su compañía surgieron los intereses propios de la distracción: el hechizamiento con una invitada con quien no recordaba haber hablado nunca antes. La observaba cuando se sonreía con su bellísimo rostro, cuando reaccionaba con afabilidad y entusiasmo a cualquier palabra alentadora que se le dirigiera, sin falsa humildad, con semblante simpático y halagador. En ese instante decidí que ni un día más iba a posponer algún tipo de acercamiento con ella. Conversaba animadamente, así es que me quedé haciéndole un sondeo distante y preliminar, observándola como si desde el apoltronamiento de mi palco, ella, vestida de negro, protagonizase una obra teatral. Admiraba su belleza y sus gestos, sentada con un grupo mixto al cual le explicaba algo que les divertía. Un círculo de amistades gravitaba en torno a la vestida de negro, complacido con la narración que ella sostenía. Iba a resultar complicado irrumpir en medio del grupo, aparentando no ser más que una convergencia casual. Y, por supuesto, tampoco tenía mucho tiempo disponible antes que la anfitriona volviese de sus quehaceres. Se hacía necesario acercarse con alguna excusa, interrumpir con un saludo amable en aras de congraciarme. No sabía muy bien qué hacer. Si arremetía de pronto, era riesgoso, ya que se puede llegar a estar en medio de un círculo de miradas curiosas y silenciosas, capaces de reducir al recién llegado a un estado de penosa inexpresividad, y en camino al inevitable escache. ¿Y si hacía un amago de saludar con apariencia relajada y casual?... Después ya veríamos.

Fingir pose reposada y hasta tranquilidad para vender la noción del saludo imprevisto y fortuito requiere tiempo y, después de todo, estábamos en casa de mi compañera; acababa de estar conversando con sus padres quienes, conscientes como la hija de que estaba divorciado, me comenzaban a tratar como una futura posibilidad, imagino que creyéndome un pretendiente. Mientras tanto, continuaba quemando minutos, calculando la multiplicidad de variables impredecibles así como también la vulnerabilidad precaria del ambiente. Ser descubierto pintándole monos a otra muchacha soltera, en casa de alguien mirándome como posible futuro de su hija, era una aventura que ponía en juego las buenas consideraciones hacia mí. La maniobra iba a tener que ser rápida y sutil; antes de que volviera la cumpleañera, no solo para evitar ofender la amabilidad de sus padres, sino también una quemadura de naves irremediable, en caso de no dar en el blanco. Era una movida riesgosa que requería mantener el precario equilibrio, comparable a domar espárragos indóciles que insisten en hacer clavados desde el tenedor y, como se sabe de sobra, requiere más valor esperar el peligro que el fragor de la pelea. Hubiese sido un desastre transformar la muy satisfactoria relación actual con la niña de la fiesta por algo incierto. Sin embargo... seguía embelesado y arrasaba mi síquis este nuevo interés femenino, así que, teniendo en cuenta la falta de tiempo para seguir cavilando y el real y superior deseo que me embargaba, eché a un lado toda incertidumbre, negatividad y disipación, y me dirigí a la vestida de negro con lo más imaginativo que se me ocurrió y con la naturalidad de quien espera que sus exigencias sean aceptadas sin remilgos: le sugerí que dejase de hablar con el gordo que estaba a su lado y aceptase mi invitación a bailar. Mi intervención resultó ser un fracaso estrepitoso. Ella, atolondrada ante tan petulante vacuidad y sin interpretar mi propuesta como un bienintencionado chiste, reaccionó como a un insulto vicario, defendiendo a su vecino de la barrabasada que yo había dicho: No es nada gordo. De esta forma delató mi engreimiento y por si fuera poco se negó a bailar conmigo. Al oír su explosión, el compañero me miró sonriendo, con la condescendencia de uno que observa las bobaliconerías de un tonto de capirote pasando una tarde de ocio. En su cara se dibujaba una combinación de cinismo, victoria y divertida resignación (había ganado él), fingiendo buscar todos los recursos disponibles para demostrar paciencia con la situación, a la vez que alzaba la vista a manera del que reza una plegaria en dirección al cielo. El sonriente galán era mi hermano Raúl, quien, al no haber podido evitar divertirse ante mi despachurre social, se creció ante mis ojos, al explicar que éramos hermanos y que aunque ella no lo creyese le aseguraba que yo tenía por tradición o herencia ese sentido del humor, o sea, que la intencionalidad había sido caer simpático, pretendiendo ser gracioso y urgiéndole que, para evitar el bochorno de ver un hombre adulto en lágrimas, bailase conmigo. Accedió.

Jacqueline Albarrán y de los Reyes, a quien todo el mundo siempre ha llamado Jackie, no quiso premiar mediocridad bailando una segunda pieza esa noche conmigo, no obstante la magnífica música de la orquesta Sevilla Biltmore que tocó hasta bien entrada la madrugada. No volví a tener por semanas oportunidad de organizar algo que aparentara ser un encuentro casual a solas, y las veces que la vi, rodeada de otras personas, la noté esquiva. Mientras tanto, averigüé quién era: sus padres eran amigos de los míos, se había recién graduado de arquitecta, tenía un título londinense de posgraduada en Planificación Urbana, hablaba francés, al igual que español e inglés y no tenía ningún hombre en su vida. Había unos cuantos carroñeros dándole vueltas pero sin reportaje fiable de que alguno hubiese obtenido resultado positivo. Cuando por fin pude acorralarla, asumí que revivía recuerdos de pasadas insatisfacciones por lo notable que era su limitado entusiasmo. Reaccionaba ante mí como si tuviese aliento a frituras de bacalao con ajo y cara de alquiler vencido, zigzagueándome con sus respuestas, hasta que al fin, buscándole la salida más atinada anunció con frases sentenciosas y afectando una insincera gravedad, que compromisos previos no le permitían aceptar mi invitación. Seguí insistiendo, con paciencia, hasta que por fin, después de semanas de infructuosas elucubraciones, al fin una brecha se abrió... Me dijo algo que sonaba confiable y predecible, muy parecido a un «Sí». Que podría ser pero no enseguida sino hasta el viernes que viene no... el de dentro de dos semanas. Era la primera noche que tendría libre. O por lo menos libre para mí. Llegada la noche indicada, e imaginando el ser recibido con un tono nuevo, algo que con sus matices vaticinase claudicación, me transporté por automóvil desde mi hogar en Palm Beach hasta Miami, y creyendo que la velada terminaría tarde, llevé ropa para pasarme la noche en un hotel. Al llegar, la llamé para anunciárselo con gran bombo, además de reconfirmar la hora y el lugar donde la recogería. ¿Su respuesta? Que tenía otra cita, pues nunca se le había ocurrido que mi invitación fuese en serio. Su voz revelaba determinación y voluntad inequívoca, no daba cavida a la sugerencia de darle prioridad a mi compromiso. Y, por supuesto, ni hablar de lo que desaconsejaba alegarle que debía mirar ese otro compromiso como una intranscendencia más de tantas en que se nos va la vida. Sonaba no solo determinada y cómoda con la noción de no verme sino apurada a cumplir con su otra obligación social. La invité para otra noche. Dijo que lo pensaría. En fin... demoró casi seis meses el proceso de que saliésemos a cenar. Mientras más difícil lo ponía, con más dedicación mantenía la vista fija en un horizonte de promesa divina, claro, embadurnado de ansias profanas. ¿Qué la persuadió a que por fin accediera a salir a cenar una noche? Una situación imprevista: Conversábamos divertidos en un grupo en el cual accidentalmente coincidimos una tarde en la playa y empezó a caer el sol. Alguien sugirió salir a cenar y Jackie y yo éramos los únicos sin pareja. La invité. Aceptó si íbamos todos en grupo. Pero aceptó. Muchos años después confesó admiración por mí al verme capear tanta adversidad sin perder el sentido del humor; respondiendo con irrisión ante sus respuestas desalentadoras; el persistir sin combatividad y sin malencarármele al infortunio; blandiendo siempre carcajadas que indicaban buena onda, y sin darme por vencido en ningún momento; que en su opinión tuviese tanto amor propio y seguridad como para no demostrar nunca molestias, ni mucho menos sentirme herido, por lo rotundo de sus rechazos. Acabó aceptando, finalmente, cenar con una personalidad que estimaba única, ajeno a la sordidez, gallardo, irrepetible, como si fuera un ser que ya no volverá a existir nunca más y que sobrepasaría no solo sus más altas expectativas, sino también las posibilidades. La causa de mi manera de reaccionar, al margen del redoblado ardor, era otra por completo: estaba convencido que aquello iba de mal en peor hasta llegar a funesto, pero demostrarlo hubiese sido contraproducente.

Así es como poco a poco llegué a conocer a Jackie, la mujer con la cual contraje segundas nupcias a pesar de que me prometí nunca volverme a casar. ¿Por qué la promesa? Por razones similares a las que llevan al resto de los hombres a rechazar la idea de casarse después de haber pasado años antes por el proceso de un divorcio. Algo no del todo muy diferente a tenerse que volver a destrabar de una trampa coyotera. Rompí con la promesa una docena de años más tarde y la razón no fue nada trascendental. El mismo despatarre que le pasa a todos los que se convierten en esposos, nada más que lo usual y acostumbrado: Me enamoré y no hubo la oportunidad de rechazar los despetroncados dictámenes del corazón. Respondí a sus resonancias, tonos, voces y susurros, todos los cuales son sensaciones, no acontecimientos, apuntando hacia los mismos lugares. Tampoco se debe de olvidar las infaltables razones como la atracción física y la compenetración emocional e intelectual, el no querer dejar de estar con ella todo el tiempo... para siempre... por el resto de lo que quede de mutua supervivencia.

Después de haber salido juntos, pero todavía consciente que estaba operando dentro del período caracterizado como de galantería, con nada concreto, objetivamente medible y aunque difícil de explicar, muy plausible de ser perdido, fui invitado a una reunión familiar convocada en un hotel de Miami Beach en donde estaba acuartelada su familia paterna: Los Albarrán de Suiza, integrada por su tía cubana Leonor Albarrán, su esposo suizo Jean Louis Trivelli y sus hijos Victor y Oria Leonor. Ante el impredecible futuro, y con la intención de ascender en la estima familiar escribiendo mi propio prólogo de prometer grandeza, recuerdo haberme aparecido con dos neveras portátiles, de colores blanco y azul, marca Playmate, provistas de varias botellas del champagne preferido del tío suizo. Por supuesto, todas cubiertas de hielo y acompañadas de vasos, los cuales aunque plásticos, habían sido diseñados en forma de flauta, típicos de los que seleccionan los más sofisticados conocedores a la hora en que deciden beber champagne. Su champagne predilecto era uno que pronto después también se convirtió en mi favorito, uno muy sabroso llamado

Laurent-Perrier Cuvée Rosé-Brut. Me gané al tío, al malcriarlo con su bebida favorita y ni hablar del habérseme ocurrido sacarle el jugo a mis virtuosismos fingiendo olvido, al dejarle, así como de regalo, uno de los dos envases que todavía contenía varias botellas enhieladas y sin abrir.

Al todólogo lector de esta narrativa que ya de por sí esté familiarizado con los detalles del enorme exilio, llamándolo diáspora para evitar así darle su verdadero nombre, y que conozca de los años de incomparables infamias, inexpresables desdichas e imperdonables crímenes, detonados por el triunfo de la revolución castrista, creería lógico que Leonor Albarrán, al ser cubana, se fue a vivir a Ginebra por motivos políticos en algún momento después del 1ro. de enero del 1959. Pero no fue así, ella se exilió en Suiza doce años antes, en 1947. Su auto expatriación fue una reacción al veto absoluto materno, gatillado por eventos que transcurrieron en la escuela de ballet de la Sociedad Pro-Arte Musical, la que siempre desde su creación, el 2 de diciembre de 1918, a escasamente dieciséis años de constituida la República en Cuba, tanto dentro como fuera de ella, fue reconocida por la abreviatura «Pro-Arte»; organización creada sin fin de lucro en gran parte por la inspiración y tenacidad de su primera presidenta, María Teresa García Montes de Giberga. La primera junta de la Directiva de esta primera institución feminista de la América Latina, se celebró en su residencia de la esquina de las calles 15 y D, en el barrio de El Vedado.

Pro-Arte y Oria

La escuela de ballet de Pro-Arte se fundó al mismo tiempo que las de Declamación y Guitarra, a instancias de la Sra. Natalia Aróstegui de Suárez, una de las señoras que estaba en la directiva, el 30 de junio de 1931. La idea surgió en unos momentos difíciles, cuando imperaba una crisis económica, con el propósito de que se generaran ingresos. En aquellos momentos la institución Pro-Arte, no obstante contar con el respaldo financiero de una membresía pudiente, compuesta casi toda de la burguesía habanera, estaba sufriendo la misma depresión económica que el resto del mundo.

Además de la crisis mundial, existía el problema de no haberse terminado de pagar el Teatro Auditorium, con capacidad para 2,500 asientos, situado en la esquina de Calzada y D, en El Vedado. En ese momento, la presidenta de Pro-Arte era Oria Valera de Albarrán, la mamá de Leonor Albarrán, abuela de Jackie, y la esposa de Eduardo Albarrán, un ingeniero y socio de Gregorio Bibal, arquitecto. Juntos formaban la firma Albarrán y Bibal, la entidad que construyó el Teatro Auditorium.

Oria Varela era también pianista. Desde niña comenzó a tocar el piano en su casa de la Calle Amistad. Consta que fue así porque su vecinita en aquellos momentos, Dulce María Loynaz, escribió una crónica periodística en la sección de sociedad, en la que alaba el efecto musical que el piano de Oria ejerció en ella y en todo el vecindario. Lo curioso es que nunca se conocieron, ni siquiera se vieron la cara, como tampoco sabemos qué fue lo que provocó el escrito tantos años después, cuando ya Oria Varela era abuela y viuda. Pero lo que más importa es la buena suerte de haberse conservado en el gavetero familiar. El 28 de agosto de 1955, en el periódico *Excélsior,* de La Habana, la poetisa, novelista y doctora en leyes, graduada de la Universidad de La Habana, Dulce María Loynaz escribió «Entre dos primaveras», agradeciéndole a su vecina de la infancia, Oria Valera el haber alegrado la calle Amistad, con su música de piano.

Periódico *Excélsior*
Domingo, 28 de agosto de 1955
Sección Sociedad
«Entre dos primaveras»
`
por Dulce María Loynaz

Primero hablaré de la calle Amistad donde yo viví de niña, y ella también junto a su piano maravilloso.

Porque a las dos nos será grata esta evocación del aire donde volaban nuestros años juveniles como pájaros recién soltados que no se van muy lejos de la jaula...

La calle Amistad en aquel tramo, hacía una pequeña pendiente y descendía hasta Neptuno; allí donde el declive se iniciaba, estaba ya el balcón de su morada que me parece recordar ahora como en forma de conchas o de púlpitos.

La calle era bonita entonces, y alegre y soleada. Entonces, porque ahora hasta el sol ha perdido, agarrotada entre los muros de edificios de altura sin altura.

Pero entonces, como digo, era ella graciosa con sus casas familiares pintadas de colores claros, abierto el fino varillaje de sus balcones, alcanzada todavía —hacía el amanecer o hacía el tramonto— por las brisas del mar.

De mañana llenábase la calle de un rumor de abejas en tránsito, cocineras de cesta al brazo llena de legumbres, niños entrando en el colegio público, silbatos de los afiladores...

No faltaba tampoco el pregón fino y musical del vendedor de fruta perfumada, o el dulcero de blanco delantal y tablero garbosamente llevado y balanceado en la cabeza, florecido de yemas, boniatillos y merengues.

Es curioso que aquellos ruidos no me molestaran, y aun por encima de ellos percibiera la música del piano suyo como un sueño. Como si el piano fuera el sueño y los ruidos esa vaga conciencia de la realidad exterior que sirve para afirmarse más en la dulzura de dormir...

Así era, creo, porque ya de nada estoy cierta, excepto de eso mismo, de los sueños...

Pero puedo decir que en la calle Amistad vivía gente amable y reposada que dispersada ya a todos los vientos, sigue habitando aún en mi memoria, a salvo de los años de sus enfermedades y la muerte.

En una esquina estaba la botica, una botica clásica muy limpia, esmaltada de aquella porcelana de los pomos en los que se guardaban yerbas misteriosas.

En frente de mi casa estaba el Colegio Zapata que por ese tiempo llegaba hasta la esquina de San Rafael con las aulas de varones. Recuerdo al maestro menudo y magro de carnes como todos los maestros, enfundado en un levitón de alpaca negra. Era de veras, un anciano mal vestido, enjuto y seco que a mí me infundía un poco de temor aunque no era por suerte mi maestro. Cuando llovía el cuadro se completaba y constituía ya la representación perfecta de aquellos versos de Manuel Machado:

Una tarde parda y fría
de invierno; los colegiales
estudian. Monotonía
de lluvia tras los cristales...

En los bajos del colegio vivían las señoritas Ferraez, hijas también de otro educador seguramente más gentil, pero ya fallecido por entonces. Estas damiselas muy comedidas y muy pulcras, al igual que la calle y el piano y la botica, integraban —por lo que olían a raíz de vetiver— otra exquisita estampa azorinesca.

En una azotea vecina, llena de tiestos de geranios. Luisita la profesora de inglés cuyo apellido he olvidado, salía por la tarde a regar su pequeño jardín, remedo algo modesto de los de Babilonia. Y las hijas del fotógrafo Feliú, rubias como baladas de Heine, que visitaban al Cónsul Chino, y el Cónsul Chino con su casa un tanto esotérica, y María Ruiz sin ser marquesa todavía, pero ya tan marquesa, con su niño siempre de la mano, aquel marquesito que habría de tener fin tan aciago.

Podría seguir hablando hoja tras hoja de aquella nuestra calle de chiquillas, del último establo de vacas que hubo en la ciudad y que se hallaba al doblar San Miguel, oliendo también clásicamente a leche y a estiércol... Y de los caballos de mi casa que como las vacas fueron los últimos en salir del recinto urbano porque mi padre decía que no sacaba los caballos hasta que el Presidente sacara los suyos del Palacio de la Plaza de Armas...

Podría hablar por mucho tiempo de todas estas cosas sobre las que el piano de Oria Varela tendía un trémulo, impalpable velo de música.

Yo no sabía entonces distinguir a Beethoven de Chopin o de Schumann, pero el corazón se me quedaba preso, fascinado y suspenso de un arpegio, de un juego de bemoles, de sus dedos...

Ella ignoraba todo, naturalmente; nada pudo llegarle de aquella admiración muda, inocente que una tímida niña le rendía. Y de ella solo conocía yo el nombre raro y el celeste piano.

Y sucedió que entonces el nombre se me hizo extensivo a nocturnos, preludios y rapsodias; todo lo que ella tocaba fue por mí bautizado con su nombre, el nocturno de Oria, la sonata de Oria, los valses de Oria.

Fue así reina y señora de todas las melodías conocidas; conocidas al menos, por mí.

Un día el piano amaneció extrañamente silencioso. Oria estaría enferma —pensé entonces con esa familiaridad que en mi interior le prodigaba—. Más, pronto la verdad estalló como un cohete en la noche que era ya el día ayuno de su música: Oria se había casado.

La calle se nos puso triste a todos. Ya no volveríamos a escuchar la magia de sus manos sobre el teclado místico y sonoro... Y aquel día la profesora de inglés no salió a la azotea a regar sus geranios, y las señoritas Ferraez se olvidaron de prender lazos en sus vestidos, y el boticario no regaló caramelos, y yo no quise jugar con mis hermanos.

¿Cómo era Oria? No lo sé. Creo que nunca la vi, a pesar de haber estado tan cerca de ella, aun más que en el espacio, en esa música donde vivía como en reino aparte. De modo que cuando se fue, me quedé sin verla, sin piano, sin gracia que inventarme a través de los iguales aconteceres cotidianos.

Hoy le escribo esta crónica sin verla todavía, sin su retrato pedido inútilmente, como si adivinando lo que nunca supo, se empeñara en seguir siendo un hermoso fantasma para mí.

¿Cómo podía imaginarla entonces, qué rostro le ponía, ya que con alguno tenía que representármela en mi pensamiento?

No sé, ya no me acuerdo. Ha pasado mucho tiempo, y ahora bien quisiera aquella imagen para esta página transida un poco de melancolía. La quisiera mejor que la que ella retiene, consciente acaso de que la mía se le parecía más...

Pero la mía, amiga sin rostro, se ha borrado en el aire; en el mismo aire donde se borró también la última sonata de su piano, el último vuelo de los años mozos, como pájaros sueltos de su jaula.

Por tanto, quizás sea mejor traer aquí solo el retrato de su nieta que tiene hoy casi la misma edad que usted tenía entonces, y acaso —¿por qué no?— la misma gracia, el mismo don de hacer crecer los sueños...

Una interrogación salta de la pluma, siempre aterrada a lo caduco o a lo definitivamente caducado: ¿Toca el piano la dulce Oria María Solís y Albarrán?

No, no conteste a esta pregunta vana.

No necesita ella más adornos —recuerde que así llamaban antes al piano en manos de mujer— que su propia juventud, el privilegio de ser joven en esta hora en que la juventud lo es todo.

Quedan también, Oria, sus ojos de abuela para verla llena caballos y azoteas florecidas. Quede para ella, la ancha calle del futuro, y el pie firme para andarla y el corazón sin miedo, por delante.

Queden también Oria sus ojos de abuela para verla llegar como en los versos de Darío, dueña de la primavera y del amor.

Resulta penoso encontrarse en situaciones sociales en el exilio, de oyente de diálogos en los cuales niños que salieron de Cuba, hoy en día en su tercera edad, afirman con orgullo y vaguedad que sus abuelas fueron presidentas de Pro-Arte de La Habana. Es plausible considerar que las aseveraciones provienen de afirmaciones imprecisas hechas y escuchadas en círculos familiares, ya que el ejemplo de Pro-Arte condujo a que, inspiradas en su éxito en La Habana, nacieran otras sociedades similares en esa época, como fueron Pro-Arte de Oriente, en Santiago de Cuba y en Manzanillo, y Pro-Artes y Ciencias, de Cienfuegos, en Santa Clara. También las erradas afirmaciones pueden tener su origen en cibersitios muy propicios para algunos falsear y ostentar una tradición y herencia cultural personales. Con amplio conocimiento puedo enumerar las seis presidentas que tuvo Pro-Arte desde su fundación hasta su confiscación por el régimen castrista y añadir que la directiva era elegida por los asociados en juntas generales cada dos años, con derecho a optar por la reelección. Tomemos por ejemplo el caso de Oria Varela de Albarrán (1930-1933), quien salió electa presidenta dos términos consecutivos. Las presidentas fueron:

María Teresa García Montes de Giberga (1918-1930)

Oria Varela de Albarrán (1930-1933)

Laura Rayneri de Alonso (1934-1948)

María Teresa Velasco de González Gordon (1948-1952)

Dulce María Blanco de Cárdenas (1952-1956 y 1960-1967) **(*)**

Conchita Giberga de Oña (1956-1960)

(*) La última presidenta electa en 1960, Mercedes Dora Mestre de Hannaberg, nunca tomó el poder, por decidir súbitamente seguir el camino del exilio.

Oria Valera y Albarrán fue la presidenta de Pro-Arte hasta que enviudó inesperadamente. Ella misma fue la que contrató a Nikolái Yavorski, en junio de 1931, y permaneció de maestro de la escuela de ballet hasta el año 1939. El ex bailarín nació en Odessa, hoy Ucrania, pero en aquel momento (23 de febrero de 1891) era parte del imperio ruso. Fue contratado para ser Director de la Escuela, actuando como maître de ballet, disciplina que había aprendido en su país de origen. En sus inicios el alumnado estaba limitado únicamente a las hijas de los organizadores de la institución, pero tras la oposición que hicieron los asociados también se incluyeron en las filas de estudiantes a hijas de familias de medianos recursos. Los iniciadores de la escuela entregaron su progenie para que recibiera la enseñanza de ejercicios gráciles y refinados movimientos, pasos y poses que contribuyesen a la estilización de sus figuras femeninas y con el principal objetivo, si no único, de que les sirviesen de influencia positiva en sus futuras vidas sociales. Yavorski resultó ser un magnífico maestro, y llegó a desarrollar tal culto hacia él que le hizo ambicionar la creación de una futura alta escuela de ballet. Desafió las diferencias de clases y se dedicó por igual a la formación tanto de las hijas de los asociados como de muchachas procedentes de familias poco pudientes, dotadas muchas de estas, por cierto, de mayor talento. Entre ellas una chica de ojos saltones, a quien una tía la había apodado «húngara». Supongo que la tía se inspiró para el nombrete después de haber conocido a sabrá Dios qué mujer húngara con bocio. O quizás por algo más simple: los rasgos faciales un tanto agitanados que llevaban a una comparación de gitana con mujer húngara. Su nombre era Alicia Martínez. La discriminación que conllevaba el nombrete hubiera sido mayor si se hubiera usado el de «rumana», al margen de que sin dudas «Unga» suena más cariñoso y saludable que «Ruma». No se debe de confundir con reuma, inflamación de las articulaciones de las extremidades y desastrosa para la danza. La cuestión es que «húngara», quien quedó reducida a «Unga», había nacido el 21 de diciembre de 1920 y se matriculó en la escuela de Yavorski, a los once años, en 1931. Su nombre completo era Alicia Ernestina de la Caridad del Cobre Martínez del Hoyo. Unga resultó ser extraordinaria, e hizo su primera labor de solista el 26 de noviembre del año 1932, en la versión completa de *La bella durmiente del bosque*.

En el año 1935 pasó de visita por Cuba el famoso Cor. W. De Basil, director artístico del Ballet Russe de Montecarlo antes de que se dividiesen en dos compañías, de las cual nacería el Original Ballet Russe de De Basil. Yavorski lo invitó a presenciar una clase en la cual estaba el primer y único estudiante hombre de su escuela, Alberto Alonso, de 17 años de edad, uno de sus mejores estudiantes. De Basil le ofreció al joven Alberto Alonso un contrato de prueba de seis meses, el cual cumplió exitosamente, uniéndose al Ballet Russe en París. Su estancia en la compañía duraría cinco años. Su papá, Matías Alonso, se opuso pero su mamá al fin logró convencerlo de que le diese permiso para irse. Al año volvió de solista a La Habana con Ballets Russes de Monte Carlo, y ya en ese entonces, siendo el primer bailarín de Ballet de Cuba, todos sus amigos fueron a verlo bailar. Alberto y su hermano Fernando eran hijos de una magnífica guitarrista, Laura Rayneri de Alonso (esposa de Matías Alonso), quien fuera presidenta de Pro-Arte desde 1934 hasta 1948. De los dos hijos varones, el primero que se había puesto a tomar clases de Ballet fue Alberto, dos años menor que Fernando. El interés de Alberto comenzó, no por el ballet en sí mismo, sino por los ejercicios necesarios para bailarlo, pues descubrió en ellos una manera de fortalecer las piernas, ocurriéndosele además que así mejoraría como jugador de fútbol americano. Eso fue lo que dijo Alberto en un video sobre su vida titulado *Dance of my Heart*, dirigido por Ricardo Acosta y filmado en el ambiente universitario, al que se fue de profesor una vez que se marchó al exilio. Hay otras opiniones que se refieren a que más que con fútbol su interés estaba centrado en el acercamiento a alguna jovencita bailarina. La cuestión es que al ver a su hermano Alberto bailando de solista, al año de haberse ido para Europa, Fernando comenzó a estudiar ballet en Pro-Arte. El naciente alumnado tuvo su primera función el 29 de diciembre de 1931, pero Leonor Albarrán y Alicia Martínez no fueron solistas sino hasta el 4 de diciembre del año siguiente cuando bailaron en el mismo escenario *La bella durmiente del bosque*. El segundo de los hermanos Alonso, Fernando, encontró motivación en el triunfo de su hermano Alberto y demostró el suficiente talento como para bailar el 22 de junio de 1936 como solista y compañero de Alicia Martínez en la obra *Claro de luna*, de Beethoven. Al poco tiempo, tras el éxito obtenido con el montaje de Yavorski de *El lago de los cisnes*, de Tchaikovsky, el 10 de mayo de 1937, y bajo la dirección del eminente compositor cubano Amadeo Roldán, Unga marchó a Nueva York, acompañando a Natalia Aróstegui de Suárez, quien regresaba a esa ciudad donde su esposo Pablo Suárez y Roig era cónsul de Cuba. Allí en Nueva York Unga se casó con Fernando Alonso y al poco tiempo nació su hija Laura, y como se acostumbra en los Estados Unidos, Alicia se cambió el apellido por el de su esposo, convirtiéndose en Alicia Alonso. Nikolài Yavorski, por las usuales desavenencias monetarias, renunció a Pro-Arte y abrió su propio estudio en El Vedado, hasta que fue invitado por la Sociedad de Pro-Arte Musical de Santiago de Cuba a abrir y dirigir una escuela de ballet en esa ciudad oriental. Murió a los 56 años, en 1947, y fue enterrado allí, en el Cementerio Santa Efigenia, adonde también yacen los restos de José Martí.

La Escuela de Ballet de Pro-Arte era, en sus inicios, un esparcimiento social más en la vida social de la burguesía capitalina, la cual consideraba la dedicación profesional a un arte —sobre todo tratándose de la danza— como una actividad poco loable. Sin embargo, la pasión por el arte fue creciendo cada día, de ahí que los estudiantes buscasen el profesionalismo. Leonor demostró talento extraordinario en el ballet, pero limitado a obras en Pro-Arte que resultaron exitosas. Unga, trece meses mayor, ya a los dieciséis años se fue de Cuba a perfeccionar su arte con profesores rusos en compañías de ballet con sede en la ciudad de Nueva York. Con su talento llegó a convertirse en una solista profesional reconocida en el mundo entero por su nombre matrimonial. La presidenta de Pro-Arte que en esos momentos era Laura Rayneri de Alonso, su suegra, en el año 1939 contrató a Georges Milenoff, ex-solista búlgaro, quien en su juventud bailó junto a la famosa Ida Rubinstein de Ballets Ruses de Sergei Diaghilev, para asumir la posición de director de la Escuela de Ballet. Milenoff entendió que era responsable de continuar con la obra pedagógica, pero a la vez anunció sus intenciones de ampliar los senderos artísticos en Pro-Arte. Se percató como él mismo afirmó que «En Cuba existe mucha energía creadora y mucho talento. Hay aquí un campo muy rico para el ballet, en el cual la flor trasplantada florecerá con nueva energía».[1] Entre los cambios que implementó, fue importante el de unirse a un grupo creativo de cubanos talentosos y, sobre todo, interesados en montar coreografías que combinaban la danza clásica con sus composiciones criollas. Uno de los compositores fue Eduardo Sánchez de Fuentes. Otro que amerita mención es Joaquín Nin. Joaquin Nin fue el padre de la famosa autora Angela Anaïs Juana Antolina Rosa Edelmira Nin y Culmell, más conocida por Anaïs Nin, quien escribió en detalle sobre sus relaciones íntimas con el escritor Henry Miller y su esposa June. Existe, a manera de documentación, una foto conservada en el gavetero familiar en la cual se encuentra George Milenoff con un grupo de bailarinas en

---

[1] Tomado de la revista *Cuba en el Ballet.*

su clase de ballet, todas entre 17 y 19 años de edad. En la imagen realzan tres bailarinas en poses y ubicaciones que sobresalen entre las demás: Son Cuca Martínez, Alicia Alonso y Leonor Albarrán. Esta nueva etapa creadora en el Ballet de Pro-Arte, en el año 1941, coincidió con el estallido de la Segunda Guerra Mundial. Pudiésele llamar la mejor época para el ballet de Pro-Arte. Los Alonso, Alberto, Fernando y Alicia, volvieron a Cuba a bailar y a compartir las ricas y estimulantes experiencias adquiridas en los Estados Unidos y Europa. Sus permanencias en Cuba facilitaron visitas de figuras del ballet internacional, quienes por causa de la guerra, se vieron imposibilitados de trabajar en tierras europeas. Por otra parte Doña Laura Rayneri de Alonso, la presidenta al frente de la Directiva, era una mujer de ideas progresistas sobre el arte por lo cual, desde su posición de líder de la asociación, estimulaba y garantizaba el necesario apoyo financiero a empeños cada vez más ambiciosos. Por Pro-Arte pasaron estrellas rusas, europeas y estadounidenses de primera magnitud, y allí representaron las obras más conocidas, lo cual influyó de sobre manera, en el mejoramiento y profesionalismo del grupo estudiantil. Otros compositores y escritores cubanos también contribuyeron a un mejor desarrollo del ballet, como Harold Gramatges de Santiago de Cuba, José Lezama Lima y Alejo Carpentier, de La Habana. Leonor Albarrán bailó de solista el 6 de marzo de 1940 en *Carnaval*; el 12 de marzo de 1941 en *Scheherazade*; el 4 y 6 de marzo de 1942 en *Las sílfides* y *Los preludios*; el 25 de junio de 1942 en *Danza de las horas* y *Las sílfides*; el 6 de noviembre de ese mismo año en *Las bodas de Aurora* y *Petrouchka*; el 15, 18, 21 y 23 de mayo de 1943 en *El príncipe Ígor*; el 8 de mayo de 1945 en *Divertissements*; el 5 y 8 de junio de 1945 nuevamente en *Carnaval*, y el 25 y 27 de mayo de 1947 en *La hija del general*. Ya luego desaparece de los repartos en las obras de Pro-Arte, justo cuando se le consideraba una solista importante, toda una luminaria dentro de su arte. ¿Qué pasó?

Leonor era una gran amiga de Unga. Su amistad nació y se forjó en Pro-Arte. Existen fotos que documentan la trayectoria de la amistad entre ellas, como en la que están con el grupo completo de alumnas junto a la figura Nikolài Yavorski, el primer día de clases, en el año 1931. En el desenvolvimiento de la amistad que duraría décadas, Unga decidió que Leonor se llamaría Lilo y así quedaron. Hay otra foto del gran vals de *La bella durmiente del bosque*, en la cual salen fotografiadas las dos amigas, ambas seleccionadas en su primer año para bailar en la primera obra de ballet presentada en Pro-Arte, por ser las más avanzadas. En ese momento Unga acababa de cumplir once años y Leonor tenía trece meses menos que ella. El nombrete de Unga, claro está, no aparece en la foto y se le identifica por su nombre de soltera, Alicia Martínez. Leonor, quienes algunas de sus sobrinas años más tarde llamaron cariñosamente Tía Nonor, había nacido el 2 de enero de 1922. Ella, a diferencia de los Alonso, no tuvo la posibilidad de irse al extranjero para ampliar su profesión por causas ajenas a su voluntad. A pesar de que el 7 de diciembre de 1947, a las 2:16 p.m., a través de la Western Union de La Habana, ubicada en la Calle Obispo 351 (para llamar allí se hacía uso del teléfono número M-9901), se recibió un cablegrama procedente de los Estados Unidos en el cual se invitaba a Leonor a ese país, ella nunca se fue. El cablegrama estaba dirigido a Fernando Alonso, Sociedad Pro-Arte Musical, Calzada y D, en El Vedado, pero siguiendo las costumbres comerciales de aquella época, el contenido también se le comunicaba al destinatario por teléfono (que era el F-3455). El texto en inglés decía: «Have opening for girl would Leonore (sic) come?...». Y su traducción es: «Existe puesto para muchacha. ¿Podría Leonor venir?». Durante muchos años Leonor guardó ese telegrama por toda la significación que tuvo para ella. Luego su hija Oria Leonor lo conservó y me lo enseñó. ¿Por qué no se fue Leonor? Sencillamente porque Oria, su madre, la abuela de mi esposa Jackie, la pianista que le endulzó el vecindario a Dulce María Loynaz con su piano, se lo prohibió. Oria se negó rotundamente a que su hija convirtiese su amor por el arte del ballet en profesión. No le parecía que era *comme il faut*. La razón exacta que expresó fue: «No es vida para una señorita de buena familia».

Alicia y Fernando Alonso continuaron su labor pedagógica en Cuba que simultaneaban con su vida profesional internacional. Aprovechando sus contactos y amistades en el mundo del ballet internacional traían obras a La Habana y en mayo de 1944 organizaron un Festival de Ballet al cual invitaron a solistas y miembros del elenco del Ballet Ruso. Fue tal la difusión del ballet en Cuba que el entusiasmo popular se acrecentó, a tal punto que se creó la necesidad de extender los espectáculos a sectores ajenos a la membresía. Gracias a esto, un nuevo y sensible público pudo acceder a los «balconies» del Auditorium, lo cual condujo a la conclusión de que el ballet debía ser para todo un pueblo, parte del patrimonio nacional, y no el privilegio exclusivo de una minoría pudiente.

Gracias a Pro-Arte, muchos artistas de gran categoría visitaron La Habana desde 1918 hasta 1960. Entre tantos, pueden mencionarse a Ignacy Jan Paderewski, Sergei Sergeyevich Prokofiev, Vladimir S. Horowitz, Jascha Heifetz, Serge Rachmaninoff, Pablo Casals y Andrés Segovia. Actuaron compañías de ballet como Ballets Russes de Montecarlo, Martha Graham Ensemble, Original Ballet Russe de De Basil, Ballet Joos y Ballet Theater. Las orquestas sinfónicas de Nueva York, Cleveland y Minneapolis. Hubo temporadas de ópera en que los cubanos se pudieron dar el lujo de oír la música de la orquesta dirigida por el Maestro Paul Csonka, así como escuchar las extraordinarias voces de artistas reconocidos en el mundo entero, como Zinka Milanov, Roberta Peters, Leonard Warren, Robert Merrill, Jerome Hines, Renata Tebaldi y Richard Tucker, entre otros.

El 31 de diciembre de 1960 el Teatro Auditorium y la casona colonial contigua, en Calzada 510, fueron sometidos primero a intervención y luego a expropiación. Todo esto ocurrió sin compensación alguna y claro está, a la fuerza, al ser llevado a cabo por el nuevo y drástico régimen de Cuba. Se le cambió el nombre al Auditorium por el de Amadeo Roldán. Justo cuando ya hacía tiempo el vulgo lo llamaba El Amadeo, el edificio fue destruido por las llamas.

Ginebra, 1948

Volviendo a Leonor, Lilo, o tía Nonor, según nos plazca decirle, sin duda sufrió una gran frustración con la negativa de su madre. Colgó sus zapatillas de ballet para siempre y dio por terminada su ambición de ballerina profesional. Para cambiar de panorama, viajó a Europa, y al llegar a Suiza se fascinó con las montañas, los deportes de invierno, sobre todo el de esquiar y ni hablar de la libertad de sentirse soltera al estar lejos de su mamá. Comenzó a pensar en hacer una vida nueva allí por lo que para extender su estancia en Suiza vendió unos dijes de oro que tenía en su pulsera y se puso a buscar trabajo. Lo encontró en el Bureau International du Travail (B.I.T.), una organización laboral internacional, en español Oficina Internacional de Trabajo, y paralelamente localizó en las afueras de Ginebra a una amiga de Cuba que también había dado clases de ballet con Unga. Esta amiga, Alicia Ramírez de Arellano y Diago, quien había obtenido un traslado a Ginebra de su puesto de secretaria en La Habana, en el General Agreement on Tariff and Trade (GATT), invitó a Leonor a vivir juntas para compartir un apartamento. Leonor aceptó gustosa, volvió a La Habana, empaquetó sus matules y se convirtió en una exiliada cubana antes de tiempo, en 1948, o sea, once años antes del triunfo de la revolución castrista.

Con el paso del tiempo llegó a obtener una posición de importancia en el B.I.T de Ginebra, se olvidó del ballet y hasta tuvo un pretendiente serio, un tal Bill Sherman, de Oneonta, Nueva York, quien le habló de matrimonio pero rechazaba todo tipo de compromiso a criar hijos dentro de la religión católica. La relación se malogró pero poco después, un día, al salir a almorzar con una colega, esta llegó acompañada de su hermano, un tal Jean Louis Trivelli, jugador de hockey que competía en la liga más alta de Suiza, la liga A. Bill Sherman tenía un amigo llamado John Mansfield, piloto como él de las fuerzas aéreas estadounidenses, y también había estado interesado en Leonor, de ahí que en cuanto se enteró de la rotura de relaciones de esta con Bill, la invitó a salir pero ya era tarde, pues Leonor estaba muy interesada en el jugador de hockey. Jean Louis Trivelli y Leonor se casaron en marzo de 1955 y salieron de la iglesia por debajo de un túnel de palos de hockey, alzados con importante ceremonia por los compañeros de equipo de Jean Louis, a quienes mantuvo de amigos el resto de su vida, llamándolos con afecto sus *copains*. Leonor, para no defraudar del todo a John Mansfield, le pidió a su compañera de cuarto que saliera con este. Como resultado, las dos terminaron casadas y los hijos de ambas son hoy en día como hermanos.

Jean Louis y Leonor tuvieron dos hijos: Oria Leonor y Victor Trivelli y Albarrán. Oria Leonor es de pelo y ojos oscuros y Victor es rubio con ojos azules. Oria Leonor es toda una señora suiza en comportamiento y apariencia. Francófila, seria y medida. Según la caracterización que da de ella su hermano Victor, Oria Leonor tiene un carácter muy parecido al de su mamá. Al de Lilo. Victor, a pesar de ser un capitán de industria suizo, cuando habla en español pasa sin dificultad ninguna por ser un cubanazo empedernido, con la actitud y el acento de alguien que vivió en Centro Habana, con un padrino babalao reglano, un cafetín en La Víbora y con la posible oportunidad de añadir una sucursal en Ceiba Mocha. Esa representación mental de Victor incluiría que desde que se escapó para Miami se ocupa de proteger celosamente su propio taburete, llevándolo y trayéndolo desde su casa cuando va a jugar dominó en la calle ocho, en camiseta y sombrero típico de los que usan los recogedores de terminales. Cuando no habla en español, pasa fácilmente por lo que es en la realidad, un señor suizo serio.

Antes de ser convocado a la reunión familiar de Miami Beach, ya yo había conocido a Leonor por teléfono. Tenía para conmigo un comportamiento amable y amistoso, lo que me animaba a que siguiese llamándola cuando viajaba a Suiza y Alemania para atender cuestiones legales de clientes extranjeros, pero nunca se me hubiera ocurrido usar su apodo de Lilo. Poniendo en práctica aquello de que «Quien a buen árbol se arrima, buena sombra le cobija», buscaba alivio descargándole a la tía los lastres internos ocasionados por su sobrinita rechazadora. Siempre atenta y agradable, escuchaba con paciencia las dificultades que ponía Jackie en mi camino, mientras yo pensaba que de enterarse ella de las atenciones que tenía con su tía se enterneciera un poco. A la tía, por su parte, imagino que le encantaba tener la ocasión de poder hablar en español cubano, algo no muy diferente a lo que me sucede a mí, que no obstante radicar en un lugar geográfico en el cual el día a día es en inglés, prefiero escribir en español. Escribir en español requiere para mí concentración y distanciamiento de la vida cotidiana, del devenir económico diario, con su carga fatigante. Obliga a buscar las palabras exactas para comunicar las ideas de la manera más castiza posible y sin acento de inmigrante. Para la tía, que radicaba desde hacía tanto tiempo en Ginebra, tiene que haberle resultado una especie de liberación étnica. Un chancesito de vivir y regodearse en su idioma natal, el disfrute de un deleite suprimido como consecuencia de la homogeneidad necesaria. Nuestras conversaciones eran para ella, pienso hoy, momentos en que se permitía volver a ser quien era, en vez de lo que había decidido ser y que se esperaba que fuese. Por supuesto, la ocasión también se prestaba para tener novedades de su familia en el exilio estadounidense, a la vez que evaluar al fulano ese que a pesar de querer ser pretendiente, no acababa de dar pie con bola.

La tía Leonor, quien fue mi tía política —y hago aquí un aparte para aclarar—, era una mujer con una gran devoción por su familia. Por haber salido de Cuba antes del triunfo de la revolución castrista, ella no perdió su casa, ni sus cuentas bancarias, como resultado de la desposesión llevada a cabo por el régimen. De no haber ocurrido la revolución en Cuba y correspondientes confiscaciones, Leonor hubiese tenido una herencia allí. Pero decididamente que la revolución ocurrió y al menos había acumulado los frutos de su trabajo, que le permitió, con un desprendimiento espontáneo, invitar a estudiar en Ginebra, con el dinero suyo y de su marido, a una porción considerable de su familia. Fueron ocho en total las invitadas: cuatro sobrinas, una prima hermana, dos hijas de su excompañera de cuarto Alicia Arellano Mansfield (Teresa y Cristina Mansfield) y finalmente, ya Lilo muerta, el jugador de hockey cumplió la promesa hecha por su difunta esposa, y trajo a una sobrina nieta de Leonor. Todas, en orden cronológico consecutivo, mientras estudiaban, convivían como una más de la familia. Las ocho aprendieron o refinaron su francés y sus habilidades como esquiadoras. ¿Altruismo? ¡Muchísimo! ¿Generosidad? ¡Ni hablar! Además de la satisfacción de saber que ayudaba a sus seres queridos, pienso que para Leonor tiene que haberle reportado un placer hablarles, regañarlas, darles todo su cariño y recibir de ellas gratitud en su lengua natal. Una mujer que por la vida llevada en Cuba de seguro llegó a conocer el choteo y los dicharachos cubanos empleados en los clubes sociales, los colegios y la calle; los piropos al meterse con ella en la calle debido a su figura atractiva al sexo opuesto, ganada en gran parte por sus exigencias dietéticas, atléticas y ejercicios constantes, la proximidad de su familia le tiene que haber traído no solo el calorcito de seres queridos, sino recuerdos de su juventud.

La única vez que vi a Leonor en persona fue cuando ella, Jean Louis y sus hijos, hermanos y sobrinos se reunieron en Miami Beach. En julio del año 1983, Alicia Alonso, en su revista *Cuba en el Ballet*, lamenta el fallecimiento de «la bailarina cubana» Leonor Albarrán en Suiza, y rememora el hecho de pertenecer por algún tiempo a un grupo organizado por el mítico George Balanchine así como sus éxitos en los años 40. «Procedente de una familia de ilustres médicos cubanos, Leonor Albarrán se formó como bailarina con Nikolài Yavorski, en cuya clase se inició junto a Alicia Alonso, con George Milenoff y otros profesores», dice la revista. En el Teatro Auditorium de La Habana (incendiado en los años 60, en un acto de sabotaje contra Castro), la Albarrán —según dice la mencionada revista— «actuó en 1942, en el ballet *Petroushka*... Entre las numerosas obras en las que participó en Cuba, se encuentran *La bella durmiente del bosque* (1932), *Carnaval* (1940), *Las sílfides* (1942), *El lago de los cisnes* (1944 y 1946), *Giselle* (1945 y 1946) y *Apolo, concierto y sombras* (1946)».

Mirando con nostalgia entre los papeles sueltos que se encontraron en el gavetero de la ya difunta Oria Julia Albarrán, hermana de Leonor Albarrán, su sobrina Jackie encontró un programa de Pro-Arte anunciando que el miércoles 26 de abril de 1933, a las 5 p.m., habría una comedia en dos actos de los Hermanos Quintero titulada *La escondida senda*. En el programa aparecieron dos cosas que le llamaron la atención a Jackie: La primera, que su tía, la Señorita Oria Albarrán, quien falleció hace un tiempo después de cumplir cien años, acompañaría unas canciones con su guitarra, y la segunda, que el papel de Olimpia lo protagonizaría una tal Cuca Martínez. Cuca Martínez, hermana de Alicia Alonso, fue profesora de ballet de Jackie en su colegio de El Vedado, llamado Margot Párraga, donde estudió hasta el tercer grado. Jackie recuerda por dos razones a Cuca: Por ser quien la enseñó a dar volteretas o vueltas de campana, la acrobacia con la cual todavía nos divierte cuando vamos a la playa, y porque cuando la versión pedagógica de Cuca se enfermaba, la sustituía en Margot Párraga su hermana. Por consiguiente, Jackie puede decir con honestidad que ella recibió de Alicia Alonso clases de ballet. El gavetero de Oria Julia Albarrán, al que me fue permitido el acceso gracias a la bondad de su hija Oria María Solís y Albarrán de Pérez Upegui, y el libro *Pro-Arte Musical y su divulgación de cultura en Cuba*, escrito por Célida Parera Villalón sirvieron para rellenar los datos que vivifican el trasfondo de este cuento, dándole la vitalidad de la precisión a los recuentos históricos no ficticios.

En un momento dado, Jackie, después de haberse examinado y pasado el examen del Estado de Florida, se registró como practicante de arquitectura profesional y abrió su oficina en Palm Beach. Estaba determinada a abrirse paso ella sola, limitándome a servir de observador contemplativo de su decisión, sin ninguna idea de cómo sería aceptada en la comunidad, y mucho menos sospechar que pronto llegaría a ser una reconocida, admirada y premiada arquitecta con numerosos logros profesionales. Claro, que tampoco anticipé ni sospeché vendría esto acompañado de otra cualidad prominente, la de tener una infinidad de opiniones y temas para compartir con incansable generosidad, todos y cada uno de ellos, a cualquier hora del día o de la noche. Esa proclividad suya de opinar con buen gusto y conocimientos de la materia, lo cual pudiésele llamar generosidad mental heredada, si no le ha prodigado de alabanzas matrimoniales sí en cambio del éxito de ser nombrada para el puesto de arquitecta residente, presidiendo, en función de Comisaria, en la comisión a cargo de la Preservación del Patrimonio Histórico de Palm Beach. Ese honor lo mantuvo durante años mientras residía en la comunidad. Luego, cuando nos mudamos para Wellington, ciudad en el oeste del condado, para estar cerca de nuestra finca y caballos de polo, se las arregló para inventar una nueva silla para representante-comisaria-no-residente, ocupada solo por ella hasta el año 2016, en que se desarrollan los eventos aquí narrados. Su participación y dedicación activas en la protección comunitaria amplió sus conocimientos así como su admiración por la arquitectura del siglo XX, de la cual se nutre el Palm Beach original.

Maurice Pierre Fatio

Los arquitectos del siglo XX que más impacto tuvieron en la creación de lo que se considera el verdadero u original Palm Beach, fueron Marion Sims Wyeth, Addison Mizner, John Volk, Joseph Urban, Howard Major y Maurice Pierre Fatio. En el año 2011, con motivo de la celebración del centenario de la fundación de Palm Beach, el 17 de abril del año 1911, el Preservation Foundation of Palm Beach, entidad sin fines de lucro, sustentada por individuos que la mantienen y dedicada a preservar y enseñar la historia, arquitectura y patrimonio cultural de Palm Beach, Florida, anunció una serie de conferencias dictadas por los arquitectos principales del siglo XXI sobre la influencia de los maestros originales de la arquitectura en Palm Beach del siglo anterior. El ciclo, con presentaciones visuales y orales, sobre las obras fabricadas con diseños, debidos a los seis arquitectos mencionados y ya difuntos, se llamó «Architects on Architects», o sea, «Arquitectos sobre Arquitectos» y versó así: R. D. Dragisic sobre Marion Sims

Wyeth; Gene Pandula sobre Howard Major; Jeffrey Smith sobre Addison Mizner; Thomas Kirchhoff y Jane Day sobre John Volk; Rick Gonzalez sobre Joseph Urban, y Jacqueline Albarrán sobre Maurice Fatio.

Sin dudar un instante, Jackie escogió a su predilecto: Maurice Pierre Fatio (1897-1943). Ofreció la conferencia el 9 de febrero de 2011, a las dos de la tarde, en uno de los ceremoniosos salones de la Fundación. La entrada se cobró a cien dólares el ticket para los no socios y cincuenta dólares para los que sí lo eran. El salón estaba abarrotado de residentes de la comunidad pues Jackie es una prominente arquitecta local, además de ser la arquitecta residente del Landmarks Preservation Committee. Esta Comisión designa cuáles son los edificios con carácter histórico de Palm Beach e impone las condiciones legales pertinentes, bajo peligro de incurrir en pena criminal, si llegado el momento sus dueños desean modificarlos o restaurarlos.

A Jackie le preguntaron la razón por la cual había escogido a Fatio. Ella respondió que admiraba su gran versatilidad en los proyectos, dispuesto siempre a complacer a sus clientes y con resultados admirables que combinaban su educación clásica con su adaptación a los nuevos espacios, como consecuencia de un aprendizaje práctico en Nueva York, y entre sus detalles residenciales típicos ella señaló sus diseños alrededor de un patio interior. En la comunidad de Palm Beach su nombre se ha vuelto epónimo, es una marca identificatoria. Ante sus residencias se exclama: «It´s a Fatio», lo cual se traduce como «Es un Fatio», por lo cual, cuando me refiera al arquitecto, lo haré a la usanza de Palm Beach, solo por su apellido. Fatio nació el 18 de marzo de 1897, hijo de Guillaume Fatio y su esposa Marguerite, quienes, junto con su otro hijo Pierre, formaban parte de una familia bancaria importante de Ginebra, Suiza. Estudió en el Politécnico de Zurich antes de continuar su carrera de arquitectura con Karl Moser. Acerca de esta etapa, Adolf K. Placzek, en su obra *Macmillan Encyclopedia of Architects,* menciona la influencia que tuvo Karl Moser en Fatio, preparándolo con un entrenamiento clásico que enfatizaba en la comprensión de proporciones y el uso de los espacios.

Después de graduarse, Fatio emigró a Nueva York, el 16 de octubre de 1920, y allí fue contratado sin sueldo por Harrie T. Lindeberg, para diseñar villas inglesas y normandas. A pesar de tener buenas relaciones laborales y gustarle su trabajo, solo estuvo contratado por nueve meses, ya que decidió independizarse para ampliar su futuro creativo. Se llevó de la firma a William A. Treanor y juntos se asociaron para crear Treanor y Fatio, una nueva firma arquitectónica con inmediato éxito. En 1923, fueron contratados para diseñar y fabricar un hotel en Jupiter Island, Florida, por lo que tuvieron la necesidad de abrir una nueva sucursal de su oficina en Palm Beach.

Volviendo a Jackie, ella se sintió honrada de haber sido seleccionada por la Fundación y comenzó a preparar su conferencia valiéndose principalmente de dos libros que probaron ser los más útiles para recopilar una buena serie de datos personales a la vez que artísticos. El título de uno de los libros es *Maurice Fatio Architect,* publicado por su hija Alexandra (*née* Fatio) Taylor, y compuesto, fundamentalmente, de las cartas que Fatio le escribía con frecuencia a su familia en Suiza y más tarde, después de 1929, a la familia de su única y muy querida esposa, Eleanor Sawyer Chase, de Osh Kosh, Wisconsin.

La primera vez que Jackie tuvo la oportunidad de conocer y conversar con la hija de Fatio fue en el año 1994, durante el lanzamiento de su libro en Palm Beach. Aprovechó la oportunidad para que el ejemplar comprado fuese dedicado, con fecha incluida, por Alexandra. La dedicatoria de esta fue colocada justo encima de donde aparece la que ella hace en el libro: a sus cuatro hijos, dos varones y dos hembras. Sus nombres son Andrea, Maurice, Nora y Guillaume. El libro que escribió Alexandra Fatio comienza con un prólogo en el cual describe cómo el verano del año 1930 fue excitante por estar cundido de grandes victorias. El país estadounidense sufría de los estragos económicos de la depresión pero el joven arquitecto no daba abasto con veintitrés proyectos que debía terminar antes de comenzar la temporada social de invierno en Palm Beach. En el prólogo, Alexandra describe a su padre como un excelente arquitecto de sociedad, destacando no solo su calidad de artista sino también el de su carácter: siempre encantador y diplomático. Durante la temporada del invierno de Palm Beach, era de esperar encontrárselo vestido con impecabilidad y dispuesto a entretener con su simpatía natural. No se perdía una fiesta, cena o baile. Sus diseños reflejaban su glamur cosmopolita y gusto irreprochable. Las familias adineradas lo contrataban, confiadas en que desde que se fueran para sus hogares norteños en marzo hasta que volviesen a Palm Beach, el próximo invierno, Fatio se ocuparía de todo y al llegar encontrarían sus nuevos hogares fabricados y disponibles, casi siempre con toques de terminación en coquina, piedra de coral típica en la Florida que Fatio convirtió como su marca registrada. Sus nuevas mansiones estarían pintadas, amuebladas a la perfección, con jardines terminados y con el personal indicado ya contratado, en su lugar, y listo para ocuparse de la servidumbre residencial. Después de cinco cortos años de haber introducido su visión estética de un estilo arquitectónico italiano, adaptado al medio ambiente de su nueva comunidad, sus ideas comenzaron a competir favorablemente con el hasta ese momento mucho más popular estilo español de Addison Mizner.

En la introducción Alexandra desarrolla la historia de la vida de su padre, y el lector se va familiarizando con las propias palabras de Maurice Fatio. ¿Pero cómo, si no pudo ser escrito por él ya que el libro fue publicado en el año 1994, un cincuentenario después de su muerte, en el año 1943? Alexandra lo logra, al incorporar al libro la cuantiosa correspondencia que Fatio intercambió con su familia poco después de su llegada a Nueva York, en octubre del año 1920, listo para comenzar a buscar trabajo de arquitecto, hasta su última carta, con fecha de noviembre 28 de 1942, después de la cual el servicio postal a Suiza quedó interrumpido por causa de la guerra.

Una gran parte de la correspondencia reproducida fue tomada de un libro previo del abuelo de Alexandra, Guillaume Fatio.

En él la familia reunió las cartas intercambiadas entre Maurice y Eleanor con sus respectivos padres en Ginebra. Las de Eleanor han sido copiadas con exactitud ya que fueron escritas en inglés, las de Maurice y Guillaume tuvieron que ser traducidas del francés al inglés, antes de ser incluidas en el libro de Alexandra. El hilo de la vida del joven arquitecto se puede seguir con interés a través de la cariñosa y nada presuntuosa correspondencia con sus padres suizos, en la cual compartían entre todos lo bueno, lo malo, lo que les pasaba por la cabeza, en fin, sin omitir nada que los perturbase.

Jackie, en su conferencia, incorporó párrafos completos de las cartas para mostrar la cotidianidad de Fatio. Por ejemplo, en un pasaje redactado el 25 de febrero de 1921, Fatio describe su vida de hombre soltero como la *grande vie*, y se lamenta de no dejar de salir ni una sola noche de su casa durante los últimos quince días, ya que le habían llegado en algunos casos hasta tres invitaciones para cada noche. Unos meses más tarde, casi justificándose, comenta cómo las amistades y conexiones sociales lo son todo en los Estados Unidos de América, el talento viene después. En otra carta, con fecha de 25 de mayo de 1932, Eleanor, su esposa, le cuenta a sus suegros que Maurice no tiene trabajo de ninguna índole. Diez meses después, el 19 de marzo de 1933, escribe con felicidad la noticia de que en los últimos dos meses han contratado a la firma de Fatio para diseñar diez casas, con algunas más en perspectivas, las cuales, a pesar de ser todas residencias de tamaños moderados, representan buenos ingresos, a la vez que dan fe del aumento de su popularidad. No siendo ajena al empleo de un toque dramático, reserva lo mejor para el final, al añadir que el trabajo excepcional de toda la temporada es sin duda alguna la obra de Maurice para el Señor y la Señora Jacques Balsan, ella de nombre Consuelo Vanderbilt, Duquesa de Marlborough y hermana de Harold Vanderbilt. Les anuncia a sus padres que Fatio acababa de firmar un contrato para fabricarles una enorme mansión en Hypoluxo Island, en Manalapan. Las cartas de Maurice y Eleanor vivifican al pueblo de Palm Beach en su contexto histórico, al ser acompañadas de planos del diseño y fotos de las obras ya terminadas. ¿Dónde obtuvo Jackie las fotos de las casas de aquel entonces? Pues de otro libro, escrito y recién publicado por Kim I. Mockler. Con el título de *Maurice Fatio Palm Beach Architect*, la obra, a manera de legado, es un compendio de fotos organizadas para presentar en orden cronológico su patrimonio arquitectónico. Kim Mochler generosamente se ofreció de contribuyente al servicio comunitario de Jackie, y le permitió hacer uso de su colección de fotos en su intervención ante el público, ya que se conocían cerca de veinte años antes de la presentación de su libro en Palm Beach. Jackie decidió, en sincronía cronológica, hacer coincidir las obras arquitectónicas mencionadas en la correspondencia a sus padres y ocasionalmente a su hermana Nora, con las fotos de las obras. Aunque su primer empleo en Nueva York no fue remunerado al principio, aprendió tanto con el arquitecto neoyorquino que a las dos semanas y media se había vuelto imprescindible y le fijaron un modesto salario. El 25 de septiembre de 1928 les anunció a sus padres que planeaba fabricarse su propia casa en la calle Via del Mar, en Palm Beach, y el 3 de marzo de 1929 comenta estar enamorado de una amiga que ha conocido hacía cinco años y ha decidido hacerla su esposa. Ella, para su incertidumbre y desencanto, estaba indecisa, y se negaba a aceptar sus proposiciones de matrimonio, por causa de su europeísmo. ¿Su nombre? Eleanor Sawyer Chase, con quien felizmente contrae nupcias el 21 de julio de 1929. Maurice Pierre, su primer hijo, nace el 13 de diciembre de 1930 y lo apodan Petey. Aproximadamente un año y medio después, el 27 de mayo de 1932, llegó Alexandra, la autora del libro y amiga de Jackie. En muchos casos después del matrimonio, y por razón de estar trabajando todo el tiempo, la que escribe a Suiza es Eleanor, comentando que está preocupada por Maurice, por su salud y su trabajo. En la correspondencia Jackie encontró datos sorprendentes y agradables, como cuando Eleanor les comparte a los padres su preocupación porque Maurice va a volar a Sudamérica el 14 de julio de 1940, y que él está tranquilo y campante, como si no fuese nada del otro mundo un viaje aéreo de varios días para llegar a su destino. Lo único que le agrada del viaje, escribe Eleanor, es que va a estar acompañado de un señor llamado Page Hufty. Da la casualidad que este era el padre de una de las mejores amigas de Jackie.

La última carta escrita por Fatio fue devuelta ya que el correo deja de llegar a Europa a causa de la segunda guerra mundial. Durante ese período de ausencia de cartas, Maurice Pierre Fatio muere de cáncer pulmonar, con apenas 46 años, en el año 1943. Su esposa, para entonces conocida como la novelista Eleanor Chase, lo sigue a la tumba un año más tarde, como consecuencia de un ataque al corazón, quizás como prueba de que la pérdida de un ser muy querido puede desencadenar otras tragedias. Al morir Fatio, su hija, la autora del libro y amiga de Jackie, tenía diez años. Alexandra y su hermano Petey quedaron huérfanos y fueron criados en Osh Kosh, Wisconsin, por una amiga de la infancia en París, de quien luego sería su suegra, Edith Annesley Taylor, llamada Alice de Lamar. Edith ya de adulta formó parte del grupo parisino de F. Scott Fitzgerald, Gerald y Sara Murphy, Gertrude Stein, Man Ray y Marcel Duchamp.

Las presentaciones de los arquitectos del siglo XXI sobre los arquitectos del siglo XX se programaron para una hora y media, independientes entre sí. Combinaban el uso de diapositivas en una pantalla grande con una narración en vivo y luego una corta sesión de preguntas y respuestas. Cada una era precedida por un coctel de recibimiento, limitado a los invitados, de manera semi formal, en la sede del Preservation Foundation y con el presidente Alex Ives como maestro de ceremonia. Las sesiones aquí descritas fueron tan bien recibidas que otras comunidades del sur de Florida extendieron invitaciones para que los arquitectos, seleccionados por la Fundación, fuesen a hacerlas también en los salones de actos más formales de sus alcaldías e invitando solamente a los miembros de los clubes culturales en cada una de dichas comunidades. Recuerdo acompañar a Jackie algunas noches a dar charlas en otras ciudades donde era recibida si no como celebridad, al menos como visita de importancia. Su ayudante, un servidor, iba cargado de pantallas, diapositivas y orgullo conyugal.

Un año después de haber hecho Jackie la presentación de Fatio ante la Fundación en Palm Beach, Elizabeth (Beth) Dowdle, una amiga en común de Jackie y Alexandra, le sugirió que le regalase una copia de la presentación encuadernada como si fuese un libro para esta última, quien viajaba a Palm Beach con frecuencia y se hospedaba siempre en un apartamento pequeño perteneciente a Beth Dowdle. La reunión resultó ser el comienzo de una relación amistosa. Dado lo pequeño que es el grupo sociocultural de Palm Beach, Alexandra, Jackie y Beth terminaron viéndose y saludándose con frecuencia y cariño. La relación de las tres continuó hasta que Alexandra murió en Ginebra, Suiza, el viernes 25 de junio de 2015, a los 83 años de edad. Entre los temas sobre los que más conversaban detalladamente estaban los de arquitectura, y muy en particular el de una residencia que Jackie estaba diseñando para ser remodelada en 204 Via del Mar, en Palm Beach. Esa era la misma casa adonde originalmente habían vivido sus familiares.

Alexandra Taylor Fatio fue la última heredera de Fatio. Su único hermano, apodado Petey, había muerto joven, a los 31 años de edad, en el año 1961. A Beth Dowdle se le ocurrió, como motivo del aniversario de defunción de Alexandra, organizar un acto de recordación de su vida en un edificio antiguo, usado en la actualidad como biblioteca, que funciona como la sede oficial del Four Arts Organization. ¿Por qué allí? Pues porque el edificio, muy lindo, por cierto, había sido diseñado por Fatio en el año 1936. Jackie recibió una invitación, y entonces encuadernó y envolvió el libro para llevárselo de regalo a Andrea Taylor-Brochet. Andrea vino desde su hogar en Seattle y dos de sus tres hermanos también hicieron acto de presencia en el evento organizado para celebrar y honrar tanto la vida como la memoria de la hija de Maurice Fatio, y autora de un libro sobre él. También asistieron Nora Taylor Ricard, quien vino desde Chicago y Maurice Taylor, de Ginebra. El único que no pudo hacer el viaje fue Guillaume Taylor. Jackie, al llegar al Four Arts Lecture Hall, se acercó a Andrea, le dio el pésame y le entregó de regalo el libro de la presentación sobre su abuelo.

Unos meses más tarde, cuando ya Andrea había leído la versión encuadernada que recibió de regalo, le pidió a Beth Dowdle que citara a Jackie a tomar té para poder conversar a gusto. Durante la tarde que pasaron las tres juntas, Andrea mencionó su intención de escribir un libro ella también, pero no de arquitectura sino más bien sobre la vida personal y de familia de su abuelo, ya que al parecer se había quedado encantada con la idea de que Jackie entretejiese las cartas con sus obras arquitectónicas. La visita fue agradable y sentimental al mismo tiempo, pues intercambiaron anécdotas de la difunta Alexandra y sus peculiaridades personales, idiosincrasias, temperamento, cariño y admiración por su padre, todo lo cual la hacía especial y memorable.

Ginebra, 2016

El domingo 1ro. de mayo del año 2016 marcaba el comienzo de una semana de estudios sobre arquitectura para la cual Jackie se había registrado como partícipe, y que se celebraría en la Dordogne, al sur de Bordeaux, Francia. El plan requería que saliésemos de Palm Beach para hacer conexión con un avión hacia Europa. El vuelo debía de salir del aeropuerto que en un pasado fue conocido por el nombre de Morrison Field, habitualmente hoy identificado en el mundo entero por sus siglas PBI; impresas en las etiquetas de todo el equipaje que sale o llega al Aeropuerto Internacional de Palm Beach. Su antiguo nombre crea la presunción de haber sido llamado así para honrar a algún general militar, probablemente un héroe de las fuerzas aéreas estadounidenses. Después de todo no es ningún secreto que en un momento clave para defender el país fue imprescindible adaptar la instalación para entrenamiento de pilotos militares. El 25 de noviembre de 1940 la pista de aterrizaje pasó de ser una sola para convertirse en tres de concreto, con estacionamientos para autos y aviones, pistas de rodaje, torre de control y varios hangares grandes adicionales. Los edificios, a pesar de que fueron fabricados sobre cimientos de concreto, en la mayoría de los casos tenían armazón metálica y ocasionalmente paredes de ladrillo o de bloques de arcilla, con las claras intenciones de no permanecer en función de instalaciones permanentes. Estas construcciones tenían dos objetivos: entrenar con rapidez aviadores militares y servir de base de despegue para un gran número de aviones con soldados para luchar, tanto en Europa como en el Pacífico, con las fuerzas aliadas durante la Segunda Guerra Mundial.

Lo sorpresivo del origen del nombre es que no tenía como propósito querer honrar a ningún general militar, sino a una mujer que decidió tomar clases para aprender a volar en su tiempo de ocio. Fue una secretaria llamada Grace K. Morrison, que vino a vivir a West Palm Beach, proveniente de Atlanta, Georgia. Hizo su primer vuelo sola en 1932 y con el tiempo, dada su dedicación a trabajar por la causa de obtener mejoras para el aeropuerto, llegó a ser nombrada presidenta de la Asociación del Aeropuerto de Palm Beach. Se dedicó jesuíticamente a cabildear oficiales, tanto locales como estatales, y hasta federales, así como a recaudar fondos para mejorar y expandir la infraestructura del aeropuerto. Años después, en el adiestramiento en las pistas de Morrison Field, no resulta difícil imaginarse a los aviadores militares preguntándose quién sería el general Morrison y qué habría hecho para que la instalación llevase su nombre. Imagino la reacción al saber el verdadero origen. El jefe de esa secretaria fue quien la animó a recrearse aprendiendo a volar como él mismo lo hacía. Era un prominente arquitecto en Palm Beach y su nombre: Maurice Pierre Fatio.

Lo más importante de nuestro viaje era que conectásemos con el grupo con el cual íbamos a hacer el curso de arquitectura. Para ello debíamos llegar a tiempo a Bordeaux para cenar en el pueblecito medieval de Sarlat, nuestra base de operaciones durante los diez días que recorreríamos la región de la Dordogne. Sarlat es una ciudad renacentista que existe desde hace mil años. El mercado de productos regionales, que vende los sábados de 7 a 11 de la mañana, es extraordinario. Acompañados constantemente en Sarlat por un profesor de arquitectura estadounidense, el plan de estudio nos llevaría a inspeccionar una variedad de lugares que forman parte de Dordogne/Perigord, área reconocida por tener ciento cinenta y dos de los pueblos más bellos de Francia, villas, jardines, molinos y castillos medievales, así como también cuevas donde vivieron y dejaron rasgos de una cultura de hace 28,000 años tribus de Cro-Magnon y de trogloditas. Durante nuestra visita tuvimos el privilegio de visitar Fond-de-Gaume, unas cuevas con pinturas extraordinarias, que datan de hace 18,000 años y van a ser cerradas en un futuro no muy lejano porque los visitantes portan en su organismo bacterias, y con su respiración crean humedad, una combinación desastrosa para preservar el antiquísimo arte.

Dada la proximidad de Ginebra de la región francesa donde viajaríamos, decidimos separar unos cuantos días para visitar a los primos hermanos de Jackie que allí viven y a las instituciones educativas a las cuales ella asistió durante sus años formativos. Cuando Jackie terminó su High School en las afueras de Washington D.C., su tía Leonor Albarrán de Trivelli la invitó a pasarse un año en su casa, para que aprovechase la oportunidad e hiciese un año de estudios pre-universitarios en una institución suiza-francesa. Los estudios serían como un *finishing school*, una especie de colofón a sus años formativos. El año que vivió Jackie en Suiza le sirvió primordialmente para terminar de pulir su francés, el cual hacía tiempo ya hablaba, leía y escribía. Al regresar de Suiza continuó su educación en Sudamérica y Londres, para luego establecerse en los Estados Unidos y ejercer allí la arquitectura. Ya era hora de volver a Ginebra y mostrarme todo, para mí nuevo y desconocido. Permanecimos varios días en Ginebra y sus alrededores, y durante la visita Victor nos llevó a pasarnos una noche en su chalet montañoso. Allí, conversando después de cenar, le pregunté de su mamá, o sea Lilo, acerca de la amistad con Unga. Entonces Victor nos contó algo sorprendente: durante muchos años después de que su mamá colgase sus zapatillas de ballet en el año 1947, e incluso en plena revolución castrista, Unga y Lilo continuaron siendo amigas. Cuando Unga salía de Cuba con su compañía de ballet cubana, las amigas se comunicaban y Lilo la iba a ver bailar. Luego, entre bastidores, se producían los abrazos, los besos y las lágrimas. «¿Cómo sabes todo eso Victor?», le pregunté. Porque un buen día su mamá le pidió que la acompañase al teatro porque Unga iba a bailar en Lausanne, Suiza y Lilo quería que Unga conociese a su hijo cubanito. A Victor. Oria Leonor estaba en los Estados Unidos en esos momentos así es que no pudo acompañarlos. Victor recuerda que Unga bailó *Bodas de Sangre*. «Pensé que era como un castigo ya que el ballet y yo...», contaba Victor... «Y lo peor es que yo tampoco salía ileso porque no se crean... que a mí también Alicia Alonso me apachurraba y daba besos y abrazos llenos de lágrimas». Nada muy atractivo para un varón jovencito. Victor cuenta que fue testigo de la emociones así como también de la complicidad entre su mami y Unga. Fue muy intenso, recuerda, añadiendo que hasta ese momento él solamente conocía a su mami como madre, ya que desde que Oria Leonor y él nacieron, su mami era su universo. Ese día cayó en cuenta que ella había tenido otra vida... antes... la de una bailarina... Después de unos vasos de vino y con aire de conspiración, nos pidió lo siguiésemos a un cuarto lleno de herramientas y maletas, todo risueño y con cara de misterio. Al principio no entendí bien de lo que se trataba, lo que tenía ante mí era un objeto muy normal de encontrar en cualquier hogar estadounidense, y además idéntico al que compré hace muchos años por partida doble y que hoy en día uno de ellos vive en el monturero de mi trailer de polo: se trataba de un Playmate azul. Aquel era el que yo le había dejado de regalo en Miami Beach al padre de Victor ¡hacía ya casi cuarenta años! y que se conservaba en Suiza.

Lilo no fue la única que siguió amiga de Unga. En el año que a Unga se le desprendió la retina y no pudo bailar, tomó a Alicia Ramírez de Arellano y Diago de alumna de ballet. Las dos habían nacido en 1920: Unga el 21 de diciembre y Alicia el 6 de septiembre. La alumna, luego de casada, cambió su nombre por el de Alicia Arellano Mansfield y en el año 2003 fue con su hija Teresa Mansfield a ver bailar a Alicia Alonso en San Diego, California. Teresa cuenta algo similar al recibo entre bastidores que le dieron a Victor, con la diferencia que Teresa, al ser ya una mujer adulta era capaz de apreciar y entender aquellas bienvenidas llenas de cariño.

El último día, domingo 1ro. de mayo, nos tocó madrugar en el chalet Daiquirí comprado por Leonor, en la segunda mitad de los 60 del pasado siglo. De no habernos levantado e inmediatamente puesto en marcha podíamos habernos quedado aislados en la montaña, ya que durante la noche había caído y se había acumulado un pie de nieve en Villars. Tuvimos que bajar con mucho cuidado las tanto resbalosas como tortuosas carreteras montañosas, porque las gomas automovilísticas para nieve ya estaban quitadas y guardadas en un lugar bien seguro de la residencia familiar, a docenas de millas de distancia del chalet, confiados de que era ya primavera y como se puede decir, vísperas del verano. Victor Trivelli, el primo hermano de Jackie, probó ser un hábil chofer al no solo bajar la montaña con cuidado y sin contratiempo, sino además encontrar una panadería abierta y sirviendo desayunos deliciosos con chocolate suizo caliente y croissant recién salidos del horno. Llegamos con tiempo de sobra al aeropuerto y sabiendo que esa noche dormiríamos en Sarlat, Francia.

Nos esperaría un chofer en el aeropuerto de Bordeaux para llevarnos a nuestro destino por automóvil pero primero nos tocaba hacer el viaje por avión desde Ginebra. Habíamos reservado unos asientos que poseen más espacio para permitir salir del avión en caso de emergencia. Resultan atractivos para el escribidor con piernas largas pero tienen la incomodidad de no permitir poner nuestras acostumbradas mochilas debajo del asiento delantero, frente a nuestros pies. Un azafato haciendo una mueca de disgusto frustró el disimulo con que ubicamos las mochilas en el lugar prohibido, con caritas de santos y la esperanza de que pasasen inadvertidas. Estábamos en una fila en la cual había tres asientos y después de poner las mochilas en el compartimento indicado por el malhumorado y malgenioso empleado de la compañía de aviación easyJet, nos consolamos con el hecho de que el avión estaba listo a partir y tendríamos el asiento de la ventana vacío. Pero no fue así. Antes de cerrar la puerta del avión llegó un señor muy bien vestido, quien amablemente indicó que le precisaba que lo dejásemos pasar. Era nuestro vecino que ocuparía el asiento de la ventanilla. Nos movimos para que pudiese sentarse y tratar de poner su ordenador en el lugar prohibido, debajo del asiento. Jackie le anunció los contratiempos que afrontaría y con ánimo conspirativo analizó la situación: La alfombra del avión, su ordenador, sus pantalones y zapatos, al igual que los de ella, eran todos negros de manera que si conspiraban juntos podrían camuflajear el ordenador y la infracción, quizás con un poco de suerte, le resultase imperceptible al aeromozo con malas pulgas. Así acordaron y el avión comenzó a retroceder separándose del acceso retractable de entrada al aeroplano que sirve de conexión a la terminal aeroportuaria. A los pocos minutos pasó por nuestra hilera una azafata, verificó que los cinturones de seguridad estuviesen firmemente abrochados alrededor de nuestras cinturas, los respaldares en posición vertical y siguió camino. Jackie y su vecino se comenzaron a vanagloriar, sonriendo los dos por su decidida victoria, pero esperando ansiosos el muy deseado momento de acabar de despegar. Y entonces, inesperada y subitáneamente, se apareció el descontentadizo, y con aire de requisición, cierta hostilidad y con una mueca parecida a la que hace el individuo que come mantequilla de maní por primera vez en su vida, le insistió, a nuestra hilera, a los tres, como si fuésemos ovejas descarriadas o menores de edad conspirando contra la autoridad adulta, que ese ordenador no podía estar ahí. Había que colocarlo en el compartimento indicado, arriba de nuestras cabezas. Dos de los que estábamos sentados en la hilera no pudimos evitar poner cara de cordero degollado, y con una actitud nada sumisa, es más, quizás exageradamente enérgica, demostrar que justos pagaban por pecadores, tuve que desabrochar mi cinturón de seguridad y levantarme para poner el ordenador en el lugar apropiado. Acto seguido de volver a sentarme, abrocharme y acomodarme en mi asiento, el avión comenzó su acostumbrado proceso de acelerar y calentar los motores, típico de los momentos justo antes del despegue.

Una vez en vuelo, el vecino de Jackie, que acababa de ser disciplinado por el ceñudo y huraño azafato, dio las gracias por el gesto de solidaridad unánime, y se excusó por exponernos a una vergüenza al camuflajear y luego claudicar acotejándole el subversivo ordenador. En un mal fingido gesto de interés amistoso, preguntó nuestra procedencia o quizás residencia geográfica. Jackie le contestó que vivía en Wellington, en el estado de Florida, que era arquitecta y que su oficina está en el pueblo de Palm Beach. El vecino sonriendo, ahora ya con genuina amabilidad y hasta interés, le respondió que eso era una casualidad sorprendente porque su abuelo había sido arquitecto en Palm Beach. Quizás había oído su nombre: Maurice Fatio. Lo que continuó después, redibujó el rostro del amable pasajero, al teñírsele de colores que variaban entre rojo oscuro y violeta.

Jackie le contestó algo que le congeló la sonrisa: Claro que sí, ya sé quién eres, tú tienes que ser Guillaume, el único de los cuatro hijos de Alex Fatio Taylor que no hiciste acto de presencia en Palm Beach para la celebración de la memoria y vida de tu mamá. La semana pasada estuve con tu hermana Andrea viendo las cartas de tu abuelo a su familia y comparándolas con las obras a las cuales se refería en su correspondencia.

Guillaume primero se puso rojo como un tomate, y por unos momentos se quedó sin habla, desprotegido por las circunstancias. Luego exclamó con un gritico no del todo controlado: ¿Cómo es posible que sepas eso? Jackie lo miró sonriente y después de un breve período de mutuo atolondramiento, se pusieron a conversar durante todo el viaje. Yo me dormí hasta llegar a Bordeaux y cuando me desperté, continuaban conversando. Oí a Guillaume dándole una explicación a Jackie que había sido increíble la casualidad de que se hubiesen encontrado, ya que él originalmente había reservado vuelo para el día antes, el sábado, además de que, Créeme... le aseguró, él nunca acostumbraba a dirigirle ni una palabra a sus vecinos en aviones porque (y aquí parafraseo) conlleva expectativas de inexistente disposición a intercambiar informaciones superfluas e inconducentes y hasta incluso irrespetuosas, y eso sí, siempre banalidades. Solo que él había hecho esta vez la excepción por la gentileza de haber sido ayudado a esconder el ordenador.

A medida que el avión se acercaba a la terminal, anunciaron que los pasajeros podían usar teléfonos celulares y Guillaume hizo una llamada desde Bordeaux a su hermana Andrea en Seattle. Hola, le dijo, te quiero poner con alguien que te quiere saludar, y le dio el teléfono a mi esposa.

¡Hola Andrea! Soy Jackie Albarrán... ¿Cómo estás? Luego del silencio y una pausa prolongada se escuchó: ¡Jackie! ¿Cómo es posible que seas tú la que me está hablando por medio del celular de mi hermano Guillaume?

San Giben 2017

Comenzar un cuento es como enfrentarse a una madeja de muchas puntas. Se puede tirar de cualquiera de ellas sin saber cuándo llegará el final y qué vendrá con él. En este caso la hebra podría ser un pastel de crema de coco y una cena de Acción de Gracias o *Thanksgiving*; noche de desfachatez alimenticia y desenfreno alcohólico en algunas familias. La bienvenida invitación llegó con semanas de anticipación, en la que se anunciaba que se celebraría en la casa de un primo hermano, quien a su vez había convidado a otros miembros de la familia. Cualquiera de los invitados, siendo más normal, hubiese aceptado instantáneamente, ya que el grupo iba a ser divertidísimo, y se hubiera limitado con digno silencio a aceptar y agradecer. Pero no..., en este caso lo que vino del que narra fue un extenso, fastidioso y nada apropiado alarde de elocuencia, sobre la novedosa repostería del barrio y mi ofrecimiento de contribuir con el postre. Hiperbolicé lo saboreado y nunca olvidado y como si las alabanzas no fuesen suficientes, o el oyente estuviese carente de perspicuidad, aseguré la calidad sobresaliente de los productos del lugar. La respuesta fue que dependía de la anfitriona, la única con suficiente autoridad como para hacer ese nivel de decisiones. Cinco días antes de la fecha, que en 2017 resultó ser un jueves 23 de noviembre, llegó la aceptación a mi oferta. «Bueno sí... qué rico... trae uno de esos manjares de la tan fanfarroneada pastelería. La preferencia de la anfitriona es la de un pastel de crema de coco». «Encantado de hacerlo. Una buena idea», les recalqué. Entre nos... al oír la palabra coco, mi pareja y yo, que lo detestamos, nos quedamos lívidos, pero eché a andar de inmediato a cumplir la misión.

Acto seguido, con el propósito de evitar contratiempos, y calculando con precaución que lo indicado era pedir la orden unos días por adelantado a la empresa, llamé por teléfono para reservar el pastel de crema de coco para Thanksgiving. Solo quedaría la pequeña inconveniencia de que habría que recogerlo el mismo día de la cena para lograr que estuviese fresco y crujiente. La dueña de la pastelería contestó al teléfono, y con una malsonante carcajada, me informó con voz exageradamente alta, que ya hacía dos semanas el libro de reservaciones de pasteles para Thanksgiving se había cerrado y no era posible cumplir con ninguna otra orden más. Pidió disculpas y deseó buena suerte. Faltaban cuatro días y pico para la celebración.

Para evitar el melodramático gesto de ponerme el dorso de la mano a la frente y echar la cabeza hacia atrás, como símbolo de obstinación, opté, en su lugar, por actuar con eficiencia y prontitud, y ponerme a llamar a panaderías, pastelerías y reposterías que vendiesen pasteles. Con cada llamada infructuosa descendía consecutivamente cada vez más en el nivel cualitativo, así como ascendía en los kilómetros de distancia geográfica donde estaban situados los siguientes comercios. A pesar de mi actitud positiva y expectativas favorables, solo hallaba decepciones.

Las invitaciones a cenar en casa de amistades nada tienen que ver con las de los familiares. A las de las amistades no hay que estar llevándoles el día del festejo una contribución alimenticia específica. De aparecerse el invitado con un regalo en la casa anfitriona, digamos una botella de vino —la cual se acostumbra entregar en la puerta al llegar, a manera de oblación—, por muy zanguanga y módica que haya sido la selección, los anfitriones fingen agradecimiento y halago que luego estarán condicionados al verificar en privado la calidad del vino. Por otra parte, los cabeza de familias menos provincianos y con mayor conocimiento en la materia de cenas, por años de experiencia en el ámbito de las organizadas, generaciones tras generaciones, ya saben que las reservaciones de pavos y lechones cocinados, pasteles y panetelas específicos y hasta ciertos platos grandes con surtidos de aperitivos y entremeses, se deben hacer hasta con dos semanas de anticipación para fiestas como Navidades, Pascua Florida, 4 de julio y bueno... claro está... Thanksgiving. Pero volviendo al escurridizo e inubicable comercio dispuesto a comprometerse a hornear y entregar por orden específica, para el ya indicado día festivo, un pastel de crema de coco, y ya quedando pocos días antes del celebrado evento, la cosa había pasado de castaño a oscuro. Desmoralizado por los contratiempos, no hubo otra alternativa que no fuese la de recurrir a lo impensable: es decir, sumergir la calidad de aquella dulcería al encanallamiento de optar por la de la comida insulsa, esa de producción en serie, hecha y congelada en fábrica, preservada en su punto de origen con ingredientes químicos, transportada en enormes camiones provenientes de otras ciudades en otros estados, y entregada en grandes cajones a cualquier supermercado, dispuesto a ofrecerla como parte de su inventario. ¡Listos para venderse! Determinado a hacerlo, un solo y triste intento bastó para confirmar que encontrar una pista fidedigna por la vía telefónica, desde la comodidad de un butacón hogareño, no era una opción viable. Efectué dos llamadas telefónicas, a dos establecimientos distintos. En el primero, la persona que contestó inmediatamente pidió perdón por no poder atender la llamada y añadió, antes de colgar, que llamase más tarde pues la empleomanía no daba abasto con la multitud que atestaba el mostrador, ya que en esos precisos momentos estaban abarrotados de gente y con los pasillos llenos, de bote en bote. En el segundo, no fue posible determinar si fue la misma persona o varias las desconsideradas que maleducadamente y sin ambages, descolgaron y volvieron a colgar el teléfono en tres ocasiones para evitar contestar. ¿Qué quedaba por hacer? Pues no quedaba otra solución: Para lograr obtener un dichoso pastel de crema de coco, era imprescindible hacer una visita personal. En la primera parada, sucursal de una mediocre cadena de supermercados, el supervisor, asediado de gentes cargadas de paquetes, y apretadas entre sí, como si fuera una playa llena de focas resoplantes, confesó que nunca los hacían ni los tenían traídos de algún otro sitio. Recomendó un lugar que tampoco funcionó porque al llegar y pedirlo, comunicaron que se les habían acabado. También allí sugirieron que telefonease o visitase otra de sus filiales, donde se esmeraban en dar buen servicio, pero el número telefónico que sugirieron era nada más y nada menos que el del lugar en cual, grosero o groseros, habían levantado y colgado el teléfono tres veces sin decir nada. Con todas estas demoras, el tiempo disponible se agotaba… ya era la víspera de Thanksgiving. Apremiaba, entonces, lograr otra estrategia, de ser posible volviendo a la famosa repostería del barrio. La misma que provocó todo el problema a causa de la jactancia inicial. Sabíamos que reservar un pastel para el Día de Acción de Gracias ya no era posible. Pero… ¿y si compraba uno para ese mismo día?... el día antes... ¿por qué no?... se me ocurrió. Era un día normal, como cualquier otro. Nadie come de postre pastel de crema de coco el día *antes* de Thanksgiving. A lo mejor les quedaba alguno de sobra. Entré muy campante a la panadería, el próximo paso... el lógico... preguntar, sin demostrar urgencia, por el supervisor, no hacerle mención alguna del día de mañana, ni de frustraciones en conseguir nada en especial... actuando normal... ¿Tiene pasteles de crema de coco? Orgulloso del surtido de sabores, el supervisor anunció que sí, pero añadiendo que por supuesto, nada más que los horneaban durante el verano, aclarando innecesariamente que con la temporada ya bien adentrada al otoño no les quedaba ninguno. «Son muy sabrosos», por cierto, acotó. Sin embargo, con aire triunfal, añadió que... «Claro está... se puede pedir por orden especial pero tendría que ser para pasado mañana, porque fíjese... estamos ocupadísimos con órdenes, un libro que hace semanas se llenó de reservaciones de pasteles ya que... es el día de...». «¡Sí, gracias! es usted muy amable. Ya sé. Thanksgiving!». Sin otra idea mejor, y ya preocupado con la posibilidad de no poder cumplir con lo prometido, solo quedaba como la única solución del problema acudir a la mediocridad cualitativa de productos congelados disponibles en cualquier supermercado de cadena. Donde quiera que fuera. Había ya llegado a un nivel de emergencia, así como también a sentir una leve pero insistente desesperación.

Entregado de lleno al acometimiento, y después de haber visitado varios supermercados con los anaqueles refrigerados desprovistos de pasteles de crema de coco, y en algunos casos de todos los sabores, llegué al último de la comarca, donde quedaban cinco pasteles de crema de coco, tamaño pequeño (léase, porciones para tres personas, máximo unas posibles cuatro cuotas individuales, de tamaño minúsculo, por no decir liliputiense). La atareadísima empleada, esforzándose por demostrar buen ánimo y una esmerada atención, aunque la cara de cansancio la traicionase, dijo que esos eran los últimos que quedaban, estaban acabados de sacar del almacén y no habría más ninguno hasta que volviese el camión abastecedor para aprovisionarlos al día siguiente, o sea, el día después de Thanksgiving. Al oírle el pronunciadísimo acento cubano, resultó imposible no caer en la tentación de continuar hablándole en inglés pero para preguntarle que si era cubana, a lo cual respondió en un sajón fracturado, si no ortopédico, y con ganas de complacer, que ella era de Matanzas. Podemos hacer aquí ahora un aparte para aclarar que hay dos lugares geográficos en Cuba llamados Matanzas. Uno es la ciudad de Matanzas, la capital de la provincia de Matanzas, la cual, a pesar de no ser la capital de la nación, era llamada la Atenas de Cuba por su elegante casco histórico y múltiples instituciones culturales. Fue la cuna de poetas, del danzón y de la rumba. A la siguiente pregunta en un inglés cercano al británico de «¿La ciudad o la provincia?», ella respondió: «Cerca de la ciudad de Matanzas, bueno... y de Cárdenas». Con una sonrisa pícara le dije, también en lengua celta insular, que hubiese dejado al oyente indeciso entre sí galés o bretón: «Ah... ¡Santa Marta!». Es apropiado hacer aquí la aclaración que Cárdenas es una ciudad linda, aunque no puede competir con la belleza, arquitectura, ni cultura que se le atribuye a la ciudad de Matanzas, mientras que la historia de Santa Marta es la de un pueblo ruralote, de poca categoría, pero adonde ahora vive una gran parte de la empleomanía que le ofrece servicios domésticos a la infinidad de turistas que ocupan y hacen uso de los restaurantes y hoteles de las famosas y próximas playas de Varadero. Los residentes actuales, a golpe de chocar a diario con la divisa —o sea, tener el privilegio de acceso a extranjeros que dan propinas con dólares o euros— ya no tienen nada que envidiarle a Cárdenas, ni a Matanzas, ni a La Habana, ni a nadie. Aparte de los miembros del corrupto régimen, son la actual burguesía con mayor poder adquisitivo de la nación cubana. Santa Marta es, por tanto, un lugar próspero, deseado y hasta envidiado para vivir. Pero el pasado de Santa Marta que conservan en su memoria los exiliados que salieron de Cuba en los años sesenta, es el de un sitio mediocre y gris. Carcajeando a quijada batiente preguntó en su inglés fracturado que «Jau yu no?» o «¿Cómo lo había sabido?», reconociendo con ojos contritos el haber pecado de inexactitud con sus respuestas a mis preguntas.

Era evidente la simpatía generada por nuestro corto diálogo, porque la dependienta continuaba riéndose mientras seguía atendiendo a otros clientes, por lo que le comenté, continuando ella en todo momento con su diálogo en inglés chapurreado de recién llegada, que me era imprescindible hacer una llamada telefónica para verificar con los anfitriones su aceptación de los raquíticos pasteles congelados que allí había. Me dio su aprobación y siguió en lo suyo. En medio de los esfuerzos por establecer la comunicación con el celular, en un edificio con una recepción atroz, llegó al mostrador una corpulenta señora americana. Apuntó con el dedo índice e hizo insistentes señas para identificar, sin lugar a dudas, los cinco pasteles que estaban en la vidriera. Acto seguido, y con la misma mano, le enseñó a la matancera cinco dedos y se apuntó con la otra mano el pecho, para de esa manera no dejar duda que su intención era señalarse a ella misma como la persona que los compraba. Los cinco. Después de mirarme y hacer un guiño, o sea un tipo de gesto entendible en este caso de solidaridad, miró a quien pretendía ser la compradora de pasteles con cara de «Envaina la espada no sea que se llene de orín con el rocío nocturno» y le dijo con énfasis, ejerciendo su omnímodo poder: «No! Is solt! (¡Están vendidos!)». La que pretendía comprar los pasteles, y se negaba el papel bovino de res sumisa y paciente, hinchó el pecho y se dirigió a la matancera, en inglés, con un tono más enérgico, y actitud de ciudadana nacida, no naturalizada, al creer que el problema era que no la entendía: «Por favor —esos de la vidriera» pero volvió a recibir la misma respuesta: «No! Is solt! (¡Están vendidos!)».

Al fin la compatriota cubana con sus repudios descolocantes, frustró el empeño de que se llevase los veintiúltimos pasteles. La americana, con todo su derecho, apuntaba con cada vez mayor hostilidad a la codiciable mercancía del mostrador, la imagino pensando, están ahí y los quiero comprar. De nada le sirvió a la yanqui ponerle a la cubanita cara de arpía y bemba de mambo. La matancera, ignorándola, continuó su trabajo hasta que le ganó a la americana por cansancio y la otra, cada vez menos insistente, se fue por fin, dejándonos a la matancera, un servidor y los 5 pasteles congelados en la vidriera. Mirándome con cara pícara y en tono de exagerada curiosidad, sintiéndose con todo el derecho de una amistad procedente de una suerte de tierra de nadie, me preguntó en inglés, ya que era el único idioma en el que habíamos hablado... «Jau yu no?», «Tell me!». (¿Cómo supo?, ¡Dígame!) y entonces ya en español, más bien en cubano, preguntó: «¿Cómo supo que era de Santa Marta? ¡Usted tiene que ser cubano! ¿Es cubano, verdad?» Mi respuesta fue en español, usando el acento de cubano callejero y barriotero más marcado que pude: «¿Y si no, m´jita... por dónde tú crees que le entra el agua al coco?, ¡Japi San Giben!».

Scuderia Cuba S.A.

Palm Beach, 1985

L a pregunta de Gerry era desconcertante. Cualquiera hubiese creído que estaba desorientado al ignorar que Fidel Castro ocupaba el poder en Cuba, las complicaciones que eso implicaba, entre ellas y muy especialmente, la de no tener relaciones diplomáticas con los Estados Unidos. Pero lo conocía como un individuo que no andaba con memeces por lo que era muy en serio que buscaba averiguar ¿cómo hacer para sacar por vías legales un automóvil Ferrari que estaba despedazado en algún lugar de la ciudad de La Habana? Lo que se extraería del país serían cachos de vehículo, pues era lo único que quedaba después de un accidente ocurrido casi tres décadas antes. La fotografiada colisión había ocurrido durante una carrera de autos deportivos en la cual compitieron los choferes internacionales más famosos del momento. El auto quedó hecho añicos, sin repararse, y sin que se supiese nada más de lo que había pasado después del choque en la Avenida Malecón, ante una masa de gente enguayaberada que disfrutaba el espectáculo de la carrera Gran Premio de Cuba, el 24 de febrero del año 1958. El auto, de acuerdo con los celosamente mantenidos registros automovilísticos deportivos, nunca más salió de Cuba, dado que se cerraron las fronteras por razón de un precipitado y sorpresivo cambio de gobierno, el 1ro. de enero del año 1959. En ese mismo día de Año Nuevo fue cuando las fuerzas revolucionarias tomaron el poder del país, se instaló una versión de la cortina de hierro o telón de acero caribeño, y se aisló a la población, cerrándosele el paso por las fronteras a todos los que no obtuviesen permisos documentados, tras fatigosos procesos.

El que hacía las preguntas difíciles, lacónico y con claridad, era Gerald T. Sutterfield, más conocido por los afectivos apodos de

Gerry, Colorado, o Rojo, a los que no solo responde con afecto sino que usa al referirse a sí mismo en la tercera persona, mote más que justificado ya que en en su juventud tuvo una abundosa pelambre rojiza. Gerry había sido el dueño de agencias automovilísticas de Volkswagen y Porsches en Ohio, antes de organizar y más tarde vender Porsche-Audi of the Palm Beaches, en el Condado de Palm Beach, del estado de Florida. Después de la venta de la agencia sureña, había quedado económicamente cómodo, aunque inquieto en su nuevo papel de jubilado ya que continuaba siendo un hombre hiperactivo, trabajador, y sumamente interesado en automóviles deportivos, sobre todo de carreras. Su intranquilidad innata no demoró su empeño en que volviera, en cuerpo y alma, a la compra y venta de autos de carrera antiguos, tanto para su propia cuenta como para una larga lista de coleccionistas. Su preferencia siempre fueron las marcas de autos Porsche y Ferrari.

Ante la casi increible ignorancia de Gerry, no me quedó otra alternativa que expresarle mi perplejidad y al mismo tiempo el hecho de que apenas tenía conocimientos automovilísticos. Como alternativa le di la sugerencia de contactar a un señor que había sido corredor de autos en Cuba. Tal vez mediante él pudiese obtener alguna indicación que le orientase por dónde comenzar su búsqueda, pero le aclaré que no se forjara muchas expectativas. Tratándose de que el individuo sugerido, llamado Eugenio, pronto sería mi suegro, le pedí que no lo presionase mucho si se percataba que no podía ayudarlo. Además aparte de Eugenio, la única otra sugerencia constructiva hubiese sido rezarle a Santa Rita, abogada de los imposibles. Al fin o claudicó o comprendió que de lanzarse a conversar el tema, sentiría satisfacción tanto por el gusto con que lo haría como el que sería acogido.

Gerry había sido educado por una madre que siempre insistió en el uso de buenos modales y como resultado mucho le costaba violar el onceavo mandamiento: el que se refiere a no molestar. Fue necesario explicarle, además, que a cualquiera le agradaría conversar con él acerca de autos, debido a sus grandes conocimientos, por lo que llamar a Eugenio no implicaba ninguna molestia para este, todo lo contrario, y al mismo tiempo Eugenio era un hombre caballeroso, refinado y noble, tanto, que aun al más intolerable hijo de puta él lo calificaba de buen muchacho. De usar con fulanito el apelativo «un buen muchacho» era distinguirlo por atributos peculiares de alguien que no merecía compartir el oxígeno con el resto de la humanidad por una multiplicidad de posibles malas cualidades imaginables. Algunos individuos meritorios de esa equivocada denominación de buen muchacho dada por Eugenio lo eran o por cualidad familiar heredada por la indisputable vía genética, o porque ellos mismos, valiéndose de sus propios méritos, se labraban un camino de incorregibles e imperdonables pecados sociales, legales o criminales.

Pero volviendo a la conversación telefónica, es lógico imaginar que las expectativas de Gerry eran de baja categoría productiva, o sea, muy pocas y lejanas. No obstante, se inició de inmediato una llamada de conferencia entre las tres líneas telefónicas y para lo que fue necesario de inicio una presentación por parte mía de ambos para que pudieran iniciar el ameno diálogo. Le expliqué a Eugenio quién era Gerry, le hablé de nuestra amistad, que era cliente desde hacía años del bufete de abogados, de plena confianza, y le aclaré que el de la idea de la llamada había sido yo, que perdonase la molestia pero era lo único que se me había ocurrido para ayudar a un amigo ante mi ignorancia en autos de carrera. Quizás exageré la nota un poco, al estar tanto Gerry como Eugenio oyéndolo todo. La adulación no era un acto de sinrazón ya que pretendía expresar mi aprecio por la amistad de tantos años con Gerry, lograr la buena voluntad de Eugenio en ayudarlo, así como acercarme más al hombre que en un futuro no muy distante consentiría concederme la mano de su hija. Era una llamada con una vibra de buena voluntad para la unión matrimonial futura. (Por cierto, la boda civil y eclesiástica fue celebrada cuatro años más tarde).

Lo esencial del diálogo en inglés lo transcribo a continuación, con todos los efectos erosivos y desgastadores del tiempo, a pesar de haberlo repasado de nuevo en detalle con el Colorado al escribir estas vivencias, que datan de un pasado de más de tres décadas: Gerry, vivo prototipo de lo opuesto a un individuo ceremonioso, quebró la gélida atmósfera telefónica que envolvía al trío, anunciando que se le había presentado una interesante, a la vez que lucrativa oportunidad, la cual estaba más que dispuesto a compartir con quien lo ayudase a resolver el complicadísimo rompecabezas que tenía entre manos. Se trataba de poder hallar y luego sacar un auto de carreras de Cuba sin violar ninguna ley. Luego añadió la innecesaria aclaración: él sabía de temas automovilísticos, pero nada de cómo hacerle frente a los problemas, tanto geográficos, culturales y políticos como prácticos que ni se imaginaba surgirían. Eugenio, por su parte, declaró su buena disposición a colaborar en lo que estuviese a su alcance, dependiendo de lo que fuese el asunto, como también que a pesar de habérsele descrito correctamente como alguien que había sido corredor de automóviles en Cuba, exclusivamente de Studebakers, para ser más exacto, desde abril del año 1942, fecha de su boda, había dejado de timonear para siempre en carreras automovilísticas. Esto obedeció a que el día de la petición de mano, de quien luego obtuvo el título de ser mi suegra, María Luisa de los Reyes, ella le insistió, soltándole la petición a bocadejarro, que como condición previa a considerar y aceptar su propuesta matrimonial tenía que dejar su azarosa adoración deportiva. Por supuesto, él había cumplido fielmente con su palabra. Después Gerry aclaró que en el curso de la llamada telefónica haría ciertas explicaciones, las que requerirían quedar en la confidencia más estricta entre los tres. Añadió que estaba acostumbrado a que como yo era su abogado sus conversaciones siempre fuesen privadas. Luego de obtener la promesa de Eugenio de absoluta discreción, continuó a detallar cuál era la encomienda. Se trataba de que un amigo suyo, un coleccionista suizo de autos de carrera, específicamente de Ferraris antiguos, lo había contratado para la empresa que ya había enunciado al inicio del diálogo telefónico.

En aquel Gran Premio de Cuba del año 1958 y donde había estado el mencionado Ferrari, murieron como resultado del accidente siete espectadores y fueron heridos más de treinta. Tanto la fábrica italiana Ferrari como el historial de carreras identificaba al auto en sus archivos como un 690 MDTR 500 TRC, de color azul en la carrocería original, con una raya azul al salir de la fábrica en mayo del año 1957, pero en Cuba pintado de amarillo con una raya negra. La identificación, para un inexperto, puede resultar excesivamente técnica y difícil de interiorizar pero era solo el resumen de los siguientes datos: El número 690 es el de serie, impreso en el bloque del motor y en sus piezas más importantes, en el momento de ser fabricadas en Italia. MD quiere decir que es un Mondial, nombre dado por la Ferrari a los autos que competían con cuatro cilindros, y TR es la abreviatura de la palabra italiana Testarrosa, lo cual, traducido al español, quiere decir cabeza roja. TR es el acrónimo que le fue dado por la sencilla razón que a la Ferrari le pareció apropiado pintar de color rojo las cabezas de los cilindros de los motores usados para competir en carreras. El número siguiente, el 500, describe el tamaño del motor, número basado en el desplazamiento cúbico de cada cilindro. Entonces, eso quiere decir que un motor de 4 cilindros x 500 de cada cilindro suma en total dos mil centímetros cúbicos (2000 cc), lo cual lo hace un motor de dos litros pues un litro tiene mil centímetros cúbicos. Hasta aquí todo claro, pero falta la C de TRC, la inicial que es la abreviatura de la palabra Corsa, cuya traducción quiere decir competencias o carreras.

Era de esperar, y en eso Gerry y Eugenio estaban de acuerdo, que de localizarse el coche de carreras, estaría en manos de algún organismo del gobierno cubano o en muy malas condiciones, lo cual era lógico, atendiendo a que en Cuba no había ni piezas, ni mecánicos que supiesen restaurarlo. El motor estaría hecho añicos, la carrocería que acostumbra asentarse sobre el bastidor, revistiendo elementos, entre ellos el motor, y en cuyo interior se acomodan el chofer y pasajero, sin duda estaría separada del chasis, o armazón metálica que la soporta. Esa carrera obtuvo fama internacional por dos razones fundamentales: Por la arremetida del 690 contra la multitud que veía la carrera, choque capturado en famosas fotos y películas, y porque durante ese evento el famoso corredor argentino Juan Manuel Fangio Déramo, conocido mundialmente por *Fangio*, fue secuestrado por una pequeña banda de revolucionarios lo cual imposibilitó su participación en la competencia. Por cierto, Fangio era también apodado *El Maestro* y más cariñosamente, por un círculo de sus amistades, *El Chueco,* esto último debido a sus piernas arqueadas, de tal modo que aun cuando ponía sus dos pies juntos, las rodillas seguían separadas.

A propósito de los motes aquí listados, nos permitimos hacer un aparte para tratar el tema de algunos sobrenombres dados por los cubanos, comparándolos con los que acostumbran dar los argentinos, por ejemplo. Lo ideal es que al darse un alias se haga una serena reflexión y no simplemente adjudicarlo sin previo análisis, ya que el pobre infeliz a quien se le atribuya tendrá que sufrirlo como un atributo durante el resto de su vida. Por ejemplo... ¿no es de más longanimidad y clemencia hacia un accidentado, luego de quedársele una pierna más corta y jorobada que la otra el ser llamado El Inmortal, en vez de El Cojo? No es discutible, porque al oírlo por primera vez, tras el análisis que provoca, arribemos a la conclusión de que es porque nunca estira la pata. Llamarle El Terco a un testarudo y empecinado individuo está desprovisto de gracia y elaboración, sí El Vasco, por la quizás inmerecida fama de voluntariosos y empecinados que tienen los que ostentan tal gentilicio. Apodar a un señor que es objeto de infidelidad por parte de su pareja El Cornudo, es desoladoramente empobrecedor y no tiene tanto garbo como llamarle El Ciervo Embalsamado, ya que los ojos de este son de vidrio pero los cuernos sí que son reales.

Pero no cansemos al lector ni nos permitamos perder la hilación de lo contado hasta aquí. Volvamos con apremio a recordar que en aquellos momentos de la carrera de automóviles, Cuba estaba en guerra interna por causa de un sangriento enfrentamiento de las fuerzas revolucionarias contra el ejército nacional, en la cordillera de la Sierra Maestra, con el propósito de expulsar del poder al presidente de la República, Fulgencio Batista y Zaldívar, quien estaba determinado a erradicar la revolución e instituyó un sistema represivo para intimidar a los rebeldes. Pensaba que así controlaría los disturbios que asustaban y desanimaban el turismo, cuyo número de visitantes disminuía y, por consiguiente, bajaban las ganancias de sus casinos de juego. La prensa internacional divulgaba las explosiones de bombas en lugares públicos, los tiroteos y muertos en batallas urbanas, datos que creaban la inestabilidad y peligrosidad para el turismo, lo cual causaba retraimiento de la inversión privada de capital, y degradación en la caja nacional de caudales. Consciente de que la situación política interna clamaba por demostraciones de civilidad para el exterior, que a su vez respaldara sus intereses económicos, en febrero de 1957 Batista organizó una carrera de autos cuya pista estaría en la Avenida del Malecón habanero, para inspirar sosiego, orden y tranquilidad. La idea había sido riesgosa, pues en Cuba las carreras de autos no gozaban de popularidad y la concurrencia e interés pudieron haberse malogrado con resultados infaustos.

El nivel deportivo más alto en el mundo automovilístico es el de los eventos adonde corren los Fórmula Uno, con previa sanción de la F.I.A., siglas de la organización francesa, con sede en París, llamada Féderation Internationale de l´Automobile. Desde su temporada inaugural, en 1950, la F.I.A. ha celebrado carreras en lugares tanto rurales como urbanos, selecciones que responden a cierto carácter especial del lugar. De ser rurales, se construyen pistas especialmente para la carrera, o se aprovechan aeropuertos. De ser en centros urbanos, se escogen lugares pintorescos, como es el caso de la carrera más conocida, la famosa Mónaco Grand Prix. En todos los lugares las carreras son conocidas por el nombre de Grand Prix, tanto por la calidad de la competencia como por el premio monetario del ganador. Los resultados son recopilados y acumulados anualmente de acuerdo con un sistema de puntos que, una vez calculados, determinan los ganadores de los campeonatos mundiales. El pretencioso nombre con que Batista bautizó la carrera, Gran Premio de Cuba, evidenciaba su falta de atención o ignorancia, pues podía ser interpretado como una traducción al castellano de Grand Prix.

Para consultar algunos datos técnicos, un chofer de carreras cubano, Juan Montalvo, se ofreció para cooperar con esta obra, en mayo de 2018. Al oír el cuento, sin presiones y con una sonrisa amable, pidió que tuviéramos en cuenta todo el tiempo transcurrido, más de medio siglo, por lo cual no debíamos confiar cabalmente en su memoria. Pero como se trataba de uno de sus temas predilectos, seguidamente comentó que él había competido esa misma mañana en la carrera nacional, la que, por cierto, no había sido Grand Prix, pues el Ministerio de Deportes, lleno de presunción y ligereza moral, la había nombrado Gran Premio, porque sonaba así más importante y llamativa. Montalvo continuó explicando que allí los que corrieron fueron autos de motor delantero y acción trasera, o sea, deportivos, todos de dos pasajeros, con tonneau, lona protectora que tapa el asiento del pasajero, y que va desocupado durante la carrera. Ningún Fórmula Uno corrió en esa carrera, y por lo tanto, la carrera no había sido sancionada por la F.I.A. La memoria de Juan, quien al principio de la conversación aseguró que le cancaneaba bastante, y porque no tenía total dimensión de lo que necesitábamos saber, demostró ser precisa aunque se exteriorizaban verbalmente sus evocaciones de manera lenta. Hasta que en un exabrupto de curiosidad preguntó sin mucha diplomacia: «¡Ven acá chico!... ¿qué auto en particular es el que causa tanto pregunteo?» Al contestarle que un 690 MDTR 500 TRC, como por arte de magia se le abrieron ya totalmente las compuertas de sus reminiscencias y acto seguido, con gran excitación anímica, volcó mediante anécdotas sus tesoros memorísticos guardados en el recuerdo. Uno de ellos fue el aclarar que había probado ese auto en la Ciudad Militar de Columbia, cuando Luigi Chinetti lo trajo a Cuba para venderlo. Comentó cómo no le había complacido en lo absoluto el auto pues los frenos eran un desastre y la transmisión tampoco funcionaba bien.

Las incidencias reportadas por Juan Montalvo coincidían con el registro de la Ferrari que proporcionó Gerry. El auto compitió en el año 1957 en calidad de auto prestado por la Ferrari a un italiano, un tal Siro Sbraci, quien lo usó para competir en dos carreras italianas, la XIX Coppa Consuma y Mille Miglia. La próxima carrera que aparece en los registros fue la del 28 de febrero del año 1958, en La Habana, Cuba, justo la del famoso accidente.

A pesar de no ser una carrera Grand Prix oficial aprobada por F.I.A., los corredores más famosos del mundo participaron motivados a competir por unos generosos premios monetarios, considerados importantes en aquellos tiempos, así como por la posibilidad de disfrutar por unos días de la internacionalmente famosa vida nocturna habanera. Se realizaron dos carreras Gran Premio de Cuba, una en el año 1957 y la otra en 1958. La carrera inaugural de 1957 la ganó Fangio, quien llevaba ya para entonces cuatro años con el título de campión mundial. Amerita hacer aquí, en el año 2018, un aparte para sacar a relucir la cantidad de argentinos que son reconocidos mundialmente por monónimos, es decir, solo una parte de su nombre o por un apodo: Perón, Evita, Fangio, Maradona, Cambiaso, Messi… Hasta en Roma hay uno que se le reconoce por el irrespetuoso, aun cuando muy cariñoso, Pancho. Éste último es el argentino Jorge Mario Begoglio, nacido en Flores, provincia de Buenos Aires, y llamado en la curia pontificia por el nombre de Papa Francesco. Lo de Pancho no debe de tener conexión alguna con el nombre callejero que le dan en Argentina a los perros calientes. Quizás atribuible a venir de frankfurter = frank = francisco = pancho. (Una especulación personal, solo eso.)

Como la carrera del año 1957 había sido exitosa se decidió organizar otra para el siguiente año. Fangio volvió para competir, y después de varias prácticas en la pista, los sabihondos comentaban, *a sotto voce*, a la vez que comparaban cronómetros y sus mediciones de fracciones de tiempo, que el campeón era el favorito a quedar como ganador de la carrera, no obstante estar ya en unos momentos de su vida en que comenzaba a especularse en alta voz: ¿Cuál será la razón de su demora?, ¿Cuándo acabará de jubilarse?

Durante los días que estuvo viviendo en La Habana, mientras practicaba para la carrera de 1958, Fangio se hospedó en el Hotel Lincoln, de la Avenida Italia, número 164, el cual en aquellos tiempos, según la guía telefónica habanera, tenía el número 6-9858. Justo en el mismo lobby del hotel, dando un ejemplo de urbanidad y respeto, lo esperaron con pacientes caras de inocentes, un grupo de secuestradores, en el preciso momento cuando bajaba a comer al restaurante del lobby. Tan pronto lo vieron, lo rodearon y encañonaron. El de la pistola fue Arnold Rodríguez Camps, un revolucionario que se identificó como integrante del Movimiento 26 de Julio. Así lo contó él mismo cuando fue entrevistado en el año 1997, y añadió que la intención había sido impedir que la estrella deportiva internacional participara en la carrera habanera, y al liberarlo, 24 horas después, probar al mundo que, no obstante las aseveraciones de Batista, los revolucionarios no eran fascinerosos ni asesinos. El objetivo era este: no hacerle daño a Fangio, lo cual le fue explicado en camino al escondite. La peligrosa maniobra del recorrido desde el hotel hasta el escondite se desenvolvió con imprescindible velocidad y efectividad atípica de un grupo lidereado por un nada calamitoso aprendiz de secuestrador. Y sin lastimaduras ni daño alguno al secuestrado. Una vez que llegaron a la supuesta inexpugnable madriguera, que en realidad era una residencia familiar en las afueras del centro de la ciudad, Fangio aceptó cenar con la señora de la casa, sus dos hijas mayores y hermanos más pequeños. Hubo firma de autógrafos, conversaciones y risas como si fuese un acto social normal celebrado entre amistades. No obstante la deleitable velada, los secuestradores corrían un gran peligro, ya que de algún vecino haber reportado movimientos irregulares en el vecindario, era de esperarse que hubiese habido investigaciones, encarcelamientos y hasta torturas. Sin embargo, en una entrevista, décadas más tarde, el jefe de los secuestradores añadió que no experimentaron inquietud pues estaban seguros de que no iban a ser delatados al gobierno porque

Batista era detestado por la mayor parte de la nación. Al día siguiente, la familia entera vio la carrera, todos juntos frente al televisor, y al lado de Fangio. Una vez ocurrido el accidente, se dio por terminada la carrera y antes de que los resultados fuesen anunciados en el telediario nocturno, los rebeldes pusieron al famoso campeón mundial, en manos del embajador de la Argentina en La Habana, lo cual, por acuerdo previo, ocurrió sin intervención alguna de las autoridades cubanas. El secuestro merecía ser penado y Fangio, una vez que fue entregado, fácilmente hubiese podido identificar a los que lo raptaron por la fuerza. Pero eso nunca sucedió a pesar de no haber podido participar en la competencia, ni tampoco las autoridades nacionales podían obligarlo a delatar a sus secuestradores pues Fangio era de nacionalidad argentina, respaldado por su embajada y considerado una celebridad internacional, y por lo tanto ingobernable e inmanejable. Curiosamente, de esa relación entre el secuestrador Arnold Rodríguez Camps, y su rehén Fangio, en lugar de un recuerdo emponzoñado nació, creció y continuó una amistad que fue labrada durante esas 26 horas de cautiverio y que luego se extendería por años, ya que contactaban y se visitaban con periodicidad. Uno de los encuentros se llevó a cabo en la Cuba de los primeros años del triunfo de la revolución, momento en el que Fangio conoció a Fidel Castro. La amistad perduró hasta que el argentino murió a los ochenta y cuatro años de edad, en Buenos Aires, el 15 de julio de 1995. Por su parte, Arnold Rodríguez Camps pasó a ocupar cargos estatales importantes dentro del nuevo gobierno, como por ejemplo fue nombrado jefe de propaganda de la provincia de La Habana, y a nivel nacional integró la comisión Organizadora de la Administración Civil. Su esfuerzo le valió el recibir, durante el curso de su carrera al servicio del régimen castrista, numerosas condecoraciones y distinciones por desempeñar funciones gubernamentales, principalmente en el Ministerio de Relaciones Exteriores de Cuba, en el Ministerio de Comercio Exterior y en el de la Inversión Extranjera de Cuba. Murió en la Habana en 2011, cuando tenía 80 años.

El benévolo, apacible y confortable secuestro, un ruidoso *succès d'estime*, fue un triunfo en el sentido de haber demostrado que los revolucionarios no eran crueles y sangrientos como se le quería hacer creer al mundo por parte del regimen batistiano, y la prensa internacional se hizo eco de ello. Pero, desafortunadamente, la propaganda revolucionaria fue opacada como noticia debido al accidente del auto 690. La carrera, con la ausencia de Fangio, la iba ganando el británico Stirling Moss, cuando en la sexta de un planeado total de cincuenta circunvoluciones, el chofer cubano Armando García Cifuentes perdió el control, patinó en un charco de aceite y al continuar resbalando chocó contra la multitud. Inmediatamente después del choque, por razón del cual murieron siete espectadores, las autoridades declararon la carrera terminada y a Moss como ganador. El 690 se hizo trizas.

Luego de estas incidentales que ubican los acontecimientos en su justo lugar histórico, regresemos al hilo del diálogo telefónico y a los objetivos de Gerry, que eran buscar la vía para ayudar al suizo una vez que entrase en Cuba. Esto era un objetivo complicado para ciudadanos estadounidenses en los años 80 del pasado siglo pero no así para los europeos. La idea era que su cliente con pasaporte suizo viajase a Cuba a buscar, encontrar, comprar y pagar el transporte para Suiza de los restos del 690. En aquellos momentos, el que estuviese reducido a pedazos desordenados y con alta probabilidad de también estar oxidados, cuando fuese restaurado con dedicación y meticulosidad, elevaría considerablemente su valor monetario. La reacción de Eugenio ante la pregunta de que cómo veía la mejor manera de hacerle frente al problema fue estrambótica ya que en vez de dar una respuesta, o no saber qué proponer, reaccionó haciendo en cambio una pregunta que en aquella charla entre tres fue sin dudas muy ríspida: ¿Y quién lo quiere saber? Tratando de ser diplomático y así evitar que Gerry se sintiese herido, con palabras encomiásticas y oportunas, le reiteré a Eugenio los lazos amistosos y profesionales que desde hacía años compartía con Gerry, y seguidamente, pidiéndole disculpas por anticipado, le hice saber que su reacción había sido extemporánea. Su próxima oración retumbó sin dejar de ser afable, desde la distancia de quien jamás termina de reconocer a las personas que los rodean. Fue otra pregunta acerba... en inglés y con Gerry escuchando: Entonces... ¿se puede confiar en Gerry? Otra vez pecando de sensiblero pero urgido por atenuar la todavía más recrudecida agresividad en el diálogo, le pedí explicar su poca afabilidad al continuar preguntando insistentemente. Su respuesta me causó estupor, pues si no era una ocurrencia de mal gusto era que se estaba burlando de nosotros. De manera sentenciosa, casi sacerdotal, dijo: El automóvil es mío. Reaccioné súbitamente contestándole: Eugenio, esto es en serio, por favor, no es el momento para bromas de mal gusto. Replicó de manera instantánea: Estoy hablando en serio.

Hubo un breve silencio telefónico, hasta que Gerry intervino, sin interrumpir a Eugenio, y haciendo esfuerzos colosales para no sonar insulso ni tampoco impertinente, y con una enorme paciencia, acompañada de forzadas toses y pausas, dijo: Eugenio, por favor, no me malinterprete, porque no está en mi intención, en ningún momento faltarle el respeto, pero le informo que tengo acceso a todos los registros de autos de carreras fabricados por la Ferrari, y en ninguno de ellos aparece su nombre como dueño. Es más, el 690 chocado, del cual hablamos, no está a nombre de ningún individuo sino de una entidad llamada Scuderia Cuba, S.A. Y a continuación transcribo el resto del diálogo:

EUGENIO: «Ese es el nombre del dueño. Está correcto. ¿Sus archivos, por casualidad, indican los nombres de los miembros de la junta directiva de la sociedad anónima?».

GERRY: «Bueno sí, aquí veo un nombre... en realidad es otro nombre diferente... Aquí lo que se puede leer es el de un tal Eugenio Albarrán y Varela...».

EUGENIO: «Sí. Claro. Ese soy yo».

La Habana, febrero de 1958

Cuando falleció la viuda de Eugenio Albarrán, María Luisa de los Reyes, el 30 de junio de 2017, la difunta dejó un almacén de cajones, todos repletos de recuerdos de una vida que cesó tres semanas antes de cumplir 100 años. Allí quedaron miles, sí, miles... nada de cientos... de fotos, así como documentos, películas de bodas y fiestas de cumpleaños de sus hijas, cartas, tarjetas, apuntes, recortes de periódicos, la Gaceta Oficial de la República de Cuba con fecha del 26 de agosto de 1960, en la cual estaba publicada la confiscación de sus haberes matrimoniales, así como los de muchos de mis familiares, y suyos, y de numerosas amistades que tenemos en común. Un verdadero sin fin de objetos que acumulativamente documentaban las vidas de unos seres muy queridos. De las más insondables concavidades del almacenamiento, apareció un documento con timbres y sellos de aspecto legal. Era una copia de la Escritura Número 36 de Sociedad, otorgada el 18 de febrero de 1958, fecha en la cual comparecieron ante el abogado y notario, Doctor Mario Alfonso Caballero, el abogado Doctor Fernando de la Riva y Domínguez (esposo de la señora Aleida Averhoff y Sarrá), el abogado Doctor Faustino Leal y Diez-Argüelles (esposo de la señora Cristina González de Mendoza y Zaldo), el Señor Eugenio Albarrán y Varela, arquitecto, y su esposa, la Señora María Luisa de los Reyes y Delgado. Comparecían, con el propósito de constituir una sociedad civil anónima de plazo indefinido, denominada «Scuderia Cuba, S.A.», sin que la misma tuviese fin de lucro en sus operaciones, y domiciliada en Amargura 205, entre Habana y Aguiar, La Habana, Cuba. Es pertinente mencionar aquí que esa era la misma dirección donde residía y operaba el Bufete de Mendoza, desde que fue fundado en 1854. El capital autorizado de la sociedad anónima de plazo indefinido, fue de cien mil pesos, el equivalente en dólares, habiendo paridad entre las dos monedas en aquel año 1958. El capital se estipuló que sería representado por doscientas acciones de quinientos pesos, valor nominal de cada una, y con derecho a un voto por cada acción.

Los objetos sociales de la sociedad anónima estipulaban dedicación al desarrollo del deporte en general y en particular del automovilismo en Cuba, concurriendo a carreras nacionales e internacionales con automóviles propios o ajenos, promoviendo, auspiciando y desarrollando toda iniciativa deportiva de cualquier clase, y se aclaraba que la sociedad no tendría ánimo de lucro, pues todos los ingresos que se obtuviesen serían dedicados única y exclusivamente a sus fines sociales. Para la consecución de sus objetos sociales, la Compañía podría adquirir, arrendar o transferir por cualquier medio toda clase de automóviles, bienes muebles, semovientes, derechos reales, bienes inmuebles y otorgar todos los documentos y celebrar todos los contratos que fueren necesarios con la misma capacidad jurídica que pudiera hacerlo una persona natural en el pleno uso de sus derechos. La junta directiva, al establecerse, estaba compuesta de Fernando de la Riva y Domínguez, Nicolás Arroyo y Márquez, Eugenio Albarrán y Varela, Julio Batista y Falla, Faustino Leal y Diez-Argüelles y Enrique Mendoza y Párraga.

Este documento dejaba constancia que a pesar del estupor inicial, las aseveraciones de Eugenio no podían estar más cosidas a la realidad, al afirmar que el 690 era suyo.

La Habana, diciembre de 1958

Después de una pausa que pareció durar minutos interminables, pero que fueron probablemente solo unos segundos, Eugenio explicó que Scuderia Cuba, S.A. había sido la compañía que él había organizado con el propósito de comprar, y hasta el 31 de diciembre de 1958, día en que Batista dejó el poder en Cuba, continuaba siendo dueña de tres Ferraris. En esa fecha, dos de los tres Ferraris habían estado fuera de Cuba compitiendo en unas carreras en Nassau, capital de Bahamas, nación compuesta de un archipiélago coralino de setecientas islas y cayos en el océano Atlántico, algunos de los cuales, hasta la fecha, continúan inhabitados. En esa capital se celebraron cuatro carreras, y en todas compitió Scuderia Cuba, S.A. con sus dos Ferraris y choferes cubanos, Santiago *Cha-*

405

guito González y Manolo Pérez de la Mesa. Las primeras dos carreras ocurrieron el 5 de diciembre de 1958, la «5 lap Governor´s trophy under 2-litres heat» y la «25 lap Governor´s Trophy». En diciembre 6 hubo otra carrera, en la cual compitieron nada más que Ferraris y por fin la última llamada «Nassau Trophy» fue celebrada el 7 de diciembre. Los números que llevaban prominentemente pintados en las carrocerías eran el #61 y el #62. El mejor papel en las carreras lo hizo el #61, el cual era un Ferrari 500 TRC #0678 MDTR-57, TRC Spyder Scaglietti, RHD, de color rojo, con un triángulo amarillo en la frente. Scaglietti es el apellido del diseñador de la carrocería, Sergio Scaglietti, quien también la construyó en su fabrica llamada Carrozzeria Scaglietti. Lo de RHD quiere decir (en inglés) *right hand drive*, o sea, que el timón está, al estilo de los autos británicos, en el asiento de la derecha. El #61 lo manejó Chaguito, quien logró dos terceros lugares pero se quedó sin poder terminar la última carrera por haber sufrido una avería mecánica. El número 62, conducido por Manolo Pérez de la Mesa, era el 686, otro Ferrari 500 TRC #0686 MDTR-57, TRC Spyder Scaglietti, RHD de motor enfrente, el cual nunca llegó a hacer buen papel en Nassau ya que desafortunadamente tuvo problemas mecánicos.

Eugenio explicó que al terminarse las carreras de Nassau, no hubo motivo alguno para prolongar la estancia de los dos Ferraris en el país extranjero y al no desear incurrir en gastos innecesarios, se hicieron las preparaciones indispensables para que, sin demora, fuesen embarcados para Cuba. Al llegar a los Estados Unidos por barco, el 11 de diciembre del 1958, se produjeron fallos burocráticos, al traspapelarse unos boletos, lo cual ocasionó que se demorasen en salir del puerto de Miami. En aquellos momentos la demora se consideró mala suerte, pues la dilación causó que los dos Ferraris no pudiesen volver a Cuba antes de fin de año. El cambio de poder en Cuba sucedió inesperadamente durante las tradicionales fiestas que se celebran en todo el mundo, la noche del 31 de diciembre. De no haberse perdidos los boletos, los dos autos, embarcados en Nassau hubiesen estado el fin de año en La Habana y ante el cambio de gobierno, en la madrugada del 1ro. de enero de 1959, hubiesen sido confiscados por el nuevo régimen. Una vez que Eugenio terminó con todas esas explicaciones, se agilizó la conversación. Gerry no podía creer su buena suerte de estar hablando con el dueño del 690, el mismo individuo con quien ya habiendo entrado en confianza, ofrecía juntarse para almorzar y conversar con tranquilidad el tema del 690, en Palm Beach. Y como si todo esto fuese poco, proponía venir al restaurante, acompañado de Santiago *Chaguito* González, quien no solamente conocía muy bien el 690 por haberlo manejado en competencias, sino que prometía información de lo que había sucedido con el 690 chocado, que se había quedado en Cuba desde el año 1958. Nadie hubiera podido imaginar cuán productiva había resultado esta llamada a Gerry, y la animación de los involucrados era tanta que en ningún momento afloró el tema de cómo sería el negocio entre el grupo (que por cierto, continuaba creciendo), ni del valor de los autos, aunque lo lógico era pensar que el auto en Cuba debía de tener un valor importante ya que si no, ¿por qué tanto aspaviento? Tampoco hubo alusión alguna al valor de los tres Ferraris en el año 1958, ni en el 1985. Sin embargo, al escribirse estas líneas, no podríamos dejar a los lectores sin la información, y nos dirigimos a Gerry, quien sin dilación quiso cooperar con nuestra narrativa. Resultó ser que en uno de los reportajes trimestrales del año 2017, salió un artículo digno de fiabilidad, publicado en *Sports Car Market*, y en *American Car Collector*. Expertos en la materia hicieron una compilación de los precios medios de automóviles Ferrari, entre ellos los diecinueve que fueron fabricados en el año 1957, e identificados en la fábrica como 500 TRC. O sea, autos exactamente iguales a los tres que en el año 1958 le habían pertenecido a Scuderia Cuba, S.A. El valor promedio que se le fijó a cada uno fue de $4,252,000.00. Si Eugenio J. Albarrán y Varela, hubiera sido dueño de los tres autos en el año 2017, cuando se redactaban estas páginas, tendría en su haber un total de $13,756,000.00, es decir, casi catorce millones de dólares.

Palm Beach, 1985

Dos días más tarde, después de presentarse, saludarse, y cumplir con el resto de las habituales normas de urbanidad, cualquier observador de mediana perspicacia determinaría que en aquel restaurante de Palm Beach estaban compartiendo cuatro amigos de toda la vida, o para hacer más precisos, tres amigos parloteaban y un cuarto permanecía mudo (yo, por supuesto). Gerry, Eugenio y Chaguito conversaban entre sí de temas que les eran comunes y al mismo tiempo les causaban placer: sobre competencias; marcas de autos; mecánica de estos, con las preferencias en carburadores, motores y mecánicos; choferes famosos; las mujeres que los perseguían de carrera en carrera; los tramposos en diferentes competencias; los que fueron buenos y malos ganadores pero sin alusión alguna a buenos perdedores. También hicieron ostensible su admiración por individuos del pasado, aquellos de nombres requete conocidos, y evaluaban las ejecuciones que los convirtió de ganadores famosos a figuras internacionales, como el Marqués de Portago, Jackie Stewart, Stirling Moss, los hermanos mexicanos Pedro y Ricardo Rodríguez, Phil Hill y Alfonso Gómez Mena, entre otros. No hay que ser muy inteligente para darse cuenta que cuando uno no conoce determinadas temáticas, dominadas en una charla por expertos, lo más juicioso es oirlo todo con grán interés pero ceñirse al silencio y no participar de la acalorada conversación. Entre las menciones relevantes que intercambiaron los comensales, estuvo la que hizo Eugenio acerca de la extracción del 690. Mencionó haber recibido noticias en una carta, que por cierto ya era vieja, pues databa del 6 de agosto de 1959, por parte de un conocido de él, un tal Francisco Borden Hartman, de haber visto el Ferrari que manejó García Cifuentes en la carrera del Gran Premio, o sea el 690, completamente desbaratado en la Agencia Santé Motors, en La Habana. Esa simple mención inició lo que ya pudiese llamar el asunto de negocios, porque Chaguito continuó explicando que no solo conocía en detalle las cualidades automovilísticas del 690, al haberlo manejado cuando fue comprado por Scuderia Cuba, S.A., sino que también conocía su condición después del accidente y lo más importante de todo, que sabía exactamente dónde se encontraba el auto en esos precisos momentos en que todos ellos estaban reunidos en Palm Beach. Continuó su relato detallando cómo es que él, acompañado de un amigo suyo de confianza, alguien importante en el régimen revolucionario, lo había escondido. Nadie le preguntó quién era su leal compinche sepulturero de automóviles, ni la exacta ubicación geográfica en que permanecía soterrado. Chaguito, por su parte, no ofreció la información pero sí dejó claro que el 690 estaba en La Habana. No dijo si la ciudad o la provincia, pero que sí, que estaba muy bien ocultado y bajo tierra.

No se había llegado aún al postre, cuando ya todos los miembros de la animada conversación habían acordado que Chaguito contactaría a su amigo en Cuba para hacer las diligencias y averiguaciones pertinentes y lograr el plan de vender y sacar el 690 del país. En cuanto los trámites lo permitiesen, el ciudadano suizo viajaría a Cuba con el objetivo de fletarlo para Suiza y luego todos podrían lucrar, Gerry, Eugenio, Chaguito y el revolucionario que se había quedado de custodio del tesoro escondido. Al terminarse el almuerzo y antes de separarse el grupo, Gerry tuvo la oportunidad de acercarse a Eugenio para agradecerle su generosidad en ayudar, y su gentileza de haber venido por carretera desde Miami trayendo a Chaguito. Quedó pospuesta para otro momento la conversación que satisfaría la curiosidad de que había pasado con los Ferraris números 678 y 686 que se habían quedado atascados al traspapelarse en Miami.

Miami, 1958

Después de terminarse la semana de carreras bahamenses, los autos Ferrari números 678 y 686 llegaron a los Estados Unidos, el 11 de diciembre de 1958. Entraron al territorio norteamericano en el buque *Florida*, de la compañía naviera Peninsular & Occidental Steamship Company, con oficinas en el Muelle Municipal número 2, de la Ciudad de Miami, Florida. Los dos coches de origen italiano viajaban identificados por los controles de equipaje números

26424 y 26425, además de que eran fácilmente identificables por la numeración pintada en la carrocería: el 61 y el 62, respectivamente. Su consignatario en Miami era un tal Dr. Alberto Secco, representante designado como el individuo que se haría responsable, y actuaría en nombre de Scuderia Cuba, S.A. Él, personalmente, los había embarcado en Nassau y había estado a cargo de los autos, mecánicos y corredores allí. El individuo encargado de recibir el envío en Miami era el Señor Tacea, del Inter-Star Shipping Co. Resultó, sin embargo, que llegado el momento del desembarco en el muelle, ninguno de los dos, ni Secco ni Tacea, tenían las pruebas necesarias para recibir los automóviles. No solo no las tenían sino que tampoco sabían ni siquiera dónde estaban los recibos numerados.

Era comprensible que la compañía naviera, al habérsele pagado todo por adelantado, y sin quedarle gastos por cobrar, rehusara entregar los autos para evitar la posible responsabilidad legal, aun cuando hubiese entregado los Ferraris de buena fe, pues corría el riesgo de que quizás más tarde apareciese alguna reclamación de insospechados e inesperados terceros, argumentando ser los dueños y, por consiguiente, con el derecho de recibir los autos. Para protegerse de esos posibles hechos u otras circunstancias similares, la Peninsular & Occidental Steamship Company pedía un aval de cumplimiento firmado por un banco, compañía de seguros y fianzas, o algún individuo que se hiciese responsable, además de por el consignatario. De todas maneras, era un prerrequisito imprescindible, una condición previa para poderse emitir un *U.S. Customs Carrier Certificate and Release Order*. Todo se atascó, y, por si fuera poco, esto estaba ocurriendo justo en la temporada navideña, cuando se creaba una pausa laboral, tanto en Miami como en La Habana, y no había nadie que se hiciese cargo. Al no recibirse la documentación apropiada, por tanto, los autos de carrera fueron retirados del muelle y entregados al almacenamiento de U.S. Customs, incautados por el gobierno estadounidense hasta que se resolviese el papeleo. A razón de estos acontecimientos, claro está que no pudieron continuar su camino.

Debido a la incertidumbre causada por el desconcierto gubernamental habanero, a partir de los sucesos que se precipitaron en Cuba, desde el 1ro. de enero de 1959, como fueron el abandono del país por Batista, el «sal pá fuera» de cubanos al exilio, y la instalación del nuevo régimen de Fidel Castro, no fue sino hasta el 24 de marzo de 1959 que el Sr. Tacea, de la oficina Intra-Mar Shipping Corp, de Miami, inició el proceso para obtener la muy necesaria fianza. Todas las comunicaciones se dificultaron porque la desordenada huida de los cubanos al exilio los forzaba a irse de un país en el cual sus cuentas bancarias habían sido congeladas y dirigirse a cualquier sitio en el que encontrasen alguna manera de vivir, sin recursos, dinero, ni direcciones fijas conocidas por sus amistades. Mientras los autos de carrera languidecían en los almacenes del gobierno americano, los dueños de Scuderia Cuba, S.A. no se hallaban en condiciones de resolver algo de la situación creada pues andaban buscando cómo forjarse una nueva vida de exiliados, tras marcharse por el aeropuerto habanero de Rancho Boyeros, sentados en los últimos dos asientos que quedaban del último vuelo que salió de Cuba pocos momentos antes de que los milicianos castristas cerraran el aeropuerto, a las 10 de la mañana del primer día del año 1959. Al salir del país, dejaron atrás su fortuna, su casa, y sus dos hijas pequeñas, pero con la buena suerte de haber podido evadir una bisbiseada e inexplicable orden de arresto que se corroboró cuando ese mismo día, y también al siguiente, se personaron en el hogar de los recién exiliados, representantes de las autoridades revolucionarias haciendo preguntas sobre su paradero. Al salir, tenían en efectivo $2,500.00 en dinero americano, lo único que se pudo reunir entre amigos y familiares esa madrugada feriada de Año Nuevo. Pero volviendo a las gestiones del Sr. Tacea: una vez que los carros fuesen liberados de U.S. Customs, serían mandados a los talleres neoyorkinos de Mr. Luigi Chinetti, oriundo de Milán, en Italia, y ciudadano americano nacionalizado que había competido como corredor de autos en doce de las famosas carreras 24 Horas de Le Mans y ganado tres veces, en 1932, 1934 y 1949, antes de que Enzo Ferrari lo convirtiese en el primer agente exclusivo importador de automóviles Ferrari a los Estados Unidos. Por fin, el 12 de mayo de 1959, medio año más tarde, y valiéndose del uso de una garantía para pagar indemnizaciones, emitida por una compañía de fianzas, gracias a que fue respaldaba por un amigo estadounidense, los autos fueron liberados, puestos en un avión de Riddle Airlines, y entregados en Nueva York a la agencia de Luigi Chinetti, confirmándose la entrega el 25 de junio de 1959.

Antes de aquella llamada de Gerry, en 1985, la única otra mención del auto chocado fue encontrada en una carta que dejó la viuda de Eugenio, con fecha de 8 de agosto de 1959. La misiva consistía en toda una sarta de mentiras de Chaguito González a Eugenio, usando una sintaxis burda y transparente; era una especie de esfuerzo infantil para tratar de confundir a posibles censores. En la correspondencia, Chaguito mezcló, desordenadamente, ficciones y recuerdos de eventos que nunca ocurrieron a manera de reporte histórico. En ella Chaguito le recordaba a Eugenio que el verdadero dueño del Ferrari que quedó en Cuba era él, pidiéndole que, a su vez, le pidiese a Luigi Chinetti en Nueva York una copia de la propiedad de su Ferrari para embarcarlo a New York, donde los mecánicos de la Ferrari pudiesen repararlo debidamente. La carta comunicaba que se le había perdido la documentación original en la cual se podía confirmar que aunque los trámites de la transacción de compra habían sido hechos en persona por Eugenio, apareciendo a los ojos de Chinetti como el comprador, el dueño real era Chaguito. Todo esto era un cuento chino, supuestamente creado de buena fe, pero apropiado únicamente para el engaño de bobos inventado por Chaguito como artífice para que Eugenio ayudase a sacar el auto del país antes de que fuese confiscado. La estrategia, al fin y al cabo, no funcionó pero en la carta menciona un dato que Eugenio había estado tratando de localizar, la dirección del Dr. Alberto Secco en Nueva York. Gracias a esta información, Eugenio le pudo escribir una carta al Dr. Alberto Secco con el propósito de ver si todavía tenía los boletos números 26424 y 26425 de los autos. Dado que la correspondencia resume magníficamente los acontecimientos, amerita incluirse aquí en su totalidad.

Eugenio J. Albarrán
4600 Conn. Ave. N.W.
Washington 8, D.C.

Agosto 13, 1959

Dr. Alberto Secco
251 W. 92nd. St.
New York City, N.Y.

Mi querido Secco:

Desde Enero he estado tratando de conseguir tu dirección, y por fin por una carta que recibí de Chaguito González con fecha de Agosto 8, 1959 supe de tu paradero.

Como todos los años, embarqué para Miami el 1° de Enero para asistir al Orange Bowl coincidiendo con la ida inexplicable de Batista, de la cual me enteré a las tres de la mañana. El avión que me llevó a Miami fue el último que salió siendo las 10 y 15 de la mañana. Aunque había decidido suspender el viaje por los acontecimientos, mi familia y algunos amigos (*muy pocos*) me embarcaron a la fuerza. Ahora comprendo que tenían razón, pues de nada vale hoy en Cuba la honestidad y limpia ejecutoria que siempre me caracterizó.

Como todo lo que tenía de dinero en los Estados Unidos eran unos tres mil dólares de la operación de mi mujer el año anterior, y todo mi efectivo y valores en Cuba fueron congelados, y todavía lo están, me di cuenta que lo único de valor que tenía aquí eran los dos Ferraris que fueron a Nassau.

Entonces empezó mi odisea, la P. & O. me informó que si no le presentaban los baggage checks, no me los podían entregar. Entonces empecé a buscar tu paradero pensando que tú tenías dichos checks, pero nadie sabía de ti.

Por fin, después de más de tres meses de buscar una solución y con influencia, me entregaron los carros. Pero para cubrirse la P. & O. de cualquier reclamación, me exigieron una

413

carta, legalizada ante notario público, de alguna persona prominente de la Florida, que les garantizaran el pago de $4000.00 en caso de alguna reclamación posterior. Así es que si tú pudieras mandarme los baggage checks Nos. 26424 y 26425 para así relevar de toda responsabilidad a mi gran amigo Mr. H. Milton Link de Fort Lauderdale que fue el que me dio dicha carta.

Los dos carros están en el taller de L. Chinetti en New York. Chinetti, por acuerdo previo, se hizo cargo de todos los gastos incurridos hasta ahora, como son: storage en Miami, impuestos aduanales, flete de Miami a New York, etc. No sé a cuánto asciende el total pues no he hablado con Chinetti desde que los carros llegaron a su taller, pues la última vez que estuve en New York, él estaba en Europa. La vez anterior que hablé con él, me dijo que lo mejor sería instalar el motor bueno en el chasis del otro, y así de los dos carros podría hacerse uno en muy buenas condiciones de venta. Con lo que quedara del otro, él se pagaría los gastos ya incurridos más lo de las reparaciones.

Como es natural esta idea se produjo pensando que no podíamos contar con el tercer carro, el chocado por Cifuentes. Pero todo esto puede variar si interpreto bien la proposición de Chaguito.

Como dicha carta está escrita medio en clave, supongo que por miedo a la censura, y él me dice que tú conoces perfectamente cómo es el asunto, te incluyo con esta la de Chaguito para que me las descifres en una carta que te ruego me envíes enseguida conjuntamente con tu opinión.

Tratando con Chinetti de la venta, por medio de él, de los carros, me ha parecido que tiene desconfianza en cuanto a si yo tengo derecho a venderlos y percibir el producto de la venta. En varias ocasiones le dije que tenía en mi poder una copia, legalizada ante notario, de la constitución de la Scuderia Cuba, donde figuro como tesorero de la misma y además obtendría si hiciera falta una carta de cada uno de los otros miembros, autorizándome hacer la venta. Como tú sabes, casi sin excepción todos los miembros de la Scuderia se encuentran en los Estados Unidos y me han ofrecido todo lo que yo quiera en ese respecto. También tú sabes que tengo un pagaré a mi favor, ya protestado, por la cantidad de $12,500.00, además de más de tres mil y pico de pesos que cubrían mi aportación como accionista, más gastos incurridos en las distintas carreras en que han tomado parte nuestros carros.

Aunque me envíes la carta que te pedí, te agradecería me llamaras enseguida al teléfono EMerson 2-5055 en Washington D.C. cargando la llamada aquí. Si no estoy en ese momento en mi apartamento, contestarán en el desk del edificio y allí podrás dejar tu teléfono para yo reclamar la llamada. Lo mejor sería vernos personalmente pues tengo grandes deseos de saludarte.

Recuerdos a tu señora y un abrazo para ti de.

El Dr. Alberto Secco le contestó al día siguiente a Eugenio, es decir, con una inmediatez sorprendente. Puso en su misiva el muy necesitado punto final al misterio del traspapeleo de los boletos números 26424 y 26425 de los autos embarcados en Nassau.

New York, Agosto 14 de 1959.

Dr. Alberto Secco
251 W. 92nd. St.
New York City, N.Y.

Trafalgar 3-4612

Sr. Eugenio J. Albarrán
4600 Conn. Ave. N.W.
Washington 8, D.C.

Querido amigo Eugenio:

Unas de las pocas alegrías que he recibido en los últimos meses lo constituye tu carta de fecha 13 del actual, recibida en la mañana de hoy, y que me apresuro a contestar inmediatamente. Salí de La Habana el día 9 de marzo último, en viaje de negocios, y con la salud bastante quebrantada, y desde entonces he tratado de comunicarme contigo por todos los medios imaginables, sin resultados prácticos, hasta hace poco, en que me decidí pedirle a Chaguito que tratara de localizar tu dirección y a su vez, te remitiera la mía.

El 13 de junio vi en el Aeropuerto de New York a Manuel Ángel, quien me facilitó un teléfono de Washington de un amigo tuyo, con cuyo teléfono en definitiva no pude comunicarme. También anteriormente había dejado mi dirección en la oficina de Chinetti para que te la entregaran, y con otros conocidos traté de comunicarme contigo. Por Manuel Ángel supe que te habían ofrecido un cargo en Chicago, y a estas alturas te suponía en esa ciudad. El otro día el Gago Chomat me dijo que te había visto por Broadway, y me puse furioso porque no te había dado mi teléfono.

Por cinco meses he estado de turista por acá, y al fin el día 6 de los corrientes obtuve mi Residencia después de largos trámites. Ya te podrás imaginar cómo he tenido que arañar la tierra para poder sobrevivir, aunque mi caso era más cómodo que el tuyo porque tenía a mi madre y hermana acá, residiendo en esta ciudad desde hace varios años. En junio último llegaron mi esposa y los dos niños, y ello me tranquilizó bastante.

Por apatía no te había liquidado el año pasado los $300 tuyos que tenía en mi poder, y que en definitiva había colocado en mi cuenta del Banco Godoy y Zayán; a última hora tuve que echarle mano a esa suma conjuntamente con algunos otros fondos que poseía, y con todo ello he sobrellevado las cosas. Esta era una de las razones que me compelían a comunicarme contigo para explicártelo. Si Dios quiere, en los próximos meses estaré en posición de devolverte esos $300, que nunca llegamos a imaginarnos para lo que nos serviría. No obstante ello, si te resultan de necesidad imperiosa e insalvable en estos momentos, deseo que así me lo comuniques, para tratar en alguna forma de devolvértelos a la mayor brevedad, tal vez a través de un préstamo o en cualquier otra forma.

El próximo día 7 de septiembre salgo para Caracas, Venezuela, donde me han ofrecido un ventajoso contrato con una Compañía filial de la de La Habana, y las cosas mejorarán notablemente para mí según espero. De la Compañía de La Habana obtuve una licencia por seis meses, que se vencen precisamente ahora en agosto, y conservo en ella algunos modestos intereses que por el momento no creo aconsejable ni tan siquiera movilizar. Meses atrás estuve tentado de ir a Washington y averiguar tu dirección, porque hubiera querido hablarte de la posibilidad de meternos en un negocio de camiones para sub-contratas en el tiro de rocas y piedras en las grandes obras de por acá. Mi cuñado tiene los contactos y opera con dos ca-miones de 18 toneladas, que le producen $100 diarios cada uno. La idea era meternos de lleno tú y yo en el negocio, y si era necesario al principio operarlos nosotros mismos para ahorrar-nos los $25 diarios del chofer, pero hubiera hecho falta algún capital para el pago inicial de los carros. Si supieras que así se han acumulado varias fortunas por acá por New York y New Jersey.

Pasando a lo de Chaguito, y de acuerdo con la idea que me comunicó su amigo Hans Hirsch cuando me visitó hace varias semanas, él lo que quiere es que trates de obtener algún documento o propiedad de Chinetti con respecto al carro chocado en La Habana, como si Chaguito lo hubiera comprado directamente él cuando los tres carros se importaron, de manera que ahora pueda enviárselo a Chinetti cubriendo todas las apa-riencias en el embarque. Por su carta se desprende que ya tiene abonado el terreno para sacar el carro en esa forma, pero necesita una propiedad que justifique su posición para el embarque, desligando el carro de la Scuderia. Ahora bien, Chaguito pre-tende que con el motor del carro de La Habana —que tiene cinco caballos más de fuerza y está prácticamente nuevo—, preparar un carro para dejárselo a Chinetti a su disposición para correrlo en futuras competencias donde Chinetti pueda conseguirle un engallo, y ahora veo que también en el III Gran Premio de Cuba, donde habrá engallo según dicen, y vender el otro carro para que puedas disponer de ese efectivo.

Hace cuestión de dos semanas yo hablé con Chinetti tras-mitiéndole esa idea de Chaguito, y recabando de él tu dirección para someterla a tu consideración. Chinetti me dijo que en ese supuesto él le prepararía uno de los carros a Chaguito sin costo alguno, porque lo que le interesaba era que corriera un Ferrari con los colores de Cuba, pero yo le tengo alguna desconfianza a

Chinetti, y solamente me atendría a lo que me dijera por escrito. En síntesis, la cuestión es que Chaguito se compromete a sacar el Ferrari de Cuba, si le envían una propiedad adecuada, y si le prometen dejarle uno de los carros a Chinetti en depósito para que él pueda correrlo, donde los recursos se lo permitan. No creo que Chaguito pretenda en definitiva la propiedad de ese carro en el futuro.

Yo me limito a llevar a tu conocimiento estas ideas, y no quisiera emitir opinión alguna al respecto, pero por la consideración que te debo, y con carácter muy reservado para no herir susceptibilidades de amigos a quienes aprecio de veras, deseo advertirte que debes ser muy puntilloso en esta cuestión para evitar equívocos, o interpretaciones erróneas. Además, creo que el momento no está para pensar en carreras, que a lo mejor bastante hemos dado ya cada cual por su lado, y lo esencial es que tú recuperes la mayor cantidad de dinero posible para cubrir las pérdidas que inevitablemente te han producido todos estos sucesos desafortunados de los últimos meses. Una solución sería, si efectivamente hay engallo en el III Gran Premio de Cuba, que Chinetti por el engallo le ponga un 3 Litros a Chaguito en La Habana para ese evento, siempre y cuando Chaguito se comprometa en reciprocidad a esa atención a sacar con antelación suficiente el Ferrari chocado, y ponerlo a tu disposición que es como corresponde. El 3 Litros sería de la Scuderia de Chinetti, y lo recogería al terminar la carrera, cobrando el engallo para resarcirse de los gastos de concurrencia, etc. etc. Por otra parte, el Ferrari 2 Litros ya no coge a nadie en la pista, y donde se meta un Porsche se acabaron los Ferraris 2 Litros, estoy cansado de verlo en Lime Rock, Bridgehampton, Trenton, etc. Hay un Maserati 2 Litros, nuevo, que se faja con los 3 Litros, y pesa solo 1,100 Libras. Bueno, en definitiva, puedes tratar este asunto directamente con Chaguito y con Chinetti.

Cuando embarcamos en Nassau, todos los propietarios o encargados de los carros, le entregamos a un joven del Comité de Carreras los tickets de los carros, de aquellos que no íbamos abordo del vapor *Florida*, para que corriera los trámites en Miami, y yo dejé en las oficinas de Arents, en Miami, las chapas y las circulaciones; por algunas diligencias que hice personalmente yo, y otras que hizo posteriormente Hans Hirsch, llegamos a la conclusión que los referidos tickets se extraviaron, o simplemente los botaron al desembarcar. A mi juicio, y sin deseos de disculparme, lo que ocurrió fue que Arents no envió a nadie a esperar el vapor *Florida*, como concretamente y con toda claridad se lo pedí cuando le entregué las chapas y las circulaciones y la gente del Club de Nassau no encontró a quién entregarle los tickets al desembarcar. No pude conservar los tickets en mi poder durante el viaje, porque el oficial del Club de Nassau me los exigió, ya que él viajaba encargado de todos los carros. Ya yo escribí a Nassau a comienzos del año, y nadie me ha dado razón de los tickets. Pero no te preocupes, porque la persona que embarcó los carros desde Nassau fui yo, y los carros venían a nombre mío en la lista de carga del vapor, y nadie más que yo podría reclamarlos en ese caso. Cuando visité a Chinetti, vi que los carros tenían puestas unas etiquetas de embarque con mi nombre, así es que si quieres me remito a ellas firmándote un documento por el que te entrego los carros, que conjuntamente con las etiquetas, acreditan mi condición de embarcador. De las chapas y circulaciones de La Habana creo que no quedó ni rastro, así que no te preocupes tampoco por eso.

No soy muy amigo de lamentarme, pero creo que tendré que ir a ver una brujera, y conseguir un pase de albahaca; imagínate que Georgina mi esposa, acostumbrada a la manejadora, se puso a luchar aquí con los niños, resbaló, y al caer al suelo se fracturó por completo el brazo izquierdo, le darán de alta el 25 de este mes, y mamá, después de dos fuertes ataques a la vesícula ingresa en el Medical Center el día 18 y se operará el 20. Por todo ello no puedo permitirme la satisfacción de darme un salto hasta Washington y pasar una tarde contigo antes de partir para Venezuela. Si puedes venir por New York, avísame al teléfono TRafalgar 3-4612 la hora y estación por donde llegas para irte a esperar, no dudo que pasaríamos un gran rato y pudiéramos llegarnos a lo de Chinetti para consolarnos contemplando los carros.

Con mis respetos para tu esposa, recibe un fuerte abrazo de tu amigo,

Alberto

Palm Beach, 1985

Aproximadamente tres semanas después, el Colorado Sutterfield se comunicó con el grupo de comensales del almuerzo en Palm Beach. Su cliente suizo canceló su viaje a Cuba. Nada de lo acordado y planeado tenía ya algún sentido común. Un tal Colin Crabbe acababa de comprar el 690 en La Habana y se lo había llevado para Gran Bretaña. Meses más tarde, se supo que el 690 había sido reconstruido y transformado por un tal Neil Twyman, del Reino Unido, quien le hizo una carrocería nueva, copia del modelo 0672 MDTR, y le añadió un motor de 12 cilindros, cada uno de 250 centímetros cúbicos, lo cual lo convirtió en un motor de 3 litros, en vez de uno de 2 litros que es lo que había tenido cuando corrió en Cuba. El auto restaurado siguió corriendo en el Reino Unido, y se vendió en Pebble Beach, California, el 18 de agosto del año 2013, por tres millones, ochocientos mil dólares, y por fin volvió al Reino Unido, se le perdió ya el rastro al pasar a manos de un tal Jason Yates, el 21 de marzo del año 2014.

1987

Dos años después y ya una vez dada por terminada la ilusión de sacar de Cuba el 690, hubo una oportunidad propicia para volver a indagar acerca de lo que había pasado con los dos Ferraris que nunca habían vuelto a Cuba. Salió a relucir el tema a razón de un artículo publicado en el *Miami Herald* en el cual se detallaba el valor estratosférico de autos de carrera antiguos. Estando presente su esposa e hija, Eugenio contó con densidad confidencial cómo con la ayuda de otro corredor conocido de él, un tal Porfirio Rubirosa, había podido vender los dos Ferraris, 0678 y 0686, que habían estado en Nassau, para con el dinero de la venta poder comprarse una casa en Washington, al principio del exilio. ¿La casa de 5609 Overlea, en Bethesda, Maryland, que fue comprada al principio de los años sesenta del pasado siglo? Porque de ser esa casita, era bastante modesta, Eugenio. ¿Qué pasó con el resto del dinero? ¿Se invirtió en otra cosa? No. El producto de la venta del

0678 y 0686 sirvió para poner un depósito y entonces financiar la compra residencial con una hipoteca. Mi esposa y las dos hijas éramos una familia que acabábamos de salir al exilio, y ese dinero nos representó un enorme alivio económico. En ese entonces, octubre de 1959, cuando lo conseguimos, quedamos encantados de haber podido comprar una casa. Hay que tener en cuenta que en aquel entonces considerábamos haber tenido una magnífica suerte el obtener un empleo de dibujante en una firma de arquitectura importante de Washington, el salario mensual era de $720.00 en total, quedándose en la suma neta de $600.00, después de los impuestos.

Entre los papeles que quedaron y fueron encontrados después de la muerte de su viuda, apareció una carta del 7 de octubre de 1959, en la cual Eugenio le cuenta a Chaguito González de su éxito por haber encontrado trabajo, celebrando el hecho que con esa suma le alcanzaba para vivir modestamente con su esposa y dos hijas. Con una familia de cuatro miembros, la vida era presupuestada hasta el centavo. Por cada uno de los dos Ferraris, en aquella ocasión le contó Eugenio a la familia allí reunida, le pagaron $1,250.00. En total $2,500.00. Y habiendo llegado a un país adonde no encontraba trabajo, sin ningún otro dinero ni recurso alguno, la suma fue un alegre motivo de celebración. Pero no era verdad... y la inexactitud no fue descubierta sino hasta después de morir su viuda, quien entre la correspondencia que acumuló en vida, dejó una carta con fecha del 1ro. de junio de 1961, firmada por un tal S. Feingold, y dirigida, en una versión inglesa del nombre propio de su destinatario, a Mr. Eugene J. Albarrán con dirección en 4600 Connecticut Avenue, N.W., Washington D.C. El propósito, allí redactado y escrito con máquina de escribir, era adjuntarle un cheque por la mitad del pago total que justo había sido decidido pagársele. El Señor Feingold firmaba en nombre de Luigi Chinetti Motors, Inc. de Nueva York, notificándole que los dos Ferraris habían sido vendidos y después de cuidadosamente considerarse todos los gastos incurridos en transporte, manejo, derechos de aduana, reparaciones, reconstrucciones, etcétera, se había determinado que el valor razonable que se merecía el Sr. Albarrán era un total de $2,000.00. Le transmitían por ese medio un cheque de $1,000.00 y le anunciaban que debía de esperar el resto dentro de unas semanas o antes.

Al leer esta carta se puede concluir que a la suma recibida en su totalidad le faltaban $500.00 en relación con lo que se recordaba en el anecdotario familiar. Algo raro, aun siendo una diferencia muy pequeña, sobre todo atendiendo a la irrefutable honestidad de Eugenio y aunque la mentirita no perjudicase a nadie. Lo más probable que haya sucedido es que se sintiese tan profundamente avergonzado por haber obtenido un precio tan irredento que trató de aminorar su humillación inflando la suma un poquitico, para que pareciese un poco más decente y atenuase el impacto de los hechos. Mucho se debe haber herido el orgullo de ese hombre a quien le fascinaban los autos y era un amplio conocedor del tema. Cuando contó en familia que había vendido los dos Ferraris por $2,500.00, hubiese sido poco cortés no aceptárselo con mansedumbre acrítica, y más aún apenarlo o abochornarlo con preguntas que, dado el paso inexorable del tiempo, ya no venían al caso y lo llevarían mentalmente a lugares muy lejanos en su mente, probablemente inhóspitos. Cuando la diferencia numérica salió a relucir en el año 2017, después de la muerte de su viuda, y al revisarse la correspondencia heredada del matrimonio, la inexactitud lo que solo transmitió fue ternura.

Mapamundi Miami

Miami de Mami

Miami está lleno de comunistas. Es difícil cuantificar las veces que mi muy querida, nonagenaria, y en lo absoluto enanejada mamá se siente con la responsabilidad de enarbolar esa proclama, ni es predecible cuándo se le va a ocurrir sacar el tema. Esta mujer que nos había dado la vida a mí y a mis seis hermanos, y quien con tanta voluntad y dedicación nos había criado y encaminado, hoy le representa un esfuerzo levantarse, y con torpeza al ayudarla, tendiéndole mi brazo, siento su cuerpo lábil e inestable: la fragilidad de su vejez. Pero cuando se apasiona con el tema del comunismo, alza, junto con la voz, las cejas, al mismo tiempo que ambos brazos y coloca las palmas de sus manos abiertas hacia el cielo, como aguantando una pelota multicolor liviana, de nylon y llena de aire, y nos asevera que ya lo tenemos en Miami. Abre bien sus grandes ojos en señal de alarma y selecciona de entre sus entonaciones más fuertes, no dejándose llevar por enternecimientos, una que transmita a los que la escuchan en ese momento, la importancia de alertar su preocupante convicción. La principal causa de su enardecimiento proviene de sus ganas de alborotar, de divertirse, de su vitalidad euforizante, pero detrás de esa jocosidad se encierra una verdadera y seria razón, que es denunciar los numerosos espías del régimen cubano que nos rodean en esta ciudad. Cuando comienza con lo de los espías, inmediatamente le hacemos preguntas divertidas; esto la hace reír y relaja un poco la tensión. Mami, ¿te refieres a comunistas o ñángaras? ¿Protoñángaras o izquierdistas? A veces no se deja desorientar y hay que despistarla poniéndola a pensar en otra cosa. O saltar a otro diálogo ajeno a ese tema, lleno de sutilezas, matices, doble sentido, paronomasias, referencias y alusiones. A mi madre le gusta jugar con el idioma, ya que es poseedora de un amplio y diverso vocabulario. Pero, si aun con todas esas trampas no desiste de su propósito, llevamos la conversación hacia las letras de canciones, ya bien de su época o de nuestros años juntos en Cuba. Cantarle no ha fallado todavía, pero hacerla cantar y recordar letras de canciones, es mucho mejor. Se deja llevar cuando oye cantar, sobre todo las canciones que ella nos cantó a mí y a mis hermanos en la niñez, como por ejemplo:

Tengo una vaca lechera.
No es una vaca cualquiera
Se pasea por el prado
mata moscas con el rabo,
tolón, tolón, tolón, tolón.
Un cencerro le he comprado
a mi vaca le ha gustado...

¿Cómo sigue mami? La experiencia ha demostrado que es más recomendable evitar a toda costa que se impulse a hablar del comunismo, porque una vez que empatiza con ese tema, adquiere cada vez más velocidad, como si fuese un tren de carga descendiendo del pico de una montaña. Además, como le gusta el tema, no obstante producirle desazón, y considera que con ello le rinde un homenaje a su patria cubana, y asimismo cumple con sus obligaciones de madre, si no se le ataja y guía hacia otros asuntos, su monólogo se extendería en un alegato interminable contra el comunismo. He tratado de orientarla, indicándole que no debe de encenagarse en los tiempos antiguos, ni continuar especulando sobre lo que hubiese sido, sino que debe disfrutar de su felicidad presente, compartiéndola con sus seres más queridos, y soñar con un futuro rodeada de nietos y bisnietos. Pero esos mismos consejos que reacomodo con ostensible convicción, en los recovecos de mi mente, admito que ameritan reconsideración. ¿No será más bien una reacción al acelerado paso de este siglo XXI lo que nos está intentando cloroformizar el pensamiento para que miremos nada más que hacia el futuro? ¿No será un reflejo automático al asedio del laberinto mediático que trae constantes cambios: avances tecnológicos, reconfiguraciones geopolíticas, y por favor, no olvidemos y complacientemente apenas recordemos los problemas medioambientales? Estos frecuentes comunicados oficiales nos incitan a establecer diálogos sobre los nuevos e impredecibles horizontes, y vuelven cada vez más infrecuentes las referencias al pasado. Sin embargo, lecturas, viajes, conocimientos y experiencias adquiridas con la suma de algo de interés añadido al pasar del tiempo, enseñan al individuo atento el error que significa mirar al pasado solo como una opción. Los largos túneles de nuestro pasado desembocan en la realidad del presente. El pasado no solo es pertinente, sino hasta se pudiese considerar obligatorio para entender el futuro y hasta incluso poder aceptar con capacidad de entendimiento el presente.

En el caso de mi madre, muy diferente del mío, mirar hacia el pasado es evocar recuerdos que le provocan animosidades. Pero, para ser justo, hay que reconocer el mundo imperfecto de mi imaginación, derrumbándolo ante el mazazo de lo que ha sido la realidad materna, la verdad del pasado de ella, de mi padre y de sus contemporáneos: gente adulta con tamaños, formas, contornos, bordes, fronteras, orillas y límites; familias que comenzaban a crecer, hermoseándose, fortificándose, convirtiéndose en castas; sueños por realizar y expectativas de estabilidad económica, tronchadas por una revolución que, ocasionándoles una sensación de fragilidad, los mandó a exilarse en un país extraño, sin el beneficio de ahorros acumulados, vivienda propia, muebles heredados, colecciones de arte acumuladas por generaciones, casas de veraneo, fincas de producción agropecuaria, empresas rentables; miembros de familias cercanos, vecindarios conocidos, amistades de la niñez; sin despreciar el hecho de tener que hablar un idioma diferente, ni tener oportunidades de trabajo. Los que llegaban desde Cuba, después de haber triunfado la revolución de 1959, mis padres, sus familiares, amigos y conocidos, entre ellos, al principio del exilio en los años sesenta del siglo XX, eran gente acomodada en su país, una clase media sólida. Se encontraron ante un vendaval de adversidades: una ciudad donde eran recibidos como una pandilla de impresentables que deslucirían una población con sus pretensiones desmesuradas de establecer residencia.

Una vez que llegaban a la seguridad deseada, lo que les obsesionaba a los recién llegados era tratar a toda costa de organizarse para derrocar el régimen de Fidel Castro. Cuestión de meses, se pronosticaba. No duraría mucho más. Las próximas navidades se celebrarían en Cuba. Se organizaron movimientos políticos, abrieron campos de entrenamiento militar, mandaron incursiones clandestinas a Cuba para hacer actos de sabotaje, se hablaba de guerra. Todo esto ocurría al mismo tiempo que se trataba de enfrentar la separación de seres queridos, así como a la inverosimilitud de los fusilamientos y las inhumanas cárceles cubanas. En el verano del sesenta se abrieron campamentos secretos de entrenamiento militar, no del todo secretos ya que se rumoraba que estaban en Guatemala. Comenzaron a enlistarse los jóvenes así como los no tan jóvenes. Todos los días había reportes de algún amigo o familiar que se había ido a los campos de entrenamiento, algunos jóvenes decían haber cumplido 18 años para que los aceptaran. Otros, mayores de edad, dejaban esposas e hijos, y hasta hubo algún que otro abuelo que se enlistó y peleó; todos unidos en un mismo ideal patriótico. Se anticipaba que después de unos momentos difíciles, el esfuerzo culminaría en un triunfo, al cual acompañaría la correspondiente celebración.

El día 17 de abril de 1961 amaneció el exilio miamense con la noticia de que la Brigada 2506 había desembarcado en Playa Girón. Los partes de guerra eran desastrosos, noticias que causaban confusión y miedo, barcos hundidos, muertos, heridos, los que lograron escapar tanto por tierra como por mar, los que perecieron asfixiados al ser encerrados en un camión hermético, la falta de ayuda de los Estados Unidos que lanzó a la Brigada 2506 a una guerra, refrenándoles a última hora el prometido e indispensable apoyo aéreo. Los capturados fueron filmados desfilando en los noticieros de la televisión, humillados, vencidos, y aterrados por las represalias que tomaría el régimen. Después vinieron los juicios públicos, también televisados, donde los vejaban, escupían, insultaban y llamaban gusanos y escoria, títeres del imperialismo yanqui. Ese fue el momento decisivo. Como si de repente nos hubieran cercenado la inocencia. Se eliminaron de un golpe las menciones de vértigo de la transitoriedad, así como las exigencias de regresar a hogares natales, ya que en lo adelante lo temporal se convirtió en permanente, la demarcación del inicio de un exilio interminable. Llamarle exilio sonaba duro y grave a una vida norteamericana que por haberla visto tanto en los televisores de nuestros hogares cubanos nos resultaba familiar. Los programas de televisión que habíamos visto tenían la peculiaridad de ser traducidos y subtitulados con simultaneidad de doblaje por técnicos mexicanos, proceso que hoy en día nos llama a la risa por sus resultados. Por ejemplo, Chester, cojeando en un programa popular del oeste norteamericano que se titulaba *Gunsmoke*, le corría atrás al protagonista principal, Matt Dillon, llamándole por su nombre pero pronunciándolo en un español que el traductor decidió debía de estar influido por un acento sureño estadounidense, lo cual sonaba algo así como Seiñor Dieloen. Al comenzar la vida norteamericana, lo que imperaba para todos los emigrados era la integración, palabra que en el fondo lo que quiere decir es imitación. Algunos lo lograron rápido y con eficiencia, hasta el punto de que expusieron el carácter del recién adquirido país mejor que los mismos nativos. Otros copiaban gestos y manías verbales hasta llegar a convertirlas en caricaturas. Sin embargo, cuando lograban el objetivo inconfesable del juego de la imitación, la intención se complicaba entre el imitar y querer seguir siendo diferente, pues se volvía, al fin y al cabo, hacia lo que nunca se debió abandonar.

A medida que el gobierno de Fidel Castro mostraba señales cada vez más inequívocas de sus intenciones de convertir a la República de Cuba en un país comunista, la sucesiva reacción fue un aumento considerable de cubanos que se fueron de su país camino al exilio. Camino a un lugar donde el objetivo era sentirse seguros y huirle al muy temido comunismo. No solo por ellos sino también por sus familias e hijos, ya que se hablaba del adoctrinamiento de la juventud, de la pérdida de la patria potestad y de mandar a los jóvenes, después de separarlos de sus familias, a estudiar a la Unión Soviética. Lugares en donde antes habían sentido seguridad, ahora se convertían en un espejismo. Empezaron a llegar a Miami diariamente tantos miles de personas que la ciudad adquirió en los periódicos y en las estaciones de radio y televisión, el apodo mediático de Little Havana. En vista de la inmigración tan marcada, el gobierno estadounidense se vio en la necesidad de entregarse de lleno a diseñar estrategias tanto políticas como económicas, para evitar una concentración excesiva de exiliados cubanos en Miami y sus contornos. Una idea fue conseguir que agencias sociales y religiosas, en comunidades de otros estados del país, ofrecieran facilidades a los que aceptasen mudarse y así relocalizarlos en otras ciudades, como por ejemplo, Harrisburg, en Pennsylvania, o Billings, en Montana. Tenían como incentivo aliviar la agobiante estrechez económica en que llegaron debido a la pérdida de sus bienes y adaptarse, de sopetón, a la vida tal y como se desenvolvía en esos lugares: se les ofrecía para estimular este cambio abrigos de invierno, casa, transporte, colegios para los niños, seguros médicos y oportunidades de trabajos. Todo *sine pecunia*, o sea, gratis, por lo menos hasta que lograran establecerse e independizarse económicamente. Las invitaciones eran sinceras y sin egoísmo de ninguna índole. Al llegar a las nuevas comunidades los exiliados cubanos eran muy bien recibidos, con los brazos abiertos. Muchos aceptaron con entusiasmo y se aprovecharon de lo que les representaba una oferta de futuro y bienestar para ellos y sus familias, no obstante tener que ir a buscarla a un lugar que para un cubano recién llegado de un país tropical resultaba túndrico, frío e inhóspito. Hay que reconocer que hubo objeciones, quizás endebles pero al fin y al cabo eran quejas. La mayor parte de las réplicas procedían de los que habían sido acogidos por grupos religiosos. Con genuino fervor y proselitismo justificado, en aras de obtener conversos a la variante del protestantismo cristiano que practicaban, las familias acogedoras recibían con excesos de amabilidad a muchas familias cubanas acabadas de llegar y titiritando de frío y que habían sido

católicos desde la cuna, lo cual simultaneaba con grandes andanadas religiosas. El agradecimiento a los anfitriones siempre era váli-
do si tenemos en cuenta la dureza de las nevadas de enero o febrero en lugares como Port Huron, Michigan o Kokomo, Indiana.
Armados de espíritu aventurero, un buen número de pequeños burgueses tropicales, con motivación impostergable, se distanciaron
del resto de sus amistades aceptando mudarse al frío situación que
no los alejaba mucho de los pioneros que poblaron el oeste norteamericano. Grupos grandes de exiliados cubanos, percatándose con
agradecimiento de que lo que les habían prometido, y situados en
un lugar recóndito, decidieron sobreponerse a una vaga embria-
guez sentimental, y con disciplina jesuítica se armaron de unas altas dosis de entusiasmo, buen ánimo y se lanzaron a forjar para su
recién llegada familia un nuevo futuro. Fue un riesgo emocional
pero sensato salir de un sitio como Miami donde no había industria
ni comercio que pudiese absorber tantos cientos de millares de
emigrantes. Se propusieron que el nuevo lugar sustituyese a Cuba
y, al yuxtaponerse, la difuminase para, con el tiempo, quién sabe si
hasta la pudiesen borrar.

Una gran cantidad de familias aprovecharon las oportunidades ofrecidas, pero así y todo, la mayoría, por unidad tribal, se
quedó en Miami. Muchos de los que sí se fueron siguieron con el
recuerdo de sus familiares y amistades cubanas dejadas en Miami,
lo cual los devoró con el tiempo. Lo mantenían como música de
fondo, lamento quejumbroso, agudo y constante, añadido al hecho
de experimentar en sus propios cuerpos lo que les parecería un
clima sub glacial inhóspito. Sin importarles nada, pues estaban desesperados por irse, aceptaron hasta la posibilidad de ser llamados
personas de sucesivas y encontradas lealtades, por no decir cam-
biacasacas, con más perspicuidad; se comportaron como anacore-
tas sin fe y dejando sus adustas ciudades de vaya-usted-a-saber-
donde, dieron marcha atrás para Miami. Los que se quedaron afe-
rrados a su cabeza de playa en Miami hicieron lo indecible por avi-
zorar oportunidades, buscándose alguna manera de sobrevivir sin
romper la ley: repartiendo leche o periódicos, manejando autobu-

ses colegiales, trabajando de meseros en hoteles turísticos, echando gasolina en estaciones de servicio, lavando platos en las cocinas de restaurantes, cortando el césped de las casas de los americanos. También vendieron seguros de salud y vida, pintaron casas, cocinaron y distribuyeron cantinas. Por cantinas entiéndase envases o tambuchos de metal cilíndricos, de cinco niveles diferentes, con compartimientos que separan un contenido de otro, permitiéndose en esos espacios llevar provisiones alimentarias, como por ejemplo arroz en uno, frijoles en otro, carne en el tercer compartimiento; comidas que una vez servidas en la vajilla casera de cada uno de los clientes, constituyeran una cena hogareña. Al principio las empresas de cantinas eran operadas por norteamericanos, siendo Ivanhoe la más conocida. Sus cocinas eran comerciales pero el sistema de entregas diarias era por medio de mensajeros que usaban sus vehículos privados. Los cubanos no demoraron en copiar el sistema, y empezaron a hacerles competencia usando sus típicas comidas caseras en sus cantinas. Otros se ganaron la vida cosiendo y hasta remendando para el público; arreglando muebles y automóviles. Los que mejor resultado económico tuvieron no fueron los graduados universitarios que habían sido profesionales en su tierra natal, sino los que conocían lo que era llegar al final de su jornada laboral con sudoración fétida, hedor penetrante, áspero y oleaginoso, como los plomeros, electricistas, albañiles, carpinteros y técnicos de refrigeración o aire acondicionado. En mi caso particular, desde que me exilié hasta que me gradué de abogado, trabajé de obrero en la construcción, como dependiente en una ferretería, cobrador de fallos judiciales monetarios en nombre de una firma de abogados, tenedor de libros, modelo de ropa, parqueador de autos en hoteles, bombeador de gasolinera, asistente de mecánico, soldador de gas y de arco, y contador en varias firmas de contadores públicos.

Gordo Morales

Algunos adultos recién exiliados que eran inteligentes, imaginativos, no ajenos del todo al uso de la lisonja y con don de gente, se

430

dedicaron a vivir de rendirle servicios a sus familiares, amigos, conocidos y contactos comerciales antiguos. Asumieron, con optimismo, el mantener la unión entre grupos que, habiéndose conocido desde Cuba, se reconocieran, identificaran y continuaran su espíritu comunitario en el exilio. Esta idea podía parecer muy oportunista, podía no funcionar pues se afianzaba únicamente al vértice de la confluencia simbiótica los dos intangibles que son la amistad de años y generaciones, pero, sin embargo, tuvo éxito. Entre los muchos grupos pluriétnicos y pluriculturales que constituían la auténtica realidad nacional cubana, y que lograron mantenerse unidos, a pesar de sus recién conocidas estrecheces presupuestarias, estaban los que habían tenido cierto nivel social y económico en La Habana. Los habaneros descendientes de familias que se conocían desde la niñez formaron grupitos *cuasipequeñoburgueses* y se mantuvieron unidos durante años después de salir al exilio en 1959, ayudándose mutuamente en sus respectivos negocios. Cuando morían, sus cadáveres eran transportados a Caballero o a Rivero, empresas que habían operado en Cuba, y que continuaron haciéndolo en Miami, atendiendo con esmero la organización, celebración y, por supuesto, el pago de las pompas fúnebres. Los que necesitasen libros los comprarían en La Universal o en La Moderna Poesía. Las cenas de celebración eran en el Versailles o en el Centro Vasco, dos lugares donde al llegar el momento de la cuenta, el camarero quizás preguntase que ¿a quién le daba la dolorosa? O si no: ¿Cuál de ustedes es Míster Paganini? La referencia no aludía al nombre del gran violinista italiano de Génova, Niccolò Paganini, quien vivió de 1782 a 1840, sino al lenguaje callejero cubano en el cual Míster Paganini era el individuo apodado burlonamente así, pues después de ser sometido a una presión social abrumadora por parte de las amistades con actitud tacaña, que compartían su mesa, una vez entusiasmado por la bebida y confundido por la aparente amistad que se le demostraba, o desesperado por irse para su casa y que no lo mortificaran más, terminaba pagando la cuenta de todo el grupo en un restaurante o bar. El chiste surgía siempre después de haber ingerido bebidas alcohólicas. Los seguros se les compraban a

Pantín; para cabaretear se iba a Los Violines, Raúl´s 21 o Sloppy Joe´s, y para comprar autos se iba a cualquiera de los lotes de carros usados, operados por cubanos que cundían la calle 8 de La Sagüesera. La cuestión era aprovecharse del compañerismo importado al exilio, y usarlo para crear industrias artesanales que permitiesen ir sobreviviendo lo mejor posible hasta que cayera Fidel.

Un ejemplo de cómo obrar con despejo y habilidad fue aquel que, en un impulso de comunicación, se atrevió a imprimir, publicar y, por supuesto, cobrar un papel que presuntuosa y exageradamente llamó un periódico mensual. Ninguna de sus amistades para no ser acusados de distanciamiento de su cultura o de insumisos, dejó de suscribirse. Eso de mensual con el tiempo resultó no ser más que un decir. Envueltos por preocupaciones más arduas en sus vidas diarias, ninguno de los subscriptores mencionó la tendencia de que el folletín fuese recibido casi todos los meses, en vez de todos los meses. O de vez en cuando. La falta de constancia fue aceptada como parte del estilo cubano de que las cosas son así. El dueño, quien nombró la publicación *El Periodiquito*, había sido abogado en Cuba, y al no poder ejercer como tal en los Estados Unidos, abrió una agencia de pasajes, organizó viajes y actuó como editor y reportero de la publicación. Cuando se le presentaba un viaje, el editor demoraba la tirada de los folletines; a veces hasta por varias semanas. Lo que nunca demoraba era el cobro de las suscripciones. Cobraba una suma que, aunque modesta, era objeto de frecuentes y cada vez más humorísticas acusaciones de lucro por parte de sus amistades. Al estilo cubano, nada de a sus espaldas, encarándolo en fiestas y reuniones sociales, pero eso sí, siempre con chistes simpáticos y sin la intención de herirlo. Uno con ganas de divertirse a costa de las cuotas, calculó que la suma cobrada por el folletín, perdón... periódico, excedía el costo de suscripciones a publicaciones internacionales que eran distribuidas semanalmente, sin demora de ninguna índole, con noticias de actualidad muy bien investigadas, escritas por escritores consagrados y con fotografías de fotógrafos famosos en colores. No como *El*

Periodiquito, cuyo nombre, no obstante haberse protegido como marca registrada, contenía, fundamentalmente, chismes sociales de un grupo muy pequeño, fotos mal tomadas en blanco y negro, así como las innumerables, incansables e interminables opiniones políticas, nacionales e internacionales del Dr. Manuel R. Morales Gómez sobre estos temas, y desde su agencia de pasajes Morales Travel, mejor conocida por la Agencia del Gordo Morales. El apodo, por cierto, no distaba de coincidir con su apariencia física.

El Periodiquito, adhiriéndose fielmente a la noción de que periodismo es el uso de palabras largas para ideas cortas, no tenía una política editorial ambiciosa ni presuntuosa, pues se enfocaba en un solo objetivo: el derrocamiento del régimen castrista. La publicación acostumbraba a comenzar con una cordial nota que firmaba el editor, a la misma vez que dueño, donde pedía excusas a sus fieles suscriptores por no haberles hecho llegar a tiempo el número retropróximo. Este mismo ejemplar, que contenía la excusa, acostumbraba llegar también con fecha tardía. Acto seguido daba una serie de razones por esta tardanza que variaba desde que había estado haciendo muchos viajes, a que en su desempeño como reportero social simplemente no daba más, pues no paraba de ir de una fiesta a otra. Quien desconociera la popularidad del Gordo Morales hubiese creído que el lector quizás podía ofenderse al sentirse manipulado. Sin embargo, los lectores eran sus amigos de toda la vida o se contaban en el grupo de los nuevos ricos que aspiraban a ser confundidos por aristócratas arruinados y por lo tanto amigos vitalicios del editor. Estos últimos, siendo listos, se habían dado cuenta de que no era de buen gusto quejarse por el incumplimiento en las entregas de la publicación. Esto hubiera quedado muy fuera de tono. Una vez satisfecho con su propia explicación, el Gordo acostumbraba abrir el equivalente a su página editorial con una carta pública que no era ni más ni menos que un reportaje político, tanto nacional como internacional, acompañado de su inevitable pronóstico para su querida patria natal, que por supuesto había sido Cuba antes del triunfo de la revolución de Fidel Castro.

Los comentarios políticos no eran, en lo absoluto, fruto de una estudiosa investigación del asunto a tratar, y mucho menos tenían algún nivel de raciocinio, sino eran una oportunidad de publicar lo que el Gordo y sus amistades pensaban y conversaban, así como sus quejas y chismes del momento. No eran estudios de política preparados por un cuerpo de periodismo, y mucho menos él era un minucioso y exhaustivo recopilador de datos e ideas, trabajando junto a un destacamento de investigación y desarrollo, después de lo cual se comprobaba, verificaba y corroboraba antes de ser finalmente aprobado por un departamento editorial que tomaba la decisión final para verificar que los puntos de vistas por expresarse y distribuirse compaginaran con la política de la publicación. No. Nada de eso. La carta abierta, pública y firmada por el Gordo, era dirigida a sus suscriptores, en esencia sus destinatarios, pues era a quienes les dedicaba su correspondencia. Los identificaba comenzando con un simple Amigos Todos, que al fin y al cabo era lo único indiscutiblemente cierto. Desde el texto de aquel bienintencionado documento se lanzaba con su verbosa diatriba enzarzándose en proclamaciones enfervorizadas. Reportaba a sus amigos que las fuerzas del mal se confabulaban para destruir la civilización occidental por odio y envidia a los Estados Unidos. Abominaba a sus enemigos sin pelos en la lengua ni editor que le filtrara su apasionamiento. Arafat era un piojoso. Fidel Castro un repugnante asesino. Ayatollah Khomeini era senil y traicionero. La Pandilla Roja estaba compuesta por Ted Kennedy, Tip O´Neill y George McGovern. J. Edgar Hoover y el senador Joe McCarthy eran tremendos patriotas, erróneamente condenados por la historia como cazadores de brujas, pero como decía él... hasta ahora solo por eso... insinuando, claro está, que con el pasar del tiempo la historia los absolvería.

De la política saltaba a la lista de gente que habían pagado o renovado su suscripción y desde qué parte del globo terráqueo. Esto era muy interesante para poder saber a cuál lugar se habían tenido que ir a vivir (¿sobrevivir?) amistades que cuando vivían en La Habana se veían todas las semanas. Acto seguido continuaba explicando lo mucho que se divertirían sus suscriptores si lo acompañaban a Egipto, Lago Maggiore o Alaska en uno de los viajes planeado por su agencia de pasajes. La carta pública terminaba con alguna que otra mención fervorosamente religiosa que animaba a sus lectores a poner fe y esperanza en Dios para iluminar al presidente estadounidense, concluyendo que esa iluminación lo llevaría a tomar medidas para lograr una solución justa, completa y valiente al pavoroso problema del terrorismo, amamantado por el sangriento comunismo internacional. En otras palabras, a mi entender, le suplicaba a todos sus lectores que le rezaran a Dios con mucho fervor para que alguien acabara de asesinar a Fidel Castro.

Sería una injusticia afirmar que la publicación no era amena, porque sí lo era. El Gordo Morales tenía mucha simpatía y carisma, y *El Periodiquito* reflejaba su personalidad. Se volvía más entretenido, por supuesto, después de pasar por la parte en la cual compartía sus ideas políticas. En otra sección acostumbraba incluir una buena dosis de nostalgia relacionada con el bienestar de tiempos pasados. Sacaba del baúl sin fondo recuerdos colectivos, tantos suyos como de sus lectores/contribuyentes; recuerdos perdidos de la vida habanera antes del triunfo de la revolución de Fidel Castro, seguidos después de noticias de nacimientos, bodas, graduaciones y otros acontecimientos sociales a los cuales el Gordo Morales, sus amigos o grupos de viajeros de Morales Travel habían sido invitados. Todo lo que escribía iba siempre acompañado de fotos. Muchas, pero muchas fotos, con muy baja calidad artística pero lo suficientemente buenas como para cumplir su función de que los lectores pudiesen discernir quiénes eran los invitados y deducir, ante las ausencias en las fotos, la lista de los que no estaban por no haber sido invitados. ¿Subliminal o posiblemente real insinuación bienintencionada del subtexto? Cómpranos todos tus pasajes, seremos muy amigos y estarás muy en onda. Ese era el significado inequívoco que se desprendía del esfuerzo del Gordo Morales, filtrado tras el umbral de la conciencia. Por último, *El Periodiquito* daba noticias de viajes hechos, haciéndose y por hacer, con sus respectivas invitaciones a sumarse a giras turísticas dirigidas a lugares maravillosos, por precios módicos y con amigos de toda la vida. Divertidísimos y fascinados disfrutarían de experiencias y lugares donde no se hablaba del problema: el comunismo cubano.

No queriendo que sus amistades permaneciesen en la inopia, el editor aprovechaba la oportunidad periodística para, cautivadoramente, sin reportar desavenencias ni fisgonear en la vida de los demás, incluir fotografías y recuentos de fiestas en Miami o en casas de cubanos en cualquier parte del extranjero; de donde fuese que lo invitaran. La idea era mantener al grupo informado sobre sus amistades y seres queridos y zarandearlos con el afecto de siempre. Comunicándoles un: Estaremos en el exilio pero no por eso deja de seguir todo igual. La realidad era que cuando llegaba *El Periodiquito* al buzón de correo de los cubanos que vivían fuera de Miami, se infectaban de nostalgia en sus residencias de las tundras norteñas. Cuando a esos mismos individuos que leían el reportaje del Gordo en sus casas con calefacción les llegaban sus vacaciones, el Gordo Morales les vendía pasajes de avión para que veranearan en Miami, así como también se los vendía a los que vivían allí pero viajaban a visitar las zonas frígidas para poder ver la nieve y, por supuesto, a sus familiares y amigos. Sus precios tenían la reputación de ser siempre los mejores.

El Gordo vendía el noticiero repleto de anuncios de empresas de cubanos recién llegados, dispuestos a proporcionar ayudas inestimables para cualquier tarea, desde costureras y *babysitting* hasta florerías, restaurantes, y contadores así como también de aquellas compañías estadounidenses establecidas como Dios manda, es decir, con acciones en la bolsa de valores neoyorquina: aerolíneas internacionales y empresas bancarias nacionales. La cuestión era mantener informados y conectados a los recién exiliados enanoburgueses para ayudarles a vencer las estrecheces económicas en una ciudad cuya industria principal era el turismo invernal.

Por muchos años, durante su estancia en ciudades norteñas, y por consiguiente distanciados geográficamente de Miami, mis padres seguían comprándole sus pasajes de viaje al Gordo Morales,

436

pues era el amigo. Cuenta mi madre que habían sido vecinos cuando nuestras familias, habiendo tocado fondo, vivían en una casa prestada en Hialeah. Según la buena memoria de mi madre, la marca registrada le fue otorgada a *El Periodiquito* por el Secretario del Estado de la Florida, el 18 mayo de 1967, a la petición número 909119 presentada por Manuel R. Morales Gómez, quien dio una dirección en 6104 West 14 Avenue, Hialeah, Florida 33012, es decir, a unas cuadras de nuestra casa. Mi padre y el Gordo Morales se veían en fiestas de amistades comunes. Era una amistad sin valor económico intrínseco, pero sí históricamente emocional, algo así como un valor familiar, aunque todavía más práctico que la pintura de un antepasado. Y es que cuando se lee un testamento frente a los familiares, con frecuencia llega el ceremonioso momento del traspaso de los óleos ancestrales del difunto. En un inicio la herencia puede ser recibida como un bien intencionado privilegio, concedido por el difunto al heredero, que viene acompañado de la responsabilidad de haber asumido un compromiso de cariño, quizás hasta contraído en el lecho de muerte y en los momentos agónicos del difunto, sellados con balbuceo de cuatro subjetividades imprecisas y poco airosas, así como lágrimas de dolor. Más tarde viene el futuro, o sea, el pasar del tiempo con su correspondiente variedad de reacciones demoradas. Están los que reaccionan atesorando su herencia por aquello de mantener para siempre la historia familiar, o quizás por enterarse de que los óleos han sido pintados por artistas de renombre, quién sabe si hasta museísticos. También están los que no saben cómo desempercudirse de la conciencia requete sucia por rehusar vivir con un mal pintado, oscuro y depresivo cuadro de una tía solterona bigotuda, que murió hace ya más de cien años, mirándonos con expresión que ya no parece tan soñadora sino aguda e intimidante. Ni hablar del consuetudinario malestar emocional al no querer colgarlo en medio de una decoración moderna. Y por último, de vivir aterrado de que el resto de la familia se entere dónde está: del consciente acto nefando de haberlo amontonado con otros trastes viejos en el garaje, sótano, o hasta sitios peores.

Yo nunca visité su agencia de pasajes pero tampoco era imprescindible para imaginármela funcionando como el resto de las muchas otras empresas cubanas que sí visité cuando se rehicieron en Miami, brotando de las llamas revolucionarias, como un ave fénix cubano. Se establecían en el exilio reglas ceremoniales provenientes de costumbres ajenas a las de los Estados Unidos. Encontrábamos despachos de dueños de las empresas con una bandera cubana colgada de la pared y con una cinta negra para indicar luto patriótico; oficinas con imágenes de la Virgen de la Caridad del Cobre, Patrona de Cuba, y el infaltable mapa cubano, con tachuelas incrustadas, indicativas del *provenance* del magnate que presidía la empresa. ¿Qué era de esperarse? ¿Trajes de librea o comportamiento indobritánico? Era algo así como el ministerio de un país tercermundista regido por protocolos. Eran costumbres anacrónicas y postizas pero cómodas. Digamos que si bien no eran de un período de la vida de la humanidad subsiguiente a la prehistoria, habían sido traídas mediante las tradiciones orales. Al llegar, el cliente era recibido por una recepcionista que todo el mundo saluda. Inmediatamente reciben el ofrecimiento ¿Algo para tomar?, lo cual es el código para brindar café cubano. La recién conocida recepcionista continúa preguntando inequívocamente al consumidor del divino elixir si ¿Tú lo quieres con mucha o poca azúcar mi vida? Lo de mi vida no es para dar confianza ni mucho menos, sino una invitación a intimar. Es una manera de prodigar una ternura empalagosa que es pura apariencia pero en realidad no quiere decir nada. Es más, ella lo dice automáticamente y sin olvidársele que su novio le ha dicho que está buenísima y que tiene que cuidarse ya que cualquier hombre que la mire tendrá unas ganas incoercibles de besarla y de mucho más. Una vez resuelto lo del café, la recepcionista se vuelve a concentrar en la lectura de su novela o revista con ocasionales interrupciones para contestar el teléfono en un mal pronunciando inglés y a una velocidad de vértigo. Los sonidos son tan incomprensibles como los sortilegios de un babalao afrocubano de Regla. Mientras tanto, el cliente recién llegado se suma a los que esperan para hablar personalmente con el dueño. En la espera, el impaciente cliente se proyecta como un individuo clásico en estilo y apariencia, autoposeído, fruto de una heredada e inconsciente alta autoestima; tamborilea con los dedos en la superficie más cercana y cómoda, mira el reloj con una improvisada expresión que es una mezcla de pensativo con angustiado. De manera ocasional emite resoplidos profundos, sonoros, intercalados entre las respiraciones normales, fingiendo no querer interrumpir para preguntar hipócritamente si falta mucho para ver al dueño, es decir, al Gordo Morales. Como es lógico había empleadas de sobra dispuestas a atender y resolver cualquier problema que tuviesen los futuros viajeros pero todos los clientes esperan, prefieren y hasta insisten en ser recibidos por el dueño, y este también prefiere verlos personalmente. Al final del protocolo de la espera hay un efusivo abrazo de recibimiento, expresiones de sorpresa ante la inusitada suntuosidad de las oficinas de la empresa, cuentos de ambas familias, los últimos chistes y chismes de la comunidad miamense, de la política internacional, nacional y de Cuba. A todos les llega el momento de ser pasados al despacho, y al final el Gordo los lleva a que su asistente especial les resuelva enseguida. Acto seguido ya está el próximo cliente esperando por el mismo proceso protocolar. Las sillas de visitas frente al escritorio señorial no las concibo enfriándose durante el día.

Me alegro de no haberle comprado los pasajes de avión al Gordo Morales cuando fui a la isla alemana llamada Kampen, donde hay playas nudistas. De seguro hubiera convertido su recibimiento familiar en un saludo de cierta mala cara, me habría enanizado con la mirada, habría engolado la voz como un personaje pomposo y un exagerado temblor, tendría una rápida palpitación de la nariz que delataba una pobre actuación de alguien alterado, pero sintiéndose libremente autorizado por las circunstancias a demostrar su incomparable aptitud para el pasatiempo habanero internacionalmente reconocido como choteo. En algunos países latinoamericanos se hubiese llamado cargosear, importunar, molestar, y hasta hinchar las pelotas. Con la peculiaridad de que en este caso en particular el dueño optaría por pretender estar hablando en el tono más mesurado de que fuese capaz en estas circunstancias, sin dejar de adoptar aire de supuesta indignación. Diciéndome algo parecido a: Pero explícate un poco. ¿Cómo es esto? No entiendo del todo bien cómo es que un estudiante betlemita como tú, que asiste a misa, de confesión y comunión casi diaria, practicante de la fe católica con disciplina militar javierana o loyola o como sea que los llamen a ustedes, pero que al fin y al cabo son como soldaditos que marchan al compás del tamboril jesuítico, ayunando con frecuencia y vaya usted a ver si hasta en algunos casos no llevan cilicio... Tú ahora me vienes con que vas a una playa donde machos y hembras con la desvergonzada actitud de exhibicionistas irrecusables orean sus bajo vientres, pubis y demás públicamente ¿Tú también vas a sacarte el "chocolate" y ponerte a desencresparte al aire libre?

Han pasado más de cinco décadas desde que Fidel Castro llegó al poder y las nuevas generaciones de cubanos han transformado la ciudad de Miami, convirtiéndola en un centro internacional de las artes, el comercio y las finanzas, donde el ardor anticastrista ha menguado por razones cronológicas y sus consecuencias necrológicas. De la generación de los primeros exiliados de los años sesenta, cuyas carreras y empresas cubanas fueron truncadas por fugarse al exilio, ya quedan muy pocos remanentes. Siguen intransigentes y hay quien los llama los recalcitrantes. La desmemoria aumenta a pasos agigantados porque los que se identifican como cubanoamericanos y por consecuencia no ser productos de la revolución, son individuos nacidos fuera de Cuba de uno o más padres cubanos. Su lealtad, al identificarse como cubanoamericanos, se debe al cariño y respeto por los recuerdos de sus padres, o abuelos, y no por haber pisado ni conocer Cuba. De haberla visitado, hubiesen encontrado una versión irreconocible de la de aquellos que vivieron su cotidianidad antes del 1ro. de enero de 1959. Todo lo que resumía y compendiaba la Cuba que vivieron los primeros exiliados murió con ellos. Existe la expresión de que cuando uno anuncia ser católico a su manera lo que describe es otra manera de no ser católico. ¿Si se reemplaza la palabra católico con la

palabra cubano, no es más o menos lo mismo? En otras palabras...
¿basta con la intención? ¿Son cubanoamericanos virtuosos o vir-
tuales? Pregunta imponderable, pero hay recursos para responder-
la, si por ejemplo se tiene en cuenta que quienes quieren ser y dicen ser cubanos, confiesan no sentirse cómodos leyendo en español
y les resulta difícil, si no imposible, escribirlo. Se niegan a usar
palabras como cacofonía y culata por temor a ser acusados de groseros e irrespetuosos. No son estas líneas una crítica a lealtades
adquiridas. Todo lo contrario, oír a un muchacho que nació, se
crió, estudió, se casó y tuvo hijos sin haber pisado Cuba en su vida,
identificarse como cubano o como cubanoamericano es motivo de
ternura. Ese individuo cuando asevera que tiene raíces cubanas está
lleno de amor, está haciendo sus declaraciones con fidelidad, devoción y nobleza.

Continúan arribando exiliados de Cuba a una ciudad de
Miami hiperpróspera, con la diferencia de que los que ahora llegan
se encuentran con los que llegaron al principio del exilio, en los
años sesenta del pasado siglo, comportándose como hombres in-
vestidos de poder, seguros de su posición económica y deseosos de
infundir respeto. Los más recién llegados son productos de la revolución, pues nacieron, estudiaron, fueron pioneritos y se crearon
dentro del medio ambiente de supervisión continua del Comité de
Defensa Revolucionario: El CDR o comité de barrios, que supervi-
sa hasta el sofoque la vida de los vecindarios cubanos y reporta
irregularidades de comportamiento al Ministerio del Interior del
régimen castrista. Sin sobredimensionar el elevado número de interpretaciones del porqué, y tampoco inyectarles un carácter caricaturesco e inauténtico a sus razones para exiliarse, limitémonos a
reportar que todos los que llegan tienen cada uno su cuento, su razón e historia: dicen haber sido de El Vedado o de Centro Habana
y que se tuvieron que ir por oponerse vehementemente al régimen
castrista. Llegan aquí habiendo sido educados por el régimen y esperan encontrar una ciudad poblada de fanáticos incontrolables en
la que se les atribuirán gozosamente todo tipo de defectos, iniqui-
dades y perfidias. Se distinguen por su diferente modo de hablar;

se les escapan, sin darse cuenta, palabras de poco uso entre los cubanos exiliados años atrás o dichos y terminología identificables con el argot de la burocracia cubana. Son seres descolocados que buscan acomodarse en un nuevo submundo con principios importados, y conducta intachable, medida por una nueva escala de valores, atrayendo sobre sí las indeseadas miradas ajenas de reconocimiento, al haberse involuntariamente descubierto.

Con el pasar de las décadas, desde el cambio de gobierno, han seguido llegando cubanos de todas las esferas sociales, creándose en el exilio una diversidad que no trajo el primer grupo en llegar, entre otras muchas razones por las que entrañan las religiones, la tradición, la educación, la moralidad, las maneras de nutrición, diferencias políticas, de edades y costumbres sociales. Tampoco soñaron los burgueses adultos exiliados de los años sesenta del siglo XX que los Hermanos Castro seguirían en el poder en el año 2015, ni mucho menos que nunca regresarían a Cuba y morirían en el exilio. Ni que sus hijos convivirían y tendrían lazos de amistad con los hijos de las personas que fueron a despedirlos al aeropuerto vociferándoles rítmicamente junto a los milicianos del régimen castrista, entusiasmándolos y persuadiéndolos, de que la convicción del pueblo era que ameritaban ser llevados al ¡Paredón!, ¡Paredón!, ¡Paredón! Pero así ha sido, porque es difícil culpar a un refugiado político por el comportamiento de sus padres; sobre todo cuando el individuo recién llegado nació en Cuba después de 1959. No es justo que se les condene por tratar de sobrevivir.

Ya hace más de medio siglo del triunfo de la revolución cubana. Las estrecheces económicas de los primeros en llegar son cuentos que ya nadie hace, y cuando ocurre ya nadie quiere oírlos. Sufren del mismo desinterés popular que se encuentra el exiliado cubano si se atreve a contestar el teléfono del cuarto de hotel en Cuba con la consigna «¡Patria o Muerte!» y espera ser respondido «Venceremos». Aquí en el exilio las costumbres cubanas han cambiado también. En muy pocas casas se puede decir que el español continúa siendo el idioma del hogar.

Merodeadores

Un día le llegó a mi esposa, Jackie Albarrán, una novedosa oferta que ofrecía una manera mucho más agradable que la acostumbrada, hasta esa fecha, para arquitectos que como ella querían cumplir con sus obligaciones profesionales, requisitos estatales imprescindibles para poder mantener una licencia activa en el estado de Florida. La invitaban a cumplir con la ley viajando a un lugar exótico en vez de pacientemente prestarle atención a un profesor, o peor aún, a una grabación ya bien fuera de audio o de vídeo, durante el transcurso de largas horas, enclaustrada en un aula. La norma tradicional había sido registrarse en cursos que requerían la asistencia a saloncitos estériles, en hoteles locales, para una vez allí sentarse días enteros a oír necesarias pero extremadamente cansinas explicaciones de expertos que enumeraban, por ejemplo, los requisitos reglamentarios de fabricación de acceso a edificios para personas minusválidas.

En el año 1998 sus opciones cambiaron favorablemente al recibir la novedosa invitación de viaje de estudios. La proposición explicaba que en vez de ir a clases de arquitectura tenía la alternativa de apuntarse para hacer un viaje educativo, organizado por arquitectos y para arquitectos. El plan implicaba hacer un viaje aéreo a Perú para una vez allí visitar Cuzco, Machu Picchu y el resto del Valle Sagrado de los Incas, lo cual incluiría, por ejemplo, lugares como Ollantaytambo, al lado del río Urubamba. La idea infundía entusiasmo entre los profesionales y fue aceptada por un gran número de arquitectos, todos motivados por la nueva y muy atractiva opción. Aparte del interés por conocer de cerca la cultura inca, seducía la idea de pasear por las calles de una ciudad colonial que en su momento fue la capital del Imperio, construida en el siglo XVI, usando de cimientos las estructuras que los incas fabricaron en el siglo XIII.

Aunque la arquitectura me interesa, soy abogado, así es que en el viaje iba de acompañante. ¿Consorte o con suerte? Yo era el único hombre que no era arquitecto, e iba encantado de internacionalizarme, sofisticarme y mundificarme cada vez más, ya que además del interés artístico e histórico por visitar un país que no conocía y aprender su cultura prehispánica, el viaje tenía el atractivo adicional que le sumaba estar bien cerca de la literatura latinoamericana. Es apropiado hacer aquí un comentario intimista acerca de cómo volaba mi imaginación con la idea de que no dejaría de encontrar alguna que otra librería antigua con anaqueles polvorientos, en los cuales habría quién sabe qué tesoro esperando ser descubierto desde el año de la nana, como hubiera podido ser quizás una obra publicada por algún príncipe inca educado en España, como lo fue Garcilaso de la Vega, autor de *Comentarios reales*, hijo del conquistador español Sebastián Garcilaso de la Vega y de la princesa inca Isabel Chimpu Ocllo, cuyo nombre cambiaría por el castellano Isabel Suárez Yupanqui.

La variedad y cantidad de librerías cuzqueñas no me decepcionó. Los libros, tantos nuevos como usados, se encontraban amontonados de tal manera que era difícil, si no imposible, discernir su orden. ¿Alfabético? ¿Por título o autor? ¿Cronológico? No me quedó otra alternativa que preguntarle a los libreros, en sus dobles papeles de dueños y dependientes de sus propios establecimientos. A pesar de recibir explicaciones larguísimas y confusas, para al final convencerme de que el orden era antojadizo, y correspondía con las excentricidades de cada propietario, la experiencia de explorador de librerías fue grata pues estos eran lectores ávidos y conversadores gárrulos. Las charlas no pudieron resultar más amenas. Eran verdaderos ratones de biblioteca, con ganas de intercambiar impresiones, oír, dar opiniones, y demostraban su entusiasmo por tener un posible comprador interesado en parte de su inventario.

En una de las librerías con buen surtido, tanto de obras literarias como de simpatía del propietario, surgió el nombre de Alfredo Bryce Echenique, escritor contemporáneo que participó del *boom* latinoamericano al coincidir esta corriente literaria con los años que el escritor vivió en París. No había leído nada de él ni sabía de su existencia, comencé a conocerlo cuando compré, y luego leí su novela *No me esperen en abril*.

Cuando encuentro un libro que me gusta, peco de la debilidad de querer leer otras obras del mismo autor, compararlas, ver cómo las arma, estudiar su desarrollo como escritor, en fin, ¿para qué seguir justificando, en vez de resumir y reconocer de una vez por todas, que desde entonces he leído todo lo que Bryce Echenique ha publicado? Por supuesto, antes de hacer el viaje conocía y había leído casi todo lo disponible en librerías estadounidenses de Mario Vargas Llosa, pero de todas maneras busqué y pregunté por su obra. Todo parecía indicar que las librerías no tenían nada que yo no hubiese leído de este autor hasta que por fin el dependiente de una librería preguntó, ya por último y camino a darse por vencido: ¿Imagino que ya se ha leído *La tía Julia y el escribidor*? Así era. Y entonces se le iluminó la cara al ocurrírsele inquirir que si también había leído el libro que escribió la tía Julia. No, ese no, le respondí. ¿Vale la pena? Hasta ese momento no había tenido ni idea de que la tía de Mario Vargas Llosa, Julia Urquidi Illanes, fuese una escritora. Sabía que además de ser su tía había sido su primera esposa, y que tenía unos cuantos años más que él.

Mario y Julia se enamoraron, casaron y se fueron a vivir a Francia, no obstante la oposición de la familia de ambos. Después de haber estado casados cierto tiempo, a Mario se le ocurrió invitar a una prima a vivir con los recién casados en París, dándole de esa manera una oportunidad a la joven muchacha para que pudiese practicar y lograr perfeccionar su francés. La generosidad de los anfitriones a sugerencia del marido y compartida por el matrimonio redujo el espacio que la pareja tenía para moverse en su vivienda. Se escuchaban con mucha claridad el ruido del pomo de la puerta del cuarto del matrimonio, el chirriar de los goznes, así como los jadeos entrecortados durante momentos privados de la pareja, inapelable danza de sustancias hormonales que despiertan la reacción del sexo opuesto. Compartían toda la rutina diaria, la individual y colectiva, lo cual limitaba la privacidad en el apartamento parisino. Dada la continuidad y contigüidad predecibles de las circunstancias domésticas, detonó la situación que era lógico que sucediese en cualquier momento: explotó el matrimonio de Mario y su tía Julia. El escribidor y la joven prima se enamoraron y casaron en un matrimonio endogámico que ha resultado ser más duradero que el primero.

El hijo de ese matrimonio, Álvaro Vargas Llosa, escritor como su padre, escribió *El exilio indomable*, libro que honra al líder del exilio cubano en los Estados Unidos, Jorge Mas Canosa. Pero volviendo al amor familiar: la historia del romance y matrimonio de la tía Julia y Mario Vargas Llosa es una de las obras mejor vendidas sobre este autor. El libro del que me hablaba el librero está titulado *Lo que Varguitas no dijo*, escrito por su ex-esposa Julia, después del divorcio, el cual causó una obvia intriga por su título. Resultó ser que esa obra escrita por la tía Julia se vendió muy bien, ya que al público de Mario Vargas Llosa le resultaba interesante leer otra versión de los acontecimientos que precedieron y culminaron en la disolución del tan bien contado, mejor vendido y requete discutido matrimonio de la tía y su sobrino. *Lo que Varguitas no dijo* publicaba la versión de los hechos desde el punto de vista de la tía, quien había perdido su sobrino-marido por haberse enamorado de su más joven sobrina. La obra sonaba prometedora y estaba a la venta en la librería donde me acababan de descubrir su existencia, así es que la compré. Resultó ser interesante, ya que hasta ese momento no sabía que había otra explicación más que la proporcionada por el famoso autor, individuo de apetitos vivaces con una demostrable preferencia por usar reuniones de familia para encontrar posibles intereses amorosos.

Ese viaje a Machu Picchu y al, por cierto, mágico Valle del Urubamba, marcó el comienzo de una relación amistosa con los arquitectos que, al igual que Jackie, habían aprovechado la oportunidad del viaje. Un inimaginado resultado del viaje fue el de encontrarme encabezando la planificación anual de viajes al extranjero con algunos de esos mismos arquitectos. La idea nació de lo que usualmente no sucede, la empatía entre un grupo de viajeros de gustos similares y por esta razón se pensó en la posibilidad de compartir viajes organizados con temática cultural, alrededor de la arquitectura, historia, el arte antiguo, moderno y contemporáneo, la fotografía, el vino y la comida de cada uno de los pueblos y países que visitáramos.

Nadie dice lo que en el fondo piensa, y muchas veces la persona que conversa con otra se acerca a su interlocutor y finge, de esta forma, que lo que escucha le interesa. En el caso de nuestro grupo de futuros compañeros de viaje no fue necesario aparentar ya que la conversación atrajo la atención de todos por su serio y profundo planteamiento. Se trataba de algo preciado así como distante de la realidad cotidiana de nueve a cinco: Viajes a lugares interesantes. La promesa que le hice al grupo fue un canje equitativo el cual consistía en que si se arriesgaban a poner su integridad física en manos de un nada insensato organizador, hacía el compromiso irrestricto de esforzarme con tesón en la planificación de viajes anuales a lugares interesantes, con esmerada organización y bajos costos. Sin ningún sobreprecio, mis servicios serían gratis y con incorruptibilidad garantizada. Con este apoyo, todos tendríamos la oportunidad de poder compartir gastos, así como la compañía de personas con intereses comunes, preparación profesional similar, inteligentes y quienes ya habían demostrado no solo no alterarse sino más bien adaptarse a ciertas adversidades, lo cual le sucede a todo viajero cuando con frecuencia algo no sale perfecto o de acuerdo con lo planeado. Éramos todos gente fáciles, livianas y agradables.

Sin descuidar de mi propio interés, me reservé el privilegio de seleccionar anualmente el destino de cada viaje, sometiéndolo luego, en gesto democrático, a la hasta ahora incondicional aprobación del grupo. Una vez redactado el recorrido con meses de anticipación, se circula y acompaña de correspondencia donde se pide la aprobación de la propuesta, o en su lugar que los destinatarios puedan ofrecer alternativas o cambios específicos al trayecto. Otra costumbre es ofrecer una lista de libros relacionados con el viaje, dado que la mayoría de estos viajeros son aplicados lectores. Entre los beneficios que reportan nuestras jornadas se halla el del valor añadido, de compartir observaciones con espontaneidad y simpatía, lo cual enriquece el conocimiento del lugar, hasta ese momento desconocido. Los preparativos indispensables para cada uno de los viajes entrañan una serie de detalles adicionales al itinerario, como por ejemplo transporte (en tren, avión o por carretera), selección de guías, hoteles, además de recopilar una lista de ejemplos de literatura local buscando ante todo si hay algún premio Nobel de Literatura en el país que planeamos visitar. Han pasado veinte años desde aquel primer viaje a Perú y desde entonces ha venido al caso leerse, por ejemplo, la trilogía de Naguib Mahfouz (Premio Nobel de Literatura) antes de ir a Egipto; *Vidas paralelas*, de Plutarco antes de viajar a Sicilia; Orhan Pamuk (Premio Nobel de Literatura) y Mustafa Kemal Atatürk, antes de partir a Turquía; la tetralogía de José María Gironella antes de ir a España; obras que tratan de las dinastía de los Habsburgos, Romanovs, Borbones y comparsa. ¿Por qué tanta lectura? Además del placer que proporciona leer obras de autores locales con tramas desarrolladas en lugares de posibles visitas, se amplían los horizontes y resultan exploraciones más concienzudas.

Un ejemplo es la obra de Plutarco, *Vidas paralelas*, la cual sería una equivocación confundir con *Vidas para leerlas*, escrita y titulada con toda malicia y gran simpatía por el ya difunto escritor cubano del siglo XX, Guillermo Cabrera Infante. La obra de Plutarco, escrita al principio del segundo siglo Anno Domini, compara las figuras coetáneas más prominentes de Grecia y Roma. Lógicamente, escribe acerca de las guerras púnicas y menciona las embarcaciones que usaron los fenicios de Cartagena en contra de la República Romana durante la guerra que ocurrió alrededor de los inicios del año 300 a.C. Las naves con propulsión de tres remos a babor y tres a estribor se llamaban trirremes. Estudiando lugares interesantes para visitar en Sicilia, apareció una embarcación trirreme, en muy buenas condiciones, prácticamente intacta, en Marsala, cerca de Agrigento. Incluirla en la lista del viaje tenía, sin dudas, una buena lógica.

El grupo no demoró en adquirir el nombre de Merodeadores. Merodear significa vagar por las inmediaciones de lugares en busca de algo de gran interés. Esta palabra pudiera usarse en el caso, por ejemplo, de soldados que en la guerra han sido apartados de sus unidades, y se ven en la necesidad de buscar lo que pueda servirles para su beneficio en los caseríos y en el campo. Estos merodeadores que resultamos ser, con especialidad en merodeo arquitectónico, nos nutrimos del arte y la cultura clásicos de los sitios que visitamos, que aún conservan su vitalidad y legitimidad, conscientes de la entronización de una cultura que globaliza la homogeneidad a pasos agigantados y sin respeto a las fronteras. Si vamos, por ejemplo, a visitar los anfiteatros griegos de Siracusa en Sicilia, un guía con preparación deberá convertir la visita en un proceso cuasi-educativo. Si da la casualidad que nos encontramos con un sarcófago antiguo griego en Siracusa, el guía nos recuerda que la palabra viene del griego «sarx» (carne) y «phago» (comer). Si el cadáver es depositado en el receptáculo de mármol a dormir el inocente sueño de beatitud burguesa del difunto, sus familiares ignorantes de los elementos tanatológicos, al abrirlo años después y encontrarse con el indigno estropicio necrológico consistente en huesos nada más, el nombre griego tiene mucho sentido común. Al visitar el teatro antiguo, nuestro guía nos indica que el uso de la palabra «prólogo», del griego «prólogos», lo cual quiere decir «antes de hablar», se refiere al discurso que en el teatro griego y también en el moderno, precede al tema dramático. Hoy se usa comúnmente para identificar el texto preliminar de un libro, que sirve de introducción a su lectura. Y epílogo, que viene del griego «epílogos», «conclusión de hablar», se usa para titular la recapitulación de lo que se ha dicho en un drama, discurso u otra composición literaria. Aprendemos cómo un actor en los dramas griegos podía protagonizar más de un personaje valiéndose del uso de máscaras. El sonido que salía de la máscara, no los caracteres faciales invisibles del actor, eran la persona. De ahí la palabra «per-sona» (Por sonido). ¿A quién se le podría olvidar eso después de oírlo sentado en un anfiteatro que fue construido seiscientos años antes de Cristo por los griegos, luego fue usado por los romanos y hoy en día sigue en uso por los sicilianos del siglo XXI? Sobre todo si después de que el guía termine su presentación, sobra tiempo para una pausa más relajante aún de la existente, descansando totalmente en el anfiteatro, con el único objetivo de interiorizar el momento, compenetrándonos con la experiencia: estar, sentir, respirar, conversar y fotografiar.

Otros suelen llamarlo viajar, pero los Merodeadores acometen incansablemente, desde la mañana hasta el anochecer, un estudio sobre los destinos seleccionados, para elevar los índices de regodeo en la visita. Hay un matrimonio, heterosexual antes de crear duda, entre los Merodeadores, y los dos del mundo arquitectónico, que acostumbran fielmente a recopilar listas de los mejores restaurantes de cada ciudad que visitamos, para una vez que termine nuestro día, decidir dónde cenar esa noche. El problema es que cuando nuestro día de merodeo termina estamos tan cansados que nunca hemos cenado en ninguno de los establecimientos de la lista. Acostumbramos llegar de vuelta al hotel después de un día largo merodeando desde el desayuno, y después de algunos trámites inusitadamente ágiles en las habitaciones privadas, salimos a cenar siempre en algún lugar cerca del hotel para no acostarnos tarde. Merodear no era lo que como grupo habíamos inicialmente contemplado hacer. Por lo menos, no con esa definición en mente. Un hotelero en Ecuador seleccionó este verbo para calificar nuestras acciones y así nos quedó como nombre del grupo. El ocurrente y gentil ecuatoriano era el director del hotel Santa Lucía, establecimiento seleccionado para nuestro alojamiento en Cuenca. Allí fue adonde nos tocó trasnochar después de viajar desde Quito por la bien llamada avenida de los volcanes, nombre que recibe en Ecuador la Carretera Panamericana. El simpático empresario bautizó el grupo durante una velada acompañada de copas de cognac francés servido por él mismo, después de invitarnos con ceremonia, solemnidad y aplomo a un recinto rimbombante de su establecimiento cuencano, que era el salón de actos importantes. Era obvio que se estaba extremando como anfitrión pues su objetivo era hacernos sentir un flujo de orgullo al sabernos muy selectos. El diseño del aposento y la decoración le concedían una apariencia escenográfica oficial, típica de las concebidas para recibir celebridades, tanto nacionales como internacionales, o celebrar reuniones significativas: tapices tejidos, dignos de colgarse en paredes de casas reales, muebles forrados de seda, cuajaditos de flores de lis; brocados de cortinas de escenario operático vienés, y alfombras del Cáucaso. A medida que nos internábamos en el salón, en nuestra imaginación crecía la idea de encontrarnos con que el funcionario hotelero nos resultaría un burgués pueblerino con ansias de exhibirse ante sus posibles impresionables invitados. Esperábamos detalles como lentitud profesional, mirada displicente, media sonrisa cargadita de ironía, autosuficiencia inquietante; quizás un sermonete, bien practicado frente al espejo, amonestando a los señores viajeros estadounidenses por el volumen de jocosidad que acompañaba nuestra entrada por la puerta principal del hotel después de cenar y visitar el taller de Edgar Carrasco Arteaga, un artista local. Sin embargo, las conjeturas resultaron indemostrables cuando, al recibirnos en la puerta, el señor lo hizo con saludos escandalosos y sonrisas descomunales, con ánimo de hacer cuentos y un cognac para compartir. Para completar la noche, inesperadamente nos apodó los *Marauders*. El bautizo resultó ser en inglés, o sea que fue *baptism*: *Mario's Marauders*, para ser preciso. En castellano léase los Merodeadores de Mario. El inesperado título brotó con un caracajeo espontáneo, al escuchar la explicación de cómo había nacido nuestro grupo anual de viajeros.

Las diferencias del grupo eran y siguen siendo marcadas, no solo de personalidad, origen, nivel tanto educacional como social y de edad, sino también de nacionalidad. Aunque no podemos olvidarnos del dicho argentino Dios los cría y el viento los amontona, y este amontonamiento nació de la simpatía pero creció de la amistad, confianza y respeto por las experiencias compartidas. La variopinta pandilla está compuesta por un grupo heterogéneo, unido por lazos afectivos engendrados durante el transcurso de años de viajes consecutivos. El grupo está dedicado a lo que por diversión llamamos expediciones, pero que en realidad no son más que viajes de grupo. La velada en Cuenca había sido precedida por merodeos a Machu Picchu, Grecia, Creta y México. Luego, hubo otros lugares más tan dispares como Ankara y Atenas, Bilbao y Bodrum, Trabzon y Tarabuco, Meteora y Mérida, Piran y París, Suzdal, Safranbolu y Setenil, Potosí y Budapest, Ljubljana y Geraci Siculo, Pietrasanta y Salar de Uyuni.

Nos habíamos conocido, como ya referí, durante un viaje a Machu Picchu, cuyo propósito fue asistir a un curso de estudios arquitectónicos para participar y responder, alrededor de cuarenta arquitectos, a una invitación extendida en los periódicos profesionales. El currículum fue ideado por un profesor de Yale peruano, quien por razones de contratiempos por los diferentes horarios de llegada de los vuelos, tuvo que dividir su gira en dos grupos que viajarían por separado, es decir en aviones distintos, de Lima a Cuzco; una de las mitades fue puesta bajo mi responsabilidad y la de mi esposa Jackie, los dos viajeros bilingües.

En el transcurso de los dos días de separación no solo no se extravió ninguno de los viajeros del grupo, sino que tampoco hubo malentendidos. Obligados por la necesidad de las circunstancias, el proceso de acercamiento del grupo se aceleró. De la mitad de los viajeros que fueron asignados a volar conmigo de Lima a Cuzco, nacieron los Marauders. Se acordó, como ya relaté, que en el futuro continuaríamos integrados en grupo para viajar a lugares que quedaban por determinar. Se puede decir con toda honestidad que somos conocidos, no amigos, ya que durante un año solo nos vemos cuando salimos a merodear. Nos juntamos en el aeropuerto a la hora de salir de los Estados Unidos. Algunos viajan por su cuenta y van directo a la primera ciudad donde hemos acordado, nos reunimos en el lobby del hotel y ofrecemos un brindis que marcará el principio del merodeo. Eso sí, todos nos sentimos muy cómodos viajando en grupo. Una vez que llegamos al acuerdo de que íbamos a merodear juntos, comenzamos a unirnos anualmente con el propósito de realizar viajes que nos llevaran a conocer lo desconocido, así como dejar que las vivencias de la ruta nos condujeran a destinos inesperados y quién sabe a qué sorpresas y emociones.

En el año 2006, cuando ya llevábamos ocho años de recorridos y previendo que nuestro posible próximo viaje fuera a Sicilia, decidimos hacer primero una merodeada modelo por el sur de Italia. El objetivo era encontrar remanentes de lo que fue la Magna Grecia del siglo VI a. C., en Paestum, así como apreciar los restos arqueológicos que resultaron de las excavaciones que desenterraron Pompeya, Herculaneum y Oplontis, ciudades cubiertas completamente por causa de las erupciones volcánicas del Vesubio. El viaje duró diez días, incluyendo una visita a Roma. Luego de una mañana de merodeo, concentrados en establecer prioridades, según nuestras selecciones, comparando, evaluando y gozando de las riquezas artísticas, decidimos que de súbito todo el grupo tenía mucha, pero mucha hambre.

Roma es una ciudad con doble personalidad. Fiel a su tradición de diseñadores modernos imaginativos, revela elegancia contemporánea al lado de excavaciones con yacimientos arqueológicos que datan de antes de 100 a.C. Dedicamos la mañana a mirar los tesoros de la Villa Borghese, no solamente dentro del museo sino también caminando por sus protegidos jardines y estructuras residenciales. Este tesoro residencial urbano fue idea original del cardenal Scipione Borghese, quien en el siglo XVI decidió comenzar a coleccionar y almacenar objetos de arte. Consiguió piezas que hoy en día son de gran valor, no solo monetario sino histórico. El recinto urbano alberga una importante colección de pinturas de Tiziano, Rafael, Caravaggio y Rubens, entre otros, así como también la mayor colección de esculturas de Gian Lorenzo Bernini en todo el mundo.

Urgidos por comer algo, salimos de la Villa Borghese en dirección a La Piazza de la Rotonda, justo enfrente del histórico y curioso Panteón cuya construcción data de 27 a.C., o sea hace más de 2000 años, y curioso, porque no solo la luz sino también la lluvia entran al recinto principal por el *oculus* abierto a la intemperie que está en el medio del techo. El Panteón es un inmenso templo circular pagano de una sola habitación que ha logrado sobrevivir intacto desde la época del imperio romano. Fue construido por el cónsul Marcus Vipsanius Agrippa. Mide lo mismo de diámetro que de altura; su balance matemático es lo que le da nobleza y proporción y el *oculus* o hueco en el techo es su única fuente de iluminación. Cuando llueve, la lluvia cae dentro del Panteón y es recolectada por un sistema de drenaje que continúa funcionando desde su construcción original. El Panteón sirve de tumba para reyes como Victor Emanuel y artistas como Rafael. Las puertas del edificio han estado en su lugar desde hace más de 1,800 años.

En el mundo moderno, el Panteón es una atracción turística, cuya fachada exterior ancla un espectáculo callejero antiguo, añadiéndole un beneficio visual a los comensales de los restaurantes instalados en la Piazza de la Rotonda, justo enfrente del edificio. Añadido al bullicio de ciudad turística en pleno funcionamiento, encontramos hiperactividad alrededor de mesas asombrilladas con camareras que se esmeran en atender a los comensales para luego cobrar su servicio con generosas propinas. En la Piazza hay una fuente que fue diseñada en el siglo XVI. Alrededor de la piazza hay edificios residenciales antiguos, típicos del centro histórico. En uno de aquellos edificios vivió mi esposa Jackie durante sus años estudiantiles. Su compañera de cuarto fue Silvana Obregón, una amiga colombiana, hija del famoso pintor colombiano Alejandro Obregón.

Encuentros

Conscientes de nuestra hambre, inclemente y colectiva, llegó un momento en el que finalmente se seleccionó un restaurante para almorzar. El proceso de llegar a un acuerdo demoró un poco más de lo normal, ya que estaba en manos de personas cuya conducta artística guarda correspondencia lógica con los principios que profesan. Por lo tanto, era de cierta gravedad decidir cuál sería la mejor ubicación de mesa que permitiese encuadrar el espectáculo que se desarrollaba en el casco urbano, tomando en consideración la puerta de entrada al Panteón, siempre y cuando, a su vez, no dejase de incluir vista a la casa en la cual había vivido Jackie. Pero no todos los merodeadores tienen las mismas curiosidades, de ahí que, cuando ya todos estábamos sentados, conversando acerca del arte, la arquitectura y lo rico que tiene que haber sido vivir una juventud de despreocupación juvenil en Roma, a mí me resultaba cada vez más difícil no seguir con la vista los movimientos de la negrita que nos servía como camarera. Los hombres no se consideran responsables de sus sueños ni de sus pesadillas, y yo encontraba que aquella negrita era un sueño despierto que no había elegido ni libre ni racionalmente. Un encontronazo inesperado. Me había topado con ella, sin tener ninguna culpa que no fuese la de haber pecado de observador.

La noche anterior habíamos cenado en casa de unos amigos colombianos que viven en Roma. La señora, cuya amistad con mi esposa databa desde sus años universitarios, está casada con un italiano tan encantador como interesante, profesor universitario de Historia del Arte, dueño de una plantación de olivos con una producción anual de aceite de oliva, conocedor de vinos y de música italiana, tanto antigua como contemporánea. Durante la cena los anfitriones pusieron una cinta de un cantante italiano, Vinicio Capossela. La camarera negrita me hizo recordar el título de una de sus piezas, *Santuario de la carne*. Era alta, de piernas y brazos nervudos, pequeños pechos pero firmes, hombros bien formados con sinuosa definición, caderas estrechas, naricita patricia y unas prominentes nalgas de adolescente. Su rostro era delgado con labio inferior carnoso y húmedo, ojos negros, grandes, líquidos, y cejas espesas que casi se confundían con el nacimiento del pelo alborotado y encrespado. Se deslizaba entre las mesas revelando inconscientemente su soltura, moviéndose con gracia musical en zonas al sur de su cintura, desdeñando actividades que no fuesen productivas. Sin pleitesía ni sometimiento. Sin gestos teatrales ni sobreactuados, en fin: exquisita.

En la mesa del restaurante compartíamos con el acostumbrado grupo de colegas de merodeos anuales, todos de origen anglosajón. Aunque la mayoría habla por lo menos otro idioma, además del inglés. Sin embargo ninguno habla bien el castellano. Por lo tanto ese es el idioma de nuestras conversaciones matrimoniales íntimas en público. El compañerismo conyugal permite compartir comunicaciones *ínter nos*, a veces incluyéndose algunas que de oírse en alta voz por alguien que las entendiese ameritarían ser clasificadas como inapropiadas, pero manejadas con pericia evasiva, constituyen un diálogo de secretistas, aun cuando se lleva a cabo en público. Una variación del a buen entendedor, pocas palabras. Es una táctica eficaz para sostener conversaciones privadas, rodeados de gente, sin que nadie más las entienda; es salpimentar un lanzamiento oral, rápido y con exagerados cubanismos. Si el idioma usado es el español, cualquier individuo de habla hispana en los alrededores del intercambio matrimonial se queda sin estar seguro de lo que acaba de oír. Esas conversaciones en semi clave permiten examinar el mundo en derredor en voz alta y con impunidad. Dejan violar espacios territoriales de aquellos, quienes, de haber oído y entendido, hubiesen esperado que siendo parte del diálogo diario público nos ciñésemos a estándares de comportamiento eufemísticamente denominado en inglés *politically correct*.

Es difícil para matrimonios pretender conversar de temas íntimos en público, ya que corren el riesgo de ser oídos y entendidos por terceras personas. Si pese al riesgo, se lanzan a intercambiar impresiones con impunidad de, digamos por ejemplo, los rasgos raciales de transeúntes, es lógico que pronto reciban una acusación de racistas. Pero no hay que tratar de encontrar racismo donde es más fácil explicarlo como curiosidad. Mirar a una mujer y tratar de adivinar los elementos integrantes en la composición de su mestizaje, como por ejemplo si sus rasgos son más o menos occidentales, indios, africanos o asiáticos, es interesante y no tiene ni la intención ni el efecto de disminuir a la observada, siempre y cuando se lleve a cabo con disimulo. Sin ser fijón. Hay cocteles raciales que resultan especímenes muy atractivos y en eso estaba centrado nuestro diálogo *ínter nos* en aquel restaurante romano. Miroteando y comentando, pero siempre manteniendo la precaución y el buen gusto al alternar con las tradicionales gracias sociales fingidas. Actuando como personas frívolas hasta llegar al margen de la irresponsabilidad y también, por qué no, del exceso. Buscando víctimas propiciatorias para despallillar en privado, en código y sin ofender. Como era en otro idioma, nos despachábamos a

tutiplén; con cuchara de sopa. Después de dos vasos de vino siciliano Nero d´Avola en el estómago vacío, la imaginación se desató.

No se te ocurra perderte al gordo cachalótico que parece ser
gerente o quizás hasta el dueño del restaurante. Obsérvale la pose
de independiente hasta que ve un posible comensal, míralo, míralo,
inmediatamente se le acerca moviéndose mucho más rápido de lo
que le debiese de permitir su corpulencia de cetáceo bípedo, convirtiéndose en un arrastrapanza extravertido con bigote de foca,
transformándosele el rostro al hablarles, en una especie de ensoña-
ción lúbrica, capaz de derramar servilismos equitativamente astu-
tos y empachosos sobre sus clientes. Lo que sea necesario para llenar sus mesas. Un magnífico y determinado comerciante. Ahora
fíjate en aquellos que por su manera de vestir y sus ademanes al
hablar y caminar son sin lugar a dudas negros estadounidenses. Sus
rasgos son más toscos que por ejemplo los de la camarera hiper-
quinética que nos ha tocado en esta mesa. Esa negrita es un remo-
lino de quehaceres. Sí... esa misma. La que nos atiende la mesa y
que también es negra. Desde la perspectiva masculina, especulaba
acerca de si nuestra monísima camarera sería oriunda de algún país
africano. No dejaba de observar su movimiento entre las mesas con
el desliz de alguien acostumbrado a saber bailar una guaracha bien
rica, sobre todo de la cintura para abajo; con su gracia en los hombros, moviéndolos nada más cuando le resultaba imprescindible
para mantener el balance (o el compás). Tenía cara de adulta joven,
como si hubiese crecido rápido, atravesando de un salto la barrera
que separa el jardín de los niños y la jungla de los adultos. Me
atreví a especular que no era posible pensar que fuese una campe-
sina húngara, alemana, eslovena y ni siquiera marroquí por lo que
lograba menearse aquella mulata oscura quien, obviamente, estaba
en la flor de la edad. Para mi gusto, tenía que ser una negra cubana.
La camarera sonriente, en una inverosímil conjunción de azares,
acortó distancias al pasar por la mesa y con una instrucción sorpresiva y muy directa dijo... ¡Tutéenme..., que soy de Guantánamo!
La constatación me dejó perplejo y no pude evitar que me saliera

del alma un ¡No jodas! Ella, por su parte, demostrándome mejor educación, contestó en forma de pregunta y con tono medido que de dónde éramos, de cuál país. Que si de España. Nada de eso m'jita. Del país de Marianao. No, fuera de broma, y ya en serio, ¿de dónde son? Bueno, si no lo crees, voy a tener que sacar y enseñarte los resguardos. Para que creas. Dime, ¿tú crees, que un gallego saldría a las calles de Roma con un azabache de este tamaño y una medalla de Ochún? ¡Ay, pero sí, es verdad que ustedes son del patio! Enseguida vinieron las explicaciones que acostumbran acompañar al reiterado, agotador y cursi patrioterismo. Ella era cirujana cardíaca. Tremendo productico de la revolución. Perteneciente a una generación moderna con la costumbre de aprovechar el momento con espontaneidad y sin andar con miramientos. Alborotadora de la Piazza del Panteón. Gracias a Fidel se graduó de doctora en medicina y ahora lo mismo mete bisturí que sirve cortadito. Las propinas de servir café pagan mucho más, y por eso aquí me tienen. ¿Y ustedes? Tremendos gusanos. Nosotros, escoria, compañera. Pero con mucho gusto de conocer coparticipantes de la ilusión de algún día poder volver todos p'allá en vez de estar de andarines buscavidas por todo el mundo. ¡Ay mi'jito que Dios los oiga! Por cierto hoy es sábado, mañana domingo por la tarde, a eso de las tres, siempre nos reunimos una pila de cubanos en una barra. Hay música cubana, buen ambiente, si se animan les digo la dirección. Detrás de su afabilidad y buena disposición no daba la impresión de haber ningún recoveco infranqueable pero... el viaje terminaba ese día. El avión salía al amanecer de la mañana siguiente. ¡Qué pena, eso se pone chévere de verdad! Bueno si vuelven a Roma, ya lo saben. Para la próxima vez. Presentó a su amiga que despachaba en la barra de adentro. De Bejucal. Otra doctora en medicina. Una mulatica que paraba el tráfico de lo linda que era. Tampoco creía que no fuésemos de España. Al mencionarle la negrita a su colega lo de... «no te pierdas los resguardos», enseguida vino el ¡Ay Dios mío! y la sonrisa abierta de reconocimiento. Antes de que me preguntes... tremendo gusano, pero encantado de conocerlas a las dos y les deseamos todo lo mejor. La despedida vino acompañada de abrazos de agradecimiento por haberlas saludado y sin duda por haber recibido una propina conmovedora.

Al ocurrir el encontronazo con las cubanas en Roma no pude evitar conmoverme al pensar en la patria. Durante años libré la batalla interna de rehusar llamarle diáspora por tener un sonido demasiado permanente, mucho más que el de la palabra exilio. Diáspora es un sinónimo de diseminación, dispersión. Como semillas, los cubanos se han regado por todo el mundo: en Slovenia; o en Trabzon, ciudad frente al Mar Negro; en Turquía, lugares donde con los años hay familias que echan raíces, nacen y crecen niños y se vuelven padres de hijos que hablan en idiomas que no son iguales al idioma del amor de sus abuelos. Y entonces, un buen día, los nietos de alguien que nació y se crió en Ceiba Mocha, un pueblo de la provincia de Matanzas, y que se casó con el amor de su vida, nacido y criado en Sagua de Tánamo, en la antigua provincia de Oriente, se topa con alguien a quien oyen hablar en el idioma de sus abuelos, desayunando en algún hotel en Graz, Austria y reconocen alguna que otra palabra que recuerdan de la niñez, sonríen con espontaneidad, sin entender la simpatías que sienten, y se despiden sin más. No del todo diferente a viejos actores, quienes después de haber interpretado una obra demasiada larga (léase el exilio cubano estadounidense) no les cuesta nada despojarse del disfraz y encontrarse a gusto mezclándose con la multitud. Esos encuentros en nuestro caso, que nacimos y vivimos parte de la juventud en nuestros vecindarios cubanos, todavía enternecen, provocan un sabor agridulce y la esperanza de que vuelva a ocurrir, como rescoldos, esperando un soplo de aire para reavivarse. Si durante los merodeos anuales, que eran aventuras, además lograba encontrar cubanos desperdigados por el mundo, eso se volvía un componente emocional inesperado y apreciado por añadirle valor vivencial a la experiencia. La quietud vacuna es para otros, prefiero gastarme que oxidarme por desuso. La idea es morir con las botas puestas y los lacitos de los cordones hechos con esmero y simetría.

Me negué férreamente a ceder el poder de decidir el destino de los viajes anuales, y anuncié a los Merodeadores que el plan para el otoño de 2011 era Rusia. Con satisfacción poco disimulada, examinaron el itinerario y detalles de costos. Como de costumbre, lo aceptaron sin ningún cambio, ya que están habituados a revisar los detalles de trayectos y presupuestos, con el objetivo de cerciorarse de que los viajes continúen siendo interesantes y económicos. Viajero que examinara el itinerario cuidadosamente, viajero que se quedaba con la sensación de que se había exprimido hasta el extremo, tanto cada dólar como cada instante. Por ejemplo, lo normal es que si un grupo de viajeros se encuentra en Viena, durante el último día de su estancia en esa ciudad, al terminar de turistear, acostumbre a celebrar una cena de despedida y al día siguiente, después del desayuno, siga al aeropuerto. Eso requiere no solo pasarse una tarde descansando y una noche más durmiendo en Viena, sino además ser transportado al aeropuerto, pasar por los controles de seguridad, depositar las maletas, subirse al avión, despegar, volar de una ciudad a otra, aterrizar, recoger maletas y tomar un taxi al hotel. El proceso ocupa la mayor parte de un día sin contar con las usuales demoras de tráfico.

Los viajes de los Merodeadores tratan de comprimir el tiempo, utilizándolo de manera eficiente. De tratarse del mismo ejemplo, es decir, querer terminar en Viena y seguir hacia Budapest, en vez de planear ir en avión, el grupo, al final de su día de turismo en el casco histórico de Viena, tomaría un tren al atardecer para mientras que algunos leen y otros sestean, se llegase a Budapest, finalmente, a dormir. Así, con tiempo para comer y descansar en el tren, el transporte se hace de un centro de ciudad histórica a otro. Algunos Merodeadores, antes de viajar a Rusia, eligieron hacer visitas previas a las islas británicas, otros a Cracovia y Varsovia, en Polonia, pero el viaje organizado comenzó oficialmente en el bar del lobby del Hotel Nacional de Moscú. Allí, desde distintos lugares del mundo, llegamos todos para celebrar el inicio y ofrecer un brindis en el punto de partida. Este era un Moscú que ya había venido evolucionando durante más de veinte años después del comienzo de la Perestroika y ahora estaba poblado por una sorpresiva juventud rusa que, como tribu urbana, convertía el escenario peatonal en, dejemos de ser sutiles, una sinfonía sensual.

La ciudadanía joven postperestroika que cruzaba en dirección al Kremlin moscovita, o por cualquier otra de las calles rusas de las ciudades visitadas, vivía ajena a sus propios encantos, con la despreocupación a flor de piel, actitud que resulta del cambio político de apertura suscitado en la antigua Unión Soviética, a fines de los años ochenta. Hombres y mujeres con delgadez vigorosa, procedentes del atletismo; voces musicales; trato fácil; vestidos a la moda capitalina europea, exhibiendo sonrisas jolgoriosas y seductoras. Bellezas juveniles que bien podrían ser parisinas, romanas o neoyorquinas y que demostraban agilidad, interés y destreza en la conversación con turistas, ya fuese en francés, italiano o inglés. En términos caligráficos serían letras rectas y pulcras. Mayúsculas con sus correspondientes curvas largas y sinuosas, de convexidad, y con elocuentes ondulaciones. Sin embargo, aún hay remanentes de una Rusia de gestos conminatorios y porras amenazantes: individuos que son ecos del pasado, y cada año que transcurre van siendo menos, son más bien letras minúsculas. De formación militar diluida en ocio, desidia y vodka. Individuos que en los años ochenta despidieron cuanta energía positiva pudieron manifestar, confinados por un régimen intolerante con quienquiera que osara destilar excentricidad. Reconocibles hoy en día por su dureza en la voz, frialdad de espíritu, vigilantes de que otros se ciñan al cumplimiento de la ley, intolerantes ante interpretaciones y variaciones; caras mofletudas adustas, que con voces chirriantes imponen disciplina exagerada a visitantes extranjeros en museos y parques turísticos, lugares donde trabajan de mala gana para apuntalar con cifras angustiantes su maltrecha economía personal, dependientes de un sustento estatal y raciones etílicas que guardan muy poca relación con la realidad moderna de la juventud rusa de la postperestroika.

Para preparar el merodeo ruso, el grupo leyó obras literarias que ayudasen a despertar recuerdos históricos y que igualmente nos pusiesen al día en la cultura y el arte contemporáneos. La lista de sugerencias incorporaba títulos sobre la familia real, que comenzaba con personajes como Iván el Terrible, Pedro El Grande, Nicolás y Alejandra; también sobre sus palacios Tsarskoe Selo, Pavlovsk y Peterhof; obras de literatura escritas por autores rusos famosos del pasado como, Tolstoi, Lérmontov y Dostoievski, y un poco más recientes como Solzhenitzin, Aksiónov, Makine y Yusupov. Por mi parte siendo cubano, y sin saber hablar ruso, tuve que limitarme a leer traducciones. Si las traducciones eran en castellano, pues mejor todavía.

Mea culpa

Pertenezco al grupo de lectores establecido en un mundo estadounidense por culpa del exilio castrista. Aún más, me identifico sin bochorno alguno por ser miembro de una sociedad deambulatoria que transita despreocupada por la carretera de la vida, necesitado de hacer actos de desaparición por horas, para dedicarlas con fruición a la literatura en español. En este último grupo abundan individuos que son reconocidos como pozos de virtudes por el fiel desempeño de responsabilidades ortodoxas en su vida cotidiana y pública. Sin embargo, una vez que han cumplido sus obligaciones, en los ratos de expansión y recreo de su vida privada, se convierten en lectores empedernidos. Empleados empresariales, profesionales, amas de casa, sacerdotes, taxistas, bomberos y monjas se entregan a esta afición, en algunos casos desmedida, sin que el giro y la dedicación laboral del individuo influya contra su hábito. Una vez expuestos al señuelo, se hace difícil ignorar el llamado de la página impresa, transformándose en almas que desfilan por el mundo, atentas al descubrimiento de nuevas librerías, preferiblemente bien surtidas; a editoriales que publiquen libros en castellano, y a lugares en la red cibernética dedicados a satisfacer las ansias de leer en su idioma natal. *Mea culpa. Mea culpa. Mea máxima culpa.* Evitemos caer en el pecado de confundir la confesión en latín con una exorcización mediante el uso de un buen sabroso ¡Sola vayas!, para descartar los malos espíritus políticos cubanos, acusados por Guillermo Cabrera Infante, quien no fue ni nunca pretendió ser

Émile Edouard Charles Antoine Zola, pero no por eso dejar de denunciarlos en *Mea Culpa*. Mea Culpa, sí. Mea Cuba, no.

En los Estados Unidos es difícil encontrar librerías con un buen surtido de literatura en castellano. Aún en el sur del Estado de la Florida, territorio cundido de residentes de habla hispana, resulta engorroso encontrar comercios con variedad de libros en castellano, incluso en el caso de las grandes cadenas nacionales de librerías. No así en Miami. En Miami hay librerías que venden libros escritos en español al igual que editoriales dedicadas a publicarlos. De las librerías locales de Miami, una que probó durante años tener en sus estantes una amplia variedad de libros para sus lectores en español y que justo hace muy poco vendió recientemente su edificio, fue La Universal, inteligentemente situada en la Calle Ocho.

La Universal abrió sus puertas al principio del exilio cubano en Miami, en 1965, y desde un inicio se dedicó a publicar libros para el consumo del público cubano, adaptándose poco a poco a las inclinaciones literarias y a los temas de la cada vez mayor cantidad de hispanoamericanos que han convertido la ciudad de Miami en su residencia, bien sea por razones migratorias o de recreo. Por lo tanto, La Universal importaba libros de otros países, de escritores latinoamericanos, y españoles, así como de otras partes del mundo, siempre y cuando hubiesen sido traducidos al castellano. Mantenerse al tanto de los libros en español que son lanzados en el mundo hispánico desde Miami se hace difícil, por la ausencia de reseñas literarias serias en los periódicos locales. Estar al tanto del inventario de títulos y autores puede llegar a ser abrumador para personas con obligaciones y responsabilidades cotidianas que no les permitan estudiar y analizar las preferencias en detalle. Resulta problemático sentirse con la suficiente confianza como para lograr una selección rápida y certera de entre tantas posibilidades. En La Universal era providencial ser atendido por empleados que además de sonreírle al lector con beatitud y vacuidad, proporcionaban la oportunidad de conversar con alguien con la misma adicción a la literatura. Una empleomanía agradable, de integridad, conocedora de temas, inventario y recursos, que dejaban su imaginación volar en libertad, desligándola de toda traba para entregarse de lleno a interpretar con precisión los gustos de sus clientes. La oportunidad de un bibliógrafo, al visitar o llamar por teléfono, se resumía en una persona: Mariangel.

Una de sus responsabilidades era la de avisar la llegada de los nuevos libros, contestando siempre con honestidad preguntas destinadas a averiguar los títulos que más se estaban vendiendo y los que agonizaban en la estantería, recogiendo y acumulando capas de polvo de un espesor industrial. Sin ser conflictiva ni vulgar, y menos decir pesadeces, Mariangel acostumbraba a reportar los resultados que se hacían notar en el piso de ventas; divulgaba no solo los títulos de los libros que más compraban, como decía ella, los señores mayores que lo obtenían solo por el mero hecho de tenerlos y disfrutarlos en sus libreros, sino también los títulos seleccionados por señoras o para señoras, y los que llevaban los jóvenes, obligados para cumplir con sus currículos estudiantiles. Otro detalle informativo muy codiciado era el de las obras que se vendían muy rápidamente por su alto nivel literario y temático. Ella no solo reportaba observaciones de transacciones llevadas a cabo en su presencia, sino que además ponía de su parte, al leer incansablemente, y ofrecía con generosidad, gracias a su memoria elefantiásica, sus opiniones personales, de manera sucinta, al contrario de alguien que le gusta oírse hablar y vive al acecho de oportunidades para opinar. Por ejemplo, un reporte podía muy bien ser, que tal o más cual libro estaba muy bien escrito pero trataba del tema cubano (léase tema cansado). O quizás que el autor fulano de tal ha escrito un libro libidinoso repleto de referencias artísticas embutidas a la fuerza en la trama; cuya trama, aparte de los temas lúbricos, es incomprensible e inencontrable. Cuando anunciaba que una obra era provocativa, bien escrita, así como difícil de poner a un lado: ¡Ese es el libro que busca ordenar el para-desde-ese-momento-en-adelante-intrigado marchante! A través del tiempo llegué a depositar una gran confianza en la opinión de Mariangel, quien a su vez confirmó lo que dijo Margarita Betancourt. ¿Y quién es Margarita Betancourt? Para adentrarnos en el relevante tema de lo que pudiese haber dicho la tal Margarita Betancourt, tenemos que ir a Rusia para conocerla, en San Petersburgo, para ser exactos. Pero antes de viajar por tren a San Petersburgo, el itinerario nos llevaría a Moscú, donde gracias a John Robbins, tuvimos unas experiencias inusuales e inesperadas, además de divertidas.

Rusia

John, apodado *Saxo*, es socio fundador de los Merodeadores. La primera vez que conversé con él fue en Cuzco. Se encontraba en el patio central interior de un caserón colonial de varios pisos, con viviendas multifamiliares, tocando dos instrumentos musicales, su saxofón y una flauta andina que se acababa de comprar ese día. Un grupo de músicos cuzqueños lo habían invitado a una sesión improvisada de música andina, jazz y rock. Un rato antes los músicos lo habían escuchado probar la calidad de su recién comprada flauta en la tienda de instrumentos donde se la fabricaron. La velada fue un acierto, la gente entraba a la casa por sus portones antiguos al oír la música y se aglomeraban en las escaleras y los pasillos de los pisos superiores, convirtiéndolos en lunetas sin butacas para poder observar, oír, y disfrutar del lucido acontecimiento musical. Una vez terminada la música, cenamos juntos y desde esa noche comenzó nuestro diálogo. El seudónimo Saxo se le ha quedado, porque además de sus intereses arquitectónicos ejerce, a la vez y a nivel profesional, la ingeniería, la fotografía, es profesor de arte y músico. Su instrumento predilecto es el saxofón. Pero todavía no he mencionado cuál de sus actividades fue la que impactó nuestra experiencia moscovita. Y es que Saxo, además de ser todo lo antes mencionado, también fue campeón internacional de paracaidismo de caída libre (en inglés le llaman *skydiving*). Su logro más famoso fue el de capitanear, en 1988, a los individuos que, haciendo paracaidismo libre, saltaron de un avión con docenas de otros paracaidistas organizándose en el aire a medida que descendían sin abrir sus paracaídas, y de esa manera posicionarse en una formación de los cinco círculos olímpicos. Esto ocurrió al comienzo de las ceremonias que marcaron la apertura de los juegos de verano en Seúl, la capital de Corea del Sur. Eso ya lo sabíamos antes de viajar a Rusia porque Saxo nos lo había contado en uno de nuestros viajes anteriores, pero lo que desconocíamos eran los preparativos que había requerido la hazaña. Por fin nos enteramos la noche que John nos pidió que cenáramos en Moscú con su amigo moscovita Anatoly (*Toly*) Zhirov. Describir a Toly brevemente se hace muy fácil, si lo comparamos con una «v» mayúscula, labiodental humana. Un cosaco (sí, nos confirmó que él era en realidad descendiente de cosacos) alto, sanote, claramente eslavo, de amplias y frecuentes sonrisas, bien parecido, de hombros anchísimos, cintura estrecha, todo fibra, tendón y músculo, sin una gota de grasa. Toly nos recibió vestido de ropa civil en un restaurante cerca de nuestro hotel. Mostrando una gran sonrisa de genuino afecto, prueba de su legendaria apostura, envolvió en un efusivo abrazo a John y a su esposa Brenda. Al resto del grupo de Merodeadores nos acogió con muestras de amistad y con unas ganas evidentes de conocernos. De risa fácil, la ejercía fuerte y a menudo, pero con sinceridad, no para adular, ni en actitud aquiescente, sino respondiendo a lo que le hiciera verdadera gracia. Toly era de una onda incontaminada y profunda. Tenía un aura que transmitía el poder contar con su amistad por el solo hecho de ser amigos de John y Brenda.

Saxo, Toly y Brenda se conocieron en 1985 en Mali Losinj, hoy en día Croacia, en lo que en aquel entonces era Yugoslavia. El lugar es una municipalidad en la parte más soleada, al este de la isla adriática de Losinj. Antes de llegar allí, John ya había capitaneado el equipo estadounidense que ganó las competencias de salto aéreo de grupos de cuatro y de ocho *skydivers*, lo cual ameritó que fuesen nombrados Campeones Mundiales de la FAI (Federation Aeronautique Internationale). Es lógico concluir que esa historia de triunfos fue la que en el año 1987 influyó para que los organizadores seleccionaran a John para capitanear un grupo de diecisiete paracaidistas y poder experimentar la posibilidad de incorporar *skydiving* en las ceremonias de apertura de las olimpiadas coreanas de 1988. Viajaron a Seúl para una vez allí llevar a cabo un examen de práctica, saltando en las peores condiciones imaginables. La razón, claro está, era tomar las precauciones pertinentes, para el caso de que el día de comienzo de la olimpiadas hubiera mal tiempo. Una vez que se tomara la decisión de usar a los *skydivers*, no habría posibilidad de cancelarlos sin dejar un vacío torpe en las ceremonias. El ensayo de factibilidad dio buen resultado y con ellos se abrieron las Olimpiadas XXIV. Fueron las últimas olimpiadas de verano, en realidad otoñales, ya que se celebraron desde septiembre 17 hasta octubre 2, así como también las últimas cuya ceremonia de apertura ocurrió durante el día, lo cual hizo posible, sin haberse repetido nunca más, que un equipo de *skydivers* descendiera al estadio en formación de los cinco anillos olímpicos. Con la oscuridad de la noche el espectáculo no se hubiese visto. En tierra, mientras descendían los paracaidistas en formación, hubo una demostración artística. Eran tantos los que participaron que casi se hubiera podido llamar «una manifestación de artes marciales», cuenta Brenda, la esposa de John. Cientos de coreanos se desplegaron por la pista del estadio olímpico rompiendo pedazos de madera a puñetazos y patadas. Pero lo más impresionantc para Brenda no fue eso, sino la organización impecable que demostraron todos los que exhibieron estas artes cuando salieron corriendo, con todos y cada uno de sus pedacitos de madera, segundos antes del momento imprescindible para dejarles la pista impoluta y el escenario libre a los paracaidistas. Por cierto, esos fueron los últimos juegos olímpicos en que la Unión Soviética y Alemania Oriental compitieron antes de dejar de existir como naciones. Cuba no figuró, negándose a hacer acto de presencia, uniéndose al boicot de los juegos junto con Madagascar, Albania, Nicaragua, Etiopía, Seychelles y Corea del Norte.

El equipo de *skydiving* que descendió al estadio hizo historia. La cadena televisiva estadounidense NBC Sports la transmitió completa, a 2.1 mil millones de televidentes en todo el mundo, desde su caída libre o *free-fall*. John era el capitán de este equipo y Brenda, su esposa actual y por cierto única, era la operadora de la antena parabólica portátil que recibió la señal en vivo. Brenda lo logró únicamente después de haber subido por una escalera estrecha, mano sobre mano y sin inclinación alguna, es decir, perpendicular, para entonces abrir una escotilla que le permitió el acceso a su precaria ubicación, cuidándose de no perder el balance una vez que llegó a estar parada, y a la intemperie, en el techo del Stadium Olímpico.

Toly y su equipo nacional de paracaidismo soviético se vieron obligados a practicar durante meses en conjunto con John, en Mali Losinj. Sin tener ningún idioma en común, cimentaron una muy buena y perdurable amistad. ¿Sin el inglés?, entonces ¿cómo? Viviendo una comunicación cósmica. Esa fue la explicación que nos dieron a los que cenamos juntos aquella noche en Moscú, la cual no tenía mucho sentido porque Toly habló con todos nosotros en bastante buen inglés y lo hizo durante toda la cena conmigo, con John, y con el resto de los Merodeadores que le hacíamos preguntas, mientras él nos contestaba con su acostumbrada amabilidad. Toly había llevado un destacamento compuesto de paracaidistas civiles que habían desplazado a los militares en las competencias deportivas, y por consecuencia habían empezado a viajar por el mundo, interesándose en aprender idiomas, sobre todo el inglés. Ya con mucha curiosidad, al fin le pregunté de qué forma, sin un idioma en común, habían logrado una relación tan buena. Bill Murray, me respondió, lo cual me confundió aún más. ¿El actor de cine? Ese mismo. Acto seguido, y a manera de explicación adicional, Toly procedió a pedirle a John con insistencia que ellos dos juntos nos demostrasen lo que había constituido el meollo del inicio de su comunicación amistosa. John lo trató de disuadir, insistiéndole que si cantaban la canción, nos botarían a todos del restaurante. No hubo manera que Toly se dejase desanimar; hubiese sido fútil ante su demoledora persistencia, que provenía de un orgullo humanamente legítimo, de ahí que terminase convenciendo a Saxo. Sorprendentemente ni siquiera nos llamaron la atención en el restaurante cuando, riéndose, prorrumpieron a cantar: «*Boom shaka laka Boom shaka laka...*», imitando una cadencia, procedente ya bien del sonido de tambores africanos o del ruido que hace un balón de baloncesto cuando la pelota pasa enérgicamente a través del cesto desde arriba (el popular *dunk shot*), cuya cadencia fue creada y usada por Bill Murray en el filme de 1981, *Stripes*, para marcar el paso cuando marchaban en formación militar.

Antes de terminar de acomodarnos alrededor de la mesa del restaurante, Saxo nos pidió que le reserváramos un asiento más para Manuel, otro de sus amigos moscovitas de los años de su carrera de paracaidismo libre. Manuel llegó en motocicleta al poco rato y no demoró en añadir otra dinámica positiva a la velada. En un aparte, durante una de las pocas oportunidades que tuve de poder hablar con él directamente, le pregunté si se sentía cómodo hablando en español. Claro que sí. Su nombre era Manuel Portilla y Sumin, de papá mexicano y mamá rusa. Manuel, no obstante proyectarse como un individuo divertido, de disposición humorística chistosa y de un carácter expansivo, era un poco reservado, y daba respuestas más matizadas que las esperadas, por razón, digámosle de madurez, cuando las conversaciones estaban dirigidas a dilucidar algún que otro dato personal. Quizás me equivoqué pero esa fue mi impresión. Yo traté de ver si había alguna conexión de su origen mexicano, pensé comunista, con el éxodo republicano de la guerra civil española. No averigüé nada. Lo poco que mencionó fue que su papá había conocido a su mamá durante sus años universitarios en Rusia. Saxo, por su parte, aludió en algún momento que el negocio de Manuel era alquilar helicópteros y aviones. Pero lo que más intrigado me dejó fue cuando la noche siguiente, John, Brenda, Jackie y yo aceptamos su invitación a cenar. Fuimos los únicos del grupo que asistimos ya que el resto estaba cansado de unos días de turisteos largos. Al montarnos en el auto del hotel Nacional, el cual está frente al Kremlin y a la Plaza Roja, para ir a encontrarnos con Manuel, el chofer nos preguntó si estábamos seguros de la dirección del restaurante que le habíamos dado, ya que en ese número y calle se encontraba el edificio de comunicaciones internacionales de la KGB, la agencia de inteligencia y seguridad interna de la antigua Unión Soviética, organizada en 1954 y responsabilizada de proteger a sus líderes, las fronteras y llevar a cabo operaciones clandestinas en el extranjero. El nombre completo del organismo es Komitet Gosundarstvennoy Bezopasnosti (KGB). Al llegar, Manuel nos esperaba. El establecimiento se encontraba en el sótano del edificio y él mismo nos confirmó que así mismo era, presentándosenos como uno de los dueños, y añadiendo que esa había sido la única manera que él y sus socios, todos paracaidistas, pudieron lograr la instalación y diseño que deseaban, ya que los inspectores de la ciudad de Moscú no tenían acceso ni mucho menos jurisdicción en ese edificio. Su idea era crear un restaurante muy diferente, y con esa ubicación, la única aprobación requerida era la del dueño, la KGB. ¿Y cuál era la decoración que habían seleccionado para el restaurante? Aeronáutica ciento por ciento: Paracaídas colgando del techo; fotos gigantescas de grupos enormes de paracaidistas, dentro de aviones o saltando en formaciones aéreas. Para ir al baño y cerrar la puerta, por ejemplo, había que traspasar una escotilla de entrada, exacta a las usadas en compartimientos aeronáuticos y luego cerrar la compuerta dándole vueltas al timón que la cerraba. ¿Los lavamanos? Metálicos, igual que en los aviones de pasajeros, aunque más grandes. ¿Las instalaciones necesarias para evacuar la vejiga y el vientre? También metálicas, como las de retrete de un avión comercial. Manuel nos recibió y atendió a cuerpo de rey, cerciorándose de que fuésemos servidos con un esmero inimaginable de esperarse de alguien que no fuese el dueño. Pero así y todo, y a pesar tanto de su generosidad como de su actitud atrayente y acogedora, caí en cuenta de que no encontró ningún momento propicio para hablar de él mismo y de su familia. ¿Silencio hostil o producto del aletargamiento? Su carencia de garrulería se transfiguraba en laconismo únicamente cuando las preguntas giraban sobre temas personales. Pero tampoco hay que llegar a los extremos de ser mal pensado ni tampoco al otro, de bien pensado. ¿Sería parco? ¿Los hombres parcos también pueden ser mentirosos parcos? Consciente de que no habíamos aceptado la invitación e ido a la velada para antagonizar sino visitar, resultó menos complicado abrirle espacio a sus brevedades en determinados temas, al justificarlas con el verdadero hecho de que apenas nos conocíamos y que estaba en todo su derecho de mantener silencios cuando quisiese. Me percaté de que estaba en su restaurante, que todo iba a ser agradable y le puse fin al pregunteo. La conversación, que se desenvolvió entre John, Brenda y él trataba de sus múltiples experiencias comunes con el paracaidismo. El restaurante estaba lleno de jóvenes rusos que conocían y saludaban a Manuel. Los que se acercaban a la mesa hablaban en inglés y conversaban con John y Brenda comentándoles sobre sus incursiones en el *skydiving* en el Estado de Florida. Nos fuimos del restaurante hechizados por la personalidad encantadora y muy simpática de Manuel, con el descubrimiento de la deliciosa costumbre rusa de comer queso con miel, y sin haber conocido nada de su vida privada. Lo poco que logré discernir, sin mucha ayuda de su parte, es que se comporta como un hombre agresivamente soltero, habla ruso e inglés con soltura y agilidad, y el español con un poco de acento mexicano. Vivía en Moscú pero visitaba a John y a Brenda con frecuencia en su hogar estadounidense, opera empresas en sociedad con venezolanos, un negocio de alquilar aviones rusos, entre otros, y tiene el tipo de acceso dentro de la estructura burocrática rusa que le permite abrir un restaurante en el sótano del KGB, resultándole más conveniente resolver sus problemas de construcción y permisos de fabricación cuando los trata con el KGB que con el ayuntamiento moscovita.

Margarita

Fundada en el año 1703, la ciudad de San Petersburgo, capital del imperio ruso hasta el año 1918, adquirió la reputación de ser una de las ciudades más bellas de Europa. La determinación autocrática del zar Pedro el Grande creó una verdadera joya de ciudad portuaria en el Mar Báltico, lo cual por primera vez le permitió a la Rusia del siglo XVIII, el muy anhelado acceso marítimo al mundo occidental. Una vez que la ciudad voluntariosamente comenzada brotó de lo que era un pantano, a ambos lados del río Neva, la nobleza moscovita se vio obligada no solo a construir palacios, sino además a ceñirse a una nueva costumbre de pasar largas temporadas viviéndolos, para que su presencia reconfigurase la corte del imperio ruso, trasladándola de Moscú a San Petersburgo. La nobleza, no muy entusiasmada al principio, no tuvo otra alternativa que obedecer. Años después otra zarina, Catalina II, mejor conocida por Catalina La Grande, creó el museo que todavía se llama Hermitage, y ella misma se responsabilizó en usar la tesorería nacional para comprar colecciones del arte europeo más importante que se pudiera obtener en aquellos momentos. El Hermitage es un patrimonio de la humanidad. Un depósito de tesoros artísticos al que Rusia le ha abierto sus puertas para ser compartido con el mundo entero. Rusia anhela recibir visitantes turísticos.

En el verano del año 2011 los Merodeadores visitamos San Petersburgo, ciudad que ha sido llamada Venecia del Norte, Babilonia de la Nieve y Palmyra Norteña. Por razones de ubicación privilegiada, seleccionamos el Hotel Angleterre, y con la magnífica casualidad que nuestra habitación se hallaba enfrente, de esquina diagonal, a la Catedral de San Isaac. El viaje a San Petersburgo lo hicimos por tren desde Vladimir, cerca de Moscú. Como de costumbre organicé mis actividades personales de manera tal que después de registrarme en el hotel y llegar con el equipaje a la habitación, poder poner en marcha mi acostumbrada, bien planeada y por supuesto requete fingida estrategia matrimonial, la cual consiste en aparentar estar sumido en una disciplinada tarea requerida por las circunstancias de necesitar responder a cuantiosa e importante correspondencia electrónica acumulada (en este caso en particular, durante el trayecto ferroviario por el interior de la nación rusa). Además de por Vladimir, el grupo había merodeado por Suzdal, ya que en esas dos ciudades, fundadas en el siglo XI, todavía se encontraban estructuras residenciales en buen estado, así como graneros, iglesias y galpones fabricados durante el siglo XVII sin usar un solo clavo. Los edificios habían sido construidos empleando solamente hachas, machihembrando las juntas de la madera empleada en su fabricación.

Y volviendo a mi estrategia: Cuando mi suegro cumplió noventa y tres años, se celebró con un almuerzo. Mi suegra, señora de gran inteligencia así como de una chispa extraordinaria, me escuchó la confesión, en alta voz y durante la celebración, de que yo estaba teniendo problemas matrimoniales. ¿Con Jackie? A ver, cuéntanos qué es lo que está pasando. Mire, suegra, lo que sucede es que cuando yo me casé con su hija lo hice por las razones normales que motivan a un hombre casarse con una mujer. Ninguna razón fuera de serie. Todas bien estándar. Es decir, amor y demás. Lo que yo nunca me imaginé es que contraía matrimonio con una persona que tenía tal interminable cantidad de opiniones en una prácticamente infinita variedad de temas, y que dispusiese de tal generosidad e incansable disposición para compartirlas a todas las horas del día y de la noche. La suegra, siempre ocurrente, me interrumpió para decir que, por favor, apurase el cuento porque ella también esperaba y deseaba tener la oportunidad de quejarse de sus problemas matrimoniales, a los 93 años, y se reía, por supuesto.

Yo exageraba para animar el motivito, pero la realidad es que en lo que se refiere a opiniones hogareñas, nunca ha habido carestía. Jackie es de las que las sobrepasa. Viajar las incrementa: el cambio de agua, de aire, de que sé yo, propagan y multiplican las opiniones y se vuelven cada día más numerosas e innumerables. Por ejemplo, al llegar a cualquier hotel a trasnochar, la unidad matrimonial femenina pasa revista: Si el paisaje desde la habitación no le agrada, pues entonces no demora en pedir que miremos otros cuartos vacíos para considerar la posibilidad de, si teniendo mejor vista, mudarnos. De encontrarse al lado del elevador, pues entonces eso compele a cambiar de habitación para evitar ruidos nocturnos. ¿Puertas al baño que hacen ruido? Cambio de habitación. Una vez inventariadas las toallas, almohadas y frazadas, rara vez alcanzan, así que a pedir más. En resumen, la llegada a toda nueva habitación, dispara un repaso cualitativo y cuantitativo de paisaje, decoración, ruido, almohadas, toallas, frazadas y demás requisitos de confort.

En el Angleterre sucedió lo predecible, para acto seguido sugerir que llamase por teléfono al servicio doméstico del hotel y pedir reabastecimientos de los objetos que faltaban. La combinación de verme ocupado en el ordenador con el ruido que hizo la mucama que empujaba su carrito lleno de objetos de limpieza por el pasillo frente a la habitación, provocaron que mi cónyuge se asomase y se encontrase de narices con una empleada doméstica del hotel. Ciegos por la ignorancia de una primera visita a Rusia, suponíamos ser atendidos por una señora de actitud esquiva, fauna nocturna de tabernucha, envalentonada con etílico para lograr conversar con huéspedes extranjeros, de manos sucias, ojos sedientos, tez cetrina, enormes orejas de soplillo, peludas, regordetas, grasientas, dedos como morcillas, vientre hinchado como un pellejo de aceite, acostumbrada a trabajar con bata de floripondios con botones desde arriba hasta abajo, calzando todavía las mismas botas de goma que había usado esa mañana al amanecer para sacar agua del pozo delante de su casa de campo con tejado de latón, huerta de manzanos, establo y henil con zócalo de piedras. Pero nada fue así: la mucama estaba uniformada y tenía una apariencia profesional.

La primera pregunta de Jackie fue «¿Do you speak English?», lo cual probó ser una gestión infructuosa a la vez que provocó una cara de desventura irredimible: «No, Russian», contestó la mucama anunciándose que no dominaba el asunto del idioma anglosajón. No sabía cómo comunicarse en inglés con la aparentemente necesitada huésped.

La segunda pregunta de Jackie fue «Do you speak French?». Yo estaba oyéndola y me pareció una pregunta rara, quizás justificable por ella estar imaginándose que el idioma popularizado por la nobleza rusa de los siglos XVIII hasta el XX continuaba siendo el que se hablaba entre algunos de los residentes de la ciudad. La respuesta vino acompañada de una cara de dolor estomacal más intenso todavía «No, Russian». Hubo una pausa y añadió gesticulando como si pensase que iba a decir algo que no resolvería nada pero por si acaso... «y Spanish» «¡Ah, bueno fenómeno!», le dijo Jackie, agarrando impulso en su idioma natal. «Fíjese, yo ya he buscado en la habitación y como no he encontrado extras, le voy a pedir que por favor nos traiga unas dos almohadas más, unas...».

«M´jita, ¿tú eres cubana?», le interrumpió la mucama con tono de alegría desbordante. «Yo sí», contestó Jackie. «¿Por qué?». «No, porque yo también».

A través de la puerta que se había mantenido entreabierta durante toda la conversación, oí que Jackie le sugirió... pase para que conozca a mi esposo... pero mire yo no hablo inglés... no, si él también es cubano... ¿Ese señor es cubano?... Claro que soy cubano. Si no..., ¿cómo explicaría usted el azabache este que tengo al lado de la medalla de Ochún? ¡Ay, pero si son cubanos los dos! Pero óiganme..., nos comentó semi susurrando con simpatía, y gesto cómplice de solidaridad: «¿Cómo es que ustedes han terminado metiéndose en este hotel tan caro?». En unos pocos instantes se habían creado lazos fuertes, casi una cofradía, unidos en el mismo propósito. Al darnos cuenta que nos confundía con ser cubanos que habíamos viajado recientemente desde nuestros hogares en Cuba, le aclaramos: «Señora, nosotros somos escoria. Somos gusanos». «¡Ah ya veo!». Encontrándole la solución al acertijo, preguntó si los señores huéspedes eran de los cubanos que viven en Miami. «¿No es así?». «Sí, señora pero díganos... ¿Cómo se llama?».

Al desear que la mucama no abreviara su historia contándola a la carrera y saltando pedazos, nos dispusimos a escucharla bien atentos: «Yo me llamo Margarita. Ese siempre ha sido mi nombre. Nací en Rusia, aquí en Leningrado. O sea en lo que ahora se ha vuelto a llamar San Petersburgo. Lo que sucedió es que cuando en el año 1980 los juegos olímpicos de verano se celebraron en la Unión Soviética, en Moscú, conocí, me enamoré y me casé con un cubano. Mi esposo se llamaba Pedro Pablo Betancourt. Él fue campeón olímpico de kayaks de Cuba y cuando nos casamos él me llevó para Cuba. Nuestro hogar se creó en La Habana, en un lugar que se llama Playa que está cerca de la Playa de Marianao».

«Pero Margarita... ¿Y ese acento cubano tan inconfundible, cómo es posible que lo mantengas viviendo aquí en San Petersburgo?». «Bueno, lo que pasa es que ustedes sabiéndome rusa, se esperan que les hable el español como una rusa viviendo en Rusia pero de eso nada, monada, yo no me paso los inviernos fríos en esta ciudad ni por equivocación. Me voy para La Habana. Yo viví muchos años en Playa, crié allá a mis dos hijos que ya están grandes. Mi hijo varón y su padre, del cual ya hace un buen rato me divorcié, están trabajando juntos de entrenadores del equipo olímpico de kayaks mexicano. Mi hija vino a vivir aquí y se casó con un ruso». Nos dijo el nombre ruso de su hija. El idioma ruso es suave, como si no tuviese espinazo, pero resultó imposible meterle mano. No hay forma de entrarle. No encontré manera de entenderlo. «Se llama María del Carmen pero ahora con su apellido ruso no es fácil darse cuenta de que nació y se crió en Cuba. Además, tengo muchas amistades en La Habana. Yo viajo a pasarme los inviernos en mi barrio de Playa todos los años ya que para nosotros, los rusos, los pasajes de avión a Cuba nos salen casi regalados». Buscando mantener viva aquella adhesión inquebrantable, y con descontrolada curiosidad, le pedí a Margarita que me indicara con referencias cómo llegar en automóvil a su casa de Playa; al escucharlas, me percaté que daba la casualidad de que su casa está ubicada a dos cuadras de donde había estado la que fabricaron mis padres, mi casa, en lo que en un momento del pasado fue un fraccionamiento residencial costoso y moderno para burgueses: El Reparto Biltmore, lo que se podía llamar un barrio elegante. Margarita continuó con su historia. «Aquí hay mucho frío. Además, como a los cubanos les ha tocado una vida de privaciones, ya que les hacen falta muchas cosas, yo viajo cargada de mercancía, ya bien sean pedidos que me han hecho o cosas que yo sé que allá no hay, y allí las vendo». Llegado el instante en que mencionó la falta de comodidades en Cuba, es decir de los productos más básicos, cuya ausencia es atribuida al embargo estadounidense por el régimen cubano, juro haber notado que la rusa-cubana volteó la mirada hacia el carrito de mucama repleto de jabones, toallas, champú, pequeños costureros con hilos y agujas listos para coser y remendar, gamuzas de limpiar zapatos, en fin todo lo imprescindible para el confort de los huéspedes del hotel. Era como si nosotros dos, mi esposa Jackie y yo, estuviésemos desempeñando el papel protagónico de una obra teatral, que de no ser mi vida debiérase considerar bufa, en la cual éramos dos viajeros cubanos (cubanos exiliados), quienes después de haber escapado del régimen castrista en los años sesenta del pasado siglo (huyéndole al comunismo), nos sentíamos como si entrásemos en una desorientadora dimensión alterna, al encontrarnos queriendo pedir un par de almohadas para nuestra habitación de hotel ruso. Refinando la interpretación de la obra al margen de cruzar a lo grotesco y burdo, puntualicemos el *mise en scene*: dos cubanos exiliados, de familias prominentes habaneras que habían perdido todo para huirle al comunismo, se encontraban de vacaciones en lo que una vez fue el paraíso del comunismo y ahora era un país más o menos democrático, topándose una vez allí con una ciudadana oriunda de Rusia llamada Margarita, sirvienta hotelera rusa con pasaporte cubano que viajaba todos los inviernos, huyéndole al frío, para vivir en lo que en un pasado había sido y continúa siendo una zona privilegiada de La Habana. A dos escasas cuadras de distancia de la casa que mis padres fabricaron haciendo lo que para ellos en aquel momento era una inversión grande con el propósito en mente de allí criar su familia y compartirla con sus hijos y nietos.

En la próxima visita a La Universal, en Miami, después del viaje a Rusia, Mariangel, la empleada cubana recién exiliada, me confirmó que en Playa vive un gran número de extranjeros, rusos entre ellos, quienes a su vez llevan viviendo allí desde hace muchos años, y como es lógico tienen muchas amistades en La Habana. El gobierno de Cuba les facilita pasajes baratos para que vuelen con regularidad desde Rusia, permitiéndoles traer sus equipajes repletos de cosas para venderle a los que no pueden salir de Cuba. Mariangel cuenta de excursiones a Playa a visitar rusos que tenían cosas para vender. Lógico pensar que Margarita se ayude a pagar el pasaje vendiéndole a las amigas de Mariangel mercancía traída de San Petersburgo, para de esa manera subvencionar su transporte y estadía invernal. Sin andar buscándole matices, se trataba de un comercio clandestino. ¿Sería injusto decir que Margarita es estraperlista?

Antes del viaje a Rusia, y siguiendo la costumbre de leer sobre los países por merodear, me había interesado en un libro que describe la minuciosa restauración de un palacio ruso llamado Pavlovsk. La obra trata de la residencia que en el siglo XVIII le regaló la zarina Catalina II, llamada Catalina La Grande, a su hijo y heredero Pablo I y su esposa María. El motivo de su generosidad fue la celebración del nacimiento de su nieto, quien años después sería el zar Alejandro I de Rusia. Ya Pavlovsk había sido completamente restaurado cuando los Merodeadores estuvimos allí en el año 2011. La escritora del libro, magnífico, por cierto, fue Suzanne Massie. Lo tituló Pavlovsk: *The Life of a Russian Palace.* Suzanne vivió sola en Pavlovsk sin su esposo Robert K. Massie varios años, mientras observaba y describía la restauración. Por supuesto uno nunca sabe lo que sucede en la acostumbrada vida privada entre marido y mujer, pero quizás esa separación de tan larga duración tuvo algo que ver con su divorcio matrimonial. La pareja ha escrito una valiosa colección de obras literarias tanto novelas como no ficción. Su interés en los Romanovs comenzó porque ellos, al igual que Nicolás y Alejandra, tuvieron un hijo hemofílico.

Pavlovsk fue destrozado y destruido durante la Segunda Guerra Mundial, ya que el exquisito palacio lleno de tesoros sirvió para acuartelar a las fuerzas invasoras del ejército alemán durante dos años y medio mientras trataban de conquistar San Petersburgo. El salón de baile se convirtió en garaje para automóviles y motocicletas. Los pisos de parqué se usaron para hacerle frente al frío, quemándolos en las chimeneas. Allí vivieron las tropas enviadas por Hitler a Rusia, acuarteladas junto con sus aliados, la unidad militar de voluntarios españoles, La División 250, más conocida por La División Azul, presumo que por el color azul de la Falange. Una vez que comencé a profundizar en el tema de la batalla de los alemanes para tomar San Petersburgo, me pareció impresionante la cantidad de cosas que desconocía, la participación de la División Azul en la Segunda Guerra Mundial siendo una más de las muchas. Y ya que penetramos en el tema de la ignorancia, recuerdo que en Cuba oía a las muchachas españolas que cuidaban niños pequeños, sobre todo a los bebés, cantarles una canción infantil cuyo texto lírico conozco desde que aprendí a hablar y que decía así:

Yo te daré
Te daré niña hermosa
Te daré una cosa
una cosa que yo solo sé. ¡Café!

Siempre que la he oído me ha parecido rarísimo que se trate de poner a dormir a un bebé con una canción que suena más como ovación para ser vitoreada y levantar el ánimo. Al fin aprendí que efectivamente, es una canción para estimular. «Café», es el acrónimo del lema falangista que era vitoreado por la fervorosa masa cuando marchaban gritando: ¡Camaradas! ¡Arriba, Falange Española! Un amigo negro americano, hombre de enciclopédica incultura, pero quien ocasionalmente sale con ocurrencias simpáticas, una vez dijo que son extraordinarios los temas de conversación que se pueden tener cuando uno tiene conocimientos. Dijo algo un poco más vulgar pero que quiere decir más o menos lo mismo. Cada vez aumentaba más mi curiosidad sobre el efecto de la Guerra Civil Española. ¿Españoles como refuerzos de los alemanes de Hitler en el sitio de Leningrado? No había tenido idea del tema. Le anuncié a los Merodeadores que en 2012 íbamos a España, lo cual, en efecto, hicimos.

Aunque al volver de los merodeos, la sensación es la de haber estrujado hasta el extremo cada instante del viaje, la memoria, una vez que se vuelve a la cotidianeidad, se expone a que con el pasar del tiempo se difuminen y traicionen los recuerdos, y el producto final se disuelva en un laberinto de historias concurrentes. La fotografía es un pasatiempo artístico, el cual no obstante ser un acontecimiento temporal, ayuda a recordar el presente que visualizamos, eternizándolo, para saber mañana lo que fue hoy. Nos permite capturar con precisión imágenes de vivencias personales, al fotografiar lugares visitados, reconstruyéndolos con datos fotográficos fríos y creando así un depósito de caudales efímeros que constituirán una narración para luego ver el pasado con exactitud y lograr un pleno recuerdo de él. Son recuerdos con los cuales no se puede maniobrar, ni tampoco se consigue reelaborarlos. Se requiere perseverancia y planificación. Perseverancia en evitar lo que le sucede a algunos grupos de turistas con guías, aquellos que adoptan una pauta de rebaño urbano con aspecto vacuno, con semblantes de interés, ceños fruncidos y que sugieren concurrencia. Cuando se quiere capturar con el lente un detalle arquitectónico o una iluminación especial hay que ignorar al guía o a los acompañantes y separarse del grupo, no atender a reacción negativa alguna, así como a actitudes fieras, gestos desdeñosos, todas ellas manifestaciones de censuras, que son fruto de la incomprensión y la creencia de que estamos todos cortados por un patrón general de frialdad y compostura. Si alguien se pone necio, hay que maniobrar cambiándole la jugada de sopetón. Ante un gesto de enfado y desplante de manos en la cintura, esperando a ver hasta qué horas va a tener que seguir esperando por el fotógrafo que busca capturar una imagen, una luz, una oportunidad ideal o única: No cohibirse. Sacar la foto primero y luego mucha sonrisa muchachil de agradecimiento con la persona que nos ha querido censurarnos. ¡Al mal tiempo, buena cara! Hay que convertirse en un ser inabordable, incombustible e insumergible. Hay que sacar la foto y ya; cambiar de rumiante para carnívoro. Una vez que la imagen ha sido almacenada para contrarrestar el desvanecimiento de recuerdos gratos, el cazador de recuerdos vuelve a la manada, sin hacer alarde alguno.

Fotos merodeando

Para fotografiar se requiere hacer una programación del viaje para que las visitas coincidan con lugares y horas dignas de ser fotografiadas. Por ejemplo, si estás en Viena sería un desperdicio no aprovechar para ir a los arrabales de la ciudad, a Spittelau, y allí ver la obra más controversial de todas las que diseñó y supervisó el artista, arquitecto y activista ecológico Friedrich Stowasser, más conocido por Hundertwasser, al haberse cambiado su nombre por Friedensreich Regentag Dunkelbunt Hundertwasser. La planta de calefacción se puede decir que es inapropiado nombrarla así, ya que en realidad es una planta de incineración de residuos diseñada por el artista, con una filosofía de respeto por el medio ambiente, para que la instalación ejerza la doble función de crear calefacción y embellecer el ambiente. El conjunto de edificios e instalaciones parecen una combinación de nave espacial con palacio de cuentos de hadas. Otro ejemplo de imágenes que no pueden perderse son las de los pueblos antiguos, los cuales, al ser autóctonos, vale la pena visitarlos para poder apreciar de cerca cosas fuera de lo común. Uno de ellos es el pueblo de Candelario, en la punta sur de la provincia de Salamanca, donde adoptaron el uso de batipuertas, nombre que le han puesto los aldeanos que allí viven, en la ladera de una sierra, a ese tipo de puertas cuyo nombre data del tiempo en que los mineros romanos ocuparon Castilla, siglos después de haber dejado de pelear contra moros invasores. Los habitantes de estas tierras por aquel entonces basaron su economía de subsistencia en la cría de ganado vacuno y porcino. Las batipuertas fueron ideadas para proteger las casas que habían sido construidas en el centro del pueblo que creció en la cuesta de una ladera empinada. Al derretirse la nieve de la sierra, los torrentes de agua se desplazan cuesta abajo por las empinadas calles adoquinadas, y se corre el riesgo, de no haber batipuertas, que se inunden los primeros pisos. Las batipuertas son una segunda puerta exterior a la puerta principal de cada unidad, tanto residencial como comercial, anguladas para coincidir con la pendiente de la calle, y de esa manera mantener encauzado el arroyo torrencial de las nieves acumuladas que se deshielan al llegar la primavera. Estando en el pueblo, uno de los residentes explicó una segunda función de la batipuerta: A través de un agujero que poseen en la parte superior puede pasar un brazo humano, el cual, con cuchillo en mano, puede matar y descuartizar cerdos en la calle sin manchar de sangre ni su casa ni al carnicero doméstico, al dejarla correr afuera para que sea arrastrada por la misma canaleta del desagüe del agua que viene de la sierra.

Otro pueblo interesante para tomar fotos es Consuegra, ubicado en la provincia de Toledo en la comunidad de Castilla-La

Mancha y con típica atmósfera de benignidad pueblerina. Representativo de esta zona son sus once molinos alineados en el cerro Calderico, que datan del siglo XVI y un castillo restaurado que presiden la planicie manchega. Muchos aseveran que el castillo, los molinos y un viejo restaurante en Puerto Lápice, a veinte kilómetros de Consuegra, podrían haber inspirado a Cervantes para escribir *Don Quijote de La Mancha*. El restaurante de Puerto Lápice aduce ser el lugar donde Don Quijote recibió el título de caballero. Cuando llegamos a Consuegra capturamos las ansiadas imágenes fotográficas de los molinos sin haber antes puntualizado algunos detalles locales de gran importancia. Por ejemplo, que allí donde estábamos, en medio de la planicie de La Mancha, no había ninguna otra ciudad, pueblo, ni aldea cerca; que era tarde, y que no habíamos almorzado, y que por lo tanto cundía un hambre voraz. Había un solo establecimiento que servía almuerzo ese día. Era un lugar muy modesto, en la trastienda de una ferretería, donde al llegar fuimos informados por el dueño de lo que ofrecía, en un tono y con unos contenidos que tal parecía que se estaba gastando con nosotros una ironía bien afilada: cerrarían pronto, no había más menú que el escrito en una pizarra, el dueño era él y también el único camarero, su señora la cocinera, la carta de vino comprendía solo dos posibilidades, rojo o blanco, ambos de su cosecha, y no tenían nombre. «¿Cómo es que no?...». «Que no, que le he dicho que no... Pues porque no, porque nunca los he nombrado, porque nunca se me ha ocurrido ninguna necesidad de nombrarlos. Mire..., ¿quiere vino o no quiere vino? ¿Lo quiere o no?». Podíamos escoger una mesa que nos pareciese atractivamente ubicada, siempre y cuando fuese la última, y por cierto la única que quedaba vacía. «¿La quieren o no?». «Claro que sí». No había ni una sola mujer. Todos eran hombres con pinta de ser trabajadores, vestidos con trajes de una sola pieza de cuello a tobillos, en colores iridiscentes, como para resaltar cuando trabajasen en la carretera, y así evitar un accidente de tráfico. Los precios eran irrisoriamente baratos y la selección limitada. La comida que nos sirvieron estaba confeccionada con productos locales, pero de sabor delicioso y porciones generosas, todo lo que se espera encontrar uno en un pueblo pequeño. Como el anuncio comercial cubano: Bueno, bonito y barato. Al lado de nuestra mesa había tres curas almorzando y tomando cerveza. Le dije al dueño-camarero que por favor no nos delatara hasta después que nos hubiésemos ido, pero que queríamos pagarle el almuerzo a los tres curas. Al levantarnos de nuestra mesa, nos traicionó, revelándoles nuestra generosidad a los sacerdotes pueblerinos, quienes me enfrentaron animadamente negándose a aceptar. Que de ninguna manera. Que... ¿por qué? Pedían que se les diera una explicación satisfactoria a mi incalificable conducta. Fueron tan enérgicos con su repulsa que hubiese resultado antagónico no contestarles y por lo tanto saqué mi otra persona al proscenio, la que se cree actor, al dirigirme a los curas. Para evitar contrariedades, respondí rápido y en español, lo cual no se esperaban. Puse cara de intelecto primitivo, aboliendo todo sentimiento altruista y de idealismo cívico, fingí un egoísmo supremo pero con conmovedora capacidad emotiva, para decirle sin burla pero con orgullo: Padre, lo hemos hecho para conseguir una indulgencia plenaria. Hubo una escandalosa erupción sacerdotal ante nuestras inequívocas pretensiones pues los sacaban de quicio. Sus miradas alternaban entre una de entomólogo indeciso cuando tiene delante un ejemplar único y desconocido de insecto, y otra de progenitor a punto de ladrarle a sus vástagos. De inmediato vociferaron: Oiga, eso no es así-no-no se puede, se equivocan. Hasta que no les sonreí y les expliqué que no era un trastrueque, que yo pecaba de cinismo venial (*peccata minuta*), y que como ellos eran los curas, lo que les proponía era un negocio archirredondo. Yo había sido monaguillo cuando en la liturgia se latinaba interminablemente. Si alguno de ellos me acompañaba a rezar el Suscipiat yo no les pagaba el almuerzo. Los tres curas hicieron un corto conciliábulo conspirativo. Los dos más jóvenes, plácidos y adiposos, así como también prácticamente barbilampiños, se borraron. Mire, nosotros... la misa ya no... claro está, aprendimos latín pero... mire con nosotros dos no cuente. El cura más viejo y colmilludo, con cara fláccida, voz atiplada de profundo conservadurismo y puntilloso sentido del deber, trató de dulcificar el diálogo. Apuntó en mi dirección con sus manos tarantulosas, cuando le pregunté: ¿Usted empieza? Me contestó que no, que empezara yo. Creo que vio en nosotros a señores que querían pasarse de refinados, pintipuestos, por las cámaras de fotos costosas y los zapatos de colores vivos fifí; y consciente de que él tampoco se sabía o quizás ya no se acordaba de la oración, decidió, después de evaluar sus probabilidades, que lo más certero sería jugársela. Ese día lo acosaba la mala suerte. Empecé con *Orate Fratres*. Esta es la parte que usualmente le toca al celebrante, o sea, al cura. La parte que le toca al acólito es *Suscipiat dominus sacrificium de manibus tuis, ad laudem et gloriam nominis sui, ad utilitatem quoque nostram, totiusque ecclesiae suae sanctae*. Al llegar a la mitad, el cura no había ni tratado de fingir, balbuceando, por lo que, sin dudas, reconocía haber perdido. Nos despedimos efusivamente.

Girona - Gerona

Antes de viajar a España, y en el esfuerzo por sincronizar conocimientos geográficos con eventos históricos, me recomendaron una novela, una tetralogía, para ser exacto, escrita por José María Gironella, catalán oriundo de Gerona, cuyo tema central es la Guerra Civil. La novela, así como los títulos, están organizados según un orden cronológico: *Los cipreses creen en Dios, Un millón de muertos, Ha estallado la paz* y una cuarta obra que es difícil de encontrar pero que existe, *Los hombres lloran solos*. La secuencia cronológica es importante porque la obra sigue la vida de una familia catalana de apellido Alvear, durante el curso de la guerra y la también importante posguerra. Asimismo, leí otras obras de no ficción, pero esa tetralogía, en particular, me cautivó, lo que me llevó a organizar el viaje a Madrid y sus alrededores, así como a Barcelona, y el resto de la regiones catalanas como Gerona, El Ampurdán y los pueblos y ciudades que los rodean. La familia Alvear, protagonista de la obra, era toda gerundense, o sea, ciudadanos de Gerona o Girona, en Cataluña. Por esa zona, convenientemente cerca de la frontera francesa, fue por donde los comunistas españoles huyeron de España al perder la Guerra Civil.

Los libros de Gironella erróneamente se conocen como trilogía cuando en realidad son cuatro. Un neoyorquino amigo mío, compañero de clase de la academia militar, Rafael Urquía, fue quien me dio la información. Rafael, abogado estadounidense, a la vez que graduado también de la escuela de derecho en Madrid, conoce el país y su cultura fenomenalmente bien, aparte de ser un lector incansable. Fue él quien me descubrió la existencia de *Los hombres lloran solos*, ya que, entre otras cosas, me ayudó a conseguir una copia de la onceava edición publicada en marzo de 1990, a través de una librería en España. El último episodio del cuarto libro que no sabía que existía, me encantó y me frustró. Me gustó porque continuó la historia de la familia Alvear, después de terminar la Guerra Civil española, dándole cuerpo y vida a las consecuencias que trajo esta guerra para las familias españolas, en general, y en particular, en el caso de su novela, a esta familia catalana. Me frustró por algo que leí en el prólogo, en el cual el autor se lamenta con sus lectores del largo tiempo que se había tomado para escribir el cuarto tomo, y explicaba que una de las razones más poderosas era que quería escribirlo con absoluta libertad de espíritu, sin el fantasma de la censura franquista. Por fin lo escribe, continuó explicando el autor en el prólogo, después de unos cuantos libros de viajes en el ínterin, una vez que sintió que se asentaba la democracia en el país, y en ese momento lo embargó la necesidad de reemprender el relato, pagando de esa manera la deuda contraída con sus lectores. Entonces, me creó una gran frustración al añadir lo que sigue en su prólogo: «*Los hombres lloran solos* es la primera respuesta y, si Dios me da fuerza, culminaré los dos volúmenes siguientes, ya esbozados, en un plazo de tiempo razonable, puesto que ya nada se interpone entre mi voluntad y el papel blanco que aguarda encima de mi mesa». En paráfrasis, cuenten con que escribiré el quinto y sexto libro. Ya los esbocé. Ya sé lo que voy a escribir.

Por lo tanto, al terminar el cuarto libro, recomencé mi búsqueda contactando con los mismos proveedores que me sirvieron tan bien para poder adquirir la cuarta obra, pero todo me falló. No encontré ni el quinto ni el sexto libro, ni llegué nunca a aprender el nombre de sus títulos. Dejando a un lado las ganas de rendirme, con el viaje de los Merodeadores a España ya planeado, comprado, pagado y acercándose, a sabiendas de que nos pasaríamos un día entero en Gerona, creí encontrar una apropiada solución e ideé la manera de solucionar el problema. Pararía en una librería en Gerona y preguntaría por los libros. Después de todo, el autor era un hombre de familia, humilde, quien nació en Gerona y murió de una embolia cerebral a los 85 años en Arenys de Mar, pueblo Mediterráneo en la Provincia de Barcelona. Lo lógico es que Gerona fuese un semillero de amigos, discípulos, admiradores y turiferarios, sobre todo en una librería. Mientras los Merodeadores almorzaban, busqué una librería de aspecto antiguo en el casco histórico de la ciudad. Encontré una que me pareció perfecta, con anaqueles hasta el techo y una escalera que rodaba de un extremo a otro del establecimiento, ya que se usaba para poder alcanzar los libros de los estantes más altos, aun los que estaban pegados al techo. El único detalle complicado fue que, al entrar en la librería, me enfrenté con la cara del empleado esquinado, refunfuñón y malgenioso que estaba allí solo, contemplando las musarañas y sin atender a nadie. Me habló en un inglés muy mal pronunciado para decirme «No espíki inglis». El único momento en que se le relajó mínimamente el ceño fruncido, fue al indicarle que nos comunicásemos en castellano, si le daba lo mismo. «Mire, yo me he leído los libros de Gironella». Me interrumpió de manera tajante. «¡No lo tengo!». «No, fíjese yo sí los tengo pero...», me interrumpió de nuevo, «¡No lo tengo! ¡No tengo el cuarto libro! Ojalá lo tuviese ya que todo el mundo me lo pide y hubiese podido venderlo un sin número de veces». «Sí, pero fíjese, yo sí lo tengo y lo leí y me gustó mucho. No es eso lo que busco, lo que busco es...». «¡No lo tengo!». «¿No tiene qué?», le dije ya harto de su actitud negativa. «No tengo ni el quinto ni el sexto que tienen que ser los que busca. ¿No es así?». «Sí», le contesté. «Pues no los tengo». Y entonces, comenzó una perorata ácida y plañidera, lamentándose, y aquí me he tomado la libertad de desinfectar el monólogo del catalán, ahorrándome los adjetivos por ser de calibre grueso así como incluir menciones de hostias, Dios, productos lácteos, mujeres de oficio carnal con hombres, hijos ilegítimos y demás acerca de que los herederos de Gironella no hubiesen publicado los dos libros que el autor, ya en el año 1986, revelaba que los había esbozado. (No se murió hasta el año 2003). «¿Me va usted a decir que dos libros ya esbozados en el año 1986 no van a estar terminados más de quince años después? ¡Joder! ¡Son unos inconscientes!». Seguía sobresaltado, maldiciendo, gritándome sus frustraciones comerciales, y yo le oía, anatematizando con la mirada, mientras él seguía lanzando insultos hacia los desconocidos herederos de Gironella, aun después de que yo saliera del establecimiento de aspecto serio y venerable.

Siro

Con la victoria franquista concluyó la Guerra Civil española. Los republicanos que no protagonizaron un éxodo de proporciones bíblicas, se escondieron cómo y en donde pudieron. Una gran cantidad logró fugarse a Francia, a Portugal y a los países de Suramérica y las Antillas, Cuba entre ellos. Desde estos lugares continuaron esforzándose por deshacer la derrota, lo cual resultó infructuoso. Al darse cuenta de que era inútil seguir en esa lucha, fieles a su comunismo, se encargaron de difundirlo en sus lugares de destino. La Unión Soviética, por su parte, seleccionó a los que habían dado pruebas irrebatibles de ser confiables y fueron trasladados a la región de la península de Crimea, para desde allí, en sus hogares soviéticos, y en la madrugada, poder oír las transmisiones radiales de Radio Pirenaica, y así enterarse de lo acaecido a sus compañeros en manos de los pelotones de fusilamiento de la nueva república de Franco. Una vez que se probó su lealtad a la causa comunista y que su lucha por España había sido en vano, la Unión Soviética los usó para llevar a cabo misiones de interés nacional propio. Una de esas misiones fue defender San Petersburgo del sitio alemán que duró más de dos años durante la Segunda Guerra Mundial, peleando al lado de los soldados rusos y en contra de la División Azul de España.

Otra fue la del asesinato de Trotsky, en México, a manos de un catalán barcelonés llamado Jaime Ramón Mercader del Río. Esta misión sirvió de base para el argumento de una novela magistral, de corte realista, cuya primera edición fue publicada en septiembre del año 2009, titulada *El hombre que amaba a los perros*, escrita por Leonardo Padura Fuentes, un cubano que actualmente reside y siempre ha vivido en Cuba. Se había anunciado que viajaría a Miami y quizás, se rumoraba, que se presentase el libro, o el autor se ofreciera para hablar de su obra en alguna tertulia de la ciudad.

El día en que Leonardo Padura se presentó en La Universal para dar una charla ya se anticipaba que unos pocos meses después la empresa cerraría sus puertas. El edificio se vendería y dejaría de funcionar como una magnífica librería, no habiendo podido sobrepasar el impacto económico de la competencia de ventas de libros electrónicos, que con cada vez más frecuencia se leen en tabletas y ordenadores portátiles.

Para este encuentro con el escritor, la gerencia de la librería invitó a un selecto y reducido grupo de personas. La intención de esta exclusividad se debía a que había que tratar de reducir lo más posible cualquier posibilidad de que hubiese incidentes de protestas y quién sabe si hasta disturbios organizados por grupos de cubanos exiliados, militantes e intolerantes, quienes no solo se oponen, sino que además con belicosidad y testarudez crean tumultuosas demostraciones, cuyo objetivo es abochornar a los presentes en la actividad y a los organizadores de esta, y así tratar de impedir que se lleven a cabo actos en los cuales aparecen en escena artistas residentes en Cuba. La oposición se basa en la noción de que al poder entrar y salir de Cuba, eso demuestra que esas personas simpatizan y son cercanas al régimen represivo cubano de los hermanos Castro.

Pocos días antes había recibido una llamada telefónica del dueño de la editorial, el Sr. Juan Manuel (Manolo) Salvat, quien en tono conspirativo compartía la muy buena noticia de que Leonardo Padura, durante su corto viaje a Miami, se encontraría no solo disponible sino entusiasmado para tertuliar con aquellos que estuviesen interesados en oír sus comentarios sobre su recién publicada novela titulada *El hombre que amaba a los perros*. La intención de Manolo era que el grupo fuese pequeño, limitándose a escritores, periodistas y amigos de La Universal. Mi inclusión en la lista de invitados se debía a que la editorial de Manolo había publicado una obra mía de no ficción: *P´allá y p´acá*.

Leonardo Padura no solo es un escritor extraordinario, sino que además es cubano, y escribe en cubano, mi idioma predilecto. Le pregunté a Manolo si me permitía asistir acompañado. Al oír la pregunta de seguro que Manolo pensó que iría con mi esposa Jackie pues enseguida, sin más, insistió que la llevara, añadiendo en voz alta un innecesario pero gentil recordatorio a su amigo, y mi suegro, Eugenio Albarrán y Varela. Manolo y Eugenio no son coetáneos pero sí coterráneos pues los dos nacieron en Sagua La Grande, en la provincia de lo que antes del triunfo de la revolución, se llamaba Las Villas. Mi suegro Eugenio se mudó de muy joven con su familia para La Habana pero Manolo, al igual que todos los otros jóvenes estudiantes de escuelas primarias en Sagua La Grande, marchó anualmente en el parque central de Sagua La Grande para conmemorar el natalicio de su hijo predilecto, el doctor Joaquín Albarrán, tío abuelo de Eugenio, mi suegro. A Manolo le tocó no solo participar en los desfiles anuales alrededor de la estatua que allí preside el llamado Parque Albarrán, sino también tuvo que aprenderse de memoria y recitar de paporreta la inscripción que hay en el monumento, escrita por el homenajeado en el año 1890. Reza así: «Si los azares de la vida me han hecho adoptar por patria a la grande nación francesa, nunca olvido que soy cubano y siempre tenderán mis esfuerzos a hacerme digno de la tierra en que nací».

Jackie no pudo aceptar la invitación, y por supuesto, después de confirmarlo con Manolo, invité a mi amigo Siro del Castillo Domínguez. Siro y yo fuimos betlemitas, compañeros desde el primer grado del Colegio de Belén hasta que el régimen de Fidel Castro intervino el plantel educacional jesuita cubano. La palabra «intervino» es el uso alternativo de cerrar, por ser más suave y decorosa que la dura y malsonante realidad. La verdad es que aunque fue el colegio de Fidel Castro, donde por cierto era apodado *Bola de Churre*, él le confiscó el plantel a los jesuitas y los zampó rumbo a España. Al salir de Cuba al exilio —que los judíos caracterizan como diáspora, es decir dispersión de judíos exiliados de su país, y nosotros con chacota, chabacanamente nos autoidentificamos como unos desperdigados— la mayoría de mis compañeros mantuvo un cierto núcleo urbano geográfico en Miami, y se han esforzado por conservar una relación amistosa ininterrumpida a través de los años, hasta el presente. El Colegio de Belén ayudó a mantener la unión mediante su organización de antiguos alumnos, con su sede en la versión estadounidense que fue erigida en el corazón del exilio cubano, en Miami. Otros, como yo, nos mudamos a otras ciudades donde nos desconectamos y distanciamos del pasado a medida que emprendíamos vidas nuevas en un mundo anglosajón. Tanto nos alejamos, que en el verano del año 1986 el Colegio de Belén no tenía mi dirección en Palm Beach. Mi correo betlemita era dirigido a mi madre en Miami, quien acto seguido llamaba por teléfono, aun sabiendo por adelantado que le diría que lo aguantara hasta mi próxima visita, que no había ningún apuro.

Pero hubo una llamada de mi madre, en particular, que era para anunciarme que había llegado una carta dirigida a mí en la que me avisaban de la celebración de los veinticinco años de no habernos graduado de Bachillerato en el Colegio Belén de La Habana en Cuba, lo cual hizo vibrar en mí recuerdos poderosos que el tiempo y los años de exilio estadounidense no habían relegado a la indiferencia. Mi vida de adolescente había sido de súbito desarraigada por causas políticas, y trasladada a un mundo geográfico foráneo, pero mis raíces aún estaban vivas y sensibles. La juventud es un producto que perece, pero la memoria no del todo. La llamada disparó una toma de conciencia que activó la melancolía por el cariño de antiguas amistades infantiles, con las cuales estuve rodeado en años lejanos.

La celebración, organizada por antiguos alumnos del colegio, se llevaría a cabo unas semanas después del aviso de mi madre. Los festejos incluían una cena bailable el sábado en el Centro Vasco de la Calle Ocho, y una misa dominical al día siguiente en la capilla del plantel colegial. Era una oportunidad de retrotraernos a nuestro antiguo comportamiento de pavoneo pueril, sin la tensión de tener que comportarnos para evitar ser castigados por mala conducta, ni estudiar para sacar buenas notas. Una combinación de unirnos a rezar mientras que, al igual que hacíamos desde que nos conocimos de niños, fijarnos en quién no se acercaba a comulgar por no estar en gracia de Dios, es decir, por no haberse confesado antes de la misa y por lo tanto estar en pecado. Después de misa y un almuerzo en la cafetería colegial, con taza de café en mano, se nos dio la oportunidad de hablar por micrófono ante los demás concurrentes, que eran nuestros compañeros de clase, sus esposas e hijos. El micrófono fue pasado de mano en mano a todos los allí reunidos. Caras que conocíamos desde la niñez, y con las cuales habíamos compartido desde el primer grado, a los 5 y 6 años de edad, hasta que Belén fue finalmente intervenido y expropiado, el 3 de mayo de 1961. Los alumnos de nuestra clase hubiésemos sido los graduados del curso que terminaba en junio de 1961. La clase del '61. Sin embargo, en vez de eso, terminamos siendo alumnos de un colegio expropiado, con sus alumnos expulsados y exiliados antes de ser graduados. La reverencia final de la celebración nos la hizo un sacerdote jesuita conocido por todos desde las aulas escolares en Cuba, el Padre Juan Manuel Dorta-Duque, S.J. quien distribuyó los diplomas autenticando la graduación que nunca fue, que nunca pudo ser.

Ninguno de los que participamos de aquella ceremonia, introdujimos el escepticismo a la bien intencionada farsa, y recibimos el diploma como un simple y posible adorno hogareño. Éramos como actores de tercera categoría en una prueba para conseguir el papel serio en una obra de Broadway. Palmadas fraternales, comportamiento cotidiano y aquí nadie se da por enterado que nos acaban de etiquetar como Graduados de Belén, algo anhelado por todos desde siempre. Como si nos quedara *pintaíto*. En el futuro lo mencionaríamos con un mal disimulado orgullo en conversaciones que llevaríamos en esa dirección ante terceras personas, para que se tuviera en cuenta la nueva condecoración académica y reaccionar como si para nosotros no fuese nada del otro mundo.

La graduación nunca ocurrió debido a un evento que cambió nuestras vidas para siempre: El triunfo de la revolución de Fidel Castro Ruz, que lo puso en el poder de la República de Cuba, el 1ro. de enero de 1959. Poco tiempo después, el Colegio de Belén fue confiscado y nacionalizado antes de que nuestra clase pudiese terminar el curso del año 1961. En marzo de 1959, apenas unos meses después que Fidel Castro Ruz tomara el poder de la República de Cuba y se transformaran nuestras vidas, los autobuses, o las guaguas colegiales, como les decíamos en La Habana, llevaron a los estudiantes betlemitas a una demostración a favor de la revolución en el Palacio Presidencial. Existen fotos de dos compañeros que en el presente son todo lo opuesto a comunistas, es más, me sorprendería enterarme de que se hayan registrado para votar como demócratas y, por supuesto, ni pensar en llamarlos liberales; hoy en día viven holgadamente exiliados, pero en aquella ocasión organizada por los jesuitas de Belén, aparecieron retratados esgrimiendo una pancarta que decía: «Defendemos la Justicia Revolucionaria». Me lo contó uno de los dos que sale en la foto, Guillermo Asper Valdés, conocido por sus compañeros como Asper. El otro terminó transformándose en un exitoso magnate de la industria del concreto internacional, Federico Goudie Pujals. Goudie, para nosotros los betlemitas de su clase. Traducido al presente, aquella pancarta quería decir que los betlemitas estaban de acuerdo con los fusilamientos de individuos ajusticiados sumariamente por haber sido miembros del ejército, la policía o la marina durante el gobierno de Batista, juzgándoseles, por supuesto, por crímenes cometidos durante la dictadura. Su acto de presencia resultaba de ideas alentadas por los curas jesuitas. Estos también organizaron en el colegio, con nuestra ayuda estudiantil, tómbolas con el propósito de recaudar dinero para comprar tractores y donárselos a campesinos, quienes los usarían para arar las tierras que pasarían a ser de su propiedad una vez cedidas por obra y gracia de la Reforma Agraria. Léase, tierras confiscadas a los latifundistas cubanos que pagaban las cuotas betlemitas: En otras palabras, confiscadas a nuestros propios padres. En el lobby del Colegio de Belén, había tractores nuevos en exposición para exhortar a una buena recaudación de fondos. Amerita ahora hacer una observación relevante acerca de los tractores mostrados en el recibidor de Belén y la ausencia de público que los pudiese apreciar. A Belén, aparte de los curas, nada más que entraban los estudiantes y sus padres, y, por lo tanto, era lógico que el gran despliegue se hacía para obtener el beneficio de estos. Aparte de ser un comportamiento ideológicamente cuestionable, era una burda propaganda frontal, ya que los padres burgueses de los estudiantes betlemitas eran los mismos latifundistas a los que el régimen castrista les quitaría las tierras para entregárselas a los campesinos, quienes podrían trabajar con más eficiencia su recién adquirida tierra si poseían esos tractores. La lógica desvencija.

Hoy en día el Colegio de Belén, el de La Habana, no el que se encuentra en Miami, sirve de plantel para entrenamiento de líderes; funciona como una escuela técnica para los futuros líderes comunistas. Nuestra clase escolar se autoidentifica como la clase del 61, a pesar de que en el libro *Breve historia del Colegio de Belén*, el Padre José Luis Sáez, S. J. escribe que la primera ocupación militar de Belén, por ochenta milicianos, fue a las dos de la madrugada del 6 de enero de 1961. La fecha coincide con la Epifanía, conmemoración de la visita y adoración de los tres reyes magos para celebrar el nacimiento de Jesús. Llegaron a Belén siguiendo una estrella, etcétera, *in absurdum*. Los milicianos obedecían las órdenes del capitán Emilio Aragonés, ex-alumno del colegio. Al día siguiente de la toma del plantel escolar se le añadieron cien milicianos más, quienes venían armados para ocupar el colegio hasta el 19 de enero de ese mismo año.

Las escenas, que por cierto fueron fotografiadas, hubieran sido irrisorias de no haber sido a la vez peligrosas y vejatorias. Niñitos bien de la sociedad habanera, con pantalones cortos y uniformes escolares, desfilábamos para ir de la capilla donde rezábamos, confesábamos y comulgábamos, a las aulas de clases, por pasillos y galerías colegiales, y se nos obligaba a serpentear entre emplazamientos de ametralladoras y soldados armados. Las ametralladoras estaban cargadas y listas para ser disparadas. Nadie estudiaba. Las distracciones políticas consumían el interés del cuerpo estudiantil, y todos los días faltaba alguien que sin anuncio previo se había ido del país. En su libro, el Padre Sáez reporta que el primer día de clases del último año escolar del Colegio de Belén asistieron al colegio 1,119 alumnos, pero que a las cuatro semanas (25 de octubre) solo asistieron a clase 1,003 y un mes más tarde (25 de noviembre) ya el colegio contaba solo con 752 alumnos, añadiendo que los compañeros de curso desaparecían de un día para otro, sin tiempo para despedirse de los amigos de toda la vida. Vidas cortas juveniles, a la vez que vidas sensibles e impresionables.

Nuestra celebración nostálgica miamense, del verano de 1986, continuó con una distribución de diplomas acompañada de amonestaciones humorísticas que hostigaban a los que acababan de *no* graduarse, sermoneándoles para que aprovechasen la oportunidad de hacer un buen uso del recién otorgado certificado de graduado, y así complementar sus estudios de bachillerato con carreras universitarias. El humor radicaba en que aquellas recomendaciones les llegaban a un grupo de señores de cuarenta y tres años de edad, individuos ya formados, todos graduados universitarios, que hacía rato se preocupaban genuinamente por temas importantes del presente y ya no tenían muy lejos un futuro con sequedad cutánea, grasa abdominal, alopecia, hirsutismo nasal y auricular. Eran señores acostumbrados a esperar gestos de acatamiento jerárquico y habían llegado a la reunión convencidos de que sabían lo que había que saber. Si no estaban calvos, tenían el pelo ensalivado o por lo menos repeinado con fijapelos.

El micrófono fue pasándosc cntre los concurrentes para que cada uno se presentara con su nombre completo, tanto los apellidos paternos como maternos, igual que como lo hacíamos en el colegio de La Habana, donde mi nombre en la lista de asistencia era Mario González de Mendoza y Arango. Tanto los curas y profesores como los alumnos me llamaban Mendoza. Resultó interesante mirar a los señores allí reunidos, y no recordar sus caras juveniles. En el grupo había ingenieros, contadores públicos, jueces, decanos universitarios de Física y Filosofía, abogados, médicos y empresarios prominentes. Acto seguido se esperaba a que con micrófono en mano, todos y cada uno de los allí presentes, hicieran un breve recuento de lo que habían hecho en su vida desde que dejaron de asistir diariamente al Colegio de Belén y así aprovechar la oportunidad para que cada uno de nosotros contara de sí en voz alta. Un paseíto *Nostalgie por La Vie Anecdotique*. Cuando el micrófono llegó a las manos de Siro del Castillo y Domínguez su apariencia no concordaba con la del resto de sus compañeros de clase. Siro se veía más maduro, como si la intensidad de sus vivencias hubiese sido menos liviana que las de sus contemporáneos, irradiando un halo difuso que incitaba a preguntar y descubrir.

La aclaración la hizo un compañero nuestro de la clase del 61, acto seguido que Siro terminase de presentar a su familia, apresurándose a añadir un breve y nada detallado recuento de su vida. De todos los monólogos breves de aquella mañana, el de Siro había sido el más retraído y conciso y había pasado el micrófono con presteza. Alguien bien informado y quien no se sintió amilanado en lo más mínimo (lo tomó como una suerte de reto), se levantó de su asiento, protestó y pidió el micrófono: «No, eso no puede quedarse así nada más, caballeros. Hay mucho más que decir. Lo que ocurrió hay que compartirlo». El bienintencionado delator acusó a Siro de haber sido superficial en el recuento de su pasado, limitándose a presentar a su familia y dando apenas una breve explicación de su empleo. «Señores, permítanme contarles que Siro ha sufrido mucho por causa de la Revolución. Está prácticamente empezando su vida de hombre libre». Siro había salido de Cuba en el año

1972, después de haber estado preso casi continuamente desde el año 1961, en varias cárceles, la infame La Cabaña, entre otras. También había estado prisionero en granjas de trabajo que eran cárceles a la intemperie.

La explicación que se dio por el micrófono aquel día del año 1986 me sirvió de motivación para reunirme con Siro en privado y pedirle que compartiera conmigo en detalle lo que le había ocurrido que justificase su prisión. Siro nació el 15 de mayo de 1943 y si no logró salir de Cuba y llegar al exilio estadounidense hasta el año 1972, el cálculo es que tendría ya para esa fecha unos 29 años de edad. A esa misma edad todos los compañeros de Siro ya hubiesen llevado siete años de graduados universitarios, cuatro años en el caso de abogados y médicos. Pero él, a esa edad, es que comenzaría su vida de libertad y sin saber hablar inglés. En el año 1961, cuando ocurrió no solamente la invasión a Playa Girón, sino también la intervención de Belén, Siro había sido encarcelado y apenas tenía 17 años. Hago una versión aquí de las palabras que usó el que interrumpió el agasajo para aclararnos el pasado de Siro: «¿Se dan cuenta del sufrimiento por el cual tuvo que haber pasado quien fue nuestro compañero desde las aulas primarias con tan poca edad?». Nos quedamos en silencio, apesumbrados, sin saber qué decir ante aquellas revelaciones.

Siro es un hombre humilde, sin pretensiones. Ante aquella objeción explicativa, se limitó a mirarse con gran interés los cordones de sus zapatos, los ojos inmóviles, de mirada ni transparente ni penetrante, quizás nebulosa y envolvente, o tan solo indescifrable. Su señora le pasó el brazo por detrás. Al igual que otros más de nuestros compañeros betlemitas del 61, se había dedicado a conspirar contra el gobierno revolucionario de Fidel Castro. Eran grupos de compañeros de clase que se conocían y tenían confianza entre sí y se organizaron en pequeños grupitos de amigos que denominaron células. A pesar de ser el mote algo histriónico, les permitía maniobrar sobreviviendo en una clandestinidad hermética. La idea era poder llevar a cabo operaciones, algunas de ellas de acción y sabotaje, en contra del régimen, incluso a riesgo de perder la vida en ellas, sin la preocupación de ser traicionados. Siro no participaría en estas acciones. Un grupo de la célula en que estaba Guillermo Asper Valdés se robó un Ditto, es decir, un aparato de mimeografiar que antes del invento de las copias fotostáticas modernas se usaba como una pequeña imprenta.

Asper, Siro, Ignacio Gallarreta y Othecuy y por último yo, habíamos sido compañeros desde los primeros grados y aprovechando que Asper había viajado desde su residencia hogareña en Brasil, y estaba de visita en Miami, nos reunimos en un restaurante para almorzar y así tener la oportunidad de que me hicieran este relato que aquí recreo.

Asper no llegó a participar en el robo del Ditto a un profesor del Colegio de Belén, pero sí fue uno de los que lo escondió en casa de un betlemita apostólico. Un apostólico era un aspirante a pichón de cura, lo cual quiere decir uno que está sentado en la antesala de espera, justo antes de iniciar los estudios del seminario jesuita, con ansias de celibato. Este apostólico, quien era un poco más joven que Asper y Siro, se hubiese graduado en 1962 o en 1963. El robo del Ditto formaba parte de una proposición que Asper le había hecho al DRE (Directorio Revolucionario Estudiantil) en un esfuerzo por tratar de reunir armamentos. Al oír la mención de reunir armamentos, lo escuché, lo interioricé, lo escribo, y todavía no lo creo. La oferta de Asper era dar el Ditto a cambio de dos bombas y dos pistolas. Las armas no eran para uso personal de Asper ya que él en el almuerzo comentó que no intentaba matar a nadie, pero no hay que ser ningún genio para darse cuenta del enorme peligro de ser arrestado con posesión de armas. La conclusión lógica es que hoy en día no estaría vivo de haber sido atrapado. El betlemita apostólico no tendrá nombre en estas páginas, pues aunque Asper tiene otras ideas, Siro perdona su delación y lo protege. Lo perdona porque reconoce que cualquiera, incluso él mismo, hubiese hablado y delatado, es decir, hubiese confesado todo y aun más de lo que le preguntaran en el caso de ser torturado y obligado con la apropiada, acostumbrada, practicada y ya requetebién conocida crueldad que usaba el régimen castrista con los que arrestaban e interrogaban. El apostólico fue el chivato que lo delató. Cuando Siro hizo el relato de sus actividades y posterior encarcelamiento, me dijo el nombre del que lo había delatado pero me negó la posibilidad de divulgarlo por no querer sumarlo a una posible lista de individuos expuestos a una comunidad exiliada, donde hay facciones extremistas que hablan de pasar el cuchillo en Cuba sin esperar mucho tiempo después de la inevitable caída del régimen de Castro.

Mi compañerito de clases, Siro, se había transformado en un miembro operativo del DRE cuyo líder era Alberto Muller. Logró ser aceptado a través de Roberto Borbolla, quien a su vez era el Presidente de la Federación de Estudiantes de la Universidad de Villanueva (FEU). A principios del año 1961, Siro le expuso a sus contactos la oferta que había recibido de Asper, y fue enviado por el Directorio a indagar la condición y el funcionamiento del Ditto. Después de inspeccionarlo en la casa donde el betlemita apostólico lo tenía escondido, Siro llegó a la conclusión que el Ditto no justificaba el canje a cambio de armas de fuego y explosivos. No tenía mal funcionamiento pero su valor, equivalente a una pequeña imprenta, no guardaba proporción con la dificultad de conseguir las dos bombas y mucho menos las dos pistolas. No se llevó a cabo la operación, pero para el betlemita apostólico, Siro se reveló como un activista al haber ido a su casa para estudiar y evaluar el Ditto. De esa ocasión nació la única relación que vincula a Siro con el movimiento contrarrevolucionario y el betlemita apostólico. En todas las variantes el dedo acusador apuntaba hacia el betlemita apostólico y el vínculo con este le costó la cárcel.

Muchos cubanos simpatizaron con la revolución, no solamente mis compañeros de clase sino también, y por cierto los más vocales, los mismos curas jesuitas de Belén. Con el tiempo cambiaron su punto de vista, por supuesto. Entre mis compañeros de clase que en el año 1986 en Miami recibíamos un diploma honorario se encontraba Asper, quien antes de verse obligado a irse de Cuba había sido el Presidente de la Federación de Estudiantes del Colegio de Belén, y pronto cambiaría su punto de vista en relación con la política revolucionaria. Manuel Huerta y Partagás, Huerta para nosotros que éramos sus compañeros de clase, había sido elegido presidente de la Federación de estudiantes de Belén pero su padre lo obligó a renunciar, y Asper, quien había salido electo vice presidente, ascendió al poder. Según Asper, este cambio ocurrió un día en que iba en una guagua y fue testigo de un acto de repudio en el que se acusaba a los curas de ser falangistas; se formó una discusión grande, y le rompieron la quijada a trompadas. Desde ese momento se desató en su mente una serie de reacciones emocionales que lo llevaron a unirse a otro grupo contrarrevolucionario que se llamaba el Movimiento Revolucionario del Pueblo. En aquel tiempo el MRP tenía fama de estar compuesto por un grupo que bien se podía pensar de ellos y de su política como fidelistas sin Fidel, es decir, gente desencantada con el rumbo comunista de la revolución. Asper empezó a participar en actividades contrarrevolucionarias típicas de aquella época. Aparte de mantener secretas las comunicaciones entre sus contactos y repartir programas informativos, Asper y Siro me contaron de compañeros betlemitas de nuestra clase con los cuales, después de yo haberme ido de La Habana, ellos continuaron teniendo amistad y contacto dentro de las células que formaban parte de su grupo: Amigos que ponían bombas y desarmaban gente. Esto último era algo que pedí que me explicaran pues ni entendía lo que eso representaba ni conocía el procedimiento. Asper y Siro me explicaron que consistía en acercarse a un miliciano para detenerlo, amenazarlo y si se resistía, entonces, agrediéndolo con violencia, quitarle las armas que llevara encima. Las armas que los agresores lograsen acumular serían empleadas en actividades de acción y sabotaje contra el régimen castrista.

Creí no haber entendido bien acerca de la práctica de desarmar gente y les pedí explicaciones más detalladas sobre el tema, con la posibilidad de darme ejemplos para así poder entender con más precisión. Lo que Asper y Siro me contaron, oído en la actualidad moderna de otro siglo, con una generosa dosis de ilusiones desvanecidas y más impavidez que un búho, me pareció no solo una misión de mucho riesgo sino que requería de un incalculablemente alto grado de demencia, por lo altamente peligrosa. Según seguían contando, me dieron un ejemplo de misión desempeñada por dos amigos nuestros que no han de ser nombrados en este cuento. Habían sido compañeritos míos de clase desde los cinco años de edad, y un buen día los mandaron a obtener armas. Ambos dijeron con cara de bisontes asesinos y rugidos de demenciados: Bueno, ok. Los recuerdo apropiadamente muy aplicados, nutridos y nada maltratados de niños, pero sin embargo accedieron y para llevar a cabo la misión eligieron como terreno el barrio alrededor de su colegio, del Colegio de Belén.

Los curas jesuitas pertenecen a una orden religiosa fundada por San Ignacio de Loyola, un vasco, en 1534. La mayoría de los jesuitas del Colegio de Belén que tenían las narices en los entresijos de la organización antirrevolucionaria que envalentonaba al alumnado a participar en el trasiego de acciones contra el régimen era vasca. Eran estos jesuitas nacidos en las montañas cántabras, procedentes de colegios bilbaínos, o de Burgos, de ahí que a mis dos compañeros de colegio que mandaron a una misión para desarmar gente, los llamaremos por nombres vascos. Uno, llamémosle Toribio, quien de niño había sido *Boy Scout* y todavía tenía un cuchillo, parte del uniforme de *Boy Scout* cubano usado por mí y por todos los que participamos de ese escultismo en la infancia. El otro, llamémosle Venancio, que nunca fue *Boy Scout*, se buscó un pedazo de cabilla y la envolvió en un periódico. A estos dos que eran betlemitas se les pudiese fijar otros nombres de pila que me he encontrado durante mis viajes por España, propios de señores que por lo general viven en pueblos rurales y que al llegar a la adultez se encuentran haciéndole preguntas incontestables al párroco que los bautizó: Heliodoro, Segismundo, Aniceto, Diosdado, Torcuato, Liborio, Sinforoso, Ulpiano, Florentino o Anacleto. Pero en este caso en particular, Toribio y Venancio les pega muy bien a estos dos *freedom fighters*.

La misión comenzó desde el momento que salieron de sus respectivas casas. El método de transporte para estos aguerridos terroristas urbanos (léase en mi opinión clínicamente encuadrables y clasificables dentro una gran variedad de perturbaciones de la mente, digámosle, temporalmente desquiciados) para llegar adonde habían acordado reunirse, era tomar cada uno una guagua pública y viajar de diferentes partes de La Habana hasta Marianao, sitio donde se encontraba el colegio. (Se hace un aparte para rogarle enfáticamente al lector que es imprescindible recordar que esto no es ficción sino estrictamente real.) Sentados en las guaguas, Toribio, por su parte, escondía un cuchillo enorme y Venancio, por su lado, una cabilla a la papillote. Las guaguas, como de costumbre, irían abarrotadas de gente y pululaban los chotas y los milicianos. Así viajaron por separado hasta encontrarse a una hora pre acordada en un lugar exacto, cerca del mismo centro estudiantil donde estudiaban e iban a clases diariamente. Si alguien me hubiese llamado a mi casa de un barrio estadounidense, donde yo tenía mi domicilio, a preguntarme mi opinión, les hubiese dicho que no quedaba la menor duda de que era una idea descabellada, añadiendo que de seguro en cuestión de horas, no de días, serían identificados sin dificultad.

Una vez que se encontraron Toribio y Venancio, se saludaron y empezaron a caminar buscando un miliciano que anduviese a pie y tuviese armas, así como aspecto de poder ser desarmado. La idea era intimidarlo y amenazarlo con romperle la cabeza o tasajearlo. Tasajear es una expresión coloquial usada en Cuba, como sinónimo de acuchillar. En otros países, como Honduras, México y Venezuela, es intercambiable con una de parecido significado a la palabra atasajar. Todas estas palabras identifican el proceso de herir, cortar o matar con cuchillo u otras armas blancas. En el caso de Venancio con su cabilla sin filo ni punta, su amenaza hubiera tenido que ser diferente, algo en el orden de una tunda, zurra o paliza, que le causaría menos terror al miliciano que la noción de ver y sentir su cavidad torácica penetrada múltiples veces por el cuchillo grande de Toribio. Las alternativas para el miliciano resultarían inquietantes, pero hay que tener en consideración que por ser miembro de las fuerzas armadas, no solo portaba arma de fuego sino que seguro había recibido entrenamiento para su uso como para su protección personal. Es innegable, por tanto, que el miliciano castrista, sintiéndose agredido y en peligro de muerte, se defendiese y supiese cómo hacerlo bien. Estaba la posibilidad que los mirara como dos lunáticos que estuviesen desvariando, se les riera en la cara y los mandara a la porra. Me atrevo a adivinar, como más probable, la reacción violenta e instantánea del individuo armado para no dejar títere con cabeza y ante lo cual solo la rapidez y la eficacia con la que pudieran obtener el arma los salvaría de no ser arrestados en caso de que el miliciano pudiese pedir ayuda o en cualquier caso ser balaceados por la misma arma de fuego que pretendían robar. Luego, de ser exitoso el tan arriesgado y loco plan, quedaba aún el más complejo proceso de huir con el arma, tratar de esconderla en el transporte público que usasen, pasar inadvertidos en ese mismo transporte si estaban embarrados de sangre del asesinato recién efectuado, además de otros tropiezos que encontraran en el camino.

Lo único que les quedaba entonces por hacer era lo lógico para poder llevar a cabo el resto del plan. Y lo tendrían que hacer con celeridad y seguridad. Estaban obligados a evitar a toda costa que el miliciano encontrase una oportunidad para gritar pidiendo ayuda, o peor, que el miliciano usara su pistola o metralleta en contra de ellos matándolos ahí mismo. De no proceder con el asesinato, hubiesen tenido que reírse ellos o hacer reír al miliciano, y en medio del concierto de carcajadas, jocosamente llegar a convencer al miliciano con verborrea ultracargada de ocurrencias agudas y requete graciosas que todo era un chiste. Era muy difícil que esto resultase convincente, en cuyo caso lo único que les quedaría sería que sin perder tiempo... ni un momento... romperle la cabeza, acuchillar al miliciano, o las dos cosas, y una vez incapacitado, o muerto, quitarle las armas que llevara encima. Asumiendo el éxito total del plan, y con la gran ventaja de poder evaluar los hechos desde el futuro, con las luces altas de carretera para poder ver de noche, y la de larga distancia que mira hacia el pasado, la impresión insoslayable es que existían lagunas en la planificación. Durante todo el relato no hubo en ningún momento un detallado y muy requete claro plan de qué hacer con las recién cosechadas-violencia-mediante-armas. La primera pregunta que surge y que de por sí empieza a levantar sospechas de lo mal concebido que estaba el plan, era lo relativo al viaje de vuelta al terminar la misión. Si se hubiesen visto obligados a apuñalear al miliciano estarían bañados en sangre. ¿A dónde iban a ir en esa facha? ¿Otra vez iban a viajar en transporte público empuercándolo de sangre, con unas bien administradas caras de estudiantes inocentes que van camino a sus hogares? ¿Cómo evitaban ir pregonando su facha de facinerosos? ¿Cuál era el plan para esconder la ropa salpicada de sangre, el revólver, rifle o ametralladora en una guagua atiborrada de gente? ¿Sería suficientemente grande el periódico con que estaba envuelta la cabilla como para alcanzar a envolver un rifle o una ametralladora o el rifle, un revolver y una ametralladora? Todo era una locura.

En aquella misión en particular tuvieron mucha y muy buena suerte, porque, finalmente, el apuñaleador y su acompañante rompesquinas no se encontraron con ningún prospecto prometedor. Otro detalle que no se les había ocurrido averiguar antes de iniciar aquella aventura suicida, era cuántas experiencias similares habían tenido en esta cuestión de tratar de desarmar gente. Da la casualidad de que ni Toribio ni Venancio sabían que era la primera vez que al otro le tocaba ir a una misión semejante pues eran novatos. Asper y Siro terminaron de hacerme el cuento diciéndome que una vez que Toribio y Venancio se cansaron de caminar y acordaron que esa cosecha de armas de fuego no iba a ser productiva, volvieron los dos juntos a la parada de guagua que los llevaría a cada uno a sus hogares, entre otras cosas digamos, por ejemplo, a hacer la tarea escolar del día siguiente. Durante esa caminata de vuelta, ellos se preguntaban a sí mismos y luego en conversación, que si de verdad serían capaces de romperle el cráneo o apuñalar a un miliciano. Acordaron que aparte de las torpezas e impericias, ellos no eran matones: Mejor le dejamos este giro a otros.

A Siro hoy en día le resulta incomprensible entender cómo es que llegó a participar con un grupo que hacía algo tan descabellado. Hay partes del relato de la misión de Toribio y Venancio que resultan inverosímiles. Como si me estuviesen contando algo que ocurrió por automedicarse en exceso con unos psicofármacos que causan un efecto singular que consiste en obstruir miradas hacia el horizonte y solo las permite a través de paralelepípedos multicolores. O que a lo mejor sucedió durante la Segunda Guerra Mundial. Digamos, por ejemplo, cuando los polacos se alzaron en el Warsaw de 1944. Asper y Siro reconocen que ellos también hicieron algunas cosas que no los enorgullecen, sino más bien los hacen sentir abochornados y arrepentidos. De poder darle marcha atrás al reloj de sus vidas no habrían permitido que sucediesen. Por ejemplo, se pregunta Siro cómo es posible, con la enseñanza recibida de sus padres, que ninguno de los dos creía en la violencia, rechazándola con vehemencia en tiempos del Machadato, con las enseñanzas cristianas de amor a la vida y al prójimo, llegara a aceptar haber tenido pensamientos para ayudar a hacerle daño a otro ser humano. Siro confiesa que nunca pensó que la única forma de hacer contrarrevolución era matando, así como también que en ningún momento quiso matar a alguien. Justifica aquella manera de pensar a partir de la apertura de las puertas a la violencia que puso en práctica el régimen de Fidel Castro y que prevalecía en aquel entonces, sobre todo en la primera mitad de la década de los sesenta. Y si una cosa es clara, es que en toda lucha violenta alguien siempre muere, pero fuera de los enfrentamientos armados en el Escambray, en la Sierra Maestra, o en Playa Girón, que sí produjeron muertes de ambos lados, la lucha clandestina de acción y sabotaje en las ciudades, las muertes provocadas por luchas violentas solo ocurrieron en raros casos, explica Siro, y añade que en las ciudades no hubo terrorismo indiscriminado, como en tiempo de Machado o de Batista. Quizás el error fue pensar que como Machado y Batista habían sido derrocados por medio de la violencia, ese era el único método indicado para derribar al régimen de Fidel Castro. Gracias a Dios, me contó Siro, la lucha sangrienta fue reemplazada en la segunda mitad de la década de los sesenta y ya para mediados de los setenta por la lucha no violenta de los disidentes y opositores que procedió a abrirse paso, dándole un nuevo sentido a la oposición al régimen.

A los que lucharon en contra del régimen en un pasado se les glorificó con el título de *freedomfighters*. Una versión similar al nombre que se usó para identificar a los húngaros que espontáneamente se opusieron al yugo comunista durante la revolución húngara de 1956. Les llamaban *hungarian freedom fighters* a los que comenzaron con una demostración estudiantil en Budapest que se extendió por todo el país. Después de anunciar que retirarían las tropas soviéticas, el Politburó cambió de idea y acabó con la revolución. Los húngaros eran *freedom fighters*. Los cubanos hasta más o menos el año 1970 también eran llamados *freedom fighters*. Hoy en día, sin embargo, ese título se ha metamorfoseado, y caería bajo la nomenclatura de terroristas. Cuenta Siro que en el año 1978, cuando el régimen cubano liberó a un grupo numeroso de presos políticos, hubo a quienes se les negó la entrada por haber participado en la lucha violenta y se vieron obligados a emigrar a otros países como Venezuela, donde gracias a los esfuerzos de Boza Masvidal y la comunidad cubana residente de ese país, lograron abrirle las puertas. A los que lograron entrar a los Estados Unidos, así como a otros que ya estaban en Miami pero que participaron en la lucha activa contra el régimen, les negaron la posibilidad de hacerse residentes y/o ciudadanos norteamericanos por mucho tiempo, aun a aquellos mismos que sus acciones habían sido apoyadas por el propio gobierno estadounidense. Un ejemplo fue el caso de Manolo Salvat, el creador y dueño de Ediciones Universal.

Siro nunca tuvo que admitir con detalle ni precisión qué tipo de trabajo había hecho en su oposición al régimen, ni en el G2, ni en el juicio que le hicieron. La detención de Siro fue solo por el hecho de que ellos estaban convencidos de su implicación en la oposición; no por pruebas o testigos que dieran testimonio bajo juramento para establecer las acusaciones que les hicieron tanto a él como al grupo con el cual fue juzgado. Fuera de lo que ocurrió con el Ditto, el régimen nunca supo nada de sus actividades. Al régimen no le hacía falta ninguna recurrir a testimonio, evidencia, pruebas ni excusas para condenar a los reos a cárcel o a otras penas peores. Hoy en día Asper visita Cuba con regularidad para dar conferencias y clases a los laicos en un proyecto de la iglesia católica, autofinanciado por él y motivado únicamente por la devoción de servir a los que allí viven necesitados.

Tanto Asper como Siro, por su parte, continuaron dedicados a otras actividades más inspiradas y exitosas pero menos suicidas y con el tiempo es incuestionable que sus infatigables esfuerzos de sembrar confusión anárquica llegaron a adquirir presencia en la comunidad contrarrevolucionaria. Es muy probable que por eso, cuando ocurrió el ataque del desembarco de Playa Girón, se aparecieran milicianos en casa de Asper a buscarlo. La mamá de Asper, que se llamaba Consuelo (*Consuelito*) Valdés de Asper, le avisó a Siro por teléfono, suplicándole que encontrara a su Guillermito y que por favor le pidiese de su parte que se escondiera.

Merece un espacio explicar quién y cómo eran Asper y su mamá, la legendaria Consuelito. Ella era una mamá con un comportamiento social fuera de serie, destacada entre las madres de los compañeros de la clase betlemita de 1961. Consuelito intervenía de manera sobresaliente en la vida de su Guillermito, nuestro Asper, en comparación con otras madres. Desde los primeros grados, llamaba para averiguar quién era amiguito de quién, dónde y a qué hora eran las fiestas de cumpleaños, la dirección a la que se le mandaba un regalo al festejado, preguntaba por los enfermos, por los que no estaban enfermos, por los padres de ambos, se preocupaba por todos, y por supuesto fundamentalme por su Guillermito. El pronóstico lógico para la calidad de persona futura que le hubiese tocado ser a su Guillermito ante tanta atención materna era del rebelde y, al mismo tiempo, malcriado, fuñido, enfermizo, amanerado, flaquito, caprichoso, cobarde, ladino, verraco, anémico, escurridizo, bobo, epifenómeno de subdesarrollo testosterónico, aburrido, acnéico, tonto de capirote, tozudo y obstinado, pesado, de represiones neuróticas, antipático, malgenioso, estreñido, de malas digestiones y con falta de apetito; hombrecito de berrinchitos, machito de tarjeta postal, hombre a medias. En fin, una perfecta maldición, una cadena perpetua de hijo. Sin embargo, su Guillermito, nuestro Asper de siempre, era grande, alto, fuerte, rubio, dulce, callado, incansable, buen amigo, de espaldas anchas, ojos claros, y con mucho respeto hacia su madre Consuelito. Nunca demostró ni siquiera la más leve impaciencia con ella. Todo lo opuesto a lo que hubiese sido mucho más lógico esperar de él, o sea un niño de teta súper protegido por su mamita. Cuando Consuelito murió en el año 1997 significó duelo de toda la clase del 61, ya en el exilio.

Los milicianos fueron a buscar a Asper a su casa de día. En aquel entonces él vivía en el número 3423 de la Avenida 43, del Reparto Kohly, en Marianao, en La Habana. Ya había sido avisado de que lo acechaban, por lo que se había visto obligado a reptar por la ciudad y andaba escondiéndose y preparando su salida de Cuba. Había ido a El Sol para mandarse a hacer un traje anatómico y fotométrico, y había comprado un pasaje a los Estados Unidos. A pesar de tratar de posponer su viaje lo más que pudo, escondiéndose en el Hotel Ambos Mundos, que era de su familia, sintió que le cerraban el cerco, y no le quedó otra alternativa que no fuera irse para Miami, de ahí para New York y por último el Directorio lo mandó a Brasil, donde recibiría $200.00 por mes, enviados por el gobierno estadounidense a la espera de instrucciones. Nunca más llevó a cabo ninguna misión. Los cheques pararon de llegar cuando, en octubre de 1962, cesaron sus funciones en el Directorio Revolucionario. Asper se quedó a vivir en Brasil. Con el tiempo se enamoró, se casó y tuvo hijos. Cuando nos vimos en Miami para la ceremonia de graduación del año 1986, hablaba con acento portugués, lo cual nos pareció simpatiquísimo. No lo podía evitar. Su acento sigue siendo un tema muy discutido entre sus antiguos compañeros de clase.

Siro, por su parte, aquella misma noche que habían ido a buscar a Asper, estaba de visita en casa de los padres de su íntimo amigo Gallarreta, para sus compañeros de clase del 61, y quien sigue siendo muy amigo de Siro, por cierto. Gallarreta ya se había ido para el exilio y Siro, que era como un hijo más de los padres de este, se había quedado hasta tarde visitándolos. La mamá de Gallarreta se llamaba Leonie, y su esposo José Manuel, y vivían en la calle 35, número 1523, entre 28 y Norte, Nuevo Vedado. Ellos le habían insistido a Siro de que se quedara allí a dormir esa noche. Él declinó la oferta porque quería estar localizado en caso de ser contactado por alguien de aquel mundo contrarrevolucionario habanero suyo que en aquel momento estaba armado y a la expectativa. Había una estructura interna dispuesta a colaborar con las fuerzas invasoras que se esperaba que llegaran del exilio en cualquier momento. De acuerdo con Siro esa fue la verdadera causa del desastre de Girón: la destrucción del organismo interno.

Al final de la visita, Siro se despidió de los padres de Gallarreta, se fue para su casa y se acostó a dormir. A la mañana siguiente Josefina, su mamá, lo despertó para informarle que estaban tocando a la puerta gente vestida de verde olivo. Su casa daba a dos calles. Tocaban por la puerta del frente que daba a una de las dos calles. Siro trató de evitar a los que lo buscaban saliendo por la puerta de atrás que daba a la otra salida pero allí lo estaban esperando. «¿A dónde va usted?». «A comprar pan». Lo agarraron, le dieron la vuelta y lo entraron a su casa por el frente. Registraron toda la casa sin encontrar nada que lo incriminara. Gracias a Dios había sacado de antemano una emisora de radio que le permitía hacer transmisiones a través de la televisión.

Aun después de haber pasado muchos años, en aquella reunión de 1986, celebrando los veinticinco años de una supuesta graduación, las conversaciones entre los compañeros de clase giraron en torno a temas sorprendentes. Como si el tiempo no hubiese transcurrido y en vez de ser unos señores padres de familias profesionales, todavía fuesen estudiantes dispuestos a jugarse la vida haciendo actos de violencia contra Fidel Castro. Entre los temas de discusión estaba el que si las petacas eran efectivas. Las petacas eran cajas de cigarrillos convertidas en bombitas incendiarias que se hacían con clorato de potasio, azúcar, pólvora y ácido sulfúrico, cerradas con papel precinta. Cuando después de un tiempo predeterminado el ácido sulfúrico se comía el papel y entraba en contacto con la mezcla de clorato y azúcar, prendía candela con mucha fuerza, aun sin la ayuda de ninguna pólvora. Cuando el fuego llegaba a la pólvora, esta explotaba. Las petacas también podían estar llenas de C-4 con detonador, las pastillas de clorato de potasio modernas son de diferente fabricación a las que se usaban en aquel entonces para hacer bombas incendiarias contrarrevolucionarias. También se discutía que si la invasión de Bahía de Cochinos había llegado inesperadamente para los grupos de las ciudades, el 16 de abril, fecha del bombardeo en preparación para la invasión; que había quien tenía un galón de glicerina en su casa que tuvo que desperdiciar echándolo por el inodoro; que si las bombas de los grupos las hacían usando formulas encontradas en libros de la historia de la Unión Soviética; que si los grupos del Consejo Revolucionario habían sido financiado en secreto por la CIA; que si el hecho de que los curas jesuitas apoyaran a los grupos contrarrevolucionarios justificaba denominarlos terroristas religiosos fanáticos, etcétera. En ese mismo tiempo, durante el cual mis compañeros hacían contrarrevolución, ya yo llevaba años en una onda muy distinta. Era alumno de una academia militar neoyorquina donde aprendía a hablar inglés y al mismo tiempo trataba de pasar las asignaturas preuniversitarias estadounidenses, el llamado High School. Mis preocupaciones no tenían nada que ver con la contrarrevolución sino con asimilarme, graduarme, homogeneizarme, lograr conseguir alguna muchacha dispuesta a convertirse en una amistad con derecho a roce, o sea que voluntaria y generosamente compartiese conmigo sus roces femeninos, con la esperanza de que no practicase la virginidad con fanatismo y, sobre todo, no ser reclutado por las filas del servicio militar obligatorio, el temido Draft, y terminar en las selvas vietnamitas herido, prisionero o muerto.

El Padre Sáez nos informa en su libro *Breve historia del Colegio de Belén*, que el 17 de abril de 1961, a causa de la invasión de la Brigada 2506, iniciada con el ataque a Playa Girón, o sea, Bahía de Cochinos, Belén fue ocupado de nuevo por un total de trescientos milicianos hasta que por fin el 3 de mayo de 1961 el colegio fue intervenido; palabra suave y decorosa, empleada como alternativa a la más recta, franca, dura y malsonante pero precisa: confiscado. El Rector del colegio era el Padre Ramón Calvo, S. J. y el interventor fue un tal Juan Antonio Bauta y Delgado. Lo acompañó en la firma del acta un profesor llamado Alfredo Armenteros López a quien recuerdo enseñando el idioma inglés a los alumnos de bachillerato del colegio. El acento del profesor de inglés era tan atroz que, al llegar a los Estados Unidos, palabras que había aprendido, y que sabía su significado, me eran irreconocibles al oírlas pronunciadas como Dios manda. Por ejemplo, yo sabía que *rooster* (escrito) quería decir gallo, pero esperaba oír *rozer*, no rúster como se pronuncia en inglés. Como esa, muchas otras más. A pesar de que al principio a los curas los dejaron seguir viviendo en sus cuartos, por fin el 17 de septiembre los expulsaron del país a bordo de la motonave española *Covadonga*, que iba camino a La Coruña. Esa fue la nave seleccionada por el gobierno revolucionario cubano para expulsar a otros curas, extranjeros y cubanos. Entre ellos estaba el Obispo Boza Masvidal, en ese momento Rector de la Universidad de Villanueva, cura recién ordenado y joven, quien años después se retiró como obispo en Venezuela, así como el Obispo Román.

Siro se convirtió en preso político juvenil en abril de 1961, cuando aún no había llegado a los dieciocho años, pues había nacido el 15 de mayo de 1943. Los abogados que defendían casos como el de Siro lo hacían gratis, *pro bono* público. El que representó a Siro nunca alegó inocencia, prefiriendo usar como defensa el hecho de que era un joven. Se le impuso una sentencia de cuatro años de cárcel. Dos, en Torrens y dos, en una granja. Durante el inicio de su encarcelamiento había sido llevado al DIER, acrónimo del Departamento de Investigaciones del Ejército Revolucionario, también llamado el G-2. En el DIER o G-2 era donde se sometían a los detenidos a torturas deshumanizantes. El G-2 era el equivalente del SIM (Servicio de Inteligencia Militar) antes del triunfo de la revolución. El DIER es parte del Ministerio del Interior a cargo del cual está la supervisión de prisiones del país y los procesos legales de los acusados políticos. El G-2 era el que encausaba, y al principio de la revolución sus oficinas y cárceles estaban en las casas particulares confiscadas a exiliados, a quienes el régimen apodó escoria, la mafia de Miami y gusanos, entre otros muchos nombretes, según las etapas. Se encontraba en la Quinta Avenida y Calle 14, de Miramar, en La Habana. En Santiago de Cuba estaba en Vista Alegre, en el Castillo de Bosch, frente por frente a la casa de mi abuelo materno.

Cuando condenan a Siro, la cárcel a la que estaba destinado era la de Torrens, pero en esos momentos esa cárcel no tenía las condiciones adecuadas como local destinado para la reclusión de presos. Una de las dificultades que presentaba era que la parte de encierro forzado de individuos no contaba con suficiente seguridad pues se escapaban muchos presos. Por esa razón fue que Siro, preso en La Cabaña, continuó allí durante 17 meses. Si no hubiese sido por la influencia que tenía una tía suya dentro del Partido Comunista, se lo hubiesen llevado para la más temida de todas las cárceles, la de Isla de Pinos. Su tía había estado conectada por muchos años con el Partido Socialista Popular (PSP) y tenía muy buenas relaciones en algunas de las estructuras del gobierno. Le hubiese tocado ir a una granja de trabajo cuando iba a cumplir 21 años, pero a los 19 lo pusieron bajo la custodia de sus padres con la condición de que no podía reanudar su vida en La Habana. El padre de Siro era arquitecto de la firma habanera Antonio Santana, de Calzada 103, en El Vedado, en la cual se le asignó el trabajo de diseñar y fabricar unas obras de turismo para el Instituto Nacional de la Industria Turística (INIT). Cuando salió de La Cabaña, Siro fue empleado del INIT.

La Cabaña, lugar que por su descripción debía ser una de las sedes terrenales del infierno, funcionaba como cárcel de tránsito. De allí, donde vivían hacinados, sacaban a las cordilleras, que era el apodo para las filas de presidiarios que llevaban bultos con sus pertenencias a la salida del sitio infernal, camino a las dos peores cárceles de Cuba, las que estaban en la Isla de Pinos y Boniato. La primera estaba en la isla homónima, hoy conocida por el nombre que recibió después del triunfo de la revolución, Isla de la Juventud, y Boniato es el nombre de una cárcel que siempre ha estado en Santiago de Cuba. El boniato es un tubérculo que contiene una fécula azucarada que ha servido de alimento básico en la dieta cubana desde antes que Colón descubriese a Cuba. Siro me contó con énfasis algunas de las memorias más dramáticas de su vida de presidio en La Cabaña, fundamentalmente las relativas a los enjuiciados que no regresaban: Los condenados a muerte. Me comentaba que para él resultaba una prueba de fortaleza psíquica platicarle a estos. Contó de sus torpezas e impedimentos en articular ideas de cosas de sus vidas con alguien, cuando los dos individuos que conversaban, ya sabían que uno de los dos iba a ser fusilado. Se le rompía el corazón descubrir preso y condenado a muerte a un recién amigo y hermano. En la cárcel Siro hizo amistades con facilidad y rapidez.

La vida cotidiana de recluso en La Cabaña concluía con la caída de la noche y el cañonazo de las nueve. A esa hora entraban a los presidiarios a las galeras, donde acto seguido rezaban el rosario. Una vez terminado el rosario empezaba el silencio nocturno. Siro contó que las noches de las ejecuciones eran noches de silencio sepulcral. Se oía cualquier ruido. El más distinguible era el del camión que llegaba de madrugada para buscar a los que habían sancionado con pena de muerte. Una vez concluido el juicio, la sentencia y su ajusticiamiento eran de inmediato. Los cautivos que iban a ser ejecutados pasaban la noche en una habitación con verja hacia el exterior de la prisión, con el sobrenombre de La Capilla.

La población presidiaria se esforzaba, inútilmente, por dormir, ya que se oía la llegada del camión, el crujido de las puertas al ser abiertas para sacar los reos de la capilla, su salida, el chirriar de la puerta del camión, seguido del cerrar de una puerta del vehículo, el arranque del motor, el portazo de la última puerta del camión, las gomas frotando contra piedrecitas sueltas, el motor del camión cuando le daba la vuelta al edificio camino a los fosos, el volver a abrir y cerrar de las chillonas puertas del camión, gritos apresurando a los presos y entonces el temido: ¡Preparen! ¡Apunten! ¡Fuego! Los disparos. Los gritos de desesperación, instantes antes de los disparos de ¡Viva Cristo Rey! ¡Viva Cuba Libre! Luego venía el ¡Dale tú el tiro de gracia!, ¡Coño, acaba de tirarle otra vez que se sigue moviendo! Una vez más las ruidosas puertas del camión al abrirse de nuevo, portazos al cerrarse, el arranque del motor, las tropas de fusilamiento marchando al alejarse del paredón y, por último, los alaridos de las aves carroñeras volando a comerse los pedazos de carne y hueso que colgaban del poste de fusilamiento, de las paredes, y del suelo.

Poco tiempo después que Siro saliera en libertad, en mayo de 1964, Jorge Valls fue arrestado y encarcelado en La Cabaña por no haberse apuntado para el servicio militar obligatorio. Una vez cumplida su condena de veinte años y cuarenta días, escribió un libro que fue publicado en el año 1986. Yo me lo leí en inglés bajo el título *Twenty Years and Forty Days: Life in a Cuban Prison*. Siro recomienda el libro como la mejor versión de los fusilamientos en La Cabaña. Sin intenciones de restarle méritos a la obra o al señor Valls, y limitándome a opinar acerca del efecto que produjo en mi caso, en particular, soy de la opinión de que Siro se equivoca. La versión que más me ha conmovido es la de él, mi amigo de la niñez, quien compartió conmigo sus recuerdos personales, en tono solemne y evocando con punzante dolor, la memoria de hechos terribles que varios decenios no han podido subsanar.

En la galera donde lo encarcelaron, según me contaba Siro, hicieron una cooperativa, que consistía en hacer aportes comestibles y bebestibles con el fin de juntar los escasos bienes materiales y la poca comida que acumulaban los socios para común beneficio. Para mi gran sorpresa, Siro mencionó que el administrador de su cooperativa había sido un tal Celestino (*Bebo*) Borrón, casualmente, fue amigo de mi padre y trabajaron juntos en unos proyectos de fraccionamiento de fincas y bienes raíces antes del triunfo de la revolución. Carlos García Ordóñez, en su libro *Los primeros exiliados (1960-1964)*, cita que a razón de la causa #238/1961, la sentencia que le impusieron a Bebo fue de veinte años, de los cuales cumplió diecinueve en el G-2, La Prisión de La Cabaña, Presidio de Isla de Pinos, El Morro, Sandino #3 y #1, Prisión km 51/2 y el Castillo de El Príncipe. Como un dato adicional que compartió Siro, y que no tenía nada que ver con Bebo Borrón, me contó que los jefes de galera eran todos batistianos, y eran los más antiguos pues habían sido encarcelados desde el año 1959.

Una vez concluida la sentencia de La Cabaña y puesto bajo la custodia de sus padres, las autoridades lo mandaron primero a Pinar del Río y después a Santiago de Cuba. Otra de las condiciones de su libertad provisional, aparte de no poder quedarse a vivir en La Habana, era que le quedaba terminantemente prohibido entrar en la universidad y continuar estudiando. Se pasó dos años y medio viviendo en Santiago de Cuba. Allí conoció a un pintor santiaguero, José Loreto Horrutinier, un negro retinto más conocido por *Macanbucio*, que era todo un gran personaje, según Siro. El pintor lo apadrinó en el aprendizaje de las artes plásticas, dándole acceso a su taller donde Siro comenzó, bajo su tutela, los primeros pasos en la pintura. Durante los años que fue obligado a vivir en Santiago de Cuba, su vida fue la de un habanero advenedizo, sin amigos, y mal visto por los santiagueros; individuos de comportamiento regionalista, como un cacicazgo regido por jerarcas locales, lo cual incrementó tanto su soledad como el valor de su amistad con el negro Macanbucio. A Siro no le quedó otra alternativa que compartir con personas que pensaban distinto a él y eran simpatizantes del régimen. De esa manera aprendió que tanto en un bando como en el otro los había buenos, regulares y malos. Que en el bando opuesto los había quienes creían honesta y sinceramente en la revolución y que no eran intrínsecamente perversos y malvados, como en un momento dijo el Papa Pío XII, de la misma forma que Siro pensaba igual de honesta y sinceramente lo opuesto a ellos. Convivió con ellos, e inclusive compartió una habitación en un hotel de Santiago de Cuba por año y medio con otro habanero que había peleado en Playa Girón, pues había estado en la Escuela de Milicias de la ciudad de Matanzas, de donde salieron unas de las primeras tropas que Fidel mandó al combate en contra de la Brigada 2506. Ambos se hicieron muy buenos amigos, pues había respeto en las diferencias de pensamiento, a pesar de que el primero era un expresidiario, y el segundo un miliciano que había peleado en Playa Girón de parte del régimen. Esa amistad llevó a Siro a conocer otros combatientes del régimen, con quienes compartió diferencias, con respetos mutuos y sin que quisieran matarse el uno al otro. Durante su libertad provisional, para viajar a La Habana tenía, antes de salir, que reportar personalmente al Castillo de Bosch de Vista Alegre, y en Villa Marista, en La Víbora, al llegar a La Habana. Tenía que hacer lo opuesto al regresar a Santiago de Cuba. Cuando Siro leyó en mi libro *P'allá y p'acá* que el Castillo de Bosch estaba al cruzar la calle de la casa de mis abuelos maternos, me dijo que se sintió jaloneado hacia el pasado al caer en la cuenta de que experimentaba una vaga aprensión inhibitoria ante el recuerdo del confinamiento.

Ya aproximándose al final de su enclaustramiento en Cuba, cuando ya pensaba irse porque había terminado su condena, al igual que su libertad provisional, se impuso una ley coercitiva, la Ley del Servicio Militar Obligatorio, en 1965. Como resultado de la nueva ley, Siro tuvo que posponer el comienzo de su vida y continuar encarcelado por el refulgente mar que lo separaba de la libertad. Se vio convertido en un personaje dostoievskiano, enfrentando la obligación de continuar viviendo la fácticia disposición a cumplir una ley de servicio militar que le era físicamente imposible cumplir. Nadie podía salir del país hasta cumplir veintisiete años. No importaba que Siro fuese un minusválido, al tener un ojo atrofiado por causa de un accidente sufrido de joven con una munición. Actualmente, de adulto y hombre profesional en el exilio, tiene un ojo plástico. Nada de eso importaba, y con el tiempo los veintisiete años tampoco, ya que le dieron los veintiocho, y hasta más.

Cuando cumplió veintisiete años, en mayo de 1970, Siro tenía todas las visas necesarias para salir del país, pero primero tenía que renunciar a su centro de trabajo para poder obtener el pasaporte. Sin carta de renuncia de trabajo no podía llenar la planilla de solicitud para que le emitieran un pasaporte. En aquel entonces habían también emitido una Ley contra la Vagancia, lo cual es un Estado Pre-delictivo que hoy en día la denominan Estado de Peligrosidad. La ley era algo así como que todo aquel de 16 a 65 años tenía que ser parte del sistema nacional de educación o de la fuerza de trabajo del país. Todo aquel que fuera acusado del tal Estado Pre-delictivo lo citaban a la estación de policía y era condenado automáticamente a seis meses en una granja de trabajo.

A pesar de ser un incapacitado visual, Siro tenía miedo de que lo acusaran de haber recaído en un agravante de responsabilidad criminal, por estar viviendo fuera de los dictámenes de la ley y lo condenaran a años adicionales de cárcel por reincidencia. Por lo tanto, a pesar de no estar condenado por ningún crimen, Siro suplicó y tuvo que insistir que lo encarcelaran de nuevo, esta vez a una granja de minusválidos cerca de lo que había sido el Restaurante El Chico, en la carretera del Wajay al Cano. A la granja le decían también El Chico y estaba cerca de la prisión de mujeres que se llamaba Nuevo Amanecer. Allí estuvo trabajando en la producción de flores, desde octubre de 1970 hasta marzo de 1972. No hay forma de que Siro pueda hoy en día regalarle flores a nadie, porque conoce el enorme sufrimiento de los que trabajan hasta el desfallecimiento, cultivándolas.

Al fin Siro salió de la Isla, en los últimos llamados Vuelos de la Libertad, después de enfrentarse a muchas dificultades. Su papá, in *dulci jubilo*, se apareció en la granja y abrazándolo con un gorjeo de felicidad le entregó el telegrama con el que le autorizaban la salida de Cuba. Encantado de poder reunirse con su familia y de tener la posibilidad de estar junto a nosotros, sus compañeros betlemitas, en el verano de 1986 y reírnos de estar viviendo una dramatización de lo que nunca pudo ser para ninguno de los allí presentes, es decir, recibir un legítimo diploma de graduado del Colegio de Belén. Hoy en día Siro trabaja como diseñador en una firma de ingenieros eléctricos. En nuestro encuentro nos comentó que no se arrepiente de su experiencia, ni de su vida, al aclarar que no ha sido mucho más de lo normal que sentimos todos con el pasar de los años: cuando concluimos que hay ciertas situaciones que si volviéramos a vivirlas no las haríamos o las evitaríamos. Cada uno de los accidentes por los que ha pasado le ha servido para sacar algún aprendizaje y usar la lección para ayudarse a sí mismo y a otros que siguen sufriendo. Por esto ha dedicado parte de su vida a favor de defender los derechos humanos. La organización que en un pasado fue conocida como la Confederación Mundial de Trabajadores Cristianos con sus orígenes en la JOC (Juventud Obrera Católica) se distanció del título de Católica, transformándose en lo que hoy se llama Confederación Mundial del Trabajo, pero siguen siendo sindicatos de origen cristiano católico los que ayudan con su gran poderío económico a federaciones de trabajadores en América Latina. Siro es parte de esa Confederación y ellos son los que en ocasiones lo ayudan con sus gastos cuando viaja a dictar conferencias por el resto del mundo a favor de los victimizados. Desde su llegada a los Estados Unidos, Siro ha trabajado a favor de los derechos de estos, tanto cubanos como de otras nacionalidades. Considera que de esa forma ayuda a los muchos amigos que dejó atrás en Cuba. Como comisionado para el Caribe de la Comisión Latinoamericana por los Derechos y las Libertades de los Trabajadores y los Pueblos, participa activamente en la promoción y lucha por los derechos humanos en la región. Tiene un largo historial de activismo cívico. En el año 2000 recibió dos premios prestigiosos. En febrero, el Centro de Defensores de los Inmigrantes de la Florida lo condecoró con el Premio de Libertad y Justicia para Todos, y en septiembre Facts About Cuban Exiles (FACE) lo seleccionó para el premio de Directores por sus servicios a la comunidad.

Padura en la Librería Universal

Siro y yo continuamos manteniendo nuestra amistad hasta la fecha. Él por su parte sigue igual que siempre. Yo por la mía he caído en la trampa de vivir jactándome y vanagloriándome de ser su amigo. El 3 de noviembre del año 2012, cumpliendo con lo que habíamos acordado, unas horas antes de ir a conocer y oír a Leonardo Padura, fuimos a almorzar con la idea de poder conversar a gusto, e intercambiamos noticias de nuestros compañeros betlemitas. Siro, como de costumbre y por vivir en la misma ciudad que una gran parte de ellos, estaba rebosante de novedades y enseguida me puso al día. Luego me pidió que le diera una idea de quién era Leonardo Padura, ya que sabía poco de su vida privada. Empecé aclarándole que yo no lo conocía en persona y únicamente me había interesado en conocerlo después de haber leído sus novelas. Como resultado de la curiosidad que proviene de la admiración y el respeto, se hizo fácil averiguar que Padura estudió Filología en la Universidad de La Habana, especializándose en Literatura Hispanoamericana. Aparte de eso sabía muy poco de su vida personal pero le añadí que lo que me había atraído mucho había sido su novela sobre el asesinato de Trotsky, ya que una gran parte de la obra ocurría en La Habana. Si a eso le sumábamos que el asesino era comunista barcelonés, descendiente de los que escaparon de España después de perder la Guerra Civil, me parecía inevitable que a Siro le resultase tan interesante como a mí. Antes de la tertulia de Padura en Miami, ese sábado le conté que había estado en España, en septiembre de ese mismo año, es decir, hacía dos meses, por lo cual casi se podía decir que acababa de regresar, de ahí mi acicate en la Guerra Civil Española y las repercusiones de la victoria franquista al salir tantos comunistas chancleteando de España, y una gran parte en dirección a Cuba.

Casi un año después de ese encuentro con Padura en la librería Universal tuve la oportunidad de conocer un poco más sobre su vida, al leer en un ejemplar publicado el 21 de octubre de 2013 de la revista semanal, *New Yorker Magazine*, un artículo escrito por Jon Lee Anderson sobre Leonardo Padura, en el cual se incluía un breve resumen de la historia de su vida. La publicación mencionaba, entre otras cosas, que cuando Cuba se involucró en la guerra de Angola, mandando miles de tropas internacionalistas, Padura, ya cerca de sus treinta años, se ofreció voluntario a pasarse un año como corresponsal de guerra. Otro dato que me había causado curiosidad y que devela el artículo del *New Yorker*, es la importancia de la persona a la cual dedica todas sus obras: Lucía. Es su esposa, a quien conoció en el año 1978, cuando ya había cumplido veintitrés años.

Mirándolo a través del prisma de alguien un poco más distanciado emocionalmente, por vivir fuera de Miami, y por lo tanto libre de ese escenario polarizado de políticas pasionales, así como acuciado por la tesonería mediática cotidiana, concordamos Siro y yo en que Leonardo Padura, al crecer durante el régimen de los hermanos Castro, ser un producto de la revolución, vivir en Cuba, entrar y salir de ella con frecuencia, reúne todos los datos que para la opinión de muchos exiliados constituye la prueba fehaciente de que el tipo es tremendo ñángara. La palabra ñángara es usada entre cubanos para identificar a alguien de manera despectiva, por ser simpatizante de un partido de izquierda. Por esa misma razón es que las invitaciones que extendió Manolo Salvat, nuestro anfitrión, fueron tan cautelosamente comunicadas. No circunvoló sus preocupaciones de que los elementos vocales y militantes del exilio se enterasen, y los asistentes se vieran confrontados por demostraciones callejeras vilipendiadoras y hasta quizás vejadoras.

Con su discreción característica, Manolo Salvat es un hombre de bases incuestionablemente sólidas, con un léxico nada limitado, y sin carecer de un buen sentido del humor, cualidad siempre loable. Debe de ser por esa razón que no teatraliza su pasado como contrarrevolucionario. Manolo terminó sus estudios preuniversitarios en el Instituto de Segunda Enseñanza de Sagua la Grande, después de haber hecho su primera enseñanza con los padres jesuitas en el Colegio del Sagrado Corazón de Jesús, también en Sagua, y comenzó a estudiar Derecho en la Escuela de Derecho de la Universidad de La Habana, en 1959. Fue miembro de la Federación Estudiantil Universitaria y organizó y divulgó una manifestación estudiantil pacífica frente a la estatua de José Martí en el Parque Central de La Habana para decorar la estatua de José Martí con banderas cubanas, en un acto llevado a cabo como desagravio por la corona de flores en forma de hoz y martillo que depositara el vice-premier soviético Anastas Mikoyan, el 5 de febrero de 1960. Los estaban esperando los del G-2 para golpearlos y después llevárselos presos. Como resultado de esos eventos, así como haber participado en la organización del Directorio Revolucionario Estudiantil, fue expulsado de la Universidad y se vio obligado a asilarse en la Embajada de Brasil, hasta que salió de Cuba en agosto de 1960, junto con Alberto Muller y Ernesto Fernández Travieso, este último hoy en día sacerdote jesuita. Regresó a Cuba en diciembre del mismo año en barco, haciendo la última parte a nado por el Club Náutico para dedicarse al clandestinaje. Había sido miembro fundador del Directorio Revolucionario Estudiantil y a cargo de propaganda clandestina. Vivía escondido, con documentos falsos, alternando la estancia, entre dos o tres días, en lugares prestados. Él y otros más organizaron a 1,500 estudiantes para tomar la Universidad de La Habana, y unidos a otros movimientos clandestinos, como Unidad Revolucionaria, Movimientos de Recuperación Revolucionaria, Rescate Democrático, Movimiento Revolucionario del Pueblo, Movimiento Demócrata Cristiano, las guerrillas del Escambray, las del Norte de Las Villas y en la Sierra Maestra, con Alberto Muller a cargo de ochenta estudiantes y un número importante de guajiros de la zona, lanzarse a la calle, y junto con la invasión de la Bahía de Cochinos comenzar la lucha para derrocar el nuevo régimen.

No ocurrió la esperada coordinación y aviso por anticipado de la invasión, y al desembarcar en Girón agarraron a Manolo, durmiendo en casa de unos amigos, como parte de una redada de aproximadamente unas 100,000 personas. Fue tan fácil como despertarse en una habitación que se había llenado de milicianos. Estuvo preso en el G-2 y luego dos semanas en La Cabaña. Gracias a su falsa documentación, logró que lo soltaran y se fue de Cuba saliendo por la Base Naval de Guantánamo, en junio de 1961. En Miami continuó con su lucha y actos de ataque hasta que se dedicó a la venta de libros en el año 1965, después de haber vivido momentos muy difíciles, oponiéndose al comunismo. Hoy en día vende libros pero la mayoría de los libros en su estantería tratan de Cuba y su historia. Su fervor por la patria sigue intacto sin agriarse paulatinamente su carácter. Lo cortés no quita lo valiente.

Entramos al salón de La Universal que ya estaba preparado para la tertulia. Cuando llegamos quedaban pocos asientos. La habitación era relativamente pequeña, tendría unas quince hileras de sillas con más o menos unas ocho por hilera, todas juntas y bien apretaditas unas contra las otras, lo cual complicaba entrar o salir de la habitación. Hicimos todo lo posible por llegar temprano para sentarnos cerca del podio, confiados, correctamente, por cierto, de que la sesión estaría bien atendida y no habría micrófono. Una vez que la concurrencia allí presente, en el segundo piso de la editorial, cayó en cuenta que si seguían hablando corrían el riesgo de ser irrespetuosos, se hizo silencio en el salón, al margen del sonido de los que llegaban tarde, y movían las pocas sillas que quedaban vacías. Ya había entrado Manolo acompañado de alguien reconocible por la fotografía de su libro. Manolo presentó a Padura, y sin más, el escritor con sus facultades intelectivas alertas y en pleno funcionamiento, comenzó a cautivar a la concurrencia con sus pausadas e interesantes reflexiones, anecdotario fascinante y amplio, ágil vocabulario, carácter cordial y risueño. Ni campechano ni presuntuoso, ustedeaba a sabor y antojo, y con amabilidad desusada. Compartió anécdotas personales como la de que sigue viviendo en el segundo piso que él mismo añadió a la casa que sus padres fabricaron en 1954, en Mantilla, un año antes de su nacimiento, la misma donde nació y creció. Haciendo los cálculos aritméticos más simples podemos determinar que Padura tenía solamente cuatro años el día que triunfó la revolución de Fidel Castro, lo cual lo identifica como un producto de la revolución. Sin querer propalar rumores, es lógico asumir que fue pionerito, quizás también machetero, o peor, recogedor de café. Nunca se me ocurrió que recoger café fuese más duro que cortar caña pero así es, si creemos lo que me contó el escritor cubano Amir Valle cuando en mayo de 2014 nos encontramos para tomarnos un café en Berlín, ciudad donde se ha exiliado. Padura también, como es lógico, ha crecido en un mundo regentado por el Comité de Defensa de la Revolución, el Cedeerre. En el *New Yorker* Padura saca a colación que en su casa, en Mantilla, murió su padre en septiembre de 2013 y allí sigue viviendo su madre.

En el año 2003 para poder llevar a cabo mi sueño de ir a Cuba sin romper las leyes estadounidenses, aproveché un sistema legal que otorgaba visas para visitar familiares no más de una vez al año. Las visas eran concedidas por la República de Cuba y constituían una excepción al requisito de obtener una licencia especial del gobierno estadounidense. Con suerte fue factible encontrar la manera de hacer una componenda y visitar «familia» y casualmente el hogar de la familia que visitaba estaba en Mantilla, de manera que no me era desconocido el lugar. Estuve allí antes y después de la revolución, o sea, antes de 1959 cuando todavía era prácticamente un niño y la última vez ya de adulto, en 2003, con lo cual se aclara que no pretendo identificarme como un experto, pero sí poder opinar con convicción que Mantilla no es un paraíso terrenal. Llegar a ella requiere treinta minutos de viaje en automóvil, desde el centro de la ciudad, en un país donde tener un vehículo para uso personal es un lujo enorme, que le es permitido a muy pocos, y el sistema de transporte citadino es un escándalo internacional por su ineficiencia. Mantilla no solo tiene ese enorme desatino de ubicación sino que también carece de los usuales alicientes de suburbio rural silencioso ya que es un área originalmente parcelada para compradores de casas que pertenecen a la clase obrera. Cuando visité Mantilla en el año 2003, seguía destinada al mismo mercado con el elemento complicativo que como ahora la clase obrera trabaja para el gobierno a unos sueldos que no les alcanza ni para comer, está igual que el resto de la República de Cuba, muy deteriorada. Léase que no le ha tocado ni un ápice de aburguesamiento, y en cambio se ha llenado de talleres de reparaciones de carrocerías automovilísticas y residencias modestas. ¿A qué viene tan minucioso y excesivo análisis de información demográfica de Mantilla? ¿Tratando de denostar el barrio de Padura? No. En lo más mínimo. Lo que sucede es que tiene que haber estado uno de visita dos decenios en Marte para no saber de la exitosa historia de publicaciones literarias de Padura, quien ha sido traducido a múltiples idiomas. Sus libros se han vendido con una aceptación mundial extraordinaria, lo cual lógicamente crea expectativas de estipendios, avances, derechos de autor y ganancias porcentuales que acostumbran justificar un bienestar conmensurable de acuerdo con la recompensa económica. Hay cierto contraste e incongruencia con el hecho de seguir viviendo en Cuba, un país donde la vida cotidiana es tercermundista, con escasez de los más básicos elementos y servicios necesarios para llevar una vida cómoda, aun cuando se sobrentiende, mirándolo desde afuera, por supuesto, que sus obras literarias le deben proporcionar recursos económicos holgados. Aunque no hubo la oportunidad para abordar este tema durante el transcurso de la tertulia, el cuestionamiento quizás no hubiese sido respondido por Padura por calificarlo de intromisión. Su estilo no es antagónico ni taladrante. Tal parece que evita asperezas, al adivinar puntos de conversación donde pudiese haber animosidad. Con gestos desenvueltos, rehúsa preguntas mediante sonrisas y concede una respuesta que circunnavega alrededor de la respuesta deseada por el que pregunta, pero que en realidad es otra. Esto ocurre sin ordinariez, brusquedad ni acritud. Su capacidad de conversación es deslumbrante. No se espera menos de alguien con tantos años de entrenamiento en un ambiente peligroso si se es descuidado o desmedido. Oírlo y mirarlo desenvolverse con exactitud y maestría como hizo en aquella tertulia fue un privilegio.

La fama inicial de Padura se debe a una colección de novelas detectivescas protagonizadas por el habilidoso detective de la policía cubana, Mario Conde. A pesar de estar muy bien escritas, no soy devoto de las novelas detectivescas. Siendo sincero, hablando a calzón quitado, tendría que reconocer que después de haber leído dos de sus obras, muy bien escritas y con gran imaginación, lo dejé de leer a pesar de las insistencias de quienes me aseguraban de que era un escritor fuera de serie. Por fin un día, mientras visitaba la editorial, Manolo Salvat me dijo que había acabado de leer una novela de Leonardo Padura tan buena que no tenía la más mínima idea de cuál sería su próximo libro a leer ya que no se imaginaba poder encontrar nada que se acercara en calidad. Ante su explicación, que disfrazaba una insistente recomendación, me la compré y no pude parar de leerla hasta que por fin la terminé. La obra era *El hombre que amaba a los perros*. La consideré magistral. No obstante ser clasificada por su escritor como novela, tiene un alto componente de ser un fiel recuento histórico rellenado con personajes que contribuyen a la dinámica novelesca pero sin alterar los hechos. Está armada alrededor del asesinato histórico del ucraniano Liev Davidovich Bronstein, más conocido por Leon Trotsky, a manos de un español, oriundo de Barcelona, en Cataluña, llamado Jaime Ramón Mercader del Río. Padura en la entretela de su obra visualiza una creíble justificación para hacer entender que Stalin personalmente autorizó a Ramón para cometer este asesinato. El desarrollo de la trama comienza en Barcelona durante la Guerra Civil que pierden los republicanos al ganar los franquistas; pasa por Francia, donde se ubicaron los republicanos en fuga; de ahí viaja por Crimea, Moscú y San Petersburgo; acompaña a Trotsky quien fue expulsado de la URSS junto con su esposa Natalia Sedovia, desterrándolo al único país que le dio visa, relegándolo a la isla de Prinkipo en Turquía; hace breves escalas estadounidenses; sigue al Distrito Federal en México, Coyoacán con más exactitud, donde introduce a Frida Kahlo, pintora ilustre mexicana y a Diego Rivera, muralista libidinoso de fama internacional, como accesorios románticos y amistosos, respectivamente, y termina con su desenlace en La Habana. Se trata de una novela que describe en detalle todas las circunstancias que rodearon la planificación y el momento en que Ramón Mercader, después de haber utilizado múltiples falsas identidades, como Jacques Monard, el 20 de agosto de 1940, descarga un piolet (léase bastón de alpinista, con un extremo puntiagudo de hierro y en el otro un mango de herramienta) sobre el cráneo de Trotsky. El ataque no lo mató instantáneamente pues estuvo más de un día agonizando. Murió al día siguiente, el 21 de agosto de 1940.

Adhiriéndose a su meticulosa lealtad a la verdadera historia, como hace Padura, ese hombre que amaba a los perros, aludido en el título, era Ramón Mercader, dueño de dos galgos Borzoi enormes, los cuales se llevó a vivir con él a La Habana. Allí fue donde Mercader, quien había nacido en el año 1913, estuvo viviendo los últimos años de vida. Antes de llegar a Cuba tuvo que cumplir su sentencia de diecinueve años, seis meses y catorce días por habérsele encontrado culpable del asesinato de Trotsky. Fue condenado a la tétrica prisión mexicana de Lecumberri, en el Distrito Federal, la cual, de acuerdo con el protagonista de la novela, justifica el nombre de El Palacio Negro, con el cual es conocida popularmente. Los últimos dos años los pasó en la prisión de Santa Marta Atitla. Cuando finaliza su condena, los soviéticos se lo llevan a él y a su esposa mexicana a Moscú a vivir la vida de un héroe. En Cuba descubrió que tenía cáncer y se sometió a una serie de tratamientos oncológicos, mientras vivía en el Reparto Miramar; todos los costos de vivienda y tratamientos los recibió gratis por ser un invitado de honor de Fidel Castro. Finalmente el cáncer acabó con su vida y murió en la Clínica de Miramar, en 1978. Después de su fallecimiento, su cuerpo fue trasladado a Moscú, donde se le dio sepultura. La lápida de su tumba rezaba que allí yacían los restos de Ramón Ivanovich-López, lo cual, claro está, no era su verdadera identidad. Por fin, en la época de la Perestroika, que comenzó en 1985, se añadió su verdadero nombre, en letras pequeñas: Ramón Mercader del Río.

Los perros también existieron en la realidad, con el pedigrí documentado por el Club Borzoi en Moscú. Sus nombres eran Mister IKS (X) y Nana. Macho y hembra. Tan verídica fue la existencia de los dos perros que se pueden ver en una película que fue distribuida y proyectada en la pantalla de cines comerciales. Este tema se destacó tanto en las páginas de la novela como en la tertulia de Padura, cuando conectó a Ramón Mercader con otro artista cubano famoso. Padura amplió la dimensión de la novela relatando a los allí presentes en La Universal una anécdota de interés para los cinéfilos e interrelacionada con la novela. Contó que el muy respetado director de cine cubano Tomás Gutiérrez Alea (murió relativamente joven, en el año 1996, a los sesenta y siete años y más conocido por su apodo de Titón), usualmente caminaba a diario ensimismado por La Habana, para de esa manera soñar e inspirarse, y encontrar su musa. Sus inspiraciones quedaron registradas en aproximadamente veinte películas, de bastante renombre, entre ellas *Memorias del subdesarrollo*, *Fresa y chocolate*, *La muerte de un burócrata*, *Guantanamera* y *Los sobrevivientes*. La conexión ocurrió una de esas tardes cuando Titón caminaba por una calle habanera, y en su camino, de sorpresa, se cruzó con dos galgos Borzoi rusos muy fuera de serie. Se quedó fascinado con los perros y le pidió a su dueño que se los prestara para una película que tenía en mente. Vi la película, *Los sobrevivientes*, que abre con dos galgos Borzoi bellos, los cuales se ven muy fuera de lugar en La Habana, corriendo hacia la verja de la entrada principal de una mansión habanera. Padura nos reveló ese día, en la tertulia, que el dueño y paseante de los Borzoi, con quien se cruzó Titón, era el asesino de Trotsky, Ramón Mercader. *Los sobrevivientes* cuenta la historia de una familia rica que no quiso irse de Cuba después del triunfo de la revolución, eligiendo parapetarse dentro de las paredes de su residencia y esperar a que pasase todo. A Titón le pareció que los dos galgos eran ideales para la familia de la ficción cinematográfica.

Padura es medido e inteligente. No es un disidente al estilo de, por ejemplo, Solzhenitsyn. Habla con cuidado en público. Sus obras son tanto novelas como documentos que permiten entender la realidad cubana. Reconoce que en la opinión de los que leen sus obras y viven fuera de la República de Cuba, lo que dice él, Padura, es una manera de medir lo que se puede o no se puede decir en Cuba, cuando en realidad no hay plan de acción definido ni política publicada que sugiera cuál debe de ser el modo de obrar para evitar ser censurado. Ha logrado una relación especial con la realidad cubana, mientras continúa viviendo en un medio social que conoce. Ha perfeccionado su entendimiento de todos los códigos de este, así como sus matices, logrando desenvolverse y continuar existiendo sin que se le pongan impedimentos que le interfieran, ya bien declarando que sus obras deben de considerarse nulas, ilícitas o peor, encarcelándolo. Su comportamiento en público no es del todo disímil a, por ejemplo, la práctica de Derecho, la cual se puede comparar a maniobrar con pericia cuando se atraviesa un precipicio caminando por una cuerda floja, evitando caerse al vacío de lo impropio, lo fuera de lugar e inadmisible.

Karmen Vega

Al final de la presentación que hizo Padura, Manolo Salvat, quien permanecía sentado a su lado, actuando como moderador, invitó al público a que se sintiese con toda la libertad de hacer preguntas. De todas las preguntas que se hicieron, una de ellas, formulada a Padura por la escritora Uva de Aragón, y que parecía ser inocua, resultó, sin embargo, ser el agente detonante de una polémica inesperada. Al oírla, la pregunta sonó peculiar porque inquiría en un detalle de la vida real que no concordaba con la obra que, al fin y al cabo, no pretendía ser más que una novela. Uva lanzó la pregunta en forma de paráfrasis y fue algo parecido a: En su obra, Sr. Padura, usted escribe que la acompañante de Ramón Mercader cuando vino a hacerse sus tratamientos médicos en La Habana, había sido su hija. ¿No es posible que en la realidad su acompañante fuese Karmen Vega? Hasta ese momento desconocía totalmente el nombre de aquella tal Karmen Vega.

El estilo de Padura ante las preguntas y diálogos es actuar muy correcto en todo sentido. Escucha con atención sin interrumpir ni en ningún momento incentivar ni desmentir las expectativas de la persona que le habla para sondearlo en algún tema. En el caso de la pregunta de Uvita, su respuesta fue lógica. Sin afirmar en su respuesta que nunca mencionó a Karmen Vega en su obra, explicó que su intención había sido escribir una novela, un libro que no se proponía ser otra cosa que una ficción, pero ya que había salido el tema, quería hacer saber que en el proceso de armar la obra había tenido oportunidad de entrevistar al técnico que le hizo los tratamientos a Ramón Mercader en La Habana, quien a su vez le contó que Mercader iba acompañado por su hija. Apoyando la noción *de que los que callan otorgan*, los allí presentes aparentaron quedarse satisfechos. Después de toda la veracidad que se había cuestionado, este era un detalle que no afectaba el entramado de la obra de manera significativa. Se trataba de un detalle insustancial que pudiese llamársele periférico. Acto seguido hubo un silencio cortés hasta que el moderador, si la memoria no falla, autorizó otra pregunta a Padura sobre Mario Conde. Después hubo otras preguntas más. Y entonces se escuchó una voz femenina que procedía de la parte de atrás del salón, para ser más exacto, de la última fila de sillas, cerca de la puerta de salida, que en tono lleno de indignación, le dijo a Padura algo así como: Mire, yo no acabo de comprender por qué en su libro no se identifica de manera correcta el nombre de la persona que acompañó a Ramón Mercader a los tratamientos. Se sabe muy claramente que fue Karmen Vega. Al sentarse la mujer que lo había interpelado, Padura continuando con su tono afable, libre de la más leve aspereza, procedió a esencialmente repetir con palabras diferentes lo que había respondido a la pregunta de Uva de Aragón hacía unos instantes. Que su novela era ficción, que los eventos que ocurrieron durante los tratamientos médicos fueron escritos de acuerdo con los resultados de sus indagaciones, y de haber sido el caso de que Ramón Mercader hubiese ido acompañado por otra persona, o hasta si hubiese ido solo, no hubiera esto cambiado la esencia de la novela. Pero dígame... ¿Si usted cree que fue acompañado de Karmen Vega, en vez de su hija, qué argumento tiene para esa idea?

La respuesta silenció la tertulia: Porque yo soy Karmen Vega, yo era la que lo acompañaba. Acto seguido, y a pesar de que el salón estaba lleno, de súbito se impuso un silencio monacal. No habiendo una segunda pregunta, Padura no dijo nada más, y se quedó callado. Después de una pausa de tiempo que no duró mucho más de la que se acostumbró a observar entre las preguntas anteriores de aquella tarde, el moderador Manolo Salvat, anfitrión de la actividad, anunció que en vista de que no había más preguntas, se daba por concluida la reunión. Toda la concurrencia se paró, formándose una pared de gente que bloqueaba la salida. La supuesta Karmen Vega, quien efectivamente luego averigüé que había sido ella misma, por razón de haber estado sentada en la última fila al lado de la puerta, salió primero y a pesar de que traté de llegar a ella, siguiéndola hasta la calle, no me dio tiempo por mi ubicación en las primeras filas: se había ido. Después de darme por vencido en mi búsqueda porque no la veía por ningún lado, volví a entrar a la habitación para agradecerle a Manolo Salvat su invitación y al mismo tiempo despedirme. Se veía irritado cuando, en un aparte que pensé quedaría ínter nos, le pregunté que cómo es que había concluido de manera tan abrupta, y sin más la reunión, en vista de las declaraciones tan dramáticas que allí ocurrieron. No me digas nada. Estoy muy fastidiado. Otros me han preguntado lo mismo. Lo que pasa es que al ver que no había más preguntas, pensé que era un buen momento para terminar el acto. Yo cada vez estoy más sordo y nunca oí lo que dijo esa señora. Sí, dijo, al verme que le iba a hablar, ya me lo han explicado, pero en ese momento no la oí. Al ver que nadie más tenía preguntas y sin caer en la cuenta que el silencio se debía al impacto de lo que ella había declarado, me pareció lógico terminar con la reunión. Por favor no me regañes tú también. Lo siento mucho.

Recordando que Uva de Aragón fue la que con su pregunteo causó la desestabilizadora irrupción en escena de Karmen Vega, no demoré en contactarla. Entusiasmada con el tema, contó que ella había llegado a enterarse de la existencia de Karmen Vega por medio de Álvaro Alba, su vecino, que daba la casualidad que era amigo y escritor, añadiendo que la razón por la cual Karmen Vega estaba sentada en la última fila del salón donde se celebraba la tertulia, fue porque un individuo, sentado cerca de ella, la había llamado por su celular desde la reunión, insistiéndole que viniese cuanto antes a la conferencia. Karmen Vega, a quien Manolo Salvat no conocía y por lo tanto no había invitado a la tertulia, llegó tarde y por eso fue que le tocó sentarse al lado de la puerta de entrada y salida al salón, en las últimas sillas que quedaban vacías. Bueno, todo eso está muy claro Uvita, pero a todas estas hay algo que sigo sin saber. ¿Quién es Karmen Vega? Uvita me contó que había conocido de Karmen Vega, quien en realidad se llamaba María del Carmen Vega y San José de Balaguer, por ser un personaje en una obra de no ficción, de Álvaro Alba, su vecino. Con lo relatado por Uvita y los datos que me dio, averigüé que Álvaro Alba es un escritor de origen cubano, que reside en Miami, escribe para el *Nuevo Herald* y trabaja para Radio Martí. Lo contacté por teléfono y tuvimos una conversación el 26 de noviembre de 2013, en la cual

Álvaro me contó que Karmen Vega lo había buscado a él para contarle su vida, la cual él publicó en septiembre del año 2011.

Con un poco de trabajo encontré el libro y leyéndolo supe que Karmen Vega y Álvaro Alba se conocieron en Moscú, donde ella había vivido. Ella se ganaba la vida como empleada en la embajada de Cuba en aquella ciudad. Allí laboraba en el buró que atendía a los estudiantes que venían de Cuba a seguir sus estudios en la URSS; y en contacto con el ministerio de educación cubano, mantenía informados a los padres de la vida de sus hijos en ese país. Desde la embajada le avisaban a los padres que sus hijos habían llegado y cuál sería su dirección postal, dónde estarían estudiando y viviendo, datos sobre la ciudad, la república, el instituto o la universidad donde iban a ser ubicados. Luego Karmen pasó a la oficina de protocolo, donde atendía las recepciones oficiales. Álvaro Alba hizo su educación en Moscú y allí la conoció. Para un cubano como yo, que me exilié en los Estados Unidos a principios de 1959, la obra de Alba es doblemente interesante, además de irónica e incongruente. Si asumimos, opino que correctamente, que los muchachos cubanos que se ganaban becas para ir a estudiar en Moscú eran los mejores estudiantes y más fieles comunistas que produjo la revolución castrista, no debe ser errado concluir que Álvaro Alba ameritó ser uno de esos becados moscovitas. Esa misma persona que en aquel momento, presumo, era una de las esperanzas estudiantiles de la revolución castrista, vive hoy en Miami y allí trabaja para una emisora patrocinada por organizaciones hiperderechistas, y ni hablar de anticastrista, cuyo objetivo es mantener a la población cubana informada de las mentiras que diseminan los órganos de noticias dentro de la isla comunista. Esta historia de Alba reafirma el refrán de que el mundo da muchas vueltas. En nuestra conversación me contó que al terminar de escribir el libro, lo tuvo engavetado por un tiempo. Estaba indeciso de si debía o no publicarlo, ya que más que desconfianza de su veracidad, sí quería evitar escribir de alguien que se adjudicase protagonismos que en realidad no había tenido y esta preocupación se la provocaba el hecho de que Karmen había sido quien lo había buscado a él para contarle su vida en detalle. Pero a Alba lo que le habían contado y él había escrito le sonaba asimétrico, por no decir irreal; sentía cierta desconfianza o quizás hasta incredulidad, la cual terminó al leer una obra que escribió Luis Mercader, el hermano menor de Ramón Mercader sobre su hermano Ramón. Una vez que Álvaro se leyó esa obra se sintió con la tranquilidad necesaria para publicar su libro, concluyendo que Karmen decía la verdad. El libro de Álvaro Alba se titula *En la pupila del Kremlin*, y son fragmentos de la vida de Karmen Vega que le cuenta a este autor. Parece ficción pero se identifica como una obra que no lo es. Por primera vez en ese libro fue que me encontré con una conexión directa entre los republicanos que perdieron la guerra franquista y la revolución cubana de los hermanos Castro, mediante una mujer llamada, Karmen Vega, sentada cerca de mí en una tertulia de la Calle Ocho, después de haber batallado con el tráfico miamense para poder llegar desde su casa en Miami Beach.

En su obra, Alba da a entender que ha recogido y organizado cronológicamente el testimonio de Karmen Vega y de esa manera conocemos la historia de su vida desde que nace, el 21 de septiembre de 1949, en una granja colectiva de la península de Crimea, por aquel entonces República Socialista Federativa Soviética de Rusia, detrás de la cortina de hierro. Sus padres fueron dos andaluces, Francisco Vega y Sánchez, y María Dolores San José, quienes por integrar el partido comunista, es decir, ser españoles republicanos antifranquistas y haber peleado en la parte de los que perdieron la Guerra Civil Española, tuvieron que exilarse para evitar ser fusilados. Al igual que los padres de Karmen Vega, otros miles de españoles se exilaron en la ciudad-puerto de Odessa, en lo que hoy en día es la República de Ucrania. Allí fue donde nació Karmen Vega y donde después de perder dos hermanos, llamados Lenin y María del Carmen, de meningitis y tétanos, respectivamente, fue criada junto a una tercera hermana llamada Mercedes. Sus padres las animaban para que de la puerta hacia afuera hicieran sus vidas como jóvenes soviéticas. Sin embargo, dentro de su hogar insistían en que se criaran como si fuesen genuinas andaluzas, en una atmósfera española. Esa insistencia de sus padres de continuar siendo españoles en su vida privada, y muy en especial, aprender y practicar el español en el ambiente hogareño, le sirvió para más tarde obtener empleo con los cubanos del régimen castrista.

No mucho después de terminar la Guerra Civil Española, los alemanes atacaron a la Unión Soviética, acompañados del batallón Azul de españoles. Los comunistas españoles, exiliados republicanos que habían sido probados ante los ojos de Moscú, veteranos de la Guerra Civil en España, pelearon del lado de los rusos durante la Segunda Guerra Mundial, defendiendo de la invasión de Hitler la ciudad que hoy en día se llama San Petersburgo. Durante la Segunda Guerra Mundial, cuando fue sitiada por los alemanes como parte de lo que llamaron Operación Barbarroja, se llamaba Leningrado. Desde el día en que la última carretera que daba acceso a la ciudad fue bloqueada, el 8 de septiembre de 1941, hasta que los rusos pudieron lograr abrirse camino para salir el 27 de enero de 1944 pasaron 872 días. Los rusos organizaron a las mujeres y familias de los combatientes republicanos españoles y los evacuaron en Taskent, la capital de Uzbekistán, hasta después de terminada la Segunda Guerra Mundial. El padre de Karmen fue uno de los que se destacó en la batalla de Leningrado, Francisco Vega, y fue condecorado. Junto con su familia fue trasladado a Poti, ciudad portuaria de lo que hoy es la República de Georgia, el país natal de Stalin. En su libro, Álvaro Alba conecta la revolución de Castro con los comunistas exiliados por causa de la guerra franquista cuando narra en su obra el cuento que le hizo Karmen Vega, acerca de cómo a su padre Francisco Vega las autoridades militares soviéticas le asignaron la tarea de servir como asesor hispano-soviético y servir de traductor a los 400 estudiantes militares, cadetes oficiales de la Marina de Cuba, mandado por el régimen de Fidel Castro a una escuela militar naval en Poti, para que con el tiempo y entrenamiento soviético llegasen a ser futuros oficiales de la Marina de Guerra Cubana. Uno de esos cadetes cubanos, Eladio Calvo, alumno de Francisco Vega, se enamoró y casó con su hija Mercedes Vega, hermana de Karmen. Francisco Vega debe de haber desempeñado muy buen papel ayudando a los estudiantes navales en la Unión Soviética, además de llevar a cabo otras misiones secretas, relata Alba, pues en la primavera del año 1963 el condecorado combatiente y hombre de confianza de los comunistas soviéticos, acompañado de su familia, fue mandado a Cuba desde su hogar en Ucrania, con el propósito de que sirviese de asesor español, o como le llamaban en Cuba, hispano-soviético. Los Vega creían en la revolución cubana como una continuación de la república española. Al llegar a La Habana fueron hospedados en el Hotel Nacional hasta que al fin, con la ayuda del régimen castrista, los Vega encontraron un apartamento de lujo en La Habana que les agradó. Desafortunadamente para ellos no pudieron vivirlo juntos ni siquiera un año, porque pocos meses después, el 8 de octubre de 1963, Francisco Vega murió de un paro cardiaco inesperado. Después de la muerte de su padre en La Habana, Karmen volvió a Moscú donde se enamoró y casó con Luis Balaguer, el hijo de otro comunista español exiliado en la Unión Soviética, a quien Karmen había conocido desde que vivía con sus padres en Cuba, ya que el padre de su esposo viajaba periódicamente desde Moscú como supervisor de los españoles que trabajaban para los soviéticos, el padre de Karmen entre ellos. Antes de divorciarse, Karmen tuvo dos hijos. Una noche en Moscú conoció a una pareja que había sido invitada a cenar a la casa de su suegro. El invitado resultó ser Jaime Ramón Mercader del Río, el cariñoso marido barcelonés de la mexicana Roquelia Mendoza Buenabad, quien con el tiempo se convirtió en una buena amiga de Karmen. La pareja eran mayores que ella y tenían dos hijos Laura y Antonio. Ramón era hijo de un catalán llamado Pau (Pablo) Mercader Marina y su mamá se llamaba Eutasia María Caridad del Río y Hernández, una mujer cuya predilección por la heroína, cuenta Padura en su obra, fue lo que provocó su divorcio de Pau. Caridad nació en Santiago de Cuba en el año 1892 y alegaba estar emparentada con la familia del fundador de la Bacardí, en Santiago de Cuba. Estudió, casualmente, en el mismo colegio católico de las monjas del Sagrado Corazón de María, donde había estudiado mi madre Corina Arango y Mestre.

Mi madre es oriunda de Santiago de Cuba, y allí vivía en la casa de sus padres, en Vista Alegre, desde donde era acompañada por María Teresa Gramatges al colegio, pues María Teresa era mayor que mi mamá y la cuidaba para asegurarse que no le pasara nada. María Teresa tenía dos hermanos que venían a la casa a hacerle maldades a un venado domesticado de mi abuelo que vivía en el jardín. El tío de María Teresa y de sus hermanos era un compositor llamado Harold Gramatges, quien nació también en Santiago de Cuba, el 26 de septiembre de 1918, y murió no hace mucho, el 16 de diciembre de 2008, en La Habana. Después de haber sido un muy distinguido comunista, a la vez que compositor y músico, lo cual no le hizo ningún daño, sino todo lo contrario, para ser mandado de embajador de Cuba en París durante los años 1961 y 1964, cuando... (¡favor de iniciar un insistente, rítmico e importante tamborileo con la uña de los dedos, que viene una sorpresa!) vivió amancebado con Caridad del Río. Por cierto, su primo segundo, Raúl Gramatges, amigo mío así como santiaguero exiliado, vive en Wellington, Florida, después de haber trabajado con la Agencia Central de Inteligencia estadounidense (CIA, en sus siglas en inglés). La amistad de Karmen Vega con los Mercader, que comenzó en la casa de sus suegros en Moscú, duró hasta que murió Ramón Mercader. Por eso es que se llegaron a conocer y amistar de tal manera que le permitió a Karmen proporcionarle los datos necesarios a Álvaro Alba para que escribiera un bien documentado ensayo de todos los hechos alrededor del asesinato en Coyoacán, México. Álvaro informa meticulosamente a través de las páginas de su obra los acontecimientos, y menciona todos los nombres de los implicados en la ejecución de Trotsky, incluido el del muralista mexicano David Alfaro Siqueiros, como una de las dos alternativas más seguras.

Entre muchos otros datos interesantes aportados por Alba en su obra, está el de cómo fue que llegó Ramón Mercader a residir en Cuba. Resulta que llegó un momento de la vida en Moscú de Ramón Mercader y su esposa Roquelia en el cual empezaron a experimentar el deseo de marcharse a un país latinoamericano, a pesar de que continuaba siendo considerado una persona sumamente importante en la Unión Soviética. La estrella dorada que había recibido, solo otorgada en casos extremos de hazaña y heroicidad, hacía ponerse de pie a todos cuando la ostentaba en la solapa, como soldados al entrar el general a un cuartel. De todo esto le habló Roquelia a Karmen, quien seguía trabajando en la embajada de Cuba. Una noche, un líder comunista importante viajó a Moscú y para celebrar su visita se le organizó una recepción en la embajada cubana. Era diciembre del año 1972, el mismo año que Siro del Castillo logró, por fin, salir de Cuba para Miami. Aquella visita se debía a la celebración del cincuentenario del estado soviético y en la fiesta de recibimiento el visitante observó de lejos, pero de manera interesada, a Karmen Vega. Pidió encontrarse privadamente con ella (ahora procedo a cambiar el tono del relato, cargándolo de ironía y sarcasmo) sin duda para llegar a un conteo final de las obras de Rembrandt con que se escapó el Príncipe Félix Youssoupoff, después de haber asesinado a Rasputín. De no ser en realidad este su objetivo, es posible que siendo alguien importante en la nación donde Karmen tenía un puestecito sin importancia en la embajada cubana de Moscú, lo más probable es que el líder se acordara de que tenía licencia de caza y su propósito no era otro que identificar como comestibles sus carnes femeninas. La cita fue organizada en un apartamento de lujo de la capital soviética en el que, durante una conversación amena, Karmen, motivada por su cariño hacia la pareja matrimonial, logró obtener para Roquelia y Ramón una invitación para irse a vivir a La Habana. La invitación se la extrajo Karmen a su compañero durante la cita privada, quien tenía toda la autoridad necesaria para extenderla ya que era nada más y nada menos que Fidel Castro Ruz. La cita era doble, Karmen iba de compañera con Fidel Castro y Nadia Morales con José Abrahantes. Karmen le contó a Alba que ella le pidió a Fidel Castro que le permitiese a Ramón Mercader ir a vivir a Cuba. Fidel Castro le dijo que sí y le pidió a Abrahantes que la embajada se ocupase de todos los trámites. Ramón cayó enfermo con las primeras indicaciones de cáncer, leucemia, justo cuando todo estaba listo para salir hacia Cuba con su esposa Roquelia, sus hijos y los dos perros Borzoi. Karmen Vega ha insinuado que Ramón Mercader fue envenenado con materia radioactiva por los operativos químicos de la URSS. Ramón Mercader se fue para Cuba, seguido unos meses después por Karmen Vega, quien se había quedado cuidándolo y acompañándolo en Moscú. La relación de Karmen con la familia Mercader, aclara Álvaro Alba, al escucharle el cuento de su vida, era la de una mujer joven, casi como una hija, que la familia mayor Mercader trataba como si fuese parte de ella.

Una vez en Cuba de nuevo, Karmen evoca sus vivencias con Ramón Mercader en La Habana. Lo afectó mucho el hecho de que nunca conoció a Fidel Castro en persona, pues ninguna de las visitas que le eran anunciadas con periodicidad a su lujosa casa en Miramar se llevaron a cabo. Fidel le anunciaba visita, supuestamente durante la noche; se aparecían en su casa edecanes militares con comida, bebida y otros preparativos, la familia entera lo esperaba despierta y elegantemente vestida hasta la madrugada, y luego nunca aparecía.

Y ahora, terminado este cuento que conecta el comunismo de la Guerra Civil Española con la Unión Soviética, y con Cuba, y con una residente de Miami Beach que estaba sentada en un mismo sitio conmigo en la Calle Ocho de Miami... ¿Qué hago? ¿Se lo dejo leer a mi mamá?

Onironauta

Prólogo

Cuando entramos a Marrakech, en octubre del año 2017, lo menos predecible era encontrarme en una coyuntura tan desequilibrada y cautivadora a la vez, tanto cronológica como geográficamente. Veníamos de haber visitado, casi pudiera decirse, toda la nación de Marruecos, incluyendo ciudades como Casablanca, Rabat, Meknés, Fés, Errachidia y Ouarzazate. El viaje concluyó en Esauira, después de haber cruzado la cordillera del Atlas y hasta dormir dos noches en el desierto de Sahara. Allí habíamos acampado en un lugar despoblado, en un terreno abierto entre dunas arenosas, cerca de una instalación adonde había una concentración transitoria de bereberes, adiestrando a varias docenas de dromedarios jóvenes. Los instruían para que supieran responder tanto las indicaciones de sentarse para acomodarles el cargamento alrededor de la giba adiposa en el lomo, así como las de permitir que se les montasen sus jinetes. La quejadera escandalosa de los rumiantes al ser disciplinados se oía claramente desde donde vivaqueábamos, a no mucha más distancia de cinco millas al norte de la frontera con Argelia. Durante el viaje por la antigua colonia portuguesa, que más tarde fue francesa, fungía como maestro y cicerone un profesor de arquitectura autorizado por el estado para certificar la vigencia de las licencias profesionales de arquitectura. Cumplir con la ley era para los participantes algo bien agradable pues implicaba conocer un sitio autóctono e interesante en lugar de sentarse en un aula para aprender las diferentes maneras de diseñar y construir los accesos a edificios comerciales para discapacitados, por ejemplo.

Lo prometido para ver eran edificios marroquíes bien preservados, con sus geométricos jardines aledaños; variadas costumbres locales que la homogeneidad todavía no hubiese desfigurado; los encantos de la medina, o ciudad antigua amurallada, con sus mercados o souks y riads, o casas tradicionales con patio central. Quizás por mi gran interés en la pintura y artistas de obras orientalistas fue que me sorprendió tanto una escena cargada de tanta riqueza mil y una nochezca, como fueron los mercaderes y sus burros de carga recostados a la sombra de los antiguos arcos, los nidos de cigüeñas encima de las murallas y las columnas de la Medina que el tiempo y los elementos han erosionado, o los olores de las sustancias vegetales aromáticas, usadas de especia para comidas de nombres exóticos, expuestas y a la venta, en los timbiriches del souk. Nos invadía un bienestar anímico y una inmensa curiosidad ante los misteriosos espacios interiores que ansiábamos descubrir tras las nada pretenciosas puertas de los riads; por las vías laberínticas obstruidas por las mercancías en lomos de burros, las carretas jaladas por jóvenes, los bultos amontonados en las musculosas espaldas de hombres taciturnos que arreaban jumentos tan cargados como ellos. Todo un mundo nuevo, extraño y exótico en su cotidianidad bulliciosa que acontecía mientras el sol se esforzaba por penetrar los pasadizos y callejuelas protegidos por una telaraña de pedazos de maderas y desechos plásticos, combinados y torpemente tejidos con paja seca y cañas mal atadas. Un medio ambiente, sin dudas, seductor y hechizante, sobre todo si el recién llegado se entrega a curiosear con diligencia y admira sin interferir cuando se le gatilla el eros, el de la variedad incorpórea, libre de carnalidad, el que busca con avidez la apreciación de la belleza en un sentido idealista. En una visita realizada a una familia bereber en el desierto primó ese punto de vista. La familia estaba compuesta por un hombre musulmán con sus tres esposas y quince hijos. Poseían un burro, dos chozas fabricadas de barro mezclado con paja y techo de caña, y a su alrededor, en forma de círculo (de haber sido en Cuba se le hubiese denominado batey), otras estructuras a manera de tiendas de campaña, acogedoras y hospitalarias, hechas con lonas rústicas, abiertas en el frente y con piso cubierto de alfombras tejidas en un telar en el cual trabajaba una de las esposas con destreza y rapidez. Otra de las esposas nos ofreció pan cocido en un horno de barro cavado en la tierra y la tercera llegó justo cuando estábamos haciendo la visita. Venía con el burro de la familia, al igual que hacía todos los días, cargado de barriles de agua traídos desde un oasis a varios kilómetros de distancia. No hubiese sido raro pensar que la presencia de un rebaño de personas, pastoreadas por el consabido guía local, estuviésemos cruzando la fina línea que separa el buen gusto de la frescura. Allí estábamos, en efecto, pudiendo resultar fisgones e intrusos, de ahí que ante el musulmán la reacción mecánica era de bajar la mirada. Pero no, nada de actuar cohibidos, pues se nos aclaró que nos esperaba de buen ánimo. Nuestro guía local, otro berebere, había llegado a un acuerdo por el cual se le compensaría a la familia que visitáramos de manera más que generosa para justificar nuestra intromisión. Estando allí, la esposa panadera sirvió el recién cocido pan acompañado de vasos con té de menta, un gesto de bienvenida usual entre su gente, y el cual después de tantas veces de tomarlo lo apodamos whisky berebere.

Las experiencias del recorrido culminaron al entrar a un museo y ver un óleo en lienzo de un artista llamado Jacques Majorelle, pintado en 1921 y titulado en francés *Femme berbére*, lo cual se traduce como mujer berebere. En la obra se representa el rostro de una mujer con vestido autóctono, una manta de colores en la cabeza, joyas típicas y sentada frente a un telar que colgaba de un muro detrás de ella, y con colores iguales a los que había visto en vivo en el desierto y se mantenían imborrables en la memoria. La obra cuelga en el museo berebere que se encuentra dentro del Jardín Majorelle. Las paredes del museo, así como las pérgolas y canales de agua distribuidas por todo el jardín, están pintados con el color azul que se le llama azul majorelle, muy parecido al azul de Yves Klein y al de Frida Kahlo. El museo homenajea a los bereberes, tribus originales de un grupo étnico indígena que ha logrado vivir en un área que va desde el Océano Atlántico hasta Egipto, y del Mediterráneo hasta el río Niger. En un pasado fueron exclusivamente nómadas que pastoreaban usando sus dromedarios y camellos para cruzar el desierto, pero hoy en día son básicamente agricultores en las montañas y valles de Marruecos. También trabajan con telares para hacer alfombras, y con metales para hacer joyas. Las joyas las fabrican usando ámbar local y metales corrientes, como el cobre, cuidadosamente trabajados pero sin añadirles piedras preciosas. Muchas de esas creaciones han inspirado diseños internacionales en distintas ramas. Marruecos ocupa tierras que se extienden desde el Mediterráneo hasta el desierto de Sahara. Allí se han conservado y protegido del mundo sus mitos, leyendas e historia, que datan de hace ya 9,000 años, y mantiene su independencia del resto del mundo como consecuencia de su singular idioma y cultura. Su lengua, a pesar de que los anuncios y publicaciones del gobierno incluyen traducciones bereberes, es ya casi exclusivamente oral, y se observa en ella, más que en otras de la antigüedad, la presencia del fenicio, el latín y el antiguo griego. Su cultura está íntimamente conectada a la tierra, a su comunidad, a su hospitalidad y a su perenne disposición a compartir alimentos. En Marrakech, el museo que atestigua la rica diversidad y creatividad de su cultura está instalado, con exposiciones exquisitamente curadas, en un edificio al lado del Atelier y con pérgolas distribuidas por el jardín paradisiaco que una vez fue el hogar del pintor Jacques Majorelle.

El museo y el jardín dejan testimonio de la cultura que tanto inspiró a dos artistas. Primero fue a Jacques Majorelle, quien nació en Nancy, Francia, en 1886, hijo de Louis y nieto de Auguste, ambos a su vez artistas. Su encantamiento comenzó al llegar a Marrakech. Una vez que su arte comenzó a obtener aceptación pública y sus correspondientes buenos resultados comerciales, en el año 1931 decidió contratar al arquitecto francés Paul Sinoir para juntos diseñar su estudio con estilo Art Déco. Una vez completada la construcción, Majorelle se instaló y comenzó a pintar barrios antiguos norteafricanos, o casbas; individuos bereberes, tanto mujeres como hombres, a la vez que desnudos de mujeres de todas partes de África. Jacques Majorelle estudió arquitectura en París antes de volverse pintor exclusivamente. Sus conocimientos de la materia lo ayudaron para sus composiciones de casbas, entre ellas, una de las obras más notables fue la serie «Les Kasbahs de l´Átlas» creada en 1930. También sus conocimientos arquitectónicos le sirvieron para secundar a Paul Sinoir con el diseño de su atelier. Este al principio estuvo en las afueras de Marrakech pero con el tiempo se convirtió en parte de la ciudad. Actualmente se le denomina a la zona Ville Nouvelle.

El otro artista iluminado por las costumbres, alfombras, prendas de vestir y joyas bereberes fue Yves Saint Laurent, quien compró lo que había sido la propiedad de Jacques Majorelle. La adquirió alrededor de 18 años después de la muerte del pintor, en 1980, cuando estaba en una triste condición, a punto de ser demolida. Luego de fallecer Saint Laurent, el 1ro. de junio de 2008, su compañero de la vida, Pierre Bergé convirtió la propiedad en una fundación con el nombre de ambos. Aunque dedicada a homenajear los diseños de moda, tan celebrados en el mundo internacional moderno, siempre hizo hincapié en cómo el origen de su inspiración fue el mundo berebere. Al lado del jardín y atelier de Jacques Majorelle, se fabricó el museo de Yves Saint Laurent (ya existía otro en París) de Marrakech, el cual abrió sus puertas estando nosotros allí, en octubre de 2017.

De esos hallazgos marroquíes fue que nació el inquietante interés que nutre mi eros orientalista, y ocupa dentro de este un lugar especial el relativo a la creatividad y el arte de los bereberes. Majorelle murió en París en el año 1962 y muy poco se ha escrito de su historia personal. Mientras más vi sus obras y conocí de sus esfuerzos personales por llevarlas a cabo, más me cautivó su arte y con más intensidad deseé haber podido recoger sus anécdotas, dejar testimonio escrito de sus vivencias mediante las crónicas de estas.

Nunca ya lo podré conocer, solo será a través de sus obras artísticas y anotaciones. Sus pinturas, a diferencia de las de otros orientalistas, no son producto de una imaginación romántica, sino el resultado de una vehemente dedicación al arte. Su vida profesional no se redujo a pintar un grupo de obras en la comodidad de un

estudio lujoso de su propiedad. Nada parecido. Con interés soste-
nido y constante, así como con presteza y dedicación, organizó su
propia caravana para irse a explorar tierras que eran gobernadas
por el Pasha. Solicitó su permiso y luego se aseguró de ir acompañado de protección de guardias armados montados a caballo. En su
primer viaje él y su primera esposa, Andrée Longueville, quien
también era de Nancy, Francia, peregrinaron por todo el territorio
marroquí durante cuatro meses. Llevaron múltiples caballetes, pin-
celes y tablas pequeñas con un agujero en uno de sus extremos por
donde los pintores meten el dedo pulgar y sobre la que ordenan sus
colores. Además de ocho sirvientes domésticos, hicieron esta peregrinación con un número indeterminado de dromedarios y 18 mu-
las sobre las que iban cargadas tiendas de campaña para trasnochar
en campamentos a la intemperie, así como provisiones. Apertre-
chados, cruzaron tanto el desierto como las montañas Atlas y sus
estribaciones, y establecieron sus campamentos en casbas y oasis
al lado de manantiales y palmas datileras. Lo sucedido en esas ca-
ravanas clamaba por transformarse de materia oral del pasado en
obra de arte literaria escrita, preservada para el futuro. Soñando un
poco, hubiese querido ser parte de la caravana, narrándolo todo
como una historia completa. Pocos detalles sobrevivieron de la vida de Jacques Majorelle por la ausencia de cronistas de su devenir,
de ahí que se perdiesen posibles grandes historias y tesoros literarios. Más allá del convencimiento de la imposibilidad diacrónica
de mi presente y del que fue de Jacques y Andrée Majorelle, aún
me quedó la ilusión fantástica de acercármeles y acompañarlos para poder escribir un cuento sobre ellos.

La fantasía no es un disparate del todo, ya que esa misma
intención la tuve con un compatriota, gracias a un primo y a las
coincidencias sincrónicas y cronológicas que ocurrieron casi nueve
décadas después de la primera caravana de los Majorelle. Me refie-
ro a un pintor que todavía vive, con cuadros en museos públicos y
colecciones privadas, tanto en Cuba, como en Europa, los Estados
Unidos y otros países, con el cual hice amistad y después de afir-
marme que confiaba en mí, decidió proporcionarme, junto con su

esposa, el material anecdotario suficiente para poder escribir el relato que sigue.

Tuve la buena suerte de conocer a Carlos Estévez y Carasa, y a Amarilys García y García, en noviembre de 2012. El arraigo estadounidense de Carlos, el primero de los dos que tuve la suerte de conocer del matrimonio, era innegable pues ya para entonces llevaba años establecido, y fungiendo, de manera cómoda y exitosa, como artista profesional de la Plástica, con atelier propio en Miami y obras expuestas en museos públicos, galerías y colecciones internacionales privadas. Carlitos, su único hijo nacido en Cuba, al escribir estas páginas, ya está graduado de abogado de Columbia University, la famosa universidad *Ivy Leaguer* neoyorquina. Es posible que, al ser leídas aquí en estas páginas, algunas de las más agudas narraciones antropocéntricas, le parezcan al lector novelescas, pero son relatos verídicos, productos no de la ficción, como pueden parecer, sino de la realidad. Cualquier semejanza a hechos y personas conocidas, no es casualidad, es porque así ocurrieron, extraídos todos de la más comprobable y obstinada realidad, así como la más estricta cronología de lo que nunca pareció insignificante en comparación a nuestras demasiadas bien organizadas vidas, y fueron estas los protagonistas. ¿Quién no se percata, a medida que pasan los años, de que la vida es un regalo, y que las personas con las cuales nos cruzamos a lo largo de nuestras vidas tienen historias personales todas válidas de ser recordadas? El tiempo, siempre el tiempo, será el requisito indispensable para atesorarlas en narraciones perdurables.

Sería injusto, una engañifa, a la vez que una ruin artimaña, acaparar el mérito de haber iniciado la amistad con Carlos y su esposa Amarilys, sin reconocer el papel desempeñado, para que ello fuese posible, por mi muy querido primo José Valdés-Fauli. Mecenas de artistas cubanos, fue él quien hizo hincapié en que no podíamos mi esposa y yo dejar de conocer y hacernos amigos de Carlos y su esposa Amarilys. Los dos son buenos lectores, así como fanáticos del cine y la música clásica. Él es amante de la filosofía y ella de la historia. Carlos es directo, atento, afectuoso, cálido, tolerante, valora los gestos amistosos, fiel, serio en su trabajo, ingenioso con el lenguaje, risueño en su conversación, conversador, y un consagrado artista cuya mente habita en un mundo creativo gobernado por la imaginación.

Amarilys es una señora esbelta, de un gusto exquisito y una sensibilidad fuera de serie. Tiene excelentes modales, es elegante, bien vestida, sonrisa contagiosa y cálida. Es serena, atractiva, constantemente atenta a que su diálogo no sea insustancial y tampoco el de Carlos; intransigente en sus convicciones, perspicaz en su crítica, erudita y con el inusual don de que al hacer algún relato, lo sintetiza de manera organizada, con buena sintaxis, como si lo hubiese dictado a sabiendas de que se convertiría en materia para un libro de cuentos. Conversar con el matrimonio es oír cómo se completan oraciones y cómo evidencian la importancia de ser una pareja. Los intervalos entre oportunidades de estar con ellos nunca parecen cortos.

A medida que aumentó la amistad, les escuché narraciones a retazos de cómo habían sido sus vidas en Cuba y en particular de sus vivencias habaneras durante el llamado Período Especial. Sus relatos no eran hiperbólicos, condenas morales, ni tergiversaban la historia. Eran sus cuentos personales, sin filtro alguno ni censura. Sin esterilizárseles. Me atreví a comentarles que desearía me permitiesen rescatarlos. Su respuesta fue afirmativa, dispuestos, a la vez que deseosos, de compartir su testimonio de hechos y circunstancias, a sabiendas que la intención era de divulgar la información públicamente, aun siendo historias íntimas y definitorias, de las que se comparten solamente con allegados y familiares. Pero querer monopolizarlas es permitirle a la muerte que desaparezcan cuando los protagonistas ya no estén, pues al fallecer estos, se extingue el testimonio directo de las experiencias personales e insertadas en un determinado contexto histórico, el ceremonioso abrazo de pésame con lágrimas, sollozos, rodeado de velas encendidas, intercambiándose palabras de duelo y actuando en una obra muy repetida y hasta típica, de las que se ven los protagonistas desempeñar sin guión de comportamiento de luto, sino que siguiéndose la costumbre, todos los dolientes allí presente escarbarán en cada uno de sus interiores, para encontrar cómo hacerle frente a lo que la violencia de la muerte crea —una pérdida que parece inmanejable. Por ello Amarilys y Carlos decidieron depositar en mis manos el relato de sus vidas, haciendo una labor privada de su testamentifacción, sin buscar retribución alguna, y conociendo de sobra los riesgos a que se exponen por parte de aquellos que los acusen de que sin valor probatorio, más que sus palabras, su relato cunde de ingenuidades, descreimientos y revisionismos. Para recolectar estos cuentos, Amarilys, Carlos y un escribidor nos sentábamos a conversar en su taller de arte.

Desde una perspectiva teatral, mirada desde una platea imaginaria, éramos tres individuos consultando y rememorando viejos recuerdos. En el bien iluminado escenario, Carlos priorizaba dentro de la conversación su labor de pintura, de manera que si de pronto tenía que pensar cómo colorear algún túnel subterráneo en los cimientos de una ciudad medieval imaginaria, detenía su charla o a lo sumo pronunciaba frases inconexas e irrumpía con exabruptos. En estos intervalos donde la creación era priorizada sobre el diálogo, Amarilys hablaba, hasta que Carlos, habiendo resuelto lo que le robó su atención, no tardaba en volver al curso de la conversación, sin perderse del todo en ningún momento. Explico mejor... el diálogo era una serie de respuestas a preguntas del escritor. La voz que respondía era una. La que la encauzaba era Amarilys quien ocasionalmente se silenciaba para permitir que Carlos se interpenetrase en la discursiva sin causar interferencias de fluidez. A Carlos le encanta trabajar y conversar. Sin embargo, cuando su atención se divide, gana siempre su arte. Hasta ahora su arte permanece invicto. Y en esos momentos de concentración total, con toda serenidad, mencionaba oraciones de manera abrupta, pero a pesar de la espontaneidad, siempre elegantemente construidas, algunas de las cuales dejaban a sus oyentes conmovidos, a pesar de que hasta que Carlos intervino habían estado en medio de otro diálogo diferente, el cual Carlos desaceleraba en un gesto de convite. Al principio, tomaba notas, pero me percaté que apuntando en cuadernos hubiese requerido un paso pachorriento, haciéndose así interminable el proceso. Por lo tanto, recurrí a las grabaciones.

Desde el comienzo del esfuerzo entre los tres, consintieron otorgarme poderes discrecionales sobre el idioma en que se redactarían los anales de sus reminiscencias, pero conociendo y estando conformes con mi predilección por escribir en español, la voz del hijo de mis padres, celebramos habernos aliado para evitar usar el inglés, lo cual hubiese logrado hacer que este relato sonase a palabras ajenas. El uso de nuestro compartido idioma, sin coraza protectora anglosajona, es la más sincera expresión de vulnerabilidad, sobre todo tratándose de recuerdos difíciles de amigos queridos. Usamos el español para reportar sus descarnadas versiones de eventos que ocurrieron en los escondites de la historia, exponiendo así la verdad sobre temas adonde duchos revisionistas tienden a prestarse a usar lenguaje con el cual reportan los archisabidos hechos ocurridos, convirtiéndolos de lo terrible o inhumano a normal, deseable o incluso loable. Su mérito está en haberse comprometido a proteger estos cuentos, evitando la calamidad de que pasen al olvido. De haberse negado a llevar a cabo esta obra generosa, resultaría en algo similar a como si fuésemos los últimos seres humanos que supiésemos de paporreta la letra de una canción que nadie nunca ha puesto por escrito y que de no hacerse ahora... ahora mismo... perderíase para el mundo al olvidarse. Y... si no ahora... ¿cuándo?

Los sujetos de este relato, naturales ambos de la provincia de La Habana, cuentan aquí sus inostentosas vidas, sin autocensura ni tamices. Tal parecería que eran una pareja de encantadores viajeros, abiertos a contar sus peripecias, alegres y desinhibidos, a sus acompañantes de la cabina ferroviaria, durante un largo trayecto.

Carlos, nacido y criado al norte de La Habana, al lado de la bahía y la Avenida del Puerto, al explicarme en un mapa capitalino exactamente dónde había vivido, me hizo recordar impresiones que conservo, cuando en los años tiernos que me tocó ser hijo de familia burguesa y muy joven todavía para poseer lo que se le llamaba cartera dactilar (una licencia de conducción), imprescindible para manejar automóviles, era llevado de pasajero por el chofer de la familia, durante las raras ocasiones que iba a La Habana Vieja. Así le llamábamos a la zona alrededor de la bahía y de la Avenida del Puerto, la cual desde nuestros vehículos de origen estadounidense y con aire acondicionado, veíamos y juzgábamos su aspecto innoble. La razón no era solo por su fealdad, suciedad y paisaje desagradable, cundido de obreros del puerto, tráfico de camiones y guaguas de las cuales se reguindaban mensajeros de farmacia, montados en bicicletas con manubrios altos, marineros que estaban de paso, mendigos, vendedores de toda clase de mercancía, tanto vegetal como humana, automóviles de alquiler, sino que, además, añadido a todo esto, las calles estaban flanqueadas de almacenes sin belleza decorativa, con el solo propósito de ser utilitarios. Estaban fabricados de bloques de ladrillo y concreto y formaban una muralla impenetrable a cada lado de la calle, con basura tirada por doquier, sin balcones, ni columnas visibles. Allí frecuentaban cuartuchos descuidados y malolientes los que andaban en búsqueda de sexo rápido y sórdido.

Amarilys fue hija de lo que en tiempos prerevolucionarios, hubiésemos llamado gente del campo, o guajiros, fueron gente que vivieron, trabajaron y criaron a su hija en un lugar rural llamado Caimito del Guayabal. La historia de la familia de Amarilys, contada por ella, tiene sus comienzos en el campo, donde su abuelo tenía un lugarcito en el cual criaba y cuidaba sus vacas y algunos otros animales. Allí fue adonde comenzó la vida de su papá, compartiendo la casa con sus padres hasta que murieron. Luego decidió mudarse para Caimito del Guayabal; se compró un terreno con el dinero que había ganado trabajando en el campo, se casó, y se fue a vivir a una casa que se construyó. Era un hombre reservado y emprendedor, a la vez que decidido a mejorar la calidad de su vida, y antes del régimen socialista había picado piedras en una cantera, guataqueado y sembrado en el campo. La mamá de Amarilys, por su parte, hacía trabajos de costurera. Con dinero sudado y ahorrado, los padres de Amarilys llegaron a tener una casa en Soroa en la cual tenían crías de animales pero al triunfo de la revolución, el régimen se la quitó y el suegro de Carlos, muy admirado por este, tuvo que convertirse en guagüero. Con el paso del tiempo, por tres ocasiones este señor solicitó ser visado para poder venir a los Estados Unidos pero no obtuvo el permiso. Falleció cerca de donde había nacido, en el año 2000. La mamá de Amarilys sí pudo venir de visita a los Estados Unidos en 2005, y en 2017 celebrará en compañía de su hija y yerno sus 80 años.

Amarilys demostró curiosidad intelectual desde jovencita, tanto así, que sus padres notaron su interés y le regalaron (¡en primer grado!) como algo muy especial deseado por la hija, un diccionario. Su disposición al saber maduró y continuó hasta encontrarse con la voracidad autodidáctica de Carlos Estévez, quien por sus estudios de historia del arte y sus vínculos lógicos con la filosofía, siempre tuvo orientación y acceso a materiales educacionales. El mérito de Amarilys viene desde mucho antes de conocer a Carlos, por su perseverancia en obtener acceso a recursos culturales en Caimito del Guayabal, un pueblo pequeño en el cual no había nada cultural, ni siquiera un cine. Carlos tenía en La Habana mucho más opciones; librerías, galerías, museos, bibliotecas, lugares adonde le prestaban volúmenes para leer o amigos de la escuela a quienes les traían libros por distintas vías, como la de tener padres que viajaban al exterior. Amarilys tenía que agenciárselas de alguna otra manera y sus padres nunca viajaron al exterior.

Carlos y Amarilys, cronológicamente, son productos de la revolución cubana de Fidel Castro, quien tomó el poder del país el 1ro. de enero de 1959. Ellos nacieron aproximadamente una década después, y crecieron dependiendo de hacer colas para poder comprar víveres con lo que todo el mundo llama la libreta de abastecimiento; expuestos a la intromisión diaria en sus vidas por el comité de su cuadra, comúnmente llamado el CDR (Comité de Defensa de la Revolución). El cedeerre.

Y ya que nos adentramos en el tema de colas, vale la pena describir las costumbres que gobiernan al ciudadano, quien acompañado de su fiel y siempre presente otra extremidad, la requete conocida jaba, se tiene que poner en fila en La Habana, es decir, supuestamente debería ser pararse uno detrás de otro, como en cualquier parte del mundo. Pero sucede que en Cuba se estructuran las colas de diferente manera: al llegar, se pregunta ¿Quién es el último? y ese que pregunta, al recibir respuesta, sabe que su turno corresponderá inmediatamente después del que le respondió. Pero ante la corrupción institucionalizada cubana el proceso, de acuerdo con lo que contó Carlos, es aún más sofisticado. Aquí parafraseo citándolo: «... hay necesidad de observar el imprescindible protocolo de no solo preguntarle al último de la cola mediante gestos diáfanos, si no en el plural sociativo, ¿detrás de quiénes estamos?, ¿detrás de quién va ese último? Lo recomendado es indagar cuales son las prioridades pertinentes y bien detalladas, de no menos de tres a cinco eslabones. ¿Por qué? El problema es que estas colas pueden ser de horas, la gente llega, marca y quizás luego se van y la cola se reconfigura, resultando en el irrecusable desenlace de que quizás la persona que era el último se haya ido dejando a los que le siguen desubicados. Además hay gente que marca para otros, amigos, familiares, etcétera por lo cual es pertinente preguntar, a la vez que ético, decirle al que viene después, cuántos turnos están siendo representados por el individuo parado en la cola». Eso permite que al llegar se pueda, sin perder uno su puesto, mariposear, contar chistes, coquetear, conversar y, sobre todo, tanto hacer como contestar todas las preguntas indiscretas que se les pueda ocurrir al resto de los que allí están. Las colas, por supuesto, dependían tanto del estado del tiempo como de las personas que la componían. Podían ser tristes y aburridas en caso de haber muchos individuos de la tercera edad con sus achaques físicos, esperando a la intemperie bajo un sol calcinante o un aguacero fuerte. O quizás ofensivas y peligrosas, si había individuos soeces y atrabiliarios, cuya presencia pudiera entrañar robo, engaño o extorsión. Y las mejores, aquellas que eran alegres, con chismes, jaraneos y bullanguerías. Pero siempre, multitudinarias y desesperantes.

También Carlos y Amarilys, al igual que el resto de la población, eran constantemente víctimas de apagones, hambre, desperfectos en la plomería de sus casas, ausencia de agua potable, así como de la obligación de apuntarse en la interminable lista de fervorosos discípulos de la improvisación cotidiana para durar toda una vida carente de papel de inodoro, haciendo las necesarias y a veces exageradamente urgentes sustituciones improvisadas. Desde niños hasta la adolescencia ambos fueron Pioneritos (integrantes de la Organización de Pioneros José Martí). A partir de los 16 años fueron obligados a pertenecer a las MTT (Milicias de Tropas Territoriales), y ella, además, a la FMC. (Federación de Mujeres Cubanas). Toda esta acronimia de organizaciones, no eran más que variantes del régimen para controlar y vigilar a todos los ciudadanos bajo el falso presupuesto de que esta pertenencia garantizaba la preparación y organización para defender a la patria voluntariamente, y en cualquier momento (estar siempre dispuestos a ser carne de cañón). Negarse a pertenecer en cualquiera de estas organizaciones y a repetir las consignas, implicaba inmediata represión, censura y marginación. Cualquier característica del ciudadano se volvía motivo de acusación y por consecuencia, castigo: por sus creencias religiosas, preferencias sexuales no acordes con la moralidad imperante, visiones estéticas no coincidentes con las dictadas por la visión socialista, etcétera. Para evitar castigos, la mayoría de la población elegía el silencio, la fingida cordialidad, y la hipocresía, a cambio de poder sobrevivir, aunque con estrecheces y molestias, pero en paz, al pasar inadvertido. O sea, frutos humanos del triunfo de la revolución.

Ahora, en el año 2017, después de más de catorce años de haber salido del país, Carlos y Amarilys, este matrimonio de una gran belleza espiritual, están frente a una grabadora y contestan sin vacilar mis preguntas torpes. Al margen de la sinceridad en las respuestas y evocaciones, siempre quedarán muchos hechos sin conocer y sin entender. Son fondos fangosos de aguas cuya superficie el tiempo ha ido aclarando pero también silenciando. Muchos bien intencionados han tratado de incitarlos a borrar de sus memorias esos fondos, para evitarse melancolías, y optar por momificar el pasado, por aquello de que recordar es volver a vivir. Pero Amarilys y Carlos, en cambio, acceden a mi solicitud como si desempolvaran un carrete, una cinta, un rollo, una lata de películas viejas que ya nadie tiene la intención de proyectar, y de alguien decidirse a proyectarlas, sería ante un cine con butacas vacías. Narran sus experiencias personales con el interés de que un lector desinteresado las conozca. No saben en qué terminarán sus confesiones: ¿un relato parasitario, un cuento intruso, una publicación que reporte beneficios económicos? Relatar sus experiencias durante el Período Especial es también contar sus historias conyugales. Estas no necesitan ser ensalzadas pues el paso del tiempo ha ido solidificando aún más la relación.

¡Cuba es otro planeta!

«Cuba no es un país, ¡Cuba es otro planeta!» Así decía el titular de la entrevista a Carlos Estévez, realizada por Enrique Planas y publicada en el periódico El Comercio. El motivo fue la inauguración, el martes 16 de junio del 2015, de su exhibición «Plenilunio», en la Galería Enlace de San Isidro, en Lima, Perú. «Pienso que ser feliz o infeliz es una actitud ante la vida; yo fui feliz en Cuba, allí hice mis estudios de arte desde los 11 años, pero en cierto punto mi vida cambió. Definitivamente. Cuba es un país sumamente politizado. Es una isla, está aislada y vive una situación política muy singular. Siempre digo que Cuba no es un país, ¡Cuba es otro planeta! Y desafortunadamente el régimen tiene toda las maquinarias del poder».

«Puedo contar mi experiencia personal: cuando yo me fui de Cuba, se me cerraron muchas puertas y se me abrieron otras. En Cuba, cuando la gente emigra, oficialmente ya no forma parte de Cuba. Y tratan de borrar tu historia para que no inspire a los demás. Cuba es un país de éxodos constantes. Y en Miami, donde radico, encontré la otra parte de mi historia, aquella que me estaba vedada. Desde reencontrarme con mi familia, con escritores, con artistas, vivir en Miami ha sido muy enriquecedor. En la visión de la gente, tú ocupas un espacio político, pero yo no soy político. Mi religión y mi política es el arte».

Período Especial

El 9 de noviembre del año 1989 la barrera de concreto que había sido construida en el año 1961 para dividir en dos la alemana ciudad de Berlín se vino abajo física e ideológicamente, y se inició así la disolución de la Unión Soviética. Poco tiempo después, los presidentes de Ucrania, Rusia y Bielorrusia firmaron el equivalente del certificado oficial de defunción del estado totalitario. Mikhail S. Gorbachev perdió su control de las 15 repúblicas de la Unión Soviética y se vio obligado a renunciar. Las honras fúnebres a la cortina de hierro acompañaron el réquiem al CAME (Consejo de Ayuda Mutua Económica), extinguiéndose para el futuro las subvenciones anuales que excedían los 4 mil millones de dólares que durante 30 años le llegaron con regularidad al gobierno de Cuba. El Kremlin, ya sin aliados, decidió que después de 1990 las transacciones comerciales entre los miembros del CAME se harían a base de precios del mercado. Traducido al idioma cubano de la calle, exento de tergiversaciones ideológicas... Se acabó lo que se daba. Finiquito. Desde ese momento Cuba se quedó sin los beneficiosos subsidios de la economía socialista que había pretendido convertirla en un territorio libre de subdesarrollo, monocultivo, desempleo, escaseces y diferencias sociales. La combinación de esto con el bloqueo que se le había sido impuesto a la Isla desde el año 1962, volvió abismal la situación económica en todo el país, con una terrible escasez de productos de primera necesidad.

Avizorando lo que ya sabía que le esperaba al país, el 27 de diciembre de 1991, Fidel Castro, hablando desde su tribuna, frente a sus acostumbrados múltiples micrófonos y con ademanes de foca enardecida, le afirmó a la ciudadanía que se debía de preparar para los peores circunstancias, una situación desastrosa, atribuyéndole el calificativo de Período Especial. El nombre era un suave eufemismo con el cual buscaba evitarse la verdadera y real definición de lo que se avecinaba: Hambruna. Carlos Estévez y García, Carlitos o Carlos Jr., el hijo de Carlos y Amarilys, nació justo nueve meses después de la declaración fidelista, en septiembre de 1992. Sus padres eran dos famélicos menesterosos cuando él nació.

Carlos y Amarilys me expresaron casi al unísono que, a pesar de la desolación económica luego de triunfar la revolución, la época más normal de su vida antes de exiliarse había sido cuando contaban entre 10 y 12 años y la peor, la hecatómbica, como la denominó Carlos, fue la posterior a la caída del muro de Berlín. Antes del Período Especial, el ciudadano de a pie recibía una vez al mes una cuota de productos que compraba con su libreta de abastecimiento en la bodega asignada a su núcleo familiar. Para todos aquellos que simulasen fiel cumplimiento con el requisito de devoción absorta a los principios revolucionarios, sus vidas transcurrían de manera normal. Las escaseces no llegaron de sopetón, poco a poco la vida diaria fue tornándose indigente. Se conjeturaba que el decaimiento en cámara lenta era porque el régimen debía de haber tenido alguna que otra reserva.

La insospechada carestía con que se tuvieron que enfrentar los jubilosos nuevos contrayentes fue aleccionadora y repentina. A los ciudadanos cubanos, no conectados a la nomenclatura, no les llegaba ningún tipo de información confiable del mundo exterior. La existente era manipulada ideológicamente por la prensa del régimen, de ahí que la ausencia de improviso de determinados productos, como el aceite para cocinar, por ejemplo, tomaba a todo el mundo desprevenido. Nadie imaginó hasta dónde iban a empeorar las cosas. Las privaciones comenzaron en el 1990, y como medida paliativa el 14 de agosto del 1993 se despenalizó por ley la posesión de dólares. Desde ese momento, la tenencia de dólares dejó de ser delito y los ciudadanos cubanos pudieron comprar mercancía libremente en ciertos establecimientos que hasta ese momento habían estado destinados exclusivamente para los extranjeros. Como si todo esto fuese poco, ocurrieron tres eventos trascendentales que manifestaron públicamente al régimen en el poder, y en especial al líder Fidel Castro, la desesperación del pueblo cubano: el hundimiento del remolcador *13 de marzo*, en la madrugada del 13 de julio de 1994, el llamado Maleconazo, y la crisis de los balseros.

El primero de los sucesos se centró en la fuga de 71 personas en un vetusto barco remolcador, con su casco de madera recién reparada, aprovechando el mar calmado. Mientras trataban de huir, las autoridades cubanas embistieron la embarcación en alta mar, hundiéndola, lo que causó la muerte de 41 de los pasajeros, 12 de ellos menores de edad que viajaban con sus padres. A manera de rebelión por este suceso y las carencias diarias, el 5 de agosto de 1994 ocurrió el llamado Maleconazo, una protesta popular en contra del régimen. Esa misma noche Fidel Castro, haciendo gala de una supuesta bondad y compasión, reaccionó imaginativamente echándole la culpa al gobierno estadounidense, y declarando públicamente a su pueblo enfervecido:

«Si Estados Unidos no toma medidas rápidas y eficientes para que cese el estímulo a las salidas ilegales del país, entonces nosotros nos sentiremos en el deber de darle instrucciones a los guardafronteras de no obstaculizar la salida de embarcaciones que quisieran venir de Estados Unidos a recoger aquí a familiares o a ciudadanos cubanos».

El resultado de estas palabras fue la salida de aproximadamente 35,000 cubanos de la Isla y la firma en el año 1996 de un acuerdo que trazaba una nueva política migratoria norteamericana exclusivamente para los cubanos: la Ley de Pies Secos - Pies Mojados. Sin necesidad de adentrarnos en los detalles de la ley, esta se basaba en que todo cubano que atravesase el mar y llegase a poner los pies en tierra firma estadounidense, se le permitiría quedarse a vivir con permiso gubernamental y con toda una serie de apoyos federales. Casi lo volvía un intocable, con derecho imbatible a caminar por cualquier parte de los Estados Unidos como si fuese un capataz que anda por su finca y con una sonrisa guapachosa. Sin embargo, todo cubano que viajando en balsa u otro tipo de embarcación, huyendo de Cuba, fuese atrapado en el mar, era devuelto a Cuba, sin importar las repercusiones negativas incalculables que pudiesen ocasionarle a ese cubano de pies mojados: cárcel, una buena tunda de golpes, pérdida de trabajo, en fin... un recibimiento desacreditador. Lo que en la Cuba precastrista lo hubiesen definido como que le había caído carcoma.

Una vez en los Estados Unidos, los que habían dejado familia en Cuba, en cuanto reunían algún dinerito de su trabajo o de la generosidad de los servicios sociales, comenzaban a mandarles con toda la regularidad que pudiesen, remesas en dólares. Para Carlos y Amarilys fue harto reconfortante cuando la mamá de Carlos se fue para Miami en 1993, y una vez allí les comenzó a remitir envíos, tanto de dinero como de ropa. La suma que les hacía llegar mensualmente para edulcorarles la vida era $20.00 al mes, lo cual suena que es muy poco pero para el joven matrimonio, y para entonces ya padres de familia, les resultaba una suma de dinero que les era más que suficiente para permitirles obtener necesidades básicas. Era una cantidad en aquel entonces equivalente al salario de un médico cirujano en Cuba. Además de recibir lo que para ellos era una generosa ayuda, su mamá también les mandaba comidas y ropas porque aunque tuviesen dinero, en las tiendas no había nada que comprar. Ni ropa interior, ni zapatos, nada. Lo mismo pasaba con la comida. Lo que más faltaba era alimentación proteínica, como carne, huevos, etcétera. Todo el pueblo cubano dejó de tener acceso a una alimentación adecuada. Hubo quienes desesperados, pero ingeniosos, recurrieron al invento de fabricar bistecs de cáscaras de toronjas. El sabor, comenta Carlos, era desagradable, pero si uno era algo nefelibata, a la vez que fanático de la hidrología etílica, si el comensal primero se animaba bien con ron barato, cualquier cosa se podía pasar como comestible. Varias enfermedades por falta de nutrición se manifestaron entre la población. La polineuritis, a manera de plaga silenciosa, empezó a invadir la isla de Cuba, dejando afectaciones tanto musculares como en la visión de muchas personas, de manera irreversible.

Hasta que por fin, al rescate, empezó a llegar la soya. Para controlar tanto la hambruna como la crisis de salud nacional, el régimen empezó a importar la soya para incorporarla a diferentes alimentos: al yogurt, el cual, una vez mezclado, se volvía un mejunje nutritivo, a sustancias cárnicas de presumible origen animal, todo dentro del sistema de la libreta de abastecimiento. Cuenta Amarilys, cómo la soya que se importaba de otras naciones era obviamente de baja calidad, barata, considerada de uso industrial, similar a la usada para alimentar animales. La venta al pueblo de estas combinaciones alimenticias inventadas por el régimen, podían primero ser olisqueadas, curioseadas con cara de repudio y hasta rechazadas con amenazas acompañadas de estridentes graznidos, pero al fin el hambre ganaba. Y aquí cito con precisión a Amarilys: Sabían a rayo, pero igual nos las comíamos. Después de que la mamá de Carlos emigró a Miami, podían pedirle por teléfono lo que necesitaban y ella con buena voluntad y cariño materno acudía con su ayuda, enviando los suministros mediante un sistema de comercio creado para hacer envíos de Miami a Cuba, negocio que todavía existe. La mamá llamaba por teléfono, obtenía una lista de lo que les fuera más urgente y al poco tiempo le llegaban los pedidos después de pagar el envío a unos precios escandalosos.

Ropa paquidérmica

Ese primer lustro de los años noventa del pasado siglo fue de una dificultad tan extrema para la salud mental y física de la ciudadanía, que parece inimaginable. Años de carestía, de esperanzas e ilusiones, tan absolutas, que imperó el desencanto en aquel país pobre y oscuro. Carlos y Amarilys, sin vanidad alguna, me mostraron fotografías guardadas en las que con rostros felices, visten atuendos de absoluto mal gusto, de un estilo monótono. Como si hubieran sido personas con un estilo extremadamente deportivo, no presumidas vistiendo ropa hecha a la medida, pero de otras personas que no eran ninguno de ellos dos. ¿Cuál era la verdad? ¿Por qué vestían así? La realidad era que tenían muy pocas ropas y eran las que les enviaban, con telas sintéticas, con nombres y números de jugadores de equipos profesionales, cuyas tallas eran casi todas extra grande (XL, XXL, XXXL, etcétera). Es decir, medidas de prendas de vestir paquidérmicas para individuos de aproximadamente trescientas libras como mínimo, de volúmenes estomacales inmensos, cargados de grasa gelatinosa y bamboleante, que jamás ellos adquirirían con las carencias alimenticias que estaban sufriendo. Según Amarilys, la vestimenta de los dos podía caber en una jaba. De haber tenido una de esas maletas de 21 pulgadas permitidas en los demasiado pequeños y siempre abarrotados compartimientos que las aerolíneas han creado encima de los viajeros en aviones trasatlánticos, les hubiese sobrado espacio. Amarilys no tuvo atuendo de embarazo. Su mamá le cosió una tela que sabrá Dios cómo la consiguió, convirtiéndola en un vestido de maternidad, el cual usó únicamente para salir y para las consultas médicas y le hizo otro para la graduación de Carlos. Carlos me dijo que, y aquí lo cito: «La tela de mi traje de graduación fue un lienzo que me dieron en la escuela para pintar. En ese tiempo yo estaba haciendo escultura, así que le di a la tela otro uso». El resto del tiempo Amarilys usaba una piyama que a medida que le crecía la barriga, se expandía el elástico, así como un short y un pullover tamaño extra grande traídos por una tía de Carlos. Aunque las ropas que se recibían eran de mala calidad, siempre fueron sumamente apreciadas, y con un poco de imaginación y muchísima fantasía, constituían una manera de mantener contacto con el mundo exterior. Estaban, además, ciertas ventajas dentro de tanta privaciones, como las de no tener que perder tiempo planchando la ropa por ser sintética. Vivían, comían y se vestían sin que nada tuviese el menor sentido hedónico, solo el arte de Carlos, con imaginación, energía y voluntad creativa, que irradiaba a su vida cotidiana matrimonial también y fomentaba la esperanza.

La primera vez que el régimen le permitió a Carlos salir de Cuba para exhibir su arte en el extranjero, tenía él 26 años, y fue para ir a Venezuela en 1995. Por supuesto, sin la compañía de Amarilys ni de su hijo, para de esa manera garantizar su retorno. La ocasión fue la Segunda Bienal Barro de América, celebrada en el Centro de Arte Lía Bermúdez, en Maracaibo. Durante ese viaje, vendió alguna que otra pieza de arte, empatándose de esa manera con un bienvenido dinerito. Al ir de compras en Caracas para llevarle algún regalo a su familia en La Habana, se quedó embelesado al contemplar extasiado el enorme surtido de objetos que estaban en oferta en las tiendas, y caer en cuenta que todo estaba allí para ser vendido, sin necesidad alguna de que los compradores tuviesen que reducirse a escoger uno u otro artículo y que todo los que quisiera adquirir y pudiese pagar serían suyos.

Ante mi pregunta de cómo eran sus relaciones sociales con otras parejas jóvenes casadas, Carlos y Amarilys me respondieron que inexistente, por falta de recursos. En Cuba, cuando invitas a parejas o amistades a salir, es común que los anfitriones paguen por los invitados. Sin ropa adecuada para salir presentables a la calle, nada que comer en la casa, ni siquiera para alimentar a su pequeña familia, y, por supuesto, sin dinero alguno, ni nada que comprar con él de haberlo tenido, se hacía imposible compartir con amigos tanto en la calle como en las casas, solo el hambre se podía compartir.

Transporte Urbano

«La vida en Cuba es muy difícil. Conflictos, precariedad material, una muy fuerte batalla existencial».

Carlos Estévez, *Lima, Perú, 16 de junio del 2015*

El transporte que había en Cuba eran una cadena de obstáculos en serie, cada eslabón una emergencia desatendida, demandando resolución sin que el pasajero se achicopalara. De tratarse de un individuo vago, se rendiría con naturalidad ante la complejidad de las circunstancias, repanchigándose en algún asiento cómodo sin disparar un chícharo. Pero en este caso, Carlos, uno de nuestros protagonistas, sí tuvo que resolver por su cuenta los problemas que comenzaron cuando en vez de ir a estudiar al preuniversitario, eligió y fue admitido en la Escuela Nacional de Bellas Artes San Alejandro para estudiar durante cuatro años. La antigua *Academia Gratuita de Pintura y Dibujo de La Habana*, hoy *San Alejandro*, es la institución más antigua en Hispanoamérica que ejerce la enseñanza desde su establecimiento, y únicamente antecedida por la Universidad de La Habana. Ubicada en Marianao, suburbio habanero, había sido fundada en 1818 por el pintor francés Jean Baptiste Vermay, quien llegó a Cuba con 31 años, después del colapso del imperio de Bonaparte y fue su primer director hasta su muerte, el 30 de marzo de 1833. Vermay había venido a Cuba para restaurar unos antiguos lienzos que había en la Catedral de La Habana. El obispo Espada le pidió al famoso pintor español del siglo XVIII - XIX, Francisco José de Goya y Lucientes, que le enviase un artista capaz de hacer las restauraciones, así como también de ocuparse de algunos otros encargos. Goya recomendó a Vermay, a través de una de sus amistades en París, por su apego al neoclasicismo. Una vez terminada su obra decidió quedarse y fundar la Academia, llamada luego San Alejandro. Sus restos se encuentran en el Cementerio de Colón, en La Habana.

Originalmente el plantel estuvo ubicado en el Convento San Agustín, en las calles Aguiar y Teniente Rey, en La Habana Vieja. Permaneció luego por un buen tiempo en la calle Dragones no. 62, en Centro Habana. Después del triunfo de la revolución castrista, fue reubicado en el edificio Flor Martiana, uno de los que circundan la Plaza Finlay, en Marianao, frente al obelisco de la llamada antiguamente Ciudad Militar, fundada en 1933 por el que en aquel entonces era jefe del Ejército Constitucional, el coronel Fulgencio Batista y Zaldívar, quien allí en Marianao formó el Cuartel Militar Columbia.

Si ser admitido en San Alejandro era una buena noticia para Carlos, no lo era tanto el hecho de tener que transportarse diariamente desde su casa en La Habana Vieja hasta Marianao. Las opciones para poder trasladarse eran diferentes y a la vez complicadas. Tenía que elegir entre los distintos autobuses que llegaban al obelisco de Marianao. El primero de los nombres que tuvo el complejo arquitectónico fue Plaza Cívica «4 de septiembre», en conmemoración del golpe de estado en el antiguo Cuartel Columbia, en contra del Presidente Machado. Más tarde se convirtió en un monumento a la memoria del médico cubano Carlos J. Finlay. Los cubanos, siempre partidarios de choteo, lo apodaron La Jeringuilla, por su semejanza a ese instrumento de vacunar, tan temido por niños al verlos en manos de sus médicos pediatras.

Negándose a capitular ante la inevitable concatenación de posibles fatalidades, Carlos se empecinó en conquistar el problema de los colectivos. Una de las opciones para el traslado hacia San Alejandro era la ruta 98. La podía agarrar y montarse en la parada que estaba cerca de su casa en la Avenida del Puerto, pero allí siempre llegaba abarrotada de pasajeros. La otra opción era caminar por toda la calle Obispo hasta llegar a la calle Bernaza, y una vez allí, atravesar Monserrate para llegar a la Manzana de Gómez, y luego de cruzar Zulueta, llegar al Parque Central. De allí salía la ruta 22, que pasaba con mayor frecuencia. El problema era la caminata, no solo por la distancia sino la humedad y el calor tropical. Ni hablar de lo desagradable que era el recorrido cuando caía uno de los frecuentes aguaceros, casi diarios, en el verano. Otra alternativa era montarse en la ruta 27 en la Avenida del Puerto, bajarse en la otra esquina del Sloppy Joe's y subirse a la 22. La desgracia de ese plan era que implicaba un doble costo de pasaje, lo cual le causaba estragos a su presupuesto «bibliomaníaco». Al principio la guagua costaba cinco centavos pero más tarde se duplicó el precio. El presupuesto de Carlos era un peso y diez centavos al día. Ojo, no confundir el peso con un dólar, el cual vale mucho más. Aspiraba a ir y volver al colegio en autobús, gastando solo diez centavos diarios en total. Si no se gastaba dinero en nada más, podía ahorrar un peso al día, y al fin de la semana cuando había acumulado cinco pesos, llegaba el momento de su «Viernes con Cosita», un señor gordito cloqueante y bajito que tenía un veleidoso negocio de comprar y vender libros usados, con un cuarto lleno de ejemplares a la venta. Con estos Carlos comenzó su colección de literatura, adquiriendo obras de Thomas Mann, Goethe, Tólstoi y Dostoievsky, entre otros; colección que, por supuesto, se quedó en Cuba.

Finalmente, Carlos tuvo la enorme suerte de adquirir una bicicleta rusa. Esa fue su primera bicicleta, la que siempre deseó de niño y nunca llegó a poder tener en la infancia. Ahora se la habían comprado con reducidos recursos maternos, combinados con la ayuda de una amistad que colaboró cediéndole su derecho a comprar objetos en tiendas donde vendían todos los productos en dólares.

El nada veloz corcel metálico que le servía de transporte diario, con el uso se continuó deteriorando, desguazándose poco a poco. Lo primero que se le cayó fueron los guardafangos. Ese deterioro inicial lo justifica Carlos en su fabricación, porque cuando la compró era nueva y sin estrenar, y los guardafangos habían llegado de la fábrica sin estar soldados sino que fijados con tornillitos.

La bici rusa le duró hasta que un día se le ponchó una goma en San Alejandro. Carlos no tuvo otra solución más que esconder su bicicleta en un cuartico comprobadamente discreto y abandonado en uno de los pasillos del colegio. Así me lo contó a mí, su grafómano. Le puso candado para asegurarse de que nadie se la robase y se fue en autobús para su casa. La decisión fue nefasta por las consecuencias, pero fue de aquellas que nunca habrá tiempo ni oportunidad de arreglar: Se la robaron poco a poco, desguazándosela, pieza por pieza. El proceso duró varios días. Lo primero que hicieron fue quitar los cáncamos a la madera de la puerta, zafándole el candado, entrar y desarmar del vehículo lo más codiciado, las ruedas, las cuales, una vez desaparecidas, convirtió a la bici en una armazón inamovible que paulatinamente comenzó a desaparecer. Al fin no quedó nada de ella. Esta pérdida de su primera bici le dolió sobremanera. Al bicicletero que durante el Período Especial se le ponchase una rueda de su bicicleta, el problema era incapaz de resolverse sin ayuda profesional. Todas las gomas de todos los diferentes vehículos en Cuba siempre estaban en muy mal estado y había una gran escasez de gomas de remplazo, cámaras y piezas de repuesto, peor aún tratándose de bicicletas. Por consiguiente, cuando se rompían en el camino, el resto del trayecto había que terminarlo llevándola de arrastre hasta llegar a muy pocos y requete contados lugares, llamados en la Cuba de hoy Poncheras. Antes de la revolución también se llamaban vulcanizadores, y eran establecimientos que aunque se dedicaban a lo mismo, tenían piezas e identificaban el servicio que rendían como reparación de neumáticos. Curiosamente, había una ponchera en existencia, llamada Cuba Ocho, cerca del anfiteatro de La Habana y anunciada en las páginas amarillas comerciales de la guía telefónica de La Habana, con una ubicación frente a la Avenida del Puerto, teléfono 8-3200 y sin problema de parqueo. Cuando Carlos nació, allí seguía Cuba 8, y muy cerca de su casa. Pero claro, como mismo afirma Carlos, nunca cerca de la casa se le poncharía su bicicleta pues esto ocurre siempre en lugares distantes del hogar del ponchado. Si a Carlos le ocurría tal percance, solo podía virar para atrás porque de ahí hasta el colegio no había ni una sola ponchera. Cada una de las poncheras era como un oasis para los árabes viajando en camello por el desierto. Al llegar todo continuaba siendo una peripecia dolorosa, que al oírlo en el exilio estadounidense, movía a la compasión: después de la consabida cola de horas había que motivar a los poncheros, por lo general unos negros gigantescos y fuertes, con una gratificación remunerativa, para recompensar el futuro arreglo.

El proceso de reparación no era nada extraordinario para ninguna parte del mundo, se infla la goma o la cámara adentro de la goma antes de sumergírsele en agua para identificar por los globitos que suben a la superficie, adonde es que está pinchada por algún clavo o espina, creándole el hueco por donde se le escapa el aire. La gran diferencia es que en Cuba, durante el período especial, no había nada. Encontrar parches para tapar el escape de aire y goma de pegar era un drama. Además, muchas veces no había materiales, la ponchera estaba cerrada, o no atendían, o no había corriente eléctrica. El problema era insoluble de diagnosticársele una avería de la válvula por la cual recibe aire la goma. De ser así entonces sí que no había solución. En un momento dado, estando Carlos todavía haciendo vida de bicicletero, en Cuba se empezaron a usar gomas macizas —rellenas de pajas— un invento que nunca funcionó por añadir todavía más peso y dificultad para pedalear una bicicleta que ya de por sí pesaba un mundo.

Cuando se gastaba la goma, había que seguir usándola hasta que ya no diera más y entonces ponerse a buscar una nueva en el mercado negro ya que en las tiendas no las vendían. Las gomas de la bicicleta de Carlos estaban lisas, lo que hacía que cuando llovía, se volviesen resbalosísimas y patinasen en superficies mojadas provocando el despatarre, tanto del ciclista como de la bicicleta. No hay que tener mucha astucia literaria para distinguir que de las desgracias es de donde nace la literatura más tangible porque se fijan en el recuerdo. De los buenos sentimientos nace la mala literatura, la felicidad no tiene explicación. Es algo que le sucede a una persona solamente, mientras que la desgracia es más fácil de compartir. Pero antes de continuar separado del asunto de que se trata este relato, apuro la aclaración de que no hay razón que justifique reportajes de felicidad en un tema que trata del Período Especial.

Como la proximidad al mar las exponía al efecto del salitre, y el estado de las calles era tan malo, las bicicletas iban brincando y recibiendo batacazos con los baches, que aflojaban poco a poco todos los tornillos, hasta ir desarmándose con su uso cotidiano. Conseguir tornillos no era fácil, a menos que uno constantemente rastreara las calles, fijándose en cualquier pedacito de metal, parando y recogiéndolo por el camino. Cuando la bicicleta llegó nueva, traía su propia maletica, así es que de tener suerte y encontrarse tornillos o tuercas tirados en la calle, todo ciclista inteligente y precavido, Carlos entre ellos, decidido a utilizar lo utilizable paraba, los recogía y los echaba en la maletica. La necesidad obligaba a hacer paradas para recoger todo tipo de cosas que se encontrasen tiradas. Eso era un aliciente de vivir en la zona urbana. Hubo temporadas en Cuba que fueron denominadas Plan Tareco, durante las cuales el régimen animaba a que la gente botase cosas inusables o sobrantes en los basureros. Era como un permiso oficial otorgado a la ciudadanía para lanzar indiscriminadamente a la calle cuantos utensilios, tarecos, objetos inservibles e inmundicias hubiesen acumulado y no quisiesen que les continuasen estorbando en sus hogares. Carlos aprovechaba cuando pedaleaba hacia el colegio, tanto a la ida como a la vuelta, parando a recoger marcos u objetos que le sirviesen para hacer arte, como para también quizás hacer algún tipo de esculturas. Cuando al fin se les acabó la vida terrenal a los guardafangos de la bicicleta de Carlos, su vida cambió. Había sido un proceso paulatino de desmembramiento y destartalo: el vinyl del asiento, el guardafango del frente, luego el de atrás. Cuando este último ya no estaba y lo sorprendía algún aguacero, llegaba a su destino con una línea de churre que le iba desde la cabeza hasta el ano y le duraba gran parte del día. La línea podía ser de tierra con agua pero si a esto se le sumaba aceite o grasa de los distintos transportes que circulaban por la ciudad entonces sí que la huella envilecedora permanecía todo el día, al igual que para el resto del alumnado bicicletero, así que se cumplía el viejo refrán de mal de muchos, consuelo de tontos. El uniforme del día. Su apariencia cada vez más desdorosa tenía su compensación, ya que la ausencia de guardafangos le quitaba peso facilitándole motilidad. Subir lomas en una bicicleta rusa de veintiocho pulgadas con gomas anchas no era cualquier cosa. Palabras mayores cuando el viento estaba en contra. Al principio, cuando la bicicleta era nueva, el asiento era incómodo, volviéndosele intolerable cuando el vinyl se comenzó a desmembranar poco a poco, hasta por fin llegar a quedarse en el muelle puro, obligando al ciclista a disciplinarse jesuíticamente para evitar el equivalente de una tortura china, mediante un intercambio paulatino, y de tener suerte a la vez que buen balance, de alternar nalgas para poder de esa manera lograr, aunque fuese por cortos momentos, sentarse en la parte buena del asiento en su cada vez más destartalada condición de deterioro.

Al ya no ser ciclista y tener que continuar yendo a San Alejandro, se vio limitado a tomar autobuses hasta que se graduó. Terminó su educación en San Alejandro valiéndose de la ruta 98 que salía del Muelle de la Luz y terminaba en La Lisa. En cuarenticinco minutos llegaba a sus clases en Marianao pero el horario de salida de las guaguas no era nada regular y si se llegaba al paradero y acababa de salir, no se sabía cuándo ocurriría la otra salida. La entrada en San Alejandro era a las 8 a.m. y Carlos se levantaba a las 6 a.m. para a las 6:30 estar ya en la parada con un margen de media hora. Cuando aún tenía bicicleta, si a las 7 a.m. no había pasado la guagua tenía que volver a su casa, agarrarla e irse pedaleando.

Regresar de la escuela era peor, porque la guagua que tenía que tomar, y que paraba en el Obelisco de Marianao, ya venía atestada de pasajeros que se habían montado en La Lisa, con las cabezas oscilando simultáneamente, como si se hubiesen puesto de acuerdo en moverse al compás de una música imaginaria. Llegaba tan atiborrada de gente que algunos venían colgados de las puertas, otros de las ventanillas, y algunos se sujetaban entre sí. Era la necesidad de agarrarse de algo y lo único que había era otro pasajero. ¿Cómo así funcionaba ese último sistema? Pues, el primero, llamémosle pasajero X, alguien que llegó al autobús antes que Carlos y se colgó de una ventana. El próximo, de ser Carlos, se colgaba del pasajero X.

Con un poco de suerte se encontraba espacio de pie dentro del calabozo móvil. Dentro del ómnibus el calor desmadejante de afuera era peor. Torsos, nalgas, cabelleras, brazos, axilas, piernas y pechos se rozaban, con sudores, tufos, hediondez y sensualidades. Sobraban pervertidos que se especializaban en montar guaguas para frotarse con las personas que les causasen atracción sexual. A esa práctica tan sórdida en Cuba, desde siempre, se le ha llamado dar jamón, o jamonear. A los mezquinos practicantes de esta auto-ayuda, se les llama jamoneros. Jamonear es manosear, tocar o rozar, con disimulo al objeto del afán, ya bien a una mujer o a un hombre, con el propósito de lograr satisfacer deseos libidinosos. Sin embargo, la Cuba que vivió Carlos no se caracterizó por la represión sexual sino que ya era un país en el cual la heterosexualidad tenía vía libre. Sin inconveniencias, ni impedimentos morales, sociales, ni mucho menos religiosos. Al mismo tiempo, era el Período Especial y Cuba se había convertido en un país muy pobre en el que la mayoría de las personas no tenían otra alternativa que usar los vehículos colectivos para llegar a su trabajo y moverse dentro de la enorme Habana. Nadie miraba a su compatriota con cara de altanería, era gente colgada de gente. Había que confiar, hacer concesiones para poder adaptarse a las circunstancias. Los que colgaban tenían que ayudarse mutuamente pues si no... en el menor movimiento de carácter abrupto, ambos rodarían por las calles. Carlos no era demasiado intrépido por lo que se limitaba a colgarse de las puertas y no de las ventanillas.

Otro de los grandes problemas con el transporte urbano era la imprescindible carrera para atraparlo. Con vistas a despejar un poco aquellos ruidosos tanques de lata, colmados de ciudadanos, los choferes detenían la guagua o un poco antes o un poco después de la parada para dejar a los pasajeros que se bajaban en ese sitio. De esa forma, se bajaba más gente que la que subía pues esta última estaba limitada a aquellos que lograsen, mediante una carrera, llegar a la nave urbana antes que echara a andar y continuara el trayecto hacia la próxima parada donde haría el mismo procedimiento. De no usarse este método por los choferes, las escenas que se hubiesen provocado hubieran sido dignas de filmarse y exhibirse en un teatro estadounidense o ser convertido el material para una película sobre los sobrevivientes de una ciudad posbélica, condenada al hacinamiento y la pobreza, plagada de furnias y escombros, carcomida por la incuria obligada, pues la imagen proyectada sería una gran masa de desaforados taponeándolo todo irremediablemente queriendo bajarse unos y subirse otros a la vez. Parecía un asalto a un tren.

Los más exitosos conseguían entrar y encontrar algo de que aferrarse dentro del autobús. El resto hacía lo indecible por viajar asiéndose de algo, pero con pasajeros que llegaban ya viajando en el exterior de la nave urbana, quedaba espacio para, cuando muchos, sujetarse no más de cinco o seis. De veinte que habían tratado. Y por si fuera poco, como cuenta Carlos, o se producía con frecuencia la rotura del ómnibus en medio del camino o el chofer de este lo detenía de pronto y se bajaba para realizar cualquier gestión personal, hasta visitar a su amante y regresar a la media hora, con un racimo de plátanos y su cara muy satisfecha mientras que toda la masa compacta, desesperada por el calor, el hambre y las vaharadas fétidas lo aguardaba. Unos encima de otros, arracimados, con sudores compartidos, renegando, gruñendo, bufando, protestando y refunfuñando. Todas estas incomodidades y ¿por qué no llamarlo por su nombre? padecimientos deplorables, constituían una necesidad nacional crucial, exigiendo adaptación y ayuda en común. Era imprescindible acostumbrarse a funcionar dentro de un problema habitual e insoluble para el pueblo cubano.

Era necesaria la ayuda en común y el intento de adaptación para poder sobrevivir en medio de todas esas realidades fatídicas. Cada día todo lo relatado hasta aquí fue empeorando y el transporte colapsó. Entonces llegó la etapa de las bicicletas como medio para que hubiese algún tipo de transporte público.

La mamá de Carlos les dejó al irse para Miami su automóvil Fiat 125 del año 1974 para su uso personal, de manera que Carlos no tenía ya que depender del transporte público. Además vendía su arte, lo cual le proporcionaba dinero para vivir. Cuando él y Amarilys necesitaban usar el Fiat, el papá de esta les conseguía la gasolina que estaba bien escasa y si estaba roto el auto alquilaban unos particulares apodados boteros. Por consiguiente, no se vieron obligados ni a montar camiones, ni las guaguas articuladas que comenzaron a aparecer y que fueron llamadas camellos.

Las Ceibas

Mientras Carlos pasaba sus días de clases en San Alejandro, sin todavía imaginarse que existía una muchacha soltera llamada Amarilys, ella iniciaba su día en Caimito del Guayabal, pueblo donde nació, se crió y cursó su educación primaria. Los estudios preuniversitarios los hizo en los llamados Preuniversitarios en el Campo, complejo educacional que en este caso pertenecía al llamado Las Ceibas. La vida en estas escuelas era de internada, junto con cientos de otros estudiantes de ambos sexos y en condiciones precarias: Sin aire acondicionado, agua caliente, ni mosquiteros. Los dormitorios eran unos edificios grandes, similares a almacenes industriales. Algo parecido le hubiese tocado a Carlos de no habérselas ingeniado para lograr su admisión a San Alejandro. Los becados, que era el nombre que recibían los internos, durante el curso escolar que duraba de septiembre a junio, entraban los domingos por la noche y no salían hasta el sábado al mediodía. Si eran castigados por razones de mala conducta, los sábados, hasta no haber cumplido sus castigos, no podían marcharse a sus hogares. En esos Pre en el campo se alternaban los estudios académicos con prácticas agrícolas, que resultaban ser agotadoras faenas de labranza. La producción de cultivo que le tocó sudar a Amarilys en Las Ceibas era mayormente la siembra y recogida de productos cítricos. El esfuerzo era manual, agobiante, y dados sus hábitos e intereses en el estudio, ella prefería que las clases fuesen por las mañanas y el trabajo en el campo por las tardes. Cuando obligatoriamente le tocaba a la inversa, le entraba un cansancio muy grande que le dificultaba mantener los ojos abiertos en las clases, debido al extenuante trabajo de la mañana.

Para llevar a los estudiantes a trabajar al campo, los montaban en unas carretas. Normalmente ese era un transporte para ganado. La locomoción la proveía un tractor que jalaba la plataforma rodante, la cual tenía ruedas de goma, no de madera, única concesión a un poco de comodidad. Un año, en lugar de trabajar con productos cítricos (naranjas, toronjas y mandarinas), le tocó a Amarilys trabajar con fresas, cultivadas exclusivamente para el consumo del gobierno y del turismo, y no para el de la población. A los estudiantes que trabajaban con las fresas les era prohibido comerlas, pero por supuesto todos hacían trampa. Los sospechosos de haber ingerido la fruta prohibida, los obligaban a abrir la boca para examinársela y ver si tenían remanentes de fresa o si la lengua o la garganta se les habían enrojecido. Amarilys y las otras tramposas comían hierba u hojas para engañar a los supervisores. A una muchacha se le ocurrió comer tierra, exageró la cantidad, le dieron náuseas y vomitó la tierra inmediatamente seguida por la fresa. Obviamente la calimbaron.

La fresas eras sembradas cuando eran unas pequeña y todavía tiernas plantitas, llamadas posturas, y entonces los becados eran los responsables de regarlas y deshierbarlas hasta que llegase el momento de recogida de la cosecha. Pero en cada oportunidad que los supervisores se confiaban y descuidaban la vigilancia, los jóvenes aprovechaban y se las comían a escondidas, cayendo en la tentación de menguar el hambre y la desnutrición. Cultivar comestibles que no se veían en ninguna parte y que además le eran vedados a la población, era una tortura a la vez que una atracción irresistible. Carlos, en ningún momento durante los 35 años de su vida en Cuba jamás se comió una fresa y cuenta que para él las fresas eran como un mito cruel. El castigo de la calimbada que vomitó, luego de sus náuseas reveladoras, consistió en no poder irse el sábado para su casa hasta las 4 p.m., así como prohibirle compartir con el resto del alumnado por las noches, de la música y el baile, y en su lugar ir al área docente a estudiar.

Había varones y hembras en Las Ceibas. Estaban en dos secciones separadas, supervisadas y prohibidas de mezclarse, aunque, por supuesto, se hacía mucha trampa. El baile era hasta las 10 p.m., hora en que sonaba un timbre y había una inspección de la cama y de la habitación. Se usaban unas pesetas (monedas de veinte centavos cubanos) para rodar sobre las camas tendidas. Si la peseta se trababa por alguna rugosidad, se le quitaban puntos en la evaluación del alumno.

Se repartían tres comidas al día: Desayuno, que era solo leche fría, y para de contar, y alguna que otra vez un mendrugo de pan; el almuerzo y la comida, invariablemente consistían en arroz blanco (de malísima calidad y lleno de impurezas) con chícharos y un huevo o lasca de masa cárnica que era una supuesta materia proteínica. Su imagen visual era una mortadela tan finita que se aproximaba a la transparencia. De vez en cuando les servían pescado hervido. Amarilys cuenta que se pasó años comiendo lo mismo. Al plato de arroz con chícharos y huevo se le puso de apodo «Los tres mosqueteros». Se hizo popular un chiste: El arroz, el chícharo, y el huevo, con una lasca de jamón salen a la calle y todo el mundo le cae atrás a los tres mosqueteros, quienes sintiéndose acorralados y a punto de ser engullidos, se preguntan entre ellos y a los que los acosan: «¿Por qué nos persiguen tanto a nosotros mientras que al jamón lo dejan tranquilo?», y el jamón responde: «Es que a mí nadie me conoce».

Francotiradora

Después de completar sus estudios académicos con excelentes notas y sin haber sido sancionada por ningún motivo (ni siquiera por comer fresas) en la Beca, Amarilys se graduó en el año 1986. Ingresó en el mismo año en la Universidad de La Habana y allí se graduó de Contabilidad en el año 1991. En la Universidad, Amarilys siguió obligada a continuar en el entrenamiento semanal de las Milicias de Tropas Territoriales (MTT). Esta era una organización gubernamental que tenía como propósito aglutinar de manera obligatoria a todas aquellas personas que no pertenecían a las Fuerzas Armadas Revolucionarias (FAR). Es decir, a todo el pueblo, que, a su vez, pertenecía a la Federación de Mujeres Cubanas (FMC), al Comité de Defensa de la Revolución (CDR), a la Unión de Jóvenes Comunistas (UJC) y al Partido Comunista de Cuba (PCC). A estos dos últimos no se pertenecía de manera unánime sino por elección según los méritos revolucionarios, por lo que la membresía en ellos implicaba ciertos privilegios al momento de recibir una carrera universitaria. Era toda una lista de acrónimos ridículos que tenían como trasfondo el control de la población y hacer sentir a su mayoría la supremacía del estado, gobierno y partido hasta en los más ínfimos detalles del quehacer diario.

Con el pasar del tiempo, la euforia del régimen por mantener a las MTT se fue relajando lo cual rima con relajeando. Y es que no había ni los uniformes castrenses, ni vehículos y gasolina para transportar a los milicianos. La desintegración general se extendía desde la economía hasta el ardor político. Era el hambre quien regía y los esfuerzos por solucionarla consumían el estado anímico. Cuando Amarilys se casó con Carlos, luego de graduarse, comenzó su vida matrimonial en La Habana y se aprovechó de esa coyuntura para guillarse y dejar de participar en la MTT. A los de Caimito les decía que vivía en La Habana. A los de La Habana, que vivía en el campo.

Si pertenecer al Partido era un mérito, ser expulsado o no elegido por alguna que otra razón se convertía en un estigma. Rehusarse a participar en las llamadas misiones internacionalistas era, por ejemplo, un motivo de marginación. Un primo de Amarilys estaba inscrito para pasar el servicio militar como todo varón cubano, de 18 a 21 años. Le comunicaron que tenía que ir a pelear a Angola y se negó a ir. Este era un comportamiento inusual, lo cual no indicaba patriotismo o placer en el resto de sus contemporáneos, los cuales eran la mayoría, sino que cumplían por miedo a las autoridades. Amarilys relata cómo su primo, entonces, fue expulsado del trabajo que realizaba de maestro; se quedó sin ingresos por casi cuatro años hasta conseguir un trabajo de operario de tractor en una granja de pollos, con un salario mensual miserable y, por si fuera poco, fue repudiado y acusado de traidor en Artemisa, el pueblo donde vivía. Frases como ese es un cobarde que tuvo miedo de ir a la guerra de Angola, escuchaba con frecuencia a su paso, haciéndole la vida imposible. Tuvo que irse a vivir a Caimito del Guayabal hasta que se fue de Cuba para los Estados Unidos.

Otro primo hermano de Amarilys que sí fue a pelear en la guerra de Angola regresó con honores pero con muchos traumas y convencido que había sido una guerra inútil. También a un amigo de la infancia de Carlos, al regresar de Angola, le hicieron un gran recibimiento en su barrio, pero volvió loco. Los que iban a Angola eran numerados con unas chapillas de metal que colgaban de su cuello. A Carlos le impactó mucho que al terminar la guerra los aviones regresaban con los muertos dentro de ataúdes solamente identificados con la chapilla numerada. Cuando terminaron de llegar todos los muertos, se realizó una ceremonia nacional para enterrarlos y la población fue convocada, léase obligada, a presentarse para rendirle homenaje a los héroes difuntos. Nadie entendía qué sucedía en Angola. Supuestamente era un pueblo invadido y los cubanos iban a dar ayuda. Nunca se supo hasta mucho después que los rusos pusieron las armas y los cubanos sus cuerpos. El primo de Amarilys que sí fue a la guerra, le contó que cuando llegó allí se percató de que esa guerra inútil no iba a tener futuro porque la gente que eran sus aliados durante el día, por la noche se escapaban del campamento y visitaban al enemigo para darle toda la información de posiciones, refuerzos y abastecimientos. Era un problema insoluble unificar a toda una serie de tribus, y, según Carlos y Amarilys, incapaces de ser unificadas. Al final del caso, de lo que se trataba era que los rusos pretendían apoderarse de los recursos naturales de un país africano muy rico.

Quizás hay algo que pocos conocen de Amarilys, y es que en la Universidad de La Habana, en la que era obligatorio practicar un deporte, ella escogió el de tiro, justo para evitar verse obligada a hacer otra actividad física. Tenía magnífica puntería y fue miembro del equipo deportivo universitario. La idea de saber que Amarilys, una mujer elegante y culta, formó parte de un equipo de práctica de tiro y hasta que obtuvo premios me resulta tan discordante, que la he querido apodar la francotiradora pero a ella no le ha gustado en lo absoluto mi ocurrencia, desautorizando el seudónimo con firmeza y hasta cara de inconformidad.

Cuando Amarilys estudiaba en la Universidad, permanecía en calidad de residente todos los días de clases en la vivienda estudiantil de 12 y Malecón, un edificio expropiado por el gobierno de veinte plantas, y los fines de semana visitaba a sus padres en Caimito del Guayabal. Al principio iba en guagua pero el transporte fue empeorándose, al punto que la llegada de la guagua podía demorar hasta cinco horas. Con frecuencia, entonces, optaba por viajar pedaleando en bicicleta los 45 kilómetros, de ida nada más, que requería viajar para ir a pasarse el fin de semana en su pueblo. De regreso, igual esfuerzo. A los estudiantes de la Universidad les habían distribuido bicicletas traídas de China porque no había otro método confiable de transporte.

Amarilys, ya graduada, tuvo que posponer sus planes de ejercer su carrera pues en ese año de 1991 las hembras fueron obligadas a cumplir con el servicio militar obligatorio. Eso quiso decir tres meses en un campo de entrenamiento en San José de las Lajas, en las afueras de La Habana, denominado Concentrado Militar. Por su parte, Carlos formaba parte de un sector de jóvenes varones que, al estudiar carreras universitarias, eran excluidos de pasar el Servicio Militar de tres años y solo pasaban ese Concentrado al final de la Carrera. Los que no hacían estudios superiores, sí eran obligados a pasar los tres años y la mayoría de las veces dentro de la guerra de Angola, expuestos, por tanto, a enfermedades, mutilaciones y muertes. Si en ese año no hubiera ocurrido la excepción con las hembras, Carlos y Amarilys probablemente nunca se hubiesen conocido, pero terminaron coincidiendo en el mismo Concentrado Militar durante los meses de mayo hasta julio, ambos esperando para lograr recibir sus títulos y Carlos, además, recibir el grado de teniente. Carlos no solamente regresó a su casa con ese grado militar, sino también muy enamorado.

Vivir en Cuba significaba no poder estar al margen del militarismo que asediaba al pueblo. Luego del servicio militar obligatorio para todos los hombres, a partir de cumplir los 16 años, están obligados a mantenerse como reservista del ejército. La época de Carlos fue aquella de una masiva invitación a ir a pelear a Angola. A él y a varios de su generación los libró de las múltiples consecuencias de la guerra, el talento artístico desplegado. Se dice que de su generación salieron una gran cantidad de estudiantes con títulos universitarios. Las malas lenguas añaden que la razón es porque al continuar sus estudios, esmerándose en la educación, esquivaban la mutilación o peores riesgos que les esperaban en caso de pelear en Angola.

Angola

La mayoría de los reclutas que fueron enviados a Angola por el gobierno cubano, tenían la misión de colaborar y dar asistencia militar. Eran jóvenes que cualquier día recibían por correo una carta para presentarse en el Comité Militar ante sus superiores. Parados en atención, recibían la invitación para participar en lo que Fidel Castro en el año 1975 nombró la Operación Carlota, una misión que duró 16 años, hasta el año 1991. Al aceptar, lo cual era casi imposible de no hacer, integrarían el contingente de internacionalistas que con alto riesgo, protegerían el comunismo y sin recibir sueldo alguno.

La razón oficial que usó el régimen para intervenir en el conflicto fue que el presidente angoleño Agosthino Neto, comunista aliado de la Unión Soviética, supuestamente había solicitado la ayuda militar de Cuba, por su interés en proteger el socialismo. Eso era una mentirita y la realidad era otra muy diferente. Sucedía que los soviéticos querían convertir a Angola, un país de grandes riquezas naturales, entre ellos los enormes depósitos de petróleo, en uno de sus satélites. Cuando en 1974 llegó a su fin la dictadura portuguesa, la cual había gobernado el país desde 1933, las colonias portuguesas africanas se comenzaron a independizar y los soviéticos, quienes habían estado subsidiando a Cuba con billones de dólares desde hacía años, no querían dejar pasar esa oportunidad por lo que le orientaron a la nomenclatura cubana que ellos pondrían las armas y los que pelearían serían los militares cubanos. Para mantener la forma ante la política mundial, los rusos fingieron apoyar al MPLA (Movimiento Popular para la Liberación de Angola) y a la SWAPO (Organización del Pueblo de África del Sudoeste), que luchaba por la independencia de Namibia. Los Estados Unidos, por su parte, junto con Sudáfrica, apoyaban a UNITA (Unión Nacional para la Independencia Total de Angola) y al FNLA (Frente Nacional de Liberación de Angola). Los Castro, siempre buscando como lucrar, no pusieron a sus tropas gratis, sino que recibieron pago por sus servicios. El autor de un libro titulado *La guerra innecesaria*, el ingeniero y ex soldado internacionalista cubano en Angola, Carlos E. Pedre Pentón, obtuvo un testimonio confidencial de un ex oficial de las FAR (Fuerzas Armadas Revolucionarias) confirmando que Angola pagaba $2 mil dólares mensuales por cada soldado cubano. En su libro, Carlos Pedre relata cómo siendo un chofer de motocicleta de las reservas, durmiendo en la noche con su esposa un martes cualquiera de noviembre de 1975, un sargento del Comité Militar lo sacó de su casa, a las 2 de la mañana, para ser llevado a un sitio de La Habana donde comenzó a entrenar para servidor de pieza de artillería de ochenta y cinco milímetros, cañones soviéticos de la Segunda Guerra Mundial. Días después, el 5 de noviembre, lo llevaron al puerto y embarcaron para Angola. Allí llegó el 22 de ese mes, o sea, diecisiete días después de navegar en secreto en las bodegas de un barco de carga. El número de la chapilla que le dieron para identificarse era el mil y tanto, pues fue uno de los primeros en llegar al país africano. En su libro menciona que durante su estancia allí vio números que ya andaban por los veinte mil. Sus cálculos mencionan que un promedio de cerca de medio millón de cubanos participaron en Angola. Era un negocio muy rentable para los Castro si se calcula a razón de $1,993.00 la ganancia neta por cubano cada mes. Existen otros libros, como por ejemplo, *Dulces guerreros cubanos*, de Norberto Fuentes, en los cuales se refieren otros tantos negocios sumamente fructíferos desarrollados por altos oficiales de la FAR.

Después de cierto esfuerzo para encontrar alguien que hubiese participado en Angola, y que quisiese hablar conmigo sobre esa experiencia, al fin tuve la oportunidad de conocer a uno de los tantos soldados cubanos internacionalistas. Su nombre ficticio será Eugenio Fernández, pues me sugirió no divulgar su identidad públicamente aquí, ya que aún tiene familia y amigos en su país natal. Eugenio se graduó de Arquitectura en el año 1980 en la Universidad Marta Abreu, de Las Villas, en la ciudad de Santa Clara. No fue fácil lograr que hablase de aquellos años que recordaba como infernales. En segundo año de su carrera, recibió una asignatura llamada Cátedra Militar, dictada por individuos tragicómicos, supuestamente profesores militares, que hablaban groseramente, con pésima dicción y ademanes exagerados. Tenían una muy mala preparación académica, nada de conocimientos pedagógicos, al punto que imponían el orden en la clase amenazando a los estudiantes con entrarles a puñetazos fuera del aula. Diálogo reportado en paráfrasis pero de contenido esencialmente verídico: El Profesor: Vamos para afuera. El Alumno: ¿Para qué? El Profesor: Para fajarnos porque te digo que te calles y no te callas. En fin, eran frutos de esa Revolución.

Aunque parezcan increíbles estos ejemplos, Eugenio me relató situaciones muy similares a estas: Uno de los profesores, en medio de una clase y mientras hablaba, se le cayó al suelo la dentadura. Se disculpó, se agachó, la recogió y la frotó contra la camisa para limpiarla, y se la puso de nuevo en la boca. Seguidamente explicó que la suya se le había roto el día antes y había tenido que usar la de su esposa ese día y le quedaba un poco grande. Otro día, un profesor, enseñando las características de un tanque de guerra, hizo un ángulo con su brazo derecho poniéndolo a 30 grados tratando de mostrar así cómo es que las orugas de los tanques les permiten subir pendientes de 30 grados. Luego, subiendo el antebrazo hasta ponerlo en un ángulo de 45 grados, ilustró subidas de tanques por pendientes con mayor inclinación. Al fin elevó su antebrazo hasta que parecía estar flexionando su bíceps y explicó que las orugas no pueden subir 90 grados por ser un ángulo perpendicular. Un alumno, tratando de tomarle el pelo, le preguntó si los tanques pueden subir por pendientes de 180 grados y el profesor, pensando por un rato largo rato y sin caer en cuenta que al tratarse 180 grados era una superficie plana, respondió estúpidamente que no... que va... más de 90 grados era imposible.

Al final del quinto y último año, a Eugenio lo mandaron a pasarse seis meses en actividades militares cerca de Cárdenas. La instalación se llamaba Fines. Allí pasó unos momentos muy amargos, uniformado de soldado con charretera, botas y todo el resto de la indumentaria de guerrero. Se sentía indefenso porque estaba rodeado de gente que él consideraba muy baja, que lo trataban mal y le faltaban al respeto. Cuando finalmente terminó allí, regresó a Santa Clara y empezó a trabajar como técnico de obras para la ECOA (Empresa de Construcción de Obras de Arquitectura). Ganaba 198 pesos que no eran ni 5 dólares al mes pero le gustaba su trabajo, y al ser la época del florecimiento de las relaciones Cuba-Unión Soviética (1980-1988), los productos elementales de alimentación estaban garantizados.

Un día recibió una carta de citación para ir a combatir a la nación de Angola. Aceptó de inicio para no ser repudiado y castigado. Eugenio no tenía ni idea de lo que Cuba hacía en Angola, a no ser la información más básica que impartía el régimen en los medios de prensa, acerca de que el fantasma estadounidense estaba ayudando a los sudafricanos para atacar a los angoleños. No quería ir a Angola pero sabía que de no hacerlo tendría que abandonar el ejercicio de su carrera, quedar expuesto a frecuentes repudios, considerado alguien sin corporeidad ni rostro, un paria y tener que ponerse a dar pico y pala. Tampoco contaba con ingresos para gestionarse un exilio a Miami. Le anunció, entonces, a su jefe de brigada que no le quedaba otra alternativa que ir a luchar a Angola. Como el jefe lo apreciaba, le comentó que a partir de sus buenas relaciones con la UNECA (Unión de Empresas Constructoras Caribe, firma del gobierno que en aquel entonces mandaba gente a trabajar en la construcción a países como Argelia, Líbano e Israel, entre otros) le facilitó todos los datos necesarios con los que debía presentarse en el Comité Militar en La Habana e informar que él no podía ir a Angola porque se iba para Argelia con su empresa. Quedó exonerado y continuó trabajando con la brigada. Sin embargo, un buen día dio un traspiés mental: al perdérsele su carnet de identidad e ir a reemplazarlo se hacía necesario presentarse en la oficina del Comité Militar por causa de su condición de reservista para hacerse el carnet nuevo. En aquella oficina sintió el abrazo del miedo cuando le preguntaron. «¿Pero, ven acá, tu no estabas en Argelia?». Se halló atrapado en su propia actuación pues solo habían pasado seis meses, así que ni podía decir que ya había regresado ni que estaba aún esperando para irse. Dos días después le llegó una nueva citación para presentarse en el Comité Militar y ahora no tenía más que una sola opción: Aceptar irse para Angola.

Sus amistades le recomendaron paciencia porque ocurría con frecuencia que por diferentes razones iban sacando gente, tachándolos de la lista y no llegaban nunca a ir de misión. A él lo mandaron para una Unidad Militar en La Habana en la cual, a pesar de que casi diariamente decantaban nombres de las listas, aunque su apellido no comenzara con «A», sino con «F», de Fernández, era siempre él el primer nombre que llamaban para ir a Angola. Tanto así que fue el primero que subieron al avión. Sin rifle, mochila ni uniforme. Solo con la ropa básica y las instrucciones de que ya desde ese momento dejaba de ser Eugenio Fernández. En el futuro sería identificado nada más que por su número de chapilla, el #383719, aun si se regresara convertido en difunto. Este número, por razones obvias, no fue el real de Eugenio. Era una misión secreta, y por lo tanto la correspondencia iba a tener que ser dirigida a su número de chapilla en Luanda. Subieron al avión en un hangar lejos del aeropuerto principal en La Habana, todos vestidos de civil. La ropa militar se la dieron en Luanda después de 22 horas de vuelo y una escala en un punto intermedio, la Isla de Sal, en el medio del mar adonde hasta el agua potable, dice Eugenio, era transportada por avión. La Isla de Sal está en la nación de Cabo Verde, ubicada en un archipiélago volcánico no muy lejos de la costa Noroeste de África y allí se encuentra el Aeropuerto Internacional Amílcar Cabral. Al llegar no le fue permitido hablar con nadie que no hubiese venido en la tripulación de su avión. Al pedir ir al baño, dos tipos lo siguieron para vigilarlo. Desde su punto de vista, a Eugenio le pareció aquel lugar una isla que existía solamente por el aeropuerto, y del cual dependían los ingresos necesarios para su existencia. Como no se podía hablar con nadie, no lo hizo hasta que siguieron camino para Luanda. Fue ubicado en una unidad en Santa Eulalia, y en una selva que era un área de conservación, al noreste de Luanda. Al salir para Santa Eulalia con una unidad de tropas especiales, fue cuando lo armaron. Su especialidad en el ejército por haber estudiado Arquitectura, fueron las minas y lo pusieron a darle clases a un grupo de negritos angoleños quienes entendían español. Los angoleños tenían su campamento a un kilómetro de distancia y para llegar caminando a través de la selva lo mismo se encontraban con un mono, que con una jirafa que con un majá. El agua potable, si en realidad lo era, venía de un charco con ambiciones de riachuelo. Un día, al ir a buscar agua para sus cantimploras, sintieron risas y se acercaron para investigar. Había varios angoleños, hombres y mujeres, corriente arriba, bañándose desnudos en la misma agua que los cubanos usaban para tomar y cocinar. El agua no se purificaba, ni se hervía y por esa razón agarró una ameba al poco tiempo de llegar que no se le quitaban las diarreas con nada, ni siquiera con unas pastillas que le dieron y que solo servían para que al orinar se le manchase la ropa interior de amarillo. Era tal su aspecto que cuando el cocinero lo vio, le dijo que lo veía muy mal y que al día siguiente, antes de tomar café, pasara a encontrarse con él en la cocina para tratar de remediar su preocupante aspecto físico. Cuando se vieron, el cocinero le llenó con vinagre hasta la mitad el jarrito de metal que usaba para tomar café y sopa, añadiendo con insistencia que se lo debía de tomar todo de un golpe. Le resultó imposible controlar las lágrimas pero se lo tomó todo y se curó.

El problema cotidiano que resultaba más desagradable, de acuerdo con Eugenio, era que los angoleños no aceptaban a los cubanos, y cuando los veían hasta los escupían. Carlos Pedre, en su libro menciona que los angoleños veían a los soldados internacionalistas que había mandado de voluntarios el régimen castrista, como un ejército de ocupación, y no como salvadores, según se los pintaban a los cubanos en La Habana y Luanda. Cuenta Eugenio que en las misiones adonde los angoleños los acompañaban en ofensivas, al terminar las refriegas, con frecuencia aparecían cubanos con tiros en la nuca. Eso quiere decir que los habían matado los propios soldados aliados angoleños. Eugenio cuenta de un caso que él personalmente vivió: a un niño que los cubanos le daban de comer todos los días, un día lo sorprendieron poniendo una mina de alivio de presión abajo de una lata de sancocho. Hubiese explotado matando a varios al levantarse la lata por lo que no dudaron en fusilarlo. Eugenio con gran naturalidad, en medio de su conversación, había usado el término mina de alivio de presión como quien habla de un lápiz o una regla. Al escucharlo, mi expresión debe haber sido comparable a la de poner una cara de foca balbuceante porque me miró extrañado ante mi reacción. Para entenderla, hay que antes conocer que considero a Eugenio un individuo callado, amable, respetuoso, escrupuloso, modesto, fácilmente azorado, dulce, buen amigo, servicial, alguien quien al encontrarse en situaciones conflictivas y discusiones acaloradas es el primero que se apura a humillarse para amenguar la tensión ambiental y hasta provocar sonrisas, bonachón, pacífico, dócil y bueno... ¿hace falta que siga? Él es cualquier cosa menos un guerrero armado y temerario, que habla con soltura de bombas, balas, traiciones y asesinatos. Mi reacción fue comparable a la que tendría si al levantarnos una mañana, mi esposa católica se me revelase como una terrorista islámica con poderes maléficos, entregada y activa en plena guerra santa.

Eugenio estuvo ocho meses en el bosque sin salir, preparando a los angoleños para combatir al lado de los cubanos. En esos ocho meses de instructor, padeció de tres fiebres palúdicas seguidas, y la tercera se le complicó con un dengue, provocándole un daño que le dejó secuelas hasta la fecha y le ha dañado irremediablemente el sistema circulatorio de las piernas. El paludismo es una enfermedad parasitaria muy grave, transmitida por el mosquito anófeles. Se manifiesta con escalofríos intensos y difíciles de controlar, fiebre de 40 grados o más, náuseas, dolores de cabeza, deshidratación, convulsiones y en algunos casos afecta el bazo o el cerebro. Estuvo padeciendo de una severa combinación de todos estos síntomas en el campamento, hasta que después de intentar y no poder rescatarlo de la selva con un helicóptero, al fin lo lograron en una caravana de camiones.

En Luanda los médicos no sabían lo que tenía, hasta que lo llevaron para un hospital militar en Cuba, en camilla y por transporte marítimo. En Cuba, al llegar, le diagnosticaron una inexistente artritis en la cadera y empezaron un tratamiento para aliviársela, al cual obviamente no respondía, hasta que un día notaron que lo que tenía era una trombosis virulenta en las piernas y se le estaba atrofiando una de ellas. Fue entonces que comenzaron un tratamiento apropiado. En el hospital habanero había enfermos febriles, con aspectos desdichados; heridos en batalla, muchos ya amputados y convaleciendo; otros desnutridos y deprimidos. Las camas estaban pegadas una al lado de la otra. En la cama de al lado había un hombre bajito al que Eugenio le puso el enano. Era quien le empujaba su silla de ruedas cuando Eugenio necesitaba ir a cualquier lado: al laboratorio, al baño. Una noche, como de costumbre, se acostaron a dormir y el enano murió durante la noche. Eugenio no se enteró sino hasta el día siguiente porque lo vio cubierto con una manta, y a pesar de no conocerlo bien, le dio un severo ataque de tristeza y depresión.

Después de restablecido, le dieron el alta fijándole una pensión de 165 pesos mensuales, lo cual era una miseria que no le alcanzaba para vivir. Su esposa lo dejó y se divorció. Llegó tan alterado de Angola que sin ser calvo se le cayó el pelo de una manera exagerada, tanto en cantidades como en rapidez. Treinta y cinco años después no es calvo. Nunca nadie le explicó lo que hacían en Angola. Las únicas explicaciones eran dadas por los individuos que acompañaban las tropas, los individuos que llamaban Políticos, quienes eran los que instruían a las tropas con los lemas de hay que defender esta nación; los yanquis pretenden invadirla en contra del gran socialismo, etcétera. Las instrucciones se impartían en las aulas pero de haber algún miembro de la tropa medio descarriado le daban las clasecitas de manera individual. Léase adoctrinamiento. Una vez que regresó de Angola y se incorporó a trabajar, hubo un momento en que el P.C.C. buscaba crecimiento y se le acercó una jefa de la organización política (la Secretaria General) para explicarle que ella quería proponerlo, a partir de tener el mérito de haber estado en Angola. Él le dijo: Ni se te ocurra, no hagas eso. Yo soy 1) borracho 2) mujeriego 3) inconstante y regado. Ella le dio las gracias, y no fue propuesto. Eugenio lo que estaba era desesperado, y lo único que quería era acabar de irse de Cuba.

Los muchos miles de soldados cubanos que murieron en Angola fueron enterrados donde mismo caían. Por fin, el 6 de diciembre de 1989, ocurrió lo que en la isla de Cuba se llamó Operación Tributo: una serie de entierros en diferentes ciudades de Cuba, homenajeando a los caídos con honores en cada uno de los panteones preparados para los héroes de la guerra de Angola. No hay lista de muertos, solo volvieron chapillas con sus ataúdes. La ceremonia para honrar a los difuntos, dice Eugenio, fue una payasada. Una vez que se retiraron las tropas del país, los voceros del régimen enfatizaron acerca del gran esfuerzo realizado para rescatar los restos de todos los que habían muerto como héroes. Mentira, asevera Eugenio, —esas son cenizas de negros angoleños, de antílopes, de jirafas, o simplemente tierra, eso era lo que venía en esos ataúdes. Carlos Pedre, en su antes citado libro, cuenta que cuando alguien caía muerto en batallas que ocurrían en cualquier parte del país africano, se le daba sepultura. Ahí mismo les ponían la chapilla en la boca y los enterraban, como vio él mismo, por lo que no cree que haya sido muy fácil identificar los lugares ni encontrar los cuerpos. Por ejemplo, a la salida de Luvuei, a orillas del río Luanze, enterraron a un cubano caído en combate. Eso ocurrió en la bifurcación de un camino que después, por más de diez años, aquel pedazo de tierra estuvo en manos del enemigo. Carlos Pedre añade que por eso siempre he pensado que los restos de aquel no estaban en aquellas cajitas que inescrupulosamente el gobierno mostró como cierre triunfal de una guerra innecesaria. Este autor tampoco cree en la cifra oficial de unos dos mil setecientos muertos, y calcula, en cambio, un promedio de entre diez y veinte mil, y observa la notable ausencia de mención de mutilados. Carlos Estévez también supone lo mismo, así es que al pueblo no lo engañaron. Hubo una enorme y emocionante convocatoria, una falsedad por donde pasaron los ataúdes, los familiares acudieron con su congoja para llorarle a las chapillas de los difuntos, pero al final todo el mundo considera que los monumentos son cenotafios. Los que asistían a esto, al igual que a las Marchas combatientes, formaba parte de todo un show. La ínfima minoría creía en el sistema. La mayoría solo actuaba, formaba parte de un gran simulacro de grupo que rendía tributo a un ataúd lleno de restos de mandril. Asistían a la mamarrachada pero en la primera esquina se escapaban y luego realizaban una espléndida exhibición de dotes histriónicas. No te vi. Yo tampoco te vi, allí estaba con mi banderita... ¿dónde te metiste?

Verano 1991

Carlos y Amarilys coincidieron en el campo de entrenamiento de San José de las Lajas el verano de 1991, junto con muchos otros jóvenes cumpliendo sus obligaciones militares. ¿Y cómo ocurrió el encontronazo cupidezco en esa enorme agrupación de personas jóvenes de ambos sexos, moviéndose gregariamente al ser pastoreados por el consabido régimen militar opresivo? Una coincidencia más. Hay cínicos que se suscriben a la teoría que la repetición anula la casualidad, como cuando se comienzan a amontonar los eventos sincrónicos. Pero las coyunturas deciden que la vida de uno vaya de cierta forma y no de otra, sin tener ningún derecho a escoger la que uno cree que desee vivir. En este caso, y aquí viene de nuevo lo que ocurre con mucha frecuencia, todo fue casual. Tampoco se puede uno cerrar del todo a las sincronías concurrentes. No se compara en nada a la casualidad de, por ejemplo, que la sirvienta de la casa entre sin querer, por confusión, digamos que por cuarta o quinta vez estando el señor de la casa desnudo bajo la ducha y su esposa de viaje en otro país. En este caso en particular, no fue un filme romántico con Carlos cercenándole el cerebro mediante el uso de una sonrisa sísmica y Amarilys quedándose cimbrada, e intercambiándose miradas incendiadas. No, en este caso fue una coincidencia, que cambió la cotidianidad de dos vidas que quizás hubiesen coexistido en cierta proximidad geográfica, pero nunca tanto como para llegar a unirse.

Carlos y Amarilys, cada uno por su cuenta, habían ido al cine a ver el filme que luego fue censurado en la prensa monitoreada y controlada por el régimen. El título de la película era *Alicia en el Pueblo de las Maravillas*. La trama de la obra descansa en una parodia de Cuba con gran crítica social. Bien aguda, por cierto, y eso provocó que se publicasen artículos en el periódico que los dos se encontraron comentando, rodeados de un grupo de amigos de Carlos con intereses artísticos, quienes se reunían de vez en cuando en el concentrado militar a conversar de cine, literatura, en fin, de arte en general. A Carlos le llamó la atención la cantidad y calidad de las opiniones que expresó Amarilys, dejándolo con un placentero aturdimiento a la vez que intrigado sobre quién pudiese ser la monada esa que era identificada como graduada de estudios universitarios de Contabilidad. *Rara Avis* interesada de sobremanera en el arte cinematográfico, algo que no ocurría con frecuencia en Cuba.

Por mi parte, aunque me pareciese injusto con la memoria, debido al paso del tiempo, pregunté si se acordaban, al menos, de los nombres de los periódicos que comentaban sobre la película. Cuál no sería mi sorpresa al producirse, como por arte de magia, el surgir de las más bajas profundidades del gavetero femenino, un papelito escrito a mano que aquí se publica con exactitud. Se leía así:

18 de Junio 1991
Oramas, Ada
«Esas "maravillas" niegan a nuestro pueblo».
Periódico *Tribuna*. Martes

19 de Junio de 1991
Roxana Pollo
«Alicia, un festín para los rajados».
Periódico *Granma*. Miércoles

16 de Junio de 1991
Bruno Rodríguez Parrilla
«La suspicacia del rebaño».
Periódico *Juventud Rebelde*. Domingo

A Carlos las opiniones artísticas de Amarilys lo dejaron sumamente interesado. Le atrajo que le gustase el cine y leer, además de que era bella y popular en el campamento. Le decían: La Guagüera. Su papá había sido chofer de unas guaguas rusas que llamaban Girón. Eran unos vehículos espaciosos que se usaban para transporte de escolares. Tenían un timón enorme y una palanca grande que era el control de velocidades y al iniciar una de estas hacía un ruido metálico áspero.

Amarilys, acostumbrada a ver a su papá en ese asiento, adonde a veces ella lo acompañaba, le pareció muy normal, al no encontrar otro sitio, no queriendo tener que hacer el viaje de pie, optó por sentarse con inusitada soltura en la familiar (para ella) silla del chofer, mientras esperaba a que este apareciera. Ella, con su pose relajada demostraba disposición a capitanear con tozuda y atrevida convicción, uno de los armatostes que se hacían en Cuba con tecnología rusa —igual a la guagua de su papá. Al llegar el chofer y verla allí, le preguntó si ella era chofer. Juguetona le contestó que sí a lo que el individuo sarcásticamente le dijo: «Pues... arranca y vete». Ella lo obedeció, arrancó la guagua y salió cargada de pasajeros. No pudo avanzar muchos metros de distancia antes de que el chofer, desgañitándose, comenzase a gritarle que parara, lo cual casi milagrosamente Amarilys escuchó por encima de la gritería de sus pasajeros, quienes ruidosa y desentonadamente la vitoreaban. Ese fue el día en que la guagüera se convirtió en una leyenda del Concentrado Militar. A Carlos la añagaza lo impulsó a la acción de valorar todos los atributos de la guagüera: lindísima, con una figura en la cual sus formas cóncavas y convexas se acoplaban en dichosa armonía, sonrisa seráfica, fanática del cine y de literatura. No había otra, tenía que ser la suya. ¡Esa es la mía! La vida es impredecible pues justo en un lugar tan espantoso como aquel campamento militar (literas, con colchonetas finitas y duras; sin mosquiteros ni aire acondicionado; baños sin agua caliente; edificios en lo más intrincado del campo, fabricados con techos de fibrocemento que recogían el abrumador calor del verano cubano durante el día y lo distribuía equitativamente entre sus ocupantes en las habitaciones durante toda la noche, etcétera) se produjo la serendipia que los unió para siempre, encontrándose estos dos seres para compartir sus sentimientos de inmediato y concebir una felicidad futura siempre juntos. Se casaron dos meses después de enamorarse pues al margen del flechazo cupidezco, intervino el factor geográfico que impedía la relación. Les resultaba difícil estar juntos pues Amarilys vivía con sus padres en Caimito del Guayabal y trabajaba en el Guatao (lugar cerca de la finca llamada Cuquines, antigua propiedad privada del último presidente de Cuba antes del triunfo de la revolución, Fulgencio Batista) y ella no quería vivir más tiempo separada de Carlos, ni en el campo. Por vivir en él solo se veían los fines de semana, lo cual podía también ser afectado a causa de las obligaciones militares de Carlos en las MTT. Había otra razón para casarse rápido: la libreta de abastecimiento. Si Amarilys se hubiese ido a vivir a casa de Carlos sin formalizar la relación, se hubiese convertido en un peso más sobre la libreta de abastecimiento. La única manera de poder añadirse al núcleo familiar de la mamá de Carlos era mudándose con un motivo oficial, o sea, el matrimonio. En aquel núcleo familiar (término de la dichosa libreta) estaban la mamá de Carlos, su tercer esposo y una media hermana de Carlos, hija del segundo esposo de su madre. A él se sumó Amarilys después de hacer todos los trámites, explicaciones y aclaraciones pertinentes con el CDR.

Amanecer escolar

Hasta llegar aquí, el lector de este relato ha ido conociendo poco a poco a la pareja protagónica y sus avatares sin la narración seguir una armazón cronológica disciplinada con desvíos y divagaciones. Más bien se ha seguido una estrategia armónica, a la cual se le ha buscado adaptación apropiada a un tiempo verbal similar a la cadencia de los acordes con que se abrieron las compuertas de sus memorias tratando de no silenciar ni menguar los disonantes abres y cierres de esos portones. La idea siempre ha sido ubicar al lector de manera tal que, familiarizado con lo que el público llama bastidores, colocarlo allí, para que paralelamente a la escena principal tenga conocimiento de los trasfondos históricos y sociales de estas.

Vayamos entonces a la etapa comprendida entre septiembre de 1991 hasta junio de 1992: Los días de entresemana Carlos tenía que sacudirse la modorra y enfrentar al madrugón si planeaba llegar a tiempo a su escuela, el Instituto Superior de Arte (ISA). La distancia desde su hogar hasta él en automóvil era corta, pero al depender de la bicicleta como único transporte confiable, durante el Período Especial, el trecho se hacía inmenso pero inevitable, pues la misión de Carlos era graduarse finalmente, lo cual se había vuelto más necesario desde el 15 de agosto de 1991, fecha de su matrimonio con Amarilys.

El ISA, la mejor escuela de arte de nivel superior de Cuba, fue fundada en el año 1976 por el gobierno cubano y ubicada, aproximadamente, a unos 23 kilómetros de su casa. Estaba situada en lo que en un pasado fueron los campos de golf del antiguo Country Club de La Habana, en el cual mi padre, mi suegro, y el resto de la burguesía habanera asistió por muchos años tanto para jugar golf como a fiestas en compañía de sus esposas.

Al Carlos haber logrado matricularse en San Alejandro, gracias a sus esfuerzos académicos, evadió durante esos años de estudio el sistema becario de estudio-trabajo en el campo del resto de las escuelas del mismo nivel escolar. La única desventaja de graduarse allí era que no podía elegir cualquier carrera universitaria para estudiar, sino que solo podía optar por tres carreras vinculadas al arte: Pedagogía de arte, Diseño, o alguna de las carreras de arte del ISA.

Recién despertado y levantado de la cama, el antes mencionado estudiante, ya en su último año y con un hogar matrimonial instituido, lo primero que hacía antes de marcharse era desayunar. Lo acostumbrado era prepararse un vaso grande de aguachirle, que era en esencia una mezcla de agua con el azúcar suministrada por la libreta de abastecimiento. Si había limón, mejor todavía, ya que le añadía algo de sabor. Esa era la única opción en la despensa matrimonial. No había huevos, tocino, ni siquiera había cereal o leche, ni café, y a esa hora tampoco había pan, lo cual era un tema complicado y difícil de coordinar dentro del ciclo cotidiano. Era impráctico, además de casi imposible, lograr que el pan durase un día para otro, arreglándoselas uno de tal manera que quedase hasta el desayuno. El racionamiento nacional distribuía un pedazo del pan nuestro de cada día, que era un pan pequeño, de dos pulgadas más o menos, y Carlos jura que sabía y olía a cucaracha. Las panaderías, de estar equipadas con los hornos necesarios, hacían el pan. Si no, lo cual era lo que ocurría en la mayoría de los casos, les llegaba a las bodegas en sacos y los panes eran distribuidos de acuerdo con los dictámenes de la libreta de abastecimiento. Había que hacer acto de aparición en el establecimiento indicado y exponerse a que muchas de las veces no quedase ni un mendrugo. O al revés, al haber pan, entonces se formaba una cola, y después de hacerla, al llegar el ciudadano compañero revolucionario al mostrador ya no quedaba pan. Esto se parecía a ciertos chistes de mal gusto que los comerciantes usaban en la Cuba precastrista a la hora de pagar sus cuentas al que venía de cobrador: tendría que despacharle como si fuese de Camarioca: Hay pero no te toca. Otros pujagracias preferían la comparación al procedente de Guanajay: Te toca pero no hay. La cuestión es que el pan había que esperarlo, hubiese o no lo hubiese. Una vez que el duro e insaboro carbohidrato era recibido, despachado y aceptado con codicia, el ciudadano de a pie lo depositaba en la jaba, ya bien fuese una bolsa de tela, plástico o papel para llevar de la mano objetos encontrados, recogidos o robados durante el día. Carlos alega que el pan llegaba a la bodega en receptáculos de tela tosca y áspera de paño burdo, después de haberse acumulado en depósitos del régimen, en donde las mordían, orinaban y sabrá qué más les harían los ratones y las cucarachas que por esos lares deambulaban en búsqueda de alimentación, distracción o ejercicio. Carlos asegura que, por razón de su experiencia adquirida durante el Período Especial, a él le consta que por donde pasa una cucaracha deja un olor, así como también, un sabor fuerte. La calidad del pan degeneró aún más, cuando, de acuerdo con lo que cuenta Carlos, y por razón del derrumbe económico nacional hubo que recurrir a la nefasta alternativa de distribuirle al pueblo pan hecho a base de boniato. Sabía peor. No sabía ni a pan, y de un día para otro se ponía durísimo, como una piedra. Amarilys confirma eso como un dato fáctico, y aclara sonriente que así y todo, sin pensarlo dos veces, en la casa todos se fajaban por el pan, fuese de harina o de boniato, básicamente por el hambre. Se lo comían antes de dormir para que no se endureciera aún más. Por eso es que el alba era recibida en ayunas y abstinencia. Luego, en conversaciones con cubanos exiliados que también vivieron el Período Especial, pero con la ventaja de haber trabajado en la distribución del pan, averigüé que nunca hubo tal pan de boniato, sino que era pan hecho con harina nacional, pero de una calidad muy inferior, con desechos. Para el administrador, sus exacciones ilegales también eran afectadas de manera negativa, ya que la harina que se robaba para vender en el mercado negro tenía que venderla a un precio mucho más bajo. Le mermaban sus ingresos, medidos cautelosamente para no ser acusado de peculado, a pesar de continuar con la malversación de bienes del estado. Sus acciones formaban parte de lo que en Cuba se bautizó con el menos malsonante verbo: resolver. La realidad para el consumidor seguía siendo la misma: un pan incomible que era devorado por toda la familia. A Carlos Estévez no hay quien lo convenza que el pan, en un momento dado, no fue hecho de boniato.

Después del desacertado desayuno tercermundista, llegaba la hora de enrumbarse hacia el ISA. Tenía la buena suerte de que al seguir viviendo en el mismo lugar en el que había nacido, en un piso en los bajos de la calle Narciso López, entre San Pedro y Baratillo, de La Habana Vieja, Carlos nada más que tenía que abrir la puerta hogareña al nivel de la calle, casi frente por frente a la Plaza de Armas y cargar la bicicleta desde pisos altos como le sucedía a algunos de sus amigos pues los ascensores rara vez funcionaban. Esa incomodidad nunca le tocó a él, pero sí a quienes iba recogiendo por el camino para acompañarse mutuamente, pedaleando y conversando al mismo tiempo, para así distraerse y no estar enfocado todo el tiempo en lo interminable que se hacía el viaje de ida hasta los remotos suburbios capitalinos. A aquella zona donde estaba el ISA antes de la revolución se le llamó El Country, lo cual traducido al español quiere decir campiña. El nombre obedecía a que estaba alejada de la ciudad pero no rodeada de charcos sucios, caballos macilentos con pedazos de soga colgándole del pescuezo y vacas desnutridas. Era, en cambio, una zona poblada de casas elegantísimas de la burguesía prerrevolucionaria y en la cual actualmente vive una parte de la nomenclatura castrista.

Antes de conocer a su esposa, pero ya estudiando en el ISA y con unos 19 años de edad, Carlos comenzó una relación con una muchacha llamada Iliana Perdomo, quien vivía en la calle Betancourt, a una cuadra de distancia de la Avenida de los Pinos y del semáforo en la intersección de Perla y Finlay. Ella tenía 26 años de edad y la relación de ambos duró un par de años. Para ver a Iliana, Carlos tenía que hacer un viaje requetelargo y triangular. Desde su casa en Narciso López, al lado de la bahía de La Habana, hasta el ISA, y de ahí hasta la casa de Iliana en Los Pinos. Era un polígono de tres ángulos y tres lados grandes, sobre todo si se tiene en cuenta que el único medio de transporte de nuestro caballero artúrico requería que pedalease su corcel ruso bajo el sofocante calor caribeño. Si empleáramos el choteo cubano, debía bromearse con Carlos acerca de su ineptitud de conquistador, porque pudo haberse buscado una jevita más cerca. Claro, ante la presencia de Amarilys durante los diálogos que nutrieron esta narración no era en lo absoluto cortés. Si no empleaba su bicicleta el viaje se le hubiese imposibilitado, cesando las visitas y por tanto se hubiera quedado desmujerado, lo cual rima con desmejorado.

Camino al colegio

Volviendo a Carlos, después de su insatisfactorio desayuno, el próximo paso era montarse en su bicicleta en la puerta de su casa en Narciso López #5 y salir sin demora en dirección hacia la Avenida del Puerto y una vez allí, doblar a la izquierda para empezar a bordear el Malecón. Ya en este, le quedaba a su izquierda la base y rotonda del túnel de la bahía de La Habana adonde está un monumento a Máximo Gómez, mientras que a su derecha estaba la Fortaleza de San Salvador de la Punta, fabricada en el siglo XVI con la idea de proteger la bahía de los ataques de temibles corsarios y piratas.

Una vez en el Malecón y enfocándose en dirección oeste, hacia Miramar, la ruta podía agredir al ciclista, debido a las condiciones climatológicas que imperasen: De haber un poco de fresco y más o menos buen tiempo, lo ideal era seguir pedaleando por el Malecón, divisando el Parque Maceo así como también al promontorio rocoso adonde está el Hotel Nacional. Sin embargo, esa opción era imprescindible evitarla, de estar soplando el llamado «Norte», que causaba marejadas y oleajes que salpicaban y en ocasiones empapaban de agua salada a los transeúntes, a los ciclistas y sus bicicletas. Carlos necesitaba dominar cualquier ansiedad y no demorar en la concreción de su nueva dirección. En esos casos la prudencia dictaba doblar a la izquierda, justo adonde está el monumento al *Maine* para salirse del Malecón y tomar la calle Línea y casi al final de esta desviarse hacia Calzada, hasta desembocar en el puente que cruza el río Almendares. En bicicleta por Línea, y al llegar a la calle C, Carlos estaba a siete cuadras del sitio donde estudió antes de ir a San Alejandro, en la Escuela de Arte Amelia Peláez, situada en 23 y C. Carlos cuenta cómo siendo alumno de allí, en el año 1981, pintó una acuarela de una casa vacía en la esquina de 25 y C, luego de visitarla y explorarla. Al describírmela, caí en cuenta que había sido la casa en la cual vivió mi abuelo y donde fui llevado de niño a rezar frente a su ataúd, rodeado de velas ardientes, mientras su cuerpo era velado por la familia y amistades durante las acostumbradas veinticuatro horas antes de enterrársele en el Cementerio de Colón.

Ama de casa

Mientras Carlos corría su suerte, durante su último año de estudios en la ISA, pedaleando por la vialidad capitalina, con los bajos de los pantalones metidos dentro de sus calcetines para evitar que se le trabaran en la catalina, Amarilys tampoco se quedaba en la casa, sino que contribuía económicamente, trabajando en una empresa donde le pagaban una miseria, 198 pesos cubanos al mes, lo cual ascendía a $2.00 dólares mensuales, según el cambio de aquella época. Carlos, después de graduarse, pudo obtener un trabajo de curador de exposiciones en un Centro de arte en el que recibía también un salario mensual muy limitado. Al sumar lo percibido por ambos no ascendía a $4.00 por mes. Cuando Amarilys salió embarazada, ambos se percataron que no les valía la pena que ella trabajase, pues ya para ese momento Carlos comenzaba a vender sus piezas de arte, a precios bajos pero eran sumas adecuadas para poder sobrevivir en Cuba, nada comparables con la miseria que le pagaban a Amarilys.

Cuando Carlos hizo acto de presencia por primera vez en la casa de la familia de Amarilys, fue con las intenciones más nobles pues llegó para pedir su mano en matrimonio. No obstante la honradez de sus intenciones, Carlos cuenta que no se sintió recibido por sus futuros suegros con el alboroto que se recibe a un buen prospecto. Pero lo entendió, ya que los padres de Amarilys querían lo mejor del mundo para ella pero en aquel momento lo que entraba por su puerta hogareña era nada más y nada menos que un estudiante de arte, y ni remotamente era todavía el artista museístico consagrado que vive hoy en día confortablemente de su arte en el Miami del año 2017. Era lógico que los padres de Amarilys se preguntaran de qué viviría esa parejita de enamorados. O dicho en cubano rápido y mal, ¿de qué rayos piensan vivir estos dos? El papá de Amarilys, Calixto García, no demoró en poner de su parte, ayudando a la parejita ante cualquier necesidad, desde trayéndoles comida del campo hasta lijando maderas para los batidores de las obras de pintura de Carlos. Vaya, algo así como poniéndose la camiseta del equipo de la joven pareja y jugando al duro, hasta el silbato del árbitro. Cuenta Carlos que pudo ver con ternura la reacción de asombro, orgullo y satisfacción por él, así como alivio por la pareja, que tuvo su suegro al verlo cobrar la venta de una obra —un dibujo en papel— a un coleccionista de España. Le pagaron 100 dólares, una cifra que en Cuba, y durante el Período Especial, era una fortuna.

El suegro de Carlos no debería de haberse sorprendido de que su hija Amarilys se enamorase y casase con un artista. Años antes, él mismo había sido el responsable, de manera indirecta, del interés de Amarilys por la cultura y el arte pues él había estado empleado por un señor mejicano, quien se construyó su propia finca con el objeto de jubilarse en Cuba. Cuando triunfó la revolución, el individuo, inteligentemente, decidió irse del país y lo dejó a Calixto encargado de su finca. El mejicano se llamaba Ricardo Gómez Amador, era un artista y había tenido una compañía de publicidad en N.Y. Había construido una finca a su gusto y al jubilarse vino a vivir a ella en compañía de su esposa. Como no tuvieron hijos, estaban encantados con la hija de su empleado y le dieron de inmediato participación en un mundo sensorial cargado de los colores y olores de los óleos. Amarilys terminó fascinándose desde niña con el arte, y la primera palabra en inglés que aprendió fue *painting*. Ella y su hermana fueron acogidas por la pareja con un cariño protector que de alguna manera sustituyó al de los cuatro abuelos ya fallecidos. Aquellos materiales de pintura que formaron parte de la infancia de Amarilys, los heredó Calixto, y él, a su vez, se los regaló a su yerno.

Recordemos que habíamos dejado al sudoroso ciclista del año 1991 en su camino hacia el ISA, y consideremos que de haber habido un día lindo con cielo azul, sin viento en contra y no estar apurado por llegar, hubiese sido mucho más agradable seguir por la acera ancha del Malecón, pasar la Sección de Intereses de los Estados Unidos que está en la Calle 11, el Monumento al General Calixto García en la Calle G, también conocida por la Avenida de los Presidentes, hasta llegar a la entrada al túnel de Malecón y Calzada, que pasa por debajo del río Almendares. A ese túnel no es permitido pasarlo montado en bicicleta, aunque sí caminando con la bicicleta por unas estrechas aceras, protegidas por un muro bajo, que están a cada lado. El túnel termina en la 5ta. Avenida, a unas cuadras del restaurant-cafetería Kasalta. Es más rápido cruzar el río Almendares por el puente de hierro o puente de Pote, que fue el nombre que se le dio al viaducto de hierro que enlazó a El Vedado con Miramar. Pote era el sobrenombre de José López Rodríguez, propietario del Banco Español de la Isla de Cuba, quien junto con Ramón Mendoza propulsó esta obra inaugurada el 27 de febrero de 1921. Para entrársele al puente de hierro desde El Vedado, se hace por la Calle 11, exactamente en 11 y 26. Al término, ya en Miramar, el ciclista dobla a la derecha y sale a la Avenida 7ma., avenida en la que desemboca el túnel que comienza al final de la Avenida Línea, en El Vedado. Una vez en 7ma., un poco más adelante, justo a partir de la calle

10, en Miramar, hay una bifurcación que en la cual se abre otra avenida que comienza a ser 31. Carlos seguía por toda la Avenida 7ma. hasta donde esta se interrumpe en cierto punto, la calle descontinúa y hay que subir por 82B hasta llegar a 9na. Una vez allí, se sigue hasta llegar al barrio El Romerillo. Antes del triunfo de la revolución había delante una zona comercial popularmente denominada Las Fritas. Aunque en ese lugar, que se extendía varias cuadras, había habido varios puestos de fritas, vendedores de maní y de papeletas de la lotería nacional, lo más significativo era el paradero y la terminal de autobuses, rodeado de bares, antros de jugar cartas, dominó y billares, así como también centros nocturnos como el Cabaret Pennsylvania y Panchín, donde actuó la famosa vedette cubana Tula Montenegro. En las aceras colindantes había prostíbulos. Uno en particular, que se encontraba en la calle paralela de atrás, en El Romerillo y se llamaba La Finquita, adquirió popularidad con los jóvenes socios del Habana Yacht Club, centro y balneario social de la burguesía que estaba al cruzar de la calle. El Romerillo era un barrio marginal, con casuchas de zinc y madera cuyos habitantes eran negros y blancos pobres, quienes construían sus casas todo lo barato posible, sin estilo alguno, en callejuelas estrechas. Era un lugar sumamente rústico, con sus gentes amontonadas y con una historia interesante. Las primeras viviendas improvisadas, las que en Cuba les llamaban barrios de «llega y pon», que se levantaron en Marianao, ocuparon territorios en La Lisa, las márgenes del Río Quibú, Los Pocitos, y ya en la década del 1940 alcanzaban terrenos próximos a la playa de Marianao, que dieron origen a los barrios insalubres, particularmente en la periferia del Reparto Country Club. Se le llamó El Romerillo, a la llamada aldea de tierra colorada que conservaba los rasgos marginales originales pero que propiamente dicho era más estable y menos agresivo.

El gobierno de Batista, años después, destruyó las casas y facilitó terrenos al fondo del Hospital Militar, pero algunos se negaron a abandonar el sistema llega y pon. Esto, sumado a la inmigración de otras provincias, provocó el resurgimiento del barrio.

La mayoría se alumbraba con quinqué, tenían piso de tierra, sin letrinas, y no había escuelas ni atención médica. Después del triunfo revolucionario se construyeron escuelas y en el año 1987 el barrio tuvo el honor de recibir la visita de Fidel Castro, quien entró en múltiples cabañas, almorzó con los vecinos e indagó entre estos su disposición a formar microbrigadas sociales, idea que fue acogida con gran entusiasmo. Carlos, sintiéndose algo vulnerable cuando a veces pasaba por allí solo, lo evitaba para no buscarse posibles complicaciones ni problemas. No le llamemos miedo a lo que es más apto denominar precaución. Entonces llegaba a la 120 que era el paradero de los autobuses de playa y subía hasta llegar al antiguo Country Club. Allí estaba su colegio, el ISA.

El viaje que aquí ha sido descrito demoraba más o menos una hora y diez minutos con un pedaleo constante. Al hacerlo con hambre, imaginarán cuán terrible, el que no se aplacaría hasta la hora del almuerzo gratuito. El menú favorito era Coditos con boniatos hervidos. Los coditos, por supuesto, sin tomate, queso ni cebollas carbohidratos solamente. A veces daban un huevo blanco transparente azul, ya vencido, o sea, nada fresco, con arroz sucio lleno de gorgojos y chícharos aguados. Por la noche la cena en su casa dependía de lo que hubiese en la bodega al presentarse con la libreta de abastecimiento. Casi siempre lo que había para cenar era arroz con dos huevos y papas hervidas.

A la vuelta del ISA para ir a estudiar y dormir en su hogar, Carlos se las agenciaba para hacerle frente a las zonas de Playa y Miramar y evadir algunas lomas pesadas. Volviendo por 41, atravesaba el Parque Almendares hasta 23. A veces entraba a Centro Habana porque iba con algún amigo, conversando durante el viaje porque eso ayudaba a que pasara el tiempo más rápido y se hiciese el viaje más agradable. Ya después bajaba por San Rafael o San Miguel porque tenía un amigo que vivía por allí. A veces bajaba por San Lázaro, en busca de la Calle Colón, salía a Prado pero únicamente para atravesarlo, pasaba por detrás del Palacio Presidencial, por frente a Bellas Artes, bajaba por una calle que se llama Tejadillo y entonces llegaba a la Catedral de La Habana, y ya estaba en su casa. Durante los meses de invierno llegaba de noche en su bicicleta y sin linterna.

Vuelta abajo

No obstante haber logrado obtener alguna solvencia vendiendo algunas piececitas de arte y recibiendo remesas de su mamá, su transporte seguía siendo el mismo de todos los días. Delante del asiento, en el caballo de la bicicleta, se construyó un pequeño banquito de madera, no mucho más complejo que un triángulo, el cual al principio servía para cargar cosas, pero luego lo usaba para que su hijo pudiese poner los pies. En cuanto Carlitos tuvo unos meses y se podía sujetar, empezaron a salir los tres a pasear. Amarilys iba atrás con una almohadita en la parrilla porque de no ser así, los baches castigaban mucho a las nalgas, al estar en contacto directo con el hierro. Sin algún sistema de acolchonamiento, cualquier viaje, por corto que fuese, se hacía una experiencia muy desagradable. Así anduvo la familia entera por toda La Habana.

Un día sufrieron un accidente: Iban en bicicleta desde La Habana Vieja hasta las alturas de La Lisa, en Marianao. Amarilys en ese momento viajaba en la bicicleta, ya embarazada de su hijo Carlitos. Llevaban un cake de capuchino que habían comprado a alguien que los hacía muy buenos en El Vedado, y al módico precio de veinte pesos, aunque había que llevarle todos los materiales como los huevos, la leche, la harina, en fin, todo. Este dulce de capuchino, que era una panetela con los conitos muy bonitos, se había mandado a hacer para tener un gesto de agradecimiento con Andrés, un negro ebanista enorme y noblísimo, de más de seis pies, que restauraba muebles antiguos. Él trabajaba en el Convento de Santa Clara, por aquel entonces radicaba allí el Centro Nacional de Restauración (CENCREN), y le hizo un trabajo para la tesis de Carlos que nunca quiso cobrarle, una obra que era un hombre con alas y se llamaba *A través del universo*, obra que se encuentra hoy en día en la colección de Howard Farber, en New York. Alturas de la Lisa estaba lejísimo de la casa de Amarilys y Carlos, y más largo aún resultaba al ir en bicicleta. En el trayecto, mientras Amarilys iba sentada atrás y sin poder dejar de balancearse con el clegante dulce, Carlos iba alante pedaleando. Por el frente del Hotel Nacional venían dos mujeres y un hombre en bicicleta en dirección contraria y Carlos, a pesar de estar en su acostumbrado dominio del timón, no pudo evitar al bicicletero que venía pedaleando en contra cuando este titubeó. Chocaron de frente. Un dedo de Carlos se reventó entre los dos manubrios y Amarilys se cayó con el dulce, que perdió la forma. Al otro bicicletero se le rompió un pedal y Carlos le ofreció arreglárselo, pero nunca más supo de él. Recogieron el cake, lo levantaron, siguieron viaje y al llegar le explicaron al generoso Andrés lo acontecido, añadiendo que el cake, aunque no tan lindo ya, básicamente seguía intacto y por supuesto, muy sabroso.

Historia pioneril

Es difícil una historia verídica tan hermosa, contada con sinceridad, reducirla a un texto narrativo lo más exacto posible a lo escuchado y además emplear el lenguaje adecuado y preciso de nuestra lengua natal, dentro de las libertades que toda literatura debe permitir. Lo complicado es usar las palabras con precisión sin caer en el abismo de parecer pedante ni exhibicionista, aunque claro está, la literatura requiere elecciones personales de uso de palabras que forman el contenido del producto final. Por otra parte, al estar enmarcado lo que se narra en una etapa y espacio muy concretos (el Período Especial de Cuba) particulariza tanto a la obra como a los protagonistas. La Amarilys del relato, por ejemplo, reconoce haber sido revolucionaria y pionera por obligación, no por opción, ya que no existía tal derecho a elegir si pertenecer o no a la institución. Durante el primer año, denominado Pre-escolar, la ilusión es ir a la escuela, conocer nuevos amiguitos, compartir vivencias con ellos, jugar, y además aprender. Los niños y niñas empiezan a ser pioneros en el primer grado, cuando reciben cada uno su pañoleta azul, y la actividad pioneril continúa hasta el noveno. La pañoleta forma parte del uniforme, y pertenecer a la organización implica la obligación de cumplir con ciertas actividades. En el quinto grado se entrega a los estudiantes una pañoleta de color rojo, y esa pañoleta se usa hasta el noveno grado. Como parte de la iniciación, los jovencitos también reciben una libretica que es obligatorio presentar para que sea rellenada a medida que se van cumpliendo las actividades pertinentes. La libretica tiene su cubierta roja, en la cual está impreso con letras grandes: «Historial pioneril» y «Organización de Pioneros José Martí». Al exiliado, que no participó de ese ambiente revolucionario al haber escapado de Cuba al comienzo del gobierno de Fidel Castro, no puede dejar de insinuársele la comparación del color usado para el Historial pioneril con el del librito aquel publicado y distribuido masivamente por Mao Zedong, en el año 1964, que como parte de la llamada Revolución Cultural (1966 hasta 1977) todo chino revolucionario debía leerse y conocer. Esta Revolución, en 1949, le trajo al pueblo de la China la nueva forma de gobierno que llamó Comunismo.

El librito rojo que pude manosear, hojear y revisar bajo la supervisión de su dueña, es uno en el cual en letra cursiva está escrito con lápiz en la página cuatro el nombre de Amarilys García y García, estudiante, con fecha de nacimiento 26 de junio de 1968 y su dirección: Calle 71 #7409 del Reparto Fátima, en Guayabal. Amarilys recuerda con nitidez que ni ella ni sus compañeros usaron pluma de tinta o bolígrafo sino hasta entrar a la Universidad de La Habana. Usaban solo lápiz porque con tinta no se podía borrar, al menos esa era la mentira piadosa con que se conformaban para ocultar la escasez. A propósito del tema de la tinta, Amarilys también recuerda que en 1978 una prima de su padre vino de visita desde los Estados Unidos. A los cubanos residentes en «La Yuma» los apodaron «Gente de la Comunidad». La prima le trajo a su padre unos bolígrafos con una tinta que olía riquísimo. Aunque no le tocó recibir una de esas plumas el recuerdo le perduró.

Continuando con los apuntes en la página cuatro de la libreta, allí consta que la joven pionerita ingresó en la Escuela Rafael María de Mendive el 28 de enero de 1973. A continuación, en la página 5, se refiere, con lápiz también, su promoción del primer grado y el promedio general de 100 obtenido. Es curioso observar cómo las respuestas sobre la conducta y logros del individuo están redactadas en masculino. Más abajo hay requerimientos de respuestas a 3 preguntas sobre el resultado de la emulación, todas contestadas afirmativamente: 1. Etapa Triunfo de la Revolución, 2. Etapa Aniversario de los Pioneros y 3. Etapa Asalto al Cuartel Moncada. La palabra emulación no es usada en el diálogo cotidiano infantil, así es que crea la duda sobre su comprensión por una pionerita de primer grado, sobre todo al encontrar su explicación en el diccionario de la Real Academia Española: deseo intenso de imitar e incluso superar las acciones ajenas. Y escribidor, acota: ¿En serio?

El librito tiene las mismas preguntas y las mismas respuestas para el segundo, tercer y cuarto grado. Además hay en el caso del segundo, tercer y cuarto grado un comentario escrito por la pionerita donde afirma, respondiendo al interrogatorio que lee sobre las Actividades más sobresalientes a señalar como Moncadista en el grado: «Cumplí con todas las actividades que se señalaron en el curso». De tal suerte, la Moncadista recibe su evaluación final y general, con vista a seguir siendo considerada una pionera con méritos y pueda pasar a las otras filas. Por eso se escribe (siempre en género masculino y en un tono impersonal): «Fue un Moncadista activo y cumplidor de todas las actividades que señalaron. Concluyó muy bien sin dificultad y su aprovechamiento docente fue excelente en todos los grados cursados».

Por fin el librito rojo indica la aprobación para ingresar en los Pioneros José Martí, el 14 de febrero de 1978, habiendo sido Moncadista desde el 28 de enero de 1973 hasta el 14 de junio de 1978, coincidiendo con los años escolares desde el primero hasta el cuarto grado. Una vez en quinto grado el Moncadista en cuestión, Amarilys, pasa a recibir anualmente lo que identifican como sellos: El sello 1ro. de enero; el del 4 de abril y el del 26 de julio. En quinto y sexto grado encontramos en el librito rojo preguntas adicionales: ¿Cuáles son las actividades más sobresalientes a señalar en el Grado de Pionero José Martí, en el cumplimiento de las rutas, movimientos y otras actividades de la Organización? En cursiva y en lápiz se leen las respuestas siguientes:

Quinto Grado: «Ha cumplido con todas las actividades señaladas en la ruta, siempre a (sic) realizado las actividades de su unidad. Ha participado en los grupos culturales. Participó en el equipo de trabajo en la Noche de la Edad de Oro recibiendo un diploma».

Sexto Grado: Más o menos lo mismo pero con las siguientes adiciones: «...obtuvo dos diplomas en Festivales culturales y otro en la Radio Bace (sic). También obtuvo tres diplomas, uno en las olimpiadas del Saber, Certificado de Sexto grado y por haber cursado y aprobado el sexto grado».

Otros comentarios escritos de igual manera a los anteriores con ocasionales excentricidades ortográficas y sintácticas llevaron a que le preguntase a Amarilys quién era el autor. Desafortunadamente no se acordaba si eran los profesores u otros compañeros de clase los que evaluaban. Las anotaciones reportan que en el quinto grado «Es jefe de unidad y ha cumplido con todas los actividades que se le han orientado como tal». En el sexto grado «Es monitora de Botánica y Español y coordinadora de monitores y ha cumplido con todas las tareas asignadas».

La única otra mención que hay en el Historial pioneril es que: «Obtuvo un disco infantil al competir en un festival con la poesía, La bailarina española, de José Martí». Disco que por cierto nunca tuvo oportunidad de escuchar, al no haber tocadiscos en su casa.

La asistencia al matutino era, entre otras actividades obligatorias, la manera de triunfar en las emulaciones para obtener el codiciado premio de ir a Tarará, donde el premiado se ganaba el derecho a visitar y hospedarse en unas casas de calidades y condiciones superiores, al mismo tiempo que mientras estaba allí, recibía alimentación inasequible para el pueblo por medio de la libreta, como por ejemplo, el yogurt que les daban con galleticas. Allí se pasaban dos semanas viviendo y recibiendo clases. Tarará fue el lugar en el cual Amarilys vio por primera vez una bañadera y un baño azulejado completo. Había playa y un parque de diversiones.

El Che Guevara vivió en una de las casas de Tarará en un momento del principio de la Revolución. Una casa muy bonita, en la que se les proporcionaba a los pioneros el privilegio de hacer la guardia de honor en la casa del Che. Amarilys se retrotrae al pasado y comenta que al haber nacido en el año 1968, ella fue un fruto de la revolución, en una nación cerrada y sin acceso a la verdad. Los dos únicos canales de televisión eran del gobierno, no entraba literatura de otros países, todas las revistas que se veían eran con títulos como *Sputnik*, *Novedades de Moscú* y revistas de China, por suerte traducidas al español y, por supuesto, ni hablar de obtener acceso a canales adonde se pudiese ver la televisión extranjera. Por lo tanto para ella era lógico que el sistema de Cuba fuese el correcto. Amarilys no conocía otra cosa que lo que le decían: Los males del capitalismo y las bondades del socialismo de Cuba. Al oírlo desde niño todos los días, es lo que uno cree. En eso era lo que ella creía, hasta que cayó en cuenta por primera vez, al cumplir los diez años, que las cosas eran diferentes, justo en el año 1978, cuando por primera vez comenzaron a ir a Cuba los familiares que se habían ido en los años sesenta, apodados los de la Comunidad. Vino una prima de los padres de Amarilys que ella visitó y recuerda desde su memoria de diez años que la llevaron al cuarto de la casa adonde había un olor riquísimo que hasta le pusieron nombre, «olor a Yuma». Al abrir el escaparate, sacaron un desodorante y la tía incitó a Amarilys a que se lo echara encima. Era un desodorante con una bolita que jamás en su vida Amarilys había visto y mucho menos olido. La bolita rodaba y Amarilys quería echarse más y más. ¿Por qué esta gente huele tan rico y nosotros todos olemos tan mal?, le preguntó a su papá pero sus padres no le daban respuestas satisfactorias ya que tenían mucho miedo de que hablasen algo delante de su hija que después ella repitiese frente a otros, corriéndose el riesgo de meter a la familia en problemas con el régimen.

Los padres de Amarilys nunca pertenecieron al Partido. No todos se dejaban persuadir por las aseveraciones continuas del régimen. Dudaban cada vez más. Antes del éxodo por el Mariel, en 1980, la gente comenzó a preguntase: ¿Qué es lo que está pasando?

¿Cómo es que esta gente llega oliendo tan rico, todos bien vestidos, con zapatos buenos y nosotros aquí muriéndonos de hambre, vestidos como indigentes y sin nada? ¡Aquí hay algo mal! Eso le abrió los ojos al público, y a Amarilys entre ellos.

Ella recuerda haberse sentido que detestaba a los Estados Unidos. Su hijo, hoy en día abogado ivyleaguer, en aquel entonces también se unía a su mamá para despreciar al país de los norteamericanos. Amarilys todavía guarda una grabación de su hijo cuando era chiquito. El muchacho vivía acostumbrado a oír consignas y repetir los lemas escolares «Pioneros por el Comunismo. ¡Seremos como el Che!» La mamá de Carlos quien, ya vivía en los Estados Unidos, un día lo llamó desde Miami; y Carlitos ya tenía preparada una grabación que Amarilys conserva en la que le dice «Abuela, yo no estoy bravo contigo. Yo estoy bravo con el gobierno». Tenía cinco años en aquel momento y quería decirle que quería a su abuela pero que su abuela vivía en un lugar que era malo. En el año 1997 el hijo de Carlos tenía que empezar la escuela y le expresó a sus padres que él tenía un problema muy grande, y era que sabía que lo iban a hacer hablar del Che y no quería hacerlo, por lo que no deseaba ir. Aunque prometió él solito resolverlo, el primer día que fue a la escuela regresó llorando. Ante la pregunta de su madre respondió: «Que me hicieron decir. Pioneros por el Comunismo, Seremos como el Che». El niño no tenía respuesta ante el cuestionamiento de por qué le resultaba tan difícil hacerlo. Carlos opina que regímenes totalitarios implementan una ideología en la población para poder justificar ciertas cosas que no son la realidad. Se crea en las personas un sentimiento de falsa superioridad espiritual para ocultar las tantas carencias e ineficiencias en relación con otros países. Por ejemplo, se habla de las ventajas materiales de los Estados Unidos en contraposición con Cuba pero esgrimiendo que lo verdaderos valores son los de Cuba. Como si acaso no fueran posibles las dos cosas a la vez. ¿Por qué no se puede uno tomar una Coca Cola y al mismo tiempo ser fidelista? ¿Por qué disfrutar de beneficios materiales del desarrollo capitalista es banal o frívolo? Todo lo que se acercara a esto era calificado de diversionismo ideológico. La música en inglés como la de los Beatles y Rolling Stones, por cjemplo, estuvo censurada y la gente que los oía se buscaba un problema de disciplina y hasta una sanción, igual aquellos jóvenes estudiantes que usaban ropa recibida de los Estados Unidos o con estilos similares de la moda de allá, como los llamados «Popis», tennis deportivos o jeans de marca.

CEDEERRE

Los Comités de Defensa de la Revolución (CDR) se fundaron el 28 de septiembre de 1960 en La Habana y aún existen en el año 2017. Entre sus tareas principales y oficiales desde su fundación está la de llevar un libro conocido como Registro de Dirección, en el cual se anotan los nombres de todas las personas, así como también los huéspedes temporales que viven en la cuadra. Cada cuadra tiene un Presidente, y en la puerta de su casa, hasta hace unos años, se podía leer un cartel que así lo indicaba. Además, en el ejecutivo hay un Responsable de Vigilancia, un Responsable Ideológico y un Responsable de Trabajos Voluntarios. El Presidente reporta sobre cada ciudadano que vive en su cuadra ya sea al jefe de Sector de la Policía, miembro de la Unión de Jóvenes Comunistas o del Partido Comunista de Cuba, y a los miembros del Ministerio de la Seguridad del Estado o G2 (policía político). El CDR no es gratis pues se cobra al mes una cuota que asciende a veinticinco centavos, supuestamente para mantener la organización. Para el valor de la moneda en Cuba es un «un fondito», destinado una vez al año para hacer la fiesta del aniversario. La organización voluntaria conlleva obligaciones, como por ejemplo cumplir haciendo una guardia mensual y asistiendo a reuniones en las cuales se conversa sobre el barrio. De las informaciones recibidas por el CDR en las verificaciones sobre los vecinos, etcétera, dependen las admisiones a trabajos mejor remunerados, a la universidad. Hasta hace como unos veinte años también se dependía de las opiniones para obtener derecho a comprar equipos eléctricos ofrecidos en venta en los centros de trabajo. Si el ciudadano no recibía una buena recomendación del CDR porque no iba a las reuniones, o no hacía guardia, entonces que se olvidara del TV, del refrigerador, etcétera.

El Responsable de Vigilancia tiene como deber organizar la guardia cederista, citando a cada ciudadano cada vez que le corresponda, para efectuar vigilancia en la cuadra en horarios nocturnos, anotando todo lo que le parezca fuera de lo común: entrada y salida de muchas personas en una misma casa, ciudadanos con bolsas y paquetes. El Ideológico organiza las reuniones de la cuadra para leer materiales políticos orientados por el Partido Comunista. Esta actividad ya ha caído en desuso ante el desinterés de la población, al igual que las guardias. Y por último está el encargado de Trabajo Voluntario, quien cita a los ciudadanos para hacer labores de limpieza y jardinería los domingos que son los días de descanso.

Otra responsabilidad del CDR, criticada por grupos de derechos humanos son los llamados actos de repudio, los cuales consisten en agrupar a individuos para armar algarabías o barahúndas contra aquellas personas que por determinados comportamientos son considerados contrarrevolucionarios. En reiteradas ocasiones en estos actos intimidatorios se ha recurrido al abuso y a las agresiones físicas. Los que critican el sistema socialista opinan que el CDR tiene como la principal misión vigilar y controlar la vida tanto pública como privada de todos los vecinos, creando un ambiente claustrofóbico. Se amparan en el propósito de estar defendiendo a la Revolución de cualquier amenaza contrarrevolucionaria, pero la verdad es que no son más que centros de vigilancia, de control y de educación política: La Gestapo chismosa de cada vecindario. Además se sienten con, lo que en cualquier otra nación sería una chusmería, la autoridad de entrar y preguntar en las casas sin invitación alguna, para dar sus reportes al régimen. Los que viven en Cuba que carecen de libertad alguna ya que los dirigentes del CDR, con torsos semidesnudos y voces altisonantes, mirotean desde balcones y ventanas para enterarse de quiénes van o no van a los actos públicos a gritar «¡Fidel, seguro, a los yanquis dale duro!» y a aplaudir y vitorear; para enterarse de lo que come el ciudadano, con quién se acuesta, qué piensa y dice de las consignas antiimperialistas, y aunque suene exagerado, hasta qué sueña.

Libreta de Abastecimientos

Las libretas de abastecimientos las distribuye la Oficoda (Oficina de Control para la Distribución de los Abastecimientos), organizando y operando su sistema de despachos municipales. Allí, personajes con tanta hambre y necesidad como el resto de la población, rigen con mano de hierro el subdesarrollo crónico de la República, manteniéndolo a raya, no fuera ser que flaquease contra la pandemia mundial democrática indetenible. La libreta es una especie de plan de vacuna nacional; un sistema de registros de consumidores con el más apto nombrete, empleado en público únicamente en a sotto voce: Oficola, por aquello de que la «OFICODA» crea OFICOLAS. ¿Por qué? Porque se ha vuelto una institución nacional el tener que ponerse todos los ciudadanos en cola, ante el hecho de que la oferta de la libreta de abastecimientos ni por asomo cubre las demandas de necesidades elementales para lo sobrevivencia.

El gobierno le distribuye una libreta a cada núcleo familiar. Dependiendo del producto, hay algunos que se asignan según la cantidad de comensales por núcleo y otros tocan por persona. Así, si se distribuyen cinco libras de arroz por mes por persona, en cambio se distribuían menos latas de tomate para el núcleo. Entonces, dependiendo del número total de personas que haya en dicho núcleo se distribuyen las latas, y así sucesivamente. De haber un papá, una mamá, siete hijos (como había en mi familia) y alguna abuela viuda en el núcleo, no rebasarían la cantidad de tres latas por familia, por ejemplo, de manera que hay que echarle agua a la lata de tomate porque toca a mucho menos que si hay dos comensales. La libreta estaba inscrita en una bodega fija a la que cualquiera de los llamados consumidores podía ir con una jaba a comprar las vituallas cuando llegaban. Se corría la voz del arribo y había que ir a ponerse en cola para con suerte recibir el conjunto de productos a los que el ciudadano tuviese derecho a ser abastecido.

Para que llegase a comprender el enrevesado mundo de la libreta, Amarilys me prestó algunas que conservaba de su familia. A ella no le quedaba ninguna suya. Las libretas están impresas en un papel rústico, parecido al de cartucho o saco de papel que regalan en los supermercados del mundo desarrollado, y a pesar de usarse a diario, tienen que durar un año. Pero así y todo, no obstante la deplorable calidad del papel, el régimen las imprime con numeración oficial consecutiva, al lado de un símbolo gráfico peculiar del registro de consumidores a cargo del control de ventas para productos alimenticios. En la carátula ya casi borrada por el manoseo diario, se puede observar, impreso en tinta negra, el número de la libreta y luego, en tinta, el número del núcleo. Además, lleva una advertencia anunciando: «Esta libreta no constituye un documento de identificación». En este caso en particular, la libreta número 148627 le fue distribuida al núcleo número 110. Adentro, en el reverso de la carátula, está el nombre del «Jefe de Núcleo». En este caso era María de los Ángeles García y García, hermana de Amarilys, de la localidad de Guayabal, Municipio de Caimito. La oficina asignada era la 0207, en bodega 15, y emitida el 1ro. de enero de 2012. En la libreta también constaba que había dos personas en el núcleo. Un individuo de entre 7 a 13 años y otro entre 14 a 64 años. Con firma y cuño del Registro de Consumidores.

En las páginas que siguen, se identifican hasta los más mínimos detalles:

Página 2: El Combustible que utiliza el núcleo para cocinar es Querosene y tiene derecho a recibir y, en efecto ha recibido, en Junio 7, 2 de querosene y 2 de alcohol. En ninguno de los dos casos dice la medida de lo recibido. El resto de esa libreta y todas las otras que revisé estaban en blanco aparte de esa antes mencionada entrada.

Página 3: Cuotas por Dietas Médicas.

Página 4: Control de Entregas Por Dieta Médica. Se lista Carne, Pollo, Leche Polvo, Leche Evaporada y Viandas.

Páginas 5, 6, 7, 8, 9 & 12: Cada página tiene dos columnas. Una para cada mes. Seis páginas, en cada una de las cuales se anota cuidadosamente lo que el consumidor se ha llevado durante el mes de arroz, granos, aceite, azúcar refinada, azúcar cruda, compota, Jabón Lavar, P. Dental, Sal, P. Aliment, Café, C. Fuerte, C. Suave, Fósforos.

Páginas 10 & 11: Identifica los nombres y ambos apellidos de los individuos en el núcleo, sus fechas de nacimiento, edad, sexo, y si algún individuo se le ha dado Alta, o Baja. Darse Alta ocurre cuando alguien se añade, ya bien sea por nacimiento, matrimonio o mudanza. Darse Baja es algo que sucede cuando alguien se separa de la libreta y del núcleo, por los mismos motivos o por la muerte. Hay espacios adonde se indica el día y el mes cuando ocurre el Alta o Baja. Por fin hay hasta unos incisos donde se indica «Productos Para Fiesta», con Cantidades y Fechas. En todas las libretas que examiné, esta sección estaba en blanco.

Página 13: Productos Cárnicos con lista de 52 semanas y con tres espacios cada semana.

Página 14: Lista de doce meses y tres categorías que son pescado, huevo y yogurt de soya.

Páginas 15 y 16: Tiene 6 meses en cada página y cada mes de 28 a 31 días. Ahí se indica el pan de cada día. A uno por persona por día. Todos los incisos, en todas las libretas, estaban apuntados. Habían sido rellenados a mano. A uno por día. Nadie dejaba de pasar a buscar su pedazo de pan diario.

Páginas 17, 18 & 19: Igual que las páginas 15 y 16 pero para leche fresca. Esta sección estaba en blanco en todas las libretas. Nadie vio leche, a menos que fuese en una fotografía o en sus sueños.

Página 20: Productos del Agro. La página tiene 12 meses, cada mes tiene 5 incisos. Todos y cada uno de los incisos y páginas de cada una de las libretas estaban en blanco.

Página 21: Página de reverso de la carátula trasera en la que se indica la dirección a la cual el individuo debe acudir para obtener los diferentes productos. La lista incluye 1) Bodega, 2) Puesto, 3) Carnicería, 4) Pollería, 5) Pescadería, 6) Leche, 7) Combustible y 8) Panadería.

Las libretas que tuve la oportunidad de examinar son del año 2012. Las únicas páginas que están completamente llenas son las del pan (15 y 16). Son tan pocos e infrecuentes los apuntes que las libretas quizás debiesen llamarse de desabastecimiento.

Carátula trasera: En la contracubierta de la libreta están impresas por el gobierno las reglas para que el ciudadano se dé Alta y/o Baja, están listados cuáles son los motivos: por ejemplo, para darse Baja, debe ser por fallecimiento, hospitalización en un hogar de ancianos o centro penitenciario por más de tres meses, o salir del país por más de 6 meses. Para darse Alta es imprescindible presentar el carné de identidad y/o documentos correspondientes, expedidos a favor de una persona. Por último, qué hacer en caso de pérdida de la tan indispensable libreta. Toda esta información ya borrosa e ilegible después de un año de uso presentándose diariamente por manos sucias y sudorosas en bodegas desaliñadas.

La primera vez que Amarilys salió de Cuba fue en 1997, a Londres, donde Carlos la esperaba por haber sido invitado a lo que algunos artistas denominan Becas, lo cual consiste en obtener la posibilidad de, mediante un estipendio, mantener un sistema de vida en el cual el creador puede dedicarse a su arte. En este caso en particular fueron tres meses de residencia en Gasworks Studios, de Londres. Allí también tuvo una exhibición llamada *The Heart is a Bridge* en la cual figuraron solamente piezas suyas, curadas para el evento en Gasworks Gallery, una galería que también está en Londres. A pesar de que le dieron permiso de salida a Carlos y luego a su esposa para que se le uniese, no le dieron permiso a Carlitos, quien ya tenía 5 años. El régimen, como de costumbre, se quedaba con miembros de la familia de rehén. En este caso era el hijo, para tener la certeza de que los padres volverían al país.

Carlos, deseoso de compartir sus experiencias, le había preparado una lista de sorpresas a su esposa. La primera de ellas

consistió en llevarla sin demora a un supermercado llamado Sains-
bury Market. Un comercio enorme, lleno de todo un gran surtido
de víveres y en cantidades hasta ese momento inimaginables para
Amarilys. Al ver todo aquel espectáculo, descontrolada, se aferró
del carrito para cargar los víveres. Era una experiencia reveladora
que le produjo hasta dolor de cabeza. Al volver a La Habana, después de pasarse unas semanas viajando con Carlos, visitando restaurantes y museos en París y Ámsterdam, y haciendo vida de ciudadanos de países desarrollados, volvió desacostumbrada. Cuenta
que fueron juntos a comer en un restaurante habanero pollo frito o
algo así de sencillo, y donde se pagaba ya para entonces en divisas
y pidieron servilletas porque tenían los dedos llenos de grasa. Mo-
lesta, Amarilys cuestionó la ausencia de estas, pero también pensó
que era una reacción que nunca se le hubiese ocurrido tener antes
de visitar países normales. La empleada la miró confusa como diciendo «¿Y tú de qué planeta nos visitas? ¿Llevas treinta años aquí
y no sabes que no hay servilletas?» Le dieron una para que resol-
viera como pudiese su problema de aseo. Ella se rió de sí misma al
hacer el cuento, por su despiste que gracias a Dios solo fue temporal. Y añadió: «Y eso que era un establecimiento de dólares. De scr
de pesos... olvídate... ahí sí que no hubiese habido ni una sola ser-
villeta».

Recopilar las vivencias de Carlos y Amarilys para grabar
el material que usaría para este cuento requirió meses, así como
mucha seriedad y compromiso al concertar las citas para eso,
pues de no haber esa formalidad era muy fácil desviarnos en la
conversación hacia temas de literatura, de cine, etcétera. Llegó un
momento en que llegué a compenetrarme tanto con sus historias
que la experiencia vicaria vivía conmigo, emocionalmente compartiendo mi presente desconectado de la realidad en el pasado de
ellos dos. Así, una mañana muy temprano del 5 de agosto de
2017, hospedado en el Hotel Biltmore, de Coral Gables, necesitaba desayunar en cuanto abriese el restaurante a las 7 de la mañana, para, sin perder tiempo, llegar a la hora acordada al barco
desde donde esparciríamos en el mar las cenizas de mis suegros.

En el restaurante nos tocó un camarero con cara seria, quien nos preguntó el número de la habitación: «Your room, please?» (Con más acento cubano, imposible). Aclaro aquí que para no tener que pagar en efectivo, sino que me cobrasen el desayuno a la habitación, era imprescindible tener y mostrar la tarjeta que funciona como equivalente a llave electrónica que abre la cerradura de la puerta de la habitación del hotel. Pues no la tenía ya que se me había quedado en la mesa de noche de la habitación. La tentación me llevó a estas frases: «Mire... esta es mi esposa... nosotros dos somos del mismo núcleo familiar, pero la libreta de la OFICODA se nos quedó en el cuarto..., ¿nos despacha el desayuno de todas maneras?» Luego de un primer silencio y de la expresión nerviosa del empleado, le sonreí ampliamente y entonces él también se sonrió. Se llamaba Rubén López y con cierta inseguridad al principio pero ya confiado por nuestras risas, con cara de simpatía nos dijo: «Señor, ¡por Dios!... ¿Con balserismos viene usted ahora tan de madrugada?».

Cuando Amarilys y Carlos se casaron, automáticamente Amarilys, al mudarse con Carlos, salió de la libreta de sus padres, en la cual había estado desde que nació. Se estaba en una libreta según la dirección geográfica y física, no donde deseara el ciudadano. Tampoco era permitido tener un núcleo nuevo (y por tanto una libreta) por el simple hecho de que dos personas se arrimaran o siendo amigos con derecho a roce, viviesen juntos y solos. Todo era estrictamente supervisado por el CDR de cada cuadra.

«En cada cuadra un Comité,
en cada barrio, Revolución...»

Amarilys tenía, por consiguiente, que ir al CDR de la cuadra de Carlos, en la calle Narciso López para documentar, con las altas y bajas correspondientes y por razones estrictamente válidas, las de su matrimonio, el cambio de residencia. Demoró en hacerlo por rebeldía, para estar aunque fuese solo unos días sintiéndose libre del yugo del CDR, hasta que le entró hambre.

La bodega para el núcleo familiar creado por Carlos, Amarilys, y un año más tarde Carlos Jr., estaba cerca de la casa. Después de casarse y estar ya viviendo juntos en La Habana, todos los abastecimientos para la bodega, la carnicería y el puesto de viandas y vegetales provenían de un almacén en Oficios, entre Obispo y Obrapía, en La Habana Vieja, más o menos a cuatro cuadras de distancia. Era un lugar desarreglado y mugriento. Así, comprar, papas, por ejemplo, quería decir que a través del mostrador, le entregaban no solo el tubérculo comestible sino con su acompañamiento de raíces y tierra, y, por si fuera poco, había que vigilar al tránsfuga de turno para que no incluyese algunas papas podridas. La suciedad no se limitaba a la bodega sino que se extendía al hogar debido a todo el proceso de limpieza que requerían las papas para estar listas para cocinar. De acuerdo con Amarilys, quien ha sido ama de casa en una variedad de naciones, esto es algo insólito en otros países. Quizás se le ocurre a este oscuro escritorzuelo, que tanto a ella como a Carlos, por el hecho de ser productos de la revolución, olvidan que en Cuba se premia la mediocridad servil y se asesina la excelencia. Antes de salir de Cuba, estaban acostumbrados a la experiencia de adquirir víveres para el hogar rodeados de compradores con expresiones de animales domésticos resignados, manos enlodadas, y sucios como bestias de corral. Ni imaginaban que en el mundo civilizado moderno todo en los mercados está lavado, limpio, empaquetado en plástico y por supuesto sin tierra empegotada a los tubérculos y a las raíces. Unos años después, fuera de Cuba, y durante un viaje a Ámsterdam, unas amistades holandesas conversaban con Carlos mientras observaban a Amarilys comprar arroz. Ella escogía y escogía paquetes sin acabar de seleccionar. Al fin no pudieron resistir su curiosidad y le preguntaron a Carlos: ¿Qué hace? No sabían que Amarilys era allí consecuente con sus acciones domésticas diarias en Cuba, aunque le hubiese gustado olvidarse de lo absurdo de su vida cotidiana y durante el Período Especial, para dedicarse a cosas más importantes. Aunque intelectualmente era capaz de reírse de sí misma, era todavía muy pronto para no tener la instantánea reacción de constatar la pureza de sus compras, ya que el arroz que llegaba a Cuba traía impurezas, semillas, piedrecitas y requería escogerse y botar basuritas. Era de una muy mala calidad, comprado a muy bajo precio y usado en el resto del mundo para alimentar animales.

Los cubanos, cuando por fin lograban viajar, como el aquí descrito incidente de Amarilys en Ámsterdam, les afectaba la realidad que veían en otros países. En Cuba podían ver en sus casas películas por televisión los sábados por la noche sin percatarse de que lo que veían era el mundo real y no lo absurdo en que vivían en Cuba, todo justificado por la tonificante lingüística del idealismo castrista.

Hambre

Los líquidos para limpiar eran desconocidos. Se limpiaba con agua y con frazadas, algunas de las cuales, sobre todo las nuevas, en vez de ser usadas se comían: empanizadas, y adobadas previamente por unos días con limón y naranja agria. Así podían adquirir mejor sabor y, claro está, suavizarse, antes de ser fritas y listas para servir: Bistec empanizado de trapo de trapear. Antes de lacerar a sus depravados consumidores con una impiadosa crítica, amortigüemos un poco el golpe recordando que el hambre era implacable. Amarilys, con 8 meses de embarazo y un día en particular, entre otros similares, experimentó un hambre arrasadora. No había raciocinio que la contuviese, ni ningún juego mental que le hiciera esperar a que amainase la tormenta. El refrigerador estaba vacío y no había nada que comer. La vecina del al lado, consciente de su situación, les cogió tanta pena a la joven parejita de recién casados, que les regaló una jarra de limonada y media libra de pan. A veces la vecina hacía refrescos de col, otras veces era dulce de col, pero ese día era lo único que tenía para darles de comer. Al día siguiente Carlos salió desesperado en su bicicleta a buscar algo, cualquier cosa para comer. Tuvo que ir lejísimo, ni se acuerda hasta dónde, y lo único que encontró fueron unos plátanos burros que les sirvieron por dos días para desayuno, almuerzo y comida. ¿Qué eran plátanos burros? Hasta el Período Especial solo eran comida de animales. Sin embargo, dado el desquiciamiento metabólico y hambruna, lo que se pudiese masticar sin peligro para la vida se convertía en alimento. Hubo grandes bajas en el mundo felino, decesos caninos, innovaciones culinarias con roedores y no desdeñemos ni olvidemos el plátano burro. Se usó cuando no hacía falta dárselo de comida a cerdos, para comérsele frito, chicharrita, puré, hervido para potaje y caldos y hay quien asegura que se sigue usando en el ajiaco. El plátano burro con cáscara y todo sirvió, al igual que las frazadas de trapear, para bistecs de mentiritas. Bien sazonado, juran sus fanáticos, sabía a pernil. Pero de matahambre era mejor que la limonada con pan. Por cierto, volviendo a la señora vecina de al lado, ella no fue la única que descubrió los múltiples usos de la col. Antes de escribir la receta más sabrosa de col, vale la pena analizar el contenido nutritivo de la planta hortense, reconocida por ser de la familia de las crucíferas. Una hoja de col, tamaño mediano, de alrededor de 23 gramos tiene 6 calorías, 4 milígramos de sodium, 3 gramos de Potassium, 1.3 gramos de carbohidrato, 0.3 gramos de proteína, y el 14% del requisito mínimo diario de vitamina C. Y sanseacabó. Ahora la receta: La col debía ser bien picadita en pedacitos mínimos, como si fuera arroz. Con azúcar se le daba color de caramelo, como un beige y se parecía al arroz con leche, solo que era dulce de col pero sin leche.

Electricidad

Debido a la zona privilegiada donde vivían, en La Habana Vieja, al vecindario rara vez le faltaba la electricidad, lo cual era útil porque el agua llegaba por el alcantarillado y se recolectaba en el edificio, en una cisterna a flor de tierra, desde donde había que bombearla con un motor para subirla a los pisos que, por supuesto estaban más altos que la cisterna. El agua que llegaba no era potable, necesitándose hervirla y quitarle las cucarachas y animalitos muertos. Esta última documentación sobre las cucarachas, gusarapos, bicharracos, sabandijas y demás alimañas fue aportada por Carlos, con muecas faciales acompañadas de tanto enfurruñamiento y aspaviento que no creo ser capaz de hacerle justicia explicándola con palabras. El mencionado privilegio de la zona de La Habana Vieja no tenía nada que ver con el nivel económico, social, político, ni mucho menos militar de sus residentes, ciudadanos de a pie o, cuando mucho, en bicicletas. Eran parte del pueblo revolucionario, viviendo sus vidas en una zona frecuentada por la industria turística, en medio del casco histórico habanero. La electricidad faltaba a menudo en Cuba porque las plantas generadoras eran operadas por el gobierno con subsidios de petróleo obtenidos de aliados generosos, en aquel entonces rusos, hoy en día venezolanos. ¿Mañana? Ya veremos qué dictador tercermundista se pone a tiro. Había escasez y la opción era cortar el suministro eléctrico a ciertas partes del territorio nacional, rotándolo equitativamente de manera tal que les tocase a todos durante cierto tiempo. Al área alrededor de la bahía no le cortaban la luz por dos razones principales. Una, según Carlos, porque al reconectarse la electricidad, los cables soterrados de esa zona, al ser muy antiguos (fueron instalados alrededor de principios del siglo XX), y sometérseles a una carga excesiva, podrían provocar un incendio que destrozase el casco histórico. La otra razón era permitir la visita ininterrumpida de turistas a aquella Cuba calcutizada por cuantiosas dificultades infraestructurales. En otros lugares, rara vez visitados por el turismo, digamos por ejemplo, en el pueblo natal de Amarilys, en Caimito del Guayabal, todavía hoy en día en 2017, se interrumpe la electricidad, hecho que, con toda razón, les parece que ocurre con exagerada frecuencia. Durante el Período Especial no había electricidad a veces hasta 16 horas al día. Lo peor era cuando se iba durante toda la noche. Se hacía muy difícil poder dormir ya que no se podía usar ventilador para enfrentar al calor y a los mosquitos. Estos pululaban por el pueblo, abundantes, bulliendo la noche entera, e imposibilitándole el sueño a todo aquel que tratase de descansar. Para la familia de Amarilys lo peor era que con el apagón se perjudicaban los esfuerzos del ingenioso papá de Amarilys para alimentarlos a todos. Y es que Calixto García Barrio era un hombre de carácter emprendedor, laborioso y solícito, y con una imaginación incansable para resolver las cuantiosas necesidades. Calixto era un todero, uno que bien pudiésemos añadirle el calificativo de resoluto. Lo mismo sabía de plomería que de cosechar la tierra, arreglar motores, resolver problemas eléctricos y los caseros de su esposa Basilia Eneida García Fariña, hoy en día una viuda viviendo en Miami. De manera inventiva a la vez que cautelosa, se las había arreglado para de alguna manera tener sus crías de puercos, gallinas y ganado vacuno escondido del régimen. Una vez que estaban en condiciones de ser comestibles, congelaba las carnes y así lograba pertrecharse de provisiones alimenticias para aliviar a su familia de las estrecheces nutritivas a que se veían expuestos con frecuente periodicidad. Cuando se iba la electricidad se descongelaba la carne y se embarraba todo de sangre formando unos desastres asquerosos. Sin refrigeración, y en la ausencia de un generador por la imposibilidad de obtener gasolina, se echaba a perder la comida.

A propósito de haber adentrado en temas de refrigeración alimenticia, se hace propicio aclarar que los refrigeradores que había en Cuba en aquellos momentos del Período Especial, no eran comparables a los que cualquiera pudiese comprar a precio barato en uno de los muchos y convenientes centros comerciales de países desarrollados. Los que llegaban a Cuba eran de tecnología baltoeslava y se congelaban con frecuencia, teniendo mayor aptitud para los inviernos moscovitas. Según los Estévez, no eran los más indicados para el calor subtropical húmedo cubano. Pero traían un accesorio adicional que actuaba de solución para limpiar los refrigeradores, cada vez que era necesario descongelarlo por los gruesos del hielo que generaban. Los artefactos viajaban con los refrigeradores, fieles acompañantes integrales que venían desde la antigua Unión Soviética hasta Cuba. Era un componente tecnológico que formaba parte del refrigerador, un pequeño ventilador plástico sin protector alguno alrededor de las aspas giratorias. Al llegar a la nación cubana se separaban los dos elementos que originalmente habían sido diseñados y armados en la fábrica en una conceptual estructura compuesta. En otras palabras, los ventiladores eran separados del refrigerador al llegar y se vendían como objetos diseñados y fabricados por separado. Otra fabricación nacional más que se creó como producto de la autoayuda, fue el de ventiladores fabricados por cubanos con piezas de motores de las secadoras rusas. Carlos y Amarilys no conocieron lo que eran las secadoras hasta salir de Cuba. Había que tender la ropa para que se secase, porque lo que vendían como secadoras, exprimían, pero no secaban. Resultaba más eficaz quitarles los motores para hacer ventiladores, solo que eran unos motores ruidosos y sin protección. Había que andar a su alrededor con mucho cuidado una vez que eran encendidos porque con las aletas girando con alta velocidad, alrededor de un eje, refrescaban el medio ambiente, pero con las aspas giratorias al descubierto, no había protección, y se convertían en un arma blanca peligrosa.

Milicias de Tropas Territoriales o Emeteté

Entre los múltiples hilos invisibles que mantenían a la población en constante sintonía, estaban las obligaciones de las MTT, el llamado ejército del pueblo, en el que individuos con rostros contaminados por una seriedad estimable, fingida por supuesto, se entrenaban en las artes marciales junto con jovencitos, mujeres, y viejos jubilados. La nación esperaba que las MTT fuesen la primera fila que se enfrentaría al enemigo, esperando la previsible muerte por la patria, supuestamente a manos de tropas invasoras de combate estadounidense, cuyas fuerzas armadas, de acuerdo con la publicidad del régimen, estaban ya en son de guerra, listas a conquistar a Cuba en cualquier momento. La lógica, piensa Carlos, es que al lanzar estas carnes de cañón, como una primera fuerza de choque contra el enemigo invasor, sus cuantiosas bajas servirían para llamar la atención internacional y así acusar a los invasores de crímenes de guerra por asesinar lisiados, jubilados, mujeres y niños, y que la comunidad internacional, al ver la matanza de inocentes, se pusiera a favor de Cuba. Además, la existencia de esas tropas, ayudaba al régimen a promover y estimular un ambiente de disposición a cualquier enfrentamiento bélico por causa extranjera, avivando con insistencia en todo momento una vibra marcial continua, que descansaba sobre recursos como ropas, armamentos, calzado y demás. Carlos cuenta que la obligación de participar en las Milicias de

Tropas Territoriales comenzaba a los 15 años de edad, que fue cuando a Carlos por primera vez le dieron un talonario con el cual se le permitía adquirir el uniforme, botas de miliciano, boinas, camisas, pantalones, una mochila y un cinturón. El calzado estaba bien escaso así es que le venía bien toda la indumentaria para complementar sus pocas prendas de vestir para ir a la escuela. Las botas tenían una parte de piel sintética y otra de tela mientras que la mochila era toda de tela.

Carlos ha comentado lo horrible de aquellas prácticas. El jefe del batallón era un anciano que se aparecía todas las semanas en casa de Carlos a las 5 de la mañana para tocarle a la puerta y así cerciorarse de que Carlos acudiese a la reunión castrense dominical del pelotón. Una persona titeresca y digna de lástima, aunque rigorista con su pelotón y en particular con Carlos a quien atajaba, ensañándose para evitar su proclividad al deliberado absentismo. Le destrozaba el día que él esperaba con anhelo pues como todo ciudadano de a pie, solo en las noches de entresemana o el domingo en el hogar se podía permitir volver a la vida, gracias a la soledad de su taller de arte o biblioteca privada.

Una vez que Carlos se unía a su pelotón dominical y asumía su puesto en la formación, evitaba que su rostro demostrase exceso de acritud, ante la incomprensión en concebir cómo es que alguien ideó o permitía continuar tal mentecatada. Una vez allí, se organizaban en una formación apropiada para que las tropas marchasen hasta el otro lado de la bahía, continuando por la vía Monumental, antes de Cojímar y la Playa del Este, hasta llegar a Playa del Chivo, para allí, malgastando la vida, entrenar disparando tiros y granadas. Cojímar era un pueblo de pescadores donde Ernest Hemingway guardaba su yate *El Pilar*, y en el cual él y Gregorio Fuentes, su capitán y amigo, salían de pesca. Estas experiencias le sirvieron de inspiración para la novela *An Old Man and the Sea*. En las maniobras bélicas dominicales ocurrieron muchos accidentes, porque les distribuían armas sofisticadas, y los oficiales a cargo no eran muy duchos en su operación. Un ejemplo de las armas que les confiaban eran los internacionalmente reconocidos y todavía en uso, rifles rusos de asalto, los AKM, armas que repusieron a los AK-47 (la M fue una abreviatura de la palabra modernizado). Fueron diseñadas por Mikhail Kalashnikov y son comparables al M-16 en uso por el ejército estadounidense. En las prácticas de tiro, a pesar del sol implacable, no les daban a los combatientes de fin de semana ni agua para tomar. Era toda una preparación inútil, para una guerra imaginaria contra los norteamericanos, que consumía la mañana entera para terminar solo gastando un cargador de balas y unas cuantas granadas. Las granadas eran de práctica y no explotaban como las de verdad, sino que explotaban un petardo. Al quitárseles la espoleta había que lanzarla porque si no, reventaba en la mano hiriendo al aguerrido lanzador. Según Carlos, le pasó a un señor. Ocurrían otros accidentes con el manejo de armas, porque el personal que daba las instrucciones no estaba calificado para ser maestros de combate ni nada parecido. Fueron unos cuantos y duros años de domingos de descanso arruinados, por este castigo marcial absurdo. Pero Carlos se cansó y decidió no abrirle la puerta al palurdo que venía a buscarlo al amanecer, lo cual no fue tan sencillo porque el individuo encargado de la MTT, quien obviamente deseaba mucho ser guerrero, era sumamente insistente y no se iba hasta que no le abrían y despertaba a todos en la casa. La familia se valía de cualquier excusa que se les ocurriese: alguien le decía que Carlos no estaba, otro que estaba enfermo, etc. Finalmente Carlos terminó el ISA y, una vez graduado, también dejó de despertarse al amanecer los domingos.

Parto sin nada

Amarilys se embarazó, y con su esbelta figura ya acolchándosele, el matrimonio se puso en acción planificadora. Sus estudios e investigaciones los llevó a concluir que el hijo debería nacer en un hospital que antes del triunfo de la revolución se había llamado El Sagrado Corazón y estaba ubicada en 21# 854, entre 4 y 6 en El Vedado. Su teléfono había sido el 30-5551. Averiguaron que de las opciones a su alcance, esta en particular había sido una de las mejores clínicas privadas. Supuestamente había seguido siendo una de las mejores que había en La Habana y ahora tenía otro nombre: Ramón González Coro, Hospital de Obstetricia y Ginecología. Era el nombre de un revolucionario destinado a ser honrado con un edificio epónimo que por fuera se veía limpio, eficiente y profesional. Por dentro, medido por cualquier estándar estadounidense, es una pocilga cochambrosa. Ese hospital no era el que le tocaba a la joven familia, y las madres no tenían derecho a escoger dónde es que deseaban dar a luz. La ley imponía que cada ciudadana que estuviese encinta, tenía que ir a parir donde se le señalara, lo cual dependía del lugar de residencia. Pero si una mujer embarazada, y a punto de dar a luz, llegaba a un hospital por haberse encontrado en ese vecindario y súbitamente fuese asediada por contracciones premonitorias, entonces era un caso de emergencia, y en la recepción estaban obligados a aceptar al paciente. La emergencia del nacimiento de Carlos Estévez Jr., el 1ro. de septiembre de 1992, fue una situación de crisis programada por anticipado.

El parto en la Cuba que les tocó vivir a Carlos y Amarilys, como ciudadanos normales producto de la revolución cubana y ajustados a sus estrecheces económicas, tuvo que ser, al igual que todos los demás, con los dolores naturales de una mujer dando a luz sin ayuda química. No se usaba ninguna anestesia como es opcional en Europa y los Estados Unidos, adonde se inyecta el anestésico directo a la médula de la madre, en la zona epidural, afectando así a toda una extensa área. Los partos eran a lo natural. Con el esfuerzo materno propio, sin la ayuda de otros, ventajas ni facilidades. En todo el sentido de la palabra, fue a pulso, lo cual quiere decir que dado a su extensa cultura, Amarilys debe de haber dictado una conferencia a toda voz, de su extenso vocabulario, usando si quizás no obscenidades, por lo menos palabrotas endecasilábicas.

Las condiciones en el hospital requerían una preparación específica de antemano para que la impaciente paciente desde el primer momento de su arribo, tuviese un maletín con las cosas que iba a necesitar en una habitación adonde no habría nada. Miento. Había una cama, un colchón, una mesa de noche y nada más. Los objetos más indispensables serían la ropa del bebé, bata de casa, ropa de cama, almohada, comida para la madre y el bebé, algodón necesario para tantas cosas, jabón de bañarse y jabón de lavar ropa, un bombillo para tener luz en el baño (y hasta en el cuarto), un cubo, toallas para la mamá y el bebé y no olvidemos las muy necesarias chancletas. Amarilys no tenía chancletas propias y tuvo que arreglárselas con unas que usaba Carlos. Por supuesto, le quedaban enormes, pero eran las únicas. Carlos calza el 10 1/2 y Amarilys el 5. La bata de casa se la regaló su mamá. El médico de Amarilys no tenía permiso para trabajar en ese hospital, y fue atendida por el que estaba de guardia.

La médico partera de Amarilys, cuando su paciente llevaba unos meses embarazada, le pidió que viniese a la próxima consulta con su marido, ya que quería hablar con él. Cuando Carlos entró y ella vio lo flaco que estaba —en aquel entonces pesaba 110 lbs.— la doctora se quedó sorprendida y les confesó cuál había sido la razón para citar a Carlos a la visita médica. Les anunció que Amarilys, embarazada de 6 o 7 meses, tenía desnutrición grado 3 y les iba a sugerir que trataran de alimentarla mejor y que Carlos compartiese parte de sus alimentos con ella. Pero al ver a Carlos tan flaco se olvidó lo que había pensado, y más al enterarse por el matrimonio que ya hacía tiempo Carlos le daba a ella toda la proteína que le correspondía a él. Cuando nació el niño, Amarilys estaba tan mal que tuvieron que pasarle dos transfusiones de sangre. Afortunadamente su hijo nació normal y, acto seguido, el suegro de Carlos entró en acción para ayudar con comida del campo, incluyendo carne. Encontrar y traer carne era un problema serio por estar prohibido bajo pena criminal matar el ganado bovino. Estaba controlado y supervisado por el gobierno, al punto que cuando paría una vaca era obligatorio declarar a todos los terneros y registrarlos con una presilla numerada para su identificación. Tratándose de Cuba existía una cierta variedad de trucos. Por ejemplo, cuando nacía un ternero se le escondía para criarlo, y una vez crecido poder ser usada su carne para comida. Entonces, al morirse un buey de viejo, se volvía a usar esa presilla de nuevo. El papá de Amarilys, como ya hemos comentado, fungió de despensa familiar criando pollos, puercos, limones, guayabas y vegetales en el patio de su casa en Caimito del Guayabal para cada cierto tiempo llevarle comida a la familia de su hija en La Habana. También le prestaba dinero a Carlos cuando este necesitaba comprar materiales para sus obras de arte.

Volviendo al parto de Amarilys, es relevante mencionar que la clínica escogida para que Amarilys pariese a su criatura fue porque era considerada un oasis de salubridad en el marisma cenagoso en que operaban los parteros cubanos. Las había mucho peores, aquellas en las que le hubiese tocado compartir una misma habitación o pabellón, estilo falansterio, con diez y hasta veinte otras mujeres más, todas apretujadas. Esta clínica era considerada fenomenal porque los cuartos eran solo para dos mujeres. Durante los días que la paciente estuviese en el hospital, alguien de la familia debería quedarse para acompañarla, ayudarla y... ¿por qué no decirlo?... Para protegerla. Los hombres no se podían quedar por la noche a dormir con sus esposas. Solamente eran permitidas mujeres. Cada cuarto tenía un baño pero la ducha no funcionaba. Entonces en algún lugar de la clínica, posiblemente la cocina, Amarilys no se acuerda dónde, hervían agua y la familia del paciente llevaba su cubo; allí se lo llenaban y después de que la acompañante de la que parió lo cargase para la habitación, entonces mezclándolo con agua más fría, para disminuir la temperatura, se bañaba a la paciente con muchas incomodidades. Por otra parte, no había agua constante las veinticuatro horas del día. Si te querías lavar los dientes o usar el inodoro casi siempre había que apelar a los cubos de agua que se almacenaban en los baños y había que racionar muy bien. En la habitación que le tocó a Amarilys había dos mujeres y a Amarilys le tocó la cama pegada a la ventana, la cual tenía los vidrios todos rotos. Amarilys parió en septiembre, época de calor cubano, y al no haber aire acondicionado en la habitación ni en el hospital, la cercanía a la ventana le permitía algo de fresco. Pero también llovía con frecuencia y para evitar que no entrase demasiada agua cada vez que caía un chaparrón, había que colgar la única toalla como si fuese una cortina de ducha, tratando así de evitar que ni la madre ni el bebé, a su lado en una cuna plástica, se empaparan. La toalla, claro está, se saturaba y entonces había que entrarla chorreando de agua. Además, al usarse para su función normal que era secar a la madre y al bebé, la toalla se mojaba y para secarla había que colgarla extendida sobre la baranda a los pies de la cama de hierro. Con la humedad caribeña nunca se secaba del todo. Por todo lo narrado puede deducirse que el cuadro en el cuarto del hospital era tétrico: Las toallas raídas y gastadas, los baños fétidos y sucios por la ausencia de desinfectantes, ambientadores, del agua, etcétera. Los bebés sin bañarse, escasez de jabón, cero desodorantes y la constante humedad calurosa caribeña. De acuerdo a lo relatado por Carlos y Amarilys, los bebés no se les vacunaban porque no había vacunas ni la hubo nunca mientras hicieron vida de familia en Cuba hasta que el bebé, Carlitos, cumplió diez años.

La comida del hospital, reporta Amarilys, tenía tan mala cara que no recuerda haberla probado. Sus padres, para ayudarla, mataron una gallina con la cual le hicieron una sopa alimenticia y se la llevaron desde unos cuarenta kilómetros de distancia hasta La Habana para que se pudiese alimentar durante su estadía en el hospital. Carlos también resolvió el constante dilema, ya que tenía la suerte de conocer a una persona en el restaurante Don Giovanni, en La Habana Vieja donde solo atendían a extranjeros con dólares. En aquellos momentos, en Cuba, el dólar estaba penalizado, pero Carlos le pagó en pesos cubanos a su amigo y se apareció en el hospital vanagloriándose de haber logrado conseguir y traerle a su mujer una pizza que hasta chorizo tenía. ¡Deliciosa! Una señora pizza de calidad estilo para extranjeros nada más, un privilegio de manjar que no tenía nada que ver ni se parecía a las piltrafas que había para que comiesen los cubanos. Un verdadero trofeo de caza urbana fue lo que le trajo el orgulloso marido de regalo a su esposa.

Es importante mencionar que no había enfermeras que uno llamase por un botón para ayudar con el paciente. Administrar los medicamentos era su única tarea y punto. Al hospital había que llegar con una habilidosa, musculosa de ser posible, y pertinaz acompañante que se hiciese responsable de cargar el cubo una vez que se usaban las aguas pues el tanque suministrador estaba en otro piso. No solo tenía que cuidar al paciente sino también estar vigilante pues, con cualquier devaneo, le robaban el cubo, además de, por supuesto, vigilar si lloraba el bebé. En fin, era una tarea de mucha responsabilidad, ya que tenía que ocuparse de todo. Gracias a una combinación de su hermana (2 días) y su suegra (1 día), siempre tuvo alguien de confianza cuidándola y sin dormirse por la noche. No había medicina para los dolores pospartos. No había nada de nada para nadie.

El bebito estuvo en una cuna plástica a su lado en el cuarto todo el tiempo. A los niños recién nacidos no los bañaban. El jabón Nácar, marca del que se distribuía para bañarse, era hecho en Cuba y apestaba. Olía a rayos, según Amarilys. El de lavar se llamaba Batey. La libreta permitía la compra de un jabón al mes por persona. Carlitos estuvo los tres días sin bañarse y llegó con tremenda peste en la cabeza a su casa. Tampoco había pañales desechables. Solo se disponía de unos escasos que se mandaban a hacer con una mínima cantidad de tela de algodón, llamada comúnmente antiséptica, que se distribuía a todas las embarazadas en unas tiendas denominadas Canastillas. Los culeros y pañales se enjuagaban primero para eliminarles los desperdicios alimenticios del bebé y luego se hervían con o sin jabón, en dependencia de la disponibilidad de este. Solo así se lograba la higiene para el bebé. De lo que supuestamente la criatura al nacer tenía derecho por su ya propia libreta de abastecimientos, la realidad es que no había prácticamente nada. Ni cuna, ni palangana para bañarlo, nada. El padre de Amarilys compró unas telas de algodón para pañales pero no alcanzaron, así es que le compró más a una mujer que estaba embarazada y le cedió el derecho a comprar pañales. El agua de la cisterna, tan imprescindible para lavar los pañales sucios, entraba solamente a cierto horario en la casa y se tenía que bombear con un motor al piso de arriba. Cuando se rompía el motor había que arreglarlo de todas maneras, poniendo dinero entre los vecinos. En ambas residencias matrimoniales, Narciso López #5 había 4 apartamentos, y en Narciso López #12 había más. En este último había una batea y una lavadora, pero en Narciso López 5 no había ninguna de las dos por lo que había que lavar en una palangana.

Amarilys y su hijo estuvieron tres días en el hospital después de los cuales tuvieron que inventarse la manera de irse para su casa. Por supuesto no había dinero para pagar taxis, no había silla de ruedas para llevar a la paciente a la puerta, ni mucho menos una silla de bebé para autos. Por tanto: Se buscó a un familiar con su auto y a sentarse con el bebé en brazos en el asiento delantero con fe en el futuro.

Operación de adenoides

Antes de cumplir 10 años, Carlitos tuvo que ser operado en La Habana, tanto de las amígdalas como de las adenoides. Con mucha suerte, lograron que una amiga que era médico, les consiguiese permiso para ingresarlo en el Hospital Pediátrico William Soler. El hospital comenzó a construirse durante el último mandato del presidente Batista, se interrumpió su construcción al llegar la revolución y fue inaugurado, finalmente, el Día de las Madres, el 9 de mayo de 1960, por el régimen castrista, después de instalársele uno de los dos elevadores rescatados de la tienda El Encanto, incendiado a causa de un sabotaje contrarrevolucionario. El Hospital Nacional de la ONDI (Organización Nacional de Dispensarios Infantiles), así se llamaba, tenía la peculiaridad higiénica que para los pacientes poder hacer pipí y usted verá qué más, Carlitos Jr. entre ellos, primero tenían que bajar tres pisos por las escaleras, para una vez que llegasen al primero, orinar contra un árbol al aire libre en el llamado jardín, que no era mucho más que unos cuantos matojos en el parqueo. Los inodoros dentro del edificio estaban todos hediondos, asquerosamente tupidos y rotos. Para, como le decían a los niños en Cuba, cambiarle el agua a los pececitos, había que aguantarse hasta poder hacerlo a la intemperie y en la oscuridad por lo que se añoraba que oscureciese lo más pronto posible. El hospital solo podía ser considerado bueno por Carlos y Amarilys por el hecho de que allí conocían a la cirujana Magaly Yepe, quien operaría a Carlitos. Gracias a esto, aunque lo normal era que los pacientes ingresasen unos días antes de la operación y estuviesen una semana después de operado hasta que terminara de recuperarse, la Dra. Yepe les dijo que trajeran al niño el mismo día de la operación y se lo llevasen 24 horas después para la casa, donde, sin dudas, lo podrían cuidar mejor que en el hospital. Y así lo hicieron y el niño estuvo una noche nada más, pero en las 24 horas que estuvo allí no pudo ir nunca al baño. Carlos trató de encontrar alguno que no estuviese clausurado, pero todos estaban llenos de tarecos. Los baños en Cuba son complicados ya que lo usual es que no descarguen los inodoros y no haya ni agua ni papel. O sea, las tasas son objetos decorativos hediondos y permanentemente tupidos. Amarilys me contó que ella nunca recuerda haber utilizado papel sanitario hasta que no era estudiante universitaria de la Universidad de La Habana, aprovechándose de su situación estratégica para usar los baños del hotel más cercano, el Habana Libre, en el que se colaba (lo cual quiere decir que entraba sin permiso). Carlos, por su parte, recuerda que los baños del ISA tenían la misma característica que la generalidad del país, por lo que había que esconderse en el monte, como animales, para poder furtivamente evacuar los intestinos. Apuro en aclararle al lector que lo que Carlos narró usando el término monte es lo que antes del triunfo de la revolución fue el campo de golf del Country Club de La Habana, ya desprovisto de todo elitismo aristocrático. Después de concluir el proceso peristáltico y expeler el excremento, era necesario limpiarse con periódicos. Lo idóneo era usarlos después de poder lograr mojarlos y estrujarlos un poco con el propósito de suavizar el contacto necesario para concluir el proceso higiénico. Carlos recuerda una canción popular que trataba el tema y me la cantó, frente a Amarilys. Me reí a carcajadas pero Amarilys se avergonzó de nuestro comportamiento pueril. Dice así la letra:

Tilín Tilón
El Himno del Tibor

Cuando vayas a cagar
No te limpies con papel
porque el papel tiene letras
y el culo aprende a leer
Tilín Tilón
El Himno del Tibor

Con el Período Especial hubo aún más escasez de papel. De todas maneras, e independiente de las privaciones, algunas variaciones de papel de utilidad doméstica estadounidense, como por ejemplo el papel toalla, eran desconocidas. Un familiar de Carlos y Amarilys llegó de Cuba traumatizado. No queriendo desperdiciar lo que le parecía un lujo, enjuagaba y reciclaba el papel toalla. El hospital infantil adonde Carlitos Jr. se operó parecía un edificio que estaba abandonado. Las ventanas tenían persianas de cristal que estaban todas rotas y dejaban entrar lluvia, mosquitos, y frío. En ese mismo hospital, años antes, en 1963, había muerto el hermano mayor de Amarilys. Tenía año y medio y le dio gastroenteritis pero en aquel entonces se le ocurrió al gobierno que las madres no debían entrar al hospital y quedarse de acompañante de sus hijos enfermos. Había una sola enfermera para varios niños y cuando se percató que el suero que hidrataba al hermano de Carlos se había ido de vena hacía horas, ya era ya muy tarde para salvarlo. La madre de Carlos, quien llevaba varios días sentada en un banco en el lobby del hospital, cuando le dieron la noticia empezó a gritar que Fidel era peor que los gobiernos anteriores y que cualquier asesino que hubiese tenido Cuba. Gritaba en estado de shock y se la llevaron presa. Hubo que hacer muchas gestiones para que la soltaran y la dejaran ir al velorio de su primer hijo, quien había sido asesinado por la revolución. Cuando Carlitos estuvo en ese mismo hospital, su abuela paterna no podía sustraerse del recuerdo y la angustia tan dolorosa de haber perdido allí a su primer hijo por lo que no fue a ver a su nieto. El padre de Carlos se esforzó y subió a la sala pero estuvo toda la visita llorando y habían pasado ya casi 30 años de la muerte de su hijo mayor.

Las apariencias engañan

Con la misma honestidad que reconozco que no soy un escritor famoso, reconozco que entre las cualidades buenas que poseo está la de tener la suficiente suspicacia para detectar exageraciones y mentiras. Al no haber vivido bajo el opresivo yugo revolucionario cubano, he notado que los cubanos que son productos de la revolución hablan distinto, no son cuestionadores. Están acostumbrados a contemporizar con bípedos implumes exigiéndoles anuencia implícita, como por ejemplo los del Minint, que decididos a que se acaten las imposiciones de su férula, exigen aceptación colectiva con pesadeces y actitud férrea. Los recién llegados exhiben una diferencia cualitativa, demostrando maestría con el apaño y la negociación, aparte de agilidad, soltura, astucia y delicadeza en las expresiones del diálogo cotidiano. Por ejemplo, he trabajado durante años con alemanes, a los cuales les he notado que gesticulan poco cuando dialogan, tal vez porque su idioma, adecuado para la precisión de conceptos, no necesita el acompañamiento gestual ni los ademanes sin los que, por ejemplo, los cubanos precastristas seríamos incapaces de comunicarnos bien. Hablar con un cubano requiere pericia en mirar el ir y venir de las manos ya que o le añaden o quitan fuerza a la selección de palabras empleadas en el sistema comunicativo típico de los que se fugaron al exilio al comienzo del nuevo régimen. Se puede lograr que una sonrisa y hasta una palmada de afecto, a pesar de que lo dicho, sin gestos, hubiese sido una pesadez, suene agradable. De observarse atentamente las inflexiones vocales, el manoteo, la voz y facciones, el cubano es capaz de advertir que ha hablado con la fuerza de un cariño usado solo para seres queridos. Por teléfono se hace obvio que no funciona la misma calidad comunicativa. Pasa a niveles algo escabrosos todo aquel que pretenda valerse de su acostumbrada combinación de inflexión vocal con manoteo. Al no verse los que dialogan, no funciona la cosa, creándose malentendidos. Con los alemanes, el manoteo no viene al caso. Lo que cuenta es lo que se dice. Como si fuese una conversación telefónica, ya que de no ser así terminaría el diálogo de manera abrupta. El cubano poscastrista no gesticula para suavizar sino que matiza. La mayor parte de la cotidianidad del ciudadano cubano de a pie que vive todavía en su país natal, se consume en sobrevivir en medio de una realidad peculiar e invasiva, y se ve obligado a la desagradable posición de mantenerse en una vigilancia verbal continua, obligándosele a seleccionar de entre las muchas maneras diferentes de expresar una misma idea preferir lo menos posible ser inconforme, contestatario y audaz. Algo similar a como andaría un hombre desnudo obligado diariamente a atravesar un potrero lleno de arbustos espinosos, a los que en Cuba se le llama marabú. En cambio, se valoran otro tipo de cualidades como tolerancia al aceptar los parasitismos materiales, capacidad para reírse de chistes no simpáticos, el no deslumbrar o escandalizar, demostrar amplitud de criterio, pericia para torear tanto los vasos de ron malo destrabalengua como las embestidas verbales con risas leves y medio fingidas hasta volverse naturales y espontáneas. Admiten las transgresiones, ya bien de subordinados o superiores, contra las reglas, o las leyes que rigen sus cotidianidades. Ser contestón, desafecto y atrevido es muy desaconsejable. De ignorarse, y no pasar instantáneamente a simular contrición, se expone el despreocupado insolente a sentir un chorro de aire helado subiéndole por dentro de los pantalones al oír las voces iracundas de los bundolos del MININT. La función de esa organización, según expresa, es la de salvaguardar la seguridad de la ciudadanía y del orden interior. En otras palabras, y con la verdad en la mano, es el organismo de represión que le da azotaínas al que resulte desconforme con las órdenes de la nomenclatura. De ahí que mejor es permanecer concentrado y tratando de sobrevivir el día a día, aunque se esté desalentado y con la resignación de que no queda otra alternativa, así que a tratar de ser feliz con lo elemental.

Carlos también ha señalado cómo percibe ciertas diferencias en la manera de dialogar con los cubanos que se exiliaron al principio de la revolución, así como con los cubanoamericanos hijos y nietos de aquellos. Por ejemplo, ha notado que al oír o leer acerca de las vivencias de los cubanos que vivieron bajo el régimen, como él, Amarilys y su hijo, por ejemplo, las tildan de exageradas, de ser una dramatización novelesca de la verdad. Es muy fácil esgrimir esa convicción cuando lo que se conoce de Cuba es a través de una estancia en hoteles 5 estrellas, donde los reciben como reyes. El que va de visita, quizás por primera vez en su vida, no obstante considerarse cubanoamericano, no se hospeda en Catalina de Güines, ni Mantilla o Placetas, ni tampoco visita Ceiba Mocha o Corralillo, y mucho menos trata de vivir, o de dormir sin electricidad toda la noche, y limitado a lo que le sea proporcionado por una libreta de abastecimiento en Caimito del Guayabal. Muchos norteamericanos y aquellos que ni siquiera son cubanos, ni hijos de cubanos, también opinan, con el cuidado de matizar sus aseveraciones, y no ser en lo absoluto categóricos. Son aquellos de buena fe, afectados por la información publicada en las redes, y hasta dispuestos a discutir con acalorados argumentos en contra de las versiones dadas por individuos como Carlos, Amarilys y el hijo de ambos. Este último ha tenido que soportar acusaciones de ser un cubano-americano que no es agradecido con el régimen castrista por todos los beneficios que el comunismo le ha facilitado a sus ciudadanos y que en lugar de narrar objetivamente, fabula e inventa.

El hijo de Carlos y Amarilys escribió un artículo sobre Cuba para la universidad de donde se acaba de graduar —Columbia Law School— y alguien, queriendo desvalorizar el impacto de su artículo, destogándolo y desbirretándolo, le dijo que todo eso era falso, y que lo más conveniente es que se pasara un semestre en Cuba en un intercambio académico y visitase alguno que otro hospital, para que viera que las condiciones no eran como él las describía, y así coincidieran con la realidad. La respuesta de Carlos Jr. fue que él había viajado por toda La Habana en un banquito de madera que su papá le fabricó para colocarlo entre los manubrios de la bicicleta rusa y el asiento adonde su padre pedaleaba; que lo llevaban a Policlínicos en su infancia; que se educó en la escuela de Cuba y creció y jugó en los parques; que pudo comer solamente en restaurantes para los cubanos, no en los que les eran solo para turistas; que se operó en un hospital habanero, etcétera, es decir, que hablaba a partir de sus propios conocimientos. Hoy Carlos Estévez Esquire, pudo haber también mencionado que escasearon las medicinas durante su infancia, al punto de aunque fuesen recetadas por su médico, al ir a comprarlas, simplemente no las había y le espetaban la ya consabida frasecita de «Está en falta». Punto final.

Otro detalle que Carlitos pudiese haber mencionado para que se supiese todo lo cognoscible es que las maestras en el colegio les pegaban a los niños, además de robarles sus meriendas. Carlos y Amarilys nunca le pegaron a su hijo, a pesar de que de niños a ellos sus padres sí les pegaron. Amarilys cuenta que a ella de niña le pegaron, tanto su mamá como su papá. Sin embargo ni Amarilys ni Carlos lo hicieron con su hijo. Un día Carlitos llegó del colegio hablando algo de que su maestra le había dado una patada a la mesa de una niña, que por poco causó que se cayese al suelo. Amarilys le preguntó a su hijo si a él alguna vez le habían pegado y él contestó que no. Pero epidérmicamente no quedó del todo convencida y esperó para ventilar el tema en la próxima reunión de padres, adonde acostumbraban a exponerse las necesidades escolares del plantel educacional para que de esa manera los padres se pudiesen enterar y ocupar de suministrar hasta las frazadas de limpiar pisos, ya que no había nada. Al terminarse la discusión de lo que hacía falta y quién lo iba a traer, Amarilys pidió la atención de toda la asistencia y anunció en voz alta que por favor, si su hijo hacía algo mal que requería disciplinársele, pero que no le pegasen porque ella nunca le había pegado y no quería que nadie lo golpease. Añadió que no quería complicarse con argumentos de si su idea de disciplina y castigo era buena o mala pero eso sí, quería dejar muy claro que lo único que pedía es que no le pegasen. Que se lo dijeran a ella y ella se ocuparía de disciplinarlo.

Las madres allí presentes, formando parte de lo que ya para entonces era una sociedad degenerativa, y quienes, al igual que Amarilys, no tenían ninguna otra opción más que mandar a sus hijos a aquel centro escolar, se unieron para bramar: «¡Lo que hay es que darles a estos muchachos, el tuyo incluido, es un buen trompón!». No se mencionó en ningún momento a las niñas, a quienes seguro que mechoneaban hasta hacerlas llorar cada vez que se portaran mal. El centro escolar, por cierto, era una mansión antigua con una escalera de caracol toda desbaratada, baños descompuestos y tupidos que no servían para las evacuaciones infantiles cotidianas y un constante calor por falta de ventilación en las aulas.

Volviendo al robo de meriendas, Amarilys todos los días mandaba a Carlitos a la escuela primaria en La Habana con su merienda, y la profesora le quitaba la mitad, si después de examinársela, decidía que le apetecía. No solo a Carlitos sino a todos los alumnos. Para proteger a su hijo, Amarilys aplicó un curso defensivo materno que consistió en mandarle a la escuela dos meriendas, una para su hijo y otra para la maestra. Pero ahí no paró lo del problema de la merienda ya que sin andar buscándole la contrapelusa de las cosas, parece ser que Carlitos empezó a comentarle a su mamá que de nuevo le estaban robando la merienda. Su mamá le insistió en que se fijara bien quién era y al explicarlo en su casa, todos cayeron en cuenta que era una de sus compañeritas que sufría problemas de nutrición. Le robaba su comida por hambre. Amarilys averiguó que la madre de la muchacha mal alimentada era soltera, con muchos hijos, hasta tenía uno con Síndrome de Down, y no daba abasto alimentándolos. Por fin, a Amarilys le dio pena y sin pregonarlo, empezó a mandar a su hijo a la escuela con tres meriendas. Una para él, una para la niña desnutrida y otra para la maestra. Las asperezas cotidianas a las que fue sometido este muchachito prepuberal, aún con sus padres haciendo todo a su alcance para protegerlo, prueban que ser adulto en Cuba es adquirir un espejismo de control, una ilusión perniciosa de dominio sobre vidas y decisiones. El desengaño viene al verse uno moldeado por voluntades ajenas, a eventos que les damos nombres indefinidos como casualidades, cosas de la vida y hasta el destino. Cualquier nombre para evitar usar la explicación de que todo ocurre por la voluntad del régimen.

Juguetes

Cuando uno es niño, como lo fuimos todos y por supuesto también lo fueron Carlos y Amarilys, se sueña con tener juguetes. Para los niños en Cuba, son difíciles de encontrar y ni hablar de lo difícil que se hace comprarlos. Es toda una epopeya. Los juguetes eran vendidos por el gobierno una vez al año. Al principio del régimen comunista, las ventas eran durante la epifanía, las tradicionales fiestas de la Iglesia Católica, para el día 6 de enero, en conmemoración de la adoración de los Reyes Magos. Por razones de que fiestas de manifestación, aparición y revelación del Hijo de Dios no pegaban para nada con un régimen comunista, cambiaron la fecha para el 26 de julio, día de conmemoración del ataque al Cuartel Moncada. La distribución de oportunidades para comprar juguetes se celebraba a nivel nacional. Llegaban al pueblo de, por ejemplo en el caso de Amarilys, Caimito del Guayabal, y había un sorteo para establecer prioridades de derecho a comprar juguetes. Los números se ponían en un bombo en el medio del parque y sacaban un número, antes de anunciarse en alta voz algo similar a: El primer día a las 9 de la mañana al núcleo familiar número (X) se le da un turno para comprar los juguetes. El sorteo era para tener derecho a comprar un equipo de tres juguetes clasificados en básico, no básico y dirigido. Para las hembras, el básico, era, por ejemplo, una muñeca; el no básico, quizás un jueguito de cocina con unos cacharritos, y el tercero, el dirigido, podía ser una pelotica con, o a veces sin, un juego de jackies. Para los varones, el básico era un camión, una bicicleta, un juego de soldados con tanques, un tren de baterías, etc., el no básico un carrito plástico, y el dirigido unas bolitas.

Entonces... ¿qué pasaba con esas prioridades de derechos para adquirirlos? ¿Cómo transcurría el proceso? A la tienda de Caimito del Guayabal, por ejemplo, podían llegar solamente una o dos muñecas o bicicletas. Mientras mejores eran los juguetes, menos cantidad venía de ellos, y por lo tanto los mejores juguetes se acababan muy rápido. Amarilys tenía la mala suerte que en el sorteo siempre le tocaba comprar durante los últimos días, cuando ya nada más quedaba de los juguetes dirigidos, hasta que se enteró que la gente compraba los turnos, por lo que el asunto no era precisamente de tener o no mala suerte. Amarilys le pedía a su mamá que la llevara por favor a ver todos los juguetes recién llegados, los cuales ponían de muestra al público en las vidrieras de las tiendas. Al verlos, soñaba con lo que ella deseaba. Iba día tras días, antes de que le tocasc comprar, y veía cómo cada día quedaban menos de los juguetes buenos, hasta ir desapareciendo de las estanterías poco a poco. Esto lo recuerda como algo muy doloroso y traumático.

La primera vez que Amarilys fue a una tienda de juguetes fuera de Cuba fue a un establecimiento que cuenta Carlos que se llamaba «Hamleys», en Londres, y experimentó una gran tristeza. Le costaba trabajo entender que ella podía comprar y tener el juguete que ella quisiese. ¡Había tantos juguetes! Es difícil datar con exactitud las distintas etapas de los niños en lo relativo a la fascinación con los juguetes. Empieza pronto, se forja en diferentes niveles y procesos de acuerdo con sus desarrollos. Se acumulan los cachi baches y entonces en algún momento dado, inesperado, más largos en unos que en otros, viene la decantación y luego la ruptura. Ni Carlos ni Amarilys pasaron por ese proceso de maduración. Por ejemplo, en el caso de Carlos, y por supuesto después de irse de Cuba al exilio, el mató un enorme atraso de deseos, angustias y de ansiedad comprándole muchísimos juguetes a su hijo y poniéndose a jugar con él. Un día, cuando su hijo ya estaba bastante grandecito, este le confesó a su papá que hacía rato que jugaba con él y los juguetes solamente para complacerlo, por cariño y respeto, pero desde hacía ya un buen rato él no tenía ningún interés en jugar con juguetes. «Papá estoy jugando contigo por compromiso, pero ya no quiero jugar más». Todavía Amarilys and Carlos van a jugueterías nada más que a mirar, solo miran, sin comprar. Ella se recrea caminando por la sección dedicada a las hembras y él a la de varones. A ambos no les interesan los juguetes tecnológicos, sino los clásicos de su época. Sobre todo los básicos.

Volviendo a la antedicha y corrupta distribución de juguetes en Cuba, había familias que aunque se ganaran la lotería, no les alcanzaba, con el poco dinero que tenían, para comprar los juguetes más caros. Digamos, por ejemplo, la bicicleta. Cuando los mejicanos retirados se fueron de Cuba les dejaron a Calixto García unas cosas (motores, etcétera) para que las vendiese y usase ese dinero para comprarle regalos a su nieta Amarilys. Ella recuerda haberles escrito cartas a sus abuelos postizos, en las cuales les explicaba que gracias a lo que le dejaron a mi papá me pude comprar el juguete que yo quería. Parte de la desesperación con la compra de juguetes era que después del sorteo y las ventas del 26 de julio de cada año, no quedaban juguetes hasta el siguiente. Con los primeros dineritos que ganó Carlos con su arte le compró un vestido a Amarilys y un juguete a su hijo y luego continuó comprando; todos los que Carlos deseó de niño y no pudo tener. Amarilys y Carlos solo tuvieron a Carlitos, de manera que ella no tuvo la oportunidad de comprarse juguetes y usarlos para jugar con una hija. Los niños mayores de 15 años ya no eran incluidos en el sorteo para comprar juguetes. Amarilys tiene una hermana mayor, María de los Ángeles, que le lleva tres años, a quien siempre la familia llamó Angelita. A ella le encantaban los juguetes de peluches. Cuando al fin Amarilys sacó un buen número, lo primero que hizo con su codiciado derecho de compras, fue comprar un oso peluche para su hermana y un perro de peluche para ella misma, y una muñequita china para su mamá. El oso de peluche fue conservado hasta que Angelita se fue para los Estados Unidos lo cual le produjo una gratificación sentimental importante al haber podido compartir sus juguetes con su hermana y su mamá.

Carlos y su padre fidelista

A cierta edad los muchachos empiezan a entregarse a la reflexión y al cuestionamiento sobre los sustratos capitales del dogma revolucionario. Una tarea ímproba pero con mucho cuidado, claro está. Carlos acudió a la persona en la cual confiaba, quería y todavía quiere mucho: a su papá. La incomodidad paternal aumentaba a medida que las preguntas de Carlos se dirigían a la semejanza de la situación que se vivía con componendas políticas, llenas de intereses ocultos y espurios. Las respuestas de su padre tendían a demostrar su ingenuidad al abrazar romántica y limpiamente la causa castrista. Mi impresión es que Carlos llegó a sentir lástima de verlo fanatizado. A veces, a pesar de esforzarse, se encontraba sin respuestas a ciertas partes del bien intencionado y respetuoso pero insistente interrogatorio. «Mi papá, hoy en día [reconoce Carlos sin rodeos ni circunloquios] es comunista». «Más bien fidelista [se apresura a dejar claro Amarilys]». Si se le pregunta si es fidelista o comunista, el papá de Carlos contesta que lo segundo. Él es militante del Partido, fue a la zafra a cortar caña y participó en las marchas de los cien kilómetros, una demostración conmemorativa. Es probable que su devoción al régimen, que implicó largas horas de trabajo y viajes que lo ausentaban del hogar, le haya costado el divorcio con la mamá de Carlos. Llegó el momento en que las preguntas de Carlos chocaron con un mutismo sepulcral de su padre: El que calla otorga. En otras ocasiones terminaba dándole la razón a Carlos. Finalmente se vieron obligados a dejar de tratar temas del régimen para evitar disgustos e incomodidades. Cuando Carlos se fue del país, su padre reanudó sus menciones por cartas de temas cargados de política, como por ejemplo el de los cinco héroes cubanos que fueron arrestados en los Estados Unidos. Carlos le replicaba: Papá, tú querrás decir los cinco espías, y entonces su papá paraba de responder. Hoy en día se comunican por correo electrónico, y aunque distanciados por la geografía y la política, sus comunicaciones están llenas de cariño. Aun cuando Carlos creía todavía en la igualdad social, había canciones de trovadores que le recordaban la diferencia de beneficios.

> *«Hundiendo al Poderoso*
> *Alzando al Perezoso»*

Carlos comenzó a observar el gran desfase del funcionamiento de la sociedad. Entre las preguntas más escabrosas que Carlos le hacía a su papá estaban las que giraban acerca del tema del segundo esposo de su mamá. Este tenía muchas casas, varios autos Alfa Romeos, BMW, dinero, en fin, una vida holgada y con varias exesposas, que fueron quedándose con casas de los años 50 de la arquitectura esplendorosa de Cuba (en Nuevo Vedado, Miramar, etc.). Llegó a ser Vice Ministro de la Construcción y en el pasado había sido de la clandestinidad. Cuando llegó a la mamá de Carlos, sus recursos ya habían menguado pero le hacía regalos generosos y a Carlos, por ejemplo, juguetes buenos, no acordes con la época. Carlos se preguntaba él mismo y también a su papá, el porqué de ese poder adquisitivo. Los hijos de otros matrimonios de su padrastro, andaban manejando y también, por cierto, chocando a cada rato, carros buenos. El papá de Carlos le contestaba que esos beneficios eran el resultado de que trabajaba más, a lo que Carlos le ripostaba que su padrastro no trabajaba más, pues siempre andaba con su mamá, que todo era una imagen inocua, por no decir que era todo un descaro con el respaldo del autoritarismo que obliga al ciudadano a doblegar su comportamiento y a tragarse la animadversión visceral.

Se vieron obligados a poblar sus conversaciones de las trivialidades acostumbradas porque la discrepancia era insostenible y la realidad aplastante. Un amigo del papá de Carlos llamado Betancourt, relacionado con la planta termonuclear de Cienfuegos, era un hipercastrista al igual que su mujer. La hija se fue para los Estados Unidos por el Mariel y nunca más supieron de ella. Ahora viejo y cargado de remembranzas, en un asilo para nonagenarios, como uno de los últimos reductos de la fenecida oligarquía cubana, y con su esposa ya fallecida, le pidió a Carlos, a través de su papá en Cuba, que intercediera para reencontrarse con su hija. Sin embargo, la hija no quiere saber nada de su padre. Carlos la halló, a pesar de que ya tenía otro apellido, pero se negó a tener ninguna comunicación ni saber nada con su padre. Ella contó que cuando se fue por el Mariel, su padre le dijo «Si te vas, no eres mi hija». Al llegar a los Estados Unidos sufrió mucho. Ya tiene una vida organizada, hasta tiene nietos, y el hecho de que su padre tenga 92 años, y esté prácticamente muriéndose, no la conmueve, por lo que Carlos se negó a intervenir.

Carlos y Amarilys justifican su inicial creencia en la revolución, además del adoctrinamiento, por la fe sincera de que se estaba construyendo algo muy humano y los Estados Unidos presionaban en contra. Se sentían protagonistas de una gran hazaña para lograr un futuro mejor, solo que pasaban los años y este no llegaba, sino que empeoraba. Se creían que estaban construyendo un socialismo que los llevaría a la perfección, el comunismo, y que múltiples errores que se cometían en el camino, causantes de desigualdad y otras dificultades, se sobrepasarían para llegar a la meta deseada. Hoy en día lo reconocen todo como una mentira, que de haber continuado hubiese sido una vida malgastada.

Calixto García - El todero resoluto

Luego de escuchar tantas anécdotas, me dio tristeza no haber tenido el privilegio de conocer personalmente al individuo que sin permiso de nadie decidí apodar «El todero resoluto»: El suegro de Carlos. Él era quien, dentro de las pocas posibilidades existentes, continuaba siendo la maquinaria silenciosa que hacía que todo funcionase sin permitir que sus seres queridos sufriesen de las carencias de lo que él pudiese resolver. Problema que le surgiese a algún miembro de su familia, se convertía para Calixto García en algo a lo que él personalmente le echaba el hombro para empujarlo para adelante, tanto para los más allegados como a cualquier otro familiar. Por ejemplo, la tía paterna de Amarilys quería irse del país, en el año 1980, por el Mariel. Para ello había dos maneras, una que la familia estadounidense que se tuviese reclamara a la persona mandándole una embarcación y la otra era anotándose en una lista de individuos que hubiesen cometido delitos, ya bien porque fuesen actos ilegales, o también declarándose homosexual. El primo de Amarilys se anotó como homosexual y su padre, el tío, confesó haber matado una vaca para poder tener algo que comer. Ambos eran delitos, y la confesión los convertía en delincuentes. Lo único que soñaban era poderse ir de Cuba todos juntos. El matavacas y su esposa tenían cuatro hijos, entre los cuales estaba el muchacho de 16 años que se declaró gay. El gobierno examinaba la lista y se aparecían en el hogar de la familia para anunciar quién se podía ir y el resto tenía que resignarse a quedarse. El hijo gay recibió permiso de salida y se fue por el Mariel. El resto de la familia tuvo que adaptarse a seguir viviendo en Cuba con etiquetas de delincuentes. Durante los primeros tiempos sufrieron los llamados actos de repudio, en los cuales, por ejemplo, estudiantes y cederistas, no todos necesariamente por indolencia o maldad (aunque de todo había), eran conducidos obligatoriamente a gritar ¡Gusanos! ¡Escoria!, en la escuela, en la calle, frente a las viviendas. Incluso frente a estas, con una especie de euforia primitiva, lanzaban piedras y huevos. El matavacas y su esposa perdieron su trabajo y tenían que vivir con las ventanas cerradas todo el tiempo para evitar todo lo comentado. El todero se desentendió de hacer actos de repudio, enfrentándosele repetidas veces a la gentuza que manifestaba en contra de la familia de su hermana. Con firmeza llegaba a la casa con jabas llenas de comida, les afirmaba «Es mi hermana» y entraba a la casa para llevarles los alimentos, además de su afecto y respaldo moral. Un tipo amoroso. Sensacional. Sin alarde de ninguna índole.

Cenas dominicales

Llegado el momento de que Carlos empezó a vender obras y su mamá a mandarle remesas, ellos dos como pareja, y más tarde con su hijo, trataron de continuar una tradición a la cual los padres habían acostumbrado a Carlos, la cual consistía en salir a comer los domingos a algún restaurante. Una vez allí pedían un plato, algo modestísimo, pero la idea era compartir con sus seres más queridos unos momentos que se volvían muy especiales y diferentes. Carlos lo había hecho de niño cuando lo llevaban a comer al Floridita, la Bodeguita del Medio, y otros restaurantes pequeños de La Habana Vieja. Pero en la Cuba del Período Especial algo tan simple en cualquier otro lado del mundo como lo que es hacer reservaciones, allí resultaba casi imposible. Había que llamar y llamar repetidas veces (el teléfono acostumbraba a estar siempre ocupado) hasta poder lograr obtener una reservación. Les llamaban turnos en vez de reservaciones. Había gente que se dedicaba a vender los turnos en veinte pesos. Una ciudadana muy ocurrente que tenía dos extensiones telefónicas en su casa, llamaba poniendo a su madre en un teléfono y ella se ponía en la segunda extensión. La madre reservaba, colgaba y la hija se quedaba en la línea. El del restaurante pensaba que era otra llamada que le había entrado inmediatamente y le daba otro turno, quedándose así con dos tickets, léase, cuarenta pesos cubanos al venderlos, que aunque no eran dólares en algo aliviaban.

Un amigo de Carlos consiguió trabajo en la dirección del Municipio de la UJC, y allí, a los llamados vanguardias, es decir, a los que se destacaban, les daban de premio turnos, o reservaciones, en restaurantes que el amigo le vendía a Carlos en 20 pesos. Al llegar al restaurante, era más que modesto lo que ordenaban. Eran restaurantes de pagos en pesos cubanos, pues todavía el dólar no se había despenalizado, y solo había una oferta de menú para cada comensal, pero así y todo, comían los tres en toda una onda de celebración y festividad dominical familiar.

Amarilys nunca en su vida fue a un restaurante hasta que conoció a Carlos. En el campo, adonde ella vivía, no había ningún restaurante y de todas maneras su familia era demasiado pobre como para darse ese lujo de salir a un establecimiento adonde les cobrasen algún sobreprecio por comer. Carlos fue el primero que la llevó a un restaurante. A veces, cuando tenían muy poco dinero, o quizás no conseguían turnos, cuenta Carlos que se valían de ir a los puestecitos que comenzaron a abrirse, como por ejemplo, «La Casa de la Natilla». A Carlos no le gustaba la natilla pero se la comía, aunque no fuese hecha con leche sino con agua, de una calidad pésima, pero no importaba lo que comían, era la idea de la familia de hacer algo especial juntos el domingo. Con amor compartido y celebrado entre los tres seres queridos de una familia cada vez más unida.

Profesión artística

Después de Carlos graduarse del ISA, primero consiguió un trabajo de curador que les permitía unos ingresos módicos, por no decir ínfimos, pero por lo menos le permitió empezar a trabajar en su arte a la vez que mejorar un poco, muy poco, el *modus vivendi* familiar diario, sin saber qué pasaría mañana y solamente batallar por la sobrevivencia. Ellos mismos reviven su pasado y con la expresión de conformidad de «Es que éramos tan jóvenes». Vivían una etapa gozosa de mutuo descubrimiento que en vez de dañar, mejoró el matrimonio, siempre queriendo estar juntos, reconociendo que la felicidad era una actitud ante la vida, y el presente más inmediato. Eso sigue en el presente y después de pasar tantas horas captando sus vivencias, confieso sin modestia alguna que fue un privilegio poderlas compartir.

Con el tiempo, Carlos comenzó a viajar, exhibir y vender su arte en otros países, a veces solo, otras veces acompañado de Amarilys. Nunca con Carlitos, a quien el régimen le prohibía que viajase con ellos. Venían coleccionistas a Cuba, a quienes les empezó a vender sus piezas de arte, al principio pidiendo y obteniendo precios muy baratos, pero logrando en el proceso aliviar de sobremanera las presiones económicas de su joven familia. Y por último la mamá de Carlos se casó en sus terceras nupcias y le fue permitido viajar a Miami, adonde se quedó a vivir. Eso posibilitó que a través de su madre, la joven y recién casada parejita, ya una familia con hijo, abriesen su propia cuenta bancaria en los Estados Unidos para poder cobrar y depositar el resultado de sus ventas artísticas en un lugar seguro fuera de Cuba. Las ventas le permitían vivir de manera holgada. Con cuatrocientos dólares al mes podían vivir en Cuba dentro de un nivel económico que se le pudiese llamar, sin exageración alguna, muy cómodo.

La salida – Una Chiripa

> *«Cuando salí de Cuba,*
> *dejé mi vida, dejé mi amor;*
> *cuando salí de Cuba*
> *dejé enterrado mi corazón»*

Celia Cruz con la Sonora Matancera

Tanto Carlos como Amarilys reconocen que honestamente a ellos nunca se les ocurrió pensar en irse de Cuba como algo que les fuese factible. Les insistí con preguntas como ¿a qué se debía la falta de ensueño, de ilusión, de no querer ni hacer la intentona? ¿Por creencia en la revolución? ¿No tenían, acaso ya, la desilusión con el régimen? Claro que sí, afirmó Amarilys, solo que no teníamos la idea de cómo hacerle frente a la vida en un país extranjero. Lanzarse al mar escapando en balsa lo consideraban un riesgo, al igual que cruzar fronteras hasta llegar a territorio norteamericano. Ella admiraba a quienes lo hacían y todavía lo siguen haciendo, pero nunca lo vio como una posibilidad para su pequeña familia. Por otro lado, salir legalmente de Cuba llevándose a un niño le parecía ser no solo imposible sino inimaginable. No había ningún camino lógico. Vivían con la misma incertidumbre que el resto de la población, de que los proyectos no les funcionasen. Carlos explicó que normalmente los planes de los cubanos que viven bajo la represión del régimen, se derrumban, y es por esa razón que muchos artistas como él, de su generación, después de habérseles frustrado varios proyectos para viajar al extranjero, en la primera oportunidad que salen a cualquier lado, allí mismo se quedan a vivir y tanto su vida como su carrera se les convertía en un estanco. Muchos, con su carrera ya bastante desarrollada, se quedaban en algún pueblecito de España u otro territorio, a causa de que su desesperación los llevaba a tomar decisiones que quizás no fuesen las mejores, pero al no tener manera alguna ni condiciones que les permitiesen planear sus vidas, se limitan a hacer esfuerzos no exactamente encaminados a algo concreto. Sea lo que sea, lo aprovechan y más nada. Esos individuos, azuzados durante toda su vida por el opresivo régimen, sufriendo contrariedades e infortunios artísticos, me hacen pensar en mis propias debilidades. Como la de capitular ante la lectura de *Paradiso*, de José Lezama Lima, por lo desconcertante de su puntuación, el desbarajuste narrativo, la sapiencia de las referencias, la excentricidad de sus metáforas, la dificultad del vocabulario, y lo amazacotado de su prosa. Pero Amarilys y Carlos no capitularon, a pesar de todas sus dificultades bajo el régimen, tanto cotidianas, artísticas, como migratorias. Por el contrario, persistieron.

Y... ¿entonces?, ¿cómo fue que acaeció el final de esa etapa y el comienzo de una nueva vida? Los que no conocen a Carlos y Amarilys, le parece lógico que se lo atribuyan a una chiripa. Lo que sí los conocen y han hablado con ellos, notan enseguida la inteligencia y percepción extraordinaria que tienen los dos. Sin embargo, fiel a la responsabilidad de reportar la chiripa... les cuento...

Da la casualidad que durante aquellos tiempos del Período Especial, cuando nadie miraba a sus compatriotas con altanería, un buen día Amarilys estaba haciendo una gestión de viaje, entre muchas otras que hacía tanto para Carlos como para ella, a sabiendas de que su hijo Carlitos era el único que no podía salir. Allí, en el Ministerio de Cultura, lugar donde se tramitaban las salidas de los artistas, Amarilys se percató que había un artista mayor que Carlos, que iba a viajar con su esposa e hijo, lo cual se suponía que no fuese posible. Era un pintor muy reconocido en Cuba, de cuyo nombre no se acuerdan, o no quieren acordarse, quien había tenido un antecedente tristísimo. Sucedió que estando en uno de sus viajes en el extranjero, se le había muerto un hijo en Cuba y a partir de ese momento comunicó que nunca más saldría fuera del país para viajar a causa de los requisitos de su arte si no era acompañado de su familia. Y se lo autorizaron. Amarilys se enteró y pensó: «Si a él sí, ¿por qué a mí no?» Se lo contó a Carlos y empezaron a ver de qué manera podrían irse de viaje con Carlitos, para que su hijito, ya con diez años, viese otros países, conociese otros lugares en el mundo, pero no con la idea de quedarse sino de volver, pues ¿de qué iban a vivir? ¿Cómo les iba a ser posible? ¿Con lo que Carlos ganase de artista y en un país desarrollado donde todo era tan caro? ¿Cómo iban a insertar a su hijo Carlitos en una nueva vida? Para los Estados Unidos les parecía que era prácticamente imposible. No era un proyecto ni a largo plazo, afirman. Empezaron a hacer las averiguaciones para ver cuántos trámites tendrían que hacer. El pasaporte, y la autorización para que un niño saliese de Cuba eran procesos difíciles, demorados, complicados, llenos de trabas y de peros. Los niños podían salir de Cuba si lo hacían con carácter definitivo, pero no temporalmente. Para salir y volver se necesitaba autorización del Ministerio del Interior y específicamente de un coronel, lo cual era algo muy, pero muy complicado, y difícil de conseguir. Empezaron las gestiones con la idea de ver si lograban que Carlitos pudiese acompañarlos a dar un viaje de dos semanas para una exhibición programada en Suiza. La primera vez les fue denegado el permiso, pero volvieron a presentar todos los papeles y todas las cartas, documentos en los que se explicaba el proyecto artístico que en aquellos momentos estaban desarrollando. Se trataba de un performance en el cual una cierta cantidad de botellas, con un mensaje dentro, eran lanzadas al mar. Desde un principio Carlitos formaba parte integral de la obra pues cada mensaje tenía un número y era Carlitos quien elegía al azar el número que le correspondía a la botella que se lanzaría al mar. Si Carlos se iba al extranjero sin su hijo, a mostrar ese proyecto él solo, ¿quién iba a escoger el número si no era Carlitos? El muchacho se había hecho imprescindible para la obra de arte y así fue como se presentó varias veces la solicitud, hasta que finalmente emitieron el permiso.

Mientras todo esto estaba sucediendo, e independiente de la exhibición de las botellas que iba a llevarse a cabo en Suiza, Carlos había optado por una muy codiciada beca en Francia en la que se le ofrecía al artista becado la oportunidad de que llevase a su familia. Durante el período de espera por la respuesta de la beca francesa, él y Amarilys continuaban sin el propósito de irse definitivamente de Cuba, pero conseguir la beca francesa para vivir un año en París, no dejaba de ser un sueño para ellos. Comparaban la posibilidad de obtenerla con el acto de lograr, para comérselo, atrapar a un pez mediante una piedra lanzada al agua. Sin embargo, a Carlos le otorgaron la beca francesa y ya, entonces, eran palabras mayores: no se trataba de permanecer una o dos semanas, que se acaban demasiado rápido, exhibiendo su arte en La Eternidad Cotidiana, en Havana Galerie, Zúrich, Suiza, sino todo un año fuera de Cuba, viviendo en Paris, con el financiamiento de Cité Internationale des Arts en París. Todo un sueño para un artista y ni qué decir para su familia.

Viéndolo de manera retrospectiva, contó Carlos, esa obra que estaba haciendo con las botellas fue como una premonición, una anunciación de lo que iba a pasar después. Todo hace sentido y todo encaja pues la obra tenía que ver con el desprendimiento, de manera metafórica. Como si hubiese puesto de sí mismo en el papel y esa línea, trazo o palabra que había estado dentro del artista, se convirtiese en algo fuera de este. Algo que desde ese entonces en adelante le pertenecería al mundo. El acto desesperado de alguien que está aislado, y, sin otro recurso que se le ocurra para salir del encierro y la soledad, elige tirar una botella al mar buscando comunicarse. Contándolo, Carlos nos hace ver cómo ello, sin quizás estar consciente, era una metáfora de ansias de escaparse de Cuba, poco a poco, y a través de su trabajo artístico. Esa obra comenzó en Cuba con una bienal que tenía que ver con la comunicación y a Carlos se le ocurrió la idea de un náufrago que arma sus botellas y las lanza al mar, algo emblemático debido a la situación de un cubano viviendo en una isla.

Una vez inmersos en el interminable papeleo para los permisos de viajes, a ambos se les desbocó la imaginación, por el hecho de estar en París toda la familia y decidieron llevar simultáneamente los dos trámites migratorios. Comenzó, no obstante, la preocupación de que les otorgaran la visa para irse a Suiza pero, esperando por la de Francia, se les venciese el plazo del permiso de salida de Cuba, así como la visa de Suiza. La de Francia demoraba pues al parecer, como todos los días no se presentaba un artista cubano con una beca para ir a París por un año, la embajada de Francia en La Habana, quizás por perplejidad burocrática, tenía que enviar al Ministerio de Relaciones Exteriores de Francia la solicitud de aprobación para la residencia por un año, y eso tomaba aún más tiempo. Otra complicación era que Carlitos solamente podía salir de viaje por un período de dos semanas, durante las vacaciones escolares.

En Cuba nunca supieron que Carlos había sido aceptado para una beca en París. La visa en su pasaporte era nada más que para ir a Suiza dos semanas. Las gestiones francesas las hicieron sin dejárselo saber a las autoridades en Cuba. Era ya agosto y las clases volverían a empezar en septiembre, y de vencerse la visa de Suiza, hubieran tenido que recomenzar todos los trámites de nuevo. Como el pasaporte de Amarilys estaba en la embajada francesa, habrían tenido que volver a sacarlo para llevar a la de Suiza, pero ya a esas alturas habrían comenzado las clases de Carlitos y no le hubiesen permitido salir. Fue todo muy estresante y Amarilys se pasaba todos los días llamando a la embajada francesa a ver si ya había llegado la visa. En medio de esta desesperación, Carlos se fue con Carlitos a una piscina, de un centro de recreación, y desde allí llamó a Amarilys para sugerirle que le preguntase al cónsul de la embajada francesa si les pudiesen otorgar la visa estando la familia ya en Suiza. En vez de recogerla en Cuba, recogerla en Suiza. Eso fue lo que en un nanosegundo de completa, total y absoluta claridad se le ocurrió a Carlos. Amarilys llamó a la embajada a preguntar si eso era posible y le dijeron que sí, que no había ningún problema y que les proporcionara los datos para redirigir la visa hacia Suiza. Cuando Carlos supo que no había inconvenientes para su propuesta, le comunicó a Amarilys que sacara el pasaje para ese mismo día. Las maletas habían estado todas hechas y listas desde hacía semanas. La agencia de viajes les informó que no había cupo pero se fueron de Cuba al día siguiente, el 8 de agosto de 2003.

La idea de no volver más a Cuba surgió estando en París. A Carlitos le encantaba su escuela francesa y sus padres estaban fascinados viviendo frente al Sena, en el esplendor metropolitano de una capital de Europa, sin deseos de transponerse de nuevo a la cerrazón harapienta de su patria natal. Carlos tenía la idea romántica de que eso podía continuar para siempre, y conociendo de la posibilidad de obtener una prórroga para la residencia francesa trataron de extenderla otro año más pues ya tenían la semilla del no regreso. Les denegaron la prórroga y aunque Carlitos tenía visa de residencia por 5 años, la triste realidad era que de continuar en Francia no hubiesen podido permanecer en un apartamento frente al río Sena, sino que como inmigrantes de bajos recursos, tendrían que ir a vivir a las afueras de París, en otro tipo de vivienda y Carlitos estaría en tipo de colegio muy inferior.

Cuenta Carlos: «En Francia nos cambió nuestra vida. Descubrimos un espacio nuevo que no sabíamos que existía. La estábamos pasando tan bien. Disfrutábamos como familia a la vez que como individuos». El hijo tuvo una gran influencia en la decisión porque desde niño se le notó que era muy sociable. Carlos no es sociable, se esfuerza porque es un requisito importante de su carrera artística y cada vez le resulta más placentero, pero no le gustan los eventos públicos, quizás porque cuando su niñez no tuvo una infancia social. Jugaba con sus amiguitos y más nada. Pero Carlitos desde niño viviendo con su papá, estuvo expuesto desde sus primeros años a las visitas de coleccionistas, a exhibiciones, a comidas y eventos sociales. Amarilys y Carlos son diferentes a su hijo, porque lo que les gusta es compartir en privado. Carlitos no, él es de los que va, se presenta y conversa con todo el mundo sin haberlos conocido antes. En Francia esperaban que el nuevo idioma fuese problemático y por ello tuvieron la idea, errónea, por cierto, que al llegar a París obtendrían ayuda de la embajada cubana en Francia, imaginando que el trabajo de los empleados era prestarle servicios a los cubanos que vivían allí. Sin embargo, muy pronto aprendieron que las embajadas cubanas no ayudan a los cubanos que viven en el exterior o sea, en el país adonde esté la embajada. Carlos, al llegar, pensó pedir ayuda para que su hijo fuese a la escuela adonde iban los hijos de los cubanos que trabajaban en la embajada, pues suponía que hubiese una en español. En la embajada los trataron muy mal y les dijeron que sus hijos iban a las escuelas públicas francesas, una gran sorpresa para madre e hijo, ya que en Cuba Carlitos había terminado su quinto grado y Amarilys le había dicho que cursaría su sexto grado en París en español. Sin decir en Cuba para lo que era, y para proteger a la vecina que trabajaba en la escuela y la ayudó, Amarilys se había traído las notas de su hijo a París. Pero una vez en el extranjero, se dieron cuenta que no existía la homologación de las notas habaneras en París debido a la escasa migración de cubanos hacia Francia que había en ese entonces. Le hicieron un examen en español para encontrarle su nivel de grado, y no perdió año pues clasificó para sexto. El colegio no era bilingüe, pero tenían un aula en la cual ponían a todos los niños que no hablaban francés. Niños de, por ejemplo, Marruecos, Chechnya, Rusia, Argelia, países de Europa del Este. Carlitos llegó a esa aula el primer día y con ojos de desconcierto, miró a su mamá con cara de inocencia y casi diciéndole «¿Y yo me voy a quedar aquí solito?». Amarilys lo empujó por detrás. Ese día le resultó inolvidable y los primeros restantes deben de haber sido inaguantables. Ese primer día no almorzó porque no sabía en qué lugar estaba el comedor, y, por si fuera poco, tampoco dónde estaba el baño. Como no sabía francés, no pudo preguntar. Pero se adaptó, y a los tres meses la maestra llamó a los dos padres cubanos para aliviarlos por la adaptación de Carlitos y acto seguido enorgullecerlos al decirles que su hijo ya hablaba un francés fluido y estaba listo para entrar en el aula de los niños franceses. Terminó con buenas calificaciones y pasó al séptimo grado.

Luego algo similar ocurrió al llegar a Miami pues allí están acostumbrados a recibir estudiantes que vienen de Cuba y entienden cómo homologar tanto las asignaturas como las notas, pero no así con las que vienen de Francia. Tuvo entonces Carlitos que volver a hacer un examen, con la diferencia que esta vez fue en francés. Encontraron que estaba hasta más adelantado que sus contemporáneos en algunas materias, la asignatura de Matemáticas entre ellas. Por buena o mala suerte, la escuela bilingüe en Miami era español/inglés. Así es que tenían que ponerlo en la escuela de inglés, idioma que no conocía. El primer año, a los seis meses, les comunicaron de la escuela que ya estaba listo para participar en las clases con el resto del estudiantado, y en inglés. Amarilys cuenta que así y todo Carlitos tuvo dificultades, indudablemente por tener el cerebro cundido de idiomas enrevesados. Por ejemplo, a veces soñaba que sacaba el schedule de su maleta y no sabía leerlo, porque no entendía en qué idioma estaba. Eso, opina Amarilys, fue una de las manifestaciones de tanto cambio de idioma y escuela. Ella cree que los niños no caen en cuenta de lo que están atravesando, las dificultades, y eso les facilita la adaptación.

Mientras que vivían en París, Carlos tuvo varias exhibiciones y también en Portugal y en Suiza, aparte de las galerías que tenía en Miami con las cuales ya trabajaba. De eso vivían. Del limbo internacional a donde se encontraron, se presentaron con todos los requisitos para poder vivir en España. Pero no se lo permitieron por ser artista y porque no encajaba en ninguna de las categorías usuales, como el trabajo de ocho horas en una factoría o en una oficina. Le pedían un contrato de empleo por un año, el cual no tenía, ni quería. Tenía cartas de galerías, pero no un documento de trabajo. No entendían, migratoriamente, que uno pudiese vivir de los ingresos que producen obras artísticas.

Soñando todavía con quedarse en París, se le presentó a Carlos una exhibición para septiembre en Miami, donde su hermana y mamá ya vivían. Decidieron viajar y una vez que llegasen a la capital del exilio cubano, ya decidirían. Cuando llegaron Amarilys le dijo a Carlos que empezaba el año escolar de Carlitos y tenían que matricularlo en la escuela. Entraron con visa de turista y se acogieron a la Ley de Ajuste. Carlitos entró a la escuela, Amarilys se puso a estudiar y luego puso su Licenciatura en Contabilidad y Finanzas a buen recaudo, trabajando sin permiso de trabajo (léase probablemente mal pagada) de tenedora de libros en una empresa, Travel One, que era una agencia de viajes que cerró, y ya no existe.

Nacieron, se educaron y se decepcionaron dentro de la revolución, yéndose al exilio junto con muchos otros de su generación para comenzar lo que ahora explican como el cuento de la vida de su familia. El año en París fue muy feliz. La historia de la adaptación de nuestras generaciones, décadas aparte, son muy similares. Comparar los dos patrones migratorios, a pesar de la diferencia cronológica, humaniza la narración, ya que los que nos exiliamos décadas antes, sabíamos algo... o muy poco de inglés, un poco mejor escribirlo que hablarlo o pronunciarlo. A los dos nos dijeron que no teníamos que preocuparnos ni por las Matemáticas ni por la Gramática pues estábamos adelantados en esas materias. Teníamos en común el haber sido criados por padres que nos hicieron sentir seguros de nosotros mismos, respaldándonos con sus periódicas aseveraciones y afirmaciones, con el propósito de no cuestionarnos como personas, para no hacernos sentir inadecuados ni inseguros. Un ejemplo: a mi esposa, al llegar, la hicieron aprenderse de memoria, como tarea escolar, una poesía. Su acento en aquellos momentos de recién llegada a su nuevo país estadounidense era tan malo que las muchachas se congregaban a su alrededor pidiéndole que lo volviese a recitar. Cuando lo volvía a hacer, las americanitas se desternillaban de la risa. Pero ella no la amedrentaba eso, la divertía. Sus padres siempre la respaldaron e hicieron sentir que valía mucho al igual que los padres de Carlitos. Ambos, en vez de cohibirse, les resultaba divertido lo que estaba sucediendo y repetían una y otra vez la poesía para el deleite de todos los que se burlaban de su acento. ¡Qué risa! ¡Qué divertido! Carlitos también llegaba a su casa comentando que todos en la clase, nada más él levantar su mano, ya se reían de su manera de pronunciar.

En París, su escuela francesa lo llevaba al Louvre, a la *cinematheque* a ver películas, era todo un gran descubrimiento de una ciudad nueva. Muy diferente a su escuela cubana. De represión y mala cara pasó a fascinación y descubrimiento. No tenía que usar uniforme. Carlos siempre tuvo el pelo largo y Carlitos, a su vez, en una etapa, se dejó crecer el rubio de él hasta los hombros. Un día en escuela de Cuba la maestra le dijo que había habido una inspección y que Carlitos se tenía que pelar correctamente. Amarilys insistió en saber qué quería decir correctamente y ella cumpliría. Tuvieron que ir a ver a un adusto personaje del Partido. El hombre tenía cuadros inmensos del Che Guevara y de Camilo Cienfuegos con sus pelos largos hasta los hombros. Amarilys le dijo que si su hijo tenía que decir todos los días en la escuela diferentes lemas como «¡Pioneros por el Comunismo!». Carlitos debería de continuar emulando con el pelo largo del Che y de Camilo. Supongo que Amarilys le trataría de recordar que de tanto oírlas, las palabras pierden valor en la memoria, se vuelvan vacías y su repetición no cambia que pierdan su significancia cognitiva y que por lo tanto, para vivir esas consignas y darles evidencia de ratificación diaria, Carlitos debería continuar con su pelo largo y que a ella el pelo le parecía que estaba correctamente pelado al mantenérselo así. Finalmente les dijeron que si no pelaban al niño lo mandarían a una escuela de conducta, así es que tuvieron que pelarlo al rape. Cuando llegó a París no se peló durante mucho tiempo. Ninguna escuela más le insistió que se pelara.

En París las escuelas tenían baños limpios y aire acondicionado, tanto que Carlitos se quedó maravillado. Su madre lo decía:

Es en París donde Carlitos se quería haber quedado. ¿Para qué Miami? ¿Y Cuba? No mamá. Era un proceso natural y espontáneo. Ya sus vidas estaban en otro escalón. Al final del año en París tuvieron que volver a la embajada cubana a renovar los documentos tanto en Francia como en Miami. En un momento dado Amarilys le dijo a Carlos que no renovaba nada más, ni se gastaría otro centavo en pasaporte ni permisos. En otras palabras, que Cuba y sus requisitos le importaban un mismísimo bledo pues ya había decidido que a Cuba no volvería. Fue más o menos por ese tiempo que recibieron la información desde Cuba en la que se les anunciaba que Carlos y Amarilys se podían quedar fuera del país pero que Carlitos tenía que regresar inmediatamente. Amarilys nunca les contestó y añadió para sí: Que hagan lo que les dé la gana. Al mismo tiempo ya tenía la convicción de que no regresarían ninguno de los tres. Desde Miami pidieron sus cosas que habían dejado en París, y se las mandaron unas amistades desde Francia poco tiempo después. ¿Y la señora que en tono amenazante les dijo que Carlitos tenía que volver inmediatamente a Cuba? Esa persona hoy en día vive exiliada en Miami y le ha solicitado amistad a Carlos y a Amarilys en Facebook. Carlos la aceptó pero Amarilys borró su invitación enseguida.

Uno es uno antes de y luego es otro. El recuerdo nunca pasa del todo a la desmemoria, pero no se sigue siendo el mismo que uno era antes de saber lo que es el exilio. La salida de los cubanos al exilio, a inicios del triunfo de la revolución en el año 1959 fue dejándolo todo detrás. La emigración fue un acontecimiento determinante, el cual significó que de un día para otro individuos dejaran de pertenecer a una familia que se consideraba patricia en una ciudad cubana, donde se comportaban entre ellos mismos como si lo fuesen todo, para ser poco más que proletarios, o poco menos que pequeños burgueses, en una ciudad estadounidense adonde no eran nada ni nadie, aparte de ser considerados de raza hispánica minoritaria. La palabra exilio implica negatividad y desarraigo. Sus sinónimos son dolorosos: desenterrado, alejado, marginado, descuajado y arrancado. Sugiere recuerdos bíblicos de desiertos, marchas, hambre, intemperie y negatividad. Los que llegaron luego, décadas más tarde, como Amarilys y Carlos no tenían nada, y por lo tanto no dejaron nada atrás, se fueron a buscar refugio, lo cual suena a techo, comida, agua caliente, sábanas limpias, consuelo, ropa nueva y esperanza. Lo encontraron en Miami, Amarilys y Carlos. Carlitos, entre tanto, es abogado en New York y Carlos continúa con su arte.

Imprevistos

Hay días de entresemana en la oficina que convierten en proeza sostener una juiciosa afabilidad y donaire, haciéndose imposible mantenerse moderado, comedido y con un semblante que destile gravedad y compostura. Después de todo, nadie hace una cita con su abogado para celebrar éxitos ni festejar por haberse ganado el premio gordo en la lotería, sino para resolver problemas. Aun así los clientes sobrentienden que, al pagar honorarios, tienen derecho a recibir cortesía, respeto y hasta su ocasional reverencia o demostración de sumisión.

Un viernes, del año 1990, y llegada la hora de almorzar, harto y agobiado por el estrés, opté por en lugar de salir a comer con un cliente a un restaurante, desaparecerme, escapar a mi casa, ponerme mi traje de baño, consciente de que el ejercicio de nadar, combinado con el sol, me relajarían lo suficiente para reasumir mis responsabilidades con exactitud y honradez incorruptible. El plan era regresar libre de tensiones provocadas por circunstancias agobiantes que ya venían ocurriendo desde hacía días. Así hice, sin decir nada, sin dar a nadie idea de la hora de regreso a mis oficinas, que en aquel entonces estaban en el sexto piso de un edificio en 251 Royal Palm Way, en Palm Beach, la isla adonde también residía, de manera que llegar y cambiarme de ropa era cuestión de apenas un poco más de diez minutos.

Ya en mi casa y listo para salir, oí que había pasado el cartero y salí a buscar el correo. Al regresar a mi casa, descalzo, embadurnado de bloqueador solar, y usando un bañador pequeño de nylon, más apto para atletas de competencias de natación olímpicas, me percaté que, esclavo de las circunstancias, me había quedado encerrado afuera. Por supuesto sin teléfono, llaves, ni manera de entrar, y mucho menos sin posibilidad de poder comunicárselo a mi unidad conyugal para que acudiese a rescatarme de la incómoda situación en que me encontraba. Solo se me ocurrió como alternativa de acción para resolver el problema, el asumir una fingida indiferencia patricia, y ponerme a tocar, con la facha de exhibicionista que tenía, las puertas del vecindario, hasta que alguien me dejase entrar a usar su teléfono para pedir ayuda. En las primeras dos casas, no obstante jurar que había oído ruidos adentro y observado de reojo alguno que otro movimiento de sombras, nadie contestó. La magdalena no debe de haber estado para tafetanes. En la tercera puerta, sí. Una dama, a quien le calculé a ojo de buen cubero unos cincuenta y pico de años, me abrió, y con sonrisa contagiosa hizo una pregunta retórica... como dirigida a una inexistente tercera persona: «Bueno, bueno... ¿y qué es lo que tenemos aquí?» Su pregunta fue en inglés: «Well, well... and what have we here?» Una combinación de sorpresa con jocoso, alegre y travieso entusiasmo. Era una señora elegante, quien en todo momento se dio su lugar pero a su vez desplegó sonrisa de conocedora, sin garantías de haber sido partícipe de cuestiones pícaras y revoltosas. Me preguntó mi nombre, el cual, como un ejemplo de rigor y concisión estilística, acostumbro abreviar para consumo anglosajón, identificándome como: «Mario Mendoza».

La vecina entonces se transfiguró, poniéndose enternecida y coqueta, aunque la zalamería nunca la sentí dirigida a mí, sino a un tercero no presente y dijo... «Ese nombre me recuerda a un hombre guapísimo en otro lugar, en diferentes circunstancias, cuando era soltera, y estaba en la flor de mi juventud». Alerta, presté atención, ya que a pesar de ser un encanto de naturalidad, quizás necesitase darle alguna indulgencia, caso de que su relato encerrase cierta inapropiada e intempestiva afectuosidad, o por lo menos ambigüedades insondables. Continuó su soliloquio: Él fue alguien muy importante, hace mucho tiempo, antes de yo ser Evelyn Harrison, cuando era Evelyn Prebensen, nacida en Moscú y en los momentos en que mi padre, diplomático, había sido asignado a Rusia. Mi papá fue Per Preben Prebensen, el embajador de Noruega de 1946 a 1958 ante la Court of Saint James's, en Gran Bretaña, hasta que por fin mamá se hartó del clima en Inglaterra y lo mandaron a Roma, donde murió en 1961 de un ataque al corazón. El recuerdo que usted me provoca era el del Embajador de Cuba, y fácilmente el hombre mejor parecido de Londres, con quien me cruzaba no únicamente en los bailes de gala, sino en las múltiples recepciones del cuerpo diplomático y sin duda alguna de Buckingham Palace.

Yo esperé mientras la veía regodeándose con su atesorado recuerdo antes de preguntarle si... ¿no sería mi tío Roberto? Si, así mismo se llamaba, Roberto. Pero, y usted, ¿cómo es que lo sabe? Pero no... no puede ser porque usted es «Mendoza» y él era «González de Mendoza». Le aclaré que ese mismo era mi apellido y, fascinada, me insistió que le contase, como esperando comportamiento de niño modélico, todos los detalles que recordaba de mi tío, lo cual procedí a hacer con actitud pétrea no obstante sentirme en una posición incómoda e ignominiosa, desarropado, usando la correspondencia para cubrirme el regazo en una casa fría con aire acondicionado y una señora interesada en hablar de su juventud y fascinación con mi tío hasta que por fin llegó mi cónyuge con cara de preocupación y con la llave que nos permitiría entrar a nuestra casa.